ŒUVRES
DE
TURGOT

IV

Remerciements

L'Institut Coppet tient à remercier les donateurs de ce projet pour en avoir permis la réalisation :

Mathieu LAINE

Michel GUCHOT ~ Johan RIVALLAND ~ Luc MARCO ~ Matthieu GILLE ~ Laurent JACQUOT.

GUSTAVE SCHELLE (ÉD.)

ŒUVRES

DE TURGOT

ET DOCUMENTS LE CONCERNANT

Tome quatrième

Paris, 2018
Institut Coppet

TURGOT
SA VIE ET SES ŒUVRES

TURGOT MINISTRE [a]
(1774-1776)

XIII. — LE MINISTÈRE DE LA MARINE

Les ministres à la mort de Louis XV. — Maurepas. — Renommée de Turgot. — Sa réputation d'encyclopédiste et d'homme à systèmes. — Ses appuis. — Nomination de Vergennes et de Du Muy. — Candidatures de Miromesnil, de Malesherbes, de Turgot, au ministère de la justice ; candidature de ce dernier au Contrôle général. — Sa nomination au Ministère de la marine. — Décision au sujet des Compagnies de commerce.

À la mort de Louis XV, les principaux ministres en fonctions étaient le chancelier Maupeou, ministre de la justice ; le duc d'Aiguillon, ministre des affaires étrangères et l'abbé Terray. Tous trois étaient exécrés, tant en raison du renvoi des Parlements, auxquels le peuple était attaché, que des durs procédés financiers employés par le contrôleur général pour remédier à la détresse du Trésor. Les autres ministres étaient sans prestige ; deux d'entre eux, le marquis de Monteynard, ministre de la guerre, et Bourgeois de Boynes, ministre de la marine, passaient pour incapables ; la probité de ce dernier était discutée, d'ailleurs sans motifs.

Le ministre de la Maison du Roi, Saint-Florentin, duc de la Vrillière, dispensateur des lettres de cachet, vieillissait dans le mépris ; son entourage avait toujours été suspect. Quant à Bertin, ancien contrôleur général, à qui Louis XV avait conservé le petit ministère de l'agriculture, il était accusé, à tort, d'avoir favorisé les plaisirs du maître.

Deux personnages importants s'agitaient en dehors de la Cour : le prince de Conti, que son opposition constante aux ministres avait fait exiler dans sa propriété de l'Isle-Adam ; le duc de Choiseul, qui était devenu presque populaire depuis qu'il avait été exilé à Chanteloup. Louis XVI ne voulait rappeler ni l'un ni l'autre et était en même temps décidé à modifier complètement la composition du ministère. Ne se

---

[a] La partie de cette *Introduction*, comprise dans le présent volume, s'arrête à la fin de 1775.

sentant pas capable d'agir seul et subissant l'influence de ses tantes, il appela à lui le vieux Maurepas.

« Je suis roi, lui écrivit-il ; ce seul mot renferme bien des obligations. Je n'ai que vingt ans ; ainsi je ne peux avoir acquis toutes les connaissances nécessaires. De plus, je ne peux voir aucun des ministres, ayant été tous enfermés avec le Roi dans sa maladie. J'ai toujours entendu parler de votre probité et de la réputation que votre profonde connaissance des affaires vous a si justement acquise ; c'est ce qui m'engage à vous prier de vouloir bien m'aider de vos conseils et de vos lumières. »

L'expérience, la finesse, la fidélité du vieux courtisan pouvaient justifier cette confiance. Mais Maurepas avait toujours été d'un caractère léger ; son grand âge ne lui permettait pas beaucoup d'application et il craignait les responsabilités. Aussi profita-t-il de ce que Louis XVI semblait vouloir régner par lui-même pour refuser le titre de premier ministre et pour se borner au rôle de conseil, ou, comme on le dit, de Mentor. Il fut convenu que le jeune roi aurait avec lui des conférences particulières, mais qu'il travaillerait directement avec les divers ministres et que ceux-ci se concerteraient entre eux. En fait, les anciens errements prévalurent bientôt ; les ministres ne se réunirent que pour la forme en Conseil ; le Roi décida séparément avec chacun d'eux et Maurepas dirigea tout sans paraître.

Le ministre des affaires étrangères et le ministre de la guerre furent immédiatement renvoyés ; le premier fut remplacé par de Vergennes, ambassadeur en Suède ; le second par le comte du Muy, ancien ami du Dauphin, père du Roi. Ce dernier ministre s'était fait honneur en refusant d'entrer au Conseil sous Louis XV ; mais c'était un homme brusque et d'un catholicisme intolérant [a].

L'entrée au Conseil devait être retirée aussi à Maupeou, inamovible en tant que grand chancelier. Pour lui succéder au ministère de la justice, le public désirait Malesherbes, que les remontrances de la Cour des Aides avaient mis en évidence ; par cela même, le choix de cet homme de bien n'était possible qu'à la condition de rappeler aussitôt les Parlements et Louis XVI avait été élevé dans la crainte des Cours souveraines. Il était d'ailleurs mal disposé à l'égard du Président de la Cour des aides, qui lui avait été représenté comme « un encyclopédiste dangereux ». Malesherbes n'avait jamais travaillé pour l'*Encyclopédie* ; sous son père, le chancelier de Lamoignon, il avait eu toutefois la direction de la librairie et avait favorisé alors la publication du grand Dictionnaire.

---

[a] Voir à son sujet la lettre de Condorcet, p. 79, et l'opinion de Quesnay dans les *Mémoires* de Mme du Hausset.

Maurepas poussait un de ses amis de longue date, Miromesnil, président du Parlement de Rouen, magistrat intelligent, mais à qui l'on reprochait d'avoir reçu du défunt roi de l'argent pour payer ses dettes.

Quelques personnes parlaient de Turgot ; on le désignait plus généralement pour le contrôle général des finances.

« C'est par une échelle de petits échos, a dit un pamphlétaire, que s'était faite la renommée de l'Intendant de Limoges. » En effet, Turgot n'avait jamais recherché les éloges publics. « J'aime peu à être loué, disait-il, à moins que ce ne soit sur quelque chose de bien positif et de bien certainement bon. »

Il n'avait voulu appartenir à aucune secte, pas plus à la secte encyclopédique qu'à la secte économique. Son esprit de tolérance le séparait de la première, et ses opinions politiques de la seconde. Cependant, il avait fait des articles pour l'*Encyclopédie* et il était économiste de cœur et d'action. Il allait, on l'a vu, aux dîners du marquis de Mirabeau ; en 1774, dans une réunion antérieure à la mort de Louis XV, y avaient été lues par Du Pont ses *Lettres sur la justice criminelle*. Précédemment, dans les *Éphémérides du Citoyen*, sous la direction de l'abbé Baudeau d'abord, sous celle de Du Pont ensuite, avaient été publiées ses principales œuvres et avaient été signalées les réformes qu'il avait provoquées dans son intendance.

Dans les milieux administratifs, on avait suivi avec attention ses actes ; au Conseil d'État, il ne comptait que des amis ; on l'y considérait comme un administrateur de premier ordre, avisé, courageux, passionné pour le bien, et cette opinion reposait sur des fondements solides.

Dans le Limousin, il n'avait pas toujours été compris et avait rencontré des adversaires ; les paysans avaient mis longtemps à apprécier, à leur valeur, les services qu'il leur avait rendus. Cependant, la *Correspondance Métra* a pu dire justement qu'il était adoré dans sa province. Quand la nouvelle de son avènement au ministère parvint dans les villages, la plupart des curés l'annoncèrent en chaire et recommandèrent au peuple d'implorer pour lui les prières du Ciel. Ils dirent une messe à son intention et, quoi qu'elle fut célébrée un jour de semaine, les paysans y assistèrent. « On se tenait la main et on disait, rapporte Du Pont : 'C'est bien fait au Roi de l'avoir pris ; c'est bien triste pour nous de l'avoir perdu.' »

Avant la mort de Louis XV, beaucoup de personnes s'attendaient à ce qu'il fût appelé à une haute situation, soit au Parlement, soit au ministère.

Diderot, ayant un petit service à lui demander, lui avait écrit le 9 août 1772 : « Je profite de cette occasion pour vous renouveler les sentiments d'un respectueux et sincère dévouement. Quand je suis seul et que je rêve qu'il y a pourtant encore parmi nous des hommes capables de réparer nos désastres, vous êtes une des premières qui se présentent à la pensée [a]. » Un peu plus tard, en 1773, Du Pont disait au Margrave de Bade : « On ne peut connaître M. Turgot sans l'aimer ; sa naissance et ses lumières peuvent le conduire un jour au ministère. »

Il y était admirablement préparé. Appartenant tout à la fois par sa famille à la noblesse et à la magistrature, né d'un père estimé et d'opinions libérales, ayant une vaste instruction, désireux de réformes tout en restant attaché au principe d'autorité, il avait ce qu'il fallait pour préparer et faire aboutir, s'il obtenait du Roi un appui suffisant, les changements politiques auxquels on aspirait avidement en France plus encore que dans le reste du monde.

Les esprits étaient partout en ébullition. Les colonies américaines préparaient leur indépendance ; c'est en 1772 que Boston s'était révoltée. En Europe, presque tous les souverains s'étaient faits, avec plus ou moins de sincérité, philosophes ou économistes : le grand Frédéric, le Margrave de Bade, Poniatowski, roi de Pologne, Gustave III, roi de Suède, l'Empereur Joseph II, Léopold, roi de Toscane, même Catherine II. Le paternalisme réglementaire, issu du régime féodal et parvenu à son apogée au temps de Louis XIV, était partout attaqué ; on sentait les conséquences funestes de la politique de conquêtes et de jalousie commerciale ; on s'intéressait à l'agriculture ; on songeait à l'amélioration du sort des peuples.

En France, l'inutilité sociale de la noblesse était démontrée ; le désarroi des finances avait rendu les privilèges fiscaux insupportables ; la monarchie, avilie par un règne de plus en plus méprisable, était ébranlée.

Turgot, venu à Paris à la fin de janvier 1774, ne désirait point retourner à Limoges. Quand il y rentrait, la tristesse le prenait : « J'étais triste en quittant Paris, écrivait-il, et je le suis encore ; je n'ai point à craindre les chagrins de l'ambition... Lorsque je quitte mes amis, je suis aussi triste qu'un ministre exilé [b]. » Il se demandait parfois s'il ne ferait pas mieux de se livrer tout entier à l'économie politique. Un bon livre lui semblait plus utile, au temps où il vivait, que des tentatives administratives presque toujours entravées par les intérêts et par les préjugés. Sa santé était médiocre ; il venait de souffrir cruellement de ce qu'il appelait une colique d'estomac, plus probablement d'une colique hépatique, car c'est de calculs au foie qu'il est mort.

---

[a] Archives de Lantheuil.
[b] Quand il reçut la nouvelle qu'il était nommé au ministère de la Marine, il dit : « Au moins, je ne retournerai pas à Limoges. » (Monthyon).

Lors du changement de règne, il se reposait en confectionnant des *vers métriques* et en disputant sur les opéras de Gluck. Sa candidature au ministère de la justice ou au contrôle général était toutefois posée par ses amis ; le 5 juin, Baudeau notait dans sa *Chronique* : « Les fripons de cour qui craignent le Turgot lui ont jeté bien des chats dans les jambes. Entre autres, on l'accuse d'être dissimulé et jésuite... » et le 8 juin : « On dit qu'il est encyclopédiste ; c'est une hérésie abominable à la cour. »

Le renom d'économiste était peut-être moins fâcheux ; il indiquait, pour les ignorants, un homme versé dans les finances et les finances passaient à leurs yeux pour une science mystérieuse. Les mesures prises au sujet des approvisionnements de blé sous le dernier ministère avaient, en outre, ramené beaucoup d'esprits du côté de l'économie politique libérale, et les bruits qui couraient étaient de nature à effrayer Louis XVI, trop honnête pour vouloir être soupçonné, comme son grand-père, de faire le monopole.

On disait surtout de Turgot qu'il était un *homme à systèmes*, sans se douter que vingt-cinq ans auparavant il avait répondu, en parlant de Vincent de Gournay : « Ce nom d'homme à systèmes est devenu une espèce d'arme dans la bouche de toutes les personnes prévenues ou intéressées à maintenir quelques abus, contre tous ceux qui proposent des changements dans quelque ordre que ce soit... Il est cependant vrai que tout homme qui pense a un système, et qu'un système ne peut être un reproche puisqu'un système ne peut être renversé que par un système contraire. »

À la cour, on parlait de lui ; Marie-Antoinette, renseignée soit par son lecteur, l'abbé de Vermond [a], soit par le protégé de Marie-Thérèse, Blondel, ne lui était pas hostile [b].

Sa candidature était fortement soutenue auprès de Maurepas qui connaissait depuis longtemps sa famille et qui, en plusieurs occasions, s'était intéressé à son avenir, par la comtesse de Maurepas, par l'abbé de Véri, par la duchesse d'Enville. Le désir de contenter l'opinion publique en plaçant au Contrôle général un homme d'une probité inattaquable et qui ferait tout le contraire de ce qu'avait fait l'impopulaire abbé Terray, devait d'ailleurs animer le Mentor du Roi, mais Louis XVI, quoique n'ayant aucune confiance en la probité de Terray, hésitait à le chasser, parce qu'il le croyait un financier consommé.

Au ministère de la marine, au contraire, le Roi trouva que le remplacement de De Boynes s'imposait ; dans un conseil où ce ministre avait

---

[a] À noter, sans en tirer de conclusions, que l'ancien précepteur de Louis XVI, de Coët-Losquet, avait été évêque de Limoges.

[b] Baudeau dit toutefois que Marie-Antoinette poussa Calonne.

rapporté, il avait été jugé insuffisant. Ni la voix publique, ni le suffrage des gens du métier ne lui indiquaient de successeur. Le parti Choiseul, puissant auprès de la Reine, parlait d'un certain d'Ennery, gouverneur des Antilles ; la coterie Maupeou-d'Aiguillon soutenait de Clugny de Nuis, ancien intendant de la Marine dans les ports et les colonies. Maurepas proposa Turgot, mais fut contrecarré habilement par Terray, qui, tout en faisant au Roi l'éloge des vertus de l'intendant de Limoges, en critiquait les opinions. Louis XVI n'osa se prononcer, il fallut que Maurepas allât le trouver pour lui faire observer que les affaires exigeaient des décisions. Louis XVI ne répondit pas ; puis, sans prévenir Maurepas, et le soir même, il ordonna au duc de la Vrillière de demander à de Boynes sa démission et d'amener Turgot au Palais. Le lendemain, Louis XVI dit à son Mentor : « J'ai fait ce que vous m'avez conseillé. »

Turgot fut nommé secrétaire d'État de la Marine le 20 juillet 1774 et il reçut, en raison de l'ancienneté de ses services administratifs, le titre de ministre que ses prédécesseurs n'avaient pas obtenu. Il eut ainsi l'entrée au Conseil.

Il s'occupa aussitôt du budget de son département, constata que, bien loin d'y pouvoir faire pour le moment des économies, il aurait fallu augmenter les crédits pour ramener la Marine au point où elle était avant la guerre de Sept ans ; les 27 millions environ qui y étaient affectés étaient absorbés en grande partie par des dettes criardes ; il se borna à mettre de l'ordre dans les paiements.

Il eut toutefois l'occasion de faire décider par le Roi qu'il n'y aurait plus désormais de Compagnies de commerce privilégiées, ce qui empêcha la reconstitution de la Compagnie des Indes et la création d'une compagnie nouvelle dans laquelle, Monsieur, frère du Roi, devait être intéressé [a]. Il prit quelques autres utiles mesures [b], commanda la traduction des ouvrages d'Euler sur la science navale, fit régler honorablement la situation de son prédécesseur, de Boynes, et fit rendre justice à Poivre, intendant des Iles de France et de Bourbon qui, ainsi qu'il arrivait presque toujours, avait eu des démêlés graves avec le gouverneur de ces îles, le chevalier Des Roches, et avait été accusé faussement de prévarication.

On disait du nouveau ministre qu'il savait tout, excepté la marine ; lui-même avouait son ignorance des détails de cette administration, bien qu'il en eut plus de connaissance peut-être que ses prédécesseurs. Il lui aurait néanmoins fallu du temps pour supprimer le gaspillage,

---

[a] *Journal* de l'abbé de Véri.
[b] Baudeau, dans sa *Chronique* (23 août), note que les gens des colonies paraissaient fort contents de Turgot, qui leur faisait payer le courant des lettres de change, qui écoutait tout le monde avec attention, et témoignait la meilleure volonté possible.

pour améliorer les services en régularisant la partie financière, et pour supprimer les gênes, les privilèges, les permissions particulières dont souffrait le commerce maritime. D'après Du Pont, il eut le projet, dans un but d'économie, de faire construire des navires en Suède ; il songea à faire procéder à des voyages réguliers de découvertes autour du monde, à rendre libre le commerce des colonies et à supprimer les privilèges exclusifs que possédaient plusieurs ports français, enfin, à abolir l'esclavage des nègres, non brusquement, comme on ne manqua pas de lui en attribuer la pensée, mais successivement en favorisant les affranchissements. Il n'eut pas le temps d'agir, car il ne resta au ministère de la marine que trente-quatre jours.

XIV. — LES FINANCES

L'abbé Terray. — Le déficit en 1774. — La ferme générale et le bail David. — Les procédés de l'abbé Terray. — Le don de joyeux avènement. — Le Conseil des finances.

Louis XVI n'ignorait pas que les finances étaient en désarroi ; s'il tenait à conserver provisoirement l'abbé Terray, c'est qu'il était persuadé que ce ministre était le seul homme capable de remettre les choses en état. L'abbé était très habile à se faire valoir et rédigeait des notes si adroites que le jeune roi disait : « Il se défend bien. Je voudrais bien le garder ; mais c'est un grand coquin. » Maurepas répondait en vain qu'un bon intendant de maison n'a pas nécessairement les qualités qui font un bon ministre et qu'un contrôleur général ne doit pas avoir les sentiments d'un commis des fermes ; il ne parvenait pas à faire renvoyer l'abbé.

Pour se rendre compte des difficultés financières en face desquelles on se trouvait, il faut remonter en arrière.

De 1736 à 1740, le déficit, c'est-à-dire l'excédent des dépenses normales sur les recettes ordinaires, n'avait pas dépassé 6 à 8 millions par an. En 1738, il ne s'en était même fallu que d'un million pour que l'équilibre fut atteint.

« C'est, dit Stourm, la plus belle époque du règne de Louis XV ; ce résultat, obtenu au milieu des nécessités et des vices de l'ancien système financier, montre quelle puissance invincible possède l'action persévérante d'une administration même médiocre lorsqu'elle est bien intentionnée [a] ».

---

[a] *Les finances de l'Ancien régime et de la Révolution*, I, 19. — Marion, *Histoire financière de la France depuis 1715*, I.

Cette situation favorable dura peu. En 1749, au lendemain de la paix d'Aix-la-Chapelle, le déficit probable, abstraction faite des impôts de guerre, était de 16 à 17 millions ; il y avait en plus un arriéré que la rumeur publique n'évaluait pas à moins de 180 millions.

En vain, Machault essaya-t-il, en substituant le vingtième au dixième qui allait expirer, de comprendre dans le nouvel impôt tous les revenus sans exemptions ni privilèges ; il tomba devant la coalition de la noblesse, du clergé et des parlements qui s'opposèrent résolument à l'introduction des principes d'égalité dans notre régime fiscal.

La guerre de Sept ans, les folles dépenses de la cour de Louis XV, les déprédations de divers personnages accentuèrent le désordre. Les impôts furent encore augmentés ; des emprunts furent contractés à des taux usuraires ; Silhouette, à bout d'expédients, suspendit le paiement des effets royaux sur les fermes et sur les recettes générales. Bertin et Maynon d'Invau essayèrent ensuite de reprendre les vues de Machault ; ils succombèrent l'un et l'autre devant la puissance des intérêts particuliers. D'Invau, dans un *Mémoire* daté de 1769, dit courageusement à Louis XV :

« Les finances de Votre Majesté sont dans le plus affreux délabrement. Il s'en faut aujourd'hui de 50 millions que les revenus libres n'égalent les dépenses. Chaque année a accumulé une nouvelle dette sur celle des années précédentes. Les dettes criardes montent aujourd'hui à près de 80 millions. Pour comble d'embarras et de malheur, les revenus entiers d'une année sont consumés par anticipation… Cette situation est plus qu'effrayante. Il n'est pas possible de la soutenir plus longtemps, et nous touchons au moment où elle jetterait le Royaume dans les plus grands malheurs, sans qu'il restât de moyens pour y remédier. »

Vint l'abbé Terray. Il avait du jugement et de l'énergie, mais point de scrupules. En entrant aux affaires à la fin de 1769, il présenta à Louis XV un *Mémoire* où il répéta ce qu'avait dit d'Invau : la dette exigible arriérée dépasse 100 millions ; les revenus de 1770 et une partie de ceux de 1771 sont dévorés ; il n'y a pas un écu dans les caisses pour faire face aux dépenses qu'on évalue à 220 millions, et celles-ci excèdent les revenus de 63 millions.

Sans indiquer au Roi des remèdes positifs, l'abbé constata : 1° qu'on ne pouvait espérer « de maintenir les impositions au point où elles étaient portées et qu'il fallait songer à se mettre en état de soulager les peuples successivement » ; 2° que le crédit ne pourrait se rétablir et le taux des emprunts baisser si on ne cessait d'emprunter, et que, pour cesser d'emprunter, il fallait retrancher chaque année quelques millions « sur les différentes parties, soit de la Maison du Roi, soit de la finance ». Il y a encore, ajoutait-il, des « sources d'accroissement de revenus par une plus utile administration des finances, mais c'est un ouvrage de lenteur dont il faut s'occuper sans délai ni relâche, sur lequel néanmoins, on ne doit pas compter pour un secours présent [a]. »

Le Contrôleur général n'essaya pas, tout d'abord, comme Machault, Bertin et d'Invau, d'imposer les privilégiés, et il ne pouvait espérer que Louis XV ferait sur les dépenses de sa Maison, des retranchements capables d'amener l'équilibre financier. Il ne compta que sur la faillite et il y procéda, par tranches successives [b].

Il parvint ainsi à diminuer les dépenses de 38 630 000 livres. Après avoir frappé durement les créanciers de l'État, il s'attaqua aux contribuables en établissant des sols pour livre sur diverses taxes et sur des péages qui n'appartenaient pas tous à l'État. Plus tard, il réforma avec sagesse les vingtièmes.

Sa politique brutale serait excusable jusqu'à un certain point, étant donnée la détresse du trésor, s'il l'avait défendu, contre les dilapidations. Bien au contraire, on l'a accusé avec vraisemblance de s'être constamment, pour se maintenir en place, plié aux exigences de l'entourage de la Du Barry.

Ses amis et lui-même, une fois dans la retraite, ont prétendu que, grâce à son habileté, la situation financière avait été complètement apurée ; le déficit n'aurait plus été que de 5 millions ; l'abbé aurait laissé dans les caisses 57 millions de réserve pour les besoins imprévus et aurait réduit les anticipations à trois mois, quoiqu'il eut à procéder, en dehors des dépenses accoutumées, aux préparatifs d'une guerre maritime, à la dépense des mariages du Dauphin et du comte de Provence et à beaucoup d'autres frais extraordinaires. Ses apologistes n'ont pas signalé que, dans ces frais, étaient entrées les dépenses maladroites, sinon suspectes, de la police des grains.

---

[a] Mémoire présenté vers la fin de 1770, dans la *Collection des Comptes-rendus*, Lausanne, 1788.

[b] Voici la liste de ses opérations, de janvier à mars 1770, d'après Stourm :

1° *Suspension du paiement des billets* des fermes générales et des rescriptions sur les recettes générales, à partir du 1er mars. Ces billets et ces rescriptions, analogues aux bons du Trésor d'aujourd'hui, s'élevaient à 200 millions.

2° *Conversion d'anciennes rentes tontinières* en rentes viagères. Le système des tontines assurait aux derniers porteurs survivants un très gros bénéfice ; l'abbé les en dépouilla, ce qui devait finalement procurer à l'État un profit de 150 millions.

3° *Réduction à moitié des arrérages des rentes* sur les postes, sur les cuirs, sur la loterie, sur les actions des fermes. C'était un retranchement de 11 millions sur les arrérages de la dette.

4° *Ajournement*, comme si l'on eut été en temps de guerre, *du remboursement des capitaux d'emprunt* arrivant à échéance.

5° *Suspension de l'amortissement*, détournement des fonds y affectés et consolidation des retenues qui avaient été imposées aux rentiers pour l'assurer. Cet ajournement procura une ressource de 17 millions.

Les tableaux budgétaires de l'époque sont si incomplets et concordent si peu entre eux qu'il est impossible de chiffrer exactement le déficit réel de chaque année ; on peut néanmoins affirmer que ce déficit fut toujours et resta important.

Dans un *Mémoire* daté de juillet 1772, le Contrôleur général déclara que le déficit était alors de 77 millions, en y comprenant 14 millions d'insuffisance de recettes, et qu'il avait eu à faire face à une dette arriérée de 110 millions, avec des anticipations de 154 millions, mais que, pour l'année 1773, les recettes nettes s'élèveraient à 205 millions, les dépenses à 200 millions, laissant un excédent de 5 millions, que les anticipations avaient été réduites de 154 à 30 millions, que 18 500 000 livres avaient été réservés pour l'amortissement, qu'enfin, la dette exigible ne serait plus, au 1er janvier, que de 116 millions.

Mais, dans un *Mémoire* ultérieur, l'abbé avoua que les dépenses de 1773 avaient dépassé les évaluations de 25 800 000 livres et, dans des tableaux de prévisions pour 1774, il annonça un déficit de 25 à 28 millions, en supposant des réductions sur la Guerre et sur la Marine qui ne pouvaient être et ne furent pas obtenues.

La situation, telle que la laissa l'abbé Terray, n'était donc point celle qu'ont décrite ses amis, quoique pour les années 1774 et 1775, il ait pu tenir compte du nouveau bail des fermes générales qui, disait-on, présentait des avantages considérables sur les baux antérieurs. Mais ce n'était là qu'une apparence.

La ferme générale était une compagnie de 60 membres, liée au Trésor par des baux successifs de six ans de durée que l'on distinguait par le nom de leurs signataires. On disait le bail Henriet conclu en 1756, le bail Prévôt conclu en 1762, le bail Alaterre conclu en 1768, enfin, le bail David conclu par l'abbé Terray, le 1er janvier 1774. Ce dernier bail comportait un forfait de 152 millions, pour le produit des impôts que la ferme levait au nom de l'État, c'est-à-dire pour la gabelle, les aides, le tabac, les octrois de Paris, les huiles et savons, la marque des fers, certains droits domaniaux, etc. Le forfait du bail Alaterre n'était que de 132 millions. L'abbé Terray semblait donc avoir augmenté les revenus du Roi de 20 millions, mais il avait introduit dans le bail trois impôts : 1° deux sols pour livre que les fermiers percevaient, en dehors de leur forfait, pour le compte du Roi ; 2° deux nouveaux sols pour livre, en sus des 4 sols déjà compris dans le forfait précédent ; 3° huit autres sols pour livre que l'abbé établit sur des taxes qui, nous l'avons dit, n'étaient pas toutes des taxes royales, telles que péages particuliers, octrois municipaux, vacations de greffiers et d'officiers de justice, gabelles rédimées par voie de rachat.

D'après l'abbé de Véri, les 4 premiers sols pour livre devaient produire 26 400 000 livres ; les 8 sols pour livre sur les taxes royales ou non étaient estimés à 24 millions. Plus de 50 millions d'impôts auraient donc été ajoutés aux produits du bail, s'il n'y avait eu des exemptions et des distractions : Lavoisier a évalué les additions à 25 millions seulement et les retranchements à 8 millions ; sur cette base, le produit du bail aurait été à peine augmenté.

L'abbé avait pourtant pressuré les fermiers généraux ; il s'était fait rendre un compte exact des fonds engagés par eux ou par leurs associés et avait pris pour base du contrat nouveau les moyennes de produits les plus favorables pour chaque espèce de taxe, tabac, gabelle, etc. De plus, vingt jours après la signature du contrat, il avait imposé aux fermiers un partage de bénéfices à raison de 5/10 sur les 4 premiers millions, de 4/10 sur les 4 suivants, de 3/10 sur les 4 autres, de 2/10 sur le surplus au delà de 12 millions. Le Trésor aurait tiré de cette combinaison des profits ultérieurs si le rendement des impôts n'avait pas été à sa limite ; mais l'abbé avait à plusieurs reprises reconnu le contraire.

Enfin, les fermiers avaient été obligés d'accepter des croupes en quantité considérable pour des personnages de toute espèce, sans surface financière pour la plupart et qui, est-il dit dans un rapport officiel de Turgot, avaient, « par l'argent et l'intrigue, gagné de vils protecteurs ou en avaient trompé de respectables ». Les fermiers avaient aussi été chargés au dernier moment de 500 000 livres de pensions dont il n'avait pas été question dans les premières négociations. Avec de telles conditions et, comme les impôts se percevaient difficilement, les fermiers couraient des risques et purent prétendre qu'ils avaient fait un mauvais marché [a].

Monthyon a émis l'opinion singulière que ce fut peut-être une faute de renvoyer Terray qui, sans devenir vertueux, aurait dans son intérêt et pour ne pas blesser les sentiments de Louis XVI, pris les dehors de la vertu.

Auparavant, le paradoxal Linguet [b] avait justifié les banqueroutes de l'abbé en ces termes :

« Quoi ! le Roi a besoin d'argent, il n'en a pas ; vous vous offrez pour lui en prêter, vous voulez une hypothèque et un gros intérêt… Il prend tous les ans malgré moi dans ma poche de quoi payer cet intérêt

---

[a] *Journal historique*, IV, 45. Louis XV trouva, paraît-il, les conditions du contrat trop rigoureuses pour les fermiers. Mais il conserva pour lui des croupes sur plusieurs d'entre eux. Voir ci-dessous, p. 156. Les fermiers généraux firent des bénéfices, mais ce résultat doit être attribué au rétablissement du crédit et de la prospérité qui suivirent l'avènement de Louis XVI.

[b] *Annales*, III, 179 et VI, 390.

et vous voulez que ce contrat accidentel, formé par l'avidité, entre lui et vous, il le respecte plus que le contrat éternel, immuable, passé par la nature même des choses entre tout souverain et ses sujets et… qui l'oblige à me ménager dès qu'il le peut ! »

Terray fit à Louis XVI, en mai 1774, un exposé d'où résulta que, malgré les banqueroutes, la situation financière était peu rassurante.

« Un véritable serviteur de V. M., dit-il, ne peut envisager sans peine cette situation et je ne cesserai de réclamer auprès d'elle jusqu'à ce que la recette soit devenue égale, ou même supérieure à la dépense par la réduction de la dernière.

« En effet, Sire, toutes les parties de la recette sont portées au plus haut point possible : les baux à ferme sont réglés pour six ans ; les régies sont calculées ; je ne puis espérer aucun accroissement de revenu assez considérable pour couvrir ce vide ; il ne reste plus que des objets de peu d'importance à perfectionner.

« Ce n'est donc que par la diminution dans les dépenses qu'on pourra joindre le premier et le dernier jour de l'année sans contracter de nouvelles dettes. J'espère que la guerre réduira ses dépenses ; la marine le peut aussi dans un objet principal [a].

« Je fais chaque jour de petits bénéfices dans mon département, mais il est nécessaire que V. M. donne les ordres les plus précis pour régler les dépenses de sa Maison ; tant d'ordonnateurs différents dirigent et arrêtent les dépenses arbitrairement ; il faudrait réduire tant d'usages, rectifier tant d'abus, opérer tant de réformes que le zèle accompagné de la plus grande activité, aura besoin de toute votre autorité pour surmonter un si grand nombre d'obstacles.

« Cependant V. M. ne sera véritablement heureuse et redoutable à ses ennemis ; ses sujets ne seront pleinement satisfaits qu'après le rétablissement de l'ordre dans les finances. La libération ne s'opérera avec effet qu'à la suite du bon ordre, et le soulagement des peuples ne peut venir avant la diminution des dépenses et des dettes.

« Voilà, Sire, le secret du bien et du mal ; si la dépense surpasse chaque année la recette, chaque année, la dette augmentera, et, par conséquent, les charges du peuple suivront en proportion. Si, au contraire, la recette égale la dépense, alors par les mesures prises, la dette diminuera chaque année, soit par l'extinction des rentes viagères, soit par les remboursements en argent qui ne seront point suspendus. Ainsi, dans peu d'années, V. M. pourra soulager ses peuples d'une partie des impositions qui les accablent.

« Cet ouvrage, Sire, si digne de votre sensibilité, vous était réservé.

---

[a] Turgot constata le contraire.

« Je ne puis plus ajouter à la recette que j'ai augmentée de près de 60 millions. Je ne puis plus retrancher sur la dette que j'ai réduite de près de 20 millions. Un mot de vous, Sire, un signe de V. M. feront agir les ordonnateurs avec l'attention qu'ils doivent donner à un objet si important. Vos finances approchent du point qu'il faut atteindre pour commencer une libération effective et prompte. Ne souffrez pas qu'elle s'éloigne ; l'abîme dans lequel les finances allaient tomber en 1770, ne tarderait pas à s'ouvrir [a] ».

Malgré le cri d'alarme contenu dans cet exposé, l'abbé voulut paraître renoncer au système de rapacité qu'il avait précédemment suivi et proposa de faire remise du don de joyeux avènement. En rédigeant la déclaration y relative, il prit le style d'un ami des contribuables et des créanciers de l'État [b]. En réalité, il ne donna rien, si l'on en croit l'abbé de Véri qui était bien renseigné : parmi les droits dont fut fait remise, il en était qui avaient été perçus précédemment ; il en était d'autres que l'on devait retrouver par le droit de marc d'or qui avait été fortement relevé.

Cependant, Maurepas, ne pouvant obtenir le renvoi de Terray, s'efforçait de protéger Louis XVI contre les manœuvres possibles du Contrôleur général. Il fit décider que désormais les réunions du Conseil des Finances, institué sous la présidence du Roi pour statuer sur les affaires contentieuses et composé du Garde des Sceaux, du Contrôleur général, du ministre Bertin, des intendants des finances d'Ormesson, Moreau de Beaumont, Trudaine et Boullongne, du conseiller d'État Feydeau de Marville, seraient régulières, au lieu d'être occasionnelles ou nominales, ainsi qu'il arrivait depuis longtemps [c].

L'abbé Terray protesta d'abord ; il sentit ensuite que la résistance pourrait lui nuire et se montra docile.

Mais le provisoire ne pouvait durer. Les irrésolutions de Louis XVI inquiétaient Vergennes et Turgot qui se demandaient par quels moyens ils pourraient amener Maurepas à se faire nommer premier ministre. Il fallait choisir un Garde des Sceaux et Malesherbes avait déclaré par écrit qu'il n'était pas candidat. La question du pacte de famine fut le motif déterminant d'un changement de personnes.

---

[a] *Collection des compte-rendus*, etc., p. 115 et suiv.

[b] « Nous étant fait rendre compte de l'état actuel des recettes et des dépenses, nous avons vu avec plaisir qu'il y avait des fonds certains pour le paiement exact des arrérages et intérêts promis et des remboursements annoncés ; et considérant ces engagements comme une dette de l'État et les créances qui les représentent comme une propriété au rang de toutes celles qui sont confiées à notre protection, nous croyons de notre premier devoir d'en assurer le paiement exact. »

[c] La réunion régulière du Conseil des Finances était incompatible avec la rapide expédition des affaires ; le système de Maurepas était une manœuvre politique qui fut abandonnée pendant le ministère de Turgot, sauf pour les affaires contentieuses.

XV. — LE CONTRÔLE GÉNÉRAL

Le pacte de famine. — Renvoi de Terray et de Maupeou. — Turgot, contrôleur général ; Miromesnil, garde des Sceaux ; Sartine, ministre de la marine ; Lenoir, lieutenant de police. — Lettre de Turgot au Roi. — Opinions de Marie-Antoinette, de Voltaire et des amis de Turgot sur sa nomination.

Les accusations dirigées contre le gouvernement à propos des grains n'avaient pas été éteintes par la mort de Louis XV. On racontait que le nouveau roi faisait le monopole comme son grand-père et l'on prétendait qu'il avait renouvelé un traité avec l'ancienne compagnie des blés. Terray essaya de reporter les accusations sur Sartine, alors lieutenant de police, en refusant de payer [a] quelques achats effectués pour l'approvisionnement de la capitale, en dehors de la régie ; Sartine était couvert par un ordre de Louis XVI [b] ; il put facilement se défendre.

La Cour était à Compiègne. Louis XVI, mis au courant, par une lettre anonyme, des bruits qui couraient sur son propre compte s'en émut et en parla à la Reine. Sous un prétexte, il envoya chercher Turgot et l'interrogea. Turgot répondit d'une manière générale, sans incriminer personne. Au sujet des finances, le Roi ne lui fit aucune ouverture et Turgot ne crut pas devoir prendre l'initiative d'en parler.

Le lendemain, Maurepas pressa Louis XVI : « Je me décide, répondit le Roi, Turgot aura les finances. — Avant d'accepter, dit Maurepas, il désire une audience de V. M. ».

C'est, dans cette audience, que fut arrêté le programme financier qu'on retrouve dans la lettre du 24 août 1774. L'abbé de Vermond avait recommandé à Turgot, en présence de l'abbé de Véri, d'engager toujours par avance la parole du Roi, parce que la qualité principale du jeune monarque était la fidélité à ses engagements. Turgot profita de ce conseil et s'y conforma fréquemment, dans la suite, en faisant prendre par le Roi des décisions de principe chaque fois qu'il s'agissait d'empêcher la continuation ou le renouvellement d'un abus.

« Vous ne vouliez donc pas être contrôleur général ? lui demanda Louis XVI. Sire, dit Turgot, j'avoue à V. M. que j'aurais préféré le ministère de la marine, parce que c'est une place plus sûre et où je suis plus certain de faire le bien. Mais dans ce moment-ci, ce n'est pas au Roi que je me donne, c'est à l'honnête homme ».

---

[a] Le paiement de ces sommes au financier Pascaud fut effectué par Turgot.
[b] Aussitôt après la mort de son aïeul, Louis XVI avait recommandé à Sartine le soulagement des pauvres par l'abaissement du prix du pain.

Louis XVI répondit en lui prenant les mains : « Je vous donne ma parole d'honneur d'entrer dans vos vues et de vous soutenir dans les partis courageux que vous avez à prendre. »

Turgot ajouta : « Sire, je dois représenter à V. M. la nécessité de l'économie, dont elle doit, la première, donner l'exemple.

M. l'abbé Terray l'a sans doute dit à V. M. — Oui, mais il ne me l'a pas dit comme vous ». Turgot demanda la permission de mettre par écrit ses vues générales, ses conditions, sur la manière dont Louis XVI devait « le seconder dans l'administration des finances, qui le faisait trembler par la connaissance superficielle qu'il en avait » [a].

Turgot fut remplacé à la Marine par de Sartine, à qui la Reine voulait faire obtenir la place de La Vrillière. Mais celui-ci fut provisoirement conservé parce qu'il était le beau-frère de Maurepas. Lenoir, qui avait été nommé intendant de Limoges, quand Turgot avait été mis à la Marine, remplaça Sartine à la Police.

Le lendemain, Turgot présenta à Louis XVI l'admirable lettre où sont ces phrases caractéristiques :

« En recevant la place de Contrôleur général, j'ai prévu que je serais le seul à combattre les abus de tout genre. J'aurai à lutter même contre la bonté naturelle, contre la générosité de V. M. et des personnes qui lui sont chères. » Il avait d'abord écrit « de la » (de la Reine sans doute) et s'était repris. « Je serai craint, haï même d'une grande partie de la cour, de tout ce qui sollicite des grâces. On m'imputera tous les refus ; on me peindra comme un homme dur... Ce peuple, auquel je me serai sacrifié, est si aisé à tromper que peut-être j'encourrai sa haine. Je serai calomnié... »

Puis, soulignant l'engagement qu'il avait fait prendre verbalement par le Roi, il inséra dans sa lettre les mots célèbres : « Point de banqueroute, point d'augmentations d'impôts, point d'emprunts. » C'était dire qu'il ne voulait compter que sur les économies, par la suppression des abus, pour mettre de l'ordre dans les finances.

Après avoir considéré la minute pleine de corrections, de la lettre du 24 août 1774, Léon Say a écrit :

« Ce document est frappant, il est vivant ; on est ramené en le lisant à ces années pendant lesquelles la France cherchait à sortir de l'Ancien régime, pour entrer dans le monde moderne, ne sachant pas encore le chemin dans lequel elle s'engagerait. On tient dans ses mains un papier jauni par le temps où un homme de génie montrait la voie dans laquelle le Roi aurait pu faire entrer la nation et la conduire à son but sans se heurter peut-être sur la route aux obstacles, aux violences et aux crimes

---

[a] *Journal* de l'abbé de Véri. — *Lettre* de Mlle de Lespinasse du 29 août 1774.

que la Révolution a traversés et qui ont enfanté des réactions, puis des révolutions nouvelles dont nous avons tant de peine à sortir [a]. »

Abstraction faite des préoccupations que causait à Turgot ses nouvelles fonctions, aucun ministre des finances n'a peut-être débuté dans des conditions d'apparence aussi favorable.

Il avait la confiance de Maurepas ; il avait celle du Roi et même celle de la Reine ; Marie-Antoinette écrivait à sa mère [b] :

« Le peuple a fait des extravagances de joie du renvoi du chancelier et du contrôleur général ; je ne me mêle d'aucune affaire, mais je désire bien que celle-ci finisse, car je crains qu'elle ne donne bien de la peine et de la tracasserie au Roi…

« J'ai déjà dit à ma chère maman que M. Turgot était un très honnête homme ; cela est bien essentiel pour les finances. On a mis M. de Sartine à la marine ; il s'est fait adorer du peuple étant lieutenant de police. »

Une grande partie du public, à Paris et en province, avait, en effet, manifesté bruyamment sa joie du renvoi de Maupeou et de Terray. À Paris et ailleurs on avait pendu des mannequins qui représentaient les ministres disgraciés. À Limoges, on s'était félicité de la nomination de Turgot par une fête publique.

Dans le milieu philosophique et surtout dans le milieu économique, on fut plein de confiance dans l'avenir.

Voltaire écrivit à d'Argental : « M. Turgot passa quinze jours aux Délices, il y a plusieurs années ; mais M. Bertin y vint aussi et ne m'a servi de rien. Si j'avais quelques jours de vie encore à espérer, j'attendrais beaucoup de M. Turgot, non que je lui redemande l'argent que l'abbé Terray m'a pris dans la poche, mais j'espère sa protection pour les gens qui pensent, parce qu'il est lui-même un excellent penseur. Il a été élevé pour être prêtre et il connaît trop bien les prêtres pour être leur dupe et leur ami. Toutefois Antoine se ligua avec Lépide qui était grand pontife, sot et fripon. »

Le même jour, Voltaire disait avec plus de chaleur à Mme du Deffand :

« Je me console et je me rassure dans l'opinion que j'ai de M. de Maurepas et de M. Turgot. Ils ont tous deux beaucoup d'esprit et sont surtout fort éloignés de l'esprit superstitieux et fanatique. M. de Maurepas, à l'âge de près de soixante-quatorze ans, ne doit et ne peut guère avoir d'autres passions que celles de signaler sa carrière par des ex-

---

[a] *Journal des débats*, du 27 septembre 1887.
[b] Le 7 septembre.

emples d'équité et de modération. M. Turgot est né sage et juste ; il est laborieux et appliqué. Si quelqu'un peut rétablir les finances, c'est lui. »

Condorcet, Mlle de Lespinasse, D'Alembert furent enthousiastes. Ce dernier écrivit à Frédéric : « Si le bien ne se fait pas, il faut en conclure que le bien est impossible. »

Mme du Deffand même salua sans amertume l'avènement de Turgot.

Enfin le vieux Quesnay, tout près de la tombe, le marquis de Mirabeau et les autres économistes conçurent de douces espérances [a].

XVI. — PREMIÈRES RÉFORMES

Programme de Turgot. — La ferme générale. — Réorganisation du Contrôle général. — Les collaborateurs intimes de Turgot. — Suppression du trésorier de la Caisse d'amortissement ; réduction des attributions du banquier de la Cour et du trésorier des parties casuelles. — Rupture des baux des domaines engagés, des hypothèques, des messageries, des poudres, et constitution de régies. — Conversion d'emprunts ; suppression des croupes. — Modération de Turgot ; cassette de la Reine et dot de Mlle de Guébriant ; création d'une intendance des Finances pour Amelot.

Attributions du Contrôle général. — Trudaine de Montigny et Bouvard de Fourqueux.

Épizootie. — Mission de Vicq d'Azir. — Mort de l'intendant d'Auch.

Turgot commença par réorganiser ses bureaux, afin de se débarrasser des créatures de l'abbé Terray.

De Vaines, qu'il avait connu dans le Limousin directeur des Domaines, fut fait premier commis ; des chefs de bureau compromis et deux Intendants des Finances, Foullon et Cochin, qui avaient mauvaise réputation, furent remerciés. Du Pont, qui était alors précepteur des enfants du prince Czartoryski et secrétaire du comité de l'Instruction publique du royaume de Pologne, fut rappelé officiellement pour devenir le confident du ministre sans être attaché à aucun bureau [b]. D'Albert, dont les opinions libérales n'étaient pas douteuses, remplaça Brochet de Saint-Prest au service des subsistances et fut chargé non plus « des grains », mais « de la correspondance » y relative.

Turgot demanda aussi des conseils et du travail à plusieurs de ses amis, à l'abbé de Véri, à Loménie de Brienne, à Malesherbes, à Bouvard

---

[a] Lucas Montigny, *Mémoires de Mirabeau*. — Un petit-fils de Quesnay, Quesnay de Saint-Germain, eut une place au cabinet du Ministre.

[b] Du Pont fut nommé inspecteur général du commerce le 20 septembre 1774 et confirmé dans ses fonctions le 16 décembre 1775.

de Fourqueux, à l'abbé Morellet [a]. Il fut ainsi entouré d'hommes distingués, dévoués à sa personne et à ses idées, sans être, sauf Du Pont, des disciples de Quesnay à proprement parler.

Le programme financier que Turgot avait exposé au Roi, dans sa lettre du 24 août 1774, ne différait pas au fond de celui de l'abbé Terray. Ce dernier avait insisté auprès de Louis XVI sur la nécessité des économies et s'était efforcé de rassurer les capitalistes ; mais qui pouvait avoir confiance en sa parole ? Turgot, par un sentiment de respect pour son maître, ne voulut pas que sa lettre fut rendue publique et fit savoir aux intéressés par d'autres voies qu'il s'emploierait toujours à faire respecter les engagements de l'État. Sa réputation d'honnête homme contribuait à rassurer les esprits.

On lui prêta de grands projets, on prétendit notamment qu'il comptait s'attaquer aux financiers et briser le bail David [b]. Dans un rapport rédigé pour le Roi, il expliqua, au contraire, que le recrutement des fermiers et de leurs adjoints était détestable, mais qu'en raison des contrats existants il n'était pas possible de procéder à des changements ; il montra les abus auxquels la conclusion de ces contrats avait donné lieu et fit décider qu'il ne serait plus désormais accordé de croupes.

Au fond et dans des vues analogues à celles qu'il avait exposées jadis au sujet des *fondations*, il ne croyait pas l'État tenu de conserver intactes les conditions onéreuses que les gouvernements précédents avaient consenties pour la perception des impôts et pour les besoins de la trésorerie ; mais il remettait à des circonstances plus favorables l'accomplissement d'une réforme.

S'attaquer aux financiers qui, pendant tout le règne de Louis XV, avaient constitué une puissance redoutable, était un problème dont il était facile d'apercevoir les dangers et les difficultés, en face de la détresse du Trésor.

Pour le présent, Turgot exigea des croupiers le versement de leurs fonds aux dates fixées et, lorsqu'il accorda des dégrèvements, il eut soin de prendre des dispositions pour que la ferme générale n'en eût pas à souffrir. Il remit à l'avenir la suppression des exactions.

---

[a] Morellet recevait une subvention pour son *Dictionnaire du Commerce* qui n'avançait guère. « Je suivais, a-t-il dit, les opérations du Ministre ; je lui écrivais souvent sur les points dont il était occupé, et j'étais auprès de lui l'interprète de beaucoup de personnes qui s'adressaient à moi pour lui faire passer ou des demandes ou des projets ; je recevais de tous côtés des paquets et des lettres. Mon cabinet auparavant solitaire était fréquenté le matin par un grand nombre de clients et de visiteurs » (*Mémoires*, I, 225)

[b] « On dit que le projet du contrôleur général est de tâcher d'avoir une année de revenu dans les coffres, afin de se défaire des fermiers généraux, d'établir un impôt unique à l'entrée et à la sortie du Royaume et de charger les provinces de verser directement les impôts dans le trésor royal. Amen ! » (*Correspondance Métra*, 12 septembre).

Celles-ci étaient pourtant difficilement supportables. Le moyen que la ferme employait, pour faire rendre le plus possible à la matière imposable, consistait à provoquer des arrêts interprétatifs qui permettaient ensuite d'élargir les perceptions. Un procès était intenté à un personnage fictif qui ne se défendait pas ou se défendait mal, de sorte que les conclusions de la Ferme étaient adoptées. Une affaire jugée étant créée, il suffisait d'en faire des applications. C'est ce qu'on appelait les *extensions*. Le procédé était d'autant plus facilement usité qu'il n'y avait, pour les opérations de la Ferme, aucun code public et aucune juridiction indépendante.

La Cour des Aides fit ressortir avec force les inconvénients de cet état de choses dans des *Remontrances* du 6 mai 1775, que Malesherbes remit à Louis XVI avant d'entrer au ministère de la Maison du Roi.

« Le Code de la Ferme générale est immense et n'est recueilli nulle part, lit-on dans ce document. C'est une science occulte que personne, excepté les financiers, n'a étudié, ni pu étudier. En sorte que le particulier à qui on fait un procès ne peut ni connaître par lui-même la loi à laquelle il est assujetti, ni consulter qui que ce soit...

« D'autre part, les lois de la Ferme ne sont pas seulement inconnues ; elles sont aussi quelquefois incertaines...

« Enfin, il est d'autres lois malheureusement trop certaines, mais dont l'exécution littérale est impossible par l'excès de leur rigueur...

« Sire, on n'a jamais mis sous vos yeux les moyens employés par la Ferme générale pour réussir dans ses contestations contre les particuliers. Le premier de ces moyens est de n'avoir point de juges ou, ce qui est à peu près la même chose, de n'avoir pour juge que le tribunal d'un seul homme.

« La Cour des Aides et les Tribunaux qui y ressortissent, sont, par leur institution, juges de tous les impôts, mais la plus grande partie de ces affaires ont été évoquées et sont renvoyées devant un seul commissaire du Conseil qui est l'Intendant de chaque province, et par appel au Conseil de finances, c'est-à-dire à un conseil qui réellement ne se tient, ni en présence de V. M., ni sous les yeux du chef de la justice, auquel n'assistent ni les Conseillers d'État, ni les maîtres de requêtes et qui n'est composé que d'un contrôleur général et d'un seul intendant des finances.

« Nous rendons justice, Sire, avec tout le public, aux magistrats qui occupent à présent ces places, mais les vertus personnelles d'un homme mortel ne doivent point nous rassurer sur les effets d'une administration permanente.

« N'est-il aucun frein qu'on puisse mettre au despotisme des fermiers ? ... Il en est un, Sire, et vous pouvez ordonner dès à présent aux fermiers généraux de faire publier des tarifs exacts et circonstanciés des droits qu'ils ont à percevoir et une collection courte, claire et méthodique des règlements qu'il faut observer et qu'il importe au public de connaître... »

Même en tenant compte de l'exagération de langage habituelle aux Cours de justice, on voit qu'un ministre réformateur ne pouvait facilement introduire des règles d'équité dans la perception des impôts indirects ; on voit aussi qu'une réfection radicale des modes de perception s'imposerait tôt ou tard [a]. Dès que les bureaux du Contrôleur général eurent été réorganisés, Turgot voulut connaître exactement les recettes et les dépenses de l'État. Il n'y avait pas alors de budget, mais de simples tableaux de prévisions que le Contrôleur général présentait au Conseil avant l'ouverture de chaque exercice et qui n'étaient pas toujours dressées sur le même plan.

Turgot ordonna d'établir le tableau de l'année 1775 avec le plus grand soin et dans les plus grands détails.

Il résulta du travail ainsi opéré que :

	millions de livres.
les recettes s'élèveraient en totalité à	377
les dépenses brutes à	414
le déficit probable à	37

Dans cette dernière somme, étaient comptés 6 millions pour dépenses imprévues et 15 millions pour paiement de l'arriéré de la dette exigible.

Turgot révisa le tableau et fit rapprocher des recettes brutes les déductions relatives à chacune d'elles.

	millions de livres.
Dans ces conditions nouvelles, les recettes brutes pouvaient être évaluées à	370
les déductions à	157
les recettes nettes à	213
les dépenses à	233
d'où un déficit de	21
en ajoutant pour l'arriéré de la dette exigible	15
on avait un déficit réel de	36

Louis XVI reconnaissait la nécessité d'une réforme dans la Maison du Roi, mais il fallait tout d'abord que le ministre ordonnateur princi-

---

[a] Quant aux impôts directs, Turgot appliqua à tout le Royaume la suppression des contraintes solidaires qu'il avait combattue, étant intendant de Limoges. Voir p. 321.

pal, La Vrillière, fut changé. On ne pouvait l'espérer avant quelque temps.

L'effort immédiat du Contrôleur général porta sur la diminution des frais de banque. Mais comment l'opérer, quand le paiement des anticipations exigeait d'énormes emprunts temporaires ? Ces anticipations s'élevaient à 78 millions de livres, non compris les arriérés, 20 millions environ, qui existaient dans les divers départements et pour lesquels il n'y avait pas de ressources spéciales.

À côté du Contrôle général, étaient des caisses dans lesquelles n'entrait plus ou n'entrait que peu d'argent. Telle était la *Caisse d'amortissement* dont les attributions principales consistaient à recevoir le montant de l'impôt du dixième et le verser au Trésor ; elle ne faisait pas d'opérations réelles, car les comptables avaient pris l'habitude de porter directement les fonds au Contrôle général. Néanmoins, le trésorier, Dubu de Longchamp, recevait 90 000 livres pour appointements, logement et frais de bureau, 36 000 livres pour épices et vacations, 24 000 livres pour traitement, sans compter l'adjonction à toutes les places d'administrateur des postes. L'abbé Terray avait essayé de supprimer ce trésorier nominal ; il n'avait pu y parvenir parce que Mme Dubu avait fait l'éducation des bâtards de Louis XV. Turgot obtint une décision favorable de Louis XVI.

Il rendit inutile aussi le poste de *Banquier de la Cour* en donnant la liberté au commerce des monnaies étrangères dont ce personnage avait le monopole, et il réduisit à rien le rôle du *Trésorier des parties casuelles*, Bertin, dont la vie était un scandale, en lui ôtant la prérogative de travailler directement avec le ministre [a].

Enfin, Turgot rompit les baux relatifs aux *domaines engagés*, aux *hypothèques*, aux *messageries*, aux *poudres*, pour constituer des régies, sans avoir toutefois la pensée de faire de l'État un industriel.

Le public eut bientôt des diligences légères, commodes, bien suspendues, à huit places, partant et arrivant à heure fixe. On fit, avec les *Turgotines*, ainsi qu'on appela les nouvelles voitures, en deux jours et demi, le trajet de Paris à Angers, au lieu de mettre cinq jours.

Quant aux poudres, Turgot plaça à la tête de la régie Lavoisier qui parvint à enlever à l'Angleterre la supériorité qu'elle avait pour cette fabrication.

Les fermiers généraux et les financiers qui vivaient de l'État furent dans la crainte ; ils se rappelaient la propagande organisée jadis contre eux par Quesnay et les économistes. Sauf trois, tous furent au nombre

---

[a] Il le mit sous les ordres d'un Intendant des finances lors de l'organisation de l'intendance d'Amelot de Chaillou ; en outre, d'après le *Journal historique* (8 décembre), un des agents de Bertin, nommé Lesueur, fut renvoyé.

des pires ennemis de Turgot et trouvèrent à la Cour, par leurs alliances de famille, et par leurs combinaisons d'argent, un appui solide.

À propos des Messageries, une campagne violente fut organisée contre les bureaux, contre le premier commis De Vaines, et contre Destouches, chef de bureau, dont l'indélicatesse fut démontrée. Le Contrôleur général ne fut pas attaqué personnellement, mais on prétendit qu'il dérogeait en s'occupant d'un intérêt aussi mesquin que celui des transports. En réalité, Turgot n'avait organisé la régie des Messageries qu'à titre provisoire et avec la pensée de confier, dès qu'il le pourrait, les services à l'industrie privée ; il estimait que l'administration n'était pas plus apte à mener ces sortes d'entreprises, qu'à s'occuper d'achats de grains.

La promesse, contenue dans sa lettre au Roi, de ne point emprunter et de ne point augmenter les impôts pouvait être jugée imprudente. Turgot s'y conforma pourtant ; il conserva des taxes qui n'avaient été établies que provisoirement, n'en établit pas de nouvelles et supprima nombre de petits droits qui gênaient le commerce ; il emprunta, mais pour rembourser d'autres emprunts et à un taux avantageux. Le crédit s'améliora au point que le clergé d'un côté, les États de Bourgogne, du Languedoc et de la Provence de l'autre, purent, comme le Trésor, faire des conversions de leurs dettes. Turgot ne perdait pas de vue les économies à faire sur les dépenses de la Cour. Ne pouvant songer à y toucher sérieusement faute de soutien dans le ministère, il fit prendre par le Roi quelques-uns de ces engagements de principe destinés à empêcher dans l'avenir le renouvellement des abus. C'est ainsi que, lors du mariage de Mlle de Guébriant, « fille d'une dame de compagnie de la duchesse de Lamballe », il fit admettre qu'il ne serait plus constitué de dots par le Roi.

On lui a reproché souvent d'avoir mis trop de raideur dans la défense du trésor public.

> Il mord, il rue, il heurte, il casse,
> Est-ce un mulet, est-ce un cheval ?

a dit un chansonnier [a]. Cependant, au début de son ministère, il fit plus d'une concession. Le comte de Mercy a raconté ce qui se passa pour l'augmentation de la cassette de la Reine.

---

[a] Un apologiste de Turgot dans une fable : *Le berger, le chien et les loups*, fit dire aussi à ces derniers :
> Il avait l'œil sauvage et le poil hérissé.
> Sa démarche était gauche et son zèle insensé.

Mercy s'était concerté avec l'abbé de Vermond pour signaler au Contrôleur général l'insuffisance de la dotation de Marie-Antoinette, plus mal traitée pécuniairement que les princes du sang. « Au premier mot, Turgot se chargea de proposer au Roi de porter ce traitement de 96 000 livres à 200 000 livres ; la Reine ignora cette négociation. » En outre, pour ne pas mettre Marie-Antoinette dans l'embarras vis-à-vis de Mme de Lamballe, Turgot fit donner un effet rétroactif à la décision du Roi, de sorte que la Reine toucha 50 000 livres, qu'elle put donner à Mlle de Guébriant.

De même, pour faire plaisir à Maurepas, Turgot tailla, non sans résistance toutefois, dans les Intendances des finances, une place pour Amelot, dont la nullité n'était pas discutée. Si, dans d'autres occasions, il se montra inflexible, c'est qu'il connaissait l'inutilité et le danger des concessions. Malesherbes eut une conduite contraire, notamment lors de la fixation du traitement de Mme de Lamballe, nommée surintendante [a] ; il ne semble pas qu'à la cour on lui en ait su le moindre gré.

Les attributions du contrôle général étaient très étendues.

Elles comprenaient, en dehors des affaires financières, les ponts et chaussées, le commerce, les manufactures et toutes les questions ressortissant aux autres départements, dès qu'elles aboutissaient à des dépenses ou à des exemptions d'impôts. Le premier commis préparait la correspondance générale ; le *détail* des autres services était aux mains des intendants des finances, personnages presque indépendants. L'un d'eux, Trudaine de Montigny, était l'ami intime de Turgot. Il avait dans ses attributions les gabelles, le commerce et les manufactures, c'est-à-dire les services où devaient être accomplies les grandes réformes projetées par le Contrôleur général, la liberté du commerce des grains, l'abolition de la corvée, la destruction des jurandes. Montigny était fatigué ; le 20 février 1775, Turgot lui donna pour adjoint son beau-père, Bouvard de Fourqueux, conseiller d'État [b], qui avait la réputation d'un grand travailleur.

Des registres sur lesquels ont été transcrites les lettres mises par Fourqueux à la signature du Contrôleur général, pour ce qui concerne l'épizootie, le commerce et les manufactures, sont aux *Archives Nationales* ; ils permettent d'avoir une idée précise de l'administration de Turgot. Le ministre n'était saisi que des dépêches importantes ; mais il ne se bornait pas à les signer ; fréquemment, pour en préciser la portée, il y ajoutait un postscriptum ou adressait directement aux destinataires

---

[a] Mercy, *Correspondance*, II, 387.
[b] Fourqueux avait épousé Mlle de Monthyon, sœur du créateur des prix de vertu, et avait marié ses filles : l'une, à Montigny, l'autre, à Maynon d'Invau.

des lettres personnelles, dont les registres ne donnent pas le texte, mais dont les dépêches postérieures indiquent le sens. La fermeté des décisions est remarquable ; on ne trouve trace, dans les registres, ni de faveurs accordées, ni de promesses vagues, comme on en fait tant dans les administrations publiques.

Lorsque des fabricants demandaient, avec l'appui de leur intendant, des interdictions de sortie pour les produits qui leur servaient de matières premières, il leur était opposé des refus formels ; lorsque des personnages de haut rang sollicitaient la permission d'établir des foires sur leurs terres, il leur était répondu invariablement que la permission leur serait donnée à la condition qu'ils ne percevraient pas de droits ; lorsque le prince de Condé voulut, pour établir des forges, faire exproprier des terrains, il lui fut écrit que l'expropriation n'était pas faite pour les intérêts particuliers ; lorsque Monsieur, frère du Roi, demanda des indemnités pour les bestiaux tués sur son domaine pendant l'épizootie, il fut répondu à son agent Cromot que le même traitement serait appliqué partout. Enfin, toutes les fois qu'il le put, Turgot se prononça pour la liberté des échanges.

La majeure partie des décisions [a] portées sur les registres concerne cette épizootie qui ravagea le midi de la France en 1774 et en 1775. L'agriculture ressortissait au petit ministère qui avait été laissé à Bertin pour lui donner entrée au Conseil, à titre d'ami personnel de Louis XV. D'une santé délicate, Bertin travaillait peu et se contentait d'être un courtisan habile. Son inertie, dans la circonstance, pouvait avoir des effets fâcheux, non seulement pour les propriétaires de bestiaux atteints par le fléau, mais pour l'agriculture, en général, et pour le trésor, auquel les provinces ravagées demanderaient des secours. Dès que Turgot vit le mal, il prit la direction des mesures de défense. Les intendants de province avaient agi sans entente ; les uns avec raideur, les autres avec timidité. L'intendant de Bayonne avait fait arrêter et emprisonner, avec approbation de Bertin, un négociant qui ne s'était pas conformé aux ordonnances. Celui de Bordeaux avait dégagé sa responsabilité en s'adressant au Parlement qui s'était empressé de rendre des arrêts, bien que les affaires d'épizootie fussent dans les attributions de l'administration.

À la suite d'une mission de Vicq-d'Azir, un arrêt du Conseil du 18 décembre 1774 ordonna l'abattage immédiat des bêtes malades avec indemnité des deux tiers de la valeur, mais en limitant à dix dans chaque paroisse le nombre des indemnités à allouer. Cette restriction, faite dans l'intérêt du trésor, servit de prétexte à certains intendants

---

[a] Elles donnent une idée très nette de l'administration sous l'Ancien régime.

pour ne pas agir. Il y en eut, au contraire, comme Guignard de Saint-Priest, à Toulouse, qui surent prendre des mesures efficaces de défense. Il y en eut qui furent maladroits, comme l'intendant d'Auch, Journet. Turgot excita le zèle des uns, blâma la faiblesse des autres et posa les principes de l'intervention de l'État dans les temps de calamités.

Grâce à une entente avec le maréchal du Muy, ministre de la guerre, et avec les fermiers généraux qui prêtèrent leur personnel, un long cordon de surveillance fut établi autour des provinces ravagées et le mal fut enrayé.

Le Contrôleur général avait quitté son lit [a] pour dicter des instructions aux intendants. Ce fut une imprudence ; il resta ensuite quatre mois sans pouvoir se lever.

La liquidation des dépenses relatives à l'épizootie fut en outre troublée par un incident qui fut exploité contre lui. Dans cette intendance d'Auch, où les formalités et les dépenses avaient été multipliées à l'excès, il fut constaté que, pour chaque bête abattue, plusieurs indemnités avaient été payées. L'intendant Journet vint s'expliquer à Paris ; on lui mit sous les yeux les preuves des faits relevés ; désespéré, il se coupa la gorge [b]. Turgot n'avait jamais suspecté la probité de ce magistrat et n'avait blâmé que son insuffisance ; encore l'avait-il fait avec modération, ainsi qu'en témoignent ses lettres. Mais on était à la fin de 1775 ; les ennemis de Turgot ne laissaient passer aucune occasion de lui nuire. On l'accusa d'une excessive sévérité.

XVII. — LES PARLEMENTS

La rentrée des Parlements. — Opinion de Turgot sur le coup d'État Maupeou. — Comité chargé d'examiner la question du rétablissement des Parlements. — Conséquences de ce rétablissement.

L'épizootie du Midi avait commencé à se développer au moment où le gouvernement de Louis XVI eut à résoudre une question politique de premier ordre, celle du retour des Parlements.

Avec leurs procédés d'obstruction, avec leurs grèves, leurs refus d'enregistrement et leurs remontrances, si excessives parfois qu'elles en devenaient mensongères, avec leurs représailles contre les ministres et

---

[a] Il avait été atteint de la goutte pour la première fois en 1760, au cours d'un voyage en Suisse. Il eut d'autres attaques en 1770, en juin 1772, en décembre 1772, en décembre 1773.

[b] Son domestique fut mis à la Bastille pour faire croire à un assassinat.

leurs vengeances, avec leur soif de popularité, les Parlements avaient rendu l'administration très difficile.

Pour les subsistances, le Parlement de Paris intervenait dès qu'il y avait cherté, au risque de provoquer des émeutes. Les Cours de province agissaient de même. Pendant la famine du Limousin, Turgot avait vu ses efforts contrariés par le Parlement de Bordeaux qui, le 17 janvier 1770, avait prescrit aux propriétaires, décimateurs, fermiers, magasiniers et marchands de grains, de garnir les marchés. Si l'arrêt avait été exécuté, le blé aurait été caché ; les transactions auraient cessé. L'intendant négocia avec le procureur général pour que l'exécution de l'arrêt fut suspendue ; il le fit ensuite casser [a] en menaçant ceux qui s'opposeraient à la liberté du commerce de les poursuivre comme perturbateurs du repos public.

Dans les questions d'enregistrement, les Parlements étaient non moins maladroits. En l'absence de Constitution, leur opposition aurait été un frein utile à l'absolutisme ministériel, si elle avait toujours été conforme au bien public. Mais les ministres cernaient cette opposition avec des faveurs de sorte qu'elle était devenue un moyen d'avancement.

Enfin, la partiale dureté dont les Parlements avaient fait preuve dans nombre de procès criminels était effrayante ; et le projet d'union de toutes les Cours souveraines sous la direction du Parlement de Paris — projet soutenu avec vigueur en 1770 — était un danger pour la monarchie. C'est pour l'étouffer que fut rendu l'édit qui interdit aux Cours de se servir des termes d'*unité*, d'*universalité*, de *classe*, etc., et qui fut suivi du coup d'État Maupeou. Cet important édit fut présenté à l'enregistrement le 27 novembre. Le Parlement protesta, puis parut se soumettre lorsqu'il fut saisi par l'abbé Terray d'un règlement sur le commerce des grains qui, en supprimant la liberté, rendait aux Parlementaires leur principal instrument de popularité.

Turgot estimait que la soumission n'était qu'apparente ; il écrivit à Du Pont le 15 janvier 1771 :

« Il me semble que la victoire sur le Parlement est encore équivoque et en leur livrant, comme vous dites, le pauvre peuple, on leur a donné une arme assez avantageuse à manier pour des fripons. »

Le jour même, la Cour revenait à ses procédés d'obstruction. C'est alors, les 21 et 22 janvier, que ses membres furent exilés. « Tout va par cascades en ce monde, écrivit Turgot le 1er février. Je ne prends pas un intérêt infini aux cruches cassées et je ne sais trop à quel point elles avaient raison sur l'objet qui a occasionné leur rupture. Leur résistance

---

[a] Arrêt de mars 1770. À cette date, Terray était contrôleur général, mais n'avait pas encore triomphé de Choiseul. Il laissait faire ses bureaux et Trudaine de Montigny.

pourrait être utile, si elle était éclairée et désintéressée ; mais la négative absolue qu'ils voudraient s'arroger dans le Gouvernement est une chose absurde en elle-même et avec laquelle aucun gouvernement ne peut subsister, ni agir raisonnablement. Le malheur est qu'on les achètera toujours quand il ne s'agira que des intérêts du peuple. De tout temps, nos seigneurs les lions ont conclu leurs traités aux dépens des moutons...

« La petite farce qui se joue à Paris me paraît plus comique que tragique et se terminera comme les deux que j'ai vues, par le retour des cruches dont tous les morceaux se rejoindront, comme le nez et les oreilles respectives de saint Georges et de saint Denis dans la *Pucelle*... »

Le 28 février, Turgot écrivait encore : « Je ne blâme pas le fond de la besogne et il me semble que si elle peut tenir, le public y gagnera plus qu'il n'y perdra. »

Mais, le 13 mars, il disait : « Par tout ce qu'on me mande, je vois que le ministère actuel a manqué son opération. Nous serons délivrés de quelques loups dévorants et les *bœufs-tigres* reviendront aussi stupides et plus stupides que jamais. Ces gens-ci (les ministres) ont entrepris avec de mauvaises intentions une chose qui, même avec de bonnes intentions, aurait été très difficile, mais les obstacles qu'ils ont trouvés seront longtemps des obstacles à tout progrès et à tout changement en bien. »

On sait que Maupeou remplaça les magistrats exilés par des personnages recrutés à la hâte, que le nouveau Parlement manqua de prestige et qu'il fut aussi impopulaire que le ministre qui l'avait institué [a].

À l'avènement de Louis XVI, la question de savoir s'il fallait rétablir le Parlement dissous se posa bientôt et de telle manière qu'elle devait être à bref délai résolue. Elle fut examinée par un comité composé de Maurepas, de Turgot, de Miromesnil et de Sartine. Le secret des délibérations paraît avoir été gardé ; on ne peut donc faire que des conjectures sur l'opinion de chacun. Maurepas passe pour avoir été le seul à opiner pour le retour. Mais il est possible que Turgot ne se soit pas fortement opposé à cette mesure. Avec Quesnay et les Physiocrates, il ne croyait pas aux avantages du gouvernement constitutionnel pratiqué en Angleterre ; il méprisait l'opposition parlementaire et il en connaissait les ressorts cachés. On assure qu'il mit sous les yeux de Louis XV

---

[a] On lit dans la *Correspondance Métra*, à propos de la disgrâce de Maupeou et de l'abbé Terray : « Cette heureuse disposition ne peut que faire espérer le rétablissement des anciennes Cours des Parlements toujours demeurées chères à la nation, malgré tous leurs torts. » Beaucoup de gens pensaient ainsi.

Métra rapporte aussi que Maupeou dit à la Vrillière, venu pour lui transmettre les ordres de Louis XVI : « J'ai fait gagner au Roi un procès qui durait depuis 300 ans ; il veut le reperdre, il en est bien le maître ». Vrai ou non, le propos était juste.

un état de pensions, gratifications et autres faveurs [a], de nature à éclairer le Roi à ce sujet. Mais il pouvait craindre que la convocation des États généraux ne fût le résultat inévitable de la destruction des Parlements. La Cour des Aides supprimée n'avait-elle pas dit, non sans imprudence, à Louis XV, le 18 janvier 1771 par l'organe de Malesherbes, qui n'avait été probablement que le porte-parole de sa compagnie [b] :

« Par qui les droits de la nation vous seront-ils représentés quand les Cours n'existeront plus et seront remplacées par des tribunaux civils. Interrogez donc la nation elle-même, puisqu'il n'y a plus qu'elle qui puisse être écoutée de V. M. »

À un point de vue plus terre à terre, bien que non négligeable, le Contrôleur général devait redouter les conséquences financières du coup d'État Maupeou, dont le prétexte vis-à-vis du public avait été la suppression de la vénalité des charges et l'établissement de la gratuité de la justice. D'après un calcul du temps, le capital de toutes les charges supprimées en 1771 aurait dépassé 45 millions [c] et il aurait fallu ajouter à cette somme le prix des charges des tribunaux inférieurs et pourvoir aussi aux gages des magistrats sans avoir en atténuation la ressource des vacations et celle des épices.

Ce que Turgot ne dut pas admettre, c'est que, selon l'expression de Condorcet [d], les magistrats revinssent sans conditions, avec leur insolence, leurs préventions et leurs préjugés. Sur ce point Turgot discuta et fut battu ; le projet du garde des sceaux, Hue de Miromesnil, prévalut ; l'édit de 1774, qui rétablit le Parlement de Paris, ne renferma que des précautions à peu près illusoires contre les empiétements possibles de la magistrature. Aussi les *Revenants*, selon le nom que les chansonniers donnèrent à *Messieurs*, recommencèrent, sous prétexte de police générale, à se mêler de tout et firent bientôt sentir au Gouvernement leur puissance, principalement à Turgot qu'ils considéraient comme leur adversaire.

---

[a] Voir dans Capron et Plessis, *Vie privée du Prince de Conti*, p. 178, une lettre d'où résulte que le comte de la Marche, fils du Prince, fut acheté par l'abbé Terray.
[b] Gaillard, *Vie de Malesherbes*.
[c] *Journal historique*.
[d] Condorcet n'était pas absolument opposé au rappel des Parlements : « Je persistai à croire qu'il n'y a aucune raison, ni prétexte, pour rétablir les Parlements sans les assujettir à des conditions ; je ne vois pas que rien soit bien pressé, excepté le rappel des exilés, qu'on peut regarder comme indépendant du reste », écrivait-il à Turgot.

XVIII. — LA LIBERTÉ DU COMMERCE DES GRAINS ET LE PACTE DE FAMINE

Arrêt du 13 septembre 1774. — Traités de l'abbé Terray avec Leray de Chaumont. Sorin de Bonne et Doumerck. — Opérations de ces derniers. — Brochet de Saint-Prest. — Soupçons contre Terray. — Liquidation de l'affaire du pacte de famine. — Procès de Sorin et Doumerck.
Opinion de Bertin sur le projet d'arrêt relatif à la liberté du commerce des grains. — Conduite du Parlement.

La première réforme économique de Turgot fut le rétablissement, par arrêt du 13 septembre 1774, de la liberté du commerce des grains à l'intérieur du Royaume. La promulgation de cet arrêt eut lieu le 20 septembre, deux mois environ avant la rentrée du Parlement.

L'abbé Terray avait, en 1771, renoué les relations que l'administration avait eues avec Le Ray de Chaumont et avait chargé ce munitionnaire de quelques achats de grains. Chaumont présentait chaque semaine au contrôleur général un état de situation, au bas duquel il faisait mention des ordres donnés verbalement la semaine précédente. Le ministre arrêtait et approuvait personnellement chaque balance [a].

L'abbé se servit ensuite de Sorin de Bonne et Doumerck qui, en juillet 1770, avaient été chargés de procéder à un achat de 12 000 setiers à Amsterdam et qui devinrent acquéreurs des moulins de Corbeil. Ces fournisseurs reçurent la commission ordinaire de 2 p. 100 sur leurs achats et leurs ventes, les frais de change et de banque étant comptés à part.

Les opérations pour le Roi se développèrent bientôt et s'étendirent aux approvisionnements de la province, comme à ceux de Paris. Les soupçons se répandirent non moins rapidement, et plusieurs faits leur donnèrent une apparence de fondement. Un des magasins des blés du Roi était installé depuis longtemps dans une des terres de l'abbé Terray, au château de Lamothe, près Provins ; la location de ce magasin fut, paraît-il, renouvelée et à des conditions forcément avantageuses pour le propriétaire. Un moulin, situé à Chiessat [b], et appartenant également au contrôleur général, avait été loué aussi à la Régie. Des émissaires de Sorin de Bonne et Doumerck avaient été vus de tous côtés en province. Le service des subsistances avait été enlevé aux mains honnêtes d'Albert, qui, lors du coup d'État Maupeou, s'était retiré, ne voulant pas recevoir un traitement pendant que les Conseillers, ses collègues, étaient en exil, pour être mis aux mains avides de Brochet de Saint-

---
[a] *Mémoire justificatif* de Brochet de Saint-Prest.
[b] A. N., F. 11, 1195. Le bail conclu le 20 mars 1772 fut résilié, sous le ministère de Turgot, du consentement de l'abbé Terray.

Prest, qui devint titulaire d'une charge d'intendant du commerce dans des conditions insolites et qu'on vit passer rapidement d'une situation obérée à l'opulence.

L'abbé Terray ne regardait pas à tirer des ressources fiscales des objets de première nécessité, car il ajoutait des sols pour livre à une foule de droits qui réagissaient sur le prix des denrées. Il s'émut pourtant lorsque les propos injurieux se multiplièrent, et il institua à la fin de 1771, pour examiner la question des grains, une commission composée de quatre magistrats des plus honorables : La Galaisière, Sartine, la Michodière, et Bouvard de Fourqueux.

Le 17 décembre, il exposa ses vues à la commission et proposa d'encourager les envois de grains dans les provinces dénuées, de favoriser les importations, d'interdire, au contraire, l'exportation et d'ordonner aux communes de s'approvisionner pour deux ou trois ans quand le blé serait à bas prix, puis comparant le système des traités qu'avait suivi L'Averdy à celui de la régie directe, l'abbé se prononça pour le dernier [a]. La commission donna son avis définitif en 1773. Elle estima que l'État ne devait point acheter de grains pour les porter d'une province à l'autre, qu'il pouvait utilement constituer à Corbeil un approvisionnement de 40 à 50 000 setiers pour parer à un premier besoin de Paris, et qu'il ne devait s'occuper des importations de l'étranger qu'au cas où le commerce ne se déterminerait pas à agir.

De cet avis fort raisonnable, l'abbé fit ce qu'il avait fait des lettres de Turgot ; il n'en tint pas compte et continua à donner des ordres aux fournisseurs, en étendant la sollicitude gouvernementale à la province et en effectuant des achats à l'étranger.

Terray songea même à fondre dans la régie des blés, celles des vivres de l'armée et de la marine [b].

Pendant les années 1772 et 1773, il se reposa sur Brochet de Saint-Prest du soin de diriger les approvisionnements. En 1774, il reprit personnellement en mains le service [c].

Les fournisseurs principaux furent, dans les deux cas, Sorin et Doumerck, qui reçurent du Trésor une somme totale d'environ 12 millions. Cette somme n'aurait point suffi pour établir le monopole, dont on parlait toujours et qu'on croyait voir partout, mais elle constituait un important fonds de roulement qui, répandu çà et là sur les marchés de province, pouvait provoquer des oscillations de prix, propices à des spéculations plus ou moins heureuses.

---

[a] A. N., F. 11, 265.
[b] *Journal* de l'abbé de Véri.
[c] *Mémoire justificatif* de Brochet de Saint-Prest.

L'abbé de Véri, parcourant la France en 1773, constata qu'on était en tous lieux persuadé que le Contrôleur général tirait profit des affaires de blé pour lui et pour son entourage. Dans deux circulaires des 9 et 23 septembre, Terray invita d'ailleurs les Intendants à rechercher les auteurs des propos « séditieux » [a].

Cependant, les soupçons seraient restés à l'état vague si l'*Almanach Royal* n'avait révélé l'existence d'un trésorier des grains pour le compte du roi, nommé Mirlavaud, et si, ensuite cet almanach ayant été rectifié, son imprimeur et son censeur n'avaient été punis.

Alors courut l'épigramme :

> Ce qu'on disait tout bas est aujourd'hui public,
> Des présents de Cérès, le maître fait trafic.

On a vu que les accusations ne furent pas éteintes par la mort de Louis XV et que Louis XVI, pressé par Maurepas, fit alors passer Turgot de la Marine aux Finances et Sartine de la Police à la Marine.

La question des grains était donc une de celles que le nouveau contrôleur général devait résoudre immédiatement ; il importait de laver le jeune roi des imputations infâmes dont il était l'objet. En rétablissant la liberté du commerce des grains, le 13 septembre, trois semaines après son entrée au contrôle général, en spécifiant, dans l'Arrêt du Conseil y relatif, qu'il ne serait fait aucun achat de grains, ni de farine, pour le compte du Roi et qu'il était défendu à toute personne de se dire chargée de faire de semblables achats, Turgot accomplit un acte politique plus encore qu'un acte économique [b].

Le préambule de l'arrêt fut rédigé avec un soin que les amis du ministre trouvèrent excessif, et que ses adversaires jugèrent ridicule ; ils n'admettaient pas que le Roi donnât des explications à ses sujets. Mais Turgot se rappelait ce qui s'était passé après l'Édit de 1764, dont, en maints endroits, les autorités subalternes n'avaient pas tenu compte ; il

---

[a] « Il me semble, fut-il dit dans la première circulaire, que le peuple attribue le haut prix des grains à un dessein formé de lui faire payer chèrement sa subsistance ; il voit partout des monopoleurs, jusque dans les secours qu'on lui donne. »

« Je dois vous prévenir, fut-il dit dans la seconde circulaire, que le peuple, les bourgeois des villes et même les personnes distinguées, sont imbues de l'idée fausse qu'il existe une compagnie chargée exclusivement de l'approvisionnement du Royaume et du commerce de grains. De pareilles opinions rendraient le gouvernement odieux. Vous savez que si le gouvernement a fait passer des grains dans les différentes provinces, c'était pour les faire vendre à perte et pour le soulagement des peuples ; il est de votre devoir de détromper ceux qui sont dans l'erreur. » — A. N., K. 908, 26 et 28.

[b] Plusieurs historiens, dont de Ségur (*Au couchant de la monarchie*), n'ont pas saisi la portée de cet acte au sujet duquel Maurepas et Turgot furent constamment d'accord.

voulait supprimer tout prétexte de désobéissance en rendant la loi si claire que le moindre juge de village pût l'expliquer.

La rentrée des Parlements entraînait l'enregistrement de l'Arrêt, contraire à un édit existant. Des Lettres patentes furent donc portées au Parlement de Paris ; elles sont datées du 2 novembre.

Bertin, auteur de la déclaration de 1763 qui avait précédé l'édit libéral de 1764, avait conseillé à son collègue de ménager les préjugés :

« Je vous exhorte à mettre dans votre marche toute la lenteur de la prudence… J'irais jusqu'à vous inviter, si cela vous était possible comme à moi, et si vous n'aviez pas depuis longtemps pris couleur, à masquer vos vues et votre opinion. »

Turgot avait songé à établir, en même temps que la liberté intérieure, la liberté de l'exportation (un projet en ce sens est au château de Lantheuil) ; il recula devant la crainte de l'opposition qu'il aurait fait naître. Les Lettres patentes ne donnèrent la liberté que pour les transactions et la circulation à l'intérieur du Royaume ; elles permirent toutefois aux importateurs de faire des réexportations sans payer de droits, et elles laissèrent espérer que des primes à l'entrée seraient accordées.

La réforme était, en somme, assez modeste, pour que Galiani, avec son infatuation ordinaire, écrivit à Mme d'Épinay : « Savez-vous que je reçois des compliments de toutes parts, d'Italie, d'Allemagne, etc., sur ce qu'on croit que M. Turgot a tiré de mon livre [a] tous les principes de son édit et de ce qu'il a adopté le système en entier d'encourager la circulation intérieure et de ne s'occuper que de cela. »

Dans le préambule de l'arrêt du Conseil, une allusion aux opérations engagées par l'abbé Terray était inévitable ; elle fut faite en termes non équivoques, mais modérés, et avec des arguments que l'on peut appliquer à presque toutes les entreprises commerciales ou industrielles d'État.

« Les négociants, y est-il dit, par la multitude des capitaux dont ils disposent, par l'étendue de leurs correspondances, par la promptitude et l'exactitude des avis qu'ils reçoivent, par l'économie qu'ils savent mettre dans leurs opérations, par l'usage et l'habitude de traiter les affaires de commerce, ont des moyens et des ressources qui manquent aux administrateurs les plus éclairés et les plus actifs. Plus le commerce est libre, animé, étendu, plus le peuple est promptement, efficacement et abondamment pourvu ; les prix s'éloignent d'autant moins du prix moyen et habituel, sur lequel les salaires se règlent nécessairement…

« Les agents que le Gouvernement emploie peuvent, par défaut d'habileté, ou même par infidélité, grossir à l'excès la dépense de leurs

---

[a] *Dialogues sur les blés.*

opérations. Ils peuvent se permettre des manœuvres coupables à l'insu du Gouvernement. Lors même qu'ils en sont le plus innocents, ils ne peuvent éviter d'être soupçonnés et le soupçon rejaillit toujours sur l'administration qui les emploie, et qui devient odieuse au peuple par les soins même qu'elle prend pour le secourir. »

Ces passages visaient tout à la fois les opérations du maladroit L'Averdy et celles de l'abbé Terray, mais un paragraphe spécial s'appliquait à ces dernières et à l'hypocrite Arrêt du Conseil [a] par lequel l'abbé avait suspendu, sans oser l'avouer, la liberté du commerce des grains :

« Depuis cette époque, le commerce a perdu toute activité ; on a été forcé de recourir, pour y suppléer, à des moyens extraordinaires onéreux à l'État, qui n'ont point rempli leur objet et qui ne peuvent ni ne doivent être continués. »

Enfin, Turgot blâma les gouvernants « qui avaient eu la persuasion qu'en se mêlant de commerce, ils se rendraient maîtres du prix des subsistances. » Mais il eut soin d'affirmer que ces gouvernants « avaient eu pour but de soulager le peuple et de prévenir ses murmures. »

Dans le préambule des Lettres patentes, les opérations de l'abbé Terray furent une seconde fois flétries. Le Roi déclara qu'il avait fait procéder à ce sujet à une enquête et en résuma les résultats en ces termes : « Occupé de tout ce qui peut intéresser la subsistance de nos peuples, nous avons fait examiner, en notre présence, les mesures qui avaient été prises sur cet objet important et nous avons reconnu que les gênes et entraves que l'on avait mises au commerce des grains, loin de prévenir la cherté et d'assurer des secours aux provinces, affligées de la disette, avaient, en obligeant le Gouvernement à se substituer au commerce qu'il avait écarté et découragé, concentré l'achat et la vente dans un petit nombre de mains, livré le prix des grains à la volonté et à la disposition de préposés qui les achetaient de deniers qui ne leur appartenaient pas... »

Enfin, dans le dispositif, fut ajouté un article par lequel le Roi se réserva de « statuer incessamment par d'autres lettres patentes sur les règlements particuliers à la Ville de Paris », ce qui laissait quelques espérances aux partisans de la réglementation.

Messieurs accueillirent fort mal la loi nouvelle. Il fallut négocier avec eux. Le Roi eut la condescendance de faire discuter à nouveau les lettres patentes par son Conseil ; la majorité des ministres ayant été favorable, le Parlement se soumit ; l'enregistrement fut voté, le 19 décembre, par 68 voix contre 34, mais avec un *retentum* : le Premier Président fut chargé de « se retirer par devers le Roi », à l'effet de lui témoi-

---

[a] Du 23 septembre 1770.

gner que « la confiance de son Parlement dans sa sagesse et dans ses soins paternels pour le bien de ses sujets, avait été le plus puissant des motifs qui avaient déterminé son Parlement à enregistrer purement et simplement ses lettres patentes, la Cour étant également persuadée que la prudence du Roi lui suggérerait les moyens les plus propres pour que les marchés publics fussent habituellement assez garnis pour procurer aux citoyens leur subsistance journalière. »

Le *retentum* n'avait pas de force légale, mais il flattait les préjugés populaires, et contrariait, par conséquent, les efforts du Contrôleur général pour les dissiper.

Turgot procéda ensuite à la liquidation du passé. Un incident romanesque nécessita une recherche des responsabilités, comme on dirait aujourd'hui. Des pêcheurs de Boulogne trouvèrent dans la Seine, le 17 septembre [a], en face de Suresnes, des sacs pleins de papiers auxquels étaient attachées des pierres ; en voulant les retirer, l'un des pêcheurs tomba à l'eau et faillit se noyer. On porta les papiers au Contrôle général ; il fut reconnu qu'ils sortaient de la régie des blés. Une instruction judiciaire fut alors ouverte ; les scellés furent mis sur les bureaux et sur les magasins de la régie ; un commissaire du Châtelet, Serreau, fut chargé, le 28 septembre 1774, de procéder à l'inventaire des pièces saisies [b].

D'un premier examen du dossier, résulta que Sorin et Doumerck avaient cherché des bénéfices, bien plus en multipliant les frais accessoires qui leur étaient alloués à l'occasion des opérations de grains que dans les opérations mêmes. Agissant au nom du Roi, et disposant d'un fonds de roulement considérable, ils s'étaient créé un large crédit en France et à l'étranger, et avaient tiré de ce crédit un ingénieux parti.

Quand ils achetaient, par exemple, pour 200 000 livres de blé à Bordeaux, au lieu de payer cette somme en argent, ou au moyen d'un mandat sur le Trésor, ils demandaient une ouverture de crédit à leur correspondant d'Amsterdam qui ne refusait point, parce qu'il leur connaissait des ressources et qu'il espérait obtenir par leur canal une bonne commande. Alors, Sorin et Doumerck payaient Bordeaux avec une lettre de change sur Amsterdam. Par un procédé analogue, ils payaient Amsterdam à l'aide d'un crédit sur Dantzig ou sur Londres. Lorsqu'ils achetaient des grains étrangers, à Hambourg, ils payaient Hambourg avec un crédit sur Bordeaux. Chaque fois, ils mettaient des frais de banque et des commissions au débit de l'État, de sorte que, les 12 millions du Trésor se rétrécissaient peu à peu comme la *peau de chagrin* de Balzac, sans qu'il fût nécessaire de remuer beaucoup de sacs de blé. Les

---

[a] A. N., K. 908, 42.
[b] A. N., Y. 15383.

fournisseurs se préoccupaient si peu des approvisionnements en France, qu'ils achetèrent du *minot* pour être envoyé par un prête-nom dans les colonies, du sucre et d'autres marchandises pour être expédiés dans le Levant.

Au moment où ils quittèrent la régie, elle était débitrice de 700 000 livres en France et à l'étranger. Turgot se demanda s'il acquitterait cette dette, sans attendre l'apurement des comptes. Il craignit, en ajournant, de porter atteinte au crédit de l'État, à peine délivré des rudes procédés de l'abbé Terray, et fit des propositions de paiement dans un rapport au Roi du 16 octobre 1774 [a].

Dans un autre rapport au Roi, de même date, Turgot proposa des mesures relativement à Brochet de Saint-Prest, contre qui une plainte avait été formulée par les propriétaires de la charge d'Intendant du Commerce, dont il était devenu titulaire.

Pendant sept ans, cette charge avait été à vendre ; le prix en était si élevé et si peu en rapport avec les émoluments à recevoir qu'on n'avait pu trouver d'acquéreur ; tôt ou tard, le Trésor aurait été obligé d'en rembourser le prix. Provisoirement, les fonctions avaient été confiées par simples commissions à plusieurs administrateurs, dont D'Albert avait été le dernier. Brochet de Saint-Prest, désigné pour le remplacer, se porta acquéreur de la charge ; seulement, le jour de la signature du contrat, il vint chez le notaire avec une partie du prix en argent et l'autre partie en papier qui perdait 40 p. 100. Les propriétaires protestèrent. Brochet leur répondit qu'il agissait en vertu d'ordres supérieurs, et il présenta le lendemain une décision royale abaissant le prix de la charge. Force fut aux propriétaires de s'incliner devant cette exaction, mais dès que l'abbé Terray eut quitté le pouvoir, ils présentèrent une requête au nouveau Contrôleur général.

Brochet, invité à s'expliquer sur sa conduite, se retrancha derrière l'abbé Terray [b] qui avait, en effet, su concilier les intérêts de son protégé avec les intérêts du Trésor en supprimant, au moyen de la décision arrachée à Louis XV, l'obligation d'avoir à rembourser le prix de l'office invendu.

La plainte suivit son cours. C'est sur des faits plus graves que Turgot appela l'attention du conseil du Roi. Brochet, chargé du service des subsistances, s'était fait prêter par Sorin et Doumerck 50 000 livres qu'il avait remboursées trois jours après que l'abbé Terray était sorti de place. Il avait reçu des mêmes fournisseurs à plusieurs reprises des

---

[a] A. L. La dépense totale du trésor, d'octobre 1770 à août 1774, fut de 14 350 000 livres, dont 12 000 000 environ par les mains de Sorin et Doumorck (A. N., F. 11, 265). La vente ultérieure de ce qui restait en magasins procura au trésor environ 4 000 000 de livres d'après Du Pont.

[b] *Mémoire justificatif* de Brochet de Saint-Prest.

cadeaux en nature dont 163 sacs de farine. Il avait acheté une belle maison, l'avait agrandie, l'avait fait décorer splendidement et menait grand train, quoiqu'il fut sans fortune. Son improbité était évidente.

Sur le rapport de Turgot, Louis XVI mit de sa main cette apostille indulgente : « Demander la démission de M. de Saint-Prest ».

Ainsi fut fait et sans grand bruit ; Saint-Prest fut même plus tard remboursé de ce qu'il avait payé pour sa charge ; il ne manqua pas de se dire blanc comme neige. Sorin et Doumerck déclarèrent aussi partout que leurs opérations avaient été trouvées nettes.

Sans la guerre des farines, aucune mesure n'aurait été prise contre eux. Mais lorsque surgit cet événement d'aspect mystérieux, le gouvernement chercha de tous côtés des preuves ou des aveux du complot attribué au prince de Conti.

Une trentaine de personnes furent envoyées à la Bastille au commencement de mai 1775. Sorin de Bonne et Doumerck furent des premières. L'inventaire de leurs papiers était achevé depuis longtemps [a]. Ils furent interrogés. L'instruction fut close le 15 juin 1775 par un rapport de D'Albert [b], alors lieutenant de police. D'Albert confirma les faits sur lesquels Turgot avait appelé plusieurs mois auparavant l'attention du Roi et en signala quelques autres, notamment que trois navires chargés de grains avaient été envoyés à l'étranger et que l'expédition des marchandises effectuée dans le Levant avait été portée au compte de la régie, parce qu'elle avait été ruineuse pour les fournisseurs. Mais D'Albert observa en concluant que des contestations de même ordre entre particuliers seraient portées devant la juridiction civile et qu'il n'y avait pas, dès lors, de motifs pour engager contre les fournisseurs une action criminelle. En conséquence, Sorin et Doumerck sortirent de la Bastille le 20 juin 1775 [c].

L'abbé Terray ne fut jamais incriminé. Fut-il irréprochable ? Du Pont de Nemours insinue quelque part [d] que les affaires de grains servaient à obliger les amis ou les amies de l'abbé. Aucune pièce ne confirme cette assertion et des tripotages accessoires, si coupables qu'ils aient pu être, n'empêcheraient pas d'admettre que l'abbé eut été de bonne foi, lorsqu'il eut la prétention, ainsi que le dit Turgot dans le préambule de l'arrêt du 13 septembre, de se rendre maître des prix pour limiter les profits des accapareurs. C'est l'opinion émise par l'abbé de Véri, observateur sagace.

---

[a] Depuis le 23 janvier.
[b] A. N., K., 908.
[c] Funck-Brentano, *Les lettres de cachet*.
[d] *Correspondance du margrave de Bade avec Mirabeau et Du Pont*, publiée par M. Kniess.

Cette affaire du pacte de famine, qui a contribué à la ruine de la monarchie, se réduirait alors presque exclusivement, dans la première phase, celle du temps de L'Averdy, à des imprudences dénaturées par la politique et, dans la seconde phase, celle du temps de l'abbé Terray, à des malversations greffées sur une tentative économiquement absurde. La régie achetait cher parce que, n'ayant pas peur de perdre, elle était forcément maladroite ; elle vendait volontairement à bon marché ; elle se ruinait de toute manière et contribuait à la hausse des grains, directement par ses achats, indirectement par ses ventes au-dessous du cours qui chassaient le commerce.

S'il y a là un exemple démonstratif des dangers attachés à l'intervention de l'État en matière économique et de l'impossibilité où il est d'agir utilement sur les prix, il s'y trouve aussi une preuve de la sagesse des mesures que prit Turgot pour sauvegarder l'honneur de son maître et pour avancer le moment où comme il disait : « le commerce des grains et tout ce qui y a rapport pourraient être oubliés de la part du gouvernement. »

XIX. — LA GUERRE DES FARINES

Opinion de Turgot sur les mouvements séditieux. — Cherté des grains en 1775. — Troubles à Dijon et en Bourgogne. — Émeutes à Beaumont-sur-Oise, à Pontoise, à Poissy, à Saint-Germain, à Versailles. — Maladresse du prince de Poix, gouverneur de cette ville. — Lettres de Louis XVI à Turgot. — Émeutes à Paris. — Conduite de Maurepas et de Lenoir. — Révocation de ce dernier. — Agitation au Parlement. — Lit de Justice. — Mesures de répression. — Circulaire aux évêques et aux curés. — Origines de l'émeute. — Le prince de Conti. — Le cardinal de la Roche-Aymon, le Grand prévôt. — Fermeté de Louis XVI. — Le complot. — Mesures générales sur le commerce des grains.

Sous l'Ancien régime, tout administrateur avait à compter avec des mouvements séditieux en cas de renchérissement du prix du pain. Étant intendant de Limoges, Turgot avait écrit le 15 février 1765, aux officiers de police de sa généralité :

« Si les esprits commencent à fermenter, le magistrat ne doit rester ni dans l'indifférence, ni dans l'inaction ; il doit employer tous les moyens qu'une prudence éclairée suggère pour calmer l'émotion ou plutôt pour l'empêcher de naître. L'attroupement séditieux est un crime trop destructeur de l'ordre public pour qu'il puisse demeurer impuni. Le Gouvernement est obligé, malgré lui-même, d'armer la juste sévérité des lois et les coupables expient dans les supplices le crime où les a entraînés une impétuosité aveugle qui n'a pas été réprimée à temps. »

Quelques mois après avoir fait enregistrer la loi sur la liberté du commerce des grains, Turgot eut à appliquer, comme ministre, les principes qu'il avait exposés à ses subordonnés comme intendant. C'est, en effet, au printemps de 1775 qu'éclatèrent les émeutes auxquelles on a donné le nom de *Guerre des Farines* et dont l'histoire se serait à peine occupée sans l'obscurité de leur origine et l'importance de leurs conséquences politiques.

Dans sa lettre à Louis XVI, du 24 août 1774, Turgot avait signalé l'insuffisance de la récolte :

« J'entre en place dans une conjecture fâcheuse par les inquiétudes répandues sur les subsistances, inquiétudes fortifiées par la fermentation des esprits, depuis quelques années, par la variation dans les principes des administrateurs, par quelques opérations imprudentes, et surtout par une récolte qui paraît avoir été médiocre [a]. »

La récolte de l'année 1775 s'annonça meilleure ; mais les importations de grains étrangers étaient faibles ; la cherté était générale en Europe et le commerce intérieur était libre en France depuis trop peu de temps pour être fortement organisé. Bien qu'il n'y eût pas de disette réelle [b], il se manifesta des alarmes en quelques endroits, au printemps, et les magistrats locaux les entretinrent en rendant des ordonnances contraires à la liberté du commerce ; Turgot fit casser ces ordonnances par un arrêt du Conseil du 7 avril.

Quelques jours plus tard, un mouvement populaire, avec pillage de grains et démolition d'un moulin, troubla Dijon [c] ; le gouverneur de la ville fut menacé de mort. Grâce à l'intervention habile de l'évêque [d], le désordre n'eut pas de durée. Turgot fit suspendre, par arrêt du 22, les droits d'octroi sur les blés à Dijon, à Saint-Jean-de-Losne et à Mont-

---

[a] Les prix montèrent surtout à Paris et à Rouen où opéraient les marchands accrédités.

[b] D'après une mercuriale inédite dressée sous la Révolution, le prix moyen du froment sur le marché de Sens a subi les variations ci-après :

1774.	1er trimestre	3 l.	13 s.	4 d.
	2e —	3	2	5
	3e —	3	11	4
	4e —	3	13	1
1775.	1er trimestre	4 l.	7 s.	4 d.
	2e —	5	1	6
	3e —	4	9	1
	4e —	3	15	1
1776.	1er trimestre	3 l.	13 s.	
	2e —	3	3	5 d.
	3e —	3	3	4
	4e —	3	5	8

(Communication de M. le D'Hervé).

[c] En mars, il y eut des troubles à Érvy, en Champagne, et à Metz ; en avril, il y eut une émeute à Reims.

[d] Claude d'Apchon.

bard ; le 24, il accorda, en conformité de l'arrêt du 13 septembre, une prime du 18 sols par quintal aux importateurs étrangers [a].

Des fermentations furent encore constatées dans d'autres localités ; elles n'eurent rien d'effrayant. Turgot répondait à ceux qui lui en parlaient : « Nul pouvoir humain ne saurait empêcher, quand les blés sont rares, qu'ils ne soient chers. Cette cherté est un remède, amer sans doute, mais nécessaire, contre la disette. Elle tend à se diminuer elle-même en appelant, par l'appât du gain, les secours étrangers ou nationaux, des endroits qui en ont le moins besoin à ceux qui en ont le plus. La seule chose à faire est de laisser à ces secours toute la liberté et toute la facilité possibles pour arriver, et en outre d'aider les véritables pauvres par des ateliers de charité. »

Il avait préparé une circulaire aux intendants pour l'établissement de ces ateliers en prenant, comme dans le Limousin, des précautions minutieuses pour en éviter les inconvénients ; il avait préparé aussi une instruction aux curés de Paris pour la distribution des aumônes. Ces deux documents [b] n'étaient pas encore sortis du contrôle général quand, à Beaumont-sur-Oise, le marché fut pillé. Le gouvernement ne fut pas informé immédiatement de l'incident [c], et l'émeute se propagea ; elle passa par Pontoise, par Poissy, où des bateaux de grains furent saccagés, puis par Saint-Germain pour arriver à Versailles le 1er mai [d].

La ville avait pour gouverneur un jeune officier, le prince de Poix, fils du maréchal de Mouchy, qui crut faire merveille en obligeant les boulangers à vendre le pain à deux sols la livre, très au-dessous du cours. C'était donner raison à l'émeute. Elle se porta au Palais où Louis XVI essaya inutilement de haranguer la foule qui réclamait bruyamment du pain ; le Roi avait déjà pris le matin, avec le ministre de la guerre et avec le maréchal de Beauvau, des mesures pour protéger les arrivages. Par deux lettres de sa main, en un style plus ferme que correct, il mit Turgot, qui était à Paris, au courant de la situation.

« Pour d'ici, dit-il dans une de ces lettres, nous sommes absolument tranquilles ; l'émeute commençait à être assez vive ; les troupes qui y ont été les ont apaisés ; ils se sont tenus tranquilles devant eux ; M. de

---

[a] D'après les *Mémoires* de Leleu, ce marchand aurait reçu l'ordre de faire baisser de quatre livres le prix du setier en subissant une perte sérieuse ; à titre de dédommagement, il aurait obtenu la direction des moulins de Corbeil, Lenoir étant alors lieutenant de police. Le fait peut, dès lors, être exact, mais les *Mémoires* de Leleu furent écrits pendant les troubles de 1789 et ce fournisseur avait intérêt, en présence des menaces contre les commerçants, à prétendre qu'il avait été appuyé dans ses opérations par le gouvernement.

[b] Ils sont datés l'un, du 1er mai ; l'autre, du 2.

[c] *Correspondance de Du Pont et du margrave de Bade.*

[d] À la Rochelle, des visites domiciliaires furent prescrites par ordonnance de police. Turgot fit casser ces ordonnances par un arrêt du Conseil du 7 avril 1775.

Beauvau, qui y a été, les a interrogés ; ... la généralité disait qu'ils n'avaient pas de pain et montraient du pain d'orge fort mauvais qu'ils disaient avoir acheté deux sols et qu'on ne voulait leur donner que celui-là. La plus grande faute qu'il y ait eu c'est que le marché n'avait pas été ouvert... J'ai recommandé à M. l'Intendant de tâcher de trouver ceux qui payaient que je regarde comme la meilleure capture... M. de Beauvau m'interrompt pour me dire une sotte manœuvre qu'on a faite, qui est de leur laisser le pain à deux sols [a]. »

Turgot fit le soir même rapporter la « sotte manœuvre » ; il avait déjà, pour rassurer le commerce, fait annoncer que les négociants qui auraient à souffrir de dommages sur les voies publiques seraient indemnisés. Le propriétaire d'un des bateaux pillés reçut 30 000 francs.

Le gouvernement était averti que l'émeute irait à Paris ; Turgot s'était entretenu par avance de cette éventualité avec le lieutenant de police Lenoir et avec le maréchal de Biron.

Dans la nuit du 2 au 3, quoique des patrouilles eussent parcouru la campagne, quatre à cinq cents individus entrèrent à Paris par plusieurs portes, armés de bâtons, et commencèrent le pillage ; presque toutes les boulangeries furent visitées par les émeutiers ; ils continuèrent leurs opérations jusque dans l'après-midi, sans que ni la police, ni la troupe, fissent rien pour les contenir. On prétend même que des agents de police favorisèrent le pillage [b].

Turgot arriva de Versailles à dix heures ; des mutins étaient dans le voisinage du Contrôle général ; Du Pont et quelques autres personnes de l'entourage du ministre les chassèrent facilement ; pendant ce temps, les gardes françaises assistaient à une cérémonie de bénédiction de drapeaux à Notre-Dame, que Biron n'avait pas décommandée pour ne pas effrayer le public ; ils ne manquèrent pas une oraison. Ailleurs, des mousquetaires prirent sur eux d'enfermer dans une cave une dizaine d'émeutiers ; la police les délivra, en déclarant que l'ordre était de disperser et non d'arrêter.

Alors Turgot laissa prendre copie des lettres du Roi et Biron, éclairé sur les véritables intentions de Louis XVI, se décida à agir [c].

Maurepas avait encouragé l'inaction du Maréchal [d] et affectait l'indifférence ; il se rendit le soir à l'Opéra où une main inconnue lui glissa cette épigramme :

M. le Comte, on vous demande.

[a] A. L. — E. Dubois de l'Estang, *Turgot et la famille royale*.
[b] *Relation historique*.
[c] *Correspondance de Du Pont et du margrave de Bade*.
[d] Véri est formel à ce sujet.

Si vous n'y mettez le holà,
Le peuple se révoltera.
Dites au peuple qu'il attende ;
Il faut que j'aille à l'Opéra [a].

Un conseil extraordinaire fut convoqué dans la nuit ; sans avoir consulté Maurepas, sans avoir non plus prévenu Sartine, ami de Lenoir, Turgot proposa la révocation de ce dernier, ainsi que celle du commandant du guet Le Laboureur [b]. Lenoir devait être remplacé par l'intendant du commerce D'Albert [c] qui, on l'a vu, avait les affaires de blés dans ses attributions.

Personne, dans le Conseil, n'osa émettre un avis, à l'exception de Louis XVI [d], qui approuva les propositions du Contrôleur général [e].

Le lendemain 4, Paris était calme. Seul, le Parlement s'agita. Dès le premier jour, Turgot l'avait fait inviter par son Président à se tenir tranquille et avait fait confirmer l'invitation par le Roi. Il avait ensuite fait porter à la Cour des Lettres patentes qui attribuaient à la Tournelle la connaissance des faits relatifs à la sédition. La Cour en avait refusé l'enregistrement, en les déclarant vicieuses en la forme et au fond.

Elles furent remplacées par un édit qui saisit la justice prévôtale au détriment de la magistrature. Le Parlement répondit en rendant, dans la soirée du 5, un arrêt sur les attroupements par lequel il suppliait le Roi « de prendre de plus en plus les mesures que lui inspireraient sa prudence et son amour pour ses sujets pour faire baisser le prix des grains et du pain à un taux proportionné aux besoins du peuple. »

Turgot tenta d'empêcher la publication de ce dangereux arrêt ; n'y pouvant parvenir, il partit pour Versailles, arriva au Palais au milieu de la nuit, fit réveiller le Roi et le détermina à tenir le matin un lit de justice.

---

[a] D'après la *Relation historique*, ce serait le 3 mai, la veille de l'émeute, que Maurepas serait allé à l'Opéra.

[b] Le guet qui dépendait, en principe, du Parlement, fut mis sous les ordres de Biron. Le commandant était un nommé Galerne, officier parvenu, chevalier de Saint Louis (*Relation historique*).

[c] En 1771, il était intendant du commerce par Commission. Il n'assista point aux délibérations du Parlement qui motivèrent le Coup d'État et ne reçut pas de lettre de cachet. Mais il ne crut pas convenable de rester en place et s'exila volontairement.

[d] Louis XVI dit à Turgot : « Au moins, n'avons-nous rien à nous reprocher. » (*Relation historique*).

[e] On fit venir des troupes de province ; les mousquetaires noirs s'étendirent sur les rives de la Marne, les mousquetaires gris sur celles de la Basse-Seine ; les gendarmes, les chevau-légers sur celles de la Haute-Seine ; les suisses, les gardes françaises et les invalides gardèrent les faubourgs et les boutiques des boulangers. Tout cela formait une armée de 25 000 hommes dont on disait que Turgot était le généralissime. Biron avait comme lieutenants-généraux pour la Haute-Seine, le marquis de Poyanne, pour la Basse-Seine, le comte de Vaux. Il avait en outre un État-Major considérable. (*Relation historique*)

Quelques heures plus tard, les planches de l'arrêt étaient brisées chez l'imprimeur ; les exemplaires déjà affichés étaient recouverts d'un placard défendant les attroupements et interdisant d'exiger des grains au-dessous des cours ; chaque conseiller recevait la visite d'un mousquetaire avec l'ordre d'être à Versailles à huit heures, en robes noires [a], pour un lit de justice.

Louis XVI ouvrit la séance par un discours où « d'une voix peu agréable et peu sonore, mais avec noblesse et sans colère », il expliqua que les circonstances l'obligeaient à donner une extension extraordinaire à la justice prévôtale et qu'il s'occupait de la subsistance de Paris et du Royaume. « La mémoire a pensé me manquer, écrivit-il dans la journée à Turgot, mais j'ai suppléé comme j'ai pu sans me déconcerter. »

Miromesnil, garde des Sceaux, justifia l'édit en disant : « La marche des brigands semble combinée ; leurs approches sont annoncées ; des bruits publics indiquent le jour, l'heure, les lieux où ils doivent commettre leurs violences. Il semblerait qu'il y eût un plan formé pour désoler les campagnes, pour intercepter la navigation, pour empêcher le transport des blés sur les grands chemins, afin de parvenir à affamer les grandes villes et surtout la ville de Paris. »

La Cour avait « beaucoup rabattu de son impertinence de la veille » ; il y eut des avis modérés parmi les grands ; le prince de Conti fut seul à exprimer son opinion.

Louis XVI, en clôturant la séance, interdit toutes remontrances. Le Parlement dut se borner à insérer dans son arrêt sur les attroupements quelques phrases sur la misère du peuple ; à deux heures, les conseillers étaient rentrés chez eux, le cœur ulcéré du coup porté à leur autorité.

La répression de la sédition fut sévère [b]. Deux des mutins, un ouvrier en gaze et un perruquier furent pendus ; on prétend qu'en allant au supplice, ils crièrent qu'ils mouraient pour le peuple. Beaucoup de personnes furent arrêtées ; une trentaine, nous l'avons déjà dit, fut menée à la Bastille ; s'y trouvaient l'avocat du Roi à Pontoise, le maire de Beaumont-sur-Oise, les deux agents du service des approvisionnements sous l'abbé Terray, Doumerck et Sorin de Bonne [c], le curé de Gournay-sur-Marne, qui avait déclamé en chaire contre les ministres,

---

[a] La robe rouge était d'usage dans toutes les cérémonies.
[b] Toutefois, on fit insinuer par différents seigneurs à leurs vassaux que ceux qui avaient pillé ou enlevé des blés pouvaient les reporter sans crainte à ceux qu'ils avaient volés ou payer le surplus de la valeur, s'ils en avaient déjà soldé une partie. (*Relation historique*)
[c] Ils entrèrent à la Bastille les 5 et 6 mai 1775.

l'abbé Sauri, professeur de philosophie à Montpellier, qui avait écrit sur le commerce des grains [a], d'autres ecclésiastiques [b].

Au contraire, un curé, celui de Méry-sur-Oise, qui avait résisté à l'émeute et empêché le pillage d'un bateau, eut une pension et la promesse d'un bénéfice [c].

Le 11 mai, l'ordre était rétabli partout [d] ; une amnistie avait été accordée ; en avaient été toutefois exclus « les chefs et instigateurs de la sédition ».

Dans le Limousin, Turgot lorsqu'il était intendant avait intéressé le clergé à ses réformes et s'en était servi comme truchement auprès des paysans. Il fit de même, après la guerre des farines ; une circulaire fut envoyée aux prélats, avec des instructions aux curés, pour les inviter à dissiper les craintes populaires. D'après Du Pont, ces documents furent révisés par Brienne, archevêque de Toulouse, qui y introduisit la phrase ci-après : « Lorsque le peuple connaîtra les auteurs de la sédition, il les verra avec horreur, loin d'avoir en eux aucune confiance ; lorsqu'il en connaîtra les suites, il les craindra plus que la disette même. »

Le Garde des Sceaux avait déjà signalé, on l'a vu, au Parlement l'existence d'un complot [e] ; il était autrement grave d'en parler publiquement dans une circulaire et d'annoncer des poursuites qui ne pouvaient atteindre un prince du sang. Les soupçons s'étaient, en effet, portés sur le Prince de Conti [f].

On avait vu des mutins jeter des sacs de blé à la rivière, en percer d'autres à coups de couteau, et piétiner les grains renversés ; on avait constaté que quelques-uns d'entre eux avaient de l'argent, et que de faux arrêts du Conseil, abaissant le prix des grains, avaient été imprimés [g] ; le colporteur d'un de ces arrêts avait été mis à la Bastille sur l'ordre du maréchal du Muy [h]. Du pain, fait de mauvais seigle et de cendres, avait été montré à des courtisans, même à la Reine, pour faire croire à la famine [i]. Tout cela avait paru étrange. Enfin, le mouvement

---

[a] Les *Réflexions d'un citoyen sur le commerce des grains*.

[b] Funck-Brentano, *Les Lettres de Cachet*.

[c] *Mercure* et *Gazette de Leyde*.

[d] Il y avait eu de nombreux désordres en province, notamment en Normandie où les principaux marchés publics furent troublés, mais avec plus de gaspillage que d'enlèvements réels. Les Intendants, les Commandants et les Évêques avaient reçu l'ordre d'être à leur poste (*Relation historique*). L'édit sur la justice prévôtale ne fut rapporté que le 20 décembre.

[e] Des placards injurieux affichés journellement dans Paris et jusque dans le jardin des Tuileries décelaient des gens malintentionnés (*Relation historique*).

[f] Beauvau dans un souper accusa Sartine. Turgot dut démentir le propos (*Relation historique*).

[g] Des gens à cheval avaient porté chez les fermiers des lettres anonymes leur conseillant de garder leur blé. Les faux arrêts du Conseil disaient que le Roi limitait le prix du blé à 12 francs le setier (*Relation historique*).

[h] Funck-Brentano, *Les Lettres de Cachet*.

[i] *Correspondance de Du Pont et du margrave de Bade*.

séditieux s'était étendu par les lignes d'arrivage des approvisionnements : par la Seine, d'un côté jusqu'à Mantes, de l'autre jusqu'à Fontainebleau ; par la Marne, et par l'Oise, jusqu'à Noyon et au delà, après avoir commencé près du château de l'Isle-Adam, qu'habitait le Prince [a].

Chef de la branche cadette des Condé, ayant de l'esprit et beau parleur, militaire estimable, Conti avait eu longtemps l'amitié de Louis XV, qui l'avait pris pour confident de sa correspondance secrète à l'étranger ; disgrâcié au temps de Mme de Pompadour, il avait, de sa retraite, dirigé l'opposition contre les ministres, et disait-on, payé les mémoires de Beaumarchais pour discréditer Maupeou et son Parlement.

À l'avènement de Louis XVI, il avait demandé sa grâce ; le jeune Roi l'avait d'abord repoussé, puis l'avait accueilli, et si bien, qu'au moment de la guerre des farines, le Prince était caressé comme au temps de son ancienne faveur [b].

Profondément attaché à ses prérogatives personnelles et défenseur du régime féodal, si impérieux et si intolérant, sous des formes aimables, qu'il passait pour un ennemi dangereux, il s'était cru offensé par le projet de suppression des Jurandes que préparait Turgot et que le journal de Baudeau avait fait prévoir. En sa qualité de prieur de l'ordre de Malte, le Prince louait des maisons dans l'enclos du Temple et donnait, avec elles, le droit d'exercer sans maîtrise toute espèce de profession.

Deux autres grands personnages étaient touchés par le projet : le Cardinal de La Roche-Aymon, grand aumônier de France, et le grand Prévôt ; l'un louait des maisons aux artisans dans l'enclos des Quinze-Vingts et dans l'enclos Saint-Germain, l'autre concédait « par lettres régistrées en sa prévôté, aux marchands ou artisans suivant la Cour et commensaux du Roi », en nombre fixe dans chaque métier, le droit d'exercer dans tout Paris.

---

[a] Le public vit, dans l'émeute, la main des Anglais, de la Maison d'Orléans, des fermiers généraux, des monopoleurs et de l'abbé Terray, du clergé, parce que les troubles avaient eu lieu au temps de Pâques, de Maupeou et de son Parlement, etc.
[b] *Mémoires Secrets.* — Capron et Plessis, *Vie privée du prince de Conti*, 1907.
« Le prince avait la plus belle figure, beaucoup d'esprit et la superficie de beaucoup de connaissances. Il était noble, fier, généreux, bon ami et protecteur zélé de ceux qu'il affectionnait, ennemi dangereux des autres. (Paulmy, 1759 ; Capron et Plessis, p. 3.) »
C'est quand il perdit la faveur de Louis XV, en 1757, que se forma la cour du Temple dont Trudaine de Montigny fut l'un des familiers. Plus tard, lorsque Conti fut exilé, il continua à s'occuper de politique. La *Correspondance secrète de Maupeou et de Sorhouet* sortit d'une presse du Temple. Un jour, le prince aperçut de la terrasse de son château des bateaux de blé qui descendaient vers la Seine ; il s'informa, c'étaient des grains à destination de l'étranger. Le prince fit héler les bateliers, les obligea à décharger le blé et le fit distribuer à ses vassaux qui commençaient à le payer cher. (*Mémoires Secrets*, 18, 315.)

Les trois mécontents s'étaient ligués contre le Contrôleur général et Conti s'était chargé des mesures d'exécution. Telle fut l'opinion qui prévalut dans l'entourage de Turgot [a].

Il était facile à cette époque d'ameuter le peuple au sujet des aliments. Des marchands de grains, pour écouler leur stock, des meuniers pour ruiner leurs concurrents, savaient provoquer des mouvements populaires. Je ne citerai qu'un fait ; il est relaté dans une lettre de Turgot à Condorcet datée de 1771. À Clermont, des particuliers avaient établi un moulin économique ; les meuniers du pays racontèrent qu'on mêlait de la chaux à la farine et qu'on faisait des envois de farine à l'étranger ; les habitants de plusieurs paroisses se dirigèrent en armes pour raser le moulin ; il fallut faire donner la maréchaussée, qui eut plusieurs cavaliers tués.

Rien d'impossible, par conséquent, à ce qu'un prince du sang ait, sinon fait naître, du moins entretenu des troubles.

Louis XVI eut immédiatement connaissance des accusations portées contre son cousin ; il recommanda, on l'a vu, de saisir les mutins qui avaient de l'argent. Le 6 mai, il avait écrit à Turgot :

« Je suis fort aise que Pont [b] soit sauvé… le point est de rassurer les laboureurs et fermiers et de les engager à continuer leur négoce. Comme d'un mal on gagne quelquefois un bien, on aura vu de ceci que je ne suis pas si faible qu'on croyait et que je saurai exécuter ce que j'aurai résolu… Le vrai est que je suis plus embarrassé avec un homme qu'avec cinquante…

---

[a] *Correspondance de Du Pont et du margrave de Bade.*
Dans les premières éditions de ses *Mémoires sur Turgot*, Du Pont de Nemours avait gardé le silence sur le complot. Plus tard, il a parlé des ennemis du Contrôleur général, des gens qui le jalousaient, des personnes de haut rang dont ses réformes devaient supprimer les profits. Il a insisté sur la perfection du plan de l'émeute et a affirmé, sans citer aucun nom, que tous les détails de l'affaire avaient été mis sous les yeux du Roi.
Dans une lettre qu'il adressa au margrave de Bade, au lendemain des événements, il fut moins discret. « Baudeau et Morellet, raconta-t-il, commirent l'imprudence d'annoncer que Turgot comptait supprimer les jurandes. Ce projet offensa le prince de Conti, le cardinal de la Roche-Aymon et le Grand Prévôt de France. Tous trois furent les ennemis déclarés de Turgot. Leurs amis, des magistrats, des financiers, des courtisans, des membres du clergé et tous les gens qui reprochaient au ministre sa qualité d'ancien encyclopédiste se joignirent à eux. Les anciens agents de la régie des blés disaient depuis longtemps que le système de Turgot affamerait Paris. Necker, déjà ambitieux, fit son livre sur la *Législation et le Commerce des grains*. L'abbé Sauri, Grouber de Groubenval en firent d'autres. Des émissaires furent envoyés dans les campagnes, de l'argent fut distribué par des gardes-chasses, par une femme habillée en homme qui se faisait passer pour le comte d'Artois.
« À Paris, M. de Bear, aumônier et secrétaire de l'ambassade de Suède, entendit des Savoyards, qui pillaient le marché de la place du Palais-Royal, crier : Vive M. Necker ! le sauveur du peuple ! »
« Je conserve la lettre de M. de Bear, dit Du Pont, mais je ne désire pas que cette histoire soit connue avant ma mort. »
[b] Pont Saint-Maxence.

« C'est une chose bien épouvantable que le soupçon que nous avions déjà et le parti bien embarrassant à prendre, mais malheureusement ce ne sont pas les seuls qui en ont dit autant. J'espère pour mon nom que ce n'est que des calomniateurs... »

Les incrédules — et Mirabeau s'est fait l'écho de leurs doutes [a] — sont allés jusqu'à insinuer que Turgot avait exagéré volontairement l'importance de l'émeute pour se faire valoir, mais beaucoup de personnes éclairées ont accepté l'hypothèse du complot. L'opinion juste paraît avoir été exprimée, au lendemain des événements, par l'abbé Morellet, qui n'était pas d'un caractère à se laisser « facilement entraîner à cette imagination qui agrandit les objets ». Il écrivit à lord Shelburne, le 17 mai 1775 :

« Sans croire qu'il y ait à tout cela une première et unique cause, un complot formé et dirigé à un seul but, on ne peut se dissimuler que le premier mouvement une fois donné a été soigneusement entretenu [b]... »

Afin de calmer les inquiétudes, Turgot accorda de nouvelles primes à l'importation et autorisa le cabotage en obligeant les porteurs d'acquits à caution à transporter exactement les quantités inscrites ; il supprima ensuite les droits perçus sur les grains, soit à l'entrée des provinces, soit sur les marchés. Par arrêt du 13 août 1775, une commission dont Du Pont fut le secrétaire, fut chargée d'examiner les titres des privilégiés qui levaient des droits de ce genre. Turgot détruisit aussi la corporation des marchands de Rouen et enleva au Parlement de Normandie le droit de s'occuper des approvisionnements. Il abolit enfin les règlements spéciaux concernant le commerce des grains dans d'autres localités, puis fit rentrer Paris dans le droit commun. S'il avait eu un peu plus de temps, il aurait probablement complété ses réformes par la liberté de l'exportation.

XX. — LE SACRE DU ROI

La tolérance religieuse. — Les Remontrances de la Cour des Aides. — Le renvoi de La Vrillière et la nomination de Malesherbes. — Opposition contre Turgot. — Linguet. — Necker. — Libelle contre de Vaines. — Les économistes. — Le marquis de Mirabeau. — Les finances en 1775. — Progrès réalisés.

---

[a] *L'Espion dévalisé.*
[b] *Lettres à lord Shelburne*, publiées par lord Fitz Mauritz, 1898.
« Un mois après la guerre des farines, le roi traversa, pour aller à Reims, une partie du théâtre des séditions, et il n'y trouva qu'un peuple qui bénissait son gouvernement. (Condorcet, *Vie de Turgot*, p. 111). »

Le sacre de Louis XVI eut lieu à Reims, au mois de mai. Turgot était hostile à cette cérémonie qui n'était plus en rapport avec les mœurs et qui devait entraîner de grosses dépenses, à un moment où la nécessité de l'économie était amplement démontrée. Le respect de l'usage l'emporta. Mais Turgot s'efforça d'empêcher que le sacre ne servit un instrument contre la tolérance religieuse à laquelle il fut toute sa vie attaché avec passion.

Dès le mois de mars, il avait cherché à résoudre le gros problème de l'état civil des protestants. Parmi ses amis personnels, étaient des évêques qui comprenaient la nécessité de donner aux réformés une vie légale ; mais aucun d'eux n'aurait exposé publiquement ses sentiments à cet égard. On pouvait donc avoir la certitude que, dans le clergé, les exaltés hostiles à toute mesure libérale auraient voix prépondérante. La question de la dîme était, en outre, embarrassante ; continuer à imposer le paiement de cet impôt aux non-catholiques, le jour où ils seraient reconnus, semblait difficile.

Dans les Parlements, l'opposition devait être non moins vive à en juger par les arrêts cruels qui avaient été rendus contre les protestants quelques années auparavant. Dans le Conseil, le maréchal Du Muy était un adversaire résolu de la tolérance. Maurepas n'en repoussait pas le principe, mais selon ses habitudes, il cherchait à éloigner de lui cette question irritante. Quant au Roi, il avait été élevé dans des sentiments religieux et était peu disposé à adopter des nouveautés.

Turgot se persuada pourtant qu'il détruirait sans peine les répugnances de Louis XVI quand il pourrait lui exposer le problème sous son vrai jour ; il le fit au moment du Sacre en conseillant au Roi de changer les formules des serments qu'il devait prêter et dont l'un d'eux était d'exterminer les hérétiques. Louis XVI fut touché et écrivit à Turgot un billet qui lui fait honneur, mais il n'osa rien changer aux anciens rites [a].

L'une des lettres, dans lesquelles Turgot exposa au jeune roi sa façon de penser, n'a pas été retrouvée ; mais on possède la première partie d'un mémoire dont il commença la rédaction un peu plus tard sur « les droits de la conscience d'après les principes de la religion ». On sait aussi qu'au mois de décembre, après l'entrée de Malesherbes au Conseil et après la mort du maréchal Du Muy, il essaya de convaincre Louis XVI sur l'urgence d'une réforme, en appuyant sur l'argument qu'il avait développé dans les *Lettres à un grand vicaire* :

---

[a] Pendant le ministère de Turgot, l'assemblée générale du clergé fit des représentations sur les mœurs. L'intolérant Pompignan, auteur d'un travail sur ce sujet, fut désigné, avec Brienne, président du bureau de la religion, et avec Talleyrand, tous deux voltairiens, pour présenter des représentations au Roi. La démarche fut faite le 24 septembre 1775.

« Vous n'avez nul pouvoir comme Roi de décider ce qui regarde le salut éternel de vos sujets ; les évêques vous disent qu'ils sont les interprètes de la volonté du ciel, les ministres protestants en disaient autant à Henri IV. »

Malesherbes partageait entièrement les idées de Turgot ; « il faut bien, disait-il, que je rende quelques bons offices aux protestants, puisque mon ancêtre, Lamoignon de Basville, les a massacrés dans le Languedoc ». Il est donc permis de penser que si les deux amis étaient restés au pouvoir, la liberté civile aurait été accordée aux protestants. Turgot avait donné à ceux-ci des espérances ; il avait compris les pasteurs du Bas-Languedoc et probablement ceux des autres provinces dans la catégorie des ecclésiastiques à qui devait être adressée la circulaire du 9 mai 1775 après la guerre des farines. L'exemplaire envoyé à Paul Rabaut existe. Celui-ci répondit au ministre au nom des pasteurs pour l'assurer « que les peuples qu'ils instruisent, élevés dès l'enfance dans les principes d'une soumission illimitée et d'une fidélité inviolable pour leur souverain, sont munis d'avance contre les entreprises qu'on pourrait hasarder pour les attirer dans le parti des brigands qui ont troublé la capitale et les contrées voisines » » [a].

Bien loin d'affaiblir le Contrôleur général, la guerre des farines l'avait mis en faveur auprès de Louis XVI. « N'entendant que des discours de poltrons et ne voyant que des visages effarés [b] », le Roi s'était rangé du côté de l'homme qui montrait du sang-froid et de la résolution. Le résultat avait été l'entrée de Malesherbes dans le Conseil.

Au lendemain de l'émeute, la Cour des aides avait présenté au Roi les remontrances dont il a été parlé plus haut sur l'administration financière et l'organisation des impôts ; les conclusions qui se dégageaient de ce travail remarquable étaient : en premier lieu, la nécessité de faire des économies, afin de ne pas augmenter et, s'il était possible, de réduire les impôts ; en second lieu, l'utilité de contraindre la ferme générale à publier ses tarifs et ses règlements, que ne connaissaient exactement ni les administrateurs, ni les magistrats, ni à plus forte raison, les contribuables. Incidemment les Remontrances renfermaient des observations sur les prisons d'État, sur les lettres de cachet, sur la corvée, sur la milice et même sur le despotisme.

Elles avaient été rédigées par Malesherbes, « pour l'instruction de Louis XVI et désirées par lui », affirme un biographe sérieux [c]. Il est vraisemblable que le rédacteur avait tenu compte des vues de la majo-

---

[a] Léon Say, *Discours sur Rabaud de Saint-Étienne*, 5 novembre 1893.
[b] *Correspondance de Du Pont et du margrave de Bade*.
[c] Gaillard, *Vie de Malesherbes*.

rité de sa compagnie [a] et il est peu probable qu'il ait été sur tous les points en parfait accord avec Turgot [b].

Lorsque ces Remontrances eurent été présentées au Roi, une commission fut chargée de les examiner ; il fut décidé que la minute serait retirée de la Cour des aides ; la nature des sujets traités et la hardiesse du langage du rédacteur expliquent cette décision. Néanmoins, elles se répandirent, de sorte que tous ceux qui aspiraient à des réformes comptèrent à la fois sur Malesherbes et sur Turgot, mais que les financiers eurent des motifs positifs de crainte.

Au mois de juillet, après le sacre du Roi, Maurepas s'était décidé à se séparer de La Vrillière ; la Reine voulut le faire remplacer par Sartine qu'elle avait toujours protégé [c]. Elle avait écrit à Marie-Thérèse lorsqu'il avait succédé à Turgot au ministère de la Marine : « Je ne sais pourtant s'il a des talents pour la Marine ; peut-être par la suite le changera-t-on de place ; c'est toujours un grand bonheur qu'un aussi honnête homme soit auprès du Roi ; pour moi j'en suis enchantée. » Turgot n'eut pas de peine à faire comprendre à Maurepas qu'il était de son intérêt de s'opposer au choix de Marie-Antoinette, que menait le parti Choiseul, et de soutenir Malesherbes. Mais celui-ci, pressenti, témoigna de l'aversion. Turgot, ne la croyant pas irréductible ou la jugeant presque coupable dans les circonstances où l'on se trouvait, fit forcer la main à son ami. Malesherbes fut nommé ministre de la maison du Roi et de Paris, « par lettre de cachet », pour ainsi dire. Il put mettre comme condition toutefois qu'il ne resterait pas longtemps dans sa place [d].

Sartine, en compensation, obtint l'entrée au Conseil qu'il n'avait pas encore ; Maurepas, Turgot et Malesherbes, se montrèrent, d'ailleurs, décidés à n'omettre aucun moyen « propre à se concilier l'appui et les bontés de la Reine ». En général, le Mentor du Roi suivait en homme d'esprit les indications de l'opinion publique, essayant des remèdes nouveaux sans croire à leur efficacité et employant des hommes nouveaux sans s'attacher à eux. M. de Maurepas, disait-on, est tout ; son cabinet placé sous les toits du château de Versailles contraste par sa petitesse avec l'ambition de celui qui l'occupe. Au fond, il jalousait Turgot et ne s'était allié au contrôleur général pour la nomination de

---

[a] Notamment au sujet des États-Généraux.

[b] Elles furent suivies d'autres Remontrances présentées le 30 mai sur l'Ordonnance de discipline rendue lors du rétablissement de la Cour. Le Roi répondit à la fois aux deux séries de Remontrances : « ... Vous n'attendez pas que je vous fasse une réponse détaillée sur chaque article. Je m'occuperai successivement de faire les réformes nécessaires sur tous les objets qui en seront susceptibles ; mais ce ne sera pas l'ouvrage d'un moment, *ce sera l'objet et le travail de tout mon règne*. »

[c] Il avait été fait lieutenant de police en 1759, en remplacement de Bertin, fait contrôleur général. Auparavant, il était lieutenant-criminel.

[d] Gaillard, *Vie de Malesherbes*.

Malesherbes que par considérations quasi-personnelles. Turgot avait bien quelques reproches à se faire : pendant les troubles, il avait agi comme s'il eut été le chef du Cabinet ; il avait regardé le but à atteindre, qui était le rétablissement de l'ordre, sans s'inquiéter de l'amour-propre de ses collègues. Ils le lui pardonnèrent d'autant moins qu'en d'autres occasions le sentiment qu'il avait de sa supériorité intellectuelle et son souci du bien public l'avaient porté à s'immiscer dans des affaires qui ne rentraient pas absolument dans les attributions de son département.

En vain, lorsque la tranquillité fut rétablie, témoigna-t-il la plus grande déférence à Maurepas et même au Garde des Sceaux ; en vain, pour ne pas blesser Sartine, ami de Lenoir, usa-t-il envers ce dernier de ménagements, bien qu'il le soupçonnât d'avoir connu les agissements du prince de Conti et de n'avoir pas voulu les traverser ; en vain, alla-t-il trouver le Ministre de la Marine pour désavouer formellement l'abbé Baudeau [a], qui l'avait accusé d'avoir favorisé les troubles. L'effet était produit. Maurepas et les autres ministres lui furent désormais défavorables et plusieurs d'entre eux se joignirent à ses ennemis. L'opposition n'osait pas encore l'attaquer ouvertement et s'en prenait surtout aux économistes qui, prétendait-elle, l'inspiraient.

Le programme physiocratique ne se déroulait-il pas ? À la liberté du commerce des grains à l'intérieur, ne verrait-on pas bientôt s'ajouter la liberté de l'exportation des grains, l'abolition de la corvée, la suppression de la gabelle et ensuite de la ferme générale pour arriver à l'impôt unique et à la destruction des privilèges fiscaux ? Ne lisait-on pas dans les Remontrances de la Cour des aides : « Ce n'est pas à nous de vous indiquer d'autres impôts qui puissent remplacer les 150 millions que la ferme fait arriver dans les coffres de Votre Majesté. »

Les financiers et les privilégiés s'étaient unis aux intolérants, sans se coaliser ostensiblement, pour renverser le Contrôleur général.

Les premières escarmouches avaient été engagées par le fameux Linguet, que personne ne prenait au sérieux, mais qui amusait par ses incroyables paradoxes, dont le plus extravagant fut que le pain est une drogue, parce que « la corruption en est le premier élément, et que nous sommes obligés de l'alléger par un poison (le levain) pour la rendre moins malsaine [b] ». Tout d'abord le *Journal de politique et de littérature*, qu'avait confié Panckouke à cet extraordinaire rédacteur, avait flatté le contrôleur général [c].

---

[a] *Mémoires secrets. — Lettres de Galiani.*
[b] *Le pain et le blé*, Londres, 1774 (septembre).
[c] Dans le numéro d'octobre 1774, on y vit annoncer la mise en vente d'un portrait du Contrôleur général (par le Beau, d'après Troy), avec cette épigraphe en vers de confiseur :
 Il aime à faire des heureux ;

Dans l'un des premiers numéros, on put lire une lettre d'un receveur des aides du Limousin, nommé Vaquier, où était relaté un trait de bienfaisance du ministre. Ce Vaquier avait été en 1768, attaqué par deux hommes qui en voulaient à sa vie ; il avait tué l'un et blessé l'autre. Sa demande en rémission avait été communiquée pour avis à l'intendant de Limoges ; mais celui-ci ou ses bureaux l'avaient perdue de vue et six mois s'étaient écoulés sans que l'avis fut donné. Vaquier, ayant appris que Turgot se trouvait à Paris, était allé le voir et lui avait exposé que, sous le coup d'une accusation d'homicide, il ne pouvait exercer son emploi. Turgot l'avait fait revenir deux jours après, lui avait annoncé qu'il avait envoyé son avis et lui avait compté une somme égale aux six mois d'appointements qu'il lui avait fait perdre. « Je me dois, lui avait-il dit, cette justice à moi-même [a] ».

Le journaliste avait fait précéder la lettre de Vaquier d'un entrefilet ainsi conçu :

« Il n'y a personne qui ne connaisse et admire ce trait d'un magistrat du siècle dernier ; ayant perdu par sa faute les pièces d'un procès, il paya de son argent l'objet qui formait la contestation. La lettre suivante prouvera que cette générosité s'est renouvelée de nos jours ; la main à qui est dû ce trait de bienfaisance, resté ignoré jusqu'ici, le rend encore plus intéressant. »

Le ton du journal changea bientôt. À la suite d'une polémique avec l'abbé Roubaud, Linguet réédita les critiques violentes qu'il avait faites des économistes et de leur système dans la *Théorie des lois* et dans la *Réponse aux docteurs modernes* ; en même temps, il reprocha à Turgot d'avoir, dans le préambule de l'arrêt sur la liberté du commerce des grains, transformé le législateur en missionnaire et d'avoir, en supprimant le droit féodal de halage, porté une atteinte grave à la propriété. Peu de temps après, le même Linguet eut à lutter contre ses confrères du barreau et contre le Parlement, qui usèrent envers lui de la plus coupable intolérance, en le rayant du tableau de l'ordre des avocats ; il se mit néanmoins à faire un éloge pompeux du despotisme et à prétendre que les Orientaux étaient parvenus à la perfection politique.

L'abbé Morellet se moqua de cette folie dans la *Théorie du paradoxe*. « Il faut qu'elle paraisse tout à l'heure, écrivit Condorcet à Turgot. Ce maraud (Linguet) s'enhardit par l'impunité et il ne se relèvera point du coup que lui portera l'auteur. » Il se releva, au contraire, quoiqu'il fut

        Du sort la faveur le seconde ;
        Il ne doit plus former de vœux ;
        Il fait le bien de tout le monde.

[a] Condorcet, dans sa *Vie de Turgot*, a parlé inexactement de cette affaire.

attaqué de tous côtés, et il riposta par la *Théorie du Libelle*, qu'un Arrêt du Conseil du 2 avril 1775 supprima pour avoir été imprimée sans permission.

Linguet a raconté qu'ayant été mandé au Contrôle général, il avait reçu, après une conversation très vive, la défense de rien écrire sur le système des économistes et que le ministre, rougissant d'une telle contradiction avec ses principes, lui avait dit tout haut, en ouvrant la porte de la salle d'audience pour être entendu : « M. Linguet, point d'invectives, de personnalités, de la modération dans vos écrits. » À quoi le journaliste aurait répondu : « M. le Contrôleur général, auquel m'en rapporterai-je, ou au Ministre qui vient de me parler tête à tête dans le Cabinet ou au Ministre qui me parle en public. »

Mais d'après une lettre de Du Pont au comte de Scheffer [a], les choses se seraient passées tout autrement. Pendant la guerre des farines, Linguet aurait demandé la permission de réimprimer ses ouvrages contre les économistes et aurait été simplement invité à attendre le mois d'août. Morellet qui avait écrit une *Réponse sérieuse à M. L.* (Linguet) fut invité aussi à se tenir tranquille [b].

Le second publiciste qui combattit Turgot fut Necker. Son livre sur la *Législation et le commerce des grains* parut au milieu des troubles ; il avait été remis à l'imprimeur le 12 mars 1775 et approuvé par le Censeur le 18 avril ; le privilège du Roi avait été délivré le 19 ; la distribution en fut faite aussitôt, c'est-à-dire quelques jours avant que l'émeute fût venue à Versailles et à Paris. Un exemplaire fut remis chez Turgot, qui écrivit à l'auteur le 23 avril :

« J'ai reçu, Monsieur, l'exemplaire de votre ouvrage, que vous avez fait mettre à ma porte ; je vous remercie de cette attention. Si j'avais eu à écrire sur cette matière et que j'eusse cru devoir défendre l'opinion que vous embrassez, j'aurais attendu un moment plus paisible, où la question n'eût intéressé que les personnes en état de juger sans passion. Mais, sur ce point comme sur d'autres, chacun a sa façon de penser. »

Necker répondit en citant la date d'approbation du Censeur et en faisant observer que son ouvrage était abstrait, modéré par le fond des idées et circonspect dans la forme, qu'au surplus, si le Contrôleur général ou le garde des Sceaux lui avait exprimé le désir d'en voir suspendre la publication, il aurait déféré à ce désir [c].

La conduite de Necker avait été correcte ; mais, si l'on en croit les *Mémoires secrets*, l'autorisation d'imprimer fut donnée par Lenoir, lieute-

---

[a] *Archives Nationales de Suède* : lettre du 8 septembre 1779.

[b] Voir l'Avertissement, en tête de la *Réponse sérieuse*.

[c] Il n'est fait allusion, ni dans la lettre de Necker, ni dans celle de Turgot, à l'entrevue qui, d'après Morellet, aurait eu lieu entre eux.

nant de police, pour gêner Turgot, alors que des alarmes s'étaient déjà manifestées en province.

Les adversaires du ministre trouvèrent, en effet, dans le livre du banquier genevois, une justification de leur opposition par un homme qui passait pour compétent et qui, par ses allusions plus que transparentes, s'exprimait sévèrement sur les projets en préparation. Déjà l'*Éloge de Colbert* avait fait de Necker un candidat ministre ; son nouvel ouvrage en fit le rival désigné de Turgot. Le cri de *Vive Necker* fut entendu pendant les troubles ; des louanges furent faites de l'auteur publiquement au Parlement par les Conseillers affiliés au parti du prince de Conti, puis secrètement à Louis XVI dans la correspondance du marquis de Pezay. Après avoir été en coquetterie avec les économistes [a] et avoir soutenu Turgot, ce petit poète, fait marquis par lui-même, s'efforçait maintenant de nuire au contrôleur général qui se refusait à le prendre au sérieux.

À l'automne de 1775, lorsque Maurepas eut reconquis toute la confiance du Roi, l'opposition devenue plus audacieuse prit comme prétexte la réforme des Messageries pour essayer une campagne de brochures clandestines dont il a été parlé plus haut.

Celles qui firent le plus de bruit furent dirigées non ostensiblement contre Turgot, mais contre son collaborateur De Vaines. La première, distribuée en novembre 1775, est un tissu d'ineptes calomnies ; cependant, De Vaines s'en émut et Turgot crut devoir y répondre en faisant nommer son premier commis lecteur du Roi et en lui adressant une lettre publique où on lit : « Trop de gens sont intéressés au maintien des abus de tout genre pour que tous ne fassent pas cause commune contre quiconque s'annonce pour vouloir les réformer… Il faut se dire à soi-même ce que le Roi me disait le jour de l'émeute à Versailles : 'Nous avons pour nous notre conscience ; avec cela nous sommes bien forts'. »

Parut un second libelle, encore contre De Vaines et presque aussi inepte que le premier. Cette fois, l'auteur fut obligé de se déclarer ; c'était un avocat du nom de Blonde qui, sur ordre contresigné par Malesherbes, fut mis à la Bastille [b]. Il n'y resta toutefois que quelques jours et le Parlement le soutint.

Les économistes qui défendaient le programme de l'école de Quesnay n'avaient pas toujours été adroits. Ils avaient deux journaux : l'un, la *Gazette de l'Agriculture et du Commerce*, était dirigé par l'abbé Roubaud ;

---

[a] Les *Nouvelles Éphémérides* renferment des articles militaires de lui.
[b] Le 16 décembre.

l'autre, les *Nouvelles Éphémérides du Citoyen*, avait été ressuscité, au lendemain de l'avènement de Turgot, par l'abbé Baudeau.

Dans le spécimen de cette dernière revue, distribué en décembre 1774, avait été insérés les *Maximes du Gouvernement économique d'un royaume agricole*, de Quesnay, un discours du comte de Scheffer, ancien précepteur de Gustave III, *sur le bonheur des peuples*, une lettre de Baudeau *sur les droits des halles*. Dans le premier numéro, distribué au commencement de 1775, avaient paru l'éloge funèbre de Quesnay, mort récemment [a], par le marquis de Mirabeau, une réfutation du *Plan d'imposition* de Richard de Glasnières, que la malveillance avait transformé en un plan gouvernemental [b], un discours et un édit de Gustave III sur la *liberté de la presse*, avec un long commentaire de l'arrêt du 13 septembre 1774 sur le commerce des grains et la première partie d'un mémoire de feu le président Bigot de Sainte-Croix contre les corporations de métiers. C'était annoncer des réformes qui n'étaient pas même en préparation.

Dans le même temps, Morellet avait fait paraître des *Réflexions sur les avantages de la liberté d'écrire et d'imprimer sur les matières d'administration*, réflexions qui avaient été écrites en 1774 à l'occasion d'une Déclaration royale, provoquée par le contrôleur général de L'Averdy en vue de défendre d'écrire sur les finances, et une *Réfutation des Dialogues sur les blés* de Galiani, opuscules qui tous deux avaient été interdits par les ministres de Louis XV. Turgot avait, avec une circulaire à l'appui, distribué cette réfutation.

Tout cela semblait démontrer que le règne des économistes était arrivé ; on ne manqua pas de le dire ; on ne manqua non plus de profiter de la permission tacite d'écrire sur les matières d'administration pour attaquer les opérations du Contrôleur général, surtout lorsqu'on se fut aperçu qu'il devenait le pivot du Gouvernement et que le ministère de Maurepas était le ministère de Turgot.

En réalité, les économistes étaient, pour la plupart, tenus à l'écart. Au mois de novembre 1774, ils avaient bien repris leurs dîners mensuels chez le marquis de Mirabeau ; mais dans le long discours que celui-ci prononça, il ne fut fait aucune allusion à l'avènement de Turgot au Ministère et un peu plus tard, au mois de janvier 1775, le marquis écrivit au Margrave de Bade une lettre dans laquelle on voit la désillusion :

« ... Les temps semblent nous être devenus plus favorables, mais quant à ce qui est du fait, vous connaissez assez ce que c'est que les

---

[a] Le 16 décembre.
[b] Parce qu'en tête de cet ouvrage, sans nulle valeur, se trouvait un banal accusé de réception de Turgot.

impegno de cour, d'administration, de préjugés, de corruption générale au milieu d'une nation depuis longtemps grillée au feu d'enfer de la cupidité aulique et de la rapine fiscale, abîmée de dettes et de mécomptes, perdue de désirs et d'exemples de fortunes subites et désordonnées, pour savoir ce qu'il est possible de faire avec de tels matériaux, si ce n'est une révolution masquée, chose imprudente sous un roi enfant. Quant à ce qui est de l'instruction et de notre étude particulière, nous avons beaucoup perdu, et tout en perdant notre maître Quesnay, vieillard vénérable, caduc par le corps, mais toujours unique par la tête… Du Pont ne travaillera désormais plus guère qu'aux affaires. L'abbé Baudeau s'est chargé des *Nouvelles Éphémérides* ; il n'aura pas pour le seconder les mêmes plumes qu'autrefois. L'abbé Roubaud demeure à la *Gazette du commerce* ; il est désormais plus libre et j'espère beaucoup en la semence qu'il jette éparse [a]. »

Cette semence était peu féconde ; Baudeau l'emportait de beaucoup sur son confrère par le talent ; mais bien loin d'être un soutien pour Turgot, il contribua, par des maladresses successives, à multiplier ses ennemis.

Turgot n'en poursuivait pas moins son œuvre. On a vu dans quel état déplorable se trouvaient les finances publiques lors du renvoi de l'abbé Terray. Le déficit de l'année 1775 devait atteindre 37 millions, dont 6 millions pour dépenses imprévues et 15 millions pour paiement d'arriérés sur la dette exigible. Il fallut faire face aux dépenses du Sacre du Roi, à celles du mariage de la princesse Clotilde avec le prince de Piémont, à celles de l'épizootie et de la guerre des farines. Néanmoins, le déficit de l'année ne dépassa pas les prévisions et les remboursements des anciennes dettes atteignirent 66 millions ; savoir :

	Millions.
Arriérés de la dette exigible	14,6
Autres remboursements effectués par le Trésor	20,2
Remboursements effectués par la ferme générale, conformément à son bail	3,6
Remboursements sur anticipations [b]	27,8
Total	66,2

Tous les remboursements ne furent pas effectués sur les ressources ordinaires ; 51 millions environ provinrent d'emprunts ; savoir :

---

[a] 10 janvier 1775.
[b] Le montant des anticipations était au 1er janvier 1775 de   78 250 000
Il n'était plus au 1er janvier 1776 que de   50 480 000
En moins   27 770 000

	Millions.
Emprunts déjà contractés par l'abbé Terray (rentes viagères et régie des hypothèques)	19,2
Vente de rescriptions	5,6
Avances par les régies créées par Turgot [a]	10
Emprunt du clergé pour le don gratuit	16
Total	50,8

Les ressources non onéreuses qui avaient permis d'opérer les autres remboursements étaient les suivantes :

	Millions.
Bénéfice sur le bail de la ferme générale	1,6
Recouvrement d'une ancienne dette	2
Vente des blés de la compagnie royale	4
Économies et améliorations de recettes	7,8
Total	15,4

Dans les économies, figurait une réduction des frais de banque dépassant 5 millions [b] ; en outre, comme les emprunts nouvellement contractés étaient moins onéreux que les emprunts remboursés, on pouvait compter, pour l'année suivante, sur une réduction plus forte. L'amélioration des finances était donc en bonne voie ; le crédit public s'améliorait quoiqu'il restât inférieur à celui de l'Espagne ; le cours des billets d'État montait ; on pouvait avoir de l'espoir pour l'avenir. Les ennemis de Turgot ne manquèrent pas néanmoins de dire et d'insinuer à Louis XVI que le ministre qu'il avait placé au Contrôle général pour améliorer les finances ne faisait rien à cet égard et ne poursuivait que ses réformes économiques.

Ils insistèrent aussi sur ce qu'une partie des ressources exceptionnelles dont le Trésor avait profité en 1775 provenait de la gestion de l'abbé Terray : d'abord les 19 millions du produit d'emprunts en rentes viagères et sur la régie des hypothèques, puis les bénéfices tirés du bail

---

[a] Domaines   6 millions
Deuxième régie des hypothèques   4
    Total   10 millions
[b] Frais de banque de 1763 à 1774   95 548 000 livres.
Soit par an, en 11 ans   8 686 800 —
En 1775, les frais ne s'élevèrent qu'à   3 040 000 —
Économie sur la moyenne   5 646 000 —

Le paiement d'acomptes aux créanciers de la dette exigible arriérée, le remboursement d'anticipations, le rapprochement de la date de l'échéance des arrérages des rentes sur la vie avaient fait reprendre faveur aux rescriptions (bons du Trésor) au point qu'on put les négocier directement au public, sans recourir à l'intermédiaire des financiers. Cette mesure irrita ces derniers.

de la ferme générale et de la vente des blés de la compagnie royale. Mais, avec l'organisation adoptée par Terray et détruite par Turgot, cette dernière ressource aurait été probablement gaspillée. D'ailleurs, un financier n'est pas un magicien ; il est bon administrateur quand il ne compromet pas la recette, quand il améliore le crédit, quand il résiste aux dépenses inutiles, ou ajourne celles dont l'utilité n'est pas immédiate et qui dépasseraient les forces budgétaires. À tous ces points de vue, Turgot remplit son devoir et ne s'écarta pas des règles qu'il avait posées dans sa lettre au Roi : « point de banqueroute, point d'augmentations d'impôts, point d'emprunts ».

Il avait déclaré qu'il fallait réduire la dépense au-dessous de la recette et assez au-dessous pour pouvoir économiser chaque année une vingtaine de millions, afin de rembourser les dettes anciennes. Il y était parvenu puisqu'il avait amorti effectivement plus de 15 millions et réalisé 5 millions d'économies.

On n'aurait pu aller plus loin qu'en procédant à une réorganisation complète de la maison du Roi. Or, on ne pouvait songer à faire brusquement une telle réforme sous un prince indécis et timide ; on ne pouvait même la préparer tant que le vieux La Vrillière resterait en place et c'est seulement au mois de juillet 1775 que Malesherbes le remplaça. Turgot ne négligea rien alors pour que la réorganisation put être bientôt accomplie et il en prit sur lui tout l'odieux. Mais il fallait du temps pour aboutir et l'année 1776 ne pouvait être encore qu'une année d'attente.

ŒUVRES DE TURGOT

ET DOCUMENTS LE CONCERNANT

QUATRIÈME PARTIE

TURGOT MINISTRE DE LA MARINE

DU 20 JUILLET AU 24 AOÛT 1774.

Abréviations.

D. P.	Œuvres de Turgot, édition Du Pont de Nemours.
D. D.	Œuvres de Turgot, édition de Daire et Dussard.
B. N.	Bibliothèque Nationale.
A. L.	Archives du Château de Lantheuil.
A. N.	Archives Nationales.
A. Aff. étr.	Archives des Affaires étrangères.
S. l. n. d.	Sans lieu ni date.

Les notes de Turgot sont indiquées par des chiffres ; celles de l'éditeur, par des lettres.

1774.

144. — NOMINATION DE TURGOT AU MINSTÈRE DE LA MARINE.

I. — *Lettres de provisions de l'état en charge de Secrétaire d'État au département de la Marine du 20 juillet* [a].

[A. N., P., 2508, 288.]

Louis, par la grâce de Dieu, Roi de France et de Navarre, à tous ceux qui ces présentes lettres verront, salut. La charge de secrétaire d'État et de nos commandements et finances au département de la marine dont était pourvu notre amé et féal le sieur De Boynes, ministre d'État, étant vacante par la démission qu'il en a faite en nos mains, nous avons fait choix pour la remplir de notre amé et féal le sieur Turgot, maître des requêtes ordinaire de notre hôtel, intendant et commissaire départi pour l'exécution de nos ordres dans notre province de Limoges ; les services importants qu'il a rendus, sous le règne du feu Roi, notre très honoré seigneur et aïeul, tant dans cette place que dans celles de la magistrature qui lui ont été confiées et qu'il a exercées avec la plus grande distinction, les preuves multipliées qu'il a données de son zèle et de sa capacité dans les affaires, nous font juger qu'il rassemble toutes les qualités qu'exige l'importante charge dont nous voulons le revêtir et qu'il y répondra dignement à la confiance dont nous l'honorons ; à ces causes, nous avons donné et octroyé et, par ces présentes signées de notre main, donnons et octroyons au dit sieur Turgot l'état et charge de conseiller en tous nos conseils, secrétaire d'État et de nos commandements et finances vacante, comme dit est, pour par lui dorénavant l'exercer, en jouir et user aux honneurs, autorités, prérogatives, prééminences, privilèges, franchises, libertés, gages, droits, pensions, entretennements, livraisons, hottelages, fruits, profits, revenus et émoluments accoutumés, et y appartenants, tels et semblables qu'en a joui

---

[a] Le 19 juillet, Turgot fut présenté au Roi et à la famille royale comme Secrétaire d'État à la Marine (*Mercure de France*, août 1774).

ou dû jouir ledit sieur de Boynes et ce tant qu'il nous plaira ; si donnons en mandement à tous nos officiers qu'il appartiendra qu'après que nous aurons pris et reçu dudit sieur Turgot, le serment en tel cas requis et accoutumé, ils aient à le reconnaître en ladite qualité et à lui obéir et entendre ès choses concernant ladite charge.

Mandons aux gardes de notre trésor royal, trésoriers généraux de notre maison et autres nos comptables qu'il appartiendra, que lesdits gages, appointements, pensions et droits, ils aient à payer à l'avenir au dit sieur Turgot aux termes et en la manière accoutumée suivant nos états, et rapportant ces présentes ou copies d'icelles dument collationnées pour une fois seulement, avec quittance sur ce suffisante, lesdits gages, appointements, pensions et droits seront passés et alloués en la dépense des comptes de ceux qui en auront fait le paiement par nos amés et féaux conseillers, les gens de nos comptes à Paris auxquels mandons ainsi le faire sans difficulté, car tel est notre plaisir. En témoin de quoi nous avons fait mettre notre scel à ces dites présentes. Donné à Marly le 20e jour du mois de juillet, l'an de grâce 1774 et de notre règne le premier ; signé Louis et sur le repli : Par le roi, signé Phélypeaux.

Aujourd'hui 22 juillet 1774, le Roi étant à Marly, le sieur Turgot, dénommé en ces présentes a fait et prêté, entre les mains de S. M., le serment de fidélité dont il était tenu pour raison de la charge de secrétaire d'État et des commandements et finances de S. M. dont il est pourvu, moi conseiller du Roi en tous ses conseils, ministre et secrétaire d'État et de ses commandements et finances, commandeur de ses ordres, présent ; signé, Phélypeaux.

Et ensuite est écrit : registrées en la Chambre des Comptes, ouï le procureur du Roi, pour jouir par l'impétrant, des gages, appointements, pensions et droits attribués à ladite charge, le 30 décembre 1774. Signé Marsolan.

II. — *Lettre du Roi nommant Turgot conseiller au Conseil d'État privé* [a].

[A. L., original.]

Marly, 20 juillet.

Louis... À notre amé et féal, le sieur Turgot, Conseiller en nos Conseils, Maître des Requêtes ordinaire de notre hôtel, Intendant et

---

[a] Au Conseil d'État privé n'entraient que les Ministres.
Le titre de Conseiller ne se perdait jamais ; l'exil ou la disgrâce en suspendait seulement les fonctions.

Commissaire départi pour l'exécution de nos ordres pour notre province de Limoges, Salut.

Les mêmes raisons qui nous ont porté à vous pourvoir de la charge de secrétaire d'État et commandements de nos finances, nous déterminent à vous admettre dans nos Conseils.

À ces causes, nous vous avons ordonné, constitué et établi et, par ces présentes signées de notre main, vous constituons, ordonnons et établissons, Conseiller en nos Conseils d'État privé, direction et finances, pour nous y servir et y avoir à l'avenir entrée, rang, et séance, voix et opinion délibérative et jouir des honneurs…

III. *Lettre du Roi permettant à Turgot de signer les expéditions en commandement.*

[A. L., original.]

Marly, 20 juillet.

Louis, par la grâce de Dieu…
À notre très cher et féal chevalier, Chancelier Garde des Sceaux de France, le sieur de Maupeou, commandeur de nos ordres, Salut.

Par nos lettres de c'aujourd'hui, nous avons pourvu notre amé et féal Conseiller en nos Conseils, le sieur Turgot, Maître des requêtes ordinaire de notre hôtel, intendant et commissaire départi pour l'exécution de nos ordres dans notre province de Limoges, de la charge de conseiller en tous nos conseils, secrétaire d'État et de nos commandements en finances et d'autant qu'il se paraît former quelques difficultés sur la signature des lettres patentes concernant nos affaires de justice, police, finances et autres qui sont de nos commandements, parce qu'il n'est pas pourvu d'une charge de notre conseiller secrétaire, Maison et Couronne de France et de nos finances. *À ces causes*, et par ces présentes signées de notre main, ordonnons que ledit sieur Turgot puisse signer toutes lettres patentes de ladite charge de Secrétaire d'État et de nos commandements en finance, encore qu'il ne soit pas pourvu d'une charge de Secrétaire de notre Maison, Couronne de France et de nos Finances, à condition, toutefois que dans   ans, il se fera pourvoir d'une des dites charges. *Si vous mandons* que, du contenu en ces présentes, vous ayez à faire jouir le sieur Turgot pleinement et paisiblement, nonobstant tous édits, déclarations et ordonnances contraires, auxquels nous avons dérogé et dérogeons par ces présentes, pour ce regard seulement et sans tirer à conséquence, car tel est notre plaisir. En témoin de quoi, nous avons fait mettre notre scel à ces dites présentes ; Donné à Marly, le 20ᵉ jour de juillet, l'an de grâce 1774 et de notre règne le premier ; signé Louis et (plus bas) par le Roi, Phélypeaux.

IV. — *Extraits de divers mémoires sur la nomination de Turgot et la constitution du premier ministère de Louis XVI.*

1. MÉMOIRES DE MORELLET (I, 224). — M. de Maurepas avait constamment montré de la bienveillance et de l'estime à Turgot qui le voyait assez souvent. Un abbé de Véri, plein d'admiration pour la vertu et les talents de Turgot, était ami intime et familier de Mme de Maurepas ; il avait même quelque crédit sur l'esprit du vieillard et malgré le dédain qu'il affectait pour la philosophie et la crainte qu'il avait du philosophe, se tenant bien sûr de l'arrêter, quand il voudrait, le fit appeler au ministère.

2. DE MONTHYON (*Particularités*). — M. de Maurepas qui désirait entourer le trône d'hommes vertueux appela Turgot au ministère. La duchesse d'Enville, admiratrice enthousiaste de Turgot, en avait parlé avec ce sentiment à Maurepas, qui avait pris l'opinion de cette duchesse pour une opinion générale et nationale. D'ailleurs, Maurepas, parent des La Rochefoucauld et des Mailly, avait pour eux une grande déférence et cherchait à s'identifier avec ces maisons dont l'alliance illustrait la famille de Phélypeaux.

3. LETTRES DE MERCY-ARGENTAU. — *À Marie-Thérèse* (30 juillet). — Le roi a renvoyé M. de Boynes, ministre de la Marine. Ce n'est pas pour ses liaisons et bassesses pour la Du Barry, mais pour son incapacité reconnue de tout le monde ; son successeur a la réputation d'un très honnête homme.

Au baron Neny. (Le même jour). — Il est arrivé un nouvel événement dans le ministère par le renvoi de M. de Boynes, à la place duquel le Roi a nommé M. Turgot cidevant intendant à Limoges. Ce choix a l'approbation générale, non pas que l'on suppose à M. Turgot un grand talent pour la marine, mais on lui connaît un grand fonds de probité et d'honnêteté ; son prédécesseur avait une réputation tout opposée.

À Marie-Thérèse (31 juillet). — Le comte de Vergennes ainsi que le nouveau ministre de la marine Turgot ont été traités avec bonté par la Reine. J'ai employé quelques moyens indirects pour leur persuader qu'avant leur nomination S. M. avait été informée de leur choix, et qu'elle l'avait fort approuvé.

4. JOURNAL DE L'ABBÉ DE VÉRI. *Choix du Garde des Sceaux.* — Un grand public voudrait M. de Malesherbes. Son esprit naturel, l'étendue de ses connaissances en législation comme en tout genre, l'intégrité de son cœur et son désintéressement noble et simple, sont des motifs qui me le feraient aussi désirer. Ce que je ne puis savoir, c'est si sa tête serait assez soutenue dans l'exécution des détails. Je ne l'ai pas approuvé, par exemple, dans sa conduite à la tête de la Cour des Aides, lorsque celle-ci crut devoir prendre la cause du Parlement exilé en 1771 ; je crus voir que M. de Malesherbes allait inutilement au delà du but, soit dans ses demandes de corps, soit dans ses remontrances. Il fut par là l'idole du public.

Cet excès de zèle le mit tellement à la tête des anti-chanceliers qu'il ne pourrait pas honorablement ne pas renverser tout l'édifice de M. de Maupeou [a], renouvellement total que le Roi ne peut pas permettre, et que lui-même M. de Malesherbes ne croirait pas utile. Ses idées sont monarchiques et patriotes en même temps... La fonction de chef de parti qu'il n'aurait point envie de remplir est un obstacle tant pour lui que pour le Roi pour qu'il remplace le chancelier.

Cet obstacle pourtant n'est pas celui qui décide la prévention du Roi contre sa personne encyclopédiste et anti-royaliste, c'est le vrai motif. Il est presque le seul sur lequel le Roi ait dit sans souffrir l'examen : « Ne parlons de lui pour rien ; c'est un encyclopédiste très dangereux. » Je ne crois pas impossible de faire revenir le Roi de ce préjugé, mais ce n'est pas le moment.

... Au moment actuel, M. de Miromesnil est, dans l'intention, le successeur de M. de Maupeou. Si sa santé y met obstacle, je propose de penser à M. Turgot, intendant de Limoges, qu'on destine à la place de Contrôleur général. Il a plus suivi la carrière des finances que celle de la magistrature. Cependant, comme conseiller au Parlement, maître des requêtes et intendant de province, il a dû prendre connaissance aussi de la partie de la jurisprudence. Son esprit, avide de toutes connaissances, profond dans l'examen de ce qu'il veut savoir, clair, net et sûr dans ce qu'il fait, s'est porté dans la législation comme sur l'administration. Son intégrité est à toute épreuve et le motif du bien, tel qu'il le voit, est le seul qui agisse sur son âme. Son courage serait pareil à son intégrité au point d'opiniâtreté, s'il se croit dans l'erreur. Il aura de la peine à se concilier avec l'opinion des autres dans les points qui devront être décidés en commun.

Nomination de Turgot à la Marine. — La nomination de M. Turgot est la première lueur de l'économie, parce qu'on sait qu'il est convaincu de

---

[a] Le renvoi des Parlements.

son absolue nécessité. Je le connais tenace dans ses opinions et courageux dans leur poursuite.

J'ignore si la Marine est susceptible de diminution, mais je sais que le Roi a trouvé dans les papiers de Louis XV un mémoire donné en 1748 par M. de Maurepas chargé de ce département. Louis XVI y a vu qu'avant cette époque, la Marine n'avait pas coûté en temps de guerre la moitié et même le tiers de ce qu'elle coûte actuellement après douze années de paix.

Nous attendons de M. Turgot la suppression des gênes, des privilèges et des permissions particulières que les bureaux de la marine ont introduits dans le commerce maritime.

L'abbé Terray a voulu prévenir le Roi contre les maximes de Turgot. En louant ses talents et ses vertus, il a ajouté : « V. M. doit se défier de ses principes de liberté. Ils sont dangereux. » Oui ! j'espère qu'ils le seront contre lui Terray, lorsqu'on dévoilera les malversations et les maux que les siens ont occasionnés de la part de ses subalternes dans la partie de l'agriculture [a] et du commerce intérieur.

L'indécision dans le caractère du Roi commence à se manifester. Il voulait renvoyer De Boynes et ne finissait point. M. de Maurepas fut obligé de le presser le mardi 19 juillet : « Les affaires, lui dit-il, exigent des décisions ; vous ne voulez pas conserver M. de Boynes et ce dernier Conseil vous a dégoûté plus que jamais par le rapport qu'il y a fait. Pesez promptement le pour et le contre. Vous ne voulez pas de M. de Clugny, intendant de Marine dans les ports et les colonies, parce que vous avez reconnu le personnage double et faux qu'il a fait dans les querelles du Chancelier de Maupeou et de M. d'Aiguillon. Vous m'avez dit du bien de M. Turgot, prenez-le pour la marine, dès que vous n'avez pas encore pris de parti sur l'abbé Terray. » Le Roi ne répondit rien à ce discours. Le soir, au retour de la promenade, il écrivit à M. de la Vrillière de demander à M. de Boynes sa démission et d'amener sur le champ Turgot...

Ce ne fut que le lendemain matin que le Roi dit à M. de Maurepas : « J'ai fait ce que vous m'avez dit ».

(11 août). — Au moment où Maurepas revint à Versailles, il ne visait qu'à se rendre inutile dans l'espace de deux ans et à pouvoir se retirer alors.

Il organisa des comités en vue de faciliter le travail du Roi : « Il faut, disait-il à Louis XVI, tenir ces comités dans votre appartement ; quand vous serez ennuyé des lectures ou des discussions trop longues de vos ministres, vous vous en irez et vous ne paraîtrez que dans le moment

---

[a] Allusion au pacte de famine.

où ils seront d'accord après s'être disputés, soit pour connaître les résultats, soit pour les accorder s'ils sont d'avis différents. »

(18 août). — Malesherbes fit un mémoire pour démontrer que la place de garde des Sceaux ne devait être donnée ni à lui ni à aucun de sa classe, que Maurepas était le seul qui pouvait avoir, dans le moment, la force nécessaire à cette fonction pour former un Parlement tel qu'il convenait de l'établir. Turgot et moi, nous avons fait lire hier au soir ce mémoire à M. de Maurepas.

5. CHRONIQUE DE L'ABBÉ BAUDEAU (*Revue rétrospective*, 1ère section, III, 273.) — (5 juin). — Les fripons de Cour qui craignent le Turgot lui ont jeté bien des chats aux jambes ; entre autres, on l'accuse d'être dissimulé et jésuite et l'on fait sonner qu'il est haï dans sa province. Le fait est vrai, mais c'est qu'il est juste et exact, de mœurs sévères et sans faste. La noblesse limousine était accoutumée aux plus grandes injustices. Sous le titre de faveur, les gentilshommes un peu titrés, ou parents des titrés faisaient modérer les tailles et capitations de leurs protégés, ainsi que leurs propres vingtièmes et la charge retombait sur le malheureux sans protection. D'ailleurs l'intendance était une bonne auberge pour eux quand ils venaient à Limoges. Ils y trouvaient une table somptueuse, des femmes et des tables de jeu. Turgot, garçon laborieux, qui dîne presque seul et sobrement et ne joue jamais n'est pas leur homme. D'ailleurs il ne fait jamais grâce aux protégés pour ne pas faire injustice aux autres...

(8 juin). — On a beaucoup manœuvré contre le Turgot... On dit qu'il est encyclopédiste, c'est une hérésie abominable à la Cour.

(23 juin). — On reparle enfin du bon Turgot pour Contrôleur général, Dieu les écoute ! il n'y aurait rien de plus pressé que de le mettre en place, pour arrêter les brigandages des financiers et des régisseurs des blés qui perdront ce malheureux pays-ci. Mais, il lui faudrait des travailleurs, car il est musard ; son tic est de vouloir trop bien faire, d'où il résulte assez souvent qu'il lanterne.

(30 juin). — Le public reprend plus que jamais sur le Turgot pour le Contrôle général.

(3 juillet). — Grande nouvelle qui fait bien du tapage : l'abbé Terray vient d'être renvoyé, et enfin le bon Turgot est à sa place. Dieu les entende !

(5 juillet). — L'abbé n'est pas encore parti ; toujours est-il question du bon Turgot.

(7 juillet). Il y a toujours dans le public une grande impatience de voir renvoyer le chancelier, le Boynes et surtout l'abbé, mais les friponneux de finance et leurs bons amis de Cour se déchaînent contre le

Turgot avec un certain ménagement hypocrite qui fait peut-être plus que si c'était une charge à découvert. Ils vous demandent en dessous : « N'est-il pas un peu systématique… ? — Oui, madame, dis-je à une spirituelle bégueule de Cour qui est une des mères de l'Église jésuitique ; oui, madame, il est systématique, c'est-à-dire que ses idées sont suivies et liées à des principes. N'avez pas eu assez d'ignares administrateurs ?... »

(21 juillet). — J'ai appris hier au soir une excellente nouvelle, qui se trouve aujourd'hui véritable, le Boynes est chassé de la marine, et il a pour successeur le bon Turgot. Le Turgot est plein de probité, ses principes excellents, et sa droiture inflexible ; il fera sûrement beaucoup de bien. Il est un peu musard et il aurait besoin de subalternes qui fussent très expéditifs.

(22 juillet). — Le public instruit et bien intentionné murmure de voir le bon Turgot à la marine. On espérait le voir aux finances ; la crainte que l'abbé n'y reste fait trembler tout le monde… Pour moi, je crois qu'un même conseil ne peut jamais contenir cet abbé et le bon Turgot ; d'autres pensent que le département de la marine est un premier pas et que la direction générale des finances sera l'autre. On ajoute même que la partie militaire de la marine pourrait bien être réunie au ministère de la guerre, le Turgot ne conservant que la partie économique pour la joindre aux finances.

6. LETTRES DE CONDORCET (*Œuvres*, édition Arago, I, 36.) — *Lettre à Voltaire*. — « Vous savez sans doute la nomination de M. Turgot ; il ne pouvait rien arriver de plus heureux à la France et à la raison humaine ; jamais il n'est entré dans aucun conseil de monarque d'homme qui réunît à ce point la vertu, le courage, le désintéressement, l'amour du bien public, les lumières et le zèle pour les répandre. Depuis cet événement, je dors et je me réveille aussi tranquillement que si j'étais sous la protection de toutes les lois de l'Angleterre. J'ai presque cessé de m'intéresser pour les choses publiques tant je suis sûr qu'elles ne peuvent manquer de bien aller. M. Turgot est un de vos admirateurs les plus passionnés et un de nos illustres amis. Ainsi, nous aurions des raisons particulières d'être heureux si les raisons particulières pouvaient se faire entendre ici. Le choix de M. Turgot mérite d'être célébré par tous ceux qui s'intéressent à la bonne cause. On a pu nasillonner aux oreilles du Roi quelques compliments sur les choix édifiants qu'il avait faits [a] jusqu'ici ; il est juste qu'il s'accoutume, en récompense de celui qu'il vient de faire, à entendre une autre mélodie. »

---

[a] La nomination de Du Muy au ministère de la Guerre.

Réponse de Voltaire (12 août). — « Vous avez rempli mon cœur d'une sainte joie, quand vous m'avez mandé que le Roi avait répondu aux pervers qui lui disaient que M. Turgot est encyclopédiste : 'Il est honnête homme et éclairé, cela me suffit.'[a] »

Voltaire cite ensuite une anecdote chinoise tirée du XXXIIe Recueil des *Lettres édifiantes et curieuses* :

« Un ministre d'État accusant un mandarin d'être chrétien, l'empereur Kinlong lui dit : « La province est-elle mécontente de lui ? — Non. — Rend-il la justice avec impartialité ? — Oui. — A-t-il manqué à quelque devoir de son état ? — Non. — Est-il bon père de famille ? — Oui. — Eh bien donc, pourquoi l'inquiéter pour une bagatelle.

« Si vous voyez M. Turgot, faites-lui ce conte. »

7. AUTRES LETTRES DE VOLTAIRE. — *À Turgot* (28 juillet). — « M. de Condorcet me mande qu'il ne se croit heureux que du jour où M. Turgot a été nommé secrétaire d'État ! et moi, Mgr, je vous dis que je me tiens très malheureux d'être continuellement près de mourir lorsque je vois la vertu et la raison supérieure en place. Vous allez être accablé de compliments vrais, et vous serez presque le seul à qui cela sera arrivé. Je suis bien loin de vous demander une réponse, mais en chantant à basses notes, *De profundis* pour moi, je chante *Te Deum Laudamus* pour vous. Le vieux très moribond et très aise ermite de Ferney. »

À Mme Du Deffand (12 août). — « Je suis fâché que M. Turgot n'ait que le département de nos vaisseaux et de nos colonies ; je ne le crois pas plus marin que moi, mais il m'a paru un excellent homme sur terre, plein d'une raison très éclairée, aimant la justice comme les autres aiment leurs intérêts, et aimant la vérité presque autant que la justice [b]. »

8. JOURNAL HISTORIQUE [c] (25 juillet). — M. Turgot passe pour une créature de M. de Maurepas, et l'on présume que c'est ce ministre qui l'a désigné au Roi. Il a d'autant moins hésité à le proposer qu'il espère le diriger dans une partie qu'il a conduite si longtemps. Du reste, M. Turgot a toujours été un partisan de l'autorité royale ; même étant membre du Parlement, il regardait déjà avec vénération un arrêt du Conseil. Il considérait sa compagnie comme faite pour juger, pour enregistrer, pour donner la forme à la loi, mais non pour l'examiner, la

---

[a] Il est permis de penser que ce propos ne fut pas tenu.
[b] D'après Condorcet, Turgot, en arrivant au ministère, pria Voltaire de modérer les expressions de son bonheur et de ses espérances, car, dans le commencement de son ministère, il lui fallut employer pour arrêter l'enthousiasme de ses amis, autant de soins que d'autres ministres ont pris pour exciter celui de la multitude. (Condorcet, *Vie de Turgot*, 172).
[c] *Journal historique de la Révolution opérée dans la Constitution de la monarchie française par M. de Maupeou, chancelier de France*, Londres ; 6 vol. Cette feuille reflète l'opinion des Parlementaires.

discuter ; il admettait cependant la liberté de faire des remontrances après l'enregistrement.

1er août. — M. Turgot est fort regretté dans son intendance de Limoges. C'est M. Le Noir [a], maître des requêtes, qui est nommé pour le remplacer, mais on est incertain s'il acceptera... On croit que désespéré de n'avoir point la place de lieutenant de police à laquelle il aspire depuis longtemps et que son intimité avec M. de Sartine lui faisait espérer, il se retirera ou peut-être restera-t-il au Conseil...

(Même date). — M. Turgot est fort embarrassé dans le département qui lui est donné où il se trouve tout neuf. On assure... qu'il ramasse des mémoires sur toutes les marines des royaumes étrangers... Sa première démarche doit être de se faire rendre compte des nouvelles écoles instituées au Havre, et de juger si l'utilité l'emporte sur les inconvénients.

V. — *Situation de De Boynes, ancien ministre de la Marine.*

Lettre de Turgot et Mémoire de De Boynes.

Travail du Roi, 15 août.

[A. L., copie, avec décision de la main du Roi].

Je viens, M., de travailler avec le Roi, et j'ai mis sous les yeux de S. M., suivant vos intentions, avec votre mémoire, l'état de vos services et celui de votre fortune. J'aurais fort voulu le déterminer à vous accorder au-delà de la pension ordinaire de ministre, ce que vous désiriez, et j'aurais eu un grand plaisir à vous l'annoncer ; mais le Roi s'est déterminé à borner votre retraite à 20 000 l. J'ai du moins la satisfaction de vous apprendre que dans la manière dont le Roi m'a parlé de vous, je n'ai point aperçu ces traces de mécontentement qu'on m'avait fait craindre. Il a seulement pensé que votre retraite devait être bornée à 20.000 l. J'imagine qu'il a voulu vous traiter comme M. de Monteynard.

Recevez, M., les assurances de l'inviolable attachement avec lequel j'ai l'honneur d'être...

Mémoire de De Boynes. — Le Sr de Boynes attendrait dans un silence respectueux l'effet de la justice de S. M. et des bontés dont elle l'a honoré, si la situation de sa famille ne le forçait pas de lui faire ses très humbles représentations.

---

[a] Le Noir fut, en effet, désigné comme Intendant de Limoges ; mais avant qu'il se fut rendu à son poste, il fut nommé lieutenant de police.

Il la supplie de lui permettre de mettre sous ses yeux l'état de ses services et celui de ses revenus. Si S. M. a la bonté de s'en faire rendre compte, elle verra dans le détail de ses services que loin d'avoir trouvé, dans les différentes places qu'il a successivement remplies, des moyens d'accroître sa fortune, elles lui ont toutes été onéreuses, les émoluments qui y étaient attachés n'ayant jamais été proportionnés aux dépenses qu'elles lui ont occasionnées. Celle de Secrétaire d'État de la Marine, dont il fut pourvu en 1771, a seule produit dans sa fortune un vide de 70 000 l. par les frais indispensables à son établissement, pour lequel il n'a point demandé de dédommagement, quoiqu'il en ait été accordé un à M. de Monteynard, nommé presque en même temps que lui Secrétaire d'État du département de la guerre, et par la différence de son traitement fixé à 50 000 l. au-dessous de celui qui avait été réglé à M. de Monteynard.

À l'égard de ses biens, possesseur, du chef de sa femme, d'une habitation à Saint-Domingue, dégradée pendant une longue minorité et abandonnée ensuite entre les mains d'un régisseur infidèle, le Sr de Boynes a été obligé par des arrangements de famille d'en acquérir une seconde dans laquelle la dame de Boynes avait un tiers par droit héréditaire et dont la valeur est absorbée par les dettes de la succession que le Sr de Boynes s'est chargé d'acquitter pour les co-héritiers. Ainsi, ces deux habitations ne forment un objet de fortune que pour les enfants du Sr de Boynes. Celui-ci sera privé pendant dix-huit ans de la totalité des revenus qui seront employés à éteindre différents emprunts que le Sr de Boynes a faits en France, tant pour parvenir plus promptement à l'amélioration des biens de Saint-Domingue que pour acquitter les dettes les plus urgentes dont ils sont grevés.

Ces emprunts montent en arrérages de rentes, soit viagères ou perpétuelles, à 28 913 francs par an, en sorte que les revenus libres du Sr de Boynes se trouvent réduits à environ 40 000 livres, y compris les gages et émoluments de la place de Conseiller d'État ordinaire, et les pensions qui lui ont été accordées en indemnité des dépenses qu'il avait faites dans différentes commissions extraordinaires détaillées dans le mémoire de ses services. Il lui serait impossible, avec un revenu aussi modique, de soutenir, avec la décence convenable, l'état auquel il a plu au feu roi de l'élever, et de pourvoir à l'éducation de sa famille composée de quatre garçons et de deux filles et qui, dans six mois, sera encore augmentée d'un septième enfant.

Le Sr de Boynes ose espérer de la bonté de S. M. qu'elle sera touchée de ce simple exposé ; ce n'est point à lui à mettre des bornes aux libéralités de S. M. et il est tout aussi éloigné de s'autoriser d'exemples pour obtenir des grâces qu'il désire détenir uniquement des bontés de S. M.

Il prend seulement la liberté de représenter à S. M. qu'ayant bien voulu accorder à M. de Monteynard qui n'avait que le titre de Secrétaire d'État une retraite de 20 000 livres, dont moitié réversible à Mme de Monteynard, ce serait répandre des doutes sur le zèle avec lequel le Sr de Boynes s'est efforcé de servir S. M. si elle n'avait pas la bonté d'ajouter un pareil traitement aux appointements attachés au caractère de Ministre dont il a l'honneur d'être revêtu. Quelques pressants que soient les motifs qui forcent le Sr de Boynes à implorer les grâces de S. M., il la supplie d'être persuadée qu'elles lui seront encore plus précieuses parce qu'elles seront une preuve certaine que si ses services n'ont pas eu le bonheur de plaire à S. M., elle est satisfaite des efforts qu'il a faits pour les rendre utiles et du zèle dont il a été constamment animé dans les différentes commissions dont il a été chargé [a].

(De la main de Louis XVI : Bon pour vingt mille livres de retraite.)

145. — AFFAIRES DE COUR.

Lettre du Duc d'Orléans à Turgot.

(Le Comte de Genlis.)

[A. L., original.]

Villers Coterest, 31 juillet.

Les circonstances me mettent dans l'impossibilité de vous voir, M. ; je ne veux pourtant pas vous laisser ignorer plus longtemps les raisons que j'ai de m'intéresser au sort du comte de Genlis [b] : ces raisons sont qu'il a épousé la nièce de Mme de Montesson ; c'est vous en dire assez sur ce point. D'ailleurs il mérite certainement des grâces du Roi par la manière dont il a servi dans l'Inde et les blessures qu'il y a reçues. M. de Boynes lui avait fait donner par le feu Roi l'inspection des troupes des colonies et m'a paru content de son travail à cet égard. Il était question pour lui dans ce moment-ci du commandement de Saint-Domingue.

---

[a] De ce Mémoire, présenté par Turgot, résulte que les accusations contenues dans les correspondances du temps et dans la *Chronique* de Baudeau au sujet de la probité de De Boynes étaient dénuées de fondement.

[b] Il n'obtint pas le poste qu'il désirait et fut plus tard nommé colonel au corps des grenadiers de France.

Comme je ne connais ni les devoirs, ni les détails de cette place, je ne peux vous dire s'il y est propre ou non et je me bornerai dans cette lettre à vous répéter ce que j'ai dit au Roi, que le comte de Genlis est brave, peu riche et a beaucoup d'aptitude et de facilité pour le travail. C'est à vous, M., à examiner ce qu'il a déjà fait sur cette partie et à juger si vous devez engager le Roi à lui donner la préférence pour cette place. Ce qu'il y a de sûr, c'est que je vous aurai une véritable obligation des grâces que vous pourrez lui procurer et que je n'en désirerai jamais qui puissent être contraires au bien du service du Roi. Je vous prie, M., de ne pas plus douter de cette façon de penser de ma part que des sentiments d'estime que votre réputation m'a inspirés pour vous.

L. PHIL. D'ORLÉANS.

146. — LETTRES À DU PONT DE NEMOURS.

CXXXVI.   (Nomination de Turgot au Ministère de la Marine.)

Paris, mercredi 20 juillet.

Me voilà dans le ministère, mon cher Du Pont ; ainsi les bruits publics ne sont pas tout à fait faux. C'est à la place de M. de Boynes qu'on m'a nommé, ainsi ils ne sont pas tout à fait vrais. En toute place et en toute qualité, vous savez combien vous devez compter sur mon amitié et j'ajoute sur mes regrets, car vous m'auriez encore été bien utile. Je ne penserai cependant à vous rappeler qu'autant que j'aurais à vous procurer un sort qui vous dédommage de celui que vous avez. Il me serait peut-être plus facile de vous employer à des distances lointaines [a], mais éloignement pour éloignement, risque pour risque, vous aimerez peut-être mieux la Pologne. Consultez-vous et faites-moi part de vos idées. Je vous embrasse.

Mille compliments à Mme Du Pont.

CXXXVII. — (Situation de Du Pont).

Au Tremblay, 5 août.

J'ai reçu vos deux lettres, mon cher Du Pont, et j'y réponds de chez ma sœur [b] où je m'arrête un moment en allant à Compiègne. Je n'ai que

---

[a] Turgot songeait à donner à Du Pont l'intendance de l'Ile de France.
[b] Au Tremblay, chez la duchesse de Saint-Aignan.

le temps de vous embrasser, de vous réitérer tous mes regrets de ce que vous êtes parti si mal à propos, de vous dire combien je désire de trouver quelque emploi où vous me soyez nécessaire et qui me donne le droit de vous faire redemander par le Roi.

Vous seriez infiniment utile à mes vues dans une place comme celle de M. Poivre toute idée chevaleresque à part, mais vous me seriez plus utile et surtout d'une utilité plus sentie, en vous tenant près de moi.

Je ne puis encore avoir aucune idée entièrement arrêtée [a] ; ne vous impatientez donc pas si je ne me décide pas aussitôt que vous le voudriez. Soyez sûr que je le désire autant que vous et comptez sur mon inaltérable amitié. Mille compliments, je vous prie, à Mme Du Pont. Je vous embrasse.

147. — LETTRES À CONDORCET [b].

[Henry, 191, 192.]

---

[a] Du Pont fut nommé inspecteur général du commerce et confirmé dans ces fonctions par arrêt du Conseil du 16 décembre 1775 (Anc. lois franç., XXIII, 289).
[b] Condorcet avait écrit à Turgot :

Juillet. — « Je vous envoie le rapport fait du loch de M. Magellan ; c'est l'original, ainsi, je vous prie de me le renvoyer. M. Magellan me remettra un mémoire de ce que vous lui devez, y compris les ports, dont il n'a pas fait mention dans le premier. Il se propose de faire imprimer la description de son instrument ».

20 juillet. — Il a paru, depuis votre départ, M., un petit ouvrage intitulé : *Lettre d'un théologien à l'auteur du Dictionnaire des Trois Siècles.* Il réussit assez bien. Je l'ai trouvé fort agréable. Si l'on ne peut donner la chasse aux bêtes féroces, il faut au moins faire du bruit pour les empêcher de se jeter sur les troupeaux. Mais toutes ces brochures ne sont que des coups d'épingle que le colosse de la superstition peut à peine sentir et qui ne font qu'exciter sa fureur sans lui ôter de ses forces.

Votre entrée dans le ministère est un coup de foudre… On dit à Paris que vous réussissez à merveille auprès du Roi ; je le désire pour bien des raisons ; je ne voudrais pas que l'arrangement des Parlements se fît sans vous.

Qu'il y a de choses à faire pour le bien public ! Proscrire le fanatisme, et faire justice aux assassins de La Barre, assigner pour chaque crime une peine légale, supprimer la question…, établir un tribunal où le particulier insulté par un magistrat ou qui aurait un procès avec lui serait jugé par d'autres que par les confrères de son adversaire.

On m'a dit qu'il était question de disperser les régiments de cavalerie et de dragons dans les villages ; c'est une source abondante de corruption et de misère pour les campagnes et une source d'indiscipline pour les troupes. J'ai peur que l'esprit petit et étroit de cet homme [c] ne nous fasse beaucoup de mal et qu'à force de faire des sottises, il ne vienne à bout de persuader que M. de Choiseul est un homme nécessaire. Prenez garde aux dévots. Je commence à sentir que j'ai perdu à votre ministère, et j'ai besoin de réflexion pour me consoler. Il faut que je pense à nos colonies, à leurs malheureux habitants opprimés par des gens déshonorés en Europe, à ces nègres que Louis XV a abandonnés à la barbarie de leurs maîtres dans la sainte espérance qu'on pourrait les rendre chrétiens à force de coups de fouet. Je vois d'avance le bien que vous ferez à ces infortunés…

(*Dimanche, août*). — Ceux qui vous ont vu disent que vous vous portez à merveille et que vous êtes aussi calme que si vous n'aviez rien à faire. Je suis curieux de voir si ce visage là tiendra le Contrôle général.

[c] Le maréchal Du Muy.

XXXVII. — (Brevet de l'abbé Bézé. — Discours de Suard. — *Lettre du théologien* de Condorcet. — Croix de Saint-Louis pour Pinel. — Instruments de l'abbé Magellan. — Réflexions de Marguerie, sur les ouvrages d'Euler).

Compiègne, 10 août.

J'étais plus près de vous à Limoges qu'à Compiègne, M., car j'avais du moins le temps de vous écrire.

Voici le brevet de M. l'abbé Bézé ; mais on ignore s'il doit passer au sceau. Il faut, m'a-t-on dit, écrire sur les lieux pour s'en assurer ; peut-être trouverez-vous à Paris des moyens de le savoir. Si ce brevet doit être scellé, vous me le renverrez.

Je n'ai pas eu le temps de lire une panse d'*a*, à la réserve de mémoires manuscrits ; je n'ai pas pu jeter les yeux sur le discours de M. Suard [a], ni même sur la *Lettre du théologien*, quelque faible qui me reste pour la théologie.

La croix de Saint-Louis demandée pour M. Pinel [b] est une chose impossible à vue de pays. M. de Boynes avait écrit à la Martinique et j'attendrai la réponse ; il aurait plutôt fait de dire non tout de suite.

Je donnerai la note au premier commis des fonds pour faire payer les instruments à l'abbé Magellan.

Votre ami, M. Marguerie [c], m'a fait plusieurs réflexions sur les livres d'Euler à imprimer : il vous en fera part. Ce monsieur a bien de l'esprit et bien des connaissances, mais une manière un peu plus précipitée que la mienne ; ses lumières m'inviteraient à lui marquer beaucoup de confiance, mais je voudrais que son caractère fut plus modeste et ne dut pas me faire craindre de paraître m'y livrer trop : il a souverainement déplu à bien des gens par mille petits traits désagréables pour ceux qui les éprouvent et qui retombent à la fin sur ceux qui les font éprouver.

Je ne puis vous répondre sur les autres articles de votre lettre, ce n'est pas qu'ils ne soient fort intéressants, mais il faut qu'un ministre dorme.

Dîtes mille et mille choses pour moi à Mlle de l'Espinasse et à tous nos amis. Il m'est absolument impossible d'écrire à personne aujourd'hui. Je vous embrasse [d].

[a] Discours de réception à l'Académie française.
[b] Célèbre aliéniste.
[c] Officier de marine et géomètre.
[d] Marguerie contestait l'utilité de l'impression des livres d'Euler.

XXXVIII. — (Impatience de Condorcet. — Bernardin de Saint-Pierre. — Machine à dessaler l'eau de mer : D'Estelle, Lavoisier, Rochon).

Compiègne, 17 août.

Je ne réponds point, M., à toutes vos folies [a]. L'abbé de Véri m'a dit ce qu'il en pense. Sur beaucoup de points vous prêchez un converti ; sur d'autres, vous n'êtes pas à portée de juger ce que les circonstances rendent possible ; surtout vous êtes trop impatient. Votre plus grand tort est d'écrire par la poste ; il ne faut rien faire qui puisse nuire à vous, ni à vos amis, parce que vous iriez directement contre votre but. Ne m'écrivez donc rien, je vous en prie, que par des occasions ; envoyez vos lettres à Mme Blondel ; elle les donnera à mes courriers qui passent tous les jours chez elle à dix heures du matin.

Je ne crois pas trop possible ce que me propose M. de Saint-Pierre, mais je chercherai sûrement à l'employer.

Quant aux essais que j'ai à faire faire, j'en charge D'Estelle [b], officier de mérite, neveu de Mme Blondel, que j'envoie à la Martinique. Il s'embarquera à Brest au mois d'octobre. Je vous prie de l'aboucher avec M. Lavoisier pour la machine à dessaler l'eau de mer. Je suis assez de l'avis de M. Lavoisier pour l'envoi d'un ouvrier à Brest qui, aidé par M. D'Estelle et par l'abbé Rochon, assurera la bonne exécution de l'ouvrage ; il faut tâcher d'être sûr de son fait et ne pas plaindre une légère dépense à l'égard de la préférence du fer-blanc. J'en causerai à Paris avec M. Lavoisier. Adieu, je vous embrasse ; mille choses à tous nos amis.

---

[a] Condorcet lui avait écrit :

Août. — « On commence à savoir dans le monde que le clergé ne paie point les corvées et on en est un peu indigné. On vous accuse de faiblesse, ce qui n'est pas juste. Vous pourriez, pour réparer cela, faire imposer à la taille les fermiers d'Église proportionnellement au prix de leur bail et à la somme que la généralité où ils sont, paie pour les chemins, et remettre au peuple une quantité de tailles égales. Cela ne serait pas injuste envers ces fermiers que vous exemptez de la corvée. Vous auriez par là les déclarations des biens d'Église et vous soulageriez le peuple ».

[b] Grimaux (*Œuvres de Lavoisier*) l'appelle Deslette et M. Henry (*Correspondance de Turgot et de Condorcet*), Estelle. Le nom exact est D'Estelle. La même correspondance renferme en outre un projet de lettre de Condorcet de juillet où il faisait valoir les titres de Bernardin de Saint-Pierre à un emploi dans les colonies.

Condorcet insista plusieurs fois dans d'autres lettres en faveur de Bernardin de Saint-Pierre.

148. — QUESTIONS DIVERSES.

I. ADMINISTRATION DE LA MARINE. — Turgot « savait que l'administration des 'officiers de plume', pouvait et devait avoir donné lieu à de grands abus, ... mais en se proposant de les surveiller..., il ne comptait pas les réformer. Il sentait combien il serait plus triste encore... de donner la disposition de l'argent à des mains réservées pour des exploits guerriers... (Du Pont, *Mém.*, 131) ». L'administration des gouverneurs dans les colonies était, en effet, très irrégulière.

II. CONSTRUCTION DE NAVIRES EN SUÈDE. — Turgot se proposait d'employer les savants les plus distingués à perfectionner l'art de la construction. Il savait de combien nos constructions sont plus chères que celles du roi d'Angleterre et de combien celles du roi d'Angleterre le sont plus que ne le seraient les mêmes constructions faites par des négociants qui armeraient pour leur compte des vaisseaux de même force avec l'activité et les soins de l'intérêt particulier.

Il connaissait le danger d'abandonner trop légèrement des bois usés ou présentés comme tels. Il n'ignorait pas combien l'intérêt de multiplier les copeaux fait perdre de journées à hacher les bois précieux.

Il croyait avantageux de faire faire les constructions en Suède d'après les plans et sous la direction de constructeurs français et d'amener les vaisseaux tout faits, tout gréés. Il avait calculé que l'épargne du fret dispendieux qu'exige toute la partie du bois qu'il faut ensuite réduire en copeaux, celle de la refonte du cuivre, pour les pièces de bronze, dans un pays qui les tire de l'étranger et où le charbon est rare et cher, qu'enfin, la différence du prix des subsistances et de la main-d'œuvre en Suède et en France, pouvaient procurer une économie des 2/5 sur la construction des vaisseaux du Roi. Il ne voulait donc ordonner de constructions dans nos ports que ce qu'il en faudrait pour en conserver la science et l'habitude (Du Pont, *Mém.*, 131 et s.).

III. VOYAGES AUTOUR DU MONDE. — Turgot comptait ajouter à l'instruction de la marine la connaissance encore imparfaite de la terre, « en employant sans cesse un certain nombre de bâtiments légers et tirant peu d'eau à conduire des savants dans toutes les parties du monde et surtout dans les plus ignorées » (Du Pont, *Mém.*, 130).

IV. MISSIONS SCIENTIFIQUES. *Saint-Edmond*. — Turgot avait pris l'agrément du Roi pour envoyer aux Indes le savant Saint-Edmond qui devait recueillir des lumières sur l'histoire naturelle, acquérir des connaissances pour la perfection des salpêtrières, faire passer en Europe les graines des plantes utiles, et surtout le riz sec qui se cultive dans les montagnes. Le vaisseau qui portait Saint-Edmond périt dans la traversée » (Du Pont, *Mém.*, 331).

D'Ombey. — Turgot demanda aussi « la permission et les moyens d'envoyer d'Ombey au Pérou, principalement pour y recueillir des graines de plantes utiles. » Ce botaniste revint à Cadix en 1785 avec une riche moisson d'histoire naturelle et des collections nombreuses de minéraux et de plantes avec des instructions pour leur culture (Du Pont, *Mém.*, 332. — Condorcet, *Vie de Turgot*, 53).

L'abbé Rozier. — Turgot fit passer en Corse l'arbre à thé et y envoya l'abbé Rozier pour établir une école d'agriculture et enseigner les moyens de perfectionner la fabrication du vin et de l'huile (Du Pont, *Mém.*, 332).

V. DISTILLATION DE L'EAU DE MER. — En 1773, sur l'ordre de de Boynes avait été exécutée une machine pour la distillation de l'eau de mer. Des essais multiples en furent faits en présence de Turgot et des savants : Montigny, Macquer, Leroy, Lavoisier, Desmarets. Lavoisier y apporta des perfectionnements.

Turgot décida aussi qu'une machine distillatoire serait établie à Lorient à bord d'un vaisseau du Roi, *La Pourvoyeuse*, par les soins de d'Estelle et de Lavoisier [a].

Ceux-ci présentèrent, le 1er septembre 1774, un rapport à Sartine, successeur de Turgot. Sartine estima que les expériences ne pouvaient pas être poursuivies sur la *Pourvoyeuse* et qu'il était préférable de les poursuivre à Brest [b].

VI. COLONIES. — Quant aux colonies, Turgot estimait que « la principale utilité de ces établissements lointains était de fournir un asile et du travail à l'excès de la population de l'État, ... lorsqu'il en est surchargé, et un emploi aux capitaux qui n'en auraient pu trouver un suffisamment profitable dans l'exploitation des terres et dans le commerce du pays.

« Le second avantage qu'il y envisageait était de donner naissance à de nouvelles sociétés, à des provinces liées... par la reconnaissance, par le langage et par les lois... au même corps politique. Il croyait indispensable de faciliter aux colonies les moyens d'arriver à la plus grande prospérité... Des colonies faibles ne lui paraissaient qu'un fardeau pour un État ; des colonies puissantes impossibles à gouverner avec auto-

---

[a] Voir ci-dessus la lettre à Condorcet du 17 août.
[b] Grimaux, *Œuvres de Lavoisier*, IV, 717 et suiv. — A. N., Marine, B1 80, 249.

rité… ; mais de riches colonies formant tour à tour des États respectables lui paraissaient toujours pouvoir être retenues dans une liaison vraiment sociale avec l'empire dont elles sont émanées tant qu'il ne voudrait pas abuser de son autorité… La politique des Anglais qui, après avoir formé de puissantes colonies, se sont cru en droit de les gouverner arbitrairement lui paraissait injuste et imprudente. » (Du Pont, *Mém.*, 134.)

VII. LIBERTÉ DU COMMERCE DES COLONIES. — « Il ne croyait pas plus juste ni plus raisonnable de soumettre Saint-Domingue et la Martinique aux privilèges exclusifs de quelques ports de Guyenne, de Bretagne ou de Normandie qu'il ne le serait de soumettre la Bretagne ou la Normandie à un monopole exercé par des Provençaux. Il pensait que la prospérité des colonies exigeait qu'elles jouissent de la liberté du commerce et qu'on ne leur demandât d'autres impositions que celles qui seraient absolument nécessaires aux frais de leur propre administration.

« Il était convaincu que l'augmentation de culture et de richesse qui résulterait pour elles d'un tel régime procurerait plus d'emploi aux capitaux, aux services et à la navigation des négociants de nos ports… que le privilège exclusif de ce commerce. Il voyait en même temps que la puissance de l'État et du Roi serait notablement augmentée par des provinces opulentes, se suffisant à elles-mêmes, pouvant assurer leur propre défense et que personne n'aurait intérêt d'attaquer, puisque leurs conquêtes n'ajouteraient rien au profit du commerce qu'on pourrait faire avec elles. » (Du Pont, *Mém.*, 136.)

VIII. L'ESCLAVAGE. — « Au sujet de l'esclavage, Turgot ne croyait nullement impossible que la culture dans les colonies fut exercée par des hommes libres et même en partie par des hommes libres d'Europe… Il ne comptait pas cependant, comme on l'a dit, abolir tout à coup l'esclavage des nègres par une loi… mais il voulait pourvoir avec tous les soins d'une humanité éclairée à la sûreté et aux besoins des esclaves, prévenir et réprimer les abus d'autorité, favoriser les affranchissements et les concessions de terrain aux affranchis, à charge de redevance envers les propriétaires… Il comptait multiplier les concessions du gouvernement aux hommes libres d'Europe qui désireraient quelques petites étendues de terrain pour y cultiver des comestibles à la condition pour ceux à qui l'on ferait ces concessions nouvelles de n'y point employer d'esclaves (Du Pont, *Mém.*, 137 et s.).

IX. LA TRAITE DES NÈGRES. — Un négociant proposa à Turgot de donner son nom à un vaisseau destiné à la traite des nègres. Turgot rejeta cette offre avec l'indignation d'une âme vertueuse et ne craignit point par ce refus d'annoncer publiquement son opinion au risque de soulever contre lui tous ceux qui croient l'intérêt de leur fortune lié avec la conservation de cet infâme trafic (Condorcet, *Vie de Turgot*, 112).

X. LE GOUVERNEMENT DE SAINT-DOMINGUE. — Le gouvernement de Saint-Domingue avait été injustement enlevé à l'officier de Bory [a]. Il lui fut restitué. (*Mémoires sur l'administration de la marine*, par de Bory-Foncin, 45.)

Condorcet avait appelé l'attention de Turgot sur cet officier par lettre du dimanche, juillet ou août 1774 :

« Donnez-moi une heure, d'ici à votre départ [b], pour le chevalier de Bory qui m'a chargé de cette commission. »

XI. LES ILES DE FRANCE ET DE BOURBON. — D'après Du Pont, Turgot « aurait conseillé de faire, des Iles de France et de Bourbon, des ports absolument francs, déchargés de tout impôt, ouverts à toutes les nations, d'y établir à la fois la liberté du commerce et celle des consciences », d'y appeler des protestants que l'abrogation de l'Édit de Nantes avait obligés à quitter la France et d'y appeler aussi des négociants indiens et chinois. « L'Ile de France serait devenue le centre du commerce… que faisaient en contrebande les officiers des compagnies européennes et le magasin général du commerce d'Inde en Inde. » Les vues de Turgot à cet égard n'étaient pas « seulement un des projets auquel ses principes et ses lumières le conduisaient…, le choix de celui qui devait diriger à l'Ile de France les établissements et les institutions qu'il y croyait nécessaire » avait été arrêté ; « il avait déjà reçu ses premières instructions de la main de ce ministre dans des lettres particulières qu'il conserve avec reconnaissance, amour et respect. » (Du Pont, *Mém.*, 142 et s.) [c].

Turgot régla aussi la situation du célèbre voyageur Poivre [d], intendant des Iles de France et de Bourbon, qui avait fait des dépenses con-

---

[a] De l'Académie des Sciences.

[b] Pour Compiègne.

[c] Turgot avait choisi, non Bernardin de Saint-Pierre, comme on l'a dit, mais Du Pont de Nemours.

[d] Du Pont de Nemours a donné des détails à ce sujet, dans sa *Vie de Poivre*, dont plus tard il épousa la veuve. Voir plus loin une lettre de Turgot à Sartine.

sidérables dont il ne pouvait obtenir le remboursement et qu'on accusait de prévarication.

XII. LES COMPAGNIES DE COMMERCE. DÉCISION DE LOUIS XVI. — Turgot coupa court à un projet né dans les circonstances ci-après. Poivre, qui avait fait des plantations d'épices (muscade et girofle) à Bourbon et à l'Ile de France, imagina de créer une Compagnie pour la vente des épices en Europe par l'union d'une Compagnie française à constituer avec la Compagnie hollandaise des Indes. Son projet fut éventé. D'autres personnes songèrent alors à constituer une société qui aurait le monopole de la production des épices à Cayenne et de leur vente. Monsieur, frère de Louis XVI, devait faire partie de cette société. Le projet fut présenté à Turgot qui signala au Roi, avant que le nom de Monsieur fut avoué, les inconvénients des monopoles et des Compagnies de commerce. Une décision royale interdit définitivement les concessions de monopoles de ce genre (*Journal de Véri*) [a].

XIII. PAIEMENT DES OUVRIERS DE BREST. — Depuis longtemps, les travaux des ouvriers de Brest n'étaient payés que par des acomptes successifs, qui, laissant toujours des arrérages considérables, invitaient à la déprédation par la difficulté de toucher les salaires légitimes. Turgot leur fit payer dix-huit mois qui leur étaient dus (Du Pont, *Mém.*, 144).

Ces retards avaient rendu de Boynes si impopulaire à Brest, que lorsque sa disgrâce fut connue, on promena dans tout le port, avec des huées, un canonnier qu'on avait déguisé en ministre de la Marine (*Journal Historique*, 26 août).

XIV. IMPRESSION DES OUVRAGES D'EULER.

Note de Turgot pour le Roi.

[Henry, 180].

23 août.

Le célèbre Léonard Euler, un des plus grands mathématiciens de l'Europe, a composé deux ouvrages qui pourraient être très utiles pour

---

[a] On lit dans la *Correspondance Métra* (16 octobre 1774) : « Turgot mit sous les yeux du Conseil un état de comparaison des frais d'expédition et de transport par vaisseaux particuliers et par vaisseaux de l'ancienne compagnie des Indes, d'où résultait que les retours par vaisseaux particuliers étaient plus prompts et les marchandises de retour achetées à meilleur prix. »

les Écoles de la Marine et de l'Artillerie. L'un est un *Traité de la construction et de la manœuvre des vaisseaux* ; l'autre est un *Commentaire sur les principes d'artillerie* de Robins, traduit en français [a]. Je propose à V. M. d'en ordonner l'impression qui sera peu coûteuse, parce qu'on trouvera un libraire qui se chargera des frais en lui assurant le débit d'un certain nombre d'exemplaires.

Il est à observer que cette impression, faite sans le consentement de l'auteur, blesse un peu l'espèce de propriété qu'il a sur son ouvrage. Mais il est aisé de l'en dédommager d'une manière très flatteuse pour lui et glorieuse pour V. M. Le moyen serait qu'elle voulut bien m'autoriser à écrire de sa part au sieur Euler et à lui faire toucher une gratification équivalente à ce qu'il pourrait retirer de l'édition de son livre ;

---

[a] C'est Condorcet qui avait proposé à Turgot de faire imprimer le commentaire de Robins. Il lui avait écrit en juillet 1774 :

« Il y a deux ouvrages de M. Euler qui tous deux seraient de la plus grande utilité pour les progrès de la science navale et dont les circonstances particulières empêchent de profiter. L'un est la *Théorie complète de la manœuvre et de la construction*... On voit que ce doit être un ouvrage élémentaire... Je n'ai jamais rien lu de plus simple, de plus clair, de plus lumineux, de mieux fait. Cet excellent ouvrage ne peut remplir pour la France l'objet pour lequel il a été composé : 1° parce qu'ayant été imprimé à Pétersbourg, les droits sur le papier et les frais de transport augmentent trop le prix ; 2° parce qu'étant écrit en français, langue étrangère à l'auteur, il y a plusieurs endroits qu'une mauvaise construction grammaticale rend obscurs ; il serait donc utile qu'on en fit en France une édition où ces défauts seraient corrigés.

« Le deuxième est un *Commentaire* sur le livre de Robins. Le commentaire est un ouvrage excellent, malheureusement imprimé en allemand. M. de Kéralio l'a traduit et ne demande pas mieux que de faire imprimer cette traduction qui formerait un assez petit in-4°. On y trouverait des recherches très profondes sur la théorie de l'artillerie. Voilà donc encore un ouvrage dont l'impression serait utile.

« M. de Kéralio se chargerait de surveiller l'impression de sa traduction et je me chargerais volontiers des corrections à faire à la *Théorie des manœuvres*, etc. Ainsi, il n'en coûterait rien au Roi pour les éditeurs français ; mais il me semble que l'on ne peut point faire imprimer les ouvrages de M. Euler sans son consentement ou plutôt qu'il n'y a que deux moyens de s'en passer : l'un, de faire imprimer les ouvrages et de faire présent de l'édition à l'auteur, l'autre de lui envoyer une gratification au nom du Roi, et alors on proposerait à un libraire d'imprimer les deux ouvrages et je crois qu'on en trouverait aisément qui voudraient s'en charger, parce que l'ouvrage élémentaire portant un titre imprimé par ordre du Roi aurait un débit qui le dédommagerait de la lenteur du débit de l'autre.

« Par ce moyen, M. Turgot aurait l'avantage de procurer deux bons ouvrages à la marine française et d'offrir au Roi une occasion de donner une marque de sa bienveillance à un des hommes de l'Europe le plus admiré et le plus digne de l'être, ce qui est important dans un commencement de règne où le Roi a besoin d'établir sa réputation chez les nations étrangères ».

L'ouvrage d'Euler avait été écrit en latin sous le titre *Scientia navalis seu tractatus de construendis ac dirigendis navibus*, Saint-Pétersbourg, 1749, 2 vol. in-4°. La traduction française porte le titre *Théorie complète de la construction et de la manœuvre des vaisseaux*, 1773, in-8.

L'ouvrage de Robins, commenté par Euler, était intitulé *Neue Grundsätze der Artillerie aus dem England des Robins, ubersetzt mit Erlauterungen und Anmerkungen*, Berlin, 1745.

Condorcet écrivit encore à Turgot le samedi, après le 17 août : « M. Panckoucke consent à se charger des deux livres d'Euler ; il demanderait au Roi prit 200 exemplaires du livre de Robins. Le libraire donnera ces 200 exemplaires pour 1 000 l. et le livre se vendra au public environ 10 fr. Mandez-moi si cet arrangement vous convient ; sinon, je ferai des tentatives auprès de quelques autres libraires ». — Voir aussi ci-dessous, les *Lettres à Condorcet*.

ce qui peut aller à peu près à cinq mille francs. Cette somme sera payée sur les dépenses secrètes de la Marine.

XV. FOUILLES DANS LA MONTAGNE DU CHÂTELET.

Lettre de Turgot à De Grignac (de Saint-Dizier) [a].

[*Buffon, sa famille, ses collaborateurs et ses familiers*,
mémoires par Humbert Basile…, 1863, 380. — Foncin, 47.]

Compiègne, 6 août.

J'ai reçu, M., l'exemplaire de vos observations sur les découvertes que vous avez faites dans la montagne du Châtelet [b]. Je vous prie d'en recevoir mes sincères remerciements. Ces observations ne peuvent manquer de porter sur cet objet la curiosité des savants qui s'occupent de semblables recherches et vous aurez la satisfaction de pouvoir vous regarder comme le premier auteur des découvertes que ce recueil aura occasionnées. Les recherches que vous vous proposerez de faire sur la physique des forces, concernent principalement M. Trudaine [c] et M. le contrôleur général [d]. Je serais fort aise de pouvoir les engager à vous les faciliter [e].

---

[a] Chevalier de Saint-Louis, ami de Buffon, archéologue et physicien.
[b] Il avait trouvé les restes d'une ville souterraine ; il reçut du Roi à cette occasion une somme de 2 000 l.
[c] Trudaine de Montigny.
[d] Abbé Terray.
[e] On trouve (A. N. Marine, B¹, 405 et s., 610 et s.), un certain nombre de dépêches adressées par Turgot, à des officiers de marine, principalement au marquis de Saint-Aignan et à de Gueudreville. L'une d'entre elles explique confidentiellement à ce dernier que le vaisseau *Le Flamand*, revenu à Toulon, de Constantinople, était destiné à augmenter les forces navales des Turcs.
Signalons aussi que Turgot devait se rendre au Havre, après le voyage de Compiègne, soit pour rechercher les améliorations à apporter au port, soit pour y examiner les écoles de marine.
Citons enfin une lettre de Voltaire à d'Alembert, 27 août. « La femme du frère de feu Damilaville (mort en 1768) m'a écrit, de Landerneau, en Basse-Bretagne, une lettre lamentable. Ils prétendent qu'on persécute en eux le philosophe qui est mort entre vos bras ; ils disent que, depuis sa mort, on a toujours cherché à les dépouiller d'un emploi qui les faisait vivre et qu'on vient enfin de le leur ôter. Ils imaginent que M. Turgot peut donner à ce frère de Damilaville une place de sous-commissaire de la marine. Ils paraissent réduits à la dernière misère, et ils ont des enfants.
« C'est à mon cher Bertrand et à M. de Condorcet à voir s'ils peuvent obtenir cette place de sous-commissaire pour le frère d'un de leurs Ratons. »

ŒUVRES DE TURGOT

ET DOCUMENTS LE CONCERNANT

CINQUIÈME PARTIE

TURGOT CONTRÔLEUR GÉNÉRAL (AOÛT 1774 À MAI 1776)

Le présent volume finit avec l'année 1775.

Abréviations.

D. P.	Œuvres de Turgot, édition Du Pont de Nemours.
D. D.	Œuvres de Turgot, édition de Daire et Dussard.
B. N.	Bibliothèque Nationale.
A. L.	Archives du Château de Lantheuil.
A. N.	Archives Nationales.
A. Aff. étr.	Archives des Affaires étrangères.
S. l. n. d.	Sans lieu ni date.

Les notes de Turgot sont indiquées par des chiffres ; celles de l'éditeur, par des lettres.

1774.

149. — NOMINATION DE TURGOT AU CONTRÔLE GÉNÉRAL

I. — *Commission de la charge de Contrôleur général.*

[A. L., original. — A. N., P. 2508, 141.]

Compiègne, 24 août.

Louis, etc...

À notre amé et féal, Conseiller en tous nos Conseils, le sieur Turgot, secrétaire d'État et de nos commandements et finances au département de la Marine, Salut

Notre amé et féal, Conseiller en nos Conseils, commandeur de nos ordres, Contrôleur général de nos finances, le sieur *abbé* Terray ayant désiré de se retirer, nous avons cru n'en pouvoir confier l'important emploi à personne qui joigne à la capacité plus de probité, de zèle, et d'affection à notre service que vous. L'expérience que vous avez acquise dans les différentes places importantes que nous vous avons confiées et le choix que nous avons fait de vous pour remplir la place de Secrétaire d'État et de nos commandements et finances au département de la Marine, doivent répondre à l'État du succès de nos intentions.

À ces causes et autres, à ce nous mouvant, nous avons constitué, ordonné et établi et par ces présentes signées de notre main, nous vous constituons, ordonnons et établissons, Contrôleur général de nos finances pour, en ladite qualité avoir entrée, séance, voix et opinion délibérative en tous nos conseils d'État, privé, direction de nos finances, en contrôler toutes les quittances, mandements et rescriptions de notre trésor royal et des trésoriers de nos revenus casuels, prix des offices, droit annuel et autres deniers dont ils font la recette, marc d'or, quittances de finances pour les ventes de notre domaine, soit à perpétuité ou à faculté de rachat perpétuel, offices domaniaux, taxes et restitutions, et toutes les autres quittances de nos deniers ordinaires et extraordinaires dont sera fait recette à notre profit, pour quelque cause et de quelque nature que ce soit, comme aussi, à contrôler toutes les commissions qui seront expédiées pour la levée de nos tailles et autres impositions, lettres patentes, octrois, dont acquits patents, remboursements, rôles de validations et d'établissements, et autres expéditions généralement quelconques sujettes au dit contrôle, faute duquel elles seront nulles et de nul effet et valeur…

Comme aussi, avec faculté, en cas de maladie ou autre légitime empêchement de commettre au dit contrôle telle personne capable que bon vous semblera et au surplus, exercer par vous ladite charge, en jouir et user aux honneurs, autorités, fonctions, pouvoirs, prérogatives, prééminences, gages de 36 000 livres à prendre sur nos revenus casuels et généralement les autres pensions, appointements, droits et émoluments, appartenant à la dite charge, tels et semblables qu'en ont joui ou dû jouir les précédents contrôleurs généraux de nos finances, encore qu'ils ne soient si particulièrement spécifiés et ce tant qu'il nous plaira. Si donnons en mandement à notre… Garde des Sceaux de France, le sieur De Miromesnil, que de vous pris et reçu le serment en tel cas requis et accoutumé, il vous mette et institue en possession de ladite charge… Mandons aussi à nos amés… les gens de nos comptes à Paris, que ces présentes, ils aient à faire registrer, garder et observer… et à nos amés… les gardes de notre trésor royal et trésoriers de nos revenus casuels présents et à venir, chacun en droit soi, de vous payer les petits gages, pensions, droits et appointements sur vos simples quittances.

Donné à Compiègne, le 24e jour d'août…

Le 26e jour du mois d'août 1774, le dit sieur Turgot a prêté ès mains de Mgr de Miromesnil le serment qu'il devait au Roi…

Le 31, les lettres de commission furent registrées à la Chambre des Comptes [a].

II. — Extraits de divers mémoires, lettres, etc.,
sur la nomination de Turgot.

1. LETTRES DE MERCY-ARGENTEAU À MARIE-THÉRÈSE. — *28 septembre.* « Depuis quelque temps la Reine met une sorte de curiosité et d'intérêt à être informée du courant des affaires de l'intérieur. Le Roi est toujours très disposé à lui en parler et maintenant la Reine l'écoute sans répugnance et même avec attention. Lors du dernier changement

---

[a] Le 24 août, la nomination de Turgot fut notifiée aux Intendants par Circulaire du Contrôleur général datée de Compiègne (A. Marne. — Neymack, II, 384).

dans le ministère, le Roi ne voulut rien décider avant d'avoir prévenu la Reine. Il vint une après-midi la trouver dans son cabinet et lui confia toutes les raisons qui existaient pour et contre le Chancelier et le Contrôleur général. La Reine écouta tout, mais elle ne se permit aucune remarque. Cependant, le lendemain, S. M. voulut bien m'en communiquer une qui était très juste sur le choix peu convenable du sieur de Sartine pour le département de la Marine. La Reine qui fait cas de ce ministre et le protège ouvertement voyait avec peine qu'on le mit dans une place aussi étrangère à ses talents et aurait désiré qu'on le réservât à être le successeur du duc de la Vrillière. »

28 septembre. — « Il me reste à ajouter que le Contrôleur général (Turgot) lequel, soit du côté du caractère, soit du côté des talents, l'emporte visiblement sur ses collègues, est très décidé à s'attacher à la Reine et s'empresse à lui marquer du zèle. Ce ministre est l'ami intime de l'abbé de Vermond et cette liaison peut, dans bien des cas, devenir utile au bien du service de S. M. Le ministre de la Marine, Sartine, étant un protégé de la Reine, lui est également dévoué ».

Au baron Neny. — *28 septembre.* — « Depuis le grand changement que vous savez être arrivé dans le ministère de cette Cour, on a été dans l'attente des réformes utiles que les abus en toutes les branches du gouvernement rendent nécessaires et même urgentes. Le nouveau contrôleur général qui passe pour un homme vertueux, ferme et éclairé, a déjà employé des moyens d'économie dont cependant les effets ne peuvent pas être aussi prompts qu'il serait à désirer. Le ministre susdit paraît un peu effrayé de l'immensité de sa besogne ; il a grande raison ; malgré cela, on croit qu'il réussira à opérer le bien. »

2. JOURNAL DE L'ABBÉ DE VÉRI. — *9 août.* — Lorsqu'il s'agit de la nomination du Garde des Sceaux, comme Louis XVI ne parvenait pas à se décider, Maurepas lui dit : « Les délais accumulent les affaires et les gâtent sans les terminer. Si vous voulez, pour succéder au Garde des Sceaux, celui que la voix la plus générale désire, prenez M. de Malesherbes dont les talents et la parfaite intégrité ne sont pas équivoques. Je sais bien, dit le Roi, que c'est celui que tout le monde porte, mais il ne me convient pas à moi, je vous l'ai déjà dit. Je vous ai proposé, reprit le ministre, M. de Miromesnil, parce que sur votre aveu, je me suis servi de lui pour avoir des plans sur les affaires parlementaires… L'abbé Terray voudrait M. Molé qu'il gouverne et qui est très médiocre. M. de Nicolaï [a] dont on vous a parlé n'est pas ce qu'il vous faut. En savez-vous d'autre meilleur ? … Je vous proposerais encore M. Turgot

---

[a] Président de la Chambre des Comptes.

si vous ne le gardiez pas pour la finance, pour laquelle vous serez encore plus embarrassé. — Il est bien systématique, dit le Roi, il est en liaison avec les encyclopédistes. — Je vous ai déjà répondu, dit le ministre, sur cette accusation. Aucun de ceux qui vous approcheront ne seront exempts de critique... Au surplus voyez-le... Vous verrez peut-être que ses systèmes se réduisent à des idées que vous trouverez justes. Vous avez trouvé bonnes celles que nous venons de lire sur les compagnies qu'on charge de faire les approvisionnements de grains. »

La conférence a fini sans aucune décision précise. La source principale des préventions contre Malesherbes est toujours dans la manière dont on l'a accusé d'avoir régi la librairie ; la même prévention s'étend aussi sur M. Turgot. Si le choix de celui-ci pour la marine eut été prévu par la classe des dévots, il est probable qu'ils auraient fait parvenir au Roi des délations qui l'auraient empêché.

Une correspondance entre le roi de Prusse et d'Alembert a donné de la force à cette prévention. Louis XVI n'aime ni n'estime Frédéric II, et le regarde un peu comme un impie. Le nom de Turgot s'est trouvé dans leurs lettres dont il a eu les copies par la voie perfide de la poste.

23 août. — L'abbé Terray fit une absence de deux jours pour aller visiter le canal de Picardie et la manufacture des glaces de Saint-Gobain ; le bruit de son renvoi se répandit. Le samedi précédent, Maurepas représenta au Roi la nécessité d'une décision sur le chancelier et l'abbé Terray. Le renvoi du chancelier ne coûta rien au Roi ; il n'en fut pas de même de celui de l'abbé Terray. « J'y ai regret, dit-il, et je voudrais bien pouvoir le garder ; mais c'est un trop grand coquin ; c'est fâcheux ». Sur cela, on passa en revue ceux auxquels on pouvait penser et le ministre demanda au Roi de se décider. « Mardi, répondit Louis XVI, je vous donnerai ma décision. » Le mardi, le Roi remit au lendemain la conférence. Sur le midi, il envoya chercher Turgot pour une affaire de marine ; le Roi lui parla beaucoup d'économie, de la régie des grains, et des maximes de commerce. Turgot, sans aucune inculpation envers personne, lui exposa ses principes sur la liberté du commerce et notamment sur la partie des grains ; il s'était préparé à lui parler aussi de ses vues générales sur la finance et des points sur lesquels des réformes lui paraissaient indispensables. Mais le Roi ne lui fit aucune ouverture sur ces vues.

24 août. — Ce matin, Maurepas est entré chez le Roi à 10 heures et insista encore pour que le Roi se décidât ; celui-ci déclara qu'il était décidé à changer les deux ministres, mais renvoya les nominations au samedi après le Conseil des dépêches ; Maurepas reprit avec assez de vivacité : « Ce n'est pas ainsi qu'on gouverne en Roi. — Mais je suis accablé d'affaires et je n'ai que vingt ans. — Laissez les détails et les papiers à vos ministres et bornez-vous à en choisir de bons et d'honnêtes. »

Louis XVI enfin se décida et déclara que Turgot aurait la finance. « Mais, lui dit Maurepas, il désire avant d'accepter, avoir une audience de V. M., car il fera un grand sacrifice dont vous devez lui savoir gré ». — Le Roi reprit : « Je le mis à portée hier de s'expliquer ; nous parlâmes peu de marine et je lui parlai beaucoup des objets qui regardent le contrôleur général et j'attendais qu'il s'ouvrit avec moi. — Il attendait, je crois, encore plus que vous, une ouverture qui ne pouvait venir que de votre part. J'irai le chercher et vous l'enverrai sur-le-champ. Quant aux autres choix ? — et bien, M. de Miromesnil aux Sceaux et M. de Sartine à la Marine. Il faut leur envoyer un courrier ».

Ces décisions étant données, Maurepas s'excusa de sa vivacité. Il alla ensuite chez Turgot, où j'étais, et où il nous a rendu la conversation dont je donne le précis. Il est sorti pour aller chez l'abbé Terray. Turgot est monté chez le Roi. Celui ci l'a reçu de manière à ne pouvoir pas refuser une place encore plus fâcheuse, quand même il en aurait eu la volonté la plus décidée. Il en était encore attendri en me contant en gros la conversation.

« Tout ce que je vous dis est un peu confus, lui dit Turgot, parce que je me sens encore troublé. — Je sais que vous êtes timide, mais je sais aussi que vous êtes ferme et honnête et que je ne pouvais pas mieux choisir ; je vous ai mis à la Marine quelque temps pour avoir l'occasion de vous connaître. — Il faut, Sire, que vous me donniez la permission de mettre par écrit mes vues générales et, j'ose dire, mes conditions, sur la manière dont vous devez me seconder dans cette administration, car, je vous l'avoue, elle me fait trembler par la connaissance superficielle que j'en ai. — Oui, oui, dit le Roi, comme vous voudrez ; mais je vous donne ma parole d'honneur d'avance, ajouta-t-il en lui prenant les mains, d'entrer dans toutes vos vues et de vous soutenir toujours dans les partis courageux que vous aurez à prendre ».

Ce matin, avant que M. de Maurepas monta chez le Roi, Turgot a trouvé dans mon cabinet l'abbé de Vermond [a] en qui la Reine a toute

---

[a] Lecteur de Marie-Antoinette. Né en 1735, fils de paysans picards, il était devenu bibliothécaire au Collège Mazarin. C'est là que le prit Choiseul, sur la recommandation de Brienne, pour aller à Vienne perfectionner Marie-Antoinette dans la langue française. Marie-Thérèse qui reconnut en lui un honnête homme voulut le faire nommer confesseur de la Dauphine ; l'Archevêque de Paris s'y opposa ; il fut seulement nommé lecteur, au traitement de 12 000 livres et eut ensuite une abbaye de 12 000 autres livres dans le Perche. Il remplit plutôt le rôle d'éducateur de Marie-Antoinette que de lecteur, car il commentait ses lectures dans des conversations qui duraient quelquefois deux heures.

confiance. Nous avons raisonné tous les trois sur les bruits publics, sur la destination de M. Turgot à la finance, sur la difficulté de cette place, sur l'avidité de la cour, sur la faiblesse du Roi, et par conséquent sur le peu d'espoir des retranchements. L'abbé de Vermond nous a dit : « Je ne connais qu'un lien qui puisse arrêter la faiblesse du Roi contre les importunités de ses alentours, c'est d'avoir sa parole. Le mot de devoir et surtout celui de promesse sont les liens les plus puissants et peut-être les seuls que je lui connaisse. Ainsi, M. Turgot, si vous êtes dans le cas d'avoir la finance, munissez-vous toujours de sa parole pour tous les cas importants ».

29 décembre 1780. — Le genre d'esprit de la Reine ne fait pas augurer grande sagacité, quoiqu'elle soit remplie de grâce et que son cœur soit droit. Ses goûts, fermes et décidés, tant qu'ils durent, sont sujets à changements. Je l'ai vue dans l'enthousiasme pour M. Turgot et c'est par elle qu'on a commencé à l'attaquer. Je l'ai vue préférer M. de Sartine et c'est par elle que la décision est arrivée contre lui. Nous l'avons vue passer de l'une à l'autre dans ses favorites et dans ses sociétés.

3. LETTRES DE MLLE DE LESPINASSE. — *À de Guibert.* — *26 août 1774.* — « Vous savez que M. Turgot est contrôleur général ; il est entré dans le Conseil. M. D'Angivillier a les bâtiments ; M. de Miromesnil est garde des Sceaux ; M. le Chancelier est exilé en Normandie ; M. de Sartine a la Marine et l'on dit que ce n'est qu'en attendant le département de M. de la Vrillière, M. Lenoir est lieutenant de police, M. de Fitz-James [a] ne va pas en Bretagne ; c'est M. le duc de Penthièvre [b] qui va tenir les États avec M. de Fourqueux… »

29 août. — « Vous savez que M. Turgot est contrôleur général, mais ce que vous ne savez pas, c'est la conversation qu'il a eue à ce sujet avec le Roi. Il avait eu quelque peine à accepter le contrôle, quand M. de Maurepas le lui proposa de la part du Roi. Lorsqu'il alla remercier le Roi, le Roi lui dit : « Vous ne vouliez donc pas être contrôleur général ?

Il chercha à exciter l'ambition de Marie-Antoinette, afin de vaincre sa légèreté et lui fit entendre que Louis XVI était incapable. Ne s'étant lié à personne, n'étant affilié à aucun parti et étant très dévoué à la princesse, il eut beaucoup d'influence sur son esprit, car elle craignait en lui les remontrances de sa mère.

Trois fois en 1773, en 1775, en 1776, il voulut se retirer ; il avait eu successivement pour ennemis le duc de la Vauguyon, Maurepas, les jeunes favoris de Marie-Antoinette. Jusqu'en 1773, Louis XVI ne lui avait jamais adressé la parole et c'est seulement alors qu'il se décida à lui dire quelques mots. Vermond réussit à faire prendre son frère comme accoucheur de la Reine et, par là, eut encore plus d'influence sur elle. Il perdit cette influence en 1780. À la Révolution, il était très impopulaire et dut se retirer à Vienne.

[a] Le comte Charles, fait maréchal en 1775.

[b] Fils du comte de Toulouse et le dernier descendant des bâtards légitimés de Louis XIV.

— Sire, lui dit M. Turgot, j'avoue à V. M. que j'aurais préféré le ministère de la Marine, parce que c'est une place plus sûre, et où je suis plus certain de faire le bien ; mais, dans ce moment-ci, ce n'est pas au Roi que je me donne, c'est à l'honnête homme ». Le Roi lui prit les deux mains et lui dit : « Vous ne serez point trompé ». M. Turgot ajouta : « Sire, je dois représenter à V. M. la nécessité de l'économie, dont elle doit la première donner l'exemple ; M. l'abbé Terray l'a sans doute déjà dit à V. M. — Oui, répondit le Roi, il me l'a dit ; mais il ne l'a pas dit comme vous ». Tout cela est comme si vous l'aviez entendu, parce que M. Turgot n'ajoute pas un mot à la vérité. Ce mouvement de l'âme de la part du Roi fait toute l'espérance de M. Turgot et je crois que vous en prendrez comme lui… Oui, je vous le répète, vous manquez bien ici : vous auriez partagé les transports de la joie universelle. On commence à avoir besoin de se taire pour se recueillir, et pour penser à tout le bien qu'on attend ».

À Condorcet. — *Jeudi, août.* — « Eh bien, M. Turgot veut-il que j'aille dîner chez lui demain vendredi ; veut-il de M. de Guibert ; je lui dirai aujourd'hui oui ou non. Bon Condorcet, trouvez le moment de demander à M. Turgot si l'affaire de Châlons se fera et si M. de Beaumont voudra bien le lui faire savoir. Et, puis, je n'abandonne pas mon malheureux de Bicêtre. Encore un mot à M. Du Pont, je vous prie. »

29 septembre. — « J'ai dîné, moi cinquième, aujourd'hui chez M. Turgot, il se porte bien ; il a bon visage ; il est gai, mais cependant avec un petit sentiment de goutte au pied ; il est allé à Versailles jusqu'au dimanche soir. Je répète sans cesse : Dieu le conserve ! Si le bien ne s'opère pas par lui, nous ne serons pas Gros-Jean comme devant, mais mille fois plus malheureux parce que nous aurons perdu l'espérance, et c'est là le seul appui des malheureux. »

8 octobre. — « J'ai dîné hier chez M. Turgot ; il se porte à merveille ; il a le calme d'un homme heureux qui espère le bien et qui ne se laisse pas accabler par sa place… En vérité, amitié à part, tous les honnêtes gens doivent désirer que M. Turgot et M. de Vaines se portent bien… »

Samedi, novembre. — « Si vous voyez M. Turgot, dites-lui que M. de Saint-Lambert vous a prié de lui demander s'il veut qu'il aille dîner chez lui mardi. C'est le seul moyen de le voir lorsqu'on n'a point d'affaires à lui. »

4. CHRONIQUE DE L'ABBÉ BAUDEAU. — *31 juillet.* — Il y a tout lieu d'espérer que le bon Turgot aura voix au chapitre, sur la nomination du futur contrôleur général. En attendant, l'abbé (Terray) embrouille et gaspille tout. À la fin, peut-être, justice sera faite.

1ᵉʳ août. — Il est question de Lamoignon de Basville [a], de La Rivière.
6 août. — Toujours l'abbé prêt à partir et il ne part jamais. Les fripons en tous genres ont une peur terrible que Turgot ne parvienne aux finances.
23 août. — Tout Paris attend une nouveauté pour le jour de la Saint-Louis, fête du Roi. Le public s'est mis dans la tête que, pour lui payer son bouquet, le jeune Roi fera présent du contrôleur général et du chancelier.
24 août. — Turgot n'a pu résister malgré tous ses efforts.

5. JOURNAL HISTORIQUE ET MÉMOIRES CONCERNANT L'ADMINISTRATION DES FINANCES SOUS LE MINISTÈRE DE L'ABBÉ TERRAY. — Lorsqu'on apprit le renvoi de Maupéou et de Terray, une joie violente éclata dans Paris et dans les provinces. Quelqu'un dit : « Voilà une Saint-Barthélemy de ministres ». Le comte d'Aranda ajouta : « Ce n'est pas le massacre des Innocents ».

À Paris, dans la nuit du dimanche 28 au lundi 29 août, deux mannequins en paille avec des masques de cire furent pendus au carreau de la justice de Sainte-Geneviève. L'un représentait Maupeou et l'autre Terray.

Celui-ci courut des risques plus réels. Comme il passait le bac à Choisy-le-Roi pour se rendre à sa terre de Lamothe, la populace s'amassa et voulut le jeter à la rivière. Il fallut qu'il donna sa bourse aux mariniers en les conjurant de lui sauver la vie.

6. CORRESPONDANCE SECRÈTE (Métra). — *12 septembre*. — La nomination de M. Turgot au Contrôle générale a eu l'approbation universelle

7. DÉLIBÉRATION DE LA MUNICIPALITÉ DE LIMOGES [b]. — Aujourd'hui, 3 septembre 1774, dans la salle de l'Hôtel commun de la Ville de Limoges, où étaient assemblés MM. les Officiers Municipaux, M. Juge, maire, a exposé que le public est si vivement pénétré, comme

---

[a] C'est-à-dire de Malesherbes et non, comme il a été imprimé dans l'édition Henry : Letteignaut de Bréville.

[b] Dès que les habitants de la ville de Limoges eurent appris que le Roi avait nommé à la place de contrôleur général M. Turgot, leur ancien intendant, ils ont fait éclater leur joie par une fête publique. Les officiers municipaux précédés de la bourgeoisie en armes ont fait tirer le huit de ce mois un feu d'artifice terminé par un soleil tournant au milieu duquel on lisait : Vive Turgot ! Le peuple y a applaudi par de vives acclamations.
Le sieur Laforest, chef de la manufacture royale de la même ville, s'est empressé à donner des marques particulières de sa reconnaissance au protecteur de son établissement. On voyait au centre de l'illumination qu'il avait fait placer sur la principale porte d'entrée les armes de Turgot avec cette inscription : *Restaurat ori* (*Mercure de France*, octobre 1774).

nous le sommes nous-mêmes, pour la personne de Mgr Turgot, ci-devant Intendant de cette généralité, nouvellement nommé à la place de Ministre d'État et Contrôleur général des Finances, reconnaissant pour les bontés qu'il a témoignées à cette généralité et surtout à la Ville de Limoges, pendant tout le cours de sa sage administration, et du plaisir de le voir honoré de la confiance de l'auguste prince qui veut établir sa gloire sur la félicité de ses peuples, que tous les différents États paraissent souhaiter avec ardeur qu'on donne à un magistrat aussi estimable par son mérite et par sa bienfaisance des témoignages distingués de leurs sentiments et semblent faire un reproche à ceux qui ont l'honneur de les représenter de n'avoir pas déjà marqué ces sentiments par des réjouissances publiques et par une députation dont l'unique objet se borne à exprimer la vénération et la gratitude des peuples de cette province, de la Ville de Limoges en particulier, envers ce digne bienfaiteur ; elle désire de mériter sa protection en laquelle ils mettent leurs espérances.

La chose mise en délibération, il a été unanimement arrêté que jeudi prochain, 8 du présent mois, il y aura, aux fins ci-dessus, un feu de joie dans la place de Tourny, auquel assistera la milice bourgeoise et qui sera suivi d'un feu d'artifice à 9 heures du soir. Qu'aux mêmes fins, M. Romanet, écuyer, M. Pétiniaud, échevin, demeureront députés pour se rendre incessamment auprès du Seigneur Turgot, Contrôleur général [a]. Signé : ......

Vu par nous, subdélégué de la généralité de Limoges, la délibération ci-dessus prise par MM. les Officiers municipaux...

Nous avons homologué et autorisé la dite délibération, ordonné en conséquence qu'elle sera exécutée suivant sa forme et teneur.

Fait à Limoges ledit jour, 3 septembre 1774.

DE BEAULIEU, subdélégué.

8. MONTHYON. *Particularités*. — « L'abbé Terray était un être fort extraordinaire et heureusement d'une espèce rare. Son extérieur était dur, sinistre, et même effrayant : une grande taille voûtée, une figure sombre, l'œil hagard, le regard en dessous, avec indice de fausseté et de perfidie ; les manières disgracieuses, un ton grossier, une conversation sèche, point d'épanouissement de l'âme, point de confiance, jugeant toute l'espèce humaine défavorablement, parce qu'il la jugeait d'après lui-même ; un rire rare et caustique. En affaires, il ne discutait pas, ne réfutait point les objections, en avouait même la justesse et la recon-

---

[a] Il fut remboursé aux Sieurs Romanet du Caillaud et Pétiniaud pour frais de voyage à Paris, 78 livres (A. Haute-Vionne, C. 90).

naissait au moins en paroles, mais ne changeait pas. Sa plaisanterie ordinaire était une franchise grossière sur ses procédés les plus répréhensibles. Jamais peut-être il n'exista d'âme plus glaciale, plus inaccessible aux affections, excepté celles pour des jouissances sensuelles ou pour l'argent comme moyen d'acquérir ces jouissances, et aussi pour la réputation, quand elle pouvait conduire à l'obtention de l'argent... Nul principe de morale, nul respect pour la justice, nulle honte de chercher à tromper : telle était l'habitude qu'il avait contractée du mensonge, qu'il disait sans rougir ce qu'il était impossible qu'on crût...

Son jugement était d'une grande rectitude ; l'exposition de ses opinions était lucide : il avait le talent d'écarter les faits épisodiques et de saisir la véritable difficulté. C'était un des meilleurs conseillers qui jamais ait été dans le Parlement...

« Rien n'annonce qu'il ait jamais eu un plan ni des idées arrêtées sur la nature des impôts, leur rectification, leur recouvrement, sur une base de crédit, et une économie systématique. Il eut du moins la conscience de son ignorance et, pour ses déterminations dans les affaires particulières, il consulta ses sous-ordres, et quelque fois ne choisit pas mal ses conseils. Cependant, presque toujours ses déterminations étaient viciées par un excès de fiscalité... Et ce n'est qu'à cette fiscalité qu'il a dû une réputation d'habileté, accréditée par les gens de finances, en faveur de qui étaient presque toujours ses décisions. »

III. — *Réception de Turgot à la Chambre des Comptes et à la Cour des aides.*

1. CHAMBRE DES COMPTES. *31 août.* — L'usage était que le Contrôleur général, à son entrée en fonctions, rendît visite à la Chambre des Comptes et fût installé par elle. Turgot fit à cette occasion un discours qui fut très applaudi. *Journal historique*, 3 septembre.

Baudeau a, dans sa *Chronique*, donné le résumé ci-après de la séance :

« Les gens de finance se jettent à la tête du contrôleur général, qui a été reçu ce matin à la Chambre des Comptes ; il a promis de l'économie dans les dépenses et de l'ordre dans les recettes à l'effet, 1° de soulager le peuple de ce qu'il y a d'onéreux dans l'impôt ; 2° de remplir avec une fidélité inviolable les engagements du Roi ; 3° d'éteindre peu à peu la dette nationale. Le discours a plu. Dieu veuille que les trois points soient bien remplis, Amen. »

D'après le *Journal historique*, le premier président, de Nicolaï, répondit à Turgot [a] :

« M., votre réputation et vos succès vous précèdent dans le ministère. Une naissance distinguée, la mémoire d'un père toujours cher à cette capitale qu'il a embellie par tant de monuments ; des qualités personnelles et rares, qu'on a vu se développer pour le bonheur d'une grande province ; l'unanimité des regrets, en vous perdant, étaient vos titres.

« La sagesse de notre auguste monarque en les consacrant par un choix aussi applaudi, devient un nouveau témoignage de son amour pour son peuple.

« Balancer la dépense et la recette, annoncer des vues, se servir de moyens faciles et simples dans toutes ses opérations, n'avoir d'autre base que la bienfaisance, la justice et l'économie, voilà, M., ce que l'on espère de votre administration.

« Vous trouverez dans les magistrats de cette compagnie des lumières, du zèle et du désintéressement. Leurs fonctions les associent à vos travaux. Toutes les fois qu'on a voulu les en dépouiller ou porter atteinte à leur juridiction, on n'a malheureusement fait éclore que des abus.

« Diminuer les impôts, respecter nos propriétés, maintenir inviolablement les engagements du prince avec ses sujets ; telle est, M., la mesure des obligations que vous allez remplir. Telle est la dette sacrée du ministre des finances.

« Votre génie fécond multipliera pour vous les ressources dans la proportion des besoins.

« Quel puissant encouragement n'aurez-vous pas, M. ! Notre reconnaissance vous attend. La Gloire, seule récompense qui puisse flatter un ministre, vous appelle, et vous devenez aujourd'hui comptable et garant de la félicité publique. »

2. COUR DES AIDES. — *Lettre de l'abbé Morellet à Lord Shelburne.* — *26 novembre.* — « Je n'ai rien de nouveau à vous marquer d'ici ; si ce n'est que M. de Malesherbes a fait lundi dernier, à la première assemblée de la Cour des Aides, un autre discours si touchant, si éloquent, que tout son auditoire était en larmes, et Turgot, en particulier, a pleuré comme un enfant ».

---

[a] Dans une première note, ce journal (3 septembre) avait prétendu que Nicolaï avait insinué au nouveau ministre combien l'esprit de système était dangereux dans l'administration des finances ; quelques jours plus tard (6 septembre) le chroniqueur a reproduit le discours du premier président où ne figure aucune épigramme.

IV. — *Appointements du contrôleur général.*
Pot de vin de son prédécesseur.

Les appointements du Contrôleur général étaient au total de 142 000 livres.

En entrant en place, Turgot les régla à 80 000 livres et ne demanda rien pour ses frais d'installation [a].

Les autres ministres furent moins modérés. Ils reçurent pour frais d'installation :

Maurepas	60 000 livres
Vergennes	100 000
Miromesnil	100 000
Du Muy	110 000
Malesherbes	165 271
Saint-Germain	344 000

La coutume s'était introduite que les Fermiers généraux donnassent au Contrôleur général sous le ministère duquel ils commençaient leur bail, 100 000 écus sous forme de présent. Quelques Contrôleurs généraux, observant qu'il était rare de l'être pendant six années et trouvant peu convenable que leur prédécesseur emportât à lui seul une sorte de rétribution plus attachée à la place qu'à l'homme, avaient transformé ce présent en une gratification annuelle de 50 000 l. Leurs successeurs n'en avaient pas moins cru que le don de 100 000 écus devait toujours être donné pour la signature du bail. La facilité des mœurs se prêta à ces arrangements devenus par l'habitude et l'opinion, une sorte de droit. Turgot, qui ne trouvait en tout cela de noblesse ni dans les mots — ce présent s'appelait *pot de vin* —, ni dans les choses et qui voyait clairement que, sans cette convention tacite, les baux seraient de 300 000 l. plus chers, crut devoir abolir l'un et l'autre usage d'une manière assez marquée pour qu'il fut impossible de les renouveler. Les 100 000 écus déjà fournis furent distribués aux curés de Paris pour être employés à former les avances d'un travail de filature et de tricots dont les ouvrages seraient vendus, ce qui perpétua les moyens d'occuper les pauvres. (Du Pont, *Mém.*).

D'après la *Correspondance Métra* (6 octobre), les 100 000 écus avaient été déjà encaissés par l'abbé Terray ; Turgot lui communiqua l'intention du Roi ; l'abbé voulut se défendre d'y satisfaire et ne se rendit qu'à une

---

[a] Condorcet, *Vie de Turgot*, p.112. — *Correspondance secrète* (Métra), 9 novembre.

seconde injonction très sérieuse ; le Roi témoigna sa satisfaction du procédé de Turgot en disant aux courtisans qu'il ne l'étonnait pas.

Mlle de Lespinasse dit aussi dans une lettre du 30 septembre que l'abbé avait encaissé le pot de vin et que Turgot le réclama.

D'après l'abbé de Véri [a], les 100 000 écus n'auraient pas encore été encaissés par Terray ; mais Turgot les fit verser au Trésor par les fermiers et l'abbé Terray les réclama.

150. — LETTRES AU ROI.

I. — *Lettre au Roi en prenant possession de la place de Contrôleur général.*

[A. L., minute. — Lettre de M. Turgot, ministre des finances, au Roi, imprimé s. l. n. d. — D. P., III, 2. — D. D., I, 165.]

Compiègne, 24 août.

Sire,

En sortant du cabinet de V. M., encore tout plein du trouble où me jette l'immensité du fardeau qu'Elle m'impose, agité par tous les sentiments qu'excite en moi la bonté touchante avec laquelle Elle a daigné me rassurer, je me hâte de mettre à ses pieds ma respectueuse reconnaissance et le dévouement absolu de ma vie entière.

V. M. a bien voulu m'autoriser à remettre sous ses yeux l'engagement qu'elle a pris avec elle-même, de me soutenir dans l'exécution des plans d'économie qui sont en tout temps, et aujourd'hui plus que jamais, d'une nécessité indispensable. J'aurais désiré pouvoir lui développer les réflexions que me suggère la position où se trouvent les finances ; le temps ne me le permet pas, et je me réserve de m'expliquer plus au long quand j'aurai pu prendre des connaissances plus exactes. Je me borne en ce moment, Sire, à vous rappeler ces trois paroles :

Point de banqueroute

Point d'augmentation d'impositions

Point d'emprunts.

Point de banqueroute, ni avouée, ni masquée par des réductions forcées ;

Point d'augmentation d'impôts : la raison en est dans la situation de vos peuples, et encore plus dans le cœur de V. M.

---

[a] Voir ci-après la note de l'abbé de Véri.

Point d'emprunts, parce que tout emprunt diminue toujours le revenu libre ; il nécessite au bout de quelque temps ou la banqueroute, ou l'augmentation d'impositions. Il ne faut, en temps de paix, se permettre d'emprunter que pour liquider des dettes anciennes, ou pour rembourser d'autres emprunts faits à un denier plus onéreux.

Pour remplir ces trois points, il n'y a qu'un moyen. C'est de réduire la dépense au-dessous de la recette, et assez au-dessous pour pouvoir économiser chaque année une vingtaine de millions, afin de rembourser les dettes anciennes. Sans cela, le premier coup de canon forcerait l'État à la banqueroute.

On demande sur quoi retrancher, et chaque Ordonnateur, dans sa partie, soutiendra que toutes les dépenses particulières sont indispensables. Ils peuvent dire de fort bonnes raisons ; mais comme il n'y en a pas pour faire ce qui est impossible, il faut que toutes ces raisons cèdent à la nécessité absolue de l'économie.

Il est donc de nécessité absolue que V. M. exige des Ordonnateurs de toutes les parties qu'ils se concertent avec le ministre de la Finance. Il est indispensable qu'il puisse discuter avec eux en présence de V. M. le degré de nécessité des dépenses proposées. Il est surtout nécessaire que lorsque vous aurez, Sire, arrêté l'état des fonds de chaque département, vous défendiez à celui qui en est chargé, d'ordonner aucune dépense nouvelle sans avoir auparavant concerté avec la Finance les moyens d'y pourvoir. Sans cela, chaque département se chargerait de dettes qui seraient toujours des dettes de V. M., et l'Ordonnateur de la Finance ne pourrait répondre de la balance entre la dépense et la recette.

V. M. sait qu'un des plus grands obstacles à l'économie est la multitude des demandes dont elle est continuellement assaillie, et que la trop grande facilité de ses prédécesseurs à les accueillir a malheureusement autorisées.

Il faut, Sire, vous armer contre votre bonté de votre bonté même ; considérer d'où vous vient cet argent que vous pouvez distribuer à vos courtisans, et comparer la misère de ceux auxquels on est quelquefois obligé de l'arracher par les exécutions les plus rigoureuses, à la situation des personnes qui ont le plus de titres pour obtenir vos libéralités.

Il y a des grâces auxquelles on a cru pouvoir se prêter plus aisément, parce qu'elles ne portent pas immédiatement sur le Trésor royal.

De ce genre sont les intérêts, les croupes, les privilèges ; elles sont de toutes les plus dangereuses et les plus abusives. Tout profit sur les impositions qui n'est pas absolument nécessaire pour leur perception, est une dette consacrée au soulagement des contribuables ou aux besoins de l'État.

D'ailleurs, ces participations aux profits des Traitants, sont une source de corruption pour la Noblesse, et de vexations pour le Peuple, en donnant à tous les abus des protecteurs puissants et cachés.

On peut espérer de parvenir par l'amélioration de la culture, par la suppression des abus dans la perception, et par une répartition plus équitable des impositions, à soulager sensiblement le Peuple sans diminuer beaucoup les revenus publics ; mais si l'économie n'a précédé, aucune réforme n'est possible, parce qu'il n'en est aucune qui n'entraîne le risque de quelque interruption dans la marche des recouvrements, et parce qu'on doit s'attendre aux embarras multipliés que feront naître les manœuvres et les cris des hommes de toute espèce intéressés à soutenir les abus ; car il n'en est point dont quelqu'un ne vive.

Tant que la Finance sera continuellement aux expédients pour assurer les services, V. M. sera toujours dans la dépendance des Financiers, et ceux-ci seront toujours les maîtres de faire manquer, par des manœuvres de place, les opérations les plus importantes. Il n'y aura aucune amélioration possible, ni dans les impositions pour soulager les contribuables, ni dans aucuns arrangements relatifs au gouvernement intérieur et à la législation. L'Autorité ne sera pas tranquille, parce qu'elle ne sera jamais chérie et que les mécontentements et les inquiétudes des peuples sont toujours le moyen dont les intrigants et les mal intentionnés se servent pour exciter des troubles. C'est donc surtout de l'économie que dépend la prospérité de votre Règne, le calme dans l'intérieur, la considération au dehors, le bonheur de la Nation et le vôtre.

Je dois observer à V. M. que j'entre en place dans une conjoncture fâcheuse, par les inquiétudes répandues sur les subsistances : inquiétudes fortifiées par la fermentation des esprits depuis quelques années, par la variation dans les principes des Administrateurs, par quelques opérations imprudentes, et surtout par une récolte qui paraît avoir été médiocre. Sur cette matière, comme sur beaucoup d'autres, je ne demande point à V. M. d'adopter mes principes sans les avoir examinés et discutés, soit par Elle-même, soit par des personnes de confiance en sa présence ; mais quand Elle en aura reconnu la justice et la nécessité, je la supplie d'en maintenir l'exécution avec fermeté, sans se laisser effrayer par des clameurs qu'il est absolument impossible d'éviter en cette matière, quelque système qu'on suive, quelque conduite qu'on tienne.

Voilà les points que V. M. a bien voulu me permettre de lui rappeler. Elle n'oubliera pas qu'en recevant la place de Contrôleur général, j'ai senti tout le prix de la confiance dont Elle m'honore ; j'ai senti qu'Elle me confiait le bonheur de ses Peuples ; et, s'il m'est permis de le dire, le soin de faire aimer sa personne et son autorité. Mais en même temps, j'ai senti tout le danger auquel je m'exposais. J'ai prévu que je serais seul à combattre contre les abus de tout genre ; contre les efforts de ceux qui gagnent à ces abus contre la foule des préjugés qui s'opposent à toute réforme, et qui sont un moyen si puissant dans les mains des gens intéressés à éterniser le désordre. J'aurai à lutter même contre la bonté naturelle, contre la générosité de V. M. et des personnes qui lui sont les plus chères. Je serai craint, haï même, de la plus grande partie de la Cour, de tout ce qui sollicite des grâces. On m'imputera tous les refus ; on me peindra comme un homme dur, parce que j'aurai représenté à V. M. qu'Elle ne doit pas enrichir même ceux qu'Elle aime aux dépens de la subsistance de son Peuple. Ce Peuple auquel je me serai sacrifié est si aisé à tromper, que peut-être j'encourrai sa haine par les mesures mêmes que je prendrai pour le défendre contre la vexation. Je serai calomnié, et peut-être avec assez de vraisemblance pour m'ôter la confiance de V. M. Je ne regretterai point de perdre une place à laquelle je ne m'étais jamais attendu. Je suis prêt à la remettre à V. M. dès que je ne pourrai plus espérer de lui être utile ; mais son estime, la réputation d'intégrité, la bienveillance publique qui ont déterminé son choix en ma faveur, me sont plus chères que la vie, et je cours le risque de les perdre, même en ne méritant à mes yeux aucun reproche.

V. M. se souviendra que c'est sur la foi de ses promesses que je me charge d'un fardeau peut-être au-dessus de mes forces, que c'est à Elle personnellement, à l'homme honnête, à l'homme juste et bon, plutôt qu'au Roi que je m'abandonne.

J'ose lui répéter ici ce qu'elle a bien voulu entendre et approuver. La bonté attendrissante avec laquelle Elle a daigné presser mes mains dans les siennes, comme pour accepter mon dévouement, ne s'effacera jamais de mon souvenir. Elle soutiendra mon courage. Elle a pour jamais lié mon bonheur personnel avec les intérêts, la gloire et le bonheur de V. M.

C'est avec ces sentiments que je suis, Sire, ...

Au sujet de la rédaction de cette lettre, Étienne Dubois de l'Estang (*Turgot et la famille Royale*) a donné les détails ci-après :

Le brouillon de cette lettre a été conservé (à Lanteuil). Il est accompagné de la note suivante écrite par Malesherbes :
« Rien n'est plus touchant que cette lettre ; rien ne donne une idée plus noble et en même temps plus attendrissante du caractère du ministre et même de celui du Roi à qui on a osé écrire une pareille lettre.

« La famille doit la conserver précieusement dans ses archives ; je ne crois même pas qu'il y ait d'inconvénient à en laisser prendre copie à ceux de ses amis sur qui on peut compter. Je déclare à la famille que j'en ai une et je la remettrai à M. le Marquis Turgot et Mme la Duchesse de Saint-Aignan, s'ils l'exigent ; mais j'avoue que j'aimerais à la conserver.

« Cependant, il ne faut pas qu'elle soit divulguée quant à présent. Il y a toujours de l'inconvénient à publier des pièces de ce genre sur des événements très récents. Je crois bien qu'un jour cette lettre sera connue par les copies qu'on en aura laissé prendre et qu'elle passera à la postérité ; or je pense que la famille doit le désirer. »

Ce brouillon est couvert de ratures et de surcharges qui en rendent la lecture assez difficile ; mais ce sont précisément ces ratures et ces surcharges qui en constituent l'intérêt. Elles nous font assister au travail de l'écrivain et nous permettent de saisir en quelque sorte sur le vif ses procédés de rédaction.

Ces phrases nettes et incisives qui donnent souvent à la pensée de Turgot un relief si puissant ne jaillissait pas spontanément de sa plume. Son premier jet était lourd et quelque peu gauche. Son style ne se dégageait qu'avec effort et de là venait sans doute l'espèce de nonchalance et, pour employer sa propre expression, de paresse qu'il avait à vaincre pour se décider à écrire.

La lettre du 24 août 1774 contient notamment le passage suivant :

« Il faut, Sire, vous armer contre votre bonté de votre bonté même, etc.

Voici la phrase primitive de Turgot :

« V. M. a bien voulu se promettre encore de se défendre contre la multitude de grâces dont les demandes sont multipliées à l'infini ; c'est à sa bonté même à l'en défendre ; elle n'aura qu'a considérer par qui est payé l'argent qu'elle peut distribuer à ses courtisans et à ceux mêmes qui seraient le plus dignes de ses libéralités. »

En terminant, Turgot pressentait les difficultés avec lesquelles il allait se trouver aux prises :

« J'ai pensé que je serais seul à combattre contre les abus de tout genre, etc. »

Turgot avait d'abord écrit :

« Je serai seul à combattre contre la foule des préjugés qui s'opposent à toute réforme et que les amis du trouble ont tant de moyens d'exciter, contre la générosité de V. M. et de la..., même de la plus grande partie de ceux qui entourent V. M. et qui m'imputeront la sévérité des refus que V. M. fera des grâces injustes faites aux dépens des peuples. »

« *Et de la...* » Le mot qui allait suivre est aisé à deviner. Au moment de le tracer, Turgot avait modifié la forme de sa phrase et lui avait donné un tour plus respectueux, sans lui rien enlever de sa force.

On lit aussi dans le *Journal* de l'abbé de Véri, à la date de juin 1776 : « Turgot a réussi dans ses efforts pour arrêter la circulation de cette lettre dont ses secrétaires avaient pris copie, mais tôt ou tard, elle reparaîtra malgré lui. »

Ce que Du Pont dit dans ses *Mémoires sur Turgot* au sujet de cette lettre doit aussi être rappelé :
« Le sentiment profond qui termine cette lettre a toujours été dans le cœur de M. Turgot. Il avait la vanité en horreur et loin de s'attribuer exclusivement la gloire de son ministère, il ne laissait pas d'exprimer à quel point l'amour du Roi pour son peuple et pour la justice facilitait son travail. « *Il est bien encourageant*, écrivait-il à un de ses amis intimes, *d'avoir à servir un Roi qui est véritablement un honnête homme et voulant le bien.* » Si depuis, la multitude des hommes de sens dont ses grandes vues, son caractère ferme, son intégrité sévère contrariaient les intérêts, lui a enlevé les bontés de son souverain, ce malheur n'a jamais altéré la vive reconnaissance qu'il leur devait et leur portait pour ce qu'il avait fait de sage et d'honorable avec leur appui. »
« Il avait la plus haute idée de la sainteté des devoirs du Gouvernement et le respect le plus religieux pour les droits des citoyens confiés à la garde de l'autorité... Jamais il n'a donné un conseil au monarque avec cette formule : Cela nous sera utile. Il a toujours dit : Cela est juste, Sire, et ce sera un bienfait pour votre nation. »

II. — *Lettre de Louis XVI à Turgot lui transmettant des pièces.*

[A. L., original]

s. d.

Je vous envoie, M., deux billets au porteur payables sur M. de Peauze [a] en rescriptions suspendues qui perdront comme les autres. De plus, le mémoire de l'état des finances que l'abbé Terray avait remis au Roi au commencement de 1770 avec le projet de dépense pour cette même année, la recette et la dépense pour 1773, un mémoire remis au Roi au commencement de 1774, le projet de dépense pour 1775. De

---

[a] Fermier général.

plus, il y a deux ou trois mémoires sur le commerce des grains, et quelques autres sur la comptabilité et l'administration des secrétaires d'État dont vous m'avez parlé hier.

III. — *Extraits relatifs à Louis XVI.*

Journal de l'abbé de Véri. — 9 août 1774. — L'indécision se conçoit aisément chez un jeune homme à qui tout le monde souffle des choses contradictoires dont chacune est appuyée sur les motifs respectables de religion, vertu, bien public, etc. Ce qui est à craindre, c'est que cette irrésolution mêlée de méfiance ne soit dans le caractère même du Roi. C'était le défaut majeur de son grand-père. Ceux qui ont connu le Dauphin, son père, le lui avaient soupçonné. On commence encore à craindre dans le jeune Roi un principe de dégoût des affaires. Il a été si fort accablé de papiers, de lectures et d'audiences de tous les genres depuis son avènement que je ne serais nullement surpris de sa lassitude.

18 août. À Compiègne, un peu d'irrésolution, d'ennui des affaires et un peu moins d'exactitude aux heures de travail du Roi avec les ministres se renouvelle fréquemment ; aussi Vergennes et Turgot sont-ils revenus de leur travail avec le Roi dans la persuasion que Maurepas devait prendre le personnage décisif de premier ministre. Leur intention est d'y concourir par leur union. Ils n'espèrent pas le même concours de M. du Muy, non qu'ils lui supposent jalousie, ambition et vues d'intrigues, mais on ne voit pas dans son esprit le liant nécessaire.

1783. Véri dit plus tard, au sujet d'excès de Louis XVI, surtout après la chasse : « Sa raison s'égare quelquefois dans ses soupers ; si ce vice se borne aux heures du souper, comme chez son grand-père, l'inconvénient en est médiocre, mais il commence de bien bonne heure. On remarque pourtant que dans les moments d'oubli, il ne parle jamais des affaires publiques ; l'avilissement où le jette ce vice est encore augmenté par le ton rude de sa voix, par des réponses brusques et brutales, par des amusements sanguinaires envers les bêtes et enfin par un goût de badinage de la plus basse servilité. »

On lit dans le même *Journal* :

« Lorsque Maurepas fut appelé auprès de Louis XVI, sa nièce, la duchesse de Cossé, dame d'atours de la Reine, me dit : Je suis affligée de voir mon oncle auprès de ces jeunes souverains ; il n'en obtiendra rien d'heureux ; il n'y a dans l'un et l'autre ni fond d'esprit, ni tenue dans le caractère. »

151. — AFFAIRES DE COUR

I. — *Lettres de Monsieur, comte de Provence.*

[A. L. — Dubois de l'Estang, *Turgot et la famille royale*.]

1. (Apanage du prince.)

Fontainebleau, 30 octobre.

Je reviens sur ma conversation avec vous, M. ; je ne puis que me louer du zèle que vous m'avez montré ; mais je ne voudrais pas que vous restassiez dans l'opinion que quand le Roi m'aura accordé le Duché d'Alençon, j'aurai un apanage de 400 000 l. de rente ; vous n'avez pas examiné les charges avec autant de scrupule que les produits et, si vous pensez, comme vous me l'avez dit et comme c'était l'intention du feu Roi, que je devrais avoir 5 à 600 000 l. de rente, je laisse plus de 300 000 sur votre conscience. La tendresse et la justice du Roi et votre caractère honnête me sont garants que cela ne sera pas oublié dans l'occasion.

J'ai oublié tout net de vous parler de mes autres demandes. Vous m'avez paru l'avant-dernière fois que je vous ai vu n'y faire aucune difficulté et je les crois trop justes et trop modérées pour en souffrir. Celle de la dot de Madame saute aux yeux. En me donnant 150 000 l. pour mon deuil, il m'en coûtera encore du mien et vous vous rappelez qu'on le paye au comte d'Artois. Les écuries qu'on bâtit pour lui coûteront plus de 1 200 000 l. ; on en a déjà fourni 700 000 ; je me contente de cette dernière somme pour en construire partout, n'en ayant nulle part ; mais je les ferai très simples. Je réclame 50 000 l. pour mes frais d'évaluation [a] ; ce n'est que le remboursement d'une avance que j'ai faite et que le Roi est tenu de payer. Enfin, je demande 150 000 pour le déficit qui se trouve dans le produit de mon apanage depuis mon mariage et je pourrais en demander plus de 300, puisqu'il devait être rigoureusement de 200 000 l. au lieu de 106 000 l. et cela depuis près de 4 ans. Cette considération ne pourrait-elle pas déterminer le Roi à me continuer la grâce des 96 000 l. de ma cassette ? C'est en cela principalement que je puis éprouver l'effet de votre bonne volonté, tout le reste étant de justice. J'insiste toutefois pour avoir des décisions sur tous ces points à la fois. Vous savez que je les attends depuis longtemps et que mon frère

---

[a] Les frais d'évaluation des biens donnés en apanage.

me les a promis pour aujourd'hui. Vous devez être aussi convaincu de ma reconnaissance, M., que de tous mes sentiments pour vous.

LOUIS STANISLAS XAVIER.

P. S. Au surplus, je donnerai toute facilité pour les payements ; n'en soyez pas inquiet [a].

2. (Sur le secrétaire de ses commandements.)

27 novembre.

M. Dumesjan [b], M., m'a fait part de l'intention où vous êtes de lui donner un adjoint à la place de fermier général et des propositions que vous avez chargé M. Trudaine de lui faire à cet égard.

Comme je sais qu'il a 28 confrères qui n'en ont pas, que 5 ou 6 sont ses cadets, qu'il y en a qui ne sont point mariés et qu'ils sont tous plus riches que lui, je dois présumer que votre justice seule le mettra à l'abri de cette charge et que vous ne lui en donnerez pas moins la correspondance qui lui a été offerte, quand vous connaîtrez tout l'intérêt que je prends à son sort. C'est une nouvelle marque d'amitié que j'attends de vous et à laquelle je serai infiniment sensible.

LOUIS STANISLAS XAVIER.

3. (Même objet. — Recette du port Saint-Nicolas.)

Versailles, 10 décembre.

Il me revient, M., qu'on affecte de débiter que je vous sais mauvais gré, ainsi qu'à M. Trudaine, de l'adjonction de M. Dumesjan. Rien n'est plus faux et je me réfère entièrement à ce que M. Cromot [c] a écrit à M. de Vaines à cet égard. Mais il se passe une chose sur laquelle je ne puis m'empêcher de vous témoigner ma surprise : c'est l'affaire du Sr Beu-

---

[a] Au sujet de l'avidité de Monsieur, on peut voir les lettres de Marie-Antoinette (2 novembre 1775) et de Mercy (16 novembre 1775).

[b] Girard Dumesjan, secrétaire des commandements de Monsieur, avait comme adjoint dans sa place de fermier général *Poujaud de Nanclas*. Les fermiers généraux étaient divisés en Commissions chargées chacune d'un département, c'est-à-dire des affaires rentrant dans une spécialité déterminée. En outre, quelques-uns étaient chargés de la correspondance avec plusieurs directions provinciales. Dumesjan obtint la correspondance avec les directions des Tabacs de Bordeaux, Bayonne et Auch. (*Dubois de l'Estang*)

[c] Cromot du Bourg, surintendant des finances, bâtiments, arts et jardins de Monsieur.

gnet pour la recette du port Saint-Nicolas. Après [ce] qu'il m'a été assuré que vous aviez assuré aux fermiers généraux, je ne puis qu'être infiniment étonné de tout ce qui se passe sur cette affaire. J'espère toutefois que vous ne suspendrez pas plus longtemps l'effet d'une grâce accordée à ma recommandation. Il paraîtrait trop extraordinaire qu'elle pliât devant la protection de M. Boutin. D'ailleurs, le titre qu'il invoque serait plus favorable au Sr Celse qu'à son bourrelier. Comme je suis très bien instruit de son histoire et de tous les faits, je vous prie de viser au reçu de ma lettre la commission que les fermiers généraux ont signée pour le Sr Beugnet et de donner ordre à M. Boutin de la lui délivrer sans difficulté ni délai. Vous connaissez, M., tous mes sentiments pour vous.

LOUIS STANISLAS XAVIER.

II. — *Lettre du Duc d'Orléans
au sujet de la survivance d'un directeur des tabacs.*

[A. L. — Dubois de l'Estang, *Turgot et la famille royale.*]

31 octobre.

Vous savez, M., que les places de receveurs généraux de l'Orléanais sont à ma nomination ; je désirerais fort que le Roi voulut bien accorder la survivance de celle du Sr Dumatz au Sr d'Amennéville [a], actuellement directeur du tabac à Orléans. Je vous ai remis un Mémoire pour vous mettre au fait de ce qui s'était passé du vivant du feu Roi à l'occasion de cette place. Ce qu'il y a de très sûr, c'est que sans la mauvaise volonté de l'abbé Terray qui voulait la faire avoir au Sr Le Normand que le feu Roi m'avait dit qu'il ne voulait pas qui l'eut, il est très vrai qu'il y a plus d'un an que le Sr d'Amennéville aurait cette survivance. Je vous prie donc, M., de faire ce qu'il dépendra de vous pour réparer le tort que la mauvaise volonté de votre prédécesseur a fait à d'honnêtes gens auxquels je m'intéresse et d'être persuadé du plaisir que j'aurai de joindre les sentiments de reconnaissance à ceux d'estime que vous m'avez inspirés.

L. PHIL. D'ORLÉANS

---

[a] Il existait deux places de receveurs généraux de l'Orléanais et Dumas occupait l'une d'elles.

152. — SACRE DU ROI

Mémoire au Roi sur les dépenses du Sacre.

(Utilité de faire le Sacre à Paris.)

[A. L., copie.]

11 septembre.

Il n'est pas possible de fixer actuellement avec précision le montant de toutes les dépenses du Sacre ; mais en évaluant par aperçu celles qui seront faites par le Grand Aumônier, la Chambre aux Deniers, la Grande Écurie, les Gentilshommes de la Chambre, le Garde-Meuble, les Maréchaux des Logis, les Intendants dans les généralités desquels passera S. M., l'établissement du camp, les fêtes, les gratifications qu'il faudra donner aux gardes de la Porte, à la prévôté de l'Hôtel, aux cent suisses, les suppléments de nourriture à la livrée, on peut croire que ce sera un objet de plus de sept millions, et il est essentiel de remarquer que l'on ne doit faire aucune comparaison avec ce qu'a coûté le sacre du feu Roi, parce que tout est infiniment plus cher qu'en 1722 et que, d'ailleurs, à cette époque, il n'y avait que la Maison du Roi et qu'il y a aujourd'hui celle des Princes.

Cette dépense extraordinaire ôtera toute faculté de se rapprocher en 1775 de la recette ; elle forcera même d'excéder les anticipations qui existent et les ressources qu'on pourrait parvenir, à force de soins, à se procurer par divers retranchements ne couvriront pas une dépense aussi considérable. Il n'est cependant pas possible de l'éviter, mais il le serait peut-être de la réduire si S. M., à l'exemple de quelques-uns de ses prédécesseurs, consentait à changer le lieu du Sacre. En le faisant à Paris, les dépenses du Camp, des Intendants, du transport, n'existeraient plus et presque toutes les autres, qui dépendent de la durée du temps et de la distance des lieux, éprouveraient une diminution sensible. La Capitale offrirait encore une ressource : comme cette cérémonie y retiendrait les habitants qui auraient été à Reims et y appellerait un grand nombre d'étrangers, la consommation serait beaucoup plus forte et conséquemment les droits des Fermes, ce qui autoriserait à demander aux Fermiers généraux un secours relatif au bénéfice qu'ils retireraient d'un évènement sur lequel ils n'ont pas dû compter ; mais ce serait le moindre des avantages qui résulteraient du changement proposé. Le public serait vivement frappé de son motif ; en voyant l'économie consultée dans une occasion aussi éclatante, que n'espérerait-on pas de l'avenir ? La confiance serait ranimée ; la partie même du peuple la plus infortunée se livrerait à la joie, parce qu'elle envisagerait un terme à ses maux, et le Roi acquerrerait de nouveaux droits à l'amour et à la reconnaissance de ses sujets.

Quelqu'instantes que soient les dispositions sur les dépenses du Sacre, le Contrôleur général n'a pas cru devoir les arrêter avant d'avoir soumis ces réflexions à la décision de S. M. et lui avoir demandé ses derniers ordres [a].

153. — PERSONNEL ADMINISTRATIF

I. — *Bureaux du Contrôle général.*

Les attributions du contrôle général. — Ces attributions telles qu'elles sont énumérées dans l'*Almanach royal* de 1774, l'abbé Terray étant encore ministre, étaient les suivantes :

Le Trésor Royal. — Les parties casuelles. — La direction générale de toutes les Fermes. — Le Clergé. — Le commerce de l'intérieur. — Le commerce de l'extérieur par terre. — L'extraordinaire des guerres. — L'artillerie et le génie. — Le pain de munition et les vivres. — Les étapes. — Les bâtiments et maisons royales. — Les rentes. — Les pays d'États. — Les monnaies. — Les Parlements et Cours supérieures. — Les Ponts et Chaussées. — Les turcies et levées. — Les barrages et pavés de Paris. — Les manufactures. — Les octrois des villes. — Les dettes des communautés. — Les ligues suisses. — Les vingtièmes. — Les quatre sols pour livre du premier vingtième. — La caisse des amortissements et des arrérages. — La navigation dans l'intérieur. — Les canaux.

Le premier commis. — Turgot renvoya de suite le premier commis du Contrôle général, Leclerc, et son fils qui lui avait été adjoint, ainsi que deux chefs de bureau : Destouches, ancien secrétaire général des Fermes ; Dupuy, parent de l'abbé Terray.

Le luxe de Leclerc parlait contre lui ; on dit que Turgot lui fit annoncer sèchement son renvoi ; mais il accorda au fils une pension.

De Vaines, ancien directeur des domaines à Limoges et ami personnel de Turgot, fut nommé à la place de Leclerc [b].

---

[a] Les intérêts particuliers et le respect des traditions l'emportèrent sur les conseils de Turgot.

[b] « Il n'en aura pas le faste ; point de jeu, point de valet de chambre ; point d'audience ; en un mot la plus grande simplicité, c'est-à-dire au ton de M. Turgot ». (*Mlle de Lespinasse à Guibert*, 29 août).

Les chefs de bureau. Deux des chefs de bureau conservés, Mélin et Bourboulon, reçurent, paraît-il, des observations sur leur luxe. Le contrôleur général tenait non seulement à ce que les agents de l'administration eussent de la probité, mais à ce qu'ils ne donnassent point prise aux soupçons par leur conduite apparente. Malheureusement, l'un des employés qu'il fit entrer au Contrôle général et qui était l'un de ses secrétaires, Delacroix, ne répondit pas à sa confiance et eut des fautes graves à se reprocher. Turgot fit un meilleur choix en mettant dans les bureaux son autre secrétaire, Desnaux, homme de toute sûreté qui resta toujours à son service et à qui, plus tard, une pension de 1 200 livres fut servie par le Marquis Turgot et Mme de Saint-Aignan.

Lors de la réorganisation de l'administration, Delacroix eut, entre autres attributions, les « états de population du royaume », rubrique qui figura pour la première fois dans la nomenclature des opérations du Contrôle général.

Les bureaux. — Les bureaux du Contrôle général se trouvèrent ainsi composées :

Premier commis : DE VAINES : Détail des fonds et dépenses du Trésor ; caisse d'amortissement ; liquidation des offices supprimés ; expédition des ordonnances de paiements ; fonds destinés aux dépenses de la guerre, de l'artillerie, de la marine, des colonies, des affaires étrangères, des troupes, de la maison du Roi ; états de situation de tous les comptes ; contrôle du trésor.

Chefs de bureau : MESNARD DE CONICHARD, à Versailles : Finances d'une partie des pays d'États, registre des affaires rapportées au Conseil royal des finances et décisions y relatives.

« M. de Vaines qui remplace M. Leclerc ne l'imitera probablement pas dans son luxe... La philosophie dont il est sectateur, le rendra traitable et modeste ». (*Mémoires secrets*, VII, 211).

Au sujet de de Vaines, on lit encore dans la *Correspondance de Mlle de Lespinasse* :

1° *À Guibert*, 19 Septembre. — « Vous devriez écrire à M. de Vaines, non pas sur sa fortune, car c'est justement le contraire ; il a sacrifié son intérêt à son amitié pour M. Turgot et à son amour pour le bien public ; en un mot, il a été entraîné par le désir de concourir au bien ; il a eu l'activité de la vertu, mais un peu plus calme, il a vu qu'il s'était chargé d'une triste besogne. »

30 Septembre. — « M. de Vaines m'a chargé de le rappeler à votre souvenir, il est vraiment écrasé par son travail. Ils ont tant à réparer, tant à prévoir qu'ils n'ont pas le moment de respirer. »

2° *À Condorcet*, 29 Septembre. — « M. de Vaines est écrasé de travail ; il dépérit à vue d'œil. »

8 octobre. — « M. de Vaines qui a une besogne qui commande d'une manière plus absolue (que Turgot) et qui demande à être faite avec une exactitude qui ne permet pas une distraction en est plus fatigué ; il est maigri d'une manière qui m'inquiéterait s'il ne dormait pas, mais le sommeil le soutiendra. D'ailleurs, il voit qu'au mois de janvier, il pourra avoir quelques moments pour respirer et cette espérance lui donne du courage. »

« Je ne le crois pas dénué d'ambition », avait dit de lui Diderot. De Vaines conserva sa place sous tous les ministres de Louis XVI. En 1803, il fut nommé membre de l'Institut (Académie française) et mourut le 16 mars de cette année. Riche par sa femme, il donnait à dîner le mardi, et recevait beaucoup de gens de lettres.

DE BROÉ, à Paris : Bureau des dépêches, ouverture des lettres, requêtes, placets et mémoires ; renvoi aux intendants et aux autres départements ; expédition des affaires instantes et du cabinet ; délivrance des passe-ports et des grâces ; préparation des mémoires destinés au Roi ; affaires n'ayant point de département fixe.

LESEUR, *Bureau des rentes* : Rentes ; état des gages de la magistrature et de quelques autres officiers ; ville de Paris.

DE VILLIERS et DE VILLIERS DU TERRAGE, *adjoint* : Paris, et Versailles. Contentieux du Conseil ; octrois et dettes des villes ; vérification des états de fermes ; visa des passe-ports.

DELACROIX : États de population du Royaume ; caisse d'amortissement de la ville de Lyon ; administration de Bordeaux ; familles acadiennes réfugiées en France ; mémoires et projets relatifs à l'administration des finances.

Bureaux :

MÉLIN, Débets. — DESNAUX, *secrétaire* : Distribution des fonds, liquidation des offices supprimés.

BOURBOULON, Dépenses.

VANESSON, Contrôle.

DROUET DE SANTERRE, Dépôts des ordonnances ; journaux.

DUCLAUD, Pensions.

Les bureaux avaient un personnel assez nombreux.

L'abbé de Véri fait observer en 1782 que « les bureaux des quatre secrétaires d'État, à Versailles, sans compter ceux de la Finance qui étaient à Paris, ceux de la Chancellerie, et ceux de la feuille des bénéfices contenaient 337 commis. Or on avait calculé qu'au commencement du règne de Louis XV, il n'y en avait que 90.

Trois inconvénients, dit Véri, sont venus de cet amas de commis : le premier est un accroissement de frais pour le Trésor royal ; le second, que ces commis font naître des affaires par la pente naturelle à tout homme de vouloir être important ; le troisième, de se rendre maître des affaires et des grâces par la confusion qu'ils peuvent jeter dans la tête et dans les opérations du ministre.

Turgot comptait libérer la Finance par degrés d'une foule des détails qui accablaient le ministre. Cette vue entrait dans ses motifs pour accorder la liberté indéfinie au commerce, pour supprimer les jurandes et pour établir dans les provinces des administrations municipales.

Ponts et Chaussées. — Le Contrôleur général portait le titre accessoire de directeur général des Ponts et Chaussées de France, du barrage et entretènement du pavé de Paris, des turcies et levées, pépinières royales, et ports de commerce. L'Intendant des finances, TRUDAINE DE MONTIGNY, avait le *détail* du service. Le premier ingénieur de France était l'illustre PERRONNET. Il y avait, en outre, quatre inspecteurs généraux, un premier commis et des bureaux sous les ordres de Trudaine, deux trésoriers généraux, quatre contrôleurs généraux, un contrôleur et un inspecteur général du pavé de Paris, trois ingénieurs des turcies et levées et 32 ingénieurs dans les provinces.

Administration du commerce. — Dans l'administration du commerce, on comptait trois inspecteurs généraux et 49 inspecteurs des manufactures en province. Les *inspecteurs généraux* étaient :

HOLKER et son fils qui lui avait été adjoint.

ABEILLE, secrétaire du bureau du commerce, ancien ami de Vincent de Gournay, mais à qui les économistes reprochaient, non sans raison, de n'avoir pas toujours défendu les idées libérales.

CLICQUOT-BLERVACHE, autre ami de Vincent de Gournay.

Conseil du Commerce. — Le Conseil du Commerce ne se réunissait pas beaucoup plus régulièrement que le Conseil des Finances. En faisaient partie nominalement :

Le Roi,

Le Chancelier,

Les Ministres, Bertin, Sartine et La Vrillière.

Le Contrôleur général.

Les intendants des Finances, d'Ormesson, Moreau de Beaumont et Trudaine.

Le Conseiller d'État, d'Aguesseau.

Ce Conseil devant lequel rapportaient les intendants du commerce ne faisait souvent qu'homologuer les avis des « députés des villes et des colonies pour le commerce », où les idées réglementaires dominaient.

Bureaux des Conseils. — Les bureaux qui préparaient le travail des conseils se divisaient en bureaux ordinaires et extraordinaires. Il y avait quatre bureaux ordinaires des finances et 11 bureaux extraordinaires. Ils comprenaient une soixantaine de personnes.

Intendances des finances. — À côté des bureaux du Contrôle général étaient les Intendances des Finances, offices créés par Édits de mars 1722. Primitivement, ces offices furent au nombre de 5 ; un sixième fut créé en 1725, un septième en 1764. L'abbé Terray en 1771 les supprima tous et les remplaça par cinq autres. Il y eut, en outre, un Intendant par commission.

Les titulaires étaient :

1° LEFÈBVRE D'ORMESSON, neveu de d'Aguesseau, ancien président à mortier et Conseiller d'honneur à la Grand'Chambre, excellent administrateur avec qui Turgot était depuis longtemps en relations. Il était assisté très effectivement dans ses fonctions par son fils Lefèbvre d'Ormesson d'Amboiles, homme honnête et travailleur, qui, en devenant plus tard contrôleur général (1783), a justifié le vers proverbial :

> Tel brille au second rang qui s'éclipse au premier.

D'Ormesson avait dans ses attributions les impôts directs : taille, capitation, vingtièmes, impositions des provinces conquises, don gratuit du clergé, impositions des clergés des frontières et de l'ordre de Malte, les dépenses militaires, la vérification des états au vrai, les travaux de charité.

2° MOREAU DE BEAUMONT, ancien intendant de Poitiers, de Franche-Comté et de Flandre, administrateur estimable et estimé, que pourtant Baudeau appelle irrespectueusement le « bonhomme », était chargé des Eaux et forêts, de plusieurs fermes, celles des huiles, des postes, des droits rétablis pour Paris, des cuirs ; il avait aussi le droit de contrôle (aujourd'hui, d'enregistrement), etc.

3° TRUDAINE DE MONTIGNY, ami personnel de Turgot et fils du grand Trudaine, avait les gabelles, les cinq grosses fermes, les détails des Ponts et Chaussées, les turcies et levées, le pavé de Paris, les pépinières royales, les ports maritimes, la navigation intérieure, le commerce et les manufactures.

4° DE BOULLONGNE, conseiller d'État depuis 1757, était chargé des Aides et de plusieurs fermes : celles du marc d'or, de la marque des fers, des suifs, des droits réservés, des droits de la Flandre maritime et des octrois de Paris ; les octrois en général, les hôpitaux, le marc d'or, les ligues suisses, les Chambres des comptes, les Cours des aides, etc.

5° FOULLON [a], titulaire du cinquième office qui avait été ajouté aux autres en juin 1771, Maître des requêtes et ancien commissaire des

---

[a] Sa réputation était très mauvaise. « Le Foullon, dit Baudeau, est sans confiance, sans entrailles, et sans pudeur ; un de ces hommes qui prennent toutes les formes et tous les principes, n'ayant d'autre but que leur intérêt. Foullon est né à Saumur d'un petit bourgeois enrichi par le commerce ; il avait acheté une charge de commissaire des guerres. Comme il était aussi pécunieux, vif, audacieux, intrigant, il se fit employer en cette qualité dans les armées que le maréchal de Belle-Isle commandait en Italie pendant notre avant-dernière guerre. Le maréchal aimait les hommes entreprenants, décidés et aventuriers, parce qu'il l'était lui-même. Foullon lui plut à l'armée ; il le poussa de son mieux. Choiseul, qui aimait les roués, se prit de belle passion pour celui-là qu'il fit intendant de la guerre. À l'expulsion de Choiseul, l'abbé Terray mit le nez dans le département de la guerre pour y grappiller quelques millions ; le Foullon se vendit à lui pour une place d'Intendant des Finances où il a fait mainte friponnerie, ayant grande analogie avec l'âme féroce de l'abbé Terray. » (*Chronique*, 409).

Dans les *Mémoires* apocryphes *de l'abbé Terray*, il est parlé de Foullon en termes aussi sévères. « Depuis longtemps, on détestait le sieur Foullon dont la dureté était insupportable. Son âme de bronze sympathisait à merveille avec celle du ministre qui l'avait choisi pour son bras droit, pour son successeur au cas où il aurait passé aux dignités auxquelles il aspirait. »

guerres, avait les monnaies, les régies des hypothèques, des droits sur le papier et sur l'amidon, le canal de Picardie.

6° COCHIN [a] était, par commission, chargé des domaines, des fermes, des greffes, amortissement, franc-fief, etc., des Parlements, de la distribution des remèdes.

Le 7° office que Terray avait supprimé était celui de BOUTIN, maître des requêtes, ancien intendant de Bordeaux, ancien adjoint à l'intendant des finances, Chauvelin, son beau-père. Boutin avait contribué à la destruction de la compagnie des Indes et s'était attiré par là beaucoup d'ennemis.

Turgot se débarrassa de Cochin et obligea Foullon à céder sa charge à Boutin. Il confia à ce dernier l'administration des droits de contrôle, de centième denier, d'amortissement, de franc-fief, etc., dans lesquels il comptait introduire des réformes. Il détacha de l'ancienne intendance de Foullon quelques attributions et les donna pour la plupart à Boullongne. Moreau de Beaumont eut les domaines qui étaient dans l'intendance de Cochin.

Ultérieurement au mois de décembre, et pour faire plaisir à Maurepas, Turgot créa un office d'intendant des finances en faveur d'Amelot de Chaillou, ancien intendant de Bourgogne, personnage médiocre, qui cependant remplaça plus tard Malesherbes au ministère de la maison du Roi. Ses attributions d'intendant furent assez maigres.

En résumé, les intendances des finances furent ainsi réorganisés :

1° LEFÈBVRE D'ORMESSON et D'ORMESSON fils adjoint. Les impôts directs : taille, capitation, vingtièmes ; le don gratuit du clergé de France ; les impositions des autres clergés ; les travaux de charité ; les vivres ; les étapes ; les convois militaires ; les poudres et salpêtres ; la vérification des *états au vrai* des recettes générales, domaines et bois ; celle des comptes de la taille, capitation et vingtièmes et le contentieux relatif à ces objets. Le brevet de la taille, le taillon [b], la solde des maréchaussées, les étapes des gens de guerre ; le brevet des impositions militaires et des impositions accessoires de la taille ; la capitation ; les impositions des provinces de Flandre et de Hainaut, Franche-Comté, Alsace, des trois Évêchés et des duchés de Lorraine et de Bar, les clergés des frontières et l'ordre de Malte, les impositions locales pour reconstruction et réparation d'églises, presbytères, etc., tout le conten-

---

[a] Il était le petit-fils d'un marchand de la rue Saint-Denis dont L'Averdy, son cousin, avait fait un administrateur ; « Petite tête bourgeoise, à petits préjugés, faux et fiscal en diable… Force tripotages avaient révolté contre lui », dit Baudeau qui ajoute : « Un joli péculat de ces petits bourgeois de la rue Saint-Denis c'est que Monsieur Cochin vendit sa charge au Roi qui la supprima. On en paya le prix et, par-dessus le marché, on fit une rente viagère au Cochin et ensuite on lui donna la place d'intendant des finances par commission. »

[b] Supplément à la taille.

tieux relatif à ces objets ; les travaux de charité ; l'extraordinaire des guerres [a], l'artillerie et le génie, la vérification des *états au vrai* arrêtés au conseil des finances et les affaires contentieuses relatives à ces objets ; la direction générale des vingtièmes.

2° MOREAU DE BEAUMONT. Les états des bois et tous les détails relatifs à l'administration des Eaux et forêts ; le contentieux relatif à ces départements. La ferme des huiles, celle des postes et des messageries, la régie des droits rétablis pour Paris [b] ; la régie des cuirs et les deux vingtièmes et sols pour livre accessoires qui en dépendaient ; les gages intermédiaires [c]. Les affaires contentieuses concernant les domaines et greffes du Roi, la revente des domaines aliénés. Les Parlements, la confection des rôles arrêtés au Conseil pour le recouvrement des frais de justice, les oppositions à l'exécution de ces rôles et généralement tout ce qui concernait les frais de justice. Les réparations des bâtiments dépendant du Domaine ; le détail des dépenses relatives au traitement des maladies épidémiques dans les provinces ; le règlement des frais de courses extraordinaires des maréchaussées.

3° TRUDAINE DE MONTIGNY. Les gabelles de France, celles du Lyonnais, Provence, Dauphiné, Languedoc, et autres ; les cinq grosses fermes, les états des fermes. Les détails des ponts et chaussées ; les turcies et levées ; le pavé de Paris, les pépinières royales ; les ports maritimes de commerce ; les canaux et la navigation intérieure ; le commerce, les manufactures.

4° DE BOULLONGNE. La ferme des postes et messageries ; les anciens dons gratuits et les droits réservés [d] ; la régie des greffes et des droits des hypothèques qui comprenait les quatre deniers pour livre du prix des ventes des meubles ; les sols pour livre des octrois ; les gages intermédiaires et les chancelleries non aliénées ; la régie des droits réunis, qui comprenait ceux sur les cuirs, sur l'amidon, sur la marque des fers, sur la marque d'or et d'argent, sur les inspecteurs aux boucheries, et ceux sur les suifs ; la régie des droits de la Flandre maritime ; l'exécution des édits, déclarations et règlements concernant le marc d'or [e]. Les octrois et revenus des villes et communautés d'habitants et leurs dettes ; les hôpitaux, hôtels-dieu et maisons de charité du royaume ; la ferme des octrois municipaux ; les sols pour livre régis par la ferme générale pour le compte du Roi ; les droits sur les papiers et cartons ;

---

[a] Soldes des troupes, habillement, fourrages.
[b] Sur les œufs, le beurre.
[c] Gages d'offices sans titulaires.
[d] Perçus par les vérificateurs de poids et mesures, monteurs, compteurs, visiteurs de bois, mesureurs de grains et farines, vendeurs de poissons, priseurs vendeurs de meubles, auneurs de toiles et draps, etc.
[e] Perçu sur les offices à chaque changement de titulaire.

le marc d'or ; les ligues suisses [a], l'état des gages des gouverneurs municipaux, des parlements, des chambres des comptes ; les bureaux des finances, la distribution des remèdes qui se faisait par ordre du roi dans les provinces aux pauvres et malades.

5° BOUTIN. Les droits de contrôle des actes des notaires, insinuations et centième denier. Le droit du petit scel ; le contrôle des exploits. La formule. Les amortissements, les franc-fiefs, les nouveaux acquits et gages. Les aides et droits y joints.

6° AMELOT DE CHAILLOU. Les parties casuelles [b] ; la suite de l'exécution de l'édit du mois de février 1771, concernant l'évaluation, le centième denier annuel, et les droits de survivance et de mutation des offices ; celle des édits et déclarations portant création des offices de gouverneurs et lieutenants du Roi ; des villes closes, des offices municipaux pour l'administration des revenus patrimoniaux des villes, et de ceux des offices du point d'honneur ; la formation des rôles et fixation des finances desdits offices, de ceux nouvellement créés, et de ceux tombés vacants dans le casuel du Roi, et toutes les affaires contentieuses relatives aux offices.

Les intendants des finances avaient leurs bureaux chez eux. Ils faisaient des rapports tant au ministre qu'au conseil des finances et soumettaient directement à la signature du ministre les lettres portant décision.

Tous les changements opérés par Turgot ne se firent pas sans difficultés. Les agents menacés se défendirent. « Il y eut de grandes rumeurs et fermentation de Cour sur le renvoi du grand Foullon et du Petit Cochin », dit Baudeau.

Cependant, les mesures prises furent généralement approuvées. « Turgot frappa mais sans injustice. Il écarta de son département, dit Condorcet, tous les seconds qu'une opinion trop générale pour être absolument fausse, lui avait montrés comme indignes de sa confiance ; mais il était persuadé que si le soupçon bien fondé suffit pour retirer la confiance et ôter une place, il ne suffit pas pour priver des dédommagements ou des récompenses que les services et le travail ont pu mériter ». (*Vie de Turgot*, p. 112.)

Au mois de février 1775, Turgot compléta l'organisation des intendances des finances en adjoignant à Trudaine de Montigny, Bouvard de Fourqueux. Celui-ci fut d'abord chargé d'accompagner le maréchal de Noailles à Bordeaux pour rétablir le Parlement.

---

[a] Gratifications aux catholiques suisses.
[b] Centième denier des offices et droits de mutation du prix des offices.

II. — *Édit portant suppression de l'office de Foullon et rétablissement de celui de Boutin.*

(Registré en la Chambre des Comptes le 14 octobre.)

[A. N., P. 2508]

Versailles, septembre.

(Cet édit qu'il serait sans intérêt de reproduire, fut comme d'usage, signé Phélypeaux, avec le visa de Miromesnil et la mention : Vu au Conseil, Turgot).

III. — *Édit portant à six le nombre des Intendants des finances et nomination d'Amelot, intendant de Bourgogne.*

(Registré en la Chambre des Comptes le 29 décembre.)

[A. N., P. 2508]

Décembre.

(La reproduction de cet édit serait sans intérêt).

Les gages d'Amelot furent fixés à 17 500 livres, la finance de son office à 350 000 l.

Le jour où Malesherbes fut choisi comme ministre de la maison du Roi (2 juillet 1775), Véri fit observer à Turgot que c'était le moment de céder et de supprimer toute cause de dissentiment entre lui et Maurepas. « Je vous avoue, dit Turgot, que cela me déplaît beaucoup par la mauvaise opinion que j'ai de cet homme. Qu'importe, répondit Véri, puisque le Roi et Maurepas qui sont les maîtres ont promis. — Eh bien, dit Turgot avec humeur, ce sera comme ils veulent. — Cela ne suffit pas, repartit Véri, n'allez pas mettre dans cette affaire votre mauvaise grâce ordinaire. — Il m'est impossible de l'avoir bonne. — Eh bien, ne vous en mêlez pas, laissez-la terminer par de Vaines, car après ce que Maurepas a fait pour vous ces jours-ci, il serait indigne de vous de lui montrer une mine répugnante ». Véri ouvrit alors la porte d'un cabinet où il avait laissé de Vaines et lui dit : « Monsieur, vous êtes attendu chez M. de Maurepas, allez-y seul et sans Monsieur que voilà, car il ne faut point de maussaderie. »

IV. — *Caisse d'amortissement. Suppression du trésorier.*

Mémoire au Roi.

[A. L., copie.]

16 octobre.

Le Sr Dubu de Longchamp est Trésorier de la Caisse d'amortissement depuis le mois de novembre 1766.

Au moyen de différents Édits, Déclarations du Roi et Arrêts de son conseil, les opérations de cette caisse se bornent, pour la recette, à percevoir le dixième d'amortissement ; mais, comme il doit le verser à mesure au Trésor Royal et que la plupart des comptables l'y portent directement, cette recette n'est que fictive. Quant aux paiements, cette caisse est réduite à acquitter ce qui reste dû des effets sortis en remboursements en 1767, 1768 et 1769. Ce reliquat est très médiocre, mais il peut se perpétuer par la négligence des propriétaires.

Elle paye aussi les effets du Canada, de propriété britannique, que le Trésor Royal devait rembourser sans frais. Cet objet n'est pas considérable et sera consommé dans l'année 1775.

Cependant, on paye au Sr Dubu de Longchamp pour ses appointements, logement et frais de bureau, par année   90 000 livres.
Il en coûte, pour chaque compte, pour épices
    et vacations   36 000
                    Total   126 000

Cette caisse étant inutile et très coûteuse, il paraît du bon ordre de la supprimer et de transporter, soit à la Caisse des arrérages, soit au Trésor Royal, le reste de ses opérations qui s'y feront sans frais.

Le Sr Dubu de Longchamp a encore 24 000 l. de traitement annuel sur la ferme des Postes et de plus l'adjonction générale à toutes les places d'administrateur des Postes [a].

Dubu de Lonchamp se remua pour avoir une autre place. Maurepas l'appuya. Le Roi promit ; Turgot résista.

---

[a] La femme du titulaire de cette charge inutile faisait l'éducation des bâtards de Louis XV. L'abbé Terray avait proposé sans succès la suppression que Turgot obtint de Louis XVI. (Voir *Mémoires de l'abbé Terray*, p. 210)

V. — *Intendants du commerce.*

Les intendants du commerce avaient une situation analogue à celle des intendants des finances. Ils travaillaient chez eux, faisaient des rapports, tant au contrôleur général qu'au conseil royal du commerce, mais ne soumettaient de décisions à la signature du ministre que par l'intermédiaire de l'Intendant des Finances, Trudaine de Montigny, chargé du détail du commerce.

Les attributions de chaque intendant comprenaient pour le commerce, une région de la France ; pour les manufactures, une espèce d'in-dustrie. Les intendants en fonctions en 1774 étaient :

1° BOULA DE QUINCY, très ancien maître des requêtes, qui avait dans ses attributions les généralités de Rouen, de Caen, d'Alençon, de Bretagne, d'Orléans, de Bourges, de Moulins, du Bourbonnais, les manufactures de bas et autres objets de bonneterie.

2° MICHAU DE MONTARAN, maître des requêtes depuis 1743 et le représentant le plus en vue du système réglementaire. Bien souvent jadis, cet intendant avait été en lutte, au Conseil du commerce, avec Vincent de Gournay. Turgot se méfiait du jugement de ce fonctionnaire, mais le savait digne d'estime. Montaran avait pour adjoint son fils, titulaire de l'office en survivance et auteur d'un *Mémoire sur les tarifs des droits de traite*.

Il avait dans ses attributions les généralités de Paris (à l'exception de la ville), du Roussillon, du Languedoc, de Provence, du Dauphiné, d'Auvergne, d'Auch, de Montauban, du Béarn, les manufactures de toiles et toileries.

3° DE COTTE, maître des requêtes depuis 1758, et successeur de Vincent de Gournay, avait dans son intendance, le Lyonnais, le Forez et le Beaujolais, la Bourgogne (Duché et Comté), la Bresse, les généralités de Limoges et de Tours, le Maine, le Poitou, les généralités de la Rochelle et de Bordeaux ; les manufactures de soie.

4° BROCHET DE SAINT-PREST, collaborateur de Terray dans les affaires de grains, était maître des requêtes depuis 1762. Il avait dans ses attributions la généralité de Soissons, la Picardie et l'Artois, la Flandre, le Hainaut, la Champagne, les Trois Évêchés, la Lorraine et l'Alsace ; les papeteries et les tanneries.

5° VILLEVAUX, maître des requêtes depuis 1762, qui était chargé des affaires concernant le commerce extérieur et maritime et des affaires de l'intérieur qui y avaient rapport.

Turgot commença par supprimer en principe les charges d'intendants du commerce qui avaient été érigées en titre d'office à un prix élevé ; comme elles ne donnaient pas de rémunération suffisante, leur cession était impossible. Les fonctions des intendants étaient, en conséquence, données à titre provisoire par commission. C'est ainsi que d'Albert avait occupé une de ces intendances pendant plusieurs années jusqu'au moment où il avait été obligé de donner sa démission sous l'abbé Terray.

Turgot fit, par ordre du Roi, demander à Brochet de Saint-Prest sa démission et le remplaça par d'Albert, aux attributions duquel il ajouta : la correspondance relative aux subsistances.

Il renvoya aussi Villevaux et le remplaça par De Fargès, ancien intendant de Bordeaux, que l'abbé Terray avait révoqué pour n'avoir point exécuté un arrêt du Conseil suspendant le paiement des rescriptions [a]. Fargès avait estimé que cette suspension de paiement d'une dette de l'État provoquerait une crise financière à Bordeaux ; le Parlement lui avait donné raison. Il eut, dans ses attributions d'intendant du commerce, les monnaies et les détails relatifs au commerce des Indes.

Édit de suppression des charges d'intendant du commerce.

(Registré en la Chambre des Comptes, 7 mars 1776.)

[D. P., VII, 60. — D. D., II, 439.]

Versailles, novembre.

Louis... Nous nous sommes fait remettre sous les yeux, en notre Conseil, l'Édit du mois de juin 1724, portant création de quatre offices d'Intendants du Commerce ; nous avons reconnu que ceux qui sont actuellement revêtus de ces offices, en avaient toujours dignement rempli les fonctions, mais nous avons été aussi informés que, lors de la vacance de l'un desdits offices, il s'était présenté plusieurs sujets qui, par leurs connaissances et leurs talents, auraient été très utiles pour l'administration du commerce de notre Royaume et qu'ils avaient été détournés d'en solliciter l'agrément, parce que leur fortune ne leur avait pas permis de faire le sacrifice de la somme à laquelle la finance desdits offices a été fixée par ledit Édit du mois de juin 1724, et qu'en conséquence un des offices était demeuré vacant pendant plusieurs années, ce qui avait obligé le Roi, notre très honoré Seigneur et Aïeul, de faire commettre par Arrêt de son Conseil, plusieurs magistrats successivement aux fonctions dudit office. Désirant procurer à ceux dont les

---

[a] Voir à ce sujet la *lettre de Turgot à Condorcet*, du 6 avril 1770.

services pourraient nous être utiles, la facilité d'exercer lesdites fonctions sans être tenus de payer en nos mains la finance de ces offices, nous avons résolu d'y pourvoir en supprimant à l'avenir les titres desdits offices, et nous réservant d'en faire exercer les fonctions par ceux de nos officiers ou de nos Cours Souveraines à qui nous jugerons à propos de les confier : et désirant ne pas nous priver des bons et fidèles services des sieurs Intendants du Commerce, actuellement titulaires, et leur marquer la satisfaction que nous en avons, en leur conservant personnellement lesdits offices leur vie durant et tant qu'il leur conviendra de les exercer, nous avons résolu de n'effectuer ladite suppression que dans le cas de la vacance de chacun desdits offices.

À ces causes… nous avons… ordonné que les titres des offices d'Intendants du Commerce seront supprimés, vacance arrivant d'aucuns d'eux, et aussitôt après ladite vacance en vertu du présent Édit, sans qu'il en soit besoin d'autre ; en conséquence, voulons que les sieurs Intendants du Commerce, actuellement titulaires, en demeurent revêtus leur vie durant, ou tant qu'il leur conviendra de les exercer, voulant que ladite suppression n'ait lieu que lors du décès ou de la démission d'aucun d'eux.

VI. — *Inspecteurs généraux.*

1. Nomination de Condorcet.

En dehors des intendances du commerce, existaient des inspecteurs généraux chargés d'attributions spéciales. Telle était la situation de Véron de Forbonnais, l'ancien adversaire de Quesnay, qui était inspecteur général des monnaies. Condorcet obtint cette place en survivance. Voici ce qu'il écrivit à ce sujet à Turgot :

« On dit que l'argent ne vous coûte rien quand il s'agit d'obliger vos amis. Je serais au désespoir de donner à ces propos ridicules quelque apparence de fondement. Je vous prie donc de ne rien faire pour moi dans ce moment ; quoique peu riche, je puis attendre quelque temps. Laissez-moi faire la place de M. Forbonnais ; chargez-moi de m'occuper du travail important de la réduction des mesures, et attendez que mon travail ait mérité quelque récompense.

« Je ne me fais pas un scrupule de recevoir de l'État une aisance qui me mettrait à portée de travailler davantage, et j'ai assez de vanité pour croire que l'encouragement ne serait pas au-dessus de l'utilité de mon travail. Je ne demande donc que d'attendre un an, deux ans, si cela est nécessaire. Je n'y mettrai, ni ostentation, ni empressement. L'Académie attendrait avec moi, ou vous pourriez lui donner deux mille écus, et ne différer que ce qui me regarde.

« Ne faites aucune difficulté sur les événements qui pourraient faire manquer ce dont je vous propose le retard. S'ils arrivaient, vous savez bien que ce ne serait, ni pour vous, ni pour moi que je m'en affligerais.

« Gardez-moi le secret sur ce que je vous mande, et, s'il faut que vous en parliez à M. de Maurepas, dites-lui que ma reconnaissance sera toujours la même. »

2. Nomination de Du Pont de Nemours.

Le 19 septembre, Turgot fit rappeler de Pologne Du Pont en vertu de l'ordre royal ci-après, contresigné par de Vergennes :

De par le Roi :
S. M. ayant été informée par le Sr Turgot, ministre d'État et Contrôleur général de ses finances, des motifs du voyage que le Sr Du Pont, membre de plusieurs académies, a fait avec la permission de S. M., en Pologne, et S. M. jugeant à propos de le rappeler dans son royaume, Elle ordonne au dit Sr Du Pont de revenir en France au reçu du présent ordre et de se présenter à son arrivée au dit Sr Turgot pour être instruit des intentions de S. M.

Du Pont fut ensuite nommé Inspecteur général du Commerce par commission.

Il avait en Pologne un traitement annuel de 3 000 ducats de Hollande (33 000 francs). Il devait en outre recevoir une gratification de 110 000 francs, sans compter 20 000 francs environ pour frais de voyage, aller et retour, et une habitation convenable à titre gratuit pendant la durée de son séjour.

Lorsqu'il quitta la Pologne, le prince Czartoryski lui paya 12 000 francs pour les appointements courus et 9 816 francs pour ses frais de voyage de France en Pologne. Quant à la gratification de 110 000 francs qui était payable au début de l'engagement, Du Pont avait reçu seulement une reconnaissance hypothécaire sur les propriétés du prince et cette hypothèque fut levée lorsqu'il quitta la Pologne. Les 21 816 francs qu'il avait effectivement reçus furent remboursés au Prince par le gouvernement français ; Du Pont fut informé de son rappel par une lettre officielle où il était dit : « Le Roi usant du droit qu'il a de rappeler un sujet qu'il croit utile à son service se chargera de vous mettre en état de rompre avec l'honnêteté convenable les engagements que vous a-viez pris avec M. le prince Czartoryski. » La résiliation de l'engagement équivalait pour Du Pont à une perte pécuniaire de 380 000 francs. Il écrivit néanmoins à Turgot le 29 octobre 1774 : « Je suis pénétré de reconnaissance pour l'honneur que le Roi et vous me faîtes en me rappelant et de la générosité que je n'aurais osé espérer de notre jeune monarque auquel je me trouve coûter et une si grande somme. »

VII. — *Intendants des généralités et des pays d'État.*

Les Intendants *dans les provinces autres que les pays d'États* étaient les représentants du Contrôle général. Ils portaient aussi le nom de *commissaires départis* et cette désignation était la seule que reconnaissaient les parlements.

Dès l'arrivée de Turgot au Contrôle général, on parla de grands changements dans ce personnel. Baudeau écrivait le 11 septembre : « On attend force destitution d'intendants et le public les désigne », puis le 14 : « Le public désigne beaucoup d'intendants qu'il dit devoir être renvoyés. La vérité c'est qu'ils sont bien choisis et, s'ils ne sont pas renvoyés, ils méritent fort de l'être. On met à la tête les deux Bertier de Sauvigny, le Flesselles, le Calonne, le Terray (Intendant de Montauban). » Le lendemain 15, Baudeau parlait encore de « la Saint-Barthélémy des intendants. »

Turgot fit, au contraire, peu de changements dans les Intendances : à la place de Lenoir, qui lui avait succédé en Limousin et qui était nommé lieutenant de police, il fit nommer d'Aine qui était à Bayonne et il réunit en une seule les généralités de Bayonne et d'Auch.

Les intendants des *pays d'États* relevaient du ministre de la guerre. Il y eut, de ce côté aussi, quelques changements peu importants. À la place d'Amelot, intendant de Bourgogne et promu intendant des finances, fut nommé Dupleix de Bacquencourt, intendant de Bretagne ; celui-ci fut remplacé par Caze de la Bove ; de Clugny fut nommé à Perpignan [a].

---

[a] Voici la liste des intendants du temps de Turgot.

Pays d'élection.

Paris	Bertier de Sauvigny
Amiens	D'Agay de Matigny
Soissons	Le Pelletier de Mortfontaine
Orléans	De Cypierre
Bourges	Du Pré de Saint-Maur
Lyon	De Flesselles
Dombes	De Cachet de Garneraut
La Rochelle	De Monthyon, remplacé en 1776 par de Meulan d'Ablois
Moulins	De Pont
Riom	De Chazerac

154. — LES FINANCES.

I. — *Dépenses de la Marine.*

Lettre au Ministre de la Marine, Sartine.

[A. N., Marine, B1 80, 219.]

(Lettres de change dans les colonies. — Règlement des comptes de Poivre, intendant des Iles de France et de Bourbon.)

Paris, 12 octobre.

Je me suis fait rendre compte, M., du montant des lettres de change tirées des Iles de France et de Bourbon, sur les trésoriers généraux des colonies, depuis 1771 jusqu'en 1774. Il est convenu que la Finance acquittera les dépenses extraordinaires occasionnées par les apparences

Poitiers	De la Bourdonnaye de Blossac
Limoges	D'Ayne
Bordeaux	Esmangard, remplacé en 1775 par De Clugny, puis par Du Pré de Saint-Maur
Tours	Du Cluzel
Auch et Bayonne	Journet, remplacé à sa mort par Douet de La Boullaye
Montauban	Terray
Champagne	Rouillé d'Orfeuil
Rouen	Thiroux de Crosne
Caen	D'Orceau de Fontette, remplacé ensuite par Esmangard
Alençon	Jullien

Pays d'États.

Bretagne	Caze de la Bove
Aix	De Senac de Meilhan, remplacé en 1775 par Des Galloys de La Tour de Glené
Languedoc	Guignard de Saint-Priest et son fils, adjoint
Perpignan et Roussillon	De Clugny, remplacé ensuite par De La Porte du Meslay
Bourgogne	Dupleix de Bacquencourt
Franche-Comté	De la Corée
Grenoble	Pajot de Marcheval
Metz	De Calonne
Alsace	De Blair de Boisemont
Flandre et Artois	Lefèvre de Caumartin
Hainaut et Cambrésis	Taboureau des Réaux, remplacé ensuite par De Sénac de Meilhan
Lorraine et Barrois	(De) Chaumont de la Galaisière
Corse	De Pradine

En 1775, le pays des Dombes fut réuni à l'intendance de Bourgogne.

de la guerre, à la fin de 1770 et au commencement de 1771, pour le paiement desquelles les fonds fournis à la Marine n'ont pas été suffisants ; mais il m'a paru que ce serait confondre les choses que de charger la Finance d'acquitter toutes les lettres de change tirées jusqu'à ce jour par l'administration des Iles de France et de Bourbon pour *valeur reçue en papier-monnaie.*

Dès le mois d'août 1772, toutes les dépenses extraordinaires occasionnées par les mouvements de guerre ont cessé dans ces colonies et elles sont rentrées dans l'état de dépenses que comporte leur service courant ; ainsi, je distinguerai les dépenses faites sous l'administration de M. Poivre de celles faites par son successeur, M. Maillard.

Indépendamment des lettres de change tirées par M. Poivre en 1771 et 1772, cet administrateur a laissé, dans les deux Iles de France et de Bourbon, des papiers circulants sortis de la caisse par ses ordonnances, pour une somme de 1 600 000 l., dont son successeur a dû procurer la rentrée à la caisse du Roi dans sa colonie en les convertissant en lettres de change. Cette somme de 1 600 000 l., ajoutée à celles des lettres de change tirées par M. Poivre, forme le total de la somme que la Finance est chargée d'acquitter. Tout ce qui est au delà de ces sommes regarde le département de la Marine et fait partie des dépenses annuelles et ordinaires des colonies.

Les bordereaux de lettres de change, tirées par M. Maillard, depuis 1772 jusqu'en 1774, pour valeur reçue en papier-monnaie, offrent une somme de 3 456 983 l. 13 s. 2 d. J'ai pris des informations sur cet objet, et j'ai été instruit que l'ordonnateur actuel des Iles de France et de Bourbon, au lieu d'annuler les papiers laissés dans la circulation par son prédécesseur, à mesure de leur rentrée par la conversion en lettres de change, n'avait cessé de les faire sortir de nouveau de la caisse du Roi ; que, dès les premiers jours de son administration, il avait fait des dépenses, moitié en argent, moitié en papier ; que, par la suite, il avait été contraint de ne plus faire ses paiements qu'en papier ; par cette opération, la source des lettres de change pour valeur reçue en papier, deviendrait intarissable. Par une conséquence nécessaire, ce serait la Finance qui resterait éternellement chargée des dépenses des deux colonies qui sont dans le département de la Marine et pour lesquelles ce département a des fonds affectés. Pour mettre une règle dans cette partie, j'ai l'honneur de vous prévenir que, dans les arrangements que je vais prendre pour acquitter les dépenses extraordinaires des Iles de France et de Bourbon, je comprendrai dans ces paiements toutes les lettres de change de 1771 et 1772, comprises dans les 2e, 3e, 4e et 5e bordereaux de M. Maillard et celles comprises dans le 6e bordereau, jusqu'à concurrence de 90 747 l. pour l'Ile de France et jusqu'au n° 98 inclusivement pour l'Ile Bourbon, sur le premier bordereau de M. de Crémont, ce qui comprend le total des dépenses occasionnées dans nos colonies par les derniers mouvements de guerre. Le surplus des lettres de change tirées par M. Maillard sera acquitté par les fonds destinés à la dépense des colonies. Les personnes chargées de cette partie et attachées au département de la Marine seront en état de vous éclairer sur les dispositions prises antérieurement par M de Boynes sur cet objet, en conséquence des fonds qu'il avait reçus.

II. — *Dépenses militaires*.

*Lettre du Maréchal Du Muy, ministre de la guerre,
au sujet des économies à faire.*

[A. L., autographe.]

Fontainebleau, 30 septembre.

J'ai reçu, M., la lettre que vous m'avez fait l'honneur de m'écrire le 30 septembre avec le mémoire sur la composition des troupes que je vous avais adressé, il y a quelques jours ; comme il s'était glissé quelques oublis dans le mémoire par la faute des copistes, je vous le renvoie avec les corrections afin que vous le gardiez et je vous prie de me rendre celui que j'avais remis au Roi et que S. M. vous a donné parce que les mêmes omissions s'y trouvent. Je vous prie, quand vous en aurez le temps, de le lire comme homme d'État, plus encore que comme Contrôleur général. Vous jugerez de son importance dans la situation actuelle de la France vis-à-vis de l'Allemagne et tout le Nord et des nuages qui offusquent toujours l'état politique de l'Europe, même dans le temps d'une paix dont le droit de convenance détermine seul la durée.

Je vous prie de lire, avec la même attention, la réponse détaillée que je fais aujourd'hui à la lettre que vous m'avez écrite hier et les ordres envoyés aux maréchaussées ; elle vous en démontrera la nécessité, la conduite et l'objet. Bannissez de grâce toute méfiance dans la correspondance réciproque de nos départements. J'ai par moi-même, et j'ai ordonné dans tous mes bureaux la plus grande et la plus ouverte communication, non seulement avec vous et avec tous ceux que vous honorez de votre confiance, mais avec tous MM. les Secrétaires d'État et leurs bureaux. Eux et vous, ne trouverez jamais quoi que ce soit de caché sur tout ce qui pourra vous éclaircir et vous être utile ; mon cœur et mon esprit dédaignent tout autre désir que celui du bien du service.

Note de Turgot en réponse.

[A. L., minute avec corrections de la main de Turgot.]

(Économies à réaliser sur l'effectif. — Exactitude dans les paiements. — Les marchés de fourrage. — Les pensions de retraite. — Emplois inutiles dans les Places. — Inconvénients des récompenses pécuniaires. — Économies sur les Inspecteurs, sur les lits militaires, sur les marchés, sur les bureaux, sur les époques et lieux de paiement).

Je ne crois pouvoir mieux répondre à la preuve de confiance que m'a donnée M. le Comte du Muy qu'en mettant promptement sous ses yeux les réflexions que m'ont fait naître les pièces qu'il a bien voulu me remettre.

Ces réflexions sont plutôt des doutes que des difficultés. Le peu de temps qui s'écoule entre ce moment et celui où l'état des fonds de l'année prochaine sera fixé ne permet pas même de lui donner pour cette année toute la précision désirable. Mais un premier aperçu est nécessaire pour fixer les idées du Ministre des finances sur les dépenses qu'il peut avoir à craindre et les économies qu'il peut espérer.

Il ne m'appartient pas de déterminer le *nombre de troupes* que S. M. doit entretenir et, sans doute ce nombre doit être proportionné à celui qu'entretiennent les puissances avec lesquelles la France peut être en guerre. Je remarquerai seulement que si la Russie, l'Allemagne et l'Autriche ont près de 700 000 hommes de troupes, il est impossible qu'une partie de ces militaires ne combatte pas avec nous, lorsque l'autre nous sera opposée, et qu'ainsi leur augmentation tournera aussi à notre profit.

Les réflexions établies dans le Mémoire semblent prouver qu'il serait utile de porter les compagnies à 60 hommes au lieu de 54 ; mais je ne puis m'empêcher d'observer que la détresse des finances doit éloigner toute nouvelle dépense qui n'est pas de la plus extrême nécessité. L'état de Guerre actuel a paru suffisant à la réforme. Si la Corse emploie des troupes dont on disposerait dans ce moment, la Guerre est aussi débarrassée des troupes des Colonies qu'elle était obligée de fournir. Enfin, nul événement nouveau ne paraît demander à presser une augmentation. Il est donc à désirer qu'elle n'ait pas lieu, au moins pour cette année ; ce n'est que par des retranchements qu'on peut parvenir à la diminution de la dépense ; il ne faut pas négliger même les plus légers dont l'accumulation produit un effet sensible ; d'ailleurs, le retranchement dont il s'agit se trouve assez considérable puisqu'il monte à 1 800 000 livres.

Le Militaire [a] étant fixé pour cette année sur le même pied qu'il était l'année précédente, je conviens avec M. le comte du Muy que les fonds pour la dépense doivent être fournis avec exactitude. Je regarde, comme lui, qu'il n'y a pas de plus grand scandale dans l'administration que de voir le Roi arrêter deux états de fonds différents, et c'est pour assurer l'exactitude que la Finance invoque l'économie.

Je n'ai nulle observation à faire sur le premier article de la dépense. Il paraîtrait même que ce serait un bien pour le service, si la solde pouvait être augmentée ; peut-être aussi cette augmentation serait-elle moins pressée si le service des troupes, moins multiplié dans les places, leur laissait le temps de se livrer à des travaux utiles. On doit encore dire que la solde est véritablement augmentée puisque le soldat a la ration au même prix auquel il l'avait autrefois, malgré l'augmentation survenue dans les grains.

Je ne doute pas que les *marchés de fourrage* ne soient faits, ainsi que ceux pour le pain, avec toute l'attention possible. Il me paraît pourtant que la ration est portée à un bien haut prix, lorsqu'elle coûte dans la partie septentrionale 2 s. 9 d., à Brest 3 s. 2 d. et, dans les parties méridionales 4 s. 4 d. Ce prix ne se rapporte pas à celui des marchés. Il a pu être par le passé aussi considérable faute d'exactitude de paiements, mais comme on peut compter sur cette exactitude, il semble qu'il est possible d'opérer quelque diminution sur cet article.

Je suis bien éloigné de croire qu'il convienne de priver de leurs *pensions de retraite* ceux qui les ont obtenues, ni même qu'il y doive être fait aucune réduction. La Finance fera sans doute un bénéfice lorsque les pensions assignées sur le Trésor Royal ne seront pas remplacées. Il serait même à souhaiter qu'il put y avoir encore quelque économie sur le remplacement de celles qui se payent par la Guerre. Elle servirait à suffire aux augmentations que M. le comte du Muy regarde comme nécessaires.

On doit en dire autant des *appointements des officiers* entretenus *dans les places*. Leur inutilité doit faire espérer qu'ils ne seront pas remplacés et ce sera encore une économie utile. Louis XIV ayant établi une nouvelle frontière, une partie des places qui faisaient l'ancienne ligne ne paraît plus être d'une aussi grande utilité, et peut-être s'en trouve-t-il dont la dépense pourrait être supprimée. Quand même cette suppression ne produirait, dans le moment, aucun bénéfice par le traitement qu'il faudrait accorder à ceux qui jouissent de ces places, elle annoncerait pour l'avenir des ressources qu'il ne faut pas négliger.

---

[a] C'est-à-dire l'effectif actuel.

Je dois aussi observer que le paiement par la Finance d'une partie des appointements dans les places frontières, tandis que l'autre l'est par la Guerre, n'est pas un état naturel et bien ordonné. Toutes les dépenses de la Guerre doivent être payées par la Guerre, et la Finance doit en faire les fonds. Et peut-être que si les ministres de la Guerre avaient eux-mêmes fait la dépense que fait la Finance, à ce sujet, ils se seraient occupés des moyens de la réduire, pour employer le profit de l'économie à autres objets plus utiles [a].

La dépense peu considérable des *officiers majors des places évacuées* est encore un objet d'épargne pour l'avenir.

Il serait peut-être à souhaiter que les charges de *commissaires de guerre* et celles des *officiers des État-majors* de la cavalerie et des dragons ne fussent pas vénales, mais cet affranchissement de vénalité demanderait des fonds pour le remboursement. On ne peut nier aussi que ceux qui achètent ces dernières places sont plus occupés de leur avancement que de l'intérêt de leur argent, et c'est une remarque essentielle pour tous les militaires. Peut-être y a-t-on trop introduit le goût des récompenses pécuniaires ? Quand les régiments ne produiraient rien, le Roi ne manquerait pas de colonels. Il en est de même de plusieurs places, qui, sauf les temps de guerre, seraient peut-être d'autant mieux remplies qu'elles produiraient moins. Le goût du service est tel en France qu'il peut être rendu, surtout pendant la paix, indépendant des récompenses d'argent, et quoiqu'il soit juste de fournir aux dépenses des officiers, comme on ne peut y fournir qu'en imposant tout le peuple, on ne peut nier qu'il ne soit juste aussi que le Roi soit servi au meilleur marché possible. À talents égaux (et ce n'est pas l'argent qui y met de la différence), celui qui servirait gratis (et il y en aurait beaucoup) semblerait devoir avoir la préférence.

Une partie de ces réflexions s'applique aux *officiers généraux* employés dans les provinces. Il serait fâcheux que ces places ne fussent pas la récompense du mérite, et fussent regardées comme un moyen de donner des grâces pécuniaires ; on en a vu plusieurs de cette espèce, pour qui le privilège d'être employé n'a été qu'un moyen d'obtenir un traitement auquel ils n'avaient aucun droit de prétendre. Il me semble qu'avant de faire des grâces, le Roi doit savoir ce qu'il peut, et commencer à payer ses dettes avant de faire des largesses. Toute justice serait remplie si le nombre des officiers employés était réduit au nécessaire, et si, pour en employer, on choisissait ceux qui joignent par eux-mêmes de la fortune aux talents, et qui sont conduits par l'amour de l'honneur de leur métier plus que par celui de l'argent. Si le luxe était diminué dans les

---

[a] On voit que Turgot défendait la spécialité par ministère.

garnisons, ce serait peut-être un grand bien. Le Roi ne peut parvenir à l'économie qu'en la faisant germer dans tous les états et, d'après toutes les réflexions que M. le comte du Muy est plus fait que personne pour apprécier, je ne puis m'empêcher de croire que cette dépense pourrait être diminuée d'au moins 300 000 livres.

Je ne puis rien dire sur le nombre d'*employés dans les hôpitaux*. Comme on ne peut mettre trop d'attention dans le choix, il est juste de les faire payer, et j'ose observer même que la retenue du 10e sur tous les appointements ne me paraît pas remplie de toute justice. Celui qui a 4 000 l. est plus en état de souffrir un retranchement de 2 dixièmes que celui qui n'a que 1 000 l. de perdre 100 livres.

Si on supprimait quelques places frontières, les appointements des employés diminueraient aussi, et quoique cet objet paraisse de peu de valeur, je dois toujours répéter qu'en fait d'économie, tout objet a son importance, et que le Royaume est perdu si cette économie est négligée sous aucun rapport.

Je ne puis aussi m'empêcher de croire qu'il pourrait y avoir une diminution assez considérable sur le nombre et le traitement de MM. *les Inspecteurs*. Peut-être que 36 ne sont pas nécessaires et que plusieurs places ont été établies plutôt par le désir d'obliger que par un esprit d'utilité. Si, de ces 36 inspecteurs, 8 ne reçoivent que 8 000 francs chacun, on ne conçoit pas pourquoi les autres doivent avoir 19 000 l. Enfin, ces inspecteurs sont, sans doute, choisis parmi les officiers les plus instruits et les plus capables, et c'est aussi, parmi les mêmes personnes, que sont pris ceux qui sont employés dans les provinces. Si ces officiers étaient, en même temps, chargés de l'Inspection, ou les inspecteurs employés, il en résulterait un bénéfice. C'est un grand inconvénient que les doubles ou triples traitements que reçoivent les mêmes personnes, et c'est pour cela qu'il serait aussi utile que toutes les dépenses de la Guerre fussent sous les yeux du Ministre de la Guerre, parce qu'il pourrait calculer à la fois ce que reçoit chacun de ceux qui sont employés par le Roi. Il n'est pas aisé de voir si la même personne reçoit de différents côtés des grâces qui peuvent, chacune séparément, ne pas paraître considérables, mais dont l'accumulation est exorbitante.

Je n'ai rien à dire sur les gages des *trésoriers généraux*, mais je ne puis m'empêcher de remarquer l'énormité de leur taxation. Il est possible de faire le service avec une diminution de moitié et plus en faveur du Roi, ce qui présente une économie de 4 à 500 000 l. Cette combinaison dépend, en même temps, des autres moyens que la Finance est obligée de mettre en usage pour le droit d'avance, et dans lesquels elle doit, comme toute administration, éviter le double emploi.

J'imagine que le supplément de 290 000 l. accordé à l'*ordre de Saint-Louis* est une somme fixe. Si elle était incertaine, il serait intéressant de la déterminer et d'y proportionner le nombre des pensions. Mais si elle est fixe, je ne sais si elle ne pourrait pas être diminuée et offrir par là quelque ressource.

Je ne puis dire, *sur les journées d'hôpitaux*, que ce que j'ai remarqué sur les fournitures de fourrage et de ration. Ce n'est, comme le remarque M. le comte du Muy, qu'en payant exactement les entrepreneurs qu'on peut les mettre à portée de faire le service ; mais aussi cette exactitude doit diminuer les prix et je ne doute pas que les marchés ne soient faits avec une telle économie qu'ils ne puissent donner lieu à ces fortunes qui ont quelquefois étonné le public.

Je dois dire, de même, pour la dépense des *lits militaires* ; il y a des provinces où elle est faite par la province ou par les villes. Je ne sais quel parti est le meilleur, et peut-être serait-il utile de comparer les différents marchés. Cette remarque tombe sur les uns comme sur les autres ; leur comparaison peut éclairer sur le meilleur marché qu'on doit chercher, et la dépense des peuples doit être ménagée comme celle du Roi, puisqu'elles sont l'une et l'autre fournies des mêmes fonds.

Je ne puis rien dire sur la *dépense extraordinaire* portée à 2 800 000 l. Tous les objets auxquels il doit être satisfait sont sans doute d'une utilité reconnue et l'économie y présidant, ils doivent être remplis dans leur étendue.

On s'est plaint autrefois que les *bureaux de la Guerre* étaient trop chèrement payés : — remarque que je fais à M. le comte du Muy, plus pour lui rappeler ce que j'ai entendu dire que par aucune connaissance particulière que j'ai à ce sujet.

À l'égard du *Revenant-bon*, je remarquerai, quant à ce qui revient de la marche des troupes qu'il serait utile que cette partie d'administration fut entre les mains du Ministre de la Guerre. Ces étapes sont une dépense militaire. Peut-être même y aurait-il quelque économie en mettant simplement une différence entre la solde des marchés et la solde ordinaire : moins le Roi se charge de fournitures et de marchés, plus l'intérêt particulier préside à chaque dépense, plus elle se fait avec ménagement et à peu de frais.

Je suis bien éloigné de croire que M. le comte du Muy veuille multiplier les marchés pour augmenter les revenants bons qui en résultent. Cette manière d'agir est trop opposée à son honnêteté et à sa réputation. Mais il me semble qu'il y aurait plus d'harmonie et d'ensemble dans la dépense si la Guerre faisait toutes celles qui la concernent. Il y aurait aussi l'avantage qu'en formant un fond fixe pour cet objet, tout serait mieux ordonné dans la Finance et qu'elle serait plus sûre de suffire à ses charges.

Je n'ai rien à observer sur la dépense de l'*Ile-de-Corse*, sinon que plus on ira, plus cette partie doit se rapprocher des autres provinces du Royaume et que l'entretien des troupes pourra aussi y être moins dispendieux.

De ces réflexions, il résulte :

1° Qu'en ne portant pas les compagnies à 60 hommes, il faut s'en tenir à celui des deux états qui offre le moins de dépense.

2° Qu'en payant avec exactitude les entrepreneurs, on peut espérer quelque diminution sur les rations du pain et peut-être sur les fourrages et hôpitaux.

3° Qu'en faisant un retranchement sur les officiers et employés et sur les inspecteurs, on pourrait y produire une économie au moins de 500 000 livres.

4° Qu'en supprimant une partie des états-majors des anciennes frontières, on se procurera aussi, au moins pour l'avenir, un retranchement de dépenses qui, joint aux autres objets qui doivent cesser, ainsi qu'il a été remarqué, pourraient un jour satisfaire aux dépenses qu'on veut augmenter.

5° Qu'il y aurait quelque économie à ce que les étapes et toutes les dépenses de la Guerre fussent payées par le Ministre de la Guerre ; et que toutes les économies, quelque modique que chacune puisse être, pourraient, réunies, produire une diminution réelle dans la dépense.

J'insiste d'autant plus sur tous ces objets de retranchement que la dépense de l'extraordinaire des guerres n'est pas la seule qui soit relative à la Guerre.

Indépendamment des 63 ou 65 millions auxquels elle est portée, il faut satisfaire, ainsi qu'il est remarqué dans le Mémoire, à 2 631 286 l. pour les frontières ordinaires et toutes les dépenses de l'ordinaire des guerres, et celles des étapes, de l'artillerie, du génie, etc., de sorte que la Guerre coûte au Roi plus de … millions, et si l'on compare les troupes que le Roi a sur pied avec celles du Roi de Prusse et de la Maison d'Autriche, et qu'après cette comparaison, on fasse celle des revenus, qui pourra s'empêcher d'être étonné qu'avec de plus grandes richesses on ne puisse avoir les mêmes moyens, et qu'on soit si inférieur en force quand on est si supérieur en facultés ? C'est l'économie seule qui peut rétablir cette fâcheuse disproportion. Si, en même temps que l'on songe sagement à admettre les évaluations étrangères, M. le comte du Muy voulait se faire informer de la constitution pécuniaire des troupes d'Allemagne, peut-être y trouverait-il des moyens de réduire une dépense qui n'est pas, au premier coup d'œil, proportionnée à ce qu'elle produit.

Après les éclaircissements qu'il a bien voulu me donner, j'en ai encore un à lui demander, moins peut-être pour cette année que pour les années suivantes.

Cet éclaircissement tombe : 1° sur les *époques* des paiements, 2° sur les *lieux* où ils doivent être faits.

Il est nécessaire de connaître les époques pour ne pas multiplier les anticipations et laisser dans les caisses de l'argent profitable aux trésoriers et perdu pour le Roi, tandis qu'il est quelquefois obligé d'en payer l'avance.

La connaissance des lieux est importante parce qu'il sera peut-être possible de faire payer sur les lieux et du produit des recettes. Le transport coûte au Roi et, quoiqu'il soit impossible de prendre pour l'année prochaine des arrangements définitifs à ce sujet, on pourrait, au moins, acquérir des connaissances pour les préparer, et ce sont ces arrangements qui doivent en même temps diminuer les taxations.

Il suffit sûrement à la Guerre que les fonds dont elle a besoin lui arrivent aux époques et sur les lieux convenus et M. le comte du Muy applaudira au désir de diminuer les frais de translation de cet argent autant qu'il est possible.

Quant aux *dettes de la Guerre*, je sens qu'il est de toute nécessité de la mettre à portée de les payer, et je m'en occuperai aussitôt que j'aurai fait l'état de fonds des dépenses courantes. C'est le premier objet dont il convient de s'occuper, et c'est aussi cet objet que je prierai M. le comte du Muy de fixer définitivement d'après son Mémoire, et les observations que j'ai l'honneur de lui présenter. Peut-être croira-t-il que quelques diminutions doivent avoir lieu successivement. J'ose seulement le prier avec instance de concourir en tout ce qui dépendra de lui au rétablissement de l'ordre par le retranchement de toutes les dépenses qui ne seront pas indispensables et, s'il me survient l'année prochaine de nouvelles réflexions, il me permettra de les lui communiquer avec confiance.

Le rétablissement de la Finance est l'intérêt non seulement du Roi et du Royaume, mais de tous ceux qui sont chargés de quelque département. Si la Finance n'est pas en règle, il est impossible de remplir aucune place, et on trouve à chaque instant des entraves ; M. le comte du Muy est trop éclairé pour n'en pas sentir l'importance, et j'ai tout à me promettre à cet égard de sa sagesse, de son attention et de ses lumières.

III. — *Banquier de la Cour.*

(Sa suppression.)

On lit dans les *Mémoires* de Du Pont (p. 167) : « La place de banquier de la Cour fut supprimée ; elle était inutile sous un ministre qui opérait en grand, qui s'assurait les moyens de se passer de ressources momentanées, qui rétablissait le crédit de l'État, qui n'en voulait point d'autre et qui regardait tout profit qu'il était possible de retrancher, ou sur la recette, ou sur la dépense des revenus publics, comme une dette consacrée au soulagement du peuple. »

Le banquier de la Cour était, à l'origine, chargé de faire passer aux ambassadeurs dans les Cours étrangères les subsides à payer aux puissances ou les appointements du personnel diplomatique. Il recevait pour ses services des remises analogues à celles qui étaient d'usage dans le commerce.

Lorsque les anticipations se multiplièrent, on s'adressa au banquier de la Cour pour négocier les effets royaux, et il eut le monopole de cette négociation.

On lui donna aussi le privilège de fournir, pour la fabrication des monnaies, les matières d'or et d'argent nécessaires.

Plus les anticipations étaient nombreuses, plus le banquier de la Cour s'enrichissait. Samuel Bernard, Paris de Montmartel, De Laborde firent des fortunes considérables.

En 1767, les fonctions du banquier de la Cour furent supprimées une première fois et une Caisse d'escompte fut chargée de faire la négociation des rescriptions (Arrêt du Conseil du 1er janvier 1767.) Cette caisse, instituée pour 10 ans, cessa rapidement de fonctionner et fut supprimée par Arrêt du Conseil du 21 mars 1769.

Les fonctions de banquier de la Cour furent alors rétablies ; elles ne furent supprimées définitivement qu'en 1778 et on a estimé à 10 millions les remises qui furent payées en 1776.

Turgot ne supprima donc pas officiellement le banquier de la Cour comme le dit Du Pont, mais il ne fit pas appel à ses services et rendit libre le commerce des matières d'or et d'argent pour la fabrication des monnaies. La *Gazette de Leyde* (14 octobre) signale à cet égard un arrêt du Conseil que nous n'avons pas retrouvé dans d'autres recueils :

A. C. donnant la liberté au commerce des piastres et à l'achat des monnaies réservé précédemment au banquier de la Cour, rendu sur la proposition de Fargès.

IV. — Monnaies.

1. *Déclaration du Roi, ordonnant que les poinçons des revers des monnaies d'or et d'argent prescrits en 1726 continueront d'être employés.*

[Recueil d'Édits, 1774, 2ᵉ semestre.]

18 septembre.

L'effigie des monnaies devait être changée à l'avènement de Louis XVI ; l'abbé Terray proposa de ne faire la refonte qu'insensiblement, mais il fit ordonner par Déclaration du 23 mai 1774 que les poinçons de revers seraient modifiés ; il n'y aurait eu en outre qu'une seule sorte d'empreinte pour l'effigie des monnaies d'or et d'argent. Turgot craignit que l'identité des empreintes sur l'or et sur l'argent n'encourageât la fraude, et il estima que l'on devait économiser la fabrication des poinçons de revers qu'il aurait fallu envoyer aux 31 hôtels de monnaies du Royaume. Tel fut l'objet de la déclaration.

2. *Arrêt du Conseil relatif à la monnaie de billon.*

[Anc. Lois Fran., XXIII, 110. — Foncin, 146.]

11 décembre.

Un arrêt du 1ᵉʳ août 1738 avait fixé à 10 livres au maximum la quantité d'espèces de billon que l'on pouvait donner dans les paiements de 400 livres et au-dessous, et au 1/40 de la somme pour les paiements supérieurs. Un autre arrêt du 22 août 1771 avait ordonné que les pièces de 6, 12 et 24 sols ne pourraient entrer que pour le 1/40 dans un paiement de 600 livres et au-dessus.

Il fut reconnu que cette disposition, contraire aux principes exprimés dans le préambule de l'arrêt de 1771 était l'effet d'une erreur d'impression. Il fut donc décidé qu'il fallait lire au-dessous, et non au-dessus.

La faculté de paiement en pièces de 6, 12 et 24 sols fut en conséquence limitée à 15 livres.

Turgot voulait empêcher que la monnaie d'appoint mise en sacs ne servît aux gros paiements et ne devînt rare dans la circulation ordinaire. Il voulait aussi arrêter l'introduction des pièces fausses fabriquées à l'étranger.

V. — *Emprunt en rentes viagères.*

Irrégularités de l'abbé Terray. « Tout emprunt à rentes perpétuelles et à rentes viagères, dit Véri, devait être autorisé par un édit enregistré au Parlement qui fixait le chiffre des rentes agréées. Mais les prescriptions des édits n'étaient pas toujours observées. Avant l'abbé Terray, fut créé pour 2 millions de rentes perpétuelles faisant au total 40 millions, mais on laissa longtemps l'emprunt ouvert et on reçut près de 80 millions.

« L'abbé Terray fit de même pour les rentes viagères ; on en créa pour environ 2 millions à raison de 8 p. 100 sur une tête et de 7 p. 100 sur deux têtes, à condition que le preneur porterait au trésor 21/40 en argent et 19/40 en contrats sur le Roi. L'édit présentait une libération de quelques dettes de l'État et, par son énoncé, il n'était fait qu'en faveur des Hollandais, aussi fut-il appelé *emprunt de Hollande*.

« La *faveur* fut étendue aux Français, parce que les Hollandais ne souscrivirent pas la totalité de la somme. Les Français portèrent 3 millions au mois de janvier 1774. Au premier conseil des finances du 19 juillet 1774, l'abbé fit fermer l'emprunt, sous prétexte qu'on y portait trop d'argent ; en réalité, parce qu'il était dans une situation tout à fait illégale. Depuis la mort de Louis XV, la somme versée approchait de 30 à 35 millions.

« Deux autres irrégularités avaient été commises ; des rentes viagères avaient été délivrées à des gens qui n'avaient versé aucun fonds et à qui on n'avait pas osé donner des pensions. Les dettes représentées par les papiers royaux qu'on apportait avec l'argent comptant et qui auraient dû être brûlés ne furent pas éteintes ; il arriva même que l'on n'exigea pas l'apport des papiers royaux. Un domestique souscripteur porta, sous Louis XV, 2 423 livres en argent sans papier ; on lui donna un contrat portant qu'il avait versé 3 750 livres dont 21/40 en argent et 19/40 en effets et qu'il jouirait d'une rente viagère de 300 livres, ce qui faisait un intérêt viager de 11 à 12 p. 100 au lieu de 8 promis par l'édit. »

La conversion des effets en rentes viagères souleva les réclamations des banquiers hollandais, ainsi que l'indique la lettre ci-après :

Lettre au Ministre des Affaires Étrangères
au sujet d'une demande des banquiers hollandais.

[A. Aff. Étr., 1880, 251]

Versailles, 30 septembre.

J'ai reçu, M., avec la lettre que vous m'avez fait l'honneur de m'écrire, la copie qui y était jointe du Mémoire des banquiers hollandais relativement aux contrats provenant des effets au porteur, et dont ils demandent la reconversion en pareils effets. Si cette opération était utile, elle ne pourrait pas se borner aux contrats appartenant aux Hollandais, il faudrait qu'elle fut générale, mais les circonstances ne permettent pas de multiplier les effets au porteur [a].

Les Banquiers Hollandais obtinrent une demi-satisfaction par Lettres Patentes.

Lettres patentes ordonnant le paiement à l'Hôtel de Ville de Paris de rentes viagères provenant d'un emprunt fait en Hollande en 1771.

[Cité par D. P., VII, 88. — *Gazette de Leyde*, 19 mai 1775.]

18 décembre.

Les sieurs Hornéca, Hogguer et Cie, banquiers d'Amsterdam, avaient acquis dans un emprunt de 1771 des rentes viagères pour 1 million à 8 p. 100 sur une tête et à 7 p. 100 sur deux têtes. Le capital en était payable, partie en argent, partie en effets royaux, tels que reconnaissances de rescriptions ou de billets des fermes suspendus et contrats qui étaient en grande perte lors de la création de l'emprunt. Les banquiers ne purent remplir leurs engagements en totalité et ne placèrent que 6 253 886 l. 2s. du capital de rentes. Les souscripteurs étaient, pour la plupart, des Genevois et autres étrangers non hollandais : mais, pour tous, il était onéreux de recevoir les rentes à Amsterdam. L'arrêt décida que les paiements seraient faits sans frais à l'Hôtel de Ville.

---

[a] Le Mémoire des Banquiers Hollandais avait été appuyé par l'abbé Desnoyers, agent du ministre des affaires étrangères à l'ambassade de France, à la Haye, par la lettre ci-après adressée à de Vergennes.
La Haye, 13 septembre.
… La bonté que vous avez eue de recommander à M. le Contrôleur général le Mémoire concernant la reconversion des contrats en effets au porteur, prouvera aux créanciers étrangers de l'État l'attention que le Gouvernement donne à leurs intérêts. Ce premier redressement d'une opération qui fut vive et forcée sous le règne passé, contribuera au retour de la confiance, dont en aucun temps, une monarchie placée au centre des grands mouvements semble ne pouvoir se passer. On peut au moins laisser à chaque créancier la liberté de reconvertir sa propriété en effets ou de conserver ses contrats. On n'aperçoit aucun inconvénient dans l'alternative qui remplira cependant la demande des banquiers dans leur Mémoire.

155. — LA FERME GÉNÉRALE

I. — *Mémoire au Roi sur la ferme générale et la suppression des croupes.*

[P. Clément et A. Lemoine, *M. de Silhouette, Bouret, les derniers fermiers généraux. Études sur les financiers du XVIIIe siècle.*]

11 septembre.

Le bail des fermes générales, qui commencera au 1er octobre prochain, a été fait sous le nom de Laurent David, moyennant 162 millions par an.

Les fermiers qui ont ce bail sont obligés de fournir 93 millions d'avance. De cette avance, il y a 72 millions qui ont été successivement portés au trésor royal dans les baux antérieurs et, comme ils ont été dépensés à mesure qu'ils ont été reçus, il n'est plus question pour cette somme que d'un remboursement par les nouveaux fermiers aux anciens.

Les vingt autres millions sont destinés aux frais de l'exploitation.

Le produit considérable de ce bail, sur lequel porte la majeure partie des dépenses de l'État, et l'énormité des fonds d'avance qu'il faudrait rembourser si on résiliait le traité fait entre S. M. et les fermiers généraux, sont des considérations importantes pour fixer l'attention du gouvernement sur la manutention de ce bail, pour en écarter le désordre et rendre aux fermiers la justice, sans laquelle ils ne pourraient soutenir leurs engagements.

C'est dans cette vue que l'on croit devoir mettre sous les yeux de V. M. les abus qui existent, et lui proposer les moyens d'y remédier.

L'exploitation du bail n'aurait dû être confiée qu'à ceux qui y étaient propres par leur travail, leur conduite et leur intégrité. Cependant, la protection s'est emparée du plus grand nombre des places ; elle est parvenue à s'en assurer la conservation par des adjonctions ; elle en a disposé d'avance par des bons surpris à l'autorité ; elle a associé au bail des personnes qui y étaient étrangères, les unes sous le nom de *croupiers* et d'autres sous celui de *pensionnaires*. Enfin, elle a rempli les emplois de sujets incapables. Il serait bien à désirer qu'on pût détruire sur le champ ces abus ; mais S. M. sera sans doute arrêtée en examinant l'état actuel des choses.

Places et adjonctions. — Les places de *fermiers généraux* qui, comme on l'a dit, devraient être accordées aux seules personnes qui pourraient le mieux les remplir, ont été presque toujours données par la faveur. Celles d'*adjoints* ont eu le même sort. On a introduit des sujets de la plus grande jeunesse, qui n'avaient jamais travaillé et qui n'avaient aucune aptitude pour les affaires, quoiqu'ils ne dussent être admis que pour fortifier le service et suppléer les titulaires. Mais ce serait attaquer la propriété, porter la plus grande atteinte au crédit et manquer à des engagements pris par des actes qui font la base de toutes les conventions de la société, que de nommer d'autres fermiers et d'autres adjoints que ceux qui ont signé le bail, qui l'ont garanti et qui ont commencé à en exécuter les conditions.

Croupes. — Les unes dépendent d'un arrangement entre le titulaire et le croupier, soit pour faire participer sa famille au fruit de son travail, soit pour se procurer des moyens de faire ses fonds, qu'il n'eût pu trouver par lui-même. Ces arrangements étant volontaires, l'autorité dont ils ne sont point l'ouvrage n'est point dans le cas de les réformer.

Les autres ont été données à des adjoints ; mais ceux-ci consacrant leur temps et leurs soins à la chose, il ne serait pas juste de les exclure de l'avantage qui en résulte.

Les dernières, enfin, ont été abandonnées, malgré les titulaires, à toutes sortes de personnes qui, par l'argent et l'intrigue, avaient gagné de vils protecteurs ou en avaient trompé de respectables.

Ces dernières croupes excitent l'animadversion générale, et si le Roi pouvait disposer des dix millions qu'il faudrait pour faire les fonds de ces croupes, il serait bien simple de les rembourser et d'en faire ensuite rentrer le profit au trésor royal ; mais l'État, étant dans l'impossibilité de remettre cette somme, d'ailleurs ces croupes ayant donné lieu à des mariages, à des traités et à un grand nombre de conventions de toute nature, les fonds qui en proviennent devant être portés le 1er octobre à la caisse de la ferme générale, et les plus légères inquiétudes inspirées aux prêteurs pouvant retarder et même empêcher la remise de ces fonds, on est forcé de laisser subsister l'arrangement qui a été fait.

Pensions. — Elles se présentent sous un aspect plus défavorable encore que les croupes, puisque pour celles-ci on fait des fonds et que l'on supporterait des pertes, s'il y en avait, dans la même proportion que l'on retire les bénéfices, au lieu que les pensions sont une charge absolue qui, si elle était juste, aurait dû tourner tout entière au profit de l'État. Cependant, en examinant le détail de ces pensions, on leur trouve pour motif, ou des services récompensés, ou des secours accordés à des besoins urgents, ou enfin des dons qui tendent à diminuer les dépenses des maisons des princes ; ainsi, il n'y a sur ces pensions que la forme de condamnable.

Quant à celles qui, loin de pouvoir être justifiées par aucun motif, en offriraient, au contraire, de décisifs pour les faire proscrire, il convient d'observer qu'il faudrait discuter les manœuvres qui les ont fait obtenir, les mœurs de ceux qui les possèdent, et que cette discussion, aussi pénible à ceux qui en seraient chargés qu'humiliante pour ceux qui en seraient l'objet, exciterait beaucoup de murmures, qu'il n'en résulterait pas un bénéfice de 60 000 livres, et qu'enfin la volonté du Roi, quoique surprise, paraît les avoir consacrées.

On ajoute que les réclamations des fermiers contre les croupes et les pensions, dont leurs places sont grevées, sont mal fondées, car ils ont connu ces charges avant de s'engager ; ils ont donné une soumission d'y satisfaire avant de signer le bail, et il leur était libre de refuser de contracter sous la condition qui leur était imposée.

Emplois. — Les employés nécessaires à l'exploitation du bail sont une partie de la propriété des fermiers, et dès qu'ils ne sont plus les maîtres du choix, ils ne peuvent plus répondre de l'exploitation. On a si bien senti que le bon ordre l'exigeait ainsi, qu'à chaque bail on a promis que les fermiers généraux disposeraient de leurs emplois ; mais la cupidité, qui vend comme elle achète tout, a rempli les places de sujets indignes qui, pour regagner ce qu'il leur en avait coûté, volaient le Roi, le public et le fermier.

Conclusions. — S'il peut être dangereux de réformer subitement ces différents abus, il faut au moins les empêcher de se reproduire. Le Roi jugera sans doute nécessaire de prendre, dès ce moment, les mesures convenables pour maintenir, à l'avenir, l'équité, la règle et la décence. Pour y parvenir, le Contrôleur général supplie S. M. de lui donner ses ordres sur le plan qu'il va prendre la liberté de lui proposer.

Les *places de fermiers généraux* ne seront accordées qu'à des personnes dont l'application et les connaissances pourront être utiles à la régie. Ainsi, tous les bons donnés jusqu'à ce moment pour ces places seront annulés, en conservant néanmoins aux personnes qui les ont obtenus la concurrence pour les places qui viendront à vaquer.

Les fils de fermiers généraux ne seront appelés à l'*adjonction* qu'autant qu'ils auront au moins vingt-cinq ans et qu'ils auront été éprouvés dans les différents emplois où ils auront donné des preuves de capacité, et les étrangers ne pourront obtenir ces adjonctions que lorsqu'il sera reconnu que la partie, à laquelle ils se proposeront de s'attacher, aura besoin de secours et qu'ils pourront y être véritablement utiles.

Il ne sera point créé de *nouvelles croupes* lors du renouvellement des baux subséquents, et celles qui viendront à vaquer dans le bail de David seront distribuées entre les fermiers généraux ou adjoints qui n'ont que des portions de places et dont le travail mérite une augmentation de bénéfices.

Les croupiers qui n'auront pas fait les fonds auxquels ils sont tenus pour le 1er octobre prochain, seront, à cette époque, privés de la portion de croupe correspondante au déficit des fonds, et il en sera fait mention de la manière qui vient d'être expliquée.

Cette dernière disposition s'étendra aux fermiers généraux, parce qu'il n'est pas possible de conserver un intérêt dans un bail à celui qui n'en remplit pas les conditions les plus importantes, et afin de faire tourner entièrement au profit de l'exploitation du bail des distributions auxquelles le défaut de soins par les titulaires et les croupiers pourront donner lieu ; s'il y avait des parties en souffrance faute de sujets propres à les bien conduire, on fortifiera le service par des adjoints auxquels on accordera une quantité de ces portions devenues vacantes. S. M. pourrait donner, par son exemple, la plus grande force à une juste répartition des croupes, en permettant que les *quatre quarts* que le feu Roi s'était réservés, dont S. M. avait disposé précédemment en faveur de son valet de chambre et qu'elle avait remis au sieur abbé Terray, fussent distribués entre ceux des fermiers généraux ou adjoints qui n'ont pas leurs places entières et qui réunissent le plus de titres pour être récompensés. — *De la main du Roi* : IL Y A DEUX QUARTS DONT J'AI DISPOSÉ.

Les fermiers généraux auront la libre disposition de leurs emplois, dont la nomination se fera par un comité composé de fermiers généraux qui seront à la tête de chaque partie, et on prendra les précautions convenables pour empêcher ce comité de se déterminer par des motifs étrangers au bien du service.

Les intentions de S. M. sur ces différents objets seront manifestées par les lettres relatives que le contrôleur général écrira aux fermiers généraux. — *De la main du Roi* : APPROUVÉ.

Bail des fermes (David) ; liste des croupes et pensions, d'après les *Mémoires de l'abbé Terray* (avec quelques corrections) :

I. *Fermiers généraux ayant place entière* sans croupes ni pensions.

1. Bouret.
2. Puissant.
3. Gigault de Crisenoy.
4. Douet.
5. Saint-Amand.

II. *Fermiers généraux ayant place entière, mais grevée de pensions.*

6. De la Reynièse : 6 000 l. à Bordeu, médecin du Roi ; 3 000 l. à de Saint-Angel.

7. De Faventines : 4 000 l. à Pierron, substitut du procureur général ; 3 000 l. à De Villepaille ; 2 000 l. à De la Barthe.
8. Borda : 5 000 l. à une de ses nièces ; 6 000 l. à la disposition de la Dauphine (Marie-Antoinette).
9. De Villemorien : 6 000 l. à la disposition de Mme Adélaïde ; 6 000 l. à la disposition de Mme Sophie (filles de Louis XV).
10. Le Roy de Senneville : 10 000 l. à Mme Maillard, nourrice du feu duc de Bourgogne ; 10 000 l. au Comte de Monastrolle.
11. Marguet de Peyre : 6 000 l. à ? ; 2 000 l. à Lalouette, médecin.
12. Pignon : 9 000 l. à Gabriel, son beau-père, premier architecte.
13. De Lage : 6 000 l. à la Marquise d'Albert ; 2 000 l. à Boudot, procureur au Châtelet.
14. Dangé : 4 000 l. à Mme de Bassompierre ; 4 000 l. à Mme d'Hyanville ; 2 000 l. à Mlle Canivet, chanteuse du concert de la Reine.
15. Mercier : 4 000 l. à la Marquise de Montmorency.
16. Chalut de Verin : 6 000 l. à la disposition de Mme de Provence ; 6 000 l. à la disposition de Madame.
17. Mazières : 3 000 l. à Mlle de Saint-Romain ; 3 000 à De Redmont, lieutenant général, ami du duc d'Aiguillon.
18. De Paulze : 22 000 l. à la famille du contrôleur général (Terray).
19. Roslin : 6 000 l. à De Visé, lieutenant-colonel des Gardes-françaises
20. Sénac : 15 000 l. à Sénac, intendant de Provence (Sénac de Meilhan) ; 15 000 l. à Mme Sénac, mère, veuve du Dr Sénac, médecin du Roi ; 6 000 l. à ?
21. Marchand de Varennes : 15 000 l. à Roussel, ancien fermier général ; 18 000 l. à Sénac, intendant de Provence (Sénac de Meilhan) ; 4 000 l. à De Croisemarre, de la petite Écurie.
22. Tessier : 20 000 l. à Mme Bontemps, femme du valet de chambre du Roi ; 20 000 l. à Mlle Bontemps ; 1 000 l. à Guérin, précepteur.

III. *Fermiers généraux, ayant croupes et pensions sur leurs places.*

23. D'Arjuzon : 1/6 à Caze ; 1/6 à Colin de Saint-Marc ; 1/6 à la Comtesse de Séran, femme du gouverneur des pages du duc d'Orléans ; 4 000 l. à la même ; 3 000 l. à l'abbé de Voisenon.
24. De Monteloux : 200 000 l. de croupes [a] à Mme de Séchelles ; 5 000 l. de pension à un protégé de Trudaine ; 2 000 l. à Mlle d'Auvernay.
25. De la Haye : 1/4 pour le Roi.

---

[a] En capital, représentant probablement 10 000 l. de pension.

26. Gauthier : 1/3 à Mme Le Normant ; 1/6 à Poujaud, ancien fermier général.
27. Poujaud : 1/2 pour le Roi.
28. Varachan : 1/4 à Brissard, ancien fermier général ; 1/8 à Dupuy, commis des finances : 1/8 à Ducloz-Dufresnoy, notaire de l'abbé Terray.
29. Bouilhac : 1/3 partagé entre Chabert pour 200 000 l., le Marquis de Ximénès pour 200 000 l., Bourdet, dentiste, pour 120 000 l.
30. De Preninville : 1/8 à Mme de la Bosse ; 1/8 à Dubreuil.
31. De Neuville : 1/4 à la famille du Contrôleur général (Terray) ; 6 000 l. de pension, à Pierron, substitut, déjà nommé.
32. De la Garde : 1/8 à La Roque, premier commis des Colonies ; 1/8 à De Saint-Prix.
33. Rougeot : 1/8 à Mme Giambone, femme d'un banquier, qui avait été au Parc aux Cerfs ; 1/8 à Mme de Martanges ; 8 000 l. de pension au Marquis d'Esparbès.
34. Augeard : 1/8 à Mme de Fourvoye, née Le Duc, maîtresse du Comte de Clermont ; 1/8 à Mlle Cayeux ; 1/8 à Mlle d'Oyguirande, fille de Mme de Fourvoye ; 1/8 au secrétaire des commandements du feu comte de Clermont ; 3 000 l. de pension à Mme d'Amerval, fille de l'abbé Terray ; 3 000 l. à Mme Thoynet, nièce de l'abbé Terray.
35. Dollé : 1/4 à Caze ; 1/4 à Magon de la Ballue.
36. D'Aucourt : 1/8 à Destouches, commis aux finances, rédacteur du bail ; 1/4 à la famille de Pompadour.
37. Saleur : 1/4 pour le Roi ; 1/8 pour Gérard, premier commis des Affaires étrangères ; 8 000 l. de pension à Guérier de Desence ; 4 800 l. au beau-frère de Saleur.
38. Didelot : 1/3 à De la Loge ; 1/6 à De Luzine.
39. Du Mesjean : 1/6 à Collin de Saint-Marc ; 1/4 à Mme de la Popelinière ; 15 000 l. de pension aux protégés de Mme Louise, fille de Louis XV, religieuse carmélite.
40. Bouret de Valroche : 1/2 à De Garville.
41. D'Amay : 1/4 à la famille du Contrôleur général (Terray).
42. De Boisemont : 1/2 à Loiseau de Béranger ; 6 000 l. à M. de Mondran, frère de Mme de La Popelinière ; 2 000 l. à Bondon.
43. Tronchin : 1/4 à son neveu ; 1/4 à D'Épinay ; 1/4 à Mme d'Épinay, dont 90 000 l. pour elle et 30 000 pour ses enfants.
44. Bertin de Blagny : 1/2 à Bertin, trésorier des parties casuelles ; 6 000 l. aux protégés de Mme Victoire, fille de Louis XV.
45. De Livry : 1/6 à son frère, De Neuzy, conseiller au Parlement ; 1/6 à sa sœur, Mme de la Billarderie ; 2 000 l. à Le Moyne, huissier du

Cabinet du Roi ; 1 000 l. à Le Moyne, huissier du Cabinet d'Artois ; 1 500 l. à Harmand ; 1 500 l. à Mlle Renedy ; 2 400 l. à Mlle Omurphy.
   46. D'Arlincourt : 1/8 à De Cuisy ; 1/4 à Mme de Boufflers ; 3 000 l. à M. Le Nain.
   47. Baudon : 1/3 à Lavoisier, receveur général des finances.
   48. De Saint-Hilaire : 1/6 à Poujaud ; 12 000 l. à la famille de Pompadour.
   49. Haudry : 1/2 à Cerpaud, adjoint ; 5 000 l. à Rousselle, avocat ; 2 000 l. à Douy ; 4 000 l. à Mme de Lanconière.
   50. De Courmont : 1/4 à De la Martinière et à son gendre, d'Andonillé.
   51. Parseval : 1/6 à Bastard ; 1/6 à d'Antigny ; 1/6 à Desbrets ; 4 000 l. à Mme de Graves ; 3 000 l. à Mme de Fontenay.
   52. D'Autroche : 1/2 à De la Ferté, son frère ; 4 000 l. à Mme de Belzunce.
   53. Bouret d'Érigny : 1/3 en croupe, dont 200 000 l. à Mme de Monjcval, 200 000 l. à De Montvallier, intendant de Mme Dubarry, 120 000 l. à ?
   54. Alliot : 1/8 à Ferès ; 1/8 à Lousteneau fils.
   55. Muiron : 1/4 à La Martinière, son père naturel ; 1/6 à Fournier ; 1/3 à Mme de Caveynac, ci-devant Mlle de Romans, maîtresse de Louis XV.
   56. D'Azincourt : 1/3 à la famille de Buchelay.
   57. Verdun : 1/4 à La Borde, valet de chambre du Roi.
   58. De la Hante : 1/4 à Mme des Fourniels ; 1/4 au marquis de Chabrillan, gendre du duc d'Aiguillon.
   59. De la Perrière : 1/3 à de Saint-Prix ; 1/3 à Mme de Saint-Sauveur, femme d'un maître des requêtes.
   60. De Pressigny : 3/20 à Ménage ; 1/10 à Rolly, adjoint ; 4 800 l. à Mme de Séverin ; 4 000 l. à Mme Roux.

RÉCAPITULATION

60 places, évaluées avec les bénéfices du bail, à 100 000 l. par an		6 000 000 l.
À déduire :		
Pour les pensions :		400 000 l.
Pour les croupes formant ensemble 14 places 1/2, 1/3 et 1/4 de place [a]	580 000 l.	1 980 000 l.

[a] Le calcul ne donne pas tout à fait ce total.

Il ne reste à la Compagnie que les deux tiers   4 020 000 l.

En dehors des croupes sur la ferme générale, il y en avait d'autres moins importantes sur les fermes et sur les régies. Sur la régie des droits réunis (A. L.), il y avait les croupes ci-après :

RÉGISSEURS

Baron	125 000 livres.	Comte de La Marche.
—	25 000 —	Jéliotte, chanteur.
De Laporte de Verville	75 000 —	Mme Robinse.
Dupuy de Ruffieu	75 000 —	Mme Girault.
De Saint-Sénoch	75 000 —	Morin.
Martinière de Verdeau	75 000 —	Guillon.
Martinfort	75 000 —	De Vaubéry.
Mauvillain	50 000 —	Mme de Longera, Mme Guichard.
Mesnard de Seillac	150 000 —	Mme de Sefondes.
Minard	75 000 —	Daubet.
Danse	75 000 —	Quinebaux.

Terray augmenta considérablement ces croupes le 5 décembre 1773.

II. — *Lettre de notification aux fermiers généraux de la décision du Roi supprimant les croupes* [a].

[D. P., VII, 28. — D. D, II, 432.]

13 septembre [b].

Dans le compte, MM., que j'ai rendu au Roi de la ferme générale, j'ai cru devoir prendre ses ordres sur tous les objets qui pourraient intéresser votre état. S M. a vu avec peine qu'une partie considérable des bénéfices résultant de votre bail était destinée à acquitter des engagements pris par plusieurs d'entre vous avec des personnes inutiles à votre régie. Elle m'ordonne de vous dire qu'elle est déterminée à ne plus accorder à l'avenir aucune de ces faveurs particulières à des per-

---

[a] Cette résolution équitable du Roi aurait dû concilier à son ministre la bienveillance des fermiers généraux : quelques-uns d'entre eux lui ont toujours rendu justice ; on doit nommer parmi eut De Verdun, Paulze et Lavoisier ; mais le plus grand nombre, effrayé par les projets qu'il avait ou qu'on lui supposait, était vivement prévenu contre lui (Du Pont, *Mém.*, 169).

[b] Datée par erreur du 14 dans Du Pont.

sonnes étrangères à la ferme générale, regardant ces sortes de grâces comme aussi dangereuses pour ses fermes et pour le maintien du crédit de ses finances, que contraires à votre intérêt légitime ; et, si le respect de S. M. pour les volontés de son aïeul, et surtout son attachement inviolable à toute espèce d'engagement, ne lui permettent pas de revenir à présent contre les arrangements qui ont été pris et qui portent l'empreinte des volontés du feu roi, la connaissance que vous avez de ses intentions pour l'avenir doit vous rassurer sur le danger des conséquences.

L'intention du Roi est qu'il ne soit plus à l'avenir accordé aucune place de fermier général qu'à des personnes qui auront occupé pendant plusieurs années des emplois supérieurs de la ferme générale, et qui soient jugées utiles à la chose par les témoignages de plusieurs d'entre vous. S. M. n'aura, dans la nomination de ces places, aucun égard aux *bons* qui auraient été accordés, à moins que les personnes qui les ont obtenus ne se trouvent dans le cas dont je viens de vous parler, et il n'en sera plus accordé de nouveaux.

Les fils de fermiers généraux ne seront appelés à l'adjonction des places de leurs pères que lorsqu'ils auront acquis au moins l'âge de vingt-cinq ans, et qu'ils auront été éprouvés dans les différents emplois où ils auront donné des preuves de capacité ; et les étrangers ne pourront obtenir ces adjonctions que lorsqu'il sera reconnu que la partie à laquelle ils proposeront de s'attacher aura besoin de secours, et qu'ils pourront y être véritablement utiles.

Les fermiers généraux et leurs croupiers qui n'auront pas fait la totalité de leurs fonds dans l'époque qui a été fixée seront privés de la portion d'intérêt correspondante au déficit de ces fonds, et ces portions d'intérêts seront distribuées entre les fermiers généraux ou adjoints qui n'ont que des portions de places, et dont le travail mérite une augmentation de traitement. Telles sont, MM., les intentions du Roi, dont S. M. a voulu que vous fussiez instruits. Soyez sûrs que je ne m'écarterai pas, dans les propositions que je lui ferai, des règles qu'elle m'a prescrites.

Je suis, MM., entièrement à vous.

III. — *Lettre au syndic des notaires sur les engagements de l'État.*

[*Gazette de Leyde*, 18 octobre.]

Septembre.

Vous devez vous souvenir de ce que je vous ai dit au sujet du bail des fermes générales. Rien n'est plus important que de détruire les opinions contraires qui pourraient alarmer les prêteurs de fonds des fermiers généraux. Je ne puis donc que vous rassurer sur toutes les craintes qu'ils pourraient avoir et je suis pour cela fondé sur ce que je connais de la volonté ferme du Roi de regarder toujours ces fonds comme un dépôt entre ses mains. Quant à moi, je n'aurai rien tant à cœur, pendant tout le temps que S. M. daignera me laisser l'administration de ses finances, que de coopérer à faire connaître ses sentiments d'attachement invariable à ses engagements et c'est le plus inaltérable des principes qui régleront ma conduite [a].

156. — LES IMPÔTS INDIRECTS.

I. — *La Gabelle.*

1. *Arrêt du Conseil sur la fourniture et la vente du sel dans les provinces rédimées limitrophes des pays de gabelle.*

[D. P., VII, 44. — D. D, II, 390.]

14 octobre.

(La Gabelle, ou impôt sur le sel, était un impôt très ancien. Il constituait, sous l'Ancien régime, avec les aides et le droit sur les tabacs, les principales taxes indirectes. Il était perçu sous forme de monopole ; les fermiers et officiers du Roi pouvaient seuls acheter le sel dans les salines ; ils payaient les droits, puis vendaient le sel à un prix arrêté en Conseil. Les greniers dans lesquels s'effectuait la vente étaient de deux espèces, suivant les régions. Dans les uns, dits de vente volontaire, chacun s'approvisionnait à sa convenance. Ailleurs, le sel était réparti entre les paroisses par quantités déterminées et la part de chaque famille était proportionnelle au nombre de ses membres. La perception était d'ailleurs variable ; des provinces étaient *franches*, d'autres *rédimées*, d'autres *privilégiées*.

Les fermiers généraux avaient obtenu en 1773 de fournir exclusivement le sel dans les dépôts établis sur la frontière des provinces rédimées à cinq lieues de distance de la limite des provinces sujettes à l'impôt. Ce règlement fut rendu par un simple arrêt du Conseil. Des intendants de province firent des représentations ; le ministre n'y eut point égard. Le Conseil supérieur de Clermont défendit par un arrêt de changer l'administration du commerce du sel ; la forme de l'arrêt de défense et le réquisitoire du procureur général sur lequel il avait été rendu ne pouvaient se justifier légalement bien qu'il fut juste au fond. L'Arrêt, porté au Conseil des finances le 19 juillet 1774 par l'abbé Terray, fut cassé. Le règlement n'était pas plus légal ; l'administration du sel dans toute une province ne pouvait avoir lieu que sous la forme de lettres patentes. Moreau de Beaumont, qui faisait partie du Conseil, n'osa pas signaler l'irrégularité ; Trudaine, qui avait la gabelle dans son département, garda aussi le silence ; le chancelier ne fit pas non plus

---

[a] Il est vraisemblable que cette lettre n'a pas été exactement reproduite par la *Gazette de Leyde*.

d'observations ; le ton décisif de l'abbé Terray, la proposition inattendue de l'affaire, la timidité de l'intendant qui paraissait pour la première fois devant le nouveau roi, l'empêchèrent d'avoir ou d'exprimer une opinion (Véri, *Journal*).

En réalité, les fermiers devaient donner le sel à un prix modéré et réglé sur les frais d'achat et de transport. Les provinces réclamèrent dans la crainte que le fermier seul fournisseur ne trouvât bientôt des raisons pour augmenter le prix et que sa fourniture ne fut dans la suite soumise à quelques sols pour livre (Du Pont). Par l'arrêt ci-dessous, Turgot remit les choses sur l'ancien pied en accordant aux fermiers une indemnité.)

Vu par le Roi, étant en son Conseil, les *Mémoires* présentés à S. M. par les villes de Riom et Clermont ; par la ville de Châtellerault et la province de Poitou ; par celle d'Aubusson et autres villes et pays de la haute Marche ; par les maire, échevins et autres officiers municipaux de la ville de Guéret ; par les habitants de la ville du Blanc en Berri, et de ses environs ; par ceux de la ville de Thouars et paroisses ressortissantes du dépôt à sel de ladite ville ; et par ceux de la ville de Saint-Vaulry, généralité de Limoges, d'une part ; et par l'adjudicataire des fermes générales, d'autre part ; ceux des officiers municipaux de Riom et autres villes ci-dessus nommées, contenant leurs représentations contre un Arrêt du Conseil du 3 octobre 1773, portant règlement pour la fourniture des sels aux dépôts limitrophes du pays de gabelle, lequel a accordé à l'adjudicataire des fermes le droit exclusif d'approvisionner de sel lesdits dépôts, avec défense aux habitants des villes d'Aubusson et de Riom d'en continuer le commerce ; lesdits mémoires expositifs, entre autres choses, que la province d'Auvergne était du nombre de celles qui ont été anciennement rédimées des droits de gabelle ; qu'il y avait cela de particulier pour cette province, qui rendait son privilège d'autant plus favorable, que ce n'était point par un prix payé comptant qu'elle s'était rédimée, que c'était sous une charge annuelle et perpétuelle, par une augmentation sur la taille, qui a suivi la même progression que la taille elle-même ; que c'était ce qu'on pouvait voir dans les Édits de 1547, 1549, 1550 et 1557 ; que tant d'édits se trouvaient encore confirmés par les Lettres-patentes de 1560, 1563 et 1578 ; que de là venait qu'il n'y avait nulle proportion pour l'imposition de la taille entre les autres provinces du Royaume et l'Auvergne, où elle est beaucoup supérieure ; que les demandes des fermiers généraux sur lesquelles était intervenu l'Arrêt du 3 octobre 1773, étaient le complément du système d'envahissement des privilèges des provinces rédimées, qu'ils avaient conçu depuis plus d'un siècle ; qu'en effet, pour peu qu'on y fit attention, on reconnaîtrait par combien de degrés cet événement avait été préparé : que la vente était totalement libre, au moyen des conventions faites avec elles et des sommes dont elles avaient contribué, lorsqu'on imposa la formalité gênante des dépôts à l'extrémité des pays rédimés, par laquelle ils touchent au pays de gabelle : qu'il était vrai que cet établissement était antérieur à l'ordonnance de 1680 ; mais que, quoique cette ordonnance en eût fixé irrévocablement les règles et la discipline, cependant en 1722, au lieu de laisser approvisionner les dépôts indifféremment par tout le monde, on avait exigé que les marchands prissent des commissions des juges ; qu'ensuite elles étaient devenues des commissions du fermier, révocables selon sa volonté ; au moyen de quoi, il ne restait plus que d'établir en sa faveur la vente exclusive du sel, et que c'était ce qu'avait fait l'Arrêt du 3 octobre 1773 : qu'à la vérité il y était bien dit que le prix serait fixé sur celui des salorges les plus voisines, mais que cette vente exclusive une fois établie, il était difficile de rassurer les habitants des provinces rédimées, sur la crainte que ce prix ne fût successivement augmenté, soit par des sols pour livre établis par le gouvernement, soit par des prétextes que trouveraient les fermiers généraux eux-mêmes : que d'ailleurs, se trouvant maîtres de la totalité de la denrée dans une partie de la province, qui est plus d'un cinquième de l'Auvergne, il était vraisemblable qu'ils influeraient aisément sur le prix du sel dans les salorges du pays libre ; que cette règle s'étendrait petit à petit dans la province où les dépôts n'ont pas été établis : que la faculté de vendre du sel, ôtée par ledit Arrêt du 8 octobre 1773, aux villes de Riom et d'Aubusson, était une preuve convaincante de leurs vues : qu'enfin ce fournissement fait par les fermiers généraux, de sels qu'ils tiraient directement des marais salants par la Loire et l'Allier, détruirait une branche de commerce très utile, non seulement aux provinces où les dépôts sont établis, mais encore à toutes celles qui se trouvent entre ces provinces et la mer, lesquelles trouvaient dans le trafic et voiturage de ces sels des ressources très avantageuses : que la rupture de la communication établie pour le transport de cette denrée entièrement libre et la partie approvisionnée par les dépôts, et surtout la destruction du commerce du sel dans les villes de Riom et d'Aubusson, portaient le préjudice le plus notable à ces deux villes, et principalement à la dernière, dont les manufactures exigent une infinité de convois de toutes les parties de la Province, convois dont le prix était diminué par l'espérance des voituriers de trouver à charger du sel en retour : que c'était enfin causer un préjudice très grand à ces provinces dans le moment présent, et leur en faire envisager de bien plus grands pour l'avenir, sans que ces maux pussent être balancés par un avantage notable pour les finances de l'État.

Vu aussi les *Mémoires des fermiers généraux* en réponse, par lesquels ils auraient de leur côté représenté, entre autres choses, qu'ils n'avaient eu d'autre part à tout ce qui avait été fait sur cet objet, que d'avoir répondu à un Mémoire qui leur avait été communiqué, et d'avoir énoncé ce qui leur avait paru le plus utile pour la régie des droits du Roi ; que, comme la proposition par eux faite l'avait été à l'expiration de leur bail et, comme ils n'avaient pas caché que la faculté d'approvisionner eux-mêmes les dépôts opérerait une augmentation de produit sensible, c'était pour le Roi que cette augmentation avait lieu, et qu'ils n'avaient pas manqué de la faire entrer en considération dans le prix qu'ils ont donné du bail ; que la preuve de ce fait se trouverait établie par les calculs qu'on avait faits pour en régler le prix ; qu'on leur a fait valoir cette augmentation, et qu'enfin cette faculté est énoncée dans le Résultat du Conseil qui leur porte bail : ce qui prouvait, ont-ils dit, qu'elle a été regardée comme faisant partie des conditions de ce bail, et que c'était le Roi qui, par là, devait jouir du bénéfice qui en pouvait résulter, puisque l'effet ne devait commencer qu'en même temps que le nouveau bail, d'où ils induisaient qu'ils étaient absolument sans intérêt pour l'obtention de l'Arrêt du 3 octobre 1773 ; et que, s'ils ont donné lieu, par les éclaircissements qui leur avaient été demandés, à ce qu'il fût rendu, ils ne l'avaient fait qu'en l'acquit de leur devoir, pour le maintien et pour la bonification des droits dont la régie leur est confiée ; ajoutant que cette bonification se trouverait principalement dans la facilité que cet établissement leur procurerait pour arrêter les versements que les ressortissants des dépôts font, sur le pays de gabelle, des sels surabondants à leur consommation ; qu'indépendamment de la plus grande vigilance qu'ils emploieraient dans le débit des sels fournis par eux, ils se procureraient encore un moyen très facile de les empêcher de circuler dans les pays de gabelle, en les fournissant en sel blanc, pendant que les greniers de gabelle le sont en sel gris ; que cette seule précaution, sans violences, sans jugements, sans condamnations, serait une barrière plus utile contre le faux saunage, que toutes les saisies qu'ils pourraient faire et tous les commis armés qui ne pourraient s'opposer qu'imparfaitement à des fraudeurs actifs et industrieux, et qui ne peuvent arrêter leurs entreprises téméraires que par la force, et quelquefois aux dépens de la vie des sujets de Sa Majesté ; qu'enfin c'était là le grand avantage qu'ils trouveraient à l'exécution de l'arrêt dont on demandait la révocation, et qu'il était de beaucoup préférable au bénéfice cependant très réel qu'ils trouveraient dans les moyens économiques de faire eux-mêmes ces fournissements ; soutenant, au surplus, que les provinces rédimées de gabelle avaient très grand tort de se plaindre des dispositions de l'Arrêt du 3 octobre 1773, qui, bien loin, ont-ils dit, de porter atteinte à leurs privilèges, les confirme au contraire authentiquement ; que la régie des dépôts pouvait être, en effet, regardée comme gênante, mais qu'elle était depuis longtemps établie et absolument nécessaire pour préserver le pays de vente exclusive des versements frauduleux qui détruiraient en peu de temps cette branche des revenus de l'État ; que, cette régie une fois établie, il devait être absolument indifférent aux ressortissants de bonne foi, que le sel qu'ils consommeront leur soit délivré par les minotiers ou par le fermier, pourvu qu'il ne soit pas plus cher ; à quoi, ont ajouté les fermiers généraux, il a été pourvu, en ordonnant que ce prix sera toujours réglé par le juge sur celui des salorges les plus prochaines ; qu'il était même vraisemblable que le sel y serait de meilleure qualité, parce qu'eux, fermiers généraux, ont pour cela bien plus de facilités que les minotiers, dont le débit se réduit à 1 275 minots chacun par an ; qu'ils en ont la preuve dans les quatre dépôts qu'ils fournissent depuis dix ans, qui n'ont donné lieu à aucune plainte, ni sur la qualité, ni sur le prix du sel ; que les prix y ont même été au-dessous de ce qu'ils étaient dans les autres dépôts voisins. Ils ont de plus représenté que, par la vigilance de leur régie, ils se trouveraient dans le cas de donner aux ressortissants des dépôts des facilités dont ils ne peuvent jouir dans la position actuelle des choses, et ajouté que ces facilités se trouvent établies par l'Arrêt du 18 avril de cette année, rendu sur les représentations même des habitants, qui ont depuis porté leurs plaintes à Sa Majesté contre celui du 3 octobre 1773. Quant à la disposition de ce dernier arrêt, dont on se plaint, qui a privé les villes de Riom et d'Aubusson du droit de faire le commerce du sel, ils ont assuré que cette facilité aurait les plus grands inconvénients pour la ville de Riom ; que d'ailleurs l'intérêt de cette ville à conserver cette faculté était médiocre, puisque le nombre des marchands de cette denrée est actuellement réduit à quatre dans cette ville. À l'égard de celle d'Aubusson, ils conviennent que les choses peuvent être envisagées sous un point de vue différent, et ne contredisent pas la vérité de la plupart des raisons alléguées par les habitants de cette ville. Par ces raisons, eux, fermiers généraux, suppliaient très humblement Sa Majesté de considérer que, dans la crainte de compromettre son autorité, ils avaient fait arrêter les sels qu'ils avaient demandés dans les endroits où ils se trouvaient, ce qui leur avait occasionné des frais d'emmagasinage, de loyers et de voitures extraordinaires ; que ces dépenses et toutes les autres qu'ils avaient déjà faites, sur la foi des deux Arrêts du Conseil du feu roi, des 3 octobre 1773 et 18 avril dernier, leur faisaient espérer que Sa Majesté ne voudrait pas les dépouiller d'un droit qui paraît leur être acquis par ces arrêts et par leur bail, sans les indemniser de toutes ces dépenses et de la somme dont ils comptaient bénéficier sur le fournissement dont il s'agit, et surtout de l'avantage inestimable pour eux de diminuer la fraude considérable qui nuit au produit des droits de gabelle qui leur sont affermés.

Et S. M., après s'être sur le tout fait représenter ledit Arrêt du 3 octobre 1773, il lui a paru que son exécution, si elle avait lieu, causerait un préjudice notable à ses provinces d'Auvergne, du Limousin, et autres rédimées des droits de gabelle ; et qu'il était de sa justice de les maintenir dans leurs privilèges et d'avoir en même temps égard aux demandes en indemnité formées par les fermiers généraux. À quoi voulant pourvoir :

Vu, sur ce, les articles I, II et IV du titre XVI de l'ordonnance des gabelles du mois de mai 1680, le Roi, étant en son Conseil, a révoqué et révoque ledit Arrêt du 3 octobre 1773. Veut S. M. qu'il demeure comme non avenu, et tout ce qui s'en est ensuivi ; ordonne en conséquence que les fournisseurs et minotiers des dépôts établis dans les provinces rédimées des droits de gabelle continueront d'approvisionner lesdits dépôts comme auparavant ledit arrêt, et qu'à cet effet ils seront tenus de se charger des approvisionnements en sels faits par l'adjudicataire des fermes, à la destination desdits dépôts, et de lui en rembourser le prix, ainsi et de la même manière que cela s'est pratiqué par le passé, et relativement au prix auquel il a été vendu dans les salorges les plus voisines, et à celui de la voiture desdites salorges dans les dépôts, en accordant auxdits minotiers un bénéfice de 20 sols par minot.

Ordonne en outre S. M. que ledit adjudicataire des fermes sera pareillement remboursé, par qui et ainsi qu'il sera par elle ordonné, des frais par lui faits pour loyers de greniers ou dépôts et autres frais extraordinaires relatifs aux approvisionnements par lui faits pour la fourniture desdits dépôts, et ce, suivant la liquidation qui en sera faite par S. M. sur les états que ledit adjudicataire des fermes sera tenu de remettre incessamment au Sr Contrôleur général des finances ; se réservant au surplus S. M. de statuer, s'il y a lieu, sur l'indemnité qui peut être due audit adjudicataire des fermes, à raison de la non jouissance du fournissement desdits dépôts et ce, après la vérification qui en sera faite pendant la durée ou à la fin de son bail.

2. *Arrêt du Conseil permettant à l'adjudicataire des fermes de vendre les chevaux et effets saisis sur les faux saulniers, faux tabatiers, et autres contrebandiers, sur simple permission du juge.*

[Recueil des édits, 1774, 2ᵉ sem. — Cité D. P., VII, 89.]

Versailles 19 décembre.

II. — *Les Aides*.

1. *Arrêt du Conseil continuant pendant la durée du bail Laurent David, une commutation de droits d'inspecteurs aux boissons et de courtiers-jaugeurs en un droit de vingt sols par pièce d'eau-de-vie de 81 veltes dans les élections de Cognac, Saintes et Saint-Jean-d'Angély, de la généralité de la Rochelle.*

[Recueil des édits, 1774, 2ᵉ sem.]

27 septembre.

2. *Arrêt du Conseil sur le commerce des eaux-de-vie dans les trois lieues des généralités de Paris et de Soissons limitrophes de la généralité d'Amiens.*

[Cité D. P., VII, 56]

30 octobre.

(Arrêt rendu sur la demande de la ferme pour empêcher que la généralité d'Amiens, soumise pour l'eau-de-vie à des droits élevés, ne put s'approvisionner dans les généralités de Soissons et de Paris où les droits étaient légers. Il fut reconnu ensuite que la rigueur des gênes résultant de cet arrêt était fâcheuse pour le commerce, et plus nuisible qu'utile aux finances ; l'arrêt fut révoqué le 4 mars 1775.)

III. — *Sols pour livre*.

1. *Arrêt du Conseil supprimant les sols pour livre ajoutés par Édits de novembre 1771 à des droits de circulation appartenant à des particuliers.*

[Recueil des édits, 2ᵉ sem. 1774. — D. P., VII, 31. — D. D., II, 389.]

Versailles, 15 septembre.

(On sait combien le commerce était gêné par les droits de péage. Au lieu de les atténuer ou de les supprimer, l'abbé Terray avait ajouté huit sous pour livre à tous ces droits, qu'ils appartinssent ou non à l'État. Il ne fut fait exception que pour les droits dont le principe n'était que de 15 deniers ou au-dessous. (*Édit de novembre 1771 et Arrêt du Conseil du 22 décembre suivant*). Pour ces droits modiques, la perception eût été difficile et onéreuse.

Turgot représenta au Roi que le produit de cette imposition n'avait été calculé dans les Régies et passé en compte dans les parties affermées que relativement aux droits appartenant à S. M. ou par Elle engagés et dont la perception était ou pouvait être connue de l'administration ; qu'en y ajoutant les 8 sols pour livre des droits qui se percevaient au profit des particuliers, on levait une imposition dont le gouvernement ne pouvait avoir aucune connaissance positive. Grâce à l'Arrêt du 15 septembre l'imposition ne subsista désormais que sur les droits faisant partie du revenu de l'État ou donnés en engagement et pouvant un jour être réunis au domaine public. (Du Pont, *Mém.*, 182.) Les droits pour lesquels les 8 sols pour livre furent supprimés par Turgot étaient les droits *de péage, hallage, passage, travers, barrage, pontonnage, coutume, étalage, leyde, afforage, de poids, aunage, marque, chablage, gourmetage* et les *droits de bacs* appartenant aux Princes du sang, seigneurs et autres particuliers qui les possédaient à titre patrimonial ou autre titre équivalent.)

... S. M. étant informée que la plupart des dits droits sont d'un objet trop modique pour que les sols pour livre puissent être perçus toujours avec justice, quoique les droits au-dessous de 15 deniers en aient été affranchis, pour prévenir tous abus dans la perception ; considérant d'ailleurs que tous les dits droits tombent en grande partie sur la portion la plus pauvre de ses sujets, S. M. a voulu leur donner une nouvelle preuve de son affection en sacrifiant à leur soulagement cette branche de ses revenus dont le recouvrement a souvent servi de prétexte à des perceptions irrégulières.

... N'entend S. M. comprendre dans la dite exemption les droits d'aunage, mesurage et autres de pareille nature appartenant à des Compagnies d'officiers, de même que ceux dont jouissent des particuliers à titre d'engagement...

2. *Circulaire aux Intendants pour l'exécution de l'Arrêt ci-dessus.*

[A. Gironde. — A. Calvados, C. 3 033. — Foncin, 576.]

Fontainebleau, 28 octobre.

La régie des nouveaux sols pour livre m'ayant instruit de quelques difficultés qui sont survenues sur l'exécution de l'Arrêt du Conseil du 15 septembre dernier, je crois, à cette occasion, devoir vous faire connaître plus particulièrement les intentions de S. M.

Outre les droits de *péage, battage, passage* et autres déclarés exempts des 8 sols pour livre par le règlement, il en est plusieurs de la même nature connus sous des dénominations différentes, tels par exemple que ceux de *vinage, tonlieu, rouge, boucheries, langayage, étalonnage, cheminage, courbage, vannage, buisonnage*, etc.

Tous ces droits et généralement tous ceux de cette espèce qui appartiennent à des Princes, seigneurs ou particuliers, à titre patrimonial ou à titre équivalent, demeurent affranchis de l'accessoire qu'ils avaient supporté en conséquence de l'Édit de novembre 1771.

Il pourrait peut-être s'élever quelque doute sur la signification du titre équivalent à la patrimonialité. Pour faire cesser toute équivoque à cet égard, je dois vous prévenir que les droits possédés à titre d'*échange* ou d'*apanage* et ceux qui ont été concédés pour *indemnité*, doivent à cet égard être regardés comme *patrimoniaux* et, en cette qualité, sont affranchis des 8 sols pour livre, mais ceux qui ont été *aliénés* par S. M. *à titre de rachat*, ne peuvent être considérés que comme *droits engagés* et par conséquent, ils restent soumis à l'accessoire.

Il en est de même de tous les *droits attachés à des offices* ; ils ne peuvent être regardés que comme une émanation de la souveraineté et, par cette raison, ils doivent supporter les 8 sols pour livre, soit que les offices soient remplis par des titulaires, soit qu'ils soient exercés par des particuliers pourvus d'une simple commission.

Enfin, l'exemption prononcée par l'Arrêt du 15 septembre ne peut s'appliquer qu'aux droits des espèces y désignées appartenant patrimonialement ou à titre équivalent à des Princes, seigneurs ou particuliers et elles ne peuvent, en aucun cas, concerner ceux dont jouissent les *États, provinces, villes, bourgs et communautés* d'habitants : lesquels droits de quelque nature qu'ils soient et à quel titre qu'ils soient possédés demeureront sujets aux 8 sols pour livre.

Tel est le véritable sens de l'Arrêt du 15 septembre dernier. Je vous prie de veiller à ce qu'aucun des percepteurs ne s'en écarte.

3. *Arrêt du Conseil ordonnant que les huit sols pour livre continueront d'être perçus en sus du principal des droits de chablage, des maîtres et aides des ponts.*

[Recueil des édits, 1774, 2ᵉ sem. — Cité D. P., VII, 63.]

Versailles, 20 novembre.

4. *Lettre à l'Intendant de Bretagne (Caze de la Bove) accordant, sur sa demande, l'abolition des huit sols pour livre sur les droits d'entrage et de lestage au port de Saint-Malo.*

[A. N., F¹² 151.]

29 novembre.

(Le produit de ce droit était très faible.)

5. *Arrêt du Conseil ordonnant que les droits de visite, de marque et de contrôle perçus par les gardes jurés des fabricants et marchands sur chaque pièce de drap et de toile seront affranchis des trois deniers pour livre, tenant lieu des huits sous pour livre.*

[Recueil d'édits, 1774, 2ᵉ sem. — D. P., VII, 81. — D. D., II, 400.]

4 décembre.

(Les huits sols pour livre avaient été réduits, comme onéreux au commerce, à trois deniers par Arrêt du Conseil du 18 novembre 1773, sur les droits de visite, de marque et de contrôle des draps et toiles. Ces droits étaient levés avec le principal par les Gardes-Jurés qui devaient compte de leur recette ainsi que des frais de perception aux intendants.

Des difficultés avaient été soulevées dans différentes provinces lors de la perception, par les régisseurs des 8 sols pour livres. La question fut tranchée au profit des contribuables.)

IV. — *Rébellions, bruits séditieux.*

1. *Lettre au Garde des Sceaux.*

[A. Étr., 1375 f. 108.]

(Rémission de peine à la suite de rébellion contre les employés des fermes.)

Fontainebleau, 21 octobre.

Les nommés Antoine Sohier, Jean Pierre Gambier, dit Saint-Pierre, Jacques Calmont et Jean-Baptiste Trogneux qui ont été condamnés par contumace au carcan par jugement de la commission de Reims du 28 juillet 1773 pour rébellion aux employés des fermes, sollicitent la décharge de cette peine. Comme leur expatriation et l'affiche de ce jugement ont opéré en quelque sorte l'exemple qu'on s'était proposé et qu'ils paraissent repentants de leur faute, j'ai pensé qu'il n'y aurait pas d'inconvénient à leur faire éprouver les effets de la clémence du Roi. Je vous prie, en conséquence, de vouloir bien admettre au Sceau les lettres d'abolition qui y seront présentées en leur faveur.

2. *Circulaire à divers intendants sur des bruits séditieux au sujet des impôts* [a].

[A. Gironde, C. 65. — Foncin, 583. — A. Haute-Marne.
— Neymarck, *Nouvelles lettres inédites* de Turgot.]

21 décembre.

J'apprends, M., qu'il s'est répandu dans votre généralité des bruits qui sont très préjudiciables à la régie des droits du Roi et à la tranquillité qui est nécessaire pour que les peuples souffrent le moins qu'il est possible de la perception. Je ne sais sur quoi ces bruits peuvent être fondés, mais ceux qui les répandent ne peuvent avoir que de mauvaises intentions, et vous ne pouvez mettre trop de soin à les faire cesser le plus promptement qu'il sera possible. Les intentions du Roi pour le bien de ses peuples sont connues ; mais il ne peut les effectuer et remplir en même temps les engagements qu'il a contractés que par la rentrée exacte de ses revenus. C'est, par ces motifs, que S. M. soutiendra toujours de toute son autorité les lois qui fixent la quotité et la forme des impôts, et ceux qu'elle a chargés d'en faire la perception. Je vous prie de m'informer exactement de ce qui serait venu sur cela à votre connaissance. Des faits de cette nature mériteraient d'être réprimés. Si S. M. a bien voulu ne pas empêcher ceux qui croyaient avoir des choses utiles à dire de les mettre sous les yeux du public par la voie de l'impression, c'est qu'elle désire que ses sujets soient autant qu'il est possible à portée de connaître leurs véritables intérêts, mais cette disposition vraiment paternelle ne peut rien changer à la fermeté de la résolution où elle est de soutenir l'exécution des lois établies et d'employer toute son autorité pour maintenir le calme et la tranquillité dans les esprits et pour assurer la perception de ses revenus [b].

V. — *Affranchissements en faveur du clergé.*
Droits d'amortissement, de franc-fief et de marc d'or.

1. *Arrêt du Conseil affranchissant de tout droit d'amortissement les actes passés pendant deux ans entre les gros décimateurs ou curés primitifs et les curés ou vicaires perpétuels qui n'ont point la portion congrue, et par lesquels il sera cédé aux curés*

---

[a] Ces bruits étaient entretenus par les financiers.
[b] L'intendant de Bordeaux répondit le 25 décembre que tout se réduisait, d'après lui, à la publication à Bordeaux d'une brochure absurde par un jurat, sans permission et sans nom d'imprimeur. L'intendant fit des représentations aux officiers de police. Ceux-ci déclarèrent que le mépris public avait déjà vengé cet outrage. (A. Gironde. C. 65.)

des portions de dîmes anciennes ou novales en échange de novales qu'ils abandonneront aux gros décimateurs.

[D. P., VII, 63.]

Versailles, 24 novembre [a].

2. *Arrêt du Conseil affranchissant du droit d'amortissement les maisons abbatiales, prieurales et canoniales et autres biens dépendant de lieux claustraux et réguliers qui ont été ou seront mis dans le commerce.*

[Recueil des Édits, 1774, 2ᵉ sem. — D. P., VII, 72. — D. D., II, 398.]

Versailles, 27 novembre [b].

3. *Arrêt du Conseil exemptant du droit de franc-fief les ecclésiastiques roturiers pour les biens de leurs bénéfices et leurs biens patrimoniaux.*

[Recueil des Édits, 1774, 2ᵉ sem. — D. P., VII, 66. — D. D., II, 395.]

Versailles, 27 novembre [c].

VI. — *Autres affranchissements.*

1. *Arrêt du Conseil relatif au droit de marc d'or pour les offices d'exempts et receveurs des amendes des capitaineries de chasse.*

[Registre des Édits, 1774, 2ᵉ sem.]

---

[a] Les *grosses dîmes* se prélevaient sur les blés, le vin et le bétail. Lorsque les curés en étaient privés, ils recevaient des gros décimateurs, auxquels elles avaient été inféodées, une pension d'au moins 500 livres nommée *portion congrue*.

Les *dîmes novales* se percevaient sur les terres qui, depuis 40 ans, n'avaient pas été défrichées. La perception des *novales* éparses dans l'étendue des paroisses faisait naître des contestations entre les gros décimateurs et les curés. La crainte d'avoir à payer des droits d'amortissement empêchait les arrangements. L'arrêt fut rendu pour en faciliter la conclusion.

[b] Les immeubles dépendant des maisons abbatiales et autres étaient exempts des droits d'amortissement tant qu'ils restaient affectés à leur destination. Lorsqu'ils étaient loués, le fisc réclamait le paiement du droit. L'arrêt maintint, par grâce, l'exemption à tous les immeubles, pourvu que l'usage et la destination n'en fussent pas changés pour toujours. Les immeubles loués furent simplement soumis au droit de nouvel acquêt.

[c] Les roturiers qui possédaient des biens nobles devaient payer le droit dit de *franc-fief*. Le clergé réclamait depuis le XVIᵉ siècle et avait réclamé dans l'assemblée de son ordre tenue en 1770 la suppression de ce droit pour ses membres non nobles. Il faisait remarquer que la promotion aux ordres sacrés effaçait la tache de roture. Sa demande avait été accueillie plusieurs fois à titre d'exception provisoire. C'est une mesure analogue que fit prendre Turgot.

4 décembre [a].

2. *Déclaration Royale dispensant du droit de marc d'or les lettres d'honneur ou de vétérance délivrées après 20 ans de service, dans les cours et tribunaux.*

[Recueil des Édits, 1774, 2ᵉ sem. — A. N., K. 899, 88, original. — D. P., VII, 93].

Versailles, 26 décembre [b].

3. *Déclaration Royale exemptant du droit de marc d'or les lettres permettant l'établissement de manufactures, la vente des remèdes, les emprunts des villes, communautés, maisons religieuses et autres gens de main-morte, les privilèges pour imprimer et faire imprimer les lettres de surséance, les lettres de grâce et de rémission, les lettres portant établissement de foires et de marchés.*

[Recueil des Édits, 1774, 2ᵉ sem. — D. P., VII, 95.]

Versailles, 6 décembre [c].

VII. — *Impôts locaux.*

Lettre à l'intendance de Caen.

(Impositions territoriales pour dépenses locales à faire porter sur tous les biens sans privilèges.)

[A. Calvados.]

Versailles, 10 septembre.

J'ai conféré avec M. D'Ormesson fils, de la lettre que vous avez écrite à M. son père le 21 août dernier pour demander l'explication de l'art. 5 des Lettres patentes du 18 avril dernier qui ordonnent une répartition sur les fonds et droits réels dans votre Généralité pour le *rem-*

---

[a] On payait, pour ces offices, un droit beaucoup plus fort que pour les offices d'un grade supérieur. Le droit fut abaissé en conséquence.

[b] Un édit de décembre 1770 portant règlement pour la perception du droit de marc d'or y avait assujetti les *Lettres d'honneur* de tous les offices. La Déclaration établit une distinction entre les officiers des cours et tribunaux qui obtiendraient des lettres d'honneur *par grâce particulière* et ceux qui les obtiendraient *après 20 ans de services*. En ce dernier cas, c'était moins une grâce qu'une récompense qui était accordée ; une exemption de droits était légitime.

[c] Des Arrêts du Conseil ultérieurs, 16 mars, 19 avril, 16 septembre 1775, février 1776 étendirent la même faveur aux magistrats du Parlement de Bretagne qui étaient dans l'usage de prouver leur noblesse avant d'entrer dans la Compagnie et aux magistrats du Châtelet de Paris.

boursement des offices supprimés, la *construction du dépôt de mendicité*, les *réparations du port de Grandville*, et le payement des *indemnités* dues pour les terrains pris *pour la confection des grandes routes*. Je me suis fait représenter ces lettres patentes et elles m'ont paru ne contenir aucune obscurité. Le feu Roi, en ordonnant cette répartition sur tous les biens produisant des revenus réels dans chaque paroisse, a pris pour règle les lois qui ont ordonné l'assiette des *vingtièmes*. S. M. a pensé qu'il ne fallait point énoncer chaque objet sujet à cette contribution territoriale. L'expression générale qu'elle a employée désigne tous ceux qui doivent être sujets aux vingtièmes et ceux qui, faisant partie du Domaine ou des biens du clergé et ne contribuant point aux vingtièmes, n'en sont pas moins assujettis à l'impôt territorial. Les *émoluments d'un office* qui sont le fruit du travail de l'officier ; les *droits de contrôle et d'insinuation* qui représentent les salaires des fonctions publiques des greffiers ou des commis de la ferme générale ; les *droits d'inspecteurs aux boucheries et boissons* et autres de même nature ne peuvent être compris dans cette contribution. Je ne puis donc qu'approuver le parti que vous vous proposez de suivre, en prenant pour règle de la contribution, les objets désignés par les lois qui ont établi les vingtièmes et en faisant contribuer également ceux de même nature qui font partie du Domaine du Roi, ou des biens du clergé.

L'on n'a fait aucune question de cette nature dans la Généralité de Rouen, où ces lettres patentes sont exécutées sans réclamation, et je vous exhorte à vous concerter, si cela est nécessaire, avec M. de Crosne [a] et de m'instruire en détail du succès de vos travaux [b].

157. — LES DOMAINES ET HYPOTHÈQUES.

I. — *Domaines engagés*.

1 Arrêt du Conseil révoquant le bail des domaines engagés (Bail Sausseret).

(Institution d'une régie).

---

[a] Intendant de Rouen.
[b] On trouve encore aux Archives du Calvados (C. 4 395 et 4 526) des lettres à l'Intendant de Caen du 2 août sur la répartition du moins imposé et du 9 décembre sur la fixation de la capitation pour divers objets et aux Archives de la Marne, une lettre à l'intendant de Champagne (Rouillé d'Orfeuil) du 13 novembre sur les dépenses des presbytères (Neymarck, II, 385). Par cette lettre, il était demandé des renseignements sur ce qui se passait dans la généralité au sujet des dépenses de réparation des presbytères ; le clergé faisait, dans les cahiers de ses assemblées, des représentations sur la jurisprudence qui, dans le Parlement de Bretagne, assujettissait les curés à toute espèce de réparations, et dans celui de Provence, astreignait les gros décimateurs aux menues réparations.

[Recueil des Édits, 2ᵉ sem., 1774, 574. — *Gazette de Leyde*, 21 octobre 1774. — D. P., VII, 33.]

25 septembre.

(Le bail des domaines réels ou bail Sausseret avait une durée de 30 ans ; il avait été conclu en 1773 et 1774 par l'abbé Terray avec Sausseret et consorts moyennant un prix annuel de 1 564 000 livres, payables d'avance à partir du 1ᵉʳ octobre 1774. Il entrait en vigueur le 1ᵉʳ janvier 1775.

On avait donné aux fermiers :
1° La jouissance des terres louées : 1 116 164 livres
2° Les profits à faire sur les renouvellements de baux pendant 30 ans ;
3° La jouissance de toutes les terres vaines et vagues à défricher ou à dessécher ;
4° La faculté illimitée de rentrer dans les domaines où le Roi n'aurait pu rentrer lui-même.

Ces derniers droits étaient donnés gratuitement.

En principe, le Roi ne pouvait vendre aucun domaine, mais il pouvait engager un bien avec la faculté de le reprendre.

Quand le Roi voulait reprendre possession d'un domaine engagé, les fermiers généraux en prenaient possession en son nom et en percevaient les produits pour son compte. D'après le bail, il devait être établi pour cette perception des sous-fermes qui devaient payer au Roi une année d'avance et qui, à la fin du bail, devaient remettre les domaines libres de toutes charges. Par Arrêt du Conseil du 30 octobre 1773, une sous-ferme avait été organisée pour les domaines des généralités de Rouen, de Caen et d'Alençon moyennant le prix annuel de 81 000 livres, plus le dixième du profit tiré des terres vaines et vagues qui auraient été défrichées ou desséchées, etc.

Par un autre Arrêt du Conseil du 24 juillet 1774 les domaines de Bretagne avaient été affermés moyennant le prix annuel de 75 000 livres.

« Quand on eut tiré au clair les dispositions du bail, les génies en finances convinrent que jamais traité n'avait été si bien composé et rédigé », est-il dit ironiquement dans les *Mémoires de l'abbé Terray* (196 et s.).

En réalité, l'engagement de 30 ans pour des perceptions de baux de 6 et 9 ans était insolite ; en outre les engagistes étaient menacés de procès ; les communautés d'habitants pouvaient perdre le pâturage des terres vagues. De là, des réclamations nombreuses et, si l'on en croit Baudeau, de fâcheuses intrigues. « Il y a, dit-il, à la date du 13 septembre, des gens à l'affût sur l'affaire des domaines du Roi. C'est un *patrouillage* du petit Cochin pour placer des créatures à lui et à l'abbé Terray, pour donner des croupes. Tout ce monde-là craint pour ses intérêts. » Parmi les engagistes était de Guibert, l'ami de Mlle de Lespinasse. Celle-ci écrivait le 19 septembre :

« À l'égard de ce bouleversement dans les domaines, j'ai bien de la peine à croire que M. Turgot puisse en rien suivre ou exécuter les projets de l'abbé Terray. Si cependant, il venait à vouloir agir d'après ce plan, M. de Vaines serait à portée de vous rendre ce service ». Et le 22 :

« J'ai vu M. Turgot ; je lui ai parlé de ce que vous craigniez pour les domaines, il m'a dit qu'il n'y avait point encore de parti pris sur cet article, que M. de Beaumont, intendant des finances, s'en occupait et qu'en attendant les compagnies que l'abbé Terray avait créées pour cette besogne avaient défense d'agir. M. Turgot m'ajoute que dès qu'il sera instruit par M. de Beaumont, il me dirait s'il y avait quelque chose de projeté ou d'arrêté sur les domaines, mais qu'en général, il y aurait un grand respect pour la propriété. J'ai dit votre affaire à M. de Vaines, et il me répondit nettement : 'Qu'il soit bien tranquille ; le projet de l'abbé Terray ne sera jamais exécuté par M. Turgot ; j'en réponds.' »

« Le principe de l'inaliénabilité des domaines de la couronne, dit Véri dans son *Journal*, n'avait jamais empêché qu'ils ne fussent dissipés. Il y en avait eu de vendus, de donnés, d'échangés.

« L'abbé Terray et l'Intendant Cochin remirent en activité la recherche des domaines aliénés. Des fouilleurs obscurs se répandirent dans nos provinces, et partout où ils trouvèrent des ombres de domanialité, ils se les firent adjuger moyennant des offres un peu supérieures à celles des possesseurs ; des ministres et des commandants de provinces, comme en Dauphiné, eurent part à l'opération. Ils prirent la concession de terres réputées incultes et, dans les recherches des droits anciens du Domaine, ils firent trembler une foule de petits propriétaires qui avaient obtenu par héritage des arpents qu'ils avaient mis en culture. Un cri général suspendit la concession du Dauphiné, mais ailleurs, les possesseurs de terres réputées domaniales se virent dépossédés, notamment pour les alluvions et les atterrissements de la mer et des rivières navigables. Cochin avait imaginé de faire des concessions sur les bords de la mer. Un grand nombre de familles qui possédaient en paix des rivages baignés par le flux eurent à lutter contre les concessionnaires de l'Intendant. Il y eut telle famille de Normandie qui prouvait sa possession par des titres de 3 et 4 siècles.

« Il n'était pas douteux que presque toutes les aliénations des domaines de la Couronne avaient une origine abusive ; elles avaient été faites par faveur aux dépens de la Couronne ; il n'est pas douteux non plus que les paysans n'avaient pu s'approprier de petites parcelles incultes que par l'effet de la négligence des agents du Domaine, mais on concevait mal que la prescription, admise dans des cas analogues entre les citoyens, ne fut pas appliquée aux biens qui avaient appartenus au Roi. Le Domaine royal, si l'on en exceptait les forêts, avait peu de valeur, et il est probable que les impôts perçus sur les domaines aliénés rendaient plus que les produits qu'on aurait tirés de leur culture ou de leur concession.

« Trois partis se présentaient :

« 1° Remettre les domaines aux fermiers généraux auxquels on les avait retirés, mais la ferme n'était pas propre à une exploitation terrienne ;

« 2° Confier les domaines engagés aux receveurs des domaines et bois. On leur en parla ; ils n'étaient pas assez riches pour faire par eux-mêmes les avances que les circonstances exigeaient. Leur administration n'avait pas d'ailleurs d'unité ; chaque régisseur se conduisait dans son département selon sa propre intelligence ; et si plusieurs d'entre eux étaient des hommes très distingués, quelques autres étaient loin d'avoir les mêmes talents ;

« 3° Résilier le bail et former une régie spéciale. C'est ce qui fut fait.

« La régie qui remplaça la ferme et les sous-fermes fut établie pour 9 ans. Les régisseurs firent au Trésor un fonds d'avance de 6 millions de livres dont le remboursement ne devait commencer qu'au bout de 3 ans, de 6 en 6 mois, à raison de 1 million par an pendant les 6 années restant ; l'intérêt fut fixé à 6 p. 100 avec retenue de 1/10. On réunit à la régie la perception des droits féodaux et seigneuriaux casuels sur les terres de la mouvance du Roi et la gestion d'une ferme qui avait été établie pour quelques domaines, réunis par le décès d'engagistes viagers.

« Les droits de présence des régisseurs furent réglés au même taux que les intérêts des fonds et soumis aux gradations résultant des remboursements successifs. En ajoutant les remises et les frais de bureau, la recette du Trésor ne coûtait que 16 deniers par livre environ, c'est-à-dire 6,66 p. 100. »

Le 31 septembre, Mlle de Lespinasse écrivit à Guibert :

« Tout ce que l'abbé Terray avait fait ou projeté de faire sur les domaines est comme non avenu ; tout a été détruit, cassé, annulé ; en un mot, vous devez être aussi tranquille sur la propriété de M. votre père, que vous l'étiez il y a 10 ans ; c'est M. Turgot qui me l'a assuré hier. »)

Le Roi, s'étant fait rendre compte des Arrêts, Lettres Patentes et Résultats de son Conseil, des 30 octobre et 27 juillet 1773, 12 juin et 24 juillet 1774 et autres, concernant les baux de trente années de ses domaines, ainsi que des différents baux qui en ont été passés au nommé *Sausseret* et autres, en conséquence des dits arrêts pour ledit terme et espace de trente années, qui doivent commencer au 1er janvier prochain ; et S. M. ayant reconnu que la meilleure administration et la plus analogue à l'état actuel desdits Domaines, exige qu'ils soient mis en régie pour le terme qu'elle jugera à propos de prescrire, sauf à pourvoir au remboursement des frais et dépenses qui peuvent avoir été bien et légitimement faits par les cautions dudit Sausseret et autres, à l'occasion desdits baux, elle aurait résolu de faire connaître ses intentions à ce sujet.

À quoi voulant pourvoir, ouï le rapport du Sr Turgot, ... le Roi... révoque les Arrêts, Lettres Patentes et Résultats de son Conseil des 30 octobre et 27 juillet 1773, 12 juin et 24 juillet 1774 et autres, concernant les baux de trente années de ses domaines, ainsi que les différents baux qui ont été passés en conséquence audit Sausseret et autres pour ledit terme et espace de trente années : ordonne S. M. que les cautions dudit Sausseret et autres seront remboursées suivant la liquidation qui sera préalablement faite du montant des frais, avances et déboursés qu'ils pourront avoir bien et légitimement faits à l'occasion des dits baux, à l'effet de quoi ils seront tenus de remettre entre les mains du Sr Contrôleur général des Finances les mémoires, états et pièces justificatives desdits frais, avances et déboursés : se réservant au surplus S. M. de faire connaître ses intentions sur les sous-baux qui pourraient avoir été faits par les cautions dudit Sausseret et qui n'excéderont pas le terme de neuf années.

2. *Résultat du Conseil : organisation de la Régie.*

[Cité D. P., VII, 57.]

1er novembre.

(En conséquence de l'arrêt du Conseil du 25 septembre qui avait créé la régie des Domaines, *Jean Bertheaux* fut, par le nouvel arrêt du

Conseil, nommé titulaire de la régie avec 24 cautions pour l'administrer pendant 9 ans.

Les cautions ou administrateurs avançaient 6 millions en 4 termes portant 6 p. 100 d'intérêt et remboursables de 6 mois en 6 mois dans les 6 dernières années de la régie. Elles recevaient en outre 6 p. 100 pour droit de présence, soit 15 000 livres chacune et des remises croissantes sur le produit des recettes. Les administrateurs furent pris parmi les directeurs les plus distingués des domaines) [a].

3. *Arrêt du Conseil mettant l'administration de la régie en possession des domaines et droits domaniaux.*

[Cité D. P., VII, 90.]

22 décembre.

(L'arrêt renferme l'énonciation détaillé de ces domaines et droits domaniaux.)

II. — *Hypothèques.*

1. *Résultat du Conseil : droits d'hypothèques, en remplacement de la régie Rouselle.*

[D. P., *Mém.*, 159.]

15 novembre.

(Les droits d'hypothèques, de greffes, les quatre deniers pour livre du prix des ventes d'immeubles dans les provinces avaient été confiés à une régie sous le nom de *Rouselle*. Les régisseurs devaient faire 8 000 000 l. d'avances remboursables par des paiements successifs dont le dernier devait avoir lieu en juillet 1781. L'intérêt de leurs avances était stipulé à 6 p. 100 ; on leur avait accordé en outre des droits de présence montant à 480 000 l. par an, et encore 6 p. 100 de leurs premiers fonds. Il en résultait que du 1er janvier au 1er juillet 1781, les cautions de Rouselle ne devant plus être en avance que de 1 000 000 l., dont la moitié leur aurait été remboursée au 1er avril, n'en auraient pas moins touché, outre l'intérêt de leur capital à 6 p. 100, sujet à la retenue du dixième, un surcroît d'intérêt de 240 000 l. sous le nom de droits de présence...

---

[a] De Saint-Wast, receveur général des vingtièmes, en fit partie (*Journal Historique*, 9 octobre).

Turgot crut devoir conseiller au Roi de résilier ce marché. Il forma une nouvelle régie qui fournit 4 000 000 l. d'avances de plus que l'ancienne, de laquelle on augmenta le travail en lui confiant la perception d'un plus grand nombre de branches de revenus ; … et avec laquelle on stipula que les droits de présence, soumis comme les intérêts du capital à la retenue du 1/10, diminueraient dans la même progression en raison des remboursements successifs.

Les remboursements devaient être terminés six mois plus tôt que ne devaient l'être ceux de l'ancienne régie. — Du Pont).

2. *Arrêt du Conseil ordonnant aux huissiers qui signifieront des oppositions aux conservateurs des hypothèques de signer l'acte d'enregistrement sur les registres.*

[Recueil d'Édits, 1774, 2ᵉ sem. — D. P., VII, 792. — D. D., II, 438.]

Versailles, 4 décembre.

… Le Roi, étant informé qu'il s'élève journellement des contestations entre les commis préposés à l'exercice des fonctions des offices de conservateurs des hypothèques, établis près les chancelleries des bailliages et sénéchaussées royales par Édit du mois de juin 1771, et les huissiers chargés de former des oppositions entre leurs mains, lesquels refusent de signer sur les registres à ce destinés, les actes d'enregistrement des dites oppositions, sous prétexte que l'article 12 dudit édit ne les assujettit qu'à faire viser par les conservateurs des hypothèques les originaux des oppositions qu'ils leur signifient, et S. M. ayant fait examiner en son Conseil les motifs de ces contestations, elle a reconnu que la signature des huissiers, au pied des actes de l'enregistrement des oppositions, était un moyen d'assurer encore davantage la tranquillité des particuliers et l'état des conservateurs des hypothèques, en ce qu'elle obligera les huissiers à venir eux-mêmes signifier ces oppositions, qu'ils envoient souvent par des gens sans caractère, hors d'état de répondre aux différents éclaircissements qu'on peut leur demander, et en ce qu'elle préviendra les différents abus qui pourraient exposer les conservateurs des hypothèques à des recherches et à des discussions désagréables et dispendieuses. À quoi voulant pourvoir : ouï le rapport du sieur Turgot, … l'article XXII de l'Édit du mois de juin 1771 sera exécuté selon sa forme et teneur. Veut S. M. qu'en conformité dudit article, les oppositions qui seront formées entre les mains des conservateurs des hypothèques soient datées et par eux visées et enregistrées aux registres qu'ils tiennent à cet effet ; enjoint aux huissiers et sergents qui signifieront lesdites oppositions, de signer avec lesdits conservateurs des hypothèques les enregistrements qui en seront faits sur les registres ; autorise les conservateurs des hypothèques à retenir par devers eux les originaux desdites oppositions, lesquels ne pourront être rendus et visés qu'après que lesdits actes d'enregistrement auront été signés par les huissiers, qui, à défaut de le faire, demeureront garants et responsables de la nullité desdites oppositions, et tenus envers les parties du remboursement des sommes auxquelles pourront monter les créances dont elles seraient déchues.

158. — POUDRES.

Lettre à Montigny (de l'Académie des Sciences).

[A. N., F^{12} 151. — Foncin, 593.]

(Refus, avant examen préalable d'un privilège exclusif pour des procédés de fabrication).

22 novembre.

J'ai lu, M., votre mémoire d'observations, sur la demande faite par M. l'abbé *de Bruges* d'un *privilège exclusif* pour fabriquer du salpêtre et de la poudre ; elles sont très justes. Il ne peut être pris aucun arrangement avec lui, qu'au préalable, il ne se soumette aux épreuves que l'on jugera à propos de faire de ses procédés pour constater la bonté, tant de son salpêtre que de la poudre qui en résultera, sauf à lui assurer une récompense si elles réussissent.

159. — LES OCTROIS.

I. — *Octrois municipaux.*

Circulaire aux Intendants sur leur réorganisation et sur les comptes des villes [a].

[D. P., VII, 35. — D. D., II, 434.]

Paris, 28 septembre.

---

[a] Cette circulaire est calquée sur la lettre que Turgot, intendant de Limoges, avait adressée au contrôleur général sur le même sujet le 9 novembre 1772.

M., je me suis aperçu qu'il n'y a rien de plus irrégulier en général que la perception des droits d'octroi levés dans les villes et communes. Plusieurs d'entre eux sont établis sur des titres dont la plupart manquent des formes légales, et qui ont de plus le défaut d'être conçus en termes vagues, incertains, qu'on est presque toujours obligé d'interpréter par des usages qui varient suivant que les fermiers sont plus ou moins avides, ou suivant que les officiers municipaux sont plus ou moins négligents. Il en résulte une multitude de procès également désavantageux aux particuliers et aux communes.

Un autre vice assez général de ces tarifs est d'assujettir à des droits très légers une foule de marchandises différentes, ce qui en rend la perception très minutieuse et très facile à éluder, à moins de précautions rigoureuses qui deviennent fort gênantes pour le commerce.

Il règne enfin, dans presque tous les tarifs des droits d'octroi, un troisième vice plus important à détruire, c'est l'injustice avec laquelle presque tous les bourgeois des villes auxquelles on a cru pouvoir accorder des octrois, ont trouvé moyen de s'affranchir de la contribution aux dépenses communes, pour la faire supporter aux moindres habitants, aux petits marchands et aux propriétaires ou aux pauvres des campagnes.

Les droits d'octroi ont été établis pour subvenir aux dépenses des villes ; il serait donc juste que les citoyens des villes, pour l'utilité desquels ces dépenses se font, en payassent les frais. Ces droits ont toujours été accordés sur la demande des corps municipaux ; le gouvernement n'a peut-être pas pu se livrer à un grand examen sur les tarifs qui lui ont été proposés ; aussi est-il arrivé presque partout qu'on a chargé par préférence les denrées que les pauvres consomment. Si, par exemple, on a mis des droits sur les vins, on a eu soin de ne les faire porter que sur celui qui se consomme dans les cabarets et d'en exempter celui que les bourgeois font entrer pour leur consommation. On a exempté pareillement toutes les denrées que les bourgeois font venir du crû de leurs biens de campagne ; ainsi, ceux qui profitent le plus des dépenses communes des villes sont précisément ceux qui n'y contribuent en rien, ou presque point. Ces dépenses se trouvent payées dans le fait, ou par ceux qui n'ont pas de biens-fonds dans la ville, et que leur pauvreté met hors d'état de s'approvisionner en gros, ou par les habitants des campagnes, dont les denrées chargées de droits se vendent toujours moins avantageusement.

Il résulte de ces observations, M., qu'il serait important, en cherchant à régler convenablement la perception des droits d'octroi, d'en corriger les tarifs ; de fixer les droits d'une manière claire et précise, qui prévienne les interprétations arbitraires et les contestations qui en naîtraient ; de les simplifier, en ne les faisant porter que sur un petit nombre de denrées d'une consommation générale, assez précieuses pour que l'augmentation résultant du droit soit peu sensible, et pour que la charge en tombe principalement sur les plus aisés, et assez volumineuses pour qu'il ne puisse y avoir lieu à la fraude ; enfin, de supprimer les privilèges odieux que les principaux bourgeois se sont arrogés au préjudice des pauvres et des habitants des campagnes.

Pour parvenir à ce but, il est nécessaire que vous vous fassiez remettre par toutes les villes et lieux de votre généralité, et par les administrateurs des hôpitaux qui jouissent de droits d'octroi et autres, perceptibles sur les denrées et marchandises et sur tous les autres objets quelconques, tous les titres qui les établissent et en vertu desquels ils se lèvent ; les tarifs de ces droits sur chaque espèce d'objets, avec les modifications que l'usage a pu introduire dans la perception, en y ajoutant encore le détail des exceptions ou privilèges, et les titres, s'il y en a, qui établissent ces privilèges ; enfin, l'état des charges et dépenses des villes assignées sur le produit de ces droits. Vous fixerez un terme à ladite remise, et vous aurez soin de m'informer si on y a satisfait. Lorsque vous aurez toutes les pièces et autres éclaircissements nécessaires, vous enverrez votre avis sur l'utilité plus ou moins grande des perceptions de ces divers droits relativement aux besoins des villes et communes qui en jouissent, et même à ceux des hôpitaux, ainsi que sur les droits qu'il pourrait être avantageux de supprimer et sur ceux par lesquels on pourrait les remplacer, pour procurer aux villes et aux hôpitaux le même revenu d'une manière plus simple et moins onéreuse au commerce, et sur les différents privilèges qu'il pourrait être juste d'abroger ou de conserver. Je me déciderai ensuite relativement à la perception, et aux règles que je proposerai au Roi d'établir pour rendre cette perception égale, et à la charge de tous ceux qui doivent y contribuer.

Vous savez, M., qu'une partie des droits établis dans les villes se perçoit au profit du Roi à titre d'anciens octrois, d'octrois municipaux et d'octrois tenant lieu du don gratuit ; il faudra comprendre ces droits dans l'état à faire, afin d'y réunir ceux qui se lèvent sur les mêmes objets.

Quant à l'emploi des revenus des villes et communautés, il me paraît également nécessaire de le soumettre à des règles qui puissent empêcher le divertissement des deniers. Plusieurs doivent compte de leurs revenus aux bureaux des finances et aux Chambres des comptes dans les délais fixés ; la plupart négligent de le faire. Les administrateurs, s'ils ne sont pas titulaires, se succèdent et gardent par devers eux les pièces justificatives de leurs comptes ; ils décèdent, les pièces s'égarent ; et, lorsque le ministère public s'élève pour forcer de rendre les comptes, il devient très difficile, pour ne pas dire impossible, de le faire. Alors ces comptes occasionnent des frais considérables, et souvent ils ne produisent rien d'avantageux, parce que le laps de temps qui s'est écoulé ne laisse plus la possibilité d'exercer de recours contre les comptables.

Pour prévenir la dissipation des deniers, je regarde, M., comme indispensable de fixer par des états les charges et dépenses annuelles dont les villes et communautés sont chargées, et au delà desquelles les administrateurs ne pourront, sous peine d'en demeurer personnellement garants, rien payer. Lorsqu'il s'agira d'une nouvelle dépense annuelle, elle sera ajoutée à l'état qui aura déjà été arrêté, et ainsi successivement. Quant aux autres dépenses de la nature de celles qui doivent être autorisées par le Conseil, on s'y pourvoira en la forme ordinaire ; et il y sera statué sur votre avis, en justifiant toutefois par vous que la ville sera en état de faire cette dépense, soit de réparation, soit de construction nouvelle, et en joignant à votre avis le tableau de la situation des revenus de la ville. Je pense aussi qu'il est bon que, sans attendre les délais dans lesquels les comptes doivent être rendus aux bureaux des finances et aux Chambres des comptes, les villes et communes fassent dresser tous les ans, par leurs administrateurs, des brefs états de compte de leur maniement, lesquels seraient certifiés par le corps municipal, et qu'ils soient tenus de remettre les pièces justificatives de ces comptes dans les archives de la ville ou de la communauté, sans que les administrateurs puissent garder ces pièces de comptabilité par devers eux, non plus que les titres des biens ou revenus, sans cause dûment approuvée par vous, M. Au moyen de ces états, les comptes seront faciles à rendre. Il me semble qu'en tenant la main à cette opération dans chaque département, il est possible qu'elle soit faite avec exactitude.

S'il est nécessaire, comme je viens de l'exposer, de vérifier la perception des droits dans les villes, et de la régler d'une manière moins onéreuse aux habitants des campagnes, il n'est pas moins nécessaire de veiller à ce que l'emploi du produit se fasse avec la plus grande économie. Le défaut d'attention sur cet objet important conduirait insensiblement toutes les villes du Royaume à la destruction de leurs revenus ; bientôt elles ne pourraient plus suffire aux payements des charges les plus privilégiées, et le gouvernement, vu la multiplicité des secours en tout genre qu'il leur accorde depuis nombre d'années, finirait par n'avoir plus les moyens de les secourir.

Vous voudrez bien, M., faire les réflexions que j'ai lieu d'attendre de vous pour le service du Roi sur tous les objets que contient cette lettre, et m'adresser vos observations aussi promptement qu'il vous sera possible.

II. — *Octrois de Paris.*

1. *Réunion de bureaux.*

Arrêt du Conseil réunissant en un seul le bureau [a] *des officiers des ports de Paris et celui de la ferme générale pour l'enregistrement des titres de propriété des bourgeois de Paris et autres privilégiés qui voulaient jouir d'exemption de droits d'entrée sur les denrées provenant de leurs terres et destinées à la consommation de leurs maisons.*

[Cité D. P., VII, 43.]

2 octobre.

(Mesure prise dans un but d'économie et de simplification ; le travail fait par les employés de la ferme générale pouvant servir aux officiers des ports, qui n'avaient qu'à le faire vérifier par l'un d'eux.

L'arrêt portait aussi sur les formes à suivre par les propriétaires qui réclamaient l'exemption.

Enfin, il préparait la suppression des privilèges mal fondés en matières d'octrois, conformément aux principes exposés dans la circulaire du 28 septembre.)

2. *Déclaration du Roi sur la liberté du commerce de la viande à Paris pendant le carême* [b].

(Registré le 10 janvier 1775.)

[Recueil des Édits, 1774, 2ᵉ sem. — D. P., VII, 90. — D. D., II, 225.]

Versailles, 25 décembre.

Louis, etc. Le privilège exclusif accordé à l'Hôtel-Dieu pour la vente et le débit de la viande pendant le carême lui ayant été plus onéreux que profitable, lorsque l'exercice en a été fait par ses préposés, il aurait ci-devant préféré de le céder moyennant une somme de 50 000 livres ; mais ce privilège n'étant pas moins préjudiciable au public par les abus qui en résultent nécessairement, par les fraudes multipliées à la faveur desquelles on est jusqu'ici parvenu à en éluder l'effet, sans que les pau-

---

[a] Situé à l'Hôtel de Bretonvilliers.

[b] Il faut, dit l'abbé de Véri, avoir senti pendant 40 ans les inconvénients du privilège exclusif que les préposés de l'Hôtel-Dieu exerçaient sur la viande en carême pour goûter le prix de la liberté rendue sur ce point.

vres en aient profité, et par les poursuites sévères, souvent ruineuses, auxquelles ils se trouvaient exposés, nous avons pris la résolution de subvenir aux besoins de ceux de nos sujets que leur état d'infirmité met dans la nécessité de faire gras pendant le carême, et notamment des pauvres malades, en leur procurant des moyens plus faciles d'avoir les secours qui leur sont indispensables ; nous avons reconnu qu'il n'en pouvait être de plus capables de remplir ces vues charitables, que de rendre au commerce des viandes pendant le carême une liberté qui ne peut et ne doit entraîner l'inobservation des règles de l'Église. Mais si, d'un côté, il est de notre bonté de procurer du soulagement aux habitants de notre bonne ville de Paris, nous avons cru également digne des vues de justice et de piété qui nous animent, de ne point faire perdre à l'Hôtel-Dieu le bénéfice que cette maison est dans l'usage de retirer de l'exercice de son privilège, et de maintenir les règlements qui, conformément aux lois de l'Église, ne permettent l'usage du gras dans le carême qu'aux conditions qu'elle a prescrites. À ces causes, nous avons dit, déclaré et ordonné ce qui suit :

Art. I. Le commerce et l'entrée des viandes, gibier et volailles sera libre dans la ville, faubourgs et banlieue de Paris pendant le carême.

II. La vente et le débit en seront faits, savoir : du bœuf, veau et mouton, par les maîtres et marchands bouchers ; du gibier et de la volaille, par les rôtisseurs ; et du porc frais et salé, par les charcutiers.

III. Il sera tenu, à cet effet, le lundi de chaque semaine, un marché à Sceaux ; tous les vendredis, un marché à la halle aux veaux ; et tous les jours de la semaine, à l'exception du vendredi, un marché de volaille et de gibier sur le carreau de la Vallée, le tout en la manière accoutumée.

IV. Et, pour assurer à l'Hôtel-Dieu le même secours qu'il a retiré jusqu'à présent de l'exercice de son privilège, voulons qu'il lui soit remis une somme de 50 000 l. à prendre sur le produit des droits qui se perçoivent aux marché de Sceaux et entrées de Paris, sur les bœufs, veaux, moutons et porcs, et dont la régie sera faite, pendant le carême, pour notre compte par nos fermiers ; sauf, dans le cas d'insuffisance du produit desdits droits régis, à parfaire par nous, au profit de Hôtel-Dieu, ladite somme de 50 000 l.

V. Seront, au surplus, les arrêts et règlements concernant l'usage du gras pendant le carême, et ceux concernant le suif, la cuisson des abatis, les marchés de Sceaux, de la Vallée et de la halle aux veaux, exécutés en ce qui n'est pas contraire aux dispositions des présentes.

160. — LE COMMERCE DES GRAINS.

I. — *Le pacte de famine.*

1. *Mémoire au Roi sur la conduite des Srs Sorin et Doumerck, dans l'approvisionnement des grains dont ils étaient chargés pour le Compte du Gouvernement.*

[A. L., copie.]

16 octobre.

Les papiers trouvés sous les scellés chez les Srs Sorin et Doumerck, commissionnaires des blés du gouvernement, les comptes et les pièces envoyés par leurs correspondants chargés de l'achat et de la vente des grains dans les provinces, présentent des malversations et des manœuvres qui méritent d'être mises sous les yeux de S. M.

La première idée qui naît de l'inspection des comptes, c'est que toute l'opération a été faite en banque, que les Srs Sorin et Doumerck, nantis de près de 12 millions qu'ils ont reçus du Trésor Royal, n'ont cependant payé aucun compte en argent et ont toujours fait les fonds en papier et sur un crédit utile pour eux, mais ruineux pour l'État : lorsqu'ayant ordonné, par exemple, un achat de blé à Bordeaux, ils devaient au correspondant qui en avait fait les avances 200 000 livres, au lieu de lui faire parvenir les fonds par le moyen naturel d'une rescription, prise à la ferme générale à Paris sur le receveur des fermes à Bordeaux, ils demandaient à un négociant d'Amsterdam ou de Hambourg de leur faire crédit et de leur remettre une lettre de change payable à Bordeaux et, pour payer le négociant d'Hambourg et d'Amsterdam, ils demandaient le même service à un négociant de Dantzig ou de Londres. Les négociants à qui ils s'adressaient ne refusaient pas de leur prêter, soit sur la sécurité d'une opération faite sur les fonds du Gouvernement, soit dans l'espoir d'être choisis, par reconnaissance, pour leurs commissionnaires dans ces différentes places et de gagner par leur entremise des droits de commission multipliés et exorbitants. De ce renouvellement successif et perpétuel de nouvelles lettres de change et de crédit pour payer les anciennes lettres, il résultait que la dette contractée pour l'achat des blés du Roi était très longtemps subsistante et, qu'en attendant, les 12 millions que le gouvernement leur avait avancés restaient dans leurs mains, et qu'ils pouvaient les faire valoir dans le commerce à leur profit.

Cette manœuvre diminuait néanmoins les fonds de S. M. ; ils étaient grevés de l'escompte et de l'intérêt dû aux négociants qui prêtaient leur crédit en faisant les avances et, d'ailleurs, le banquier de chacune de ces places retenait le prix du change, c'est-à-dire la valeur à laquelle la rareté des lettres, sur une place de commerce, élève le papier que l'on demande sur elle ; mais toutes les pertes tombaient sur le Roi. L'intérêt que les Srs Sorin et Doumerck retiraient, en attendant, de l'argent que le gouvernement leur avait donné était à leur profit.

Dans la même vue, ils se faisaient avancer presque toute la valeur des grains par la plupart des correspondants auxquels ils les confiaient dans les provinces : ainsi, lorsqu'ayant tiré des grains d'Amsterdam ou de Hambourg, ils les envoyaient à Bordeaux ou à Marseille, ils demandaient aux négociants, à qui ils procuraient par ce moyen des droits de commission, de leur avancer une somme à peu près égale à la valeur des grains dont ils étaient nantis et qui leur assurait la rentrée de leurs avances. Cet emprunt leur servait à payer les grains qu'ils leur avaient envoyés : et par ce cercle d'achats à crédit et d'emprunts pour payer les achats, ils se ménageaient le moyen de jouir plus longtemps de l'argent du Roi, sur lequel était pris cependant l'intérêt payé à tous les négociants qui avaient fait les avances.

Par cette double opération, ils sont parvenus à absorber en grande partie la valeur des grains qui existent pour le compte du gouvernement : et si S. M. ne s'était déterminée à leur en ôter la manutention, tout le produit aurait à peine suffi pour suppléer aux intérêts et aux pertes dont cette manœuvre les surchargeait. Les grains qu'ils laissent, montant à 150 000 setiers, dont partie est en seigle et farine de mauvaise qualité, ne valent tout au plus que 12 200 000 livres : ils doivent plus de 400 000 livres en lettres de change et 100 000 écus aux correspondants sur les lieux pour les avances qu'ils leur ont demandées.

Des douze millions retirés du Trésor Royal, toute la vigilance et l'activité du gouvernement ne pourront donc sauver que 1 500 000 livres.

À ces vues générales sur la gestion des Srs Sorin et Doumerck se joignent des abus encore plus intolérables. On trouve dans les comptes du Sr *Bethman*, leur correspondant à Bordeaux, et dans les déclarations faites par les Srs *Derrouteau* et *Découtal*, leurs commissionnaires à Montauban et à Albi, que les Srs *Sorin* et *Doumerck* ont employé l'argent du Roi à faire commerce d'une espèce de farine qu'on appelle le *minot*, qui ne se consomme point dans le Royaume et n'est propre qu'à l'approvisionnement des colonies : que ces farines ont été envoyées à Nantes, port où se fait l'embarquement de la plupart des denrées destinées pour l'Amérique. Les fonds affectés par le Roi pour approvisionner son Royaume doivent-ils servir à le dégarnir et à approvisionner les îles ?

On trouve dans les comptes du sieur *Guys*, leur correspondant à Marseille, que sur le gage des blés du Roi que les Srs Sorin et Doumerck avaient remis à ce négociant, ils se sont fait avancer des fonds pour faire à leur profit en sucre, en piastres, et d'autres marchandises, un commerce dans le Levant : ce commerce n'a aucun rapport avec la commission qui leur était donnée d'approvisionner le Royaume ; il lui nuisait en écartant de leur destination et en employant à d'autres usages les fonds qu'ils avaient touchés.

La correspondance du sieur *Derry*, leur commissionnaire à La Rochelle, prouve que, sur les fonds donnés par le gouvernement pour l'achat de blés destinés à la subsistance du peuple, ils ont fait acheter des avoines.

On voit par les lettres des cinq négociants qui étaient leurs correspondants à Marseille que, chargés d'un approvisionnement, sous le prétexte de la disette dans le Royaume, au lieu de faire venir des blés de l'étranger, et néanmoins dans le dessein de montrer qu'ils en avaient procurés, ils achetaient à Marseille les grains que les négociants de cette place y avaient importés : qu'ils ne les faisaient point verser dans l'intérieur du Royaume, mais les laissaient sur les lieux et les vendaient indifféremment à des nationaux ou à des étrangers ; de sorte que des grains achetés pour le compte du gouvernement, après lui avoir coûté des frais et des dépenses qu'il ne se proposait de supporter que dans la vue de nourrir les sujets de S. M., allaient approvisionner l'Italie, l'Espagne et le Portugal.

Enfin, des pièces remises par tous les correspondants, il résulte que la plupart des grains de cet approvisionnement ont été achetés dans l'intérieur du Royaume ; que, loin d'avoir opéré une diminution dans les prix, les achats ont été faits à des taux forcés et supérieurs aux taux ordinaires ; que, loin d'avoir augmenté la masse des denrées, la perte et la corruption d'une grande partie de ces grains, dans une administration confiée à des mercenaires, en a produit la diminution.

Tels sont les abus qui ont résulté et qui résulteront toujours de tout approvisionnement fait pour le compte de S. M. : il ne tendra qu'à charger ses finances, nuire à ses peuples, enchérir leur subsistance, la corrompre et la perdre, et occasionner la disette.

Ce premier aperçu des comptes des Srs Sorin et Doumerck semblerait devoir conduire à leur refuser les fonds du Trésor Royal nécessaires pour payer les lettres de change dont les grains sont chargés. Les gains immenses qu'ils ont faits, l'adresse qu'ils ont eue de détourner et de cacher les profits que doit leur avoir procuré l'usage de douze millions donnés par le Gouvernement, les ont certainement mis en état de remplir leurs engagements, mais leurs fonds employés et engagés dans d'autres entreprises peuvent n'être pas près d'être versés, avec la célérité et l'exactitude requises dans le commerce, au payement des lettres de change : ce n'est point leur faillite qu'on doit chercher à éviter, mais elle entraînerait celle de tous les négociants dont ils ont emprunté le crédit. Les principales places du Royaume, Rouen, La Rochelle, Bordeaux, Marseille, sont pleines de leurs grains et de leurs dettes : la suspension de leurs paiements peut exposer toutes ces places à manquer ; elle peut porter une impulsion et une secousse à la chaîne qui embrasse et qui tient tout le commerce : c'est donc le commerce de tout le Royaume, ce sont les sujets qui, sur la foi d'une commission donnée sous le règne du feu Roi, ont exposé leurs fonds et leur fortune, que l'on ose proposer à S. M. de vouloir bien garantir du déshonneur, de l'inquiétude et des pertes d'une banqueroute. Mais comme les justes soupçons qui s'élèvent contre ces commissionnaires, les preuves même de leur infidélité, ne permettent pas de se reposer sur eux de la rentrée des avances qui leur seront faites, on peut exiger qu'ils remettent au Trésor Royal des effets suffisants pour l'assurer.

On a trouvé sous les scellés un bordereau arrêté par le Sr *Le Clerc*, alors premier commis de finances, par lequel, après avoir examiné les comptes des affaires qu'il faisait avec le Sr *Sorin*, il reconnaît lui devoir 268 000 livres. Il suffira qu'ils donnent les nantissements pour la somme qui restera due au delà de ce billet.

À l'égard des sommes dont ils pourront être déclarés débiteurs, lors de l'arrêté définitif de leurs comptes, la contrainte par corps qui a lieu dans toutes sortes d'affaires pour les deniers de S. M. en assure le paiement et toute précaution prise, avant la clôture du compte, paraîtrait prématurée.

Ainsi, on supplie S. M. de vouloir bien permettre que des fonds du Trésor Royal, on destine les sommes nécessaires pour le paiement des lettres de change qui paraîtront dues sur les grains appartenant à S. M., en obligeant néanmoins les Srs Sorin et Doumerck, dont l'infidélité paraît prouvée par les pièces dont on a pu jusqu'à présent faire l'examen, de remettre au Trésor Royal des effets suffisants pour répondre de la rentrée de ces fonds, sauf à différer de prendre un parti ultérieur sur ces commissionnaires jusqu'après l'examen définitif de l'arrêté de leurs comptes [a].

---

[a] Sorin et Doumerck firent courir le bruit que leur administration avait été trouvée nette. (*Journal historique*, 3 novembre.)

2. *Mémoire en défense de Brochet de Saint-Prest.*

[A. L.]

Le 23 novembre 1770, j'étais à ma campagne avec ma famille, M. l'abbé Terray m'envoya chercher ; il me fit l'honneur de s'entretenir avec moi sur l'administration des grains ; il me chargea de rédiger un Mémoire qui contînt l'abrégé des lois qui avaient été promulguées en différents temps sur cette partie importante ; il s'occupa avec moi des principes généraux de la matière ; il convint des points principaux. Je projetai l'Arrêt, qui a eu pour date celle du 23 décembre 1770. Après avoir été approuvé du Roi, revêtu de lettres patentes, il fut envoyé au Parlement de Paris et enregistré le 16 janvier 1771.

Le 23 décembre 1770, M. le Contrôleur général, en présentant cet Arrêt au Roi, ne lui laissa pas ignorer que j'y avais travaillé ; il ajouta qu'il s'était assuré de mes principes. En rendant un compte avantageux de ma conduite, de mon travail et de mes services au Conseil, il proposa à S. M. de me charger du détail de la correspondance relative aux subsistances.

L'objet de mon travail tendait à informer le Ministre du besoin des différentes provinces, à mettre sous ses yeux les demandes de MM. les Intendants et à faire connaître, quant à ce, ses intentions aux commissionnaires.

Les principes sur lesquels il m'a été prescrit de diriger l'administration se réduisaient :

1° À être instruit de ceux qui font le commerce des grains ;

2° À éloigner de ce commerce ceux qui, livrés aux fonctions de justice ou de police, doivent maintenir l'ordre dans les provinces, ainsi que ceux qui, ayant le maniement des deniers royaux, pourraient s'emparer plus facilement des grains de leur canton

3° À déterminer la vente sur les marchés, afin que le peuple put aisément se procurer la denrée de première nécessité et être assuré qu'il n'avait pas de disette à craindre

4° À accorder la plus grande liberté pour la circulation des grains dans le Royaume

5° Et enfin, à apporter les soins les plus assidus pour s'opposer aux versements frauduleux des grains à l'étranger.

Je n'insiste pas sur l'exactitude avec laquelle la correspondance a été suivie ; j'invoque avec confiance le suffrage de tous MM. les Intendants et, par préférence, ceux dont les provinces ont malheureusement éprouvé des besoins pendant les années 1771, 1772, 1773.

Depuis le mois de décembre 1770 jusqu'en novembre 1771, je n'ai eu qu'à répondre à M. le Contrôleur général. À cette époque, il désira soumettre l'Administration des subsistances et les principes par lesquels elle était dirigée à des commissaires du Conseil ; il proposa à S. M. de charger MM. *de La Galaisière, de Sartine, de La Michodière* et *de Fourqueux* de prendre connaissance de tout ce qui avait trait à cette partie.

Je laisse à ces magistrats à rendre compte de l'ordre et du zèle avec lequel j'ai suivi ce nouveau genre de travail.

Au mois de juillet 1773, les apparences des récoltes laissaient apercevoir des besoins ; les moyens employés les années précédentes, ni approuvés généralement, ni suivis du succès, déterminèrent MM. les commissaires à penser qu'il était important de simplifier cette besogne et de proposer au ministre :

1° De ne pas faire acheter dans l'intérieur de la France des grains pour être portés d'une province à l'autre ;

2° D'avoir, dans les magasins de Corbeil, un approvisionnement de 40 à 50 000 setiers pour parer au premier moment de besoin que la Capitale pourrait éprouver ;

3° De prévoir les pays étrangers d'où l'on pourrait faire arriver des grains, indiquer les ports nationaux dans lesquels ils seraient adressés, en fixer les quantités ; le tout dans le cas seulement où le commerce ne se déterminerait pas à agir.

Le projet ne fut pas adopté. M. le Contrôleur général donna ses ordres directement aux commissionnaires ; j'eus uniquement connaissance des précautions prises pour Paris et je ne sus les grains étrangers arrivés dans les différents ports que par la correspondance que je m'étais ménagée dans les principales villes de commerce.

Quant aux approvisionnements, lorsque j'ai commencé à être chargé du détail, le Sr *Le Ray de Chaumont* présentait lui-même chaque semaine au ministre un état de situation au bas duquel il faisait mention des ordres donnés verbalement la semaine précédente. M. le Contrôleur général arrêtait et approuvait chaque balance.

Pendant les années 1772 et 1773, les balances m'étaient remises ; je les présentais au Ministre qui les arrêtait lors de mon travail avec lui.

J'ai dit plus haut que je n'ai eu aucune connaissance de l'opération de 1773 à 1774 et que le Ministre s'en était fait rendre compte directement.

D'après ce détail, justifié par pièces, comment m'est-il possible de mieux démontrer la fausseté du bruit qui s'était répandu que j'avais fait renouveler le marché des blés ? Mais il y a plus, et dans le fait, il n'y a jamais eu à ma connaissance et, pendant mon administration, de marché sur cet objet ; il était donné des ordres à des particuliers d'acheter ;

ils exécutaient les ordres ; ils comptaient de leur mission sur la représentation des factures, il leur était passé 2 p. 100 de commission sur l'achat et autant sur la vente ; il en a été ainsi usé pendant l'administration de MM. de Machault, de Courteille [a], de Trudaine [b] et D'Albert.

À l'égard des fonds, le Ministre a toujours donné directement ses ordres au Trésor Royal et je n'ai jamais su les temps auxquels ils ont été délivrés, ni les sommes.

Je n'entre pas dans le détail des travaux que ce département occasionne ; la seule suite à donner aux chargements de grains dans les ports pour être assuré de leur arrivée à destination est immense ; mais, indépendamment des soins journaliers, la situation de la halle, la certitude de son approvisionnement, les ordres à donner pour y faire arriver des farines lorsque le commerce n'en apportait pas ; tous ces objets ont été suivis avec le détail le plus scrupuleux ; soit hasard, soit conduite, j'ai trouvé le pain à Paris à un prix plus haut que celui auquel il a été porté pendant tout le temps de mon administration et auquel il est taxé au moment où je la quitte.

Je me suis entendu faire un reproche sur les moyens employés lorsque j'ai acheté la charge d'Intendant du commerce.

Le contrat passé devant M. Laideguive, notaire de la succession *Pothier* [c], établira que les héritiers ont retiré différents avantages du traité qu'ils ont passé avec moi.

Depuis la mort de M. Pothier, M. de L'Averdy avait eu le projet de mettre en commission les charges d'Intendant du commerce. MM. de Bacalan et D'Albert, ayant successivement rempli les fonctions de celle que j'occupe maintenant, les héritiers de M. *Pothier* recevaient au Trésor Royal les gages de cette charge, montant à 10 000 livres, dixième déduit, 9 000 livres, dont la finance est de 200 000 livres. J'ai augmenté leur revenu de 1 000 livres annuellement et j'ai traité ainsi qu'il suit :

1° 240 000 livres en contrat à 2 1/2 p. 100 rapportant 6 000 livres d'intérêt représentant un principal de 120 000 livres.

2° Je me suis obligé de payer en leur acquit 30 000 livres.

J'ai payé 20 000 et pour les 10 000 restant, je suis convenu avec M. Lambert, mon confrère, qu'il donnerait quittance aux héritiers Pothier et qu'il me laisserait les 10 000 francs placés sur ma charge.

À l'égard des 50 000 restant, ils étaient remboursables par époque et jusqu'au remboursement qui n'est pas entièrement effectué, j'ai été chargé de payer et je paie encore pour ce qui reste, les intérêts à 5 p. 100 sans retenue.

---

[a] Intendant des finances.
[b] Trudaine de Montigny.
[c] Intendant du commerce.

Les héritiers Pothier [a] ont avancé que j'avais abusé du crédit et des bontés du Ministre pour les forcer à accepter un paiement en papier, tandis que je m'étais obligé de payer en argent.

Sans entrer dans le détail du degré de confiance et d'estime que le Ministre m'a marqué, lorsque j'ai travaillé avec lui, je défie qui que ce soit de pouvoir dire que M. l'abbé Terray m'ait fait accorder aucune espèce de grâce ; il est vrai que M. Defoy qui était conseiller à la Cour des Aides ameuta, le jour que le traité de vente devait être signé, les propriétaires pour s'y opposer. J'étais pressé par le Ministre pour terminer ; il me demanda les causes du retard, je les lui dis ; de son propre mouvement, il manda à M. Defoy, autant que je puis m'en souvenir, que le Roi m'avait accordé l'agrément, qu'il était instruit de mes propositions, qu'il les trouvait admissibles, que si elles n'étaient pas jugées telles par les propriétaires, il se verrait forcé de faire exécuter la décision du Roi, prise par son prédécesseur, pour la suppression de cet office, que j'en aurais la commission, et que, quant à la liquidation, elle serait faite ainsi qu'il en avait été usé pour le remboursement des offices supprimés avant 1770, c'est-à-dire que la charge serait remboursée en contrats à 4 p. 100 ; le désavantage eût été énorme pour les héritiers de M. Pothier [b]. Les contrats à 4 p. 100 perdaient alors sur la place 60 à 65 p. 100 et, de deux choses l'une, ou les propriétaires de la finance de l'office auraient gardé les effets qui leur auraient été donnés en paiement, ce qui ne leur aurait produit que 8 000 livres de rente ; ou s'ils avaient voulu vendre ces effets, alors, ils n'auraient trouvé de ces valeurs que 70 à 80 000 livres au plus, au lieu que je leur ai donné des effets qui avaient éprouvé toute réduction, qui rapportaient 1 p. 100 de plus et qui, s'ils avaient voulu s'en défaire, auraient été vendus plus cher au total qu'ils n'auraient tiré des contrats à 4 p. 100, quoique les quittances de finances expédiées au Trésor Royal en leur nom et dont j'ai fourni les valeurs ne représentassent que les 2/3 du prix de l'office ; je leur donnais en outre 80 000 l. en argent avec les intérêts sans retenue. Voilà les faits dans la plus exacte vérité ; il est aisé de les démontrer par pièces ; d'après cela, puis-je éprouver le moindre reproche. Il serait d'autant plus mal fondé que je ne pensais pas à acheter cette charge et que j'y ai été forcé par la volonté du Ministre qui l'a exigé de moi. Son motif était :

---

[a] *Mémoire à consulter et Consultation pour le Sr Brillard, prêtre de l'Oratoire*, l'un des héritiers Pothier, 16 février 1775. La consultation était signée de six jurisconsultes. Ce mémoire n'a pas été retrouvé à la Bibliothèque nationale.

[b] C'est ce qu'écrivit l'abbé Terray au Cardinal de Gèvres le 23 janvier et à De Foy, le 24 février 1771. L'abbé voulut ensuite ravoir sa lettre. Le 9 avril 1771, De Foy reçut l'ordre de s'éloigner de Paris (*Journal historique*, 24 février 1775). Après la révocation de Saint-Prest, l'exil de De Foy prit fin.

1° D'épargner au Roi le remboursement ;
2° D'établir l'égalité entre MM. les Intendants du commerce qui tous possèdent leur état à titre onéreux.

Cet exposé répond aux objets sur lesquels j'ai lieu de croire que l'on m'attaquait. S'il en existe d'autres pour lesquels la calomnie veuille me noircir, j'offre d'en démontrer la fausseté.

Je finis par une réflexion que les cœurs vertueux sont en état d'apprécier : il est affreux pour un homme honnête qui a été chargé d'un détail auquel il s'est livré sans relâche, aux dépens de son repos pendant trois ans huit mois, d'être assez inculpé pour être obligé de se justifier, surtout ayant, avant le temps, passé par différents états dans lesquels il s'était acquis une réputation sans tache et s'était concilié l'estime du public, les bontés de ses supérieurs et l'amitié de ses confrères.

3. *Mémoire au Roi.* — *Révocation de Brochet de Saint-Prest.*

[A. L., copie ; décision autographe du Roi.]

16 octobre.

En continuant la vérification des papiers des Srs Sorin et Doumerck, on a trouvé deux obligations chacune de 50 000 l. souscrites par M. et Mme de St-Prest solidairement, le 27 août 1774, envers le nommé Aly qui en a passé sa déclaration au profit des Srs Sorin et Doumerck. Ces obligations faites trois jours après que M. l'abbé Terray est sorti de place et auxquelles on a trouvé joints des billets d'intérêts ne peuvent être que pour argent antécédemment prêté à M. de St-Prest.

On voit encore, par un bordereau de compte, qu'en diverses fois les Srs Sorin et Doumerck ont remis à M. de St-Prest onze sacs de blé, cent soixante-trois sacs de farine et six muids de blé noir.

Si M. de St-Prest eut été assez riche pour rendre ce qu'on lui prêtait et que la manutention des Srs Sorin et Doumerck eut été assez intègre pour n'avoir rien à redouter de l'examen le plus approfondi, il y aurait encore un défaut de délicatesse très répréhensible dans ce rapport de crédit et d'emprunt entre un Commissaire du Roi et les inférieurs dont il devait suivre les opérations ; mais lorsqu'on réfléchit que M. de St-Prest était sans fortune, que si les Srs Sorin et Doumerck ne lui avaient pas connu des ressources pour s'en procurer, ils ne devaient pas espérer d'être remboursés, que d'ailleurs ces négociants étaient avilis par l'opinion ; alors ces obligations, ces précautions prises de les passer au profit d'un tiers avec déclaration en faveur des Srs Sorin et Doumerck, ces fournitures de blés et de farines font présumer que M. de St-Prest est bien loin d'avoir rempli son ministère avec la pureté qu'il exigeait.

Si l'on ajoute à cela l'acquisition d'une maison considérable [a], les bâtiments qui ont été construits, la décoration extérieure, les meubles somptueux, le nombre des domestiques, la table, le jeu, et tout ce qui caractérise le luxe des gens les plus riches, on ne pourra pas disconvenir que M. de St-Prest n'ait justifié le cri public qui s'est élevé contre lui, que son imprudence, s'il n'y a pas de reproches plus graves à lui faire, n'ait flétri sa réputation et qu'il ne se soit mis dans l'impossibilité de remplir les fonctions de sa charge d'Intendant du Commerce.

Le Contrôleur général croit que le bon ordre et l'honnêteté de l'administration exigent que l'on demande à M. de St-Prest sa démission de cette charge.

S. M. est suppliée de vouloir bien faire connaître ses intentions sur cet objet.

(*De la main du Roi*) DEMANDER LA DÉMISSION DE M. DE ST-PREST [b].

4. *Paiements effectués par la régie des blés à partir de novembre 1774.*

(État des ordres de paiement délivrés sur Roland, successeur de Mirlavaud, par le contrôleur général et par MM. Albert, Fargès et Montaran fils.)

[A. N., F. 11, 1195]

---

[a] Après sa révocation, St-Prest mit cette maison à louer ; on écrivit sur l'affiche en gros caractères : Hôtel de la farine (*Journal historique*, 1er septembre).
[b] *Lettre de Mlle de Lespinasse à de Guibert* :
« *27 août.* Je suis bien contente de ce que M. Turgot a déjà renvoyé un fripon, l'homme de l'affaire des blés. Mon ami, je veux vous dire le compliment des poissardes au Roi, le jour de la Saint-Louis : 'Sire, je venons faire compliment à V. M. de la chasse qu'elle a faite hier, jamais votre grand-père n'en a fait une si bonne.' »
Journal de l'abbé de Véri : *Mai.* « Je ne puis croire que, dans sa place qui lui donne tant de facilités occultes pour satisfaire l'avidité, l'abbé Terray ait fait une opération générale d'achats et de ventes de grains dans une mauvaise vue. Ce n'est qu'une erreur de sa part. La question est si susceptible de différentes couleurs que je ne serais pas étonné qu'il en fît auprès du Roi le principe de son apologie. »
Juillet. « Depuis 15 ans que Sartine est à la tête de la police, il a toujours possédé l'estime et l'affection de tous les rangs par sa douceur, sa justice, et son exactitude. Depuis un mois, le peuple a cru qu'il était intéressé dans les grains. Il est très vrai que dans les années précédentes, il envoya par les ordres du Contrôleur général des acheteurs de grains en Italie pour l'approvisionnement de Paris. Il est également vrai que les comptes de ces acheteurs ne sont pas encore arrêtés et que l'abbé Terray se plaint fort des sommes énormes qu'il réclame.
« Il ne serait pas étonnant que quelques-uns de ses commis y fussent intéressés à son insu et que ses commissionnaires eussent mêlé dans les achats pour le public des achats particuliers ou d'autres manœuvres déplacées. »

1774.

22 novembre.	À Roland		120 livres.
25 —	À Chevalier, pêcheur à Boulogne [a]	60	
	À Henry, autre pêcheur	40	100 —

1775.

6 janvier.	À Lorrain	650
14 —	À Martin de Saint-Germain, pour frais de transport pendant l'administration de Trudaine	600 —
18 mars.	À l'abbé Terray, pour son moulin [b] dont le bail était résilié	2 250 —
7 avril.	À Pascaud, sur l'ordre d'Albert [c]	40 000 —
20 —	À Laval, sur l'ordre d'Albert	10 290 —
25 —	Frais de constatation des blés de Sorin et Doumerck	1 874 —
16 mai.	À Pascaud [d], sur ordre de Turgot	100 000 livres
17 juin.	À Martin de Saint-Germain, sur ordre de Turgot	600 —
18 —	À Pascaud, sur ordre de Turgot	100 000 —
30 —	À Serreau, commissaire au Chatelet [e]	6 348 —
4 juillet.	À Bricoteau, chef de la Boulangerie de Scipion	1 800 —
19 —	À Martin de Saint-Germain, solde	1 684 —
27 —	À Lenthéric Latour	454 —
28 —	À Gabaille, frais d'opérations effectuées en septembre 1774, chez Deshayes, commis de Sorin et Doumerck	24 —
31 —	À Daure, solde	50 000 —
	À veuve Leleu et Cie, gratification sur	

---

[a] Ces pêcheurs avaient retiré de l'eau à Suresnes les papiers provenant de la régie des blés (Voir ci-dessus, p. 40).

[b] À Chiessat.

[c] Il s'agit d'achats de blé effectués par Sartine et que l'abbé Terray n'avait pas voulu payer.

[d] Probablement pour approvisionnements effectués pendant la guerre des farines.

[e] Chargé d'inventorier les pièces saisies à la régie des blés.

	les grains laissés à Mantes et à Saint-Germain	898 —
5 août.	Au munitionnaire de W. pour le produit des grains vendus à Lenthéric	23 299
29 —	À Albert, remboursements de gratifications diverses	3 912 —
31 —	À Lattré, graveur	170 —
4 septembre.	À Planter, Quesnel et Cie, de Rouen, indemnité sur envois faits à Paris, en juillet 1773	3 215 —
8 —	À Joully de Varennes, prévôt de la maréchaussée	3 000 —
14 —	À Albert, gratification à Barbier, pour envoi de grains	3 553 —
18 —	À Lefrançois, qui a empêché une émeute à La Ferté-sous-Jouarre, sur la demande de l'archevêque d'Aix	100 —
22 —	Au procureur des Célestins, de Paris, une année de loyer de magasins, loués à Sorin et Doumerck	1 500 —
30 —	Au chapitre de Sézanne, pour droit de minage	700 —
14 octobre.	Aux facteurs de la Halle, gratifications pour les fournitures des 4, 5 et 6 mai, ordre d'Albert	18 176 —
16 —	À Leleu, pour examen des comptes de Sorin et Doumerck	2 400 —
13 décembre.	À de Sauvigny, officier des chevau-légers, relativement aux émeutes	1 377 livres.
13 —	À Chambun, garde-magasin de Saint-Charles	1 200 —
22 —	Gratifications pour arrivages de grains à Paris	869 —

1776.

7 janvier.	À Duval, ancien fermier des moulins de Nogent, pour résiliation de bail	2 400 —
26 —	Au chapitre de Sézanne, pour droit de minage	700 —
4 mars.	À l'évêque de Saintes, pour incendie à Chevrette	800 —
6 —	À Carré, meunier, pour prêts et avances sur l'indemnité qui lui sera allouée pour pillage, lors de l'émeute de Dijon, en avril 1775	12 000 —
18 —	À Adnot, garde de la Prévôté de Versailles, ancien cavalier de maréchaussée, de la brigade de Turenne, blessé en voulant empêcher le pillage des meuniers du port de Poissy	300 —
	Total	396 763 livres [a].

II. — *Statistique des récoltes.*

Circulaire aux Intendants supprimant les États de récoltes demandés par Circulaire de l'abbé Terray du 9 septembre 1773.

[À l'Intendant de Bordeaux : A. Gironde. — Foncin, 575.]

(Inutilité et danger de ces états. — Utilité des statistiques de la population.)

Paris, 27 septembre.

M., lorsque mon prédécesseur, par sa circulaire du 9 septembre 1773 [b], a demandé à MM. les Intendants des *États de récoltes* conformes au modèle qui était joint à sa lettre, on n'avait sans doute prévu qu'une partie des obstacles qui pouvaient contrarier une opération d'une si grande étendue et aussi compliquée dans les détails. L'exécution seule

[a] Dépenses faites sous le ministère de Taboureau des Réaux en 1777 :
27 janvier. Au munitionnaire général des vivres, pour solde, à l'occasion des grains tirés des magasins du W. lors du Sacre du Roi en mai 1775   107 294 livres.
24 mars. Apurement du compte Sorin et Doumerck   463 960 —
[b] L'abbé Terray avait rappelé cette circulaire le 7 juin 1774.

pouvait faire connaître les difficultés dont ce travail était susceptible et l'impossibilité d'en assurer jamais l'exactitude par aucun moyen, quelque dispendieux et multipliés qu'on les suppose. Ceux de MM. les Intendants qui ont apporté le plus de soins et d'attentions à rassembler les relevés qui doivent former la consistance de ces nouveaux états, n'ont réussi à le faire que d'une manière très imparfaite. De leur aveu, il n'est pas possible de prendre aucune confiance dans les résultats qu'ils m'ont adressés ou à mon prédécesseur. Je pense d'ailleurs avec eux qu'on s'exposerait aux inconvénients de la plus dangereuse conséquence en faisant usage de ces résultats et je présume que de nouveaux soins et les vérifications les plus scrupuleuses, loin de conduire à des éclaircissements plus certains, ne sont capables que de jeter l'alarme parmi les peuples et d'augmenter son inquiétude naturelle par le motif de ces recherches qu'on ne parviendra jamais à lui faire envisager que comme contraire à ses intérêts.

Ces considérations m'ont porté à mettre sous les yeux du Roi le Mémoire qui avait déterminé son aïeul à approuver la demande de nouveaux états de récoltes. J'ai exposé à S. M. les raisons qui rendent si incertains les succès de cette opération et son peu d'utilité et les dangers de son exécution. S. M. m'a autorisé à abandonner ces recherches. D'après cette décision, je vous prie de mander à vos subdélégués de cesser celles qu'ils peuvent avoir commencées.

Je vous prie cependant de continuer, avec tout le zèle et toute l'exactitude que vous êtes accoutumé de montrer pour le service du Roi, les relevés des baptêmes, mariages et sépultures que je vous ai demandés. Ces relevés n'entraînent pas les inconvénients des états de récoltes et présentent des avantages qui en sont absolument indépendants.

III. — *Liberté du Commerce des grains à l'intérieur du royaume.*

1. *Lettre de Bertin à Turgot sur le projet d'Arrêt du Conseil.*

(Conseils de modération et la prudence.)

[A. N., F. 11, 265.]

Septembre.

Les pièces que vous m'avez adressées, M., en faisant renaître mes espérances, et pour le bien général, et pour celui de mon département, ont renouvelé tous mes regrets sur le passé. Ne croyez pourtant pas que ce soit là ce qui me fait rabâcher sur ce passé, comme je le fais dans les observations ci-jointes ; c'est certainement pour répondre de mon mieux à l'honnêteté que vous mettez vis-à-vis de moi, et à votre confiance. Je vous réponds comme je ferais à mon frère. Je n'ai qu'une inquiétude, comme vous le verrez ; je la fonde précisément sur votre zèle pour le bien et sur l'envie bien naturelle qu'on a de jouir, car l'âme honnête comme la vôtre jouit plus du bien qu'elle fait, regrette plus celui qu'elle ne fait pas encore, que ceux même qui en profitent le plus directement. Je vous exhorte à mettre dans votre marche toute la lenteur de la prudence ; j'irais jusqu'à vous indiquer, si cela vous était possible comme à moi, et si vous n'aviez pas depuis longtemps pris couleur, à masquer vos vues et votre opinion, vis-à-vis de l'*enfant* que vous avez à gouverner et à guérir. Vous ne pouvez pas vous empêcher de jouer le rôle du *dentiste*, soit ; mais autant que vous le pourrez, ayez l'air sinon de tourner le dos à votre but du moins d'y marcher à pas très lents. Qu'on eut, en 1764, fixé le taux prohibitif à 25 livres [a], ce qui était absolument égal aux négociants et au commerce, je vous assure que tout était dit et pour toujours, et qu'on l'aurait ensuite porté plus haut, plus bas, comme on aurait voulu, sans que le peuple y eut seulement pris garde.

Je n'en veux pour exemple que la viande de boucherie, qui est pour le peuple de Paris une denrée en quelque sorte de première nécessité comme le *pain blanc*. J'ai eu le temps d'établir l'extradition libre des bestiaux, sans que ni les mortalités qui sont survenues, ni aucun autre accident aient seulement fait penser à revenir à cet égard sur ses pas.

2. *Arrêt du Conseil établissant la liberté du commerce des grains et des farines à l'intérieur de Royaume et la liberté de l'importation* [b].

[Recueil des Édits, 1774, 2ᵉ sem. — D. P., VII, 10. — D. D., II, 169.]

---

[a] Au lieu de 12 l. 10 s. le quintal, pour la prohibition de l'exportation, dans l'Édit de juillet 1764.
[b] Turgot avait tout d'abord projeté une réforme plus complète et voulait établir la liberté de l'exportation ; un projet, en ce sens, existe aux Archives du château de Lantheuil.
Ses adversaires lui reprochèrent sa modération comme une inconséquence et trouvèrent son préambule pédantesque (*Journal histor.*, 11 septembre). Ses amis regrettèrent les soins apportés à la rédaction du projet en raison des retards qui en étaient résultés. Mais le préambule fit une grande sensation.
Turgot n'ignorait pas que le bienfait du monarque contrariait des intérêts particuliers assez puissants et qui sauraient tirer parti des anciens préjugés pour diminuer autant qu'ils le pourraient, aux yeux de la nation, le prix d'un des plus grands services qu'il fût possible de lui rendre (Du Pont, *Mém.*, 154).
Il fit vendre, avec la seule précaution que ce fut successivement et au cours du marché, environ 170 000 setiers de blé trouvés dans les magasins de la Compagnie qui avait eu les Commissions du Roi. Il fit louer les magasins et les moulins dont la Compagnie avait eu l'usage. Cette opération, rassurante pour le commerce… fit rentrer au trésor 4 000 000 l. (Du Pont, *Mém.*, 184).

(La liberté du commerce est le meilleur moyen d'établir l'équilibre entre le superflu et le nécessaire. — Les approvisionnements par les soins du gouvernement sont voués à l'insuccès. — Le gouvernement ne peut être le maître des prix. — La cherté en temps de disette est inévitable. — Le gouvernement, en intervenant, ne peut que retarder le mal en l'aggravant. — La déclaration du 25 mai 1763 doit être rétablie. — La réexportation est permise).

Versailles, 13 septembre.

Le Roi s'étant fait rendre compte du prix des grains dans les différentes parties de son royaume, des lois rendues successivement sur le commerce de cette denrée, et des mesures qui ont été prises pour assurer la subsistance des peuples et prévenir la cherté ; S. M. a reconnu que ces mesures n'ont point eu le succès qu'on s'en était promis.

Persuadée que rien ne mérite de sa part une attention plus prompte, elle a ordonné que cette matière fût de nouveau discutée en sa présence, afin de ne se décider qu'après l'examen le plus mûr et le plus réfléchi.

Elle a vu, avec la plus grande satisfaction, que les plans les plus propres à rendre la subsistance de ses peuples moins dépendante des vicissitudes des saisons se réduisent à observer l'exacte justice, à maintenir les droits de la propriété et la liberté légitime de ses sujets.

En conséquence, elle s'est résolue à rendre au commerce des grains, dans l'intérieur de son royaume, la liberté qu'elle regarde comme l'unique moyen de prévenir, autant qu'il est possible, les inégalités excessives dans les prix, et d'empêcher que rien n'altère le prix juste et naturel que doivent avoir les subsistances, suivant la variation des saisons et l'étendue des besoins.

En annonçant les principes qu'elle a cru devoir adopter et les motifs qui ont fixé sa décision, elle veut développer ces motifs, non seulement par un effet de sa bonté et pour témoigner à ses sujets qu'elle se propose de les gouverner toujours comme un père conduit ses enfants, en mettant sous leurs yeux leurs véritables intérêts, mais encore pour prévenir ou calmer les inquiétudes que le peuple conçoit si aisément sur cette matière et que la seule instruction peut dissiper ; surtout pour assurer davantage la subsistance des peuples, en augmentant la confiance des négociants dans les dispositions auxquelles elle ne donne la sanction de son autorité qu'après avoir vu qu'elles ont pour base immuable la raison et l'utilité reconnues.

S. M. s'est donc convaincue que la variété des saisons et la diversité des terrains, occasionnant une très grande inégalité dans la quantité des productions d'un canton à l'autre et d'une année à l'autre dans le même canton, la récolte de chaque canton se trouvant, par conséquent, quelquefois au-dessus, et quelquefois au-dessous du nécessaire pour la subsistance des habitants, le peuple ne peut vivre dans les lieux et dans les années où les moissons ont manqué, qu'avec des grains, ou apportés des lieux favorisés par l'abondance, ou conservés des années antérieures ; qu'ainsi le transport et la garde des grains sont, après la production, les seuls moyens de prévenir la disette des subsistances, parce que ce sont les seuls moyens de communication qui fassent du superflu la ressource du besoin.

La liberté de cette communication est nécessaire à ceux qui manquent de la denrée, puisque, si elle cessait un moment, ils seraient réduits à périr.

Elle est nécessaire à ceux qui possèdent le superflu, puisque sans elle ce superflu n'aurait aucune valeur et que les propriétaires, ainsi que les laboureurs, avec plus de grains qu'il ne leur en faut pour se nourrir, seraient dans l'impossibilité de subvenir à leurs besoins, à leurs dépenses de toute espèce et aux avances de la culture indispensables pour assurer la production de l'année qui doit suivre.

Elle est salutaire pour tous, puisque ceux qui, dans un moment, se refuseraient à partager ce qu'ils ont avec ceux qui n'ont pas, se priveraient du droit d'exiger les mêmes secours lorsqu'à leur tour ils éprouveront les mêmes besoins ; et que, dans les alternatives de l'abondance et de la disette, tous seraient exposés tour à tour aux derniers degrés de la misère, qu'ils seraient assurés d'éviter tous en s'aidant mutuellement.

Enfin, elle est juste, puisqu'elle est et doit être réciproque, puisque le droit de se procurer, par son travail et par l'usage légitime de ses propriétés, les moyens de subsistance préparés par la Providence à tous les hommes, ne peut être sans injustice ôté à personne.

Cette communication qui se fait par le transport et la garde des grains, et sans laquelle toutes les provinces souffriraient alternativement, ou la disette, ou la non-valeur, ne peut être établie que de deux manières, ou par l'entremise du commerce laissé à lui-même, ou par l'intervention du gouvernement. Les réflexions et l'expérience prouvent également que la voie du commerce libre est, pour fournir aux besoins du peuple, la plus sûre, la plus prompte, la moins dispendieuse et la moins sujette à inconvénients.

Les négociants, par la multitude des capitaux dont ils disposent, par l'étendue de leurs correspondances, par la promptitude et l'exactitude des avis qu'ils reçoivent, par l'économie qu'ils savent mettre dans leurs opérations, par l'usage et l'habitude de traiter les affaires de commerce, ont des moyens et des ressources qui manquent aux administrateurs les plus éclairés et les plus actifs.

Leur vigilance, excitée par l'intérêt, prévient les déchets et les pertes ; leur concurrence rend impossible tout monopole, et le besoin continuel où ils sont de faire rentrer leurs fonds promptement pour entretenir leur commerce, les engage à se contenter de profits médiocres ; d'où il arrive que le prix des grains, dans les années de disette, ne reçoit guère que l'augmentation inévitable qui résulte des frais et risques du transport ou de la garde.

Ainsi, plus le commerce est libre, animé, étendu, plus le peuple est promptement, efficacement et abondamment pourvu ; les prix sont d'autant plus uniformes, ils s'éloignent d'autant moins du prix moyen et habituel sur lequel les salaires se règlent nécessairement.

Les approvisionnements faits par les soins du gouvernement ne peuvent avoir les mêmes succès.

Son attention, partagée entre trop d'objets, ne peut être aussi active que celle des négociants, occupés de leur seul commerce.

Il connaît plus tard, il connaît moins exactement, et les besoins, et les ressources.

Ses opérations, presque toujours précipitées, se font d'une manière plus dispendieuse.

Les agents qu'il emploie, n'ayant aucun intérêt à l'économie, achètent plus chèrement, transportent à plus grands frais, conservent avec moins de précaution ; il se perd, il se gâte beaucoup de grains.

Ces agents peuvent, par défaut d'habileté, ou même par infidélité, grossir à l'excès la dépense de leurs opérations. Ils peuvent se permettre des manœuvres coupables à l'insu du gouvernement.

Lors même qu'ils en sont le plus innocents, ils ne peuvent éviter d'en être soupçonnés, et le soupçon rejaillit toujours sur l'administration qui les emploie, et qui devient odieuse au peuple, par les soins mêmes qu'elle prend pour le secourir. De plus, quand le gouvernement se charge de pourvoir à la subsistance des peuples en faisant le commerce des grains, il fait seul ce commerce, parce que, pouvant vendre à perte, aucun négociant ne peut sans témérité s'exposer à sa concurrence.

Dès lors, l'administration est seule chargée de remplir le vide des récoltes.

Elle ne le peut qu'en y consacrant des sommes immenses, sur lesquelles elle fait des pertes inévitables.

L'intérêt de ses avances, le montant de ses pertes, forment une augmentation de charges pour l'État, et, par conséquent, pour les peuples, et deviennent un obstacle aux secours bien plus justes et plus efficaces que le Roi, dans les temps de disette, pourrait répandre sur la classe indigente de ses sujets. Enfin, si les opérations du gouvernement sont mal combinées et manquent leur effet, si elles sont trop lentes, et si les secours n'arrivent point à temps, si le vide des récoltes est tel que les sommes destinées à cet objet par l'administration soient insuffisantes, le peuple, dénué des ressources que le commerce réduit à l'inaction ne peut plus lui apporter, reste abandonné aux horreurs de la famine et à tous les excès du désespoir. Le seul motif qui ait pu déterminer les administrateurs à préférer ces mesures dangereuses aux ressources naturelles du commerce libre a, sans doute, été la persuasion que le gouvernement se rendrait par là maître du prix des subsistances, et pourrait, en tenant les grains à bon marché, soulager le peuple et prévenir ses murmures.

L'illusion de ce système est cependant aisée à reconnaître.

Se charger de tenir les grains à bon marché lorsqu'une mauvaise récolte les a rendus rares, c'est promettre au peuple une chose impossible et se rendre responsable à ses yeux d'un mauvais succès inévitable.

Il est impossible que la récolte d'une année, dans un lieu déterminé, ne soit pas quelquefois au-dessous du besoin des habitants, puisqu'il n'est que trop notoire qu'il y a des récoltes fort inférieures à la production de l'année commune, comme il y en a de fort supérieures.

Or, l'année commune des productions ne saurait être au-dessus de la consommation habituelle. Car le blé ne vient qu'autant qu'il est semé ; le laboureur ne peut semer qu'autant qu'il est assuré de trouver, par la vente de ses récoltes, le dédommagement de ses peines et de ses frais, et la rentrée de toutes ses avances, avec l'intérêt et le profit qu'elles lui auraient rapportés dans toute autre profession que celle de laboureur.

Or, si la production des mauvaises années était égale à la consommation, si celle des années moyennes était, par conséquent, au-dessus, et celle des années abondantes incomparablement plus forte, le prix des grains serait tellement bas, que le laboureur retirerait moins de ses ventes qu'il ne dépenserait en frais.

Il est évident qu'il ne pourrait continuer un métier ruineux, et qu'il n'aurait de ressource que de semer moins de grains, en diminuant sa culture d'année en année, jusqu'à ce que la production moyenne, compensation faite des années stériles, se trouvât correspondre exactement à la consommation habituelle.

La production d'une mauvaise année est donc nécessairement au-dessous des besoins.

Dès lors, le besoin étant aussi universel qu'impérieux, chacun s'empresse d'offrir à l'envi un prix plus haut de la denrée pour s'en assurer la préférence.

Non seulement ce renchérissement est inévitable, mais il est l'unique remède possible de la rareté, en attirant la denrée par l'appât du gain. Car puisqu'il y a un vide, et que ce vide ne peut être rempli que par les grains réservés des années précédentes ou apportés d'ailleurs, il faut bien que le prix ordinaire de la denrée soit augmenté du prix de la garde ou de celui du transport ; sans l'assurance de cette augmentation, l'on n'aurait point gardé la denrée, on ne l'apporterait pas ; il faudrait donc qu'une partie du peuple manquât du nécessaire et pérît.

Quelques moyens que le gouvernement emploie, quelques sommes qu'il prodigue, jamais, et l'expérience l'a montré dans toutes les occasions, il ne peut empêcher que le blé ne soit cher quand les récoltes sont mauvaises.

Si, par des moyens forcés, il réussit à retarder cet effet nécessaire, ce ne peut être que dans quelque lieu particulier, pour un temps très court ; et en croyant soulager le peuple, il ne fait qu'assurer et aggraver ses malheurs.

Les sacrifices faits par l'administration, pour procurer ce bas prix momentané, sont une aumône faite aux riches au moins autant qu'aux pauvres, puisque les personnes aisées consomment, soit par elles-mêmes, soit par la dépense de leurs maisons, une très grande quantité de grains.

La cupidité sait s'approprier ce que le gouvernement a voulu perdre, en achetant au-dessous de son véritable prix une denrée sur laquelle le renchérissement qu'elle prévoit, avec une certitude infaillible, lui promet des profits considérables. Un grand nombre de personnes, par la crainte de manquer, achètent beaucoup au delà de leurs besoins, et forment ainsi une multitude d'amas particuliers de grains qu'elles n'osent consommer, qui sont entièrement perdus pour la subsistance des peuples, et qu'on retrouve quelquefois gâtés après le retour de l'abondance.

Pendant ce temps, les grains du dehors, qui ne peuvent venir qu'autant qu'il y a du profit à les apporter, ne viennent point. Le vide augmente par la consommation journalière ; les approvisionnements, par lesquels on avait cru soutenir le bas prix, s'épuisent ; le besoin se montre tout à coup dans toute son étendue, et lorsque le temps et les moyens manquent pour y remédier.

C'est alors que les administrateurs, égarés par une inquiétude qui augmente encore celle des peuples, se livrent à des recherches effrayantes dans les maisons des citoyens, se permettent d'attenter à la liberté, à la propriété, à l'honneur des commerçants, des laboureurs, de tous ceux qu'ils soupçonnent de posséder des grains. Le commerce vexé, outragé, dénoncé à la haine du peuple, fuit de plus en plus ; la terreur monte à son comble ; le renchérissement n'a plus de bornes, et toutes les mesures de l'administration sont rompues.

Le gouvernement ne peut donc se réserver le transport et la garde des grains sans compromettre la subsistance et la tranquillité des peuples. C'est par le commerce seul, et par le commerce libre, que l'inégalité des récoltes peut être corrigée.

Le Roi doit donc à ses peuples d'honorer, de protéger, d'encourager d'une manière spéciale le commerce des grains, comme le plus nécessaire de tous.

S. M. ayant examiné, sous ce point de vue, les règlements auxquels ce commerce a été assujetti, et qui, après avoir été abrogés par la Déclaration du 25 mai 1763, ont été renouvelés par l'Arrêt du 23 décembre 1770, elle a reconnu que ces règlements renferment des dispositions directement contraires au but qu'on aurait dû se proposer ;

Que l'obligation, imposée à ceux qui veulent entreprendre le commerce des grains, de faire inscrire sur les registres de la police, leurs noms, surnoms, qualités et demeures, le lieu de leurs magasins et les actes relatifs à leurs entreprises, flétrit et décourage le commerce par la défiance qu'une telle précaution suppose de la part du gouvernement ; par l'appui qu'elle donne aux soupçons injustes du peuple ; surtout, parce qu'elle tend à mettre continuellement la matière de ce commerce et, par conséquent, la fortune de ceux qui s'y livrent, sous la main d'une autorité qui semble s'être réservé le droit de les ruiner et de les déshonorer arbitrairement ;

Que ces formalités avilissantes écartent nécessairement de ce commerce tous ceux d'entre les négociants qui, par leur fortune, par l'étendue de leurs combinaisons, par la multiplicité de leurs correspondances, par leurs lumières et l'honnêteté de leur caractère, seraient les seuls propres à procurer une véritable abondance ;

Que la défense de vendre ailleurs que dans les marchés surcharge, sans aucune utilité, les achats et les ventes des frais de voiture au marché, des droits de hallage, magasinage et autres également nuisibles au laboureur qui produit et au peuple qui consomme ;

Que cette défense, en forçant les vendeurs et les acheteurs à choisir pour leurs opérations les jours et les heures des marchés, peut les rendre tardives, au grand préjudice de ceux qui attendent, avec toute l'impatience du besoin, qu'on leur porte la denrée ;

Qu'enfin, n'étant pas possible de faire dans les marchés aucun achat considérable sans y faire hausser extraordinairement les prix, et sans y produire un vide subit qui, répandant l'alarme, soulève les esprits du peuple, défendre d'acheter hors des marchés, c'est mettre tout négociant dans l'impossibilité d'acheter une quantité de grains suffisante pour secourir d'une manière efficace les provinces qui sont dans le besoin ; d'où il résulte que cette défense équivaut à une interdiction absolue du transport et de la circulation des grains d'une province à l'autre

Qu'ainsi, tandis que l'Arrêt du 23 décembre 1770 assurait expressément la liberté du transport de province à province, il y mettait, par ses autres dispositions, un obstacle tellement invincible que, depuis cette époque, le commerce a perdu toute activité, et qu'on a été forcé de recourir, pour y suppléer, à des moyens extraordinaires, onéreux à l'État, qui n'ont point rempli leur objet et qui ne peuvent ni ne doivent être continués.

Ces considérations, mûrement pesées, ont déterminé S. M. à remettre en vigueur les principes établis par la Déclaration du 25 mai 1763 ; à délivrer le commerce des grains des formalités et des gênes auxquelles on l'avait depuis assujetti par le renouvellement de quelques anciens règlements ; à rassurer les négociants contre la crainte de voir leurs opérations traversées par des achats faits pour le compte du gouvernement. Elle les invite tous à se livrer à ce commerce ; elle déclare que son intention est de les soutenir par sa protection la plus signalée ; et, pour les encourager d'autant plus à augmenter dans le Royaume la masse des subsistances, en y introduisant des grains étrangers, elle leur assure la liberté d'en disposer à leur gré ; elle veut s'interdire à elle-même et à ses officiers toutes mesures contraires à la liberté et à la propriété de ses sujets, qu'elle défendra toujours contre toute atteinte injuste.

Mais, si la Providence permettait que, pendant le cours de son règne, ses provinces fussent affligées par la disette, elle se promet de ne négliger aucun moyen pour procurer des secours vraiment efficaces à la portion de ses sujets qui souffre le plus des calamités publiques.

À quoi voulant pourvoir : ouï le rapport du Sr Turgot, ... le Roi, étant en son Conseil, a ordonné et ordonne ce qui suit :

Art. I. Les art. I et II de la Déclaration du 25 mai 1763 seront exécutés suivant leur forme et teneur ; en conséquence, il sera libre à toutes personnes, de quelque qualité et condition qu'elles soient, de faire, ainsi que bon leur semblera, dans l'intérieur du Royaume, le commerce des grains et des farines, de les vendre et acheter en quelques lieux que ce soit, même hors des halles et marchés ; de les garder et voiturer à leur gré, sans qu'ils puissent être astreints à aucune formalité ni enregistrement, ni soumis à aucunes prohibitions ou contraintes, sous quelque prétexte que ce puisse être, en aucun cas et en aucun lieu du Royaume.

II. Fait S. M. très expresses inhibitions et défenses à toutes personnes, notamment aux juges de police, à tous ses autres officiers et à ceux des seigneurs, de mettre aucun obstacle à la libre circulation des grains et des farines de province à province ; d'en arrêter le transport sous quelque prétexte que ce soit, comme aussi de contraindre aucun marchand, fermier, laboureur ou autres, de porter des grains ou farines au marché, ou de les empêcher de vendre partout où bon leur semblera.

III. S. M., voulant qu'il ne soit fait à l'avenir aucun achat de grains ni de farines pour son compte, elle fait très expresses inhibitions et défenses à toutes personnes de se dire chargées de faire de semblables achats pour elle et par ses ordres, se réservant dans les cas de disette, de procurer à la partie indigente de ses sujets les secours que les circonstances exigeront.

IV. Désirant encourager l'introduction des blés étrangers dans ses États et assurer ce secours à ses peuples, S. M. permet à tous ses sujets et aux étrangers qui auront fait entrer des grains dans le Royaume d'en faire telles destinations et usages que bon leur semblera, même de les faire ressortir sans payer aucuns droits, en justifiant que les grains sortants sont les mêmes qui ont été apportés de l'étranger ; se réservant, au surplus, S. M. de donner des marques de sa protection spéciale à ceux de ses sujets qui auront fait venir des blés étrangers dans les lieux du Royaume où le besoin s'en serait fait sentir ;

N'entendant S. M. statuer quant à présent, et jusqu'à ce que les circonstances soient devenues plus favorables, sur la liberté de la vente hors du Royaume ;

Déroge S. M. à toutes lois et règlements contraires aux dispositions du présent Arrêt sur lequel seront toutes lettres nécessaires expédiées.

3. *Circulaires notifiant l'Arrêt du Conseil aux Intendants.*

[A. Calvados, C. 2627, 8].

(Mesures à prendre pour maintenir la liberté et l'ordre. — Ouverture éventuelle d'ateliers de charité. — Primes à l'importation.)

Versailles, 19 septembre.

Je vous envoie l'Arrêt que S. M. vient de rendre sur le commerce des grains et je vous prie de le faire publier et afficher dans les lieux accoutumés de votre généralité.

Cet arrêt délivre la circulation intérieure des entraves qu'on y avait mises et qui, laissant subsister le nom de liberté, en détruisent l'effet. S.

M., informée du haut prix du blé dans quelques provinces, et voulant leur laisser les moyens de recevoir d'un commerce libre, les secours qu'elles peuvent tirer de l'intérieur du Royaume, a cherché à multiplier ces secours et à favoriser l'introduction des blés étrangers. Dans cette vue, elle se propose d'exciter tous les commerçants à ces utiles spéculations et d'employer son autorité pour les faire jouir de toute la liberté que leurs opérations exigent. Vous pouvez les assurer que, dès ce moment, tout achat cessera de la part du Gouvernement et qu'ils n'auront point à craindre sa concurrence. Je vous prie d'encourager tous les négociants de votre Généralité qui sont à portée d'entreprendre le commerce, soit des grains nationaux, soit surtout des grains étrangers, à se livrer à ce commerce et à faciliter par ce moyen la subsistance de votre province ou de toute autre province du Royaume. Vous voudrez bien m'instruire du succès de vos soins et je vous prie d'assurer les négociants qui rempliront à cet égard les intentions de S. M. que je me souviendrai, dans toutes les occasions, des services qu'ils auront rendus. Au surplus, je ne doute point, M., que vous ne veilliez avec votre zèle et votre attention ordinaires, à l'exécution de l'Arrêt que je vous envoie, et que vous ne vous portiez avec d'autant plus de vigilance à ranimer la liberté de la circulation intérieure, que vous avez vu les effets qui ont résulté des gênes et des prohibitions.

Ce sont principalement les Juges de police et leurs officiers subalternes qu'il est nécessaire d'instruire.

Je compte que MM. les Procureurs Généraux, d'après la lettre dont je vous envoie copie, ne négligeront rien pour les maintenir dans leur devoir par rapport à cet objet. Je vous prie aussi de faire avertir ces Juges et leurs officiers que S. M. ne permettra point que, sous quelque prétexte que ce soit, ils donnent aucune atteinte à la liberté qui vient d'être établie et qu'elle réprimera, avec la plus grande attention, toutes les entreprises qui y seraient contraires. Vous devez veiller aussi à écarter et même à prévenir tout mouvement et tout obstacle aux transports qui pourrait venir de la part du peuple trop peu éclairé sur ses vrais intérêts. Vous devez vous procurer et entretenir relativement à cet objet important des correspondances exactes pour connaître, dans les différents cantons de votre généralité, la disposition des esprits : je suis persuadé que, s'ils venaient à s'échauffer, vous ne négligeriez aucun moyen pour les calmer avant qu'ils se portassent à quelqu'acte d'éclat et pour en découvrir les instigateurs.

Au reste, la résolution où est S. M. de n'employer d'autres moyens que ceux du commerce libre, pour assurer la subsistance de ses peuples, ne l'empêchera pas de procurer des secours à la classe indigente de ses sujets, dans le cas où les intempéries des saisons auraient porté les grains à un prix supérieur aux facultés des pauvres.

Je compte sur votre attention à m'instruire de ce que pourraient exiger à cet égard les circonstances locales ; et je vous prie de me faire part de vos réflexions à ce sujet.

Des ateliers de charité, ouverts dans les lieux où la disette se fait le plus sentir, paraissent être un des moyens dont l'expérience a le plus fait connaître l'utilité.

Le Roi pourrait aussi se porter, si les circonstances l'exigeaient, à accorder sur votre demande, des primes à tous les négociants qui auraient introduit, dans les lieux hors de la portée du commerce ordinaire, des grains venus de l'étranger et dont la bonne qualité aurait été constatée.

S. M. est déterminée à ne pas employer d'autres moyens. Son intention est de faire expédier sur cet Arrêt, les Lettres patentes nécessaires pour en faire connaître les dispositions à ses Cours, auxquelles l'enregistrement en sera proposé après les vacances. Je ne crois pas nécessaire, d'après cet Arrêt, de vous prévenir que vous ne devez donner aucune suite aux procédures qui peuvent avoir été faites et aux jugements que vous auriez rendus, d'après les dispositions des Arrêts par lesquels il avait été dérogé à la Déclaration du 25 Mai 1763.

P. S. — Vous trouverez ci-joint une copie de la lettre que j'écris aux Chambres de commerce ; je vous prie de la faire aussi connaître promptement aux négociants des villes de votre généralité où il n'y a point de Chambre du Commerce.

4. *Circulaire aux Procureurs généraux sur le même sujet.*

[A. Calvados, C. 2627, 6.]

(Instructions à donner aux juges de police. — Mesures exceptionnelles en cas de cherté. — Les Cours souveraines seront saisies de Lettres patentes.)

Paris, 19 septembre.

Le Roi s'est déterminé à rendre un Arrêt dont vous trouverez ci-joint quelques exemplaires et qui, en ordonnant l'exécution de la Déclaration du 25 Mai 1763, rétablit la liberté de la circulation intérieure des grains dans tout le Royaume et la délivre de toutes les formalités et des entraves qui l'arrêtaient. S. M. est persuadée que vous emploierez tous vos soins à faciliter l'exécution de l'Arrêt, et à contenir les juges de police de votre ressort qui, par attachement à d'anciennes formalités ou par toutes autres vues, pourraient se porter à la troubler. Je vous prie de faire savoir à tous les Juges que S. M. ne permettra point que, sous quelque prétexte que ce soit, ils donnent la moindre atteinte à la liberté qui vient d'être établie et qu'elle est résolue de réprimer toutes les entreprises qui pourraient l'altérer. Le moyen le plus propre à les faire entrer dans vos vues serait de les instruire, de leur faire sentir que la communication des denrées entre les différentes provinces du Royaume, assure la subsistance de toutes ; que s'ils pouvaient être autorisés à susciter des obstacles pour empêcher les secours de parvenir à des voisins indigents, ceux-ci auraient également droit de refuser à leur district la subsistance nécessaire, lorsque la disette y deviendrait excessive ; que les diverses entraves que S. M. détruit aujourd'hui, anéantissaient dans le fait la circulation intérieure, en paraissant la laisser libre ; qu'elles écartaient les honnêtes négociants pour le refus qu'ils faisaient de se prêter à des formalités qui réveillaient contre eux l'odieux préjugé du peuple ; qu'elles les empêchaient de venir au secours des provinces menacées de disette avec la célérité et l'étendue qu'exigent des besoins pressants, le peuple ne souffrant jamais sans murmure et sans émotion qu'on enlève une grande quantité de grains des halles et des marchés, qu'on l'a malheureusement accoutumé à regarder comme le centre et le gage de son approvisionnement particulier ; de sorte qu'obliger les négociants qui, pour le secours de toute une province, doivent faire de grands achats, de les exécuter dans les marchés, c'est les forcer à se pourvoir lentement, à laisser par cette lenteur un grand nombre de sujets du Roi périr dans la disette et à n'arriver dans leur secours que lorsque le temps de la vente et les besoins seront passés. Vous êtes plus en état que personne de donner à ces Juges de si utiles instructions et toutes les autres que vous suggéreront vos lumières et, si elles ne faisaient pas sur leur esprit l'effet que l'on doit espérer, vous emploierez votre vigilance à en prévenir toutes les suites.

Je compte aussi que vous veillerez avec le plus grand zèle à écarter et même à prévenir tout mouvement et tout obstacle aux transports, qui pourraient venir de la part du peuple trop peu éclairé sur ses vrais intérêts.

C'est surtout contre ceux qui excitent le peuple et qui cherchent à l'échauffer que votre vigilance doit être en garde. Si le prix des grains s'élevait à un taux où le peuple ne pourrait atteindre avec les salaires ordinaires, S. M. pourvoirait aux besoins des pauvres par toute autre voie que par celle des approvisionnements faits en son nom et pour son compte, soit en facilitant au peuple les moyens de gagner par son travail des salaires suffisants, soit même, si les circonstances l'exigeaient absolument, en ordonnant qu'il serait accordé des primes à tous les négociants qui auraient introduit dans les lieux hors de la portée du commerce ordinaire, des grains venus de l'étranger et dont la bonne qualité aurait été constatée. Le Roi est déterminé à ne pas employer d'autres moyens.

Les principes que S. M. me charge de vous annoncer ne sont comme vous le verrez par la lecture de l'Arrêt, que l'exécution de la Déclaration du 25 Mai 1763. L'intention du Roi est de faire expédier sur cet Arrêt les Lettres patentes nécessaires pour en faire connaître la disposition à ses Cours. S. M. se propose de vous les adresser immédiatement après les vacances, pour en requérir l'enregistrement ; mais l'inquiétude répandue depuis quelques mois dans les esprits a fait penser qu'on ne devait pas différer d'un moment à faire connaître aux peuples les principes que le Roi adopte, à rassurer le commerce et à hâter par ce moyen les secours que les provinces doivent en attendre et que le commerce seul peut leur procurer dans une abondance suffisante et aux moindres frais possibles.

Le Roi compte que vous sentirez cette nécessité et qu'en vous conformant sur-le-champ à ses intentions, vous vous empresserez de lui procurer votre zèle pour le bien de ses peuples et pour la tranquillité publique.

5. *Circulaire aux Présidents des Chambres de commerce sur le même objet.*

[A. Calvados, C. 2627.]

19 septembre.

(Liberté de réexportation des grains étrangers. — Récompenses honorifiques aux négociants qui feront le commerce des grains.)

Le Roi vient de rétablir, M., les dispositions de la Déclaration du 25 Mai 1763, par rapport à la circulation libre des grains dans l'intérieur du Royaume. Ceux des négociants qui voudront se livrer au commerce de cette denrée si nécessaire, ne seront, en conséquence, ni obligés de faire inscrire leurs noms et leurs polices sur aucun registre public, ni assujettis à n'acheter que dans les marchés. S. M. se propose, d'ailleurs, de leur accorder pour ce genre de commerce, une protection particulière. Elle veut aussi encourager l'importation des blés étrangers et, dans cette vue, elle accorde au commerce la faculté de réexporter les grains d'origine étrangère qu'il aura introduits dans le Royaume, ainsi que vous le verrez par l'Arrêt que M. l'Intendant rendra public.

Comme S. M. désire beaucoup qu'il y ait des négociants d'un ordre distingué qui se livrent à des opérations si utiles, j'écris à M. l'Intendant de les exciter à répondre aux intentions du gouvernement et vous pouvez être assuré que je me souviendrai, dans toutes les occasions, de ceux qui se seront portés avec zèle à assurer la subsistance de leurs concitoyens. Vous ne devez pas craindre la concurrence du gouvernement. S'il y a dans quelques villes des grains pour le compte de S. M., les ordres sont donnés pour que la vente en soit faite. Et, comme il ne sera pas fait à l'avenir de pareils achats, ceux que vous ferez, pour votre compte, pourront vous être aussi avantageux que salutaires aux peuples. Vous me ferez plaisir d'entreprendre vous-même et de porter les autres négociants de votre place à entreprendre ce commerce dans cette année. Vous m'informerez du succès de vos soins, et vous me ferez savoir s'il y a lieu de compter sur des efforts de votre part et de la leur. Au surplus, je dois vous prévenir que toutes les marques de distinction et les places que S. M. est dans l'usage d'accorder à des négociants seront données par préférence, à ceux qui auront rendu ces services utiles.

P. S. — Comme M. l'Intendant pourrait n'être pas à portée de vous faire passer assez promptement le nouvel Arrêt, et qu'il est intéressant que vous puissiez faire vos dispositions sans perdre un instant, je joins à ma lettre plusieurs exemplaires de cet Arrêt.

6. Lettres patentes confirmant l'arrêt du Conseil.

[Recueil des Édits, 1774, 2e sem. — D. P., VII, 58. — D. D., II, 177.]

(Registrés au Parlement de Paris le 19 décembre.)

Fontainebleau, 2 novembre.

Louis… Occupé de tout ce qui peut intéresser la subsistance de nos peuples, nous avons fait examiner en notre présence les mesures qui avaient été prises sur cet objet important, et nous avons reconnu que les gênes et les entraves que l'on avait mises au commerce des grains, loin de prévenir la cherté et d'assurer des secours aux provinces affligées de la disette, avaient, en obligeant le gouvernement à se substituer au commerce qu'il avait écarté et découragé, concentré l'achat et la vente dans un petit nombre de mains, livré le prix des grains à la volonté et à la disposition de préposés qui les achetaient de deniers qui ne leur appartenaient pas, et fait parvenir la denrée, dans les lieux du besoin, à plus grands frais et plus tard que si elle avait été apportée par le commerce intéressé à réunir la célérité, la vigilance et l'économie. Ces considérations nous ont déterminé à rendre un Arrêt en notre Conseil le 13 septembre dernier, dans lequel, après avoir énoncé les principes et développé les motifs qui ont fixé notre décision, nous avons renouvelé l'exécution des art. I et II de la Déclaration rendue par le feu roi, notre très honoré seigneur et aïeul, le 28 mai 1763, et nous y avons ajouté les précautions que nous avons jugées nécessaires pour assurer entre les différentes provinces de notre royaume la liberté de la circulation, qui seule peut assurer la subsistance de toutes. À ces causes…,

Art. I, II, III, IV : maintien intégral des articles I, II, III, IV, de l'arrêt du Conseil du 13 septembre, sauf en ce qui concerne la clause dérogatoire de l'art. IV qui fut détachée et placée à l'article V ainsi conçu :

V. Dérogeons à tous Édits, Déclarations, Lettres Patentes et autres Règlements à ce contraires ; nous réservant de statuer incessamment par des Lettres Patentes qui vous seront adressées sur les Règlements particuliers à notre bonne ville de Paris ; n'entendons statuer quant à présent et jusqu'à ce que les circonstances soient devenues plus favorables sur la liberté de la vente hors du Royaume. Vous mandons par les Présentes que vous ayez à faire lire, publier et registrer ensemble l'Arrêt du ditjour 13 septembre dernier que nous entendons être exécuté selon sa forme et teneur.

(Le Parlement de Rouen n'enregistra les Lettres patentes que le 21 décembre 1775, et avec une modification importante. Turgot prépara un Arrêt de cassation. C'est sur cet arrêt que portent les observations ci-dessous de Miromesnil. Turgot passa outre ; l'arrêt fut cassé le 27 janvier.)

Avis du Garde des Sceaux (Miromesnil) avec les réponses de Turgot (en marge) sur un projet d'Arrêt du Conseil ayant pour objet la cassation d'une modification apportée par le Parlement de Rouen à l'enregistrement des Lettres patentes du 2 novembre.

Versailles, 28 décembre 1775.

J'ai examiné, M., le projet d'Arrêt du Conseil que vous m'avez remis hier pour prononcer la cassation de la modification opposée par le Parlement de Rouen à l'enregistrement qu'il a fait le 21 de ce mois des Lettres patentes du 2 novembre concernant le commerce des grains. Cette modification porte que *la Cour et les juges de police de son ressort continueront, comme par le passé, de veiller à ce que les halles soient suffisamment approvisionnées de blés.*

J'aimerais mieux, ainsi que vous, M., que le Parlement de Rouen n'eut pas mis cette modification à son enregistrement, mais je crois qu'avant de se déterminer à adopter le projet d'arrêt de cassation, il faut examiner : 1° les motifs qui y sont exposés ; 2° les avantages ou les inconvénients qui peuvent résulter de la cassation.

Certainement si un juge peut forcer un propriétaire de grains à les porter au marché, ce propriétaire n'est pas libre de le porter au marché. Certainement l'esprit de la Déclaration de 1763 et la conséquence de la lettre est que les juges de police ne puissent plus forcer personne à vendre son grain.

Aucune loi n'a jamais aboli les halles et marchés.

Le vrai motif de cassation est que l'arrêt d'enregistrement est destructif de la loi enregistrée.

Il n'est jamais nécessaire de faire garnir les marchés par autorité : la modification donne aux juges de police le droit de forcer à porter

1° La Déclaration du 25 mai 1763 permet à tous les sujets du Roi indistinctement de faire le commerce des grains librement, d'en avoir des magasins, d'en vendre et d'en acheter sans être inquiétés, ni astreints à aucune formalité ; elle permet le transport d'une province à l'autre sans congé, permission et formalité aucune ; elle affranchit les grains des droits de péage, passage, pontonnage et travers, à l'exception seulement des droits de halage, minage et autres droits de marchés.

L'on pourra vous objecter que la modification du Parlement de Rouen qui n'a pour objet que de conserver aux officiers de police sous l'autorité de la Cour, le droit de veiller à ce que les marchés soient approvisionnés, ne contrevient nullement à la Déclaration de 1763, puisque cette Déclaration, loin d'abolir les halles et les marchés, conserve les droits accordés à ceux qui en sont propriétaires, et chargés, par conséquent, de leur entretien, que d'ailleurs cette modification ne renouvelle pas les anciens règlements sur cette matière ni, par conséquent, la gêne que ces règlements apportaient au commerce des grains, puisqu'elle n'astreint à aucune formalité et qu'elle ne défend ni les achats chez les propriétaires, ni le transport de province à province, ni la faculté de faire des magasins.

Je vous avoue que je répugnerai à énoncer un moyen de contravention qui ne me paraît pas assez textuel, assez apparent, et qui, par conséquent, serait susceptible d'être discuté peut-être avec quelque avantage.

2° Je crois que l'on pourrait répondre au second motif que le soin que les officiers de police ou le Parlement prendraient de veiller à ce que les marchés fussent garnis, n'ayant pour objet que les cas où il serait nécessaire d'assurer au peuple des villes et bourgs considérables le moyen de trouver du blé, de la farine et du pain dans le lieu même de leur résidence sans être obligé d'aller en acheter chez les laboureurs, ne saurait nuire à ceux qui jugeront à propos de faire des magasins de grains, soit dans les villes, soit à la campagne, puisque sous prétexte de cette modification, il ne serait pas possible de les astreindre à aucune formalité.

3° Que, dans les endroits où le blé sera abondant, les marchés seront toujours si bien garnis que le juge de police ne sera pas dans le cas de se donner des mouvements pour y faire apporter du blé, que, par conséquent, rien n'empêchera alors ceux qui auront du blé, soit de leur récolte, soit par les magasins qu'ils auront faits, d'en vendre à qui ils voudront.

4° On pourrait objecter qu'il ne saurait résulter de la modification dont il s'agit un régime arbitraire de la part des juges, puisqu'elle ne les autorise ni à faire des recherches chez les particuliers, ni à dresser des procès-verbaux de la quantité des grains qui se trouvera chez les laboureurs et dans les magasins, ni à empêcher qui que ce soit d'acheter dans les halles, dans les maisons ou ailleurs, ni à régler la qualité des personnes qui achèteront ou vendront, ni à fixer les heures où les bourgeois, les boulangers et les meuniers achèteront.

5° Que les ordonnances des juges ne pourront concentrer les blés en aucun endroit puisqu'elles ne pourront avoir lieu que dans des cas de nécessité.

6° L'on pourra aussi objecter qu'il n'en résultera aucune incertitude pour les négociants, attendu qu'ils ne font jamais leurs spéculations que pour acheter des grains dans les endroits où ils sont à bas prix, pour les porter dans les endroits où ils sont assurés de les vendre plus cher.

---

au marché, car il n'y a pas d'autre moyen de faire garnir les marchés, et c'est le seul que les juges de police aient en main.

Elle ne les autorise pas nommément dans ce détail, mais il est évident que la modification ne saurait avoir d'autre objet, ni être interprétée autrement par ceux qui sont chargés de l'exécuter.

C'est précisément dans ces cas de nécessité qu'on a besoin de la plus grande liberté.

Voilà, M., les observations que je crois que l'on pourrait faire sur les motifs énoncés dans le vu du projet d'arrêt. Je vous avoue qu'elles me paraissent, en partie, avoir assez de force pour qu'il soit difficile de les détruire. Je conviendrai cependant qu'il y en a aussi quelques-unes qui sont susceptibles de réplique, mais je crois qu'en matière de cassation, il ne faut employer que des moyens clairs et évidents et qui ne soient ni ne puissent être controversés.

Pour traiter les avantages et les inconvénients qui peuvent résulter de la cassation, je crois qu'il faut examiner la véritable et la seule contravention que l'on puisse reprocher à la modification du Parlement.

L'article 2 des Lettres patentes du 2 novembre *défend nommément aux juges de police et autres officiers du Roi et des seigneurs de mettre aucun obstacle à la libre circulation des grains et farines de province à province, d'en arrêter le transport, sous quelque prétexte que ce soit, de contraindre aucun marchand, fermier, laboureur ou autres de porter des grains et farines au marché, ou de les empêcher de vendre on bon leur semblera.*

L'on ne peut se dissimuler que la modification du Parlement de Rouen, en réservant *aux juges de police et à la Cour la faculté de veiller comme par le passé à ce que les halles soient suffisamment approvisionnées*, semble contrevenir à la disposition des Lettres patentes qui défend de contraindre les propriétaires et possesseurs des grains et farines à les porter au marché et de les empêcher de vendre où bon leur semblera.

C'est un principe certain que les Cours peuvent apposer à leurs enregistrements des modifications lorsqu'elles n'ont pour objet et ne peuvent avoir d'autre effet que d'expliquer les dispositions de la loi et, par conséquent, d'en faciliter l'exécution, attendu que ces sortes de modifications sont une exécution plus parfaite de la volonté du souverain et non pas un obstacle opposé à son autorité ; mais qu'elles n'ont pas le droit d'atténuer ni de détruire le sens ou la lettre de la loi.

D'après ce principe incontestable, je ne puis disconvenir que la modification du Parlement de Rouen est contraire au texte et à l'esprit des Lettres patentes du 2 novembre et qu'elle ne peut avoir aucune force légale.

Il n'est donc pas douteux qu'elle peut être cassée par ce seul motif qui est assez fort pour justifier parfaitement la cassation.

Mais je ne sais si, dans le moment présent, il ne serait pas plus convenable de ne point donner l'arrêt de cassation.

Ou cet arrêt sera revêtu de Lettres patentes et envoyé au Parlement, ou il sera seulement envoyé aux intendants de la province pour le faire imprimer, afficher et publier.

Dans le premier cas, le Parlement fera des remontrances ; il faudra des Lettres de jussion, peut-être un enregistrement d'autorité. Le peuple de Rouen, toujours inquiet sur sa subsistance, toujours porté à s'émouvoir lorsqu'il craint de manquer de pain, susceptible comme partout ailleurs de terreur panique, murmurera et les négociants de Rouen qui le craignent ne voudront pas se livrer au commerce du blé dans l'appréhension de devenir l'objet de la haine du peuple ; alors l'abondance ne viendra pas, l'enregistrement sera inutile et votre objet principal ne sera pas rempli.

Si vous vous contentez de charger les intendants de l'exécution de l'Arrêt du Conseil, il sera imprimé et affiché ; il alarmera le peuple ; il sera dénoncé au Parlement qui n'a tant différé l'enregistrement des Lettres patentes que par la crainte des émotions populaires ; le Parlement voudra peut-être défendre sa modification par un effet de la même crainte ; alors la dispute recommencera ; les négociants éprouveront les terreurs auxquelles ils sont naturellement disposés et votre objet principal sera également manqué.

Ne croyez pas, je vous prie, M., que tout ce que je viens de vous dire soit dicté par des préjugés opposés à votre sentiment ; je pense comme vous sur le fonds de la matière importante dont il s'agit, mais la connaissance que j'ai du caractère des habitants de la Normandie, l'expérience que m'ont acquise quatorze ans d'administration dans cette province et le désir sincère que j'ai de concourir au succès de vos vues m'engagent à vous présenter ces observations.

Je crois qu'il serait plus à propos de ne rien faire quant à présent, sauf s'il arrivait que quelque juge de police fît une démarche indiscrète à casser son ordonnance ou à prendre telles mesures qu'il conviendrait suivant les circonstances ; ce ne serait alors qu'une affaire particulière, au lieu que l'arrêt de cassation occasionnerait une affaire générale sans aucun avantage réel.

Je profite, avec grand plaisir, de cette occasion pour vous renouveler les assurances des sentiments avec lesquels je vous suis, M., plus parfaitement attaché que je ne puis l'exprimer.

7. *Observations diverses sur l'Arrêt.*

VOLTAIRE. *Petit écrit sur l'arrêt du Conseil du 13 septembre 1774.* — « Nous gémissions depuis quelques années sous la nécessité qui nous était imposée de porter notre blé au marché de la chétive habitation qui se nomme capitale ; dans vingt villages, les seigneurs, les curés, les laboureurs, les artisans étaient forcés d'aller ou d'envoyer à grands frais à cette capitale. Si on vendait chez soi à son voisin un setier de blé, on était condamné à une amende de 500 livres et le blé, la voiture et les chevaux étaient saisis au profit de ceux qui venaient exercer cette rapine avec une bandoulière. Tout seigneur qui, dans son village, donnait du froment ou de l'avoine à un de ses vassaux était exposé à se voir puni comme un criminel. »

Lettre à D'Alembert du 30 septembre. — « Je viens de lire le chef-d'œuvre de Turgot, il me semble que voilà de nouveaux cieux et une nouvelle terre. »

Mlle de LESPINASSE. — *Lettre à de Guibert, 20 septembre.* — « Il paraîtra d'ici à peu de jours un édit sur le commerce intérieur des grains. Il sera motivé ; cette forme est nouvelle ; il me semble qu'elle doive convenir à la multitude, car les fripons et les gens de parti trouveront bien encore à critiquer. »

CONDORCET. — *Vie de Turgot*, 132. — « Il donna l'exemple utile de rendre au public un compte détaillé et raisonné des principes d'après lesquels les lois étaient rédigées et des motifs qui avaient déterminé les dispositions. »

BAUDEAU. — *Chronique, 7 septembre.* — « La Déclaration du 25 mai 1763 sur la liberté du commerce intérieur va être rétablie par Arrêt du Conseil. On passe l'éponge sur tous les barbouillages de l'abbé Terray. »

12 septembre. — « Le public attend une nouvelle loi sur la liberté du commerce des grains et des farines, et on en dit là-dessus de toutes les couleurs. Les uns pour, les autres contre ; mais les plus grandes absurdités sont dites par les gens de cour comme de raison. »

13 septembre. — « Les maltôtiers craignent fort le bon Turgot, ils se flattent que la liberté du commerce des grains le perdra. Les mauvais prêtres se mettent de la partie ; ces deux maudites cabales y perdront leur latin, à ce qu'il faut espérer. »

18 septembre. — « Il y a de beaux bruits contradictoires sur le futur Arrêt du Conseil : les uns disent que c'est l'exportation, les autres que c'est la confirmation des anciens principes ou tout au plus le changement d'une compagnie pour une autre. Les approvisionneurs Sorin et Doumerck se vantent de continuer leurs tripotages ; d'autres assurent qu'ils seront cassés. Les prêtres et les fripons cabalent en diables contre M. Turgot et même contre M. de Maurepas. »

19 septembre. — « L'arrêt qu'on annonçait pour aujourd'hui ne paraît point. »

20 septembre. — « Les tracasseries intérieures se continuent ; le Maurepas, le Vergennes, le Turgot sont d'une part ; le Muy, le Sartine, le Bertin de l'autre ; mais le second parti est divisé, la moitié est Choiseul, l'autre moitié est Maupeou, c'est-à-dire jésuitique et fanatique ; on ne les amalgamera jamais ensemble ; et le vieux Maurepas, qui en sait plus long qu'eux tous, les jouera sous jambe. »

21 septembre. — « Il paraît enfin, l'Arrêt du Conseil qui donne la liberté du commerce des grains dans l'intérieur sans rien statuer sur la vente à l'étranger, qui serait un épouvantail à chenevières pour le peuple. Cet arrêt est très bien fait ; il est reçu par le public avec beaucoup d'applaudissements ; les ennemis du bon Turgot sont un peu sots de la tournure de cet arrêt et de la sagesse des principes qu'il explique de la manière la plus claire. On n'y a point réservé les règlements de la ville et police de Paris ; au contraire, ils sont formellement abrogés et c'est un coup de parti. Paris sacrifiait tout le Royaume à son approvisionnement prétendu, c'est-à-dire dans le fait, aux droits des officiers de la Halle, car le mot approvisionnement n'était que le prétexte. »

22 septembre. — « Il n'est question que de l'Arrêt du Conseil ; les deux extrémités du peuple ne l'entendent point : savoir, les gens de la cour et du premier étage de la ville et ceux de la basse populace. J'ai remarqué depuis longtemps entre ces deux extrêmes une grande conformité de penchants et d'opinions ; il ne se trouve de lumières et de vertus que dans l'état mitoyen. Un bon gouvernement et une bonne instruction qui en est la suite tendent à retrancher de plus en plus à ces extrêmes et à grossir la classe mitoyenne. Au reste, je crois que M. Turgot a bien pris ses mesures pour empêcher sa loi de manquer son effet. »

Correspondance Métra. — « L'édit que M. Turgot a fait rendre sur la liberté du commerce des grains, et dont il est lui-même le rédacteur, a fait une sensation qui n'a encore rien perdu de sa force. Aucun ministre, sans en excepter les Sully, les Colbert, les d'Argenson, n'a fait parler à nos maîtres un langage plus noble et plus doux. C'est vraiment le ton d'un père qui fait part à ses enfants des mesures qu'il a prises pour assurer leur bien-être et qui désire que leur soumission soit aussi éclairée que volontaire. Enfin, la nation a lu avec transport dans cet édit, les mots de propriété et de liberté, termes retranchés depuis longtemps du dictionnaire de nos rois. »

Lettre des directeurs du commerce de la province de Guyenne. [a] — « Les négociants vont reprendre avec plaisir une branche de commerce immense abandonnée avec peine pour se soustraire aux gênes et aux calomnies auxquelles ce négoce les mettait en but. Tous se feront un honneur et un mérite de répondre aux vues bienfaisantes de Votre Grandeur en ramenant les grains au prix moyen des royaumes et des provinces les mieux traités dans leurs productions. »

MICHELET. — *Histoire de France*, Louis XVI, 206. — « Il y avait en France un misérable prisonnier, le blé, qu'on forçait de pourrir au lieu

---

[a] A. Gironde : *Chambre de commerce de Bordeaux*, lettre missive, 6ᵉ registre. — Foncin, 108.

même où il était né. Chaque pays tenait son blé captif ; les greniers de la Beauce pouvaient crever de grains, on ne les ouvrait pas aux voisins affamés. Chaque province séparée des autres était comme un sépulcre pour la culture découragée. On criait là-dessus depuis 100 ans. Récemment, on avait tenté d'abattre ces barrières, mais le peuple ignorant des localités y tenait ; plus la production semblait faible, plus le peuple avait peur de faire partir son blé. Ces paniques faisaient des émeutes. Pour relever l'agriculture par la circulation des grains, leur libre vente, il fallait un gouvernement fort, hardi. Turgot entrant au ministère, se mettant à sa table à l'instant, prépare et écrit l'admirable ordonnance de septembre, noble, claire, éloquente ; c'est la « Marseillaise du blé » donnée précisément la veille des semailles ; elle disait à peu près : Semez, vous êtes sûrs de vendre ; désormais, vous vendrez partout. Mot magique, dont la terre frémit ; la charrue prit l'essor et les bœufs semblaient réveillés. »

VÉRI. — *Journal*, 18 septembre. — L'arrêt du Conseil sur les grains, ne décide pas deux points : l'un l'exportation au dehors, et l'autre la libre fabrication du pain. Les imaginations effrayées et les personnes intéressées ne manqueraient pas d'attribuer la cherté actuelle à l'exportation quoiqu'elle ne puisse pas avoir lieu quand le blé est cher. Les boulangers privilégiés pourraient aussi inquiéter le peuple de Paris en refusant de fournir le marché de pain avant que la concurrence eût formé des boulangers libres.

Lorsque Turgot me lut le manuscrit de l'Arrêt, il me dit en riant : « On le trouvera diffus et plat, mais j'ai voulu le rendre si clair que cha-que juge de village put le faire comprendre aux paysans. C'est une matière sur laquelle l'opinion populaire peut beaucoup. J'ai voulu, d'ailleurs, publier d'avance les réponses aux représentations que des tribunaux, des intendants, des juges de province peuvent m'objecter. Je dé-sire enfin rendre cette vérité si triviale qu'aucun de mes successeurs ne puisse la contredire. »

31 décembre. — Le Parlement a enregistré l'Arrêt. On s'attendait à quelques difficultés puisque le dernier acte de l'ancien parlement, avant l'exil, avait été d'enregistrer l'Arrêt de 1770. Le torrent des opinions favorables à la liberté, les connaissances acquises par les parlementaires dans leur exil en différentes provinces, la conviction et même les désirs de presque tous les parlements de province pour cette liberté, enfin la certitude de la pureté des intentions du gouvernement, tous ces motifs ont fait surmonter les inquiétudes que l'approvisionnement de Paris pouvait donner.

Il est flatteur pour Turgot et les autres ministres que l'opinion de leurs vertus ait produit une confiance personnelle en eux par laquelle l'enregistrement a été plus unanimement accordé que par la conviction des principes de liberté. L'esprit de paix dont on conduit les opérations parlementaires a pénétré jusque dans les corps où l'aigreur avait dominé longtemps.

Janvier 1782. — Joly de Fleury envoya au Parlement un projet d'édit sur les grains conçu dans le système réglementaire ; il avait été dressé pour les environs de Paris seulement, mais était plus prohibitif que les règlements de l'abbé Terray. Le Parlement n'a pas voulu l'accepter et il n'y eut que 7 ou 8 suffrages pour l'enregistrement. Le ministre fut tout surpris : « J'ai pourtant, dit-il, puisé les dispositions de cet édit dans les différentes remontrances du Parlement. »

8. *Lettre à l'abbé... sur la liberté du commerce des grains.*

[Communiqué par le Colonel du Pont de Nemours.]

(La cherté est la conséquence inévitable de la rareté ; l'intervention du gouvernement l'accentue. — Il n'y a pas d'emplois pour tout le monde dans les services de l'État.)

J'ai reçu vos deux lettres, mon cher abbé. Je vous suis obligé du zèle qui dicte celle où vous me parlez du prix des blés. Je suis très fâché qu'ils soient chers. Mais il faut bien qu'ils le soient plus que dans les années ordinaires, puisque la dernière récolte a été beaucoup au-dessous de l'ordinaire, que les gerbes rendent fort peu de grains au battage, que le commerce est encore trop nouvellement libre pour faire des opérations étendues et apporter de grands et prompts secours ; et quand il serait plus animé, il aurait peine encore à en trouver de considérables, car les grains à présent sont à peu près au même prix dans toute l'Europe. Nul pouvoir humain ne saurait empêcher, quand les blés sont rares, qu'ils ne soient chers. Cette cherté est un remède, amer sans doute, mais nécessaire contre la disette. Elle tend à se diminuer elle-même en appelant, par l'appât du gain, les secours, étrangers ou nationaux, des endroits qui ont le moins de besoin à ceux qui en ont le plus. La seule chose que j'y puisse faire est de laisser à ces secours toute la liberté et toute la facilité possibles pour arriver ; et je le fais. C'est, en outre, d'aider les véritables pauvres par des ateliers de charité ; et je le fais ; il y en a dans toutes les provinces.

Si je suivais les vœux indiscrets du peuple, je ferais un grand mal. Faire venir des blés aux frais du gouvernement ne se pourrait que par un impôt. Tout impôt porte sur beaucoup de gens très pauvres. Serait-il juste de les faire contribuer pour que le pain fût à meilleur marché ?

Non seulement une telle opération ne serait pas juste, elle irait contre son objet ; les secours apparents qu'elle procurerait détruiraient beaucoup d'autres secours bien plus considérables et bien nécessaires, qui existent, qui opèrent plus ou moins et qui ne pourraient amener aucun bien si je m'en mêlais.

Il n'y a point de négociant qui veuille, puisse, ni doive tenter le commerce des blés en concurrence avec le gouvernement ; car le gouvernement peut et doit naturellement vouloir perdre sur les approvisionnements ; mais le commerçant ne peut vouloir que gagner. C'est son métier ; il est profitable au public puisqu'il amène la subsistance où est le besoin ; et le gain lui est indispensable pour continuer. Mais aucun marchand ne peut espérer de gagner où il sait qu'on veut vendre à perte. Il s'ensuit que, dès que quelqu'un se mêle du commerce, avec des ordres ou des instructions du gouvernement, ou entretient avec lui la moindre relation d'intérêt, la totalité des autres commerçants qui, réunis, avaient bien d'autres capitaux à consacrer à l'approvisionnement que ceux que le gouvernement peut y employer, se retire. Alors les fournisseurs de l'administration demeurent seuls à nourrir des provinces entières et n'y peuvent suffire. La disette la plus cruelle devient inévitable et sans remède.

Je ne vous parle point du danger d'être trompé par les agents qu'on emploierait, de l'inconvénient et de la honte de faire faire un monopole réel, sous prétexte et dans la vue d'en prévenir un imaginaire. Vous sentez cela.

Vous devez comprendre pareillement que si l'on touchait à la liberté des greniers et à celle des laboureurs, ce serait faire cacher les grains, que les taxer serait violer les droits de ceux à qui ils appartiennent, ne servirait pas à en donner aux lieux où il n'y en a point et détournerait d'y en apporter, de sorte que ces lieux resteraient abandonnés à leur impuissance et à une famine durable pour avoir voulu éviter une cherté passagère.

En établissant la liberté et, autant qu'on le peut, l'immunité du commerce, et en répandant des ateliers de charité, le Roi fait donc tout ce qui est utile, tout ce qui est honnête, tout ce qui est permis à une administration sage.

Si, après cela, on murmure encore, on a tort. Car c'est s'en prendre aux hommes des secrets de Dieu. Je ne commande ni à la pluie ni à la gelée. Par égard pour des murmures injustes, je me garderai bien de proposer des opérations injustes. J'aime mieux me tenir l'esprit en paix afin d'en faire de bonnes. Et je vous conseille d'en faire autant, mon cher abbé, comme aussi d'étudier un peu la matière intéressante du commerce des blés.

Quant à votre pauvre M. de Nerval, il ne faut que l'avoir vu pour être malheureusement convaincu des limites étroites de sa capacité. Où voulez-vous que je le mette ? Tâchez de lui faire comprendre le plus honnêtement que vous pourrez que nous n'avons pas place pour tout le monde et que nous sommes en conscience obligés de préférer les hommes d'élite. Vous connaissez, mon cher abbé, tout mon attachement pour vous.

9. Ordonnance du Roi interdisant de contraindre aucunes personnes, et notamment aucuns fermiers et laboureurs, d'apporter des fourrages ou autres denrées et provisions aux lieux de séjour du Roi.

[Recueil des édits, 1774, 2ᵉ sem.]

5 octobre

(Cette ordonnance révoqua une ordonnance contraire du 6 septembre 1772 par laquelle tous fermiers et laboureurs à la distance de 10 lieues du séjour du Roi devaient obéir aux avertissements du prévôt de l'hôtel à peine de 300 livres d'amende à chaque contravention.)

Ces avertissements et contraintes, loin de favoriser l'approvisionnement, contribuent à en occasionner la disette et la cherté. Le commerce qui procurerait l'abondance, attirée par les besoins et les richesses que la cour de S. M. multiplie dans tous les lieux où elle veut bien établir son séjour, fuit et se retire, contenu et découragé par la crainte d'une concurrence forcée et arbitraire, qui, sous le prétexte spécieux de procurer des denrées, pourrait tendre à réunir et à concentrer un superflu excessif, ruineux pour les vendeurs, inutile aux consommateurs. Cependant, les laboureurs mêmes et les propriétaires les plus voisins de la ville où S. M. fait son séjour, informés de l'ordre établi pour l'approvisionnement et attendant d'être avertis, n'apportent que tour à tour et à mesure de la consommation la plus nécessaire, de sorte que cette forme vicieuse d'administration, après avoir écarté le commerce, sépare et divise les propriétaires et empêche leur concurrence ; et que, les provisions n'étant jamais supérieures aux besoins du moment, la police, imaginée pour procurer l'abondance, ne sert qu'à occasionner la disette. Cette police nuisible aux personnes mêmes qu'elle se propose de secourir l'est encore plus à ceux des sujets de S. M. qui s'occupent, près des villes de son séjour, des travaux les plus utiles à son royaume et à ses peuples ; elle oblige les fermiers d'abandonner ou de suspendre pendant plusieurs jours la culture des terres dans la saison où leurs labours sont les plus intéressants et les plus nécessaires, pour voiturer et vendre dans des marchés des provisions que des personnes oisives ou moins occupées y auraient apportées.

(L'ordonnance prescrivit au marquis de Souches, prévôt de l'Hôtel et grand prévôt de France, et à ses lieutenants généraux de tenir la main à l'exécution.)

10. *Lettre à de Bethmann, consul impérial et négociant à Bordeaux, pour l'engager à augmenter son commerce de grains.*

[Foncin, 575.]

Fontainebleau, 31 octobre.

(Inconvénients des primes secrètes à l'importation).

Je vois avec satisfaction, M., par la lettre que vous m'avez écrite le 24 du mois dernier, que vous vous proposez de multiplier par votre commerce les subsistances dans l'intérieur du Royaume et principalement dans la ville de Bordeaux, où vous avez établi votre domicile. Je connais depuis longtemps la bonne réputation, le crédit et l'étendue des correspondances dont jouit votre maison dans toutes les places d'Europe. Avec de telles ressources et les sentiments patriotiques dont vous êtes animé, je ne saurais douter que vous ne donniez à un commerce aussi utile à l'État toute l'étendue dont il est susceptible. J'ai tout lieu de croire que vous sentirez combien il serait préjudiciable au Royaume d'accorder des primes ou des gratifications aux négociants dans le dessein de les exciter à importer des grains. Un tel encouragement n'aurait d'autre effet que de porter les étrangers à augmenter les prix de leurs grains en proportion de la prime que le Roi aurait accordée aux négociants nationaux, en sorte que tout le bénéfice de la gratification, au lieu de rester dans la nation, refluerait chez l'étranger. Que si, pour prévenir cet inconvénient, le gouvernement se déterminait à gratifier quelques négociants particuliers et à leur accorder par des conventions secrètes, des primes qui ne seraient pas communes et publiquement proposées à tout le commerce, il établirait des négociants privilégiés, nuirait à la concurrence générale et, loin de multiplier les subsistances nécessaires aux sujets de S. M., il les priverait des secours bien plus étendus qu'ils devaient se promettre du concours de tout commerce. La cherté actuelle des blés dans le port de Bordeaux présente aux négociants, pour exciter leurs spéculations, un attrait également puissant et qui n'est sujet à aucun des inconvénients qui peuvent résulter des gratifications. Le bénéfice doit suffire pour vous déterminer à vous occuper de ce genre de commerce ; vous devez être persuadé de toute la protection du gouvernement, et, suivant l'étendue des services que vous rendrez, je me ferai un plaisir de les mettre sous les yeux de S. M.

11. *Circulaire aux intendants pour leur envoyer l'ouvrage de l'abbé Morellet en réponse aux Dialogues sur le commerce des grains de l'abbé Galiani.*

[A. Calvados, C. 2627, 20.]

10 décembre.

Le Roi a pris plusieurs exemplaires d'un ouvrage qui a pour titre *Réfutation d'un Écrit intitulé Dialogues sur le commerce des blés* [a]. Cet ouvrage discute d'une manière très solide les objections que les personnes peu instruites font contre la liberté du commerce des grains, et les personnes accoutumées à réfléchir y trouveront de quoi se convaincre et de quoi convaincre les autres ; je crois utile de vous en envoyer quelques exemplaires, afin que vous puissiez en donner connaissance aux personnes que vous croirez les plus capables de se pénétrer des bons principes que cet ouvrage renferme et de les répandre.

[a] La publication de cette réfutation avait été arrêtée par Sartine, sous le ministère de l'abbé Terray.

Les opinions exprimées par Galiani sur Turgot sont à retenir. Le 13 août 1774, il écrit, à propos de la nomination de Turgot à la Marine : « Un encyclopédiste parvenu, possible ? non, je n'en crois rien. » Le 17 septembre, à propos de la nomination de Turgot au Contrôle général : « Il restera en place trop peu de temps pour exécuter ses systèmes ; son administration ressemblera à la Cayenne de son frère ; il punira quelques coquins ; il pestera, se fâchera, voudra faire le bien, rencontrera des épines, des difficultés, des coquins partout. Le crédit diminuera ; on le détestera ; on dira qu'il n'est pas bon à la besogne. L'enthousiasme se refroidira ; il se retirera ou on le renverra et on reviendra une bonne fois de l'erreur d'avoir voulu donner une place telle que la sienne dans une monarchie telle que la nôtre à un homme très vertueux et très philosophe. La libre exportation sera ce qui lui cassera le cou, souvenez-vous en. Pour M. de Sartine... s'il succède à M. de La Vrillière, il y restera longtemps, il y sera béni et adoré ; il sera le héros du règne actuel... »

Comme Turgot n'établit point la liberté de l'exportation des grains, la prédiction de Galiani perdit son principal fondement.

Le 24 septembre, Galiani avait encore écrit : « Je savais la haine de M. Turgot contre mes *Dialogues* », et le 29 octobre : « Pourquoi dit-on chez M. Turgot que mon livre est dangereux ; demandez-lui hardiment à lui-même ; demandez-le de la part de son meilleur ami et de M. son très digne frère. »

Le 19 novembre : « On a traduit ici en italien l'édit de M. Turgot et on l'a imprimé à côté du texte avec une dédicace au nouveau vice-roi des Siciles. Cela fait une pièce tout à fait curieuse. »

La veille de Noël : « Savez-vous que je reçois des compliments de toutes parts d'Italie, d'Allemagne, etc., sur ce qu'on croit que M. Turgot a tiré de mon livre tous les principes de son édit et de ce qu'il en a adopté le système en entier, d'encourager la circulation intérieure et de ne s'occuper que de cela. Dites ce que je vous mande et qui est très vrai à Morellet et voyez-le expirer de chagrin. »

12. *Lettre à l'intendant de Caen au sujet d'un enchérissement du prix du pain à Caen.*

(Conseils et applications à donner aux propriétaires de grains.)

[A. Calvados, C. 2655.]

Fontainebleau, 27 octobre.

J'ai été averti, M., de différents côtés que, depuis la publication de l'Arrêt du 13 septembre, le blé est considérablement renchéri dans la ville de Caen, que même le pain est à 3 sols la livre, que le peuple qui voit les marchés de grains en accuse la liberté, que les esprits commencent à fermenter, et que les manœuvres des boulangers augmentent cette fermentation. J'en ai été d'autant plus étonné qu'en général les grains ne sont pas chers dans la province de Normandie, que la sortie par mer pour les autres provinces du Royaume y est suspendue jusqu'à ce que les circonstances deviennent plus favorables, et que toutes les autres villes de cette province sont dans une entière tranquillité. Ces considérations me porteraient assez à penser que, s'il y a une cherté extraordinaire dans la ville de Caen, elle ne dépend point de quelque cause naturelle qui lui serait commune avec les autres cantons qui l'avoisinent, et qu'elle doit y être excitée et entretenue par des manœuvres secrètes ou par quelqu'accident local en particulier.

Je vous prie de vouloir bien vous faire rendre compte du prix actuel des grains et du pain dans cette ville, et des causes qui peuvent y avoir opéré les renchérissements.

Quel que soit le principe qui l'ait occasionné, il convient de prévenir les suites de l'inquiétude qu'il peut produire, et le moyen le plus propre pour y réussir, est d'inviter les propriétaires et les fermiers de garnir volontairement le marché, et d'y apporter suffisamment de grains pour tranquilliser le peuple sur sa subsistance, et faire échouer les manœuvres que l'on ferait pour l'échauffer, en représentant aux fermiers et aux propriétaires combien cette conduite est liée avec leur propre intérêt. Il est aisé de les y déterminer : ils sont, en effet, intéressés à se prêter à tout ce qui tend à maintenir une liberté qui leur est principalement avantageuse, et ils doivent sentir que si l'on excite le peuple à des mouvements et à des murmures, ce n'est que dans le dessein de les priver de l'avantage qu'ils trouvent dans la liberté, et faire rétablir les règlements et les prohibitions qui altéraient le droit de leur propriété, les exposant à des peines et les tenant sous un régime de prohibition et de gêne. Je suis même surpris qu'une idée si naturelle ne se présente pas d'elle-même aux propriétaires des grains. Mais, en employant cette forme d'invitation et en apaisant par les ressources qu'elle produira, l'inquiétude actuelle du peuple, on ne doit pas négliger, M., de découvrir les causes qui l'auraient produite, et les manœuvres que l'on aurait pratiquées, soit pour faire enchérir les grains au-delà du prix auquel ils se seraient élevés dans le cours ordinaire, soit pour faire servir la circonstance d'une cherté naturelle à alarmer le peuple et à le séduire. Il est essentiel d'en connaître les auteurs et de prendre des mesures qui les empêchent de se permettre à l'avenir une conduite si dangereuse, et vous me ferez plaisir de ne rien omettre de ce qui peut contribuer à vous donner à cet égard les notions les plus sûres et les plus exactes.

13. *Lettre à l'Intendant de Caen au sujet d'une émotion à Cherbourg provoquée par des exportations de grains par les munitionnaires de la marine.*

[A. Calvados, C. 2681, 8.]

Paris, 23 décembre.

J'ai reçu, M., votre lettre du 15 de ce mois. Les munitionnaires de la marine avaient été exceptés, lors de la défense de sortir des grains par les ports de Normandie. Il n'y a pas de doute, attendu le service dont ils sont chargés, qu'ils doivent être maintenus dans l'usage où ils sont de faire leurs achats dans toutes les provinces et de les faire transporter par tous les ports du Royaume. Les murmures que paraît occasionner parmi le peuple la sortie des grains qui sont à Cherbourg doivent en faire d'autant moins suspendre l'embarquement qu'il serait dangereux de céder à ses volontés et qu'il est important de lui faire sentir que son opposition, ses mouvements et ses violences ne serviront qu'à faire prendre les mesures les plus efficaces pour les contenir.

Vous devez réprimander le Receveur des fermes d'avoir refusé de délivrer l'acquit à caution, lui ordonner de l'expédier selon les formalités qui sont d'usage et vous voudrez bien demander au Commandant de la province de vous donner les troupes dont vous croirez avoir besoin pour l'embarquement des grains dont il s'agit, maintenir le peuple dans la tranquillité et faire arrêter les premiers qui voudraient marquer quelque résistance et occasionner du trouble. Je vous prie de m'informer des mesures que vous aurez prises et du succès qu'elles auront eu. C'est à vous à prendre, d'ailleurs, les mesures que votre prudence vous suggérera pour faire entendre raison au peuple et lui faire sentir le peu de fondement de ses alarmes, et l'injustice qu'il y aurait à retenir des grains destinés à nourrir les sujets du Roi.

161. — LES PARLEMENTS.

1. *Édits de rétablissement.*

Les édits de rétablissement sont contresignés les uns par Bertin, pour la Normandie, les autres par Phélypeaux (La Vrillère). Ils sont tous visés par Turgot.

Le Parlement de Rouen et la Cour des Comptes de Normandie furent rétablis en octobre. Le parlement de Paris, le Grand Conseil, la cour des Aides, le Conseil provincial d'Artois, la Cour des Aides de Clermont, en novembre ; le Parlement de Bretagne, en décembre. Voici d'ailleurs la liste des Édits :

1. Parlement de Rouen, octobre.
2. Cour des Comptes de Normandie, octobre.
3. Parlement de Paris, en lit de justice du 12 novembre.
4. Suppression des offices créés dans le Parlement de Paris et dans les Conseils supérieurs par édit d'avril 1771, novembre.
5. Rétablissement du Grand Conseil, novembre.
6. Cours des Aides, novembre.
7. Suppression des offices d'avocats au Parlement et rétablissement des offices de procureurs au Parlement, novembre.
8. Conseil provincial d'Artois, novembre.
9. Cour des Aides de Clermont-Ferrand, novembre.
10. Parlement de Bretagne, 10 décembre.

Journal de Véri, Août. — Malesherbes aurait voulu que l'on établît une voie légale de rendre la justice quand le Parlement en viendrait à une cessation de services ; il aurait voulu rétablir, à cet effet, le Grand Conseil. Il aurait voulu aussi faciliter les moyens, pour les plaideurs, de recourir à l'arbitrage.

Septembre. — Le comité des quatre ministres, Maurepas, Miromesnil, Turgot et Sartine, a tenu des conférences fréquentes devant le Roi avec un secret que personne n'a pu pénétrer et dont on avait oublié la trace dans le Conseil depuis quelques années ; le but était de persuader à ce prince que le résultat serait son propre ouvrage, afin qu'il y mît le degré de chaleur et d'intérêt nécessaire à toute opération de cette nature. La méthode qu'on a prise a été de mettre sous ses yeux tout ce qui a été dit, écrit, pensé et débité pour et contre. On a voulu établir avec lui la discussion la plus détaillée. Cette méthode a eu l'effet désiré. Il a avoué son étonnement de la décision. « Qui m'eût dit, il y a quelques années, lorsque je vins au lit de Justice, sous mon grand-père, que je tiendrais celui que je vais tenir ? »

Novembre. — Turgot et Malesherbes [a] auraient voulu prévenir, dans le retour du Parlement, le danger de leurs prétentions à la grande police qui leur permettait de se mêler de tout. Ils auraient voulu aussi prévenir les décrets que les cours prononçaient légèrement contre ceux qui remplissaient les grands emplois de commandants, d'intendants, d'évêques, de maires de villes, etc. On ne s'en est point occupé dans les édits. On y a même reconnu, par un article, le droit de se mêler des affaires de la police générale.

Aux représentations que fit le Parlement de Paris, le Roi répondit : « Je vois avec douleur que l'état dans lequel j'ai trouvé les finances de mon royaume ne me permet pas d'accélérer autant que je le voudrais la diminution des impôts, mais mon Parlement doit être assuré que ma tendresse pour mes peuples m'engagera toujours à m'occuper des moyens de les soulager le plus tôt qu'il me sera possible. »

2. *Arrêts du Conseil sur la liquidation des offices.*

Arrêt du Conseil réglant la forme dans laquelle les officiers rétablis des cours supérieures remettront au Trésor les valeurs qu'ils ont reçues en paiement des liquidations de leurs offices. — 25 novembre [b].

Arrêt du Conseil concernant l'évaluation des offices des cours souveraines. — 30 décembre [c].

3. *Dépenses qu'aurait entraînées la liquidation des charges des cours supprimés.*

[*Journal historique*, 22 mars 1775.]

« On a longuement agité à combien se monterait le total des liquidations ordonnées, lors de la Révolution dans la magistrature. On a beaucoup varié à cet égard. Voici un état exact, non de toutes, mais de celles qui devaient s'effectuer suivant les déclarations du Roi, relativement à chaque cour ou tribunal supprimé. »

---

[a] Boissy d'Anglas (*Vie de Malesherbes*, II, 182) dit que Turgot et Malesherbes étaient en désaccord sur la question du retour des Parlements et que Turgot ne voulait pas les rappeler. C'est une erreur.

[b] Ceux des officiers qui avaient fait liquider leurs offices et n'avaient point reçu du Trésor Royal leur remboursement furent tenus de rapporter, dans le délai d'un mois, les originaux des arrêts de liquidation qui leur avaient été remis.

Ceux qui avaient consommé au Trésor leur liquidation durent rapporter, dans le délai de trois mois, les valeurs qui leur avaient été délivrées en paiement.

[c] Les pourvus des offices continuèrent à jouir de la surveillance et le droit dû aux mutations demeura réglé au seizième du prix.

	l.	s.	d.
Pau	1 000 126	13	4
Douai	1 943 182	0	0
Parlement, Grand Conseil, Cour des Aides de Paris	10 000 000	0	0
Besançon	3 151 211	15	8
Parlement et Table de Marbre de Bordeaux	3 109 356	6	5
Cour des Aides de Clermont-Ferrand	898 101	13	4
Parlement, Chambre des Comptes, Cour des Aides, Table de Marbre et autres offices de Metz	3 669 769	13	10
Aix	2 488 881	3	8
Grenoble	3 332 586	19	10
Conseil provincial d'Artois	547 292	13	4
Bretagne	2 661 849	0	4
Cour des Monnaies de Lyon et Parlement des Dombes	1 661 694	12	7
Conseil de Colmar	865 000	0	0
Emprunt de Provence pour le remboursement de la Chambre des Comptes	3 400 000	0	0
Parlement, Chambre des Comptes, Amirauté, Table de Marbre de Rouen	5 668 328	11	4
Total :	44 423 381	4	0

Le Parlement de Dijon n'était pas compris dans l'état ; n'y figuraient pas non plus les membres des Parlements de Paris, de Rouen et autres qui n'avaient pas consommé la liquidation de leurs offices.

162. — LES TRAVAUX PUBLICS.

I. *Corvée des chemins.*

Premier projet de suppression.

Lettre de Condorcet à Turgot du 23 septembre (*Œuvres*, I, 252) : « J'attends avec bien de l'impatience un édit ou un arrêt sur les corvées ; c'est peut-être le seul bien général, prompt, sensible, que vous puissiez faire en ce moment. Toutes les provinces attendent de vous le même bien que vous avez fait au Limousin. Leurs transports éclateront de manière à vous faire plaisir et peut-être l'effet que ce bien produira ne sera-t-il pas inutile à la réussite du reste. Ce mot de bien revient sans cesse, mais c'est votre faute. »

Dans le même temps (fin 1774), Trudaine de Montigny (Vignon, III, n°102) commençait une *Lettre pour Turgot*, où il disait :

« Le désir que vous m'avez marqué de procéder le plus tôt possible à changer dans le Royaume l'administration des corvées, a été pour moi un motif suffisant de me remettre à examiner de nouveau cette importante question et d'en faire l'objet de ma principale occupation, parce que ce sera toujours mon premier vœu que de concourir à vous mettre à portée de faire dans la place que vous occupez tout le bien que vous êtes capable de faire et parce que l'objet est par lui-même trop important pour que je ne me crusse pas un grand tort de retarder le moins du monde le parti, quel qu'il soit, qui sera pris sur cette question pour le plus grand bien des peuples... Pendant 28 ans que mon père a été chargé du département des Ponts et chaussées et depuis 6 ans que j'en suis chargé moi-même, j'ai été occupé perpétuellement de réfléchir sur la surcharge que cette espèce de contribution causait au peuple, et je n'ai rien tant désiré que de trouver des moyens de la soulager ou d'y suppléer par les moyens les plus simples et les moins onéreux. Vous m'avez fait l'honneur de me dire que vous aviez entre vos mains un Mémoire que l'abbé Terray m'avait demandé pour remettre sous les yeux du Roi... J'y ai rassemblé tous les motifs que j'ai entendus alléguer à mon père qui m'a dit plusieurs fois les avoir discutés avec M. Orry qui avait le premier monté ces services dans le Royaume. Il m'a assuré que la résolution qui avait été prise ne l'avait été que par les ordres réitérés du feu roi, sous les yeux de qui cette question avait été agitée à diverses reprises et j'ai, en effet, trouvé, dans les bureaux de mon père, plusieurs mémoires remis par lui à plusieurs de vos prédécesseurs et des réponses de ces ministres qui assuraient qu'après en avoir parlé au Roi, il avait décidé qu'il fallait suivre l'ancien système. Je me souviens même d'avoir plusieurs fois discuté cette matière avec mon père et quoiqu'il fut, plus qu'un autre, parfaitement instruit et intimement pénétré des principes qui vous ont toujours paru devoir faire la base de toute administration et qui vous font sentir que les chemins destinés à procurer le débouché des denrées et, par conséquent, à augmenter le revenu des fonds de terre, devaient être faits aux dépens de ces mêmes fonds de terre, il trouvait beaucoup d'inconvénients à changer l'usage de faire construire ces chemins par corvées. Deux réflexions principales l'y déterminaient : la première, la difficulté de mettre les sommes destinées à la confection de ces ouvrages publics à l'abri de la cupidité des agents de tous les genres... et, encore plus, des besoins de l'État qui sont si pressants et si continuels qu'ils laissent à peine la possibilité au ministre le plus économe et le plus patriote de respecter les dépenses les plus indispensables de l'État lorsqu'elles ne tiennent pas à sa défense immédiate ou au maintien du droit public. L'autre raison était fondée sur ce qu'il pensait réellement que, dans beaucoup de circonstances, cette contribution en nature était moins onéreuse que l'imposition en argent. [a] »

Journal de Véri. — « Le 27 décembre, dans le Conseil royal de finance, ont été jetés les fondements de la réforme des corvées.

« Il ne s'agit encore que d'un projet de circulaire aux Intendants des provinces pour leur demander leurs observations. Lorsqu'elles seront arrivées, on fera un tableau des avantages et des inconvénients de toutes les méthodes, pour en faire le rapport au Conseil.

« Le Roi a voulu lire à tête reposée le projet de lettre. Il a senti la dureté, l'injustice de la perte de travail qui résultait de l'usage des corvées. »

La *Gazette de Leyde* annonça, en effet, à la date du 6 janvier 1775 qu'une lettre allait être adressée aux Intendants pour les inviter à chercher les moyens de subvenir aux dépenses des routes, autrement que par la corvée.

Enfin dans le Mémoire de Turgot de 1776 sur les *six projets d'édits* [b] on lit :

« Lorsque j'ai eu l'honneur de lire à V. M., il y a plus d'un an, dans son Conseil, un *premier Mémoire* [c] sur la suppression des corvées, son cœur parut la décider sur-le-champ et sa résolution devint aussitôt publique ; le bruit s'en répandit dans les provinces. De ce moment, il est devenu impossible de ne pas supprimer les corvées. »

II. *Projet de barrage contre les glaces.*

(Les *Mémoires secrets* parlent d'un projet de barrage destiné à arrêter les glaces qui entravaient l'hiver la navigation de la Seine et de la Marne. L'auteur de ce projet était Deparcieux qui, quelques années auparavant, en avait donné connaissance à l'Académie des Sciences. Le barrage consistait en pièces de bois attachées ensemble et amarrées au bord de la rivière avec des chaînes de fer flottantes et armées de tranchants qui

---

[a] Mlle de Lespinasse écrivit le 14 octobre : « M. Turgot travaille aux corvées. »
[b] Voir au tome V.
[c] Ce premier mémoire de Turgot n'a pas été retrouvé.

devaient rompre les glaçons. D'après les *Mémoires secrets* Turgot aurait mandé le Prévôt des marchands et les échevins pour leur enjoindre de faire un essai du projet de barrage sur la Marne à son confluent avec la Seine. Mais les essais n'auraient pas réussi ; l'expérience aurait eu lieu de nouveau l'hiver suivant sans plus de succès : l'effort des glaces cassa le barrage dont les débris allèrent fracasser un moulin établi au pont de Charenton. Cette machine, disent encore les *Mémoires secrets*, qu'on a appelée la machine Turgot, n'a pas réussi. MM. de l'Académie qui assistaient par députation à l'expérience sans en espérer beaucoup, sont décidément convenus qu'on n'avait pas encore assez calculé les forces de ces masses de glaces. C'est encore 20 000 livres de dépenses qu'on a fait faire à la ville, mais tout ce qui tend à l'amélioration des sciences ne peut être regardé comme vain. » (*Mémoires secrets*, VII, 251 et s., 293 ; IX, 36) [a].

163. — L'INDUSTRIE ET LE COMMERCE INTÉRIEUR.

I. Règlements [b].

(Vente du goémon).

Lettre à Dupleix au sujet de la défense de vendre du goémon faite par ordonnance de 1681, 12 novembre.

---

[a] On trouve :
1° Aux *Archives de la Gironde* une lettre à l'intendant de Bordeaux du 17 octobre, reproduite par Foncin, 118, et demandant des renseignements sur la Navigation de la Garonne ;
2° Aux *Archives du Calvados* (C. 3, 417) plusieurs lettres à l'intendant de Caen sur les ateliers et bureaux de charité ;
L'une d'elles (Fontainebleau, 5 novembre) indique les conditions dans lesquelles les ateliers doivent être établis ; ils doivent l'être dans les lieux où les récoltes sont les moins abondantes et doivent servir aux voies de communication.
[b] On trouve aux Archives nationales (F^{12} 151) les pièces ci-après :
Faillites.
31 août. — Lettre à l'Intendant du Languedoc au sujet d'une demande de répit par un commerçant de Lunel. (Renvoi au duc de La Vrillère).
30 septembre. — Lettre à de Villeneuve au sujet de la banqueroute d'un courtier à Marseille.
Consuls.
20 octobre. — Lettre aux Juge et Consuls de Valenciennes pour approuver leur élection et lettre à l'Intendant de Hainaut sur le même objet.
Effets de Commerce.
22 novembre. — Lettre au Garde des Sceaux au sujet des retraites de billets à ordre. Les Consuls de Toulouse demandaient que les retraites eussent lieu dans tout le Royaume sur les billets à ordre payables à domicile de place en place. La demande fut renvoyée aux députés du commerce.

(On ne pouvait savoir pourquoi cette défense avait été faite, probablement sur la demande de quelques verriers. Elle était nuisible à l'agriculture, et il était regrettable que l'amirauté de Brest l'eut renouvelée. Il en devait être conféré avec le Ministre de la Marine.)

II. *Jurandes* [a].

Arrêt du Conseil au sujet des dettes des communautés.

[Anciennes lois françaises, XXIII, 41. — Foncin, 118.]

22 octobre.

(Les créanciers des communautés ne pourront poursuivre le paiement de leurs dettes par voie de contrainte, mais le paiement aura lieu désormais par imposition d'office et après vérification par les commissaires départis.)

III. *Foires.*

Lettre au Garde des Sceaux.

(Les droits de marché renchérissent les prix de vente.)

22 novembre.

---

[a] On trouve encore aux Archives nationales (même recueil) les pièces ci-après :
Jurandes.
2 novembre. — Lettre au Lieutenant de police de Lyon relativement à un ouvrier chineur (approuvant une lettre de Trudaine de Montigny).
29 novembre. — Lettre au Lieutenant de police lui demandant de faire juger les affaires en cours, notamment celle des plombiers.
Subventions et secours.
13 décembre. — Lettre à l'Intendant de Lyon accordant une pension viagère à un vieux fabricant nommé Ringuet. (Pension de 300 l.).
Inspecteurs, préposés, etc.
23 septembre. — Lettre à l'Intendant d'Alençon au sujet d'une demande d'augmentation de rémunération par un préposé à la marque des fers.
28 décembre. — Lettre à de Brissac de Forey lui refusant une place d'Inspecteur des manufactures.
Mines.
13 septembre. — Lettre à de La Pignent sur une question de mines dans le Dauphiné. (Elle est du ressort du ministre Bertin).
Manufactures de l'État.
29 novembre. — Lettre à l'Intendant de Paris au sujet d'objets détruits à la manufacture de Beauvais. (Le commissionnaire est dispensé de les représenter).

J'ai reçu la lettre que vous m'avez fait l'honneur de m'écrire le 21 du mois dernier avec l'avis de M. l'intendant de Dauphiné que vous avez consulté sur la demande de M. de Combles tendant à obtenir la permission d'établir deux foires par an dans sa terre d'Authon et d'y percevoir des droits. Puisque vous désirez savoir ce que je pense sur ces deux objets, j'aurai l'honneur de vous observer qu'en général les établissements de foires et de marchés ne peuvent être que très avantageux en ce qu'ils multiplient les moyens de se défaire de ses marchandises et de ses denrées et de se pourvoir des autres choses dont on peut avoir besoin. Mais je pense en même temps que ce serait aller contre son but que d'autoriser une perception de droits quelconques dans ces foires et marchés ; ces droits, quelques modiques qu'ils soient, renchérissent toujours la marchandise et ne peuvent que dégoûter l'acheteur de s'y rendre. Ainsi, quoique M. Pajot de Marcheval [a] propose une modération considérable sur les droits demandés par M. de Combles, je ne suis point d'avis qu'on lui permette d'en percevoir aucun. J'ai l'honneur de vous renvoyer la lettre de M. l'Intendant, comme vous le désirez [b].

IV. *Le commerce intérieur.*

Arrêt du Conseil autorisant le commerce de l'huile d'œillette.

(Lettres Patentes, de Versailles, 20 décembre, registrées au Parlement le 25 janvier 1775.)

[Recueil des Édits, 1774, 2[e] sem. — D. P., VII, 75. — D. D., II, 224.]

28 novembre.

... Le Roi s'étant fait rendre compte en son Conseil des différents mémoires donnés sur l'usage de l'huile de pavot, dite d'œillette [c], et de la requête des maîtres et gardes du corps des épiciers de la ville et faubourgs de Paris ; et S. M. étant informée qu'il s'en fait, sans aucun inconvénient, une consommation journalière dans ses provinces de Beaujolais, Picardie, Franche-Comté, Alsace et Flandre, même dans l'Alle-magne, la Russie, l'Angleterre et autres États ; vu les Décrets de

---

[a] Intendant de Grenoble.
[b] Turgot soutient ici les principes exposés dans son article de *l'Encyclopédie*, mais il commet une erreur : l'établissement des marchés entraînent des frais qu'il est légitime de faire payer aux usagers.
[c] Il s'en consommait secrètement à Paris des quantités considérables sous le nom d'huile d'olive. Il fut prescrit de vendre cette huile sous son véritable nom et l'on fit imprimer une instruction pour apprendre aux consommateurs à la distinguer de l'huile d'olive. (Du Pont, *Mém.* 260).

la Faculté des 26 juin 1717 et 29 janvier 1774, desquels il résulte que cette huile ne contient rien de narcotique, ni de contraire à la santé :

Le commerce d'huile de pavot, dite d'œillette, sera et demeurera libre. Permet S. M. aux épiciers, échoppiers, graissiers et autres, de quelque condition et état qu'ils soient, ayant le droit de faire venir à Paris, vendre et débiter des huiles d'olives et autres espèces d'huiles, de recevoir et retirer également chez eux et dans leurs magasins, vendre et débiter des huiles de pavot, dites d'œillette, pures et sans être mélangées et ce nonobstant les Lettres patentes du 22 décembre 1754 et tous règlements contraires...

V. *Procédés Industriels.*

Lettre à Duhamel [a].

(Conversion du fer en acier.)

[A. N., F^{12}, 151. — Foncin, 577.]

6 octobre.

Il m'a été rendu compte, M., du travail que vous avez commencé à faire dans les forges de M. de Buffon pour la conversion du fer en acier ; j'approuve que vous alliez continuer cet ouvrage ; vous vous transporterez ensuite dans les différentes manufactures qui vous seront désignées où il se fait des ouvrages de fer et d'acier, et dans les forges, pour donner vos avis aux entrepreneurs de ces manufactures et les conseils dont ils auront besoin pour porter leurs ouvrages à la perfection dont ils peuvent être susceptibles. Il vous sera payé, à cet effet, trois mille livres d'appointements des deniers à ce destinés à compter du 1er janvier dernier.

Lettre au secrétaire perpétuel de l'Académie des Sciences
(Grandjean de Fouchy.)

(Rouissage du chanvre.)

[A. N., F^{12}, 151. — Foncin, 578.]

29 novembre.

---

[a] Inspecteur général des arsenaux.

Je désirerais, M., avoir l'avis de l'Académie Royale des Sciences sur la question importante de savoir si la coutume de rouir le chanvre dans les rivières peut gâter les eaux au point de les rendre malsaines pour les bestiaux, et peut-être aussi pour les hommes, et si l'usage contraire de la faire rouir dans les mares d'eaux non courantes, n'a pas l'inconvénient de rendre l'air encore plus malsain. Je vous prie, en conséquence, d'engager cette Académie à nommer deux commissaires à l'effet de donner cet avis ; lorsqu'il sera rédigé, vous voudrez bien me l'envoyer.

VI. *Expropriations.*

Lettre au Prince de Condé lui refusant le pouvoir d'expropriation pour l'établissement d'une forge.

[A. N., F^{12} 151. — Foncin, 578.]

29 novembre.

Monseigneur,

J'ai rendu compte au Roi de la demande contenue dans la requête que Votre Altesse Sérénissime a présentée au Conseil, tendante à être autorisée, entre autres choses, à prendre tous les terrains nécessaires pour l'établissement d'une forge qu'elle se propose de former dans le Clermontois. J'ai également remis sous ses yeux le Mémoire en réponse aux objections qui ont été faites sur cet objet. Si, d'un côté, S. M. est persuadée de l'utilité qui pourra résulter d'un pareil établissement, elle pense bien d'un autre qu'il n'en est pas d'une forge comme d'un édifice public ou d'un grand chemin. Ces derniers objets intéressant essentiellement le bien général, il y a une nécessité indispensable à s'emparer des héritages dont on a besoin ; mais si, pour un établissement particulier, il fallait assujettir des propriétaires à la vente forcée de leur patrimoine, ce serait une espèce de spoliation qu'il serait très difficile de concilier avec les principes de justice et de sûreté qui servent de fondements à tous les droits qui existent dans l'État. D'après ces raisons, S. M. a décidé qu'il n'était pas possible de contraindre la Communauté de Stenay on autres particuliers à céder les terrains qui peuvent leur appartenir, s'ils ne sont point dans l'intention de prendre des arrangements à ce sujet...

VII. *Agriculture*.

1. *Lettres à l'Intendant d'Alençon (Jullien) au sujet de la défense qu'il a faite de laisser des charrues dans les champs.*

[A. N., F¹² 151.]

Première lettre.

12 novembre.

Je viens d'être informé, M., d'une ordonnance que vous avez rendue, portant défense de laisser les charrues dans les champs avec leurs coutres et plusieurs laboureurs de votre généralité se plaignant d'avoir été condamnés à l'amende pour contravention à cette ordonnance dont ils n'avaient pas connaissance. Je vous prie de me mander les raisons qui peuvent vous avoir engagé à rendre une pareille ordonnance qui me paraît bien contraire aux principes de la liberté naturelle. Dans le cas même où cette disposition aurait été aussi nécessaire que je la crois inutile, elle n'aurait pu être ordonnée que par une loi générale et cette police qui tend à imposer une obligation nouvelle à la classe la plus nombreuse des sujets du Roi excède, manifestement, l'administration qui vous est confiée. Le Roi ne se porterait même pas à proscrire à tous les laboureurs de son royaume une précaution gênante et qui, en augmentant encore les frais et les fatigues des cultivateurs, retomberait au détriment de la culture. On a pensé que le principal motif qui vous y a déterminé est l'avis que vous avez eu de quelques délits commis par des voleurs avec cet instrument. Ce motif me paraît bien insuffisant pour motiver une ordonnance qui change l'état et l'habitude de tous les cultivateurs d'une province. On peut abuser de tout et, pour un motif semblable, on en viendrait à tout défendre ; l'agriculture, comme le commerce, a besoin essentiellement de liberté. On peut s'en rapporter à chacun des laboureurs pour ce qui peut lui être le plus utile ; on ne peut, sans injustice, l'en empêcher, lorsqu'il ne fait aucun tort à un autre. D'après ces réflexions, je crois que vous ne pouvez vous trop presser de retirer votre ordonnance dont il est entendu que les employés subalternes que vous avez chargés de la faire exécuter peuvent trop facilement abuser pour leur laisser plus longtemps une pareille arme entre les mains. Je vous prie aussi de faire rendre à ceux qui auront déjà été condamnés à l'amende, le montant des sommes qu'ils auront payées, les nommés Jean-Baptiste Lenard, de la paroisse de

Plainsville, André Prival, laboureur de la même paroisse, Pierre Lavigne, laboureur de la paroisse du Tilleul Othon... [a]

Deuxième lettre.

13 décembre.

J'ai reçu, M., la lettre que vous m'avez écrite le 19 du mois passé contenant les motifs qui vous ont déterminé à rendre l'ordonnance portant défense de laisser les charrues dans les champs, que je n'ai pu m'empêcher de désapprouver. Le parti que vous avez pris d'écrire à toutes les brigades de maréchaussée pour qu'elles aient à cesser leurs recherches me paraît suffisant, mais je vous prie de tenir la main à ce que cette ordonnance n'ait absolument aucune exécution et que les laboureurs ne soient point inquiétés. Il serait même bon que ceux qui ont été condamnés à l'amende et que vous ne pouvez pas leur faire restituer, trouvassent, si cela est possible, quelque soulagement à leur imposition, pour les dédommager.

2. *Lettre au Lieutenant du Roi à Saint-Quentin (d'Estouilly).*

(Essais de culture du murier en Picardie.)

[A. N., F^{12} 151.]

13 décembre.

J'ai reçu, M., la lettre que vous m'avez écrite au sujet des secours que vous m'avez demandés pour pouvoir continuer la culture du mûrier et l'éducation des vers à soie dont vous vous occupez. Il résulte des éclaircissements qui ont été pris sur cet objet que le terrain et la température des saisons ne sont nullement propres en Picardie à la culture des mûriers, qu'ils lèvent assez bien en pépinières et réussissent jusqu'à ce qu'ils aient 4 à 5 pouces de circonférence, mais qu'ensuite, ils restent dans le même état, que d'ailleurs la récolte des feuilles est si modique qu'un arbre en donne à peine 2 ou 3 livres, tandis qu'il y en a en Languedoc qui en fournissent jusqu'à 60 à 80 livres. Je suis informé que M. Méliand, étant intendant à Soissons, avait voulu établir dans sa généralité l'éducation des vers à soie, qu'on y avait à cet effet planté plus de

---

[a] Le même jour, une lettre sur le même objet fut adressée au Garde des Sceaux ; les deux ministres s'étaient rencontrés pour blâmer l'Intendant.

30 000 mûriers, mais qu'ils n'ont pu y réussir et que tous les établissements qu'on y avait formés en ce genre ont été abandonnés. Il serait cependant possible qu'avec beaucoup de soins et de dépenses, on parvînt, comme vous, à faire quelques livres de soie, mais pour que cet objet devînt intéressant pour la province, il faudrait que le paysan et le peuple puissent s'en occuper. Or, comme cet avantage n'existe pas, le Conseil ne se portera certainement pas à accorder des secours à des établissements qui ne pourraient que devenir ruineux. Vous jugerez sans doute, d'après ces réflexions, qu'il n'est pas possible d'avoir égard à votre demande.

164. — L'ÉPIZOOTIE

I. *Lettre à l'intendant de Bordeaux (Esmangard) sur l'épizootie* [a].

(Les mesures à prendre relèvent de l'administration et non des cours.)

[A. N., F12, 151. — Foncin, 578.]

6 octobre.

M., j'ai reçu la lettre que vous m'avez écrite le 17 du mois dernier, par laquelle vous m'apprenez que la maladie des bestiaux qui règne dans la généralité de Bayonne a pénétré dans celle de Bordeaux, malgré toutes les mesures que vous avez mises en usage pour la prévenir. J'approuve que vous ayez fait publier l'Arrêt du Conseil concernant les précautions à prendre pour empêcher la communication, mais vous n'auriez pas dû engager le Parlement à rendre un arrêt. Les ordres à donner en pareilles circonstances étant de pure administration, doivent émaner de l'autorité du Roi [b] et ne peuvent regarder les Cours, uniquement destinées à rendre la justice, en exécution des lois que S. M.

---

[a] La maladie était probablement venue d'Espagne par le pays basque. Déjà, elle s'était montrée dans le sud-ouest en 1771, et aussi en mai et juin 1774 (Paulet, *Recherches historiques sur les maladies épizootiques*, 2 in-8°, 1783) mais sans sortir des généralités de Pau et de Bayonne. Le 23 août, l'Intendant d'Auch annonça à l'Intendant de Bordeaux que la maladie s'était introduite dans sa généralité par des bœufs achetés à Saint-Justin, qu'il avait pris une ordonnance rendant exécutoire l'Arrêt du 31 Janvier 1771 et qu'il avait demandé à Bertin un élève de l'école vétérinaire.

L'Intendant de Bordeaux avait adressé aussi un rapport à Bertin. La maladie avait pénétré dans le Condomois par deux endroits à la fois ; la mortalité était considérable aux environs de Saint-Émilion. L'Intendant avait envoyé à ses subdélégués deux élèves de l'école vétérinaire, fait rendre un arrêt par le Parlement de Bordeaux et chargé la maréchaussée d'en surveiller l'exécution. (Foncin, 135).

[b] Les Parlements n'étaient pas encore rétablis.

leur a fait connaître. Je vous prie de continuer à prendre les mesures que vous croirez les plus capables d'arrêter les progrès de cette maladie et à m'informer de tout ce que vous aurez fait et du succès des remèdes qui auront été administrés [a].

2. *Circulaire aux Intendants des généralités où l'épizootie s'est manifestée : Auch, Bordeaux, Orléans.*

(Demande de renseignements.)

12 octobre.

J'ai reçu, dans leur temps, les différentes lettres que vous m'avez écrites au sujet de la maladie de bestiaux qui s'est déclarée dans différents lieux de votre généralité. Je désire être informé plus exactement des progrès de cette maladie, des différentes mesures prises dans les lieux où elle s'est manifestée, pour guérir les bestiaux malades et préserver ceux qui n'ont point encore été attaqués. Le moyen qui me paraît le plus simple et en même temps le plus exact pour me donner connaissance de l'état des choses à cet égard est de m'adresser une carte de

---

[a] On trouve aux Archives nationales (F^{12}, 151, 152) les lettres ci-après :

8 septembre. — Lettre à l'Intendant d'Auch : approbation des mesures déjà prises.

30 septembre et 25 octobre. — Lettres à l'Intendant d'Orléans : épizootie dans l'élection de Romorantin ; elle n'eut pas de suites.

2 novembre. — Lettre au Ministre de la guerre : demande d'envoi de chevaux de réforme dans la Guyenne.

12 novembre. — Lettre à l'Intendant de Bordeaux : invitation d'avoir à redoubler de zèle. Esmangard avait proposé à Bertin le 5 novembre l'abatage de toutes les bêtes malades comme le seul remède efficace, sauf à donner des secours aux propriétaires malheureux. Les jurats de Bordeaux avaient, de leur côté, chargé un médecin, syndic de leur ville, Doazan, d'étudier la nature de la maladie.

Lettre à l'Intendant de Bayonne : abatage des bêtes malades.

Lettre aux Syndics généraux du Béarn et au duc de La Vrillière : exemption de droits de douane pour les chevaux entrant dans le Béarn ; les fermiers généraux consentaient à l'exemption.

12, 18 et 20 novembre. — Lettres à l'Intendant d'Auch : remerciements pour renseignements fournis.

22 novembre. — Lettres aux Intendants du Languedoc et de Montauban, d'Orléans : approbation de mesures prises.

Lettre à l'intendant de Flandre et Artois : invitation à prendre des mesures de défense.

29 novembre. — Lettres au colonel, comte de Fumel et au Ministre de la guerre, au sujet de l'établissement d'un cordon de troupes. Lettre au Garde des Sceaux au sujet d'une défense faite par le Parlement de Bordeaux de signifier un arrêt du Conseil. (On lui demande communication de la réponse qu'il a dû faire à ce Parlement.)

La maladie, après avoir désolé le pays de Labour et toute la généralité d'Auch, continua à ravager le Condomois, les environs de Nérac, de Libourne et de Bordeaux, l'Agenois, Dommerie près Valence, bien qu'on eût suivi les instructions du médecin Doazan. Les élèves de l'École vétérinaire convenaient de leur impuissance. Les terres, en certains endroits, allaient rester en friche faute de bétail. D'accord avec l'Intendant Esmangard, le comte de Fumel établit des sentinelles pour cerner les pays infectés.

votre généralité sur laquelle vous ferez marquer d'une manière bien distincte les villes, bourgs, villages où la maladie s'est déclarée et vous voudrez bien m'informer à chaque courrier du changement qui sera survenu dans l'état des choses et de tout ce qui pourra avoir rapport à ce malheur. Je serai par là plus à portée de juger de la nature du soulagement que le Roi devra accorder, et des précautions qu'il peut être nécessaire de prendre pour arrêter les progrès d'un mal aussi fâcheux.

3. *Lettre à l'Intendant de Bayonne (d'Ayne.)*

(Arrestation d'un contrevenant aux ordonnances.)

25 octobre.

Je vous envoie, M., deux requêtes du sieur Lafitte, négociant au bourg du Saint-Esprit, près de la ville de Bayonne, qui demande à être reçu appelant d'une ordonnance que vous avez rendue le 30 septembre, en vertu de laquelle il a été constitué prisonnier, sous prétexte qu'il a été trouvé en contravention à l'Arrêt du Conseil du 31 janvier 1771 concernant les précautions à prendre contre la maladie des bestiaux. Par la seconde requête, il conclut à ce qu'il soit ordonné qu'il sera mis en liberté aux offres de se représenter toutes les fois qu'il en sera requis et de donner, à cet effet, bonne et justifiante caution. Je vois avec peine que vous vous soyez cru obligé de prendre ces voies de rigueur, surtout contre un négociant connu, tel que le sieur Lafitte. Je vous prie de le faire mettre en liberté, à moins que vous n'y voyiez un très grand inconvénient et de faire tout ce qui sera possible pour que cet événement ne nuise pas à son crédit.

4. *Lettre au secrétaire perpétuel de l'Académie des Sciences* [a].

(Constitution d'une commission de l'épizootie.)

[A. N., F^{12} 151. — Henry, 208. — Foncin, 579.]

Compiègne, 18 novembre.

Je vous prie, M., de vouloir bien prévenir (l'Académie), qu'il y a déjà longtemps qu'il règne une maladie épidémique sur les bestiaux dans le pays de Labour et une partie de la Navarre, qui a même pénétré dans

---

[a] Condorcet remplaçant Grandjean de Fouchy comme secrétaire perpétuel.

quelques paroisses de la Guyenne ; cette maladie a jusqu'à présent résisté à toutes les mesures qui ont été employées pour en arrêter le cours. Je crois qu'un objet aussi intéressant mérite l'attention particulière de l'Académie. En conséquence, je la prie de vouloir bien le plus promptement qu'il sera possible désigner un nombre de commissaires proportionné à l'importance de l'objet pour s'occuper des moyens les plus propres à faire cesser ce fléau. Je désire que MM. de Malesherbes, Trudaine de Montigny, Duhamel, Tenon [a] et vous, soyez du nombre des commissaires. L'Académie voudra bien y joindre ceux de ses membres qu'elle jugera les plus propres à remplir sur cet objet les intentions du Roi. Il est à désirer qu'au moins deux de MM. les Commissaires puissent se transporter sur les lieux pour observer par eux-mêmes l'état des choses, et en rendre compte à ceux de leurs confrères qui resteront à Paris. M. Trudaine remettra à MM. les Commissaires toutes les pièces qui seront nécessaires et tous les comptes qui me seront rendus. Je voudrais fort que l'Académie procédât sans délai à cette nomination [b].

5. *Lettres aux Intendants d'Auch (Journet) et de Bayonne (d'Ayne).*

(Inexécution des ordonnances relatives à l'épizootie
et de la mission de Vicq-d'Azir.)

6 novembre.

Je reçois, MM., une lettre de M. Bourgelat, directeur général de l'École vétérinaire [c], qui m'envoie une copie de celle que le Sr Guiot, élève, lui a écrite, par laquelle il lui mande le peu d'exactitude qu'on a employée dans l'exécution des ordonnances que vous avez rendues à l'occasion de la maladie épizootique. Il lui observe qu'on contrevient journellement aux dispositions de l'Arrêt du Conseil du 31 janvier 1771 et que la communication du mal ne fait que s'accroître. Je vous avoue que je suis bien étonné d'une pareille conduite de la part des propriétaires de bestiaux, dans une circonstance aussi triste où l'on devrait mettre tout en usage pour couper court à ce fléau. Si l'on ne prend des mesures très promptes pour remédier aux différents abus qui se commettent à ce sujet, il est à craindre que le mal ne pénètre dans les lieux de votre généralité qui n'ont point encore été attaqués et qu'il ne se répande ensuite dans les provinces voisines, et peut-être plus loin. Je vous prie donc de redoubler vos soins pour un objet qui mérite autant

---

[a] Chirurgien ; dans l'édition Henry, on a imprimé « Lenoir ».
[b] L'Académie désigna Vicq d'Azir.
[c] D'Alfort.

d'attention, de donner tous les ordres que vous croirez nécessaires pour parer aux abus, et de veiller à ce qu'ils soient exécutés avec toute la célérité que la circonstance exige. J'écris à M. le Comte de Fumel, commandant en Guyenne, pour l'engager à contribuer en tout ce qui pourra dépendre de lui au succès des mesures que vous croirez devoir prendre à ce sujet, en faisant faire des cordons de troupes dans tous les endroits où il sera jugé convenable d'en placer pour empêcher la communication dans les provinces voisines.

Je dois aussi vous observer que j'ai pris les ordres du Roi pour envoyer d'abord en Guyenne et ensuite dans les provinces voisines M. Vicq-d'Azir, membre de l'Académie des Sciences et professeur en médecine à Paris. Il est chargé de faire des recherches sur la cause et sur le véhicule de la contagion et sur les moyens de la détruire ou d'en ralentir les progrès, conformément à une instruction que je lui ai fait remettre et dont il vous donnera communication. Il est parti le 2 de ce mois. Vous voudrez bien, lorsqu'il sera auprès de vous, lui faire donner les secours et assistance dont il aura besoin pour remplir l'objet de sa mission, le faire aider par ceux des élèves de l'école vétérinaire qui sont employés dans votre généralité et, de plus, lui faire fournir les manœuvres ou les gardes qui lui seraient nécessaires. Vous voudrez bien aussi pourvoir aux dépenses que ces différents objets pourront occasionner après qu'elles auront été concertées avec vous.

6. *Lettre à Bourgelat, directeur de l'École vétérinaire.*

(Infractions à ses avis) [a].

[A. N., F12 151.]

6 novembre.

J'ai reçu, M., votre lettre du 29 du mois dernier avec les copies qui y étaient jointes de celle que le Sr Guiot vous a écrite, et de celle qu'il a écrite au Sr Chabert à l'occasion de la maladie épizootique. M. Trudaine m'a aussi fait voir les instructions que vous lui avez envoyées sur cet objet important. Je ne puis qu'applaudir aux bonnes vues qui vous animent et aux soins que vous vous êtes donnés jusqu'à présent pour couper court à ce fléau, mais je suis fort surpris du peu d'exactitude qu'on a employé dans l'exécution des ordonnances d'intendants ren-

---

[a] Le même jour, des instructions furent adressées au comte de Fumel et aux intendants Journet et D'Aine.

dues d'après votre avis. Je vais écrire très fortement à ces intendants ainsi qu'à M. le Comte de Fumel. Au surplus, recevez, je vous prie, mes remerciements de tous les renseignements que vous avez bien voulu me donner à ce sujet. Ils contribueront beaucoup à éclairer M. de Vicq sur les divers objets de la mission dont je l'ai chargé.

7. *Lettre à l'Intendant de Bordeaux* [a].

(Mission de Vicq-d'Azir.)

[A. N., F12 151. — Foncin, 579.]

29 novembre.

Sur le compte qui a été rendu, M., tant par vous que par M. le Comte de Fumel, des progrès rapides de la maladie épizootique qui règne dans votre généralité [b] et de l'insuffisance des remèdes qui ont été tentés jusqu'à présent, soit par les élèves de l'école vétérinaire, soit par les médecins du pays, j'ai pris les ordres du Roi pour envoyer d'abord en Guyenne, ensuite dans les provinces voisines M. Vicq-d'Azir, membre de l'Académie des Sciences et professeur en médecine à Paris. Il est chargé de faire des recherches sur la cause et sur le véhicule de la contagion, sur les moyens de la détruire et d'en ralentir les progrès conformément à une instruction que je lui ai fait remettre et dont il vous donnera communication.

Le mal est tel qu'il paraît superflu de tenter de nouveaux remèdes pour sauver quelques individus en laissant infecter et périr le reste de l'espèce ; les symptômes, le cours de la maladie et ses ravages dans l'intérieur des animaux attaqués paraissent suffisamment observés et décrits par les artistes vétérinaires. L'objet principal aujourd'hui et celui

---

[a] Autres lettres contenues dans le registre des Archives nationales :
29 novembre. — Lettre à Bertin lui demandant des lettres de recommandation pour Vicq d'Azir. Des lettres de ce genre avaient déjà été données par Turgot.
6 décembre. — Lettres aux Intendants de Montauban et du Languedoc, sur la marche de l'épizootie. (La maladie a pénétré dans le diocèse de Comminges. La lettre prescrit une entente avec le comte de Périgord pour l'établissement d'un cordon de troupes).
Lettre à Courrejols, négociant à Bayonne, au sujet du remboursement de droits sur des mulets qu'il a fait venir de Niort pour les besoins des cultivateurs. (On lui rembourse les droits).
13 décembre. — Lettre à Desangles, prévôt général de la maréchaussée de Montauban, au sujet de l'établissement d'un poste de cavalerie à Saint-Paul-d'Espis.
Lettre au Ministre de la guerre au sujet de l'envoi de chevaux dans les provinces ravagées.
À la même époque, le Parlement de Toulouse rendit un arrêt sur l'épizootie (12 novembre) et l'archevêque de Toulouse fit un mandement (25 novembre) [A. N., K. 906].

[b] La maladie désolait la province. Le 26 novembre, Esmangard avait demandé un dégrèvement sur les vingtièmes.

qui doit surtout occuper M. d'Azyr est de reconnaître, par tous les moyens qu'on peut tirer de la physique et de la chimie, s'il est possible de corriger et de purifier l'air putride qui porte à la contagion d'un lieu dans un autre, d'examiner et d'analyser avec tout le soin possible le véhicule de la contagion, pour étudier les moyens de le débarrasser des parties putrides et contagieuses. En conséquence, il est autorisé à sacrifier des animaux sains pour découvrir les causes de la communication, à faire les expériences et les dépenses qu'il jugera nécessaires pour y parvenir. Vous voudrez bien, M., lui faire donner les secours et assistance dont il aura besoin pour remplir l'objet de sa mission, le faire aider par ceux des élèves de l'École vétérinaire qui sont employés dans votre généralité et de plus lui faire fournir les manœuvres ou les gardes qui lui seraient nécessaires. Vous voudrez bien pourvoir aussi aux dépenses que ces mesures pourront occasionner après qu'elles auront été concertées avec vous. M. de Vicq doit partir pour Bordeaux le 2 décembre. Il serait à propos qu'il pût conférer à son arrivée avec les élèves des Écoles vétérinaires pour éviter des pertes de temps [a].

8. *Lettre aux Intendants du Languedoc et de Mautauban* [b].

(Abatage des dix premières bêtes dans les paroisses où se montre l'épizootie.)

Décembre.

Il est très instant, M., et très pressant de couper toute communication entre les paroisses de votre généralité où le bétail est infecté et de l'empêcher d'aller où il est encore sain. On travaille inutilement depuis 8 mois à guérir les bêtes malades. Partout où la contagion pénètre, tout est détruit ; il paraît que les secours de l'art sont épuisés tant de la part des artistes vétérinaires que des médecins qui s'en sont occupé. Tous s'accordent à regarder cette maladie comme une fièvre putride, inflammatoire et pestilentielle, qu'il n'est pas possible de guérir, et qui se répand très rapidement par la seule communication des bestiaux. Il ne reste plus qu'un parti à prendre. Il est violent, mais nécessaire, c'est de

---

[a] Vicq d'Azir se mit, dès son arrivée à Bordeaux, en rapports avec Doazan, de Fumel et les élèves de l'École vétérinaire. Il trouva le port de Bordeaux et les boucheries infectés et proposa l'abatage de toutes les bêtes malades, en donnant aux paysans 50 écus par bœuf de 300 francs ; 90 livres pour une vache ; 48 livres pour les animaux plus jeunes et plus faibles. Doazan combattit ces propositions. Esmangard adopta le principe de l'abatage avec indemnité, mais en repoussant le tarif de Vicq d'Azir.

[b] Des lettres analogues furent adressées le même jour au comte de Fumel, et le 13 décembre au marquis de Faudras, commandant du Bas Armagnac.

faire tuer, dans chaque village où la contagion commencera à se manifester, les premières bêtes qui en seront attaquées pour qu'elles n'infectent pas le reste de la province et peut-être, de proche en proche, tout le bétail du Royaume. Ce sacrifice peut seul, quant à présent, arrêter le progrès de la contagion, comme on l'a éprouvé avec succès dans la Flandre autrichienne ces dernières années. En faisant tuer 128 bêtes dans la châtellerie de Courtray, on en a conservé plus de 25 000, suivant les informations qui ont été prises par les directeurs des écoles vétérinaires. Ces considérations m'ont déterminé à prendre les ordres du Roi pour vous autoriser à faire tuer et enterrer aussitôt avec leurs cuirs, les 8 ou 10 premières bêtes qui seront malades dans chaque village, après que les symptômes de la maladie auront été constatés par les procès-verbaux des maréchaux que vous aurez commis pour les visiter, le Roi se réservant d'indemniser les propriétaires des bêtes sacrifiées en leur accordant, même dès à présent, si vous le jugez nécessaire, le quart ou le tiers de leur valeur, suivant l'estimation que vous en ferez faire et les états que vous m'enverrez. Vous voudrez bien me faire part des mesures que vous aurez prises à ce sujet et faire en sorte que cet ordre soit exactement exécuté sans délai. Vous pouvez y employer la maréchaussée [a].

9. Lettre à l'Intendant de Bayonne (D'Ayne) transmettant un Arrêt du Conseil qui a cassé des Arrêts du Conseil supérieur de Pau.

13 décembre.

J'ai rendu compte au Roi, M., des différents arrêts du Parlement de Pau qui concernent la maladie des bestiaux, et dont vous m'avez informé successivement. S. M. ayant reconnu, ainsi que vous l'avez observé, qu'ils contrarieraient les dispositions des ordonnances que vous et M. Journet avez fait publier sur cet objet, il a été rendu un Arrêt du Conseil qui casse et annule ceux de ce parlement et ordonne l'exécution de celui du Conseil du 31 janvier 1771. J'ai envoyé l'expédition en parchemins à M. Journet en le priant de le rendre public et de tenir la main à son exécution et de continuer à prendre les mesures qu'il croira les plus propres à arrêter les progrès de ce fléau. Comme il est bon que vous ayez connaissance de cet arrêt, j'en joins ici la copie.

---

[a] Les propositions de Vicq d'Azir tendant à un abatage général avaient paru excessives.

10. *Arrêt du Conseil renouvelant les prescriptions antérieures.*

(Abatage pour les dix premières bêtes malades.)

[Recueil des Édits, 1774, 2ᵉ sem. — D. P., VII, 83. — D. D., II, 477.]

18 décembre.

Le Roi s'étant fait rendre compte de l'état et des progrès de la maladie contagieuse qui s'est répandue depuis plus de huit mois sur les bêtes à cornes dans les généralités de Bayonne, d'Auch et de Bordeaux, et qui commence à se communiquer dans celles de Montauban et de Montpellier ; informé, par les commandants et intendants desdites provinces, que la maladie se répand de plus en plus par la communication des bestiaux ; qu'elle n'a épargné qu'un très petit nombre d'animaux dans les villages où elle a pénétré ; que tous les remèdes qui ont été tentés pour en arrêter le progrès, soit par les médecins du pays, soit par les élèves des écoles vétérinaires que S. M. a fait passer dans les dites provinces pour les secourir, n'ont eu jusqu'à présent que peu de succès et qu'ils laissent peu d'espérance de pouvoir guérir les animaux affectés de cette contagion, qui s'annonce avec les caractères d'une maladie putride, inflammatoire et pestilentielle ; qu'il est important et pressant de recourir aux moyens les plus efficaces pour empêcher que ce fléau, en continuant de s'étendre de proche en proche, ne se répande en peu de temps dans d'autres provinces du Royaume ; que, dans les États étrangers limitrophes qui ont été infectés de la même maladie pendant les années précédentes, on n'est parvenu à conserver la plus grande partie du bétail qu'en sacrifiant un petit nombre d'animaux malades dès qu'ils ont eu les premiers symptômes de cette maladie ; que ce parti, tout rigoureux qu'il est, est cependant le seul qui reste à prendre pour prévenir les progrès d'une contagion ruineuse pour les propriétaires des bestiaux, et destructive de l'agriculture dans les provinces exposées à ses ravages.

Dans ces circonstances, ... le Roi ... en renouvelant les ordres les plus précis pour faire exécuter exactement, dans toutes les provinces infectées et dans celles qui sont limitrophes, l'Arrêt du Conseil du 31 janvier 1771, a ordonné et ordonne ce qui suit :

Art. Iᵉʳ. Toutes les villes et les bourgs et villages voisins de ceux où la contagion est présentement établie seront visités par les artistes vétérinaires, les maréchaux ou autres experts qui auront été pour ce commis par les intendants desdites provinces, à l'effet de reconnaître et de constater l'état de santé ou de maladie de toutes les bêtes à cornes dans lesdites villes et les villages et bourgs.

II. Dans le cas où quelques animaux se trouveraient attaqués de la maladie contagieuse annoncée par des symptômes non équivoques, il en sera dressé procès-verbal par lesdits artistes, maréchaux ou experts, en présence du syndic de la communauté dans lesdits villages, et en celle des officiers municipaux dans les villes ou dans leurs faubourgs ; et il sera constaté en même temps, par ledit procès-verbal ou par un acte de notoriété y joint, qu'aucun animal dans ladite ville, ou ledit bourg ou village, n'est mort précédemment de la contagion.

III. Aussitôt après la confection desdits procès-verbaux, lesdites bêtes malades seront tuées et enterrées avec leurs cuirs, jusqu'à concurrence des dix premières seulement, à la diligence desdits syndics et officiers municipaux, dans chaque ville, bourg ou village où ladite contagion commencera à se déclarer.

IV. Les Srs intendants et commissaires départis dans les provinces feront payer à chaque propriétaire le tiers de la valeur qu'auraient eue les animaux qui auront été sacrifiés, s'ils eussent été sains ; et ce, sur l'estimation qui en sera faite par lesdits artistes, maréchaux et experts, à la suite de leursdits procès-verbaux, laquelle indemnité sera imputée sur les fonds à ce destinés par S. M.

V. Les dits Srs intendants enverront à la fin de chaque mois au Sr Contrôleur général des finances l'état des villes, bourgs et villages où la maladie aura pénétré, ensemble l'état du nombre et qualité des bêtes malades qui auront été tuées dans lesdits lieux de leur généralité, et des sommes qui leur auront été payées en indemnité, à raison du tiers de la valeur de chaque animal, ainsi que des autres dépenses nécessaires pour l'exécution de présent arrêt.

VI. Fait S. M. très expresses inhibitions à tous propriétaires de bestiaux de cacher ou recéler aucune bête saine ou malade lors des visites qui seront faites en exécution du présent arrêt, à peine de 500 livres d'amende payable par corps et sans pouvoir être modérée.

VII. Enjoint S. M. aux lieutenants et officiers de police dans les villes, et aux Srs intendants et commissaires départis, de tenir la main à l'exécution du présent arrêt, qui sera publié et affiché partout où besoin sera ; et de rendre à cet effet toutes les ordonnances nécessaires, lesquelles seront exécutées nonobstant oppositions ou appellations quelconques. S. M. se réservant d'en connaître en son Conseil et seront tenus les officiers et cavaliers de la maréchaussée d'exécuter les ordres qui leur seront adressés par lesdits Srs intendants, pour assurer l'exécution du présent arrêt.

11. *Circulaire aux Intendants de Bordeaux, Montauban, La Rochelle, Auch, Pau, Languedoc, pour prescrire l'abatage des bêtes malades.*

[A. N., F^{12} 151. — Foncin, 582.]

20 décembre.

Sur l'avis qui m'a été donné, M., par M. le Comte de Fumel, que ni le changement de saison, ni le grand froid n'ont retardé les progrès de la contagion dans les environs de Bordeaux et autres parties de votre généralité, je me suis déterminé à prendre les ordres du Roi pour vous autoriser à faire tuer dans les villages où la maladie commencera à se manifester les huit ou dix premières bêtes malades, en payant aux propriétaires le tiers de la valeur de chaque bête qui sera sacrifiée. Ce parti, quoique très onéreux, tant pour les particuliers que pour le Roi, devient indispensablement nécessaire, vu l'inutilité des remèdes qui ont été essayés sans aucun succès depuis plus de huit mois. En sacrifiant un petit nombre d'animaux dès que les premiers symptômes de la maladie seront constatés par les procès-verbaux des maréchaux que vous aurez commis ou des élèves de l'École vétérinaire, on pourra peut-être conserver le reste du bétail de chaque village, comme on l'a fait avec succès dans la Flandre autrichienne. Vous voudrez bien faire tenir des états exacts des bêtes qui ont été tuées. Je pense que le dédommagement qu'il conviendra d'accorder aux propriétaires des bestiaux que l'on aura fait tuer pourra être pris sur les fonds libres de la capitation et, s'ils ne sont pas suffisants, vous voudrez bien m'indiquer les moyens d'y pourvoir. Je vous prie de faire exécuter promptement vos ordres, ainsi que ceux qui ont été donnés pour interrompre toute communication des bestiaux avec ceux qui sont attaqués [a].

12. *Lettres à l'Intendant du Languedoc (Saint-Priest) l'engageant à prendre conseil des circonstances pour les mesures de défense contre le fléau* [b].

---

[a] À l'Intendant de Bordeaux, il fut indiqué qu'on pourrait faire venir pour remplacer les bêtes abattues des mulets du Rouergue, de la Haute-Auvergne et du Dauphiné.

[b] Autres lettres contenues dans le registre des Archives nationales :

13 décembre. — Lettre à l'Intendant d'Auch au sujet de l'inertie du subdélégué de Tarbes. (La lettre prescrit de le réprimander s'il est coupable).

28 décembre. — Lettre à de Sichard, accusant réception d'une lettre du Parlement de Bordeaux au Roi pour demander des secours en faveur de la Guyenne, et lettre au Garde des Sceaux. (L'intention du Roi est de faire tout ce qui sera possible).

Lettre à l'Intendant d'Auch au sujet d'un nouvel arrêt du Parlement de Pau. (Quoique cet arrêt ne contint rien de contraire à la bonne police, la Cour n'aurait pas dû le rendre sans y avoir été autorisée. On demande à ce sujet l'avis de l'Intendant).

ET DOCUMENTS LE CONCERNANT 243

[A. N., F¹² 151.]

28 décembre.

Votre lettre du 21 de ce mois, M., ne fait que me confirmer les avis que je reçois de tous les côtés de la rapidité avec laquelle la maladie des bestiaux se répand sur les confins du Languedoc. M. l'archevêque de Narbonne [a] me mande le zèle des États de cette province pour faire les dépenses nécessaires pour arrêter autant qu'il sera possible les progrès du mal. Je ne puis dans une aussi cruelle circonstance et dans un moment aussi pressant, que vous autoriser, en exécutant les ordres du Roi dont je vous ai déjà prévenu, à prendre conseil des circonstances et à prendre toutes les mesures que votre prudence pourra vous suggérer après en avoir conféré avec M. le comte de Périgord, et MM. les archevêques de Narbonne et de Toulouse [b] et autres personnes des États que vous jugerez à propos de consulter. Je pense qu'en effet on ne peut prendre des mesures trop promptes et trop sûres pour couper le mal dans sa racine. Vous voudrez bien m'informer des ordres que vous aurez jugé à propos de donner et je proposerai au Roi de les autoriser.

165. — LES DOUANES ET LE COMMERCE EXTÉRIEUR [c]

Lettre à Bourgelat au sujet de remèdes inutiles. Bourgelat s'était plaint qu'un médecin, le Sr Faure de Beaufort, eut publié une brochure sur l'épizootie et eut en même temps vendu un remède : *L'eau anti-putride*. On lui répond que ce médecin passe pour un charlatan, mais qu'il n'y a pas de gros inconvénient « à ce qu'il prescrive des préservatifs et des remèdes anti-putrides ; s'ils ne sont pas utiles, ils ne pourront pas faire grand mal. »
Lettre à Vicq d'Azir l'encourageant à poursuivre ses recherches.
Lettre à de La Fargue, subdélégué à Dax, l'invitant à faire exécuter les ordonnances.
Lettres au Duc de La Vrillière et au Ministre de la guerre, leur demandant de faire donner par le Roi au comte de Périgord des pouvoirs étendus.
[a] De Dillon.
[b] De Brienne.
[c] On trouve aux Archives Nationales (F¹² 151) et dans d'autres dépôts les pièces suivantes :
Entrée.
13 septembre. — Lettre au Ministre des affaires étrangères rejetant une demande de suppression des droits sur les fils de lin, faite par l'ambassadeur de Berlin. (En l'absence de négociations pour un traité de commerce, l'examen de cette demande isolée aurait des inconvénients).
25 octobre. — Arrêt du Conseil exemptant de droits les couperoses venant de l'étranger. [A. Gironde, C. 64. — Foncin, 118)
12 novembre. — Lettre à Auguste Laurent, fabricant d'étoffes à Amiens, lui refusant une exemption de droits d'entrée.
Sortie.
30 septembre. — Lettre à l'intendant de Caen accordant une permission d'exporter des marrons et des châtaignes. [A. Calvados, C. 2055]
8 septembre. — Lettre au Ministre de la marine au sujet de la disparition de drap envoyé à Rome par un fabricant de Sedan.

1. *Arrêt du Conseil modifiant les droits sur les fers-blancs.*

[Recueil des Édits, 2ᵉ sem. 1774. — D. P., VII, 55.]

23 octobre.

Sur ce qui a été représenté au Roi, étant en son Conseil, que l'Arrêt du 3 juillet 1692, qui a fixé à vingt livres les droits d'entrée des barils de fer-blanc de 450 feuilles doubles venant de l'étranger et du baril à simple feuille à proportion, n'ayant désigné aucune marque distinctive par laquelle on pourrait reconnaître le fer-blanc double et le fer-blanc simple, il en est résulté des difficultés dans différents bureaux d'entrée, relativement à la perception de ces droits ; que ces difficultés étant préjudiciables aux manufactures de fer-blanc du Royaume, en ce que presque la totalité des fers-blancs doubles venant de l'étranger acquittent seulement le droit imposé sur les simples, par la difficulté qu'ont les employés des fermes de distinguer les uns d'avec les autres, il serait de la justice de S. M. de faire cesser cet abus, en établissant un même droit par quintal sur ces deux espèces de fer-blanc indistinctement et dans l'intérêt de nos manufactures nationales, et S. M. voulant faire connaître ses intentions à cet égard ; vu sur ce, le Mémoire des Fermiers généraux et l'avis des députés au Bureau du commerce ; ... le Roi ... ordonne qu'à l'avenir et à compter du jour de la publication du présent arrêt, les fers-blancs en feuilles doubles ou simples venant de l'étranger acquitteront indistinctement, à toutes les entrées du Royaume, quatre livres par quintal [a], au lieu des droits auxquels ils avaient été assujettis par l'Arrêt du 3 juillet 1692.

2. *Lettre à Bertin au sujet d'une demande d'établissement d'un droit sur le charbon.*

[A. N., F¹² 151.]

29 novembre.

J'ai reçu, M., les deux lettres que vous m'avez fait l'honneur de m'écrire les 12 septembre et 6 de ce mois avec le Mémoire et la Re-

---

Confiscations.
31 août. — Lettre au Ministre des affaires étrangères et à l'Intendant d'Amiens au sujet d'une confiscation d'étoffes prohibées à la halle foraine d'Amiens. (Le demandeur est débouté par Arrêt du Conseil).

[a] Le quintal de cent livres poids, soit 50 kilogrammes.

quête qui y étaient joints, par lesquels les Srs Stuart et Kesling demandent, soit une récompense, soit à être autorisés à percevoir, pendant 10 ans, 30 sols sur chaque voie de charbon de terre du Royaume, pesant 3 milliers, pour les récompenser de la découverte qu'ils ont faite de la manière de préparer ce charbon, pour être employé à la fonte et forge du fer.

Le charbon de terre, dont on ne saurait trop encourager l'exploitation en France, étant une matière d'une nécessité indispensable pour un grand nombre de nos fabriques, il serait contraire aux principes d'une bonne administration de la surcharger d'un droit tel que celui dont il est question, surtout pour un prétendu secret qui déjà est connu et qui se trouve dans les *Mémoires* de feu M. Jars [a]. D'ailleurs, il résulterait indubitablement de l'augmentation du prix que ce droit mettrait à ce charbon, l'inconvénient de faire donner la préférence à celui de l'Angleterre, dont il serait fort à désirer qu'on pût entièrement se passer.

Ces considérations vous feront sans doute juger qu'il n'est pas possible d'avoir égard aux demandes des Srs Stuart et Kesling.

3. *Lettre au Comte de Tonnerre au sujet d'une demande d'interdiction de la sortie des peaux de chevreaux.*

[A. N., F12 151.]

30 septembre.

J'ai reçu la lettre que vous m'avez fait l'honneur de m'écrire en m'envoyant un exemplaire d'un Mémoire des gantiers de Grenoble sur la nécessité de défendre la sortie des peaux de chevreaux et d'agneaux mégissés et sur le bien qui résulterait de l'entrée de ces mêmes peaux venant de l'étranger.

Je me suis fait rendre compte des raisons alléguées dans ce Mémoire pour appuyer la demande qui en fait l'objet et j'ai vu qu'il y aurait beaucoup d'inconvénients à changer ce qui s'est pratiqué jusqu'à présent relativement au commerce. J'en ai rendu compte au Roi et S. M. a jugé qu'il n'était pas possible d'avoir égard à la démarche des gantiers.

4. *Lettre à l'Intendant de Bordeaux sur la pêche de la morue.*

[A. N., F12 151. — Foncin, 577.]

---

[a] Métallurgiste, mort en 1769.

(Notification d'un Arrêt du Conseil permettant aux armateurs de faire venir du sel du Portugal et d'Espagne).

Fontainebleau, 6 novembre.

Sur les représentations qui ont été faites au Roi, par les armateurs pour la pêche de la morue, sur le haut prix des sels dans les marais salants du Royaume, et sur le besoin indispensable qu'ils avaient de cette denrée pour une branche de commerce aussi importante, S. M. s'est déterminée à rendre un Arrêt du Conseil qui permet aux armateurs qui font la pêche de la morue d'en faire venir du Portugal et d'Espagne, sur des vaisseaux français seulement, pour la salaison de leurs morues et pour les armements de leurs pêches, le tout, jusqu'à ce qu'il en soit autrement ordonné.

5. *Lettres patentes exemptant du droit d'aubaine
les natifs de 23 villes impériales.*

[Recueil des Édits, 2ᵉ sem. 1774. — D. P., VII, 77. — D. D, II, 399.]

Fontainebleau, 7 novembre.

Une ordonnance de Charles VI de 1386 portait qu'en quelques lieux que fussent situés les biens des *aubains* (étrangers ayant passé un an et un jour sur les terres du seigneur) ils appartenaient au Roi. Diverses dispositions atténuèrent le droit d'aubaine : en 1608, pour les Génevois qui mouraient en France ; ensuite pour les étrangers qui introduisaient en France une industrie nouvelle.

Choiseul fit supprimer le droit d'aubaine par des traités particuliers avec diverses puissances de l'Europe qui, en réciprocité, l'abolirent chez elles pour les Français. Des lettres patentes avaient ratifié des conventions de ce genre avec la principauté de Neufchâtel, le Grand-Maître de l'Ordre teutonique, le Prince de Nassau, les États généraux des Provinces-Unies (Hollande).

Les lettres patentes de novembre abolirent le droit d'aubaine pour les villes impériales ci-après : Schweinfurt, Rothenbourg sur le Tauber, Wendsheim, Goslar, Mulhausen en Thuringe, Gemund en Souabe, Diberach, Weil, Wangen, Phullendorf, Zell en Souabe, Ravensburg, Wimpfen, Weissenbourg en Franconie, Giengen, Kempten, Ysni, Kaufbeuren, Leutkirch, Ahlen, Buchau, Buchorn et Bopfingen.

Ces lettres, contresignées par La Vrillière, visées par Miromesnil, mais à la préparation desquelles Turgot prit part, établirent, dans chacun des pays, le traitement mutuel le plus favorable pour les personnes et pour le commerce des citoyens et sujets de l'autre pays, et le droit réciproque de recueillir toutes les successions, testamentaires ou non, mobilières ou immobilières, à la seule réserve d'un droit d'1/10 sur le capital, droit que les villes impériales avaient désiré conserver et qui fut, en conséquence, établi en France sur les successions ou legs des citoyens ou sujets de ces villes.

Turgot pensait, d'accord avec Vergennes, qu'il serait avantageux à la France d'abolir, pour tous les pays, le droit d'aubaine dont l'effet était d'empêcher l'établissement dans notre pays d'ouvriers, d'artisans, de capitalistes et de négociants et de repousser même les particuliers riches qu'attirait la douceur de nos mœurs, de notre société et de notre climat. En raison de ces avantages, Turgot aurait voulu que l'abolition fût faite par une loi générale sans s'inquiéter de la réciprocité ; Vergennes, fidèle aux vieux préjugés diplomatiques, voulait, au contraire, se servir de l'abolition du droit comme d'un appât pour obtenir des autres nations des avantages commerciaux. À l'époque où l'on se trouvait, l'abolition aurait été particulièrement utile ; elle aurait ramené des protestants en France et y aurait appelé des ouvriers d'Angleterre. Dans ce pays, le droit d'aubaine n'existait pas, mais la crise causée par la Révolution d'Amérique en faisait sortir les ouvriers. (Du Pont, *Mém.*).

D'après l'abbé de Véri, l'abolition totale fut approuvée dans le Conseil peu de temps après le renvoi de Turgot. Vergennes la suspendit ensuite et Maurepas n'insista pas. Necker reprit plus tard les idées de Turgot, mais le droit d'aubaine ne fut aboli que par la loi du 6 août 1790.

166. — LA MILICE.

Ordonnances du 1ᵉʳ décembre.

[Anciennes Lois françaises, XXIII, 87.]

Par ces ordonnances, il fut décidé que les exemptions de milice seraient maintenues, d'une manière générale, pour les nobles, prêtres, magistrats, greffiers, avocats, procureurs, notaires, clercs, maires, échevins, médecins, agriculteurs, manufacturiers de certaines catégories, maîtres d'école, valets des nobles et des gens d'église, etc. Les exemptions relatives à l'agriculture, à l'industrie et au commerce devaient toutefois être réglées par instruction spéciale dans chaque généralité.

En outre, les exemptions pour exercice d'une profession ne devaient être accordées qu'à ceux qui l'exerceraient réellement.

La milice devait se composer de 30 régiments provinciaux. Étaient astreints au tirage au sort tous les célibataires ou veufs de 18 à 40 ans. Le service était de 6 ans.

Ainsi qu'il a été indiqué à l'année 1773 (tome III, p. 534), la question de la milice avait fait l'objet de plusieurs lettres de Turgot au ministre de la guerre, alors Monteynard.

Son successeur, d'Aiguillon, établit des conférences entre quelques intendants de province pour dresser un plan autre que celui qu'avait dressé et publié Monteynard. Les rédacteurs étaient Turgot et La Galaisière. Ce plan fut arrêté au moment où d'Aiguillon fut chassé. Le Maréchal du Muy n'attacha pas d'importance à la question. La milice ne fut toutefois pas tirée en 1774 (Véri, *Journal*, août 1774).

Turgot avait demandé dans les lettres qu'il avait écrites comme intendant que les milices fussent organisées en régiments permanents. Il aurait désiré que le tirage au sort fût supprimé, mais ce système admis, il ne comprenait pas que l'on interdît le remplacement ainsi qu'il avait été décidé par ordonnance du 27 novembre 1765. Il admettait les exemptions, mais en faisant remarquer qu'elles rendaient la charge beaucoup plus lourde pour la classe dans laquelle se recrutaient les miliciens.

Lorsqu'il fut ministre, il appela l'attention du Roi sur la question par des conversations particulières et par des mémoires ou des lettres. Le ministre de la guerre, Du Muy, défendit une opinion opposée et condamna le remplacement comme ne devant fournir que de mauvais soldats. Or, il fallait en temps de paix environ 15 000 recrues pour les troupes réglées, 12 000 pour les milices ; en temps de guerre, les recrues pouvaient monter à 40 000 hommes ; elles se faisaient pour les troupes réglées par la voie des engagements volontaires et pour une durée de 8 ans. Il n'y avait pas plus de difficultés à trouver de bons remplaçants dans la milice, qu'il n'y en avait à trouver des volontaires pour les troupes réglées.

Dans les campagnes, la milice était redoutée à l'égal d'un fléau. Au Conseil, Du Muy se rendant compte qu'il était peu persuasif, fit venir avec lui un des inspecteurs, d'Hérouville, qui fit un exposé brillant.

Turgot pensait que les règlements préparés et les explications qu'il avait données avaient convaincu le Roi ; il comptait sur Maurepas et sur Bertin, qui avaient été intendants comme lui, et qu'étant trois contre trois, Louis XVI déciderait comme eux [a]. Les trois militaires affirmèrent que les troupes ne pourraient plus se recruter et que les armées

---

[a] Voir ci-dessous les lettres de Maurepas et de du Muy.

seraient perdues si l'on admettait le remplacement par rachat ; il était difficile à Turgot de contredire une pareille affirmation ; le Roi lui dit : « Laissons-les faire, nous y reviendrons dans la suite. » On sut dans le public qu'un débat avait eu lieu dans le Conseil entre les militaires et Turgot et l'on considéra la décision du Roi comme un acte de faiblesse.

Les ordonnances ne permirent pas d'acheter un milicien, mais elles autorisèrent le milicien à subroger à sa place. Or, voici ce qui se passa dans le Bourbonnais et dans le Berry : les jeunes gens qui allaient tirer au sort se cotisèrent pour faire une somme à celui qui aurait le billet noir. La contribution par tête fut d'au moins six francs ; elle fut de 12 francs dans la paroisse de Saint-Satur ; un paysan qui avait trois enfants dans le tirage fournit 36 francs. Le milicien trouva sur le champ un homme à subroger pour 100 ou 150 francs, et le revenant-bon pour lui fut considérable. Dans une paroisse, il eut 264 francs après avoir payé son subrogé. Du côté de Toulouse, les paroisses convinrent d'un prix modéré avec un homme qu'elles firent agréer au subdélégué et le sort fut arrangé de manière à le faire tomber sur lui. Les restrictions, imposées par les militaires du Conseil, n'empêchèrent donc pas les abus qu'ils craignaient (Véri, *Journal*).

Lettre de Maurepas à Turgot.

Versailles, 15 novembre.

Je viens, M., d'exécuter votre commission. Le Roi est décidé à ne point approuver l'ordonnance de M. le comte du Muy sans vous avoir entendu contradictoirement avec lui. J'ai cru pourtant devoir lui proposer un comité où il pourrait appeler M. Bertin qui a été intendant. Je crois que j'y serai aussi ; comme le Roi m'a dit qu'il n'avait pas lu le Mémoire de M. de La Galaisière que vous lui aviez remis, je lui ai lu votre lettre à M. du Muy et lui ai expliqué sommairement l'état de la question. Je vous en dirai demain davantage. Ne doutez jamais, M., de la fidélité de mon attachement.

Lettre du maréchal du Muy à Turgot.

Versailles, 15 novembre.

J'ai reçu, M., la lettre que vous m'avez fait l'honneur de m'écrire le 14 de ce mois ; je ne trouve nullement mauvais que vous demandiez au Roi un comité pour examiner la question relative au tirage de la milice par le sort, mais je prierai S. M. d'y appeler des généraux de ses armées, parce qu'un comité composé uniquement de personnes qui ne sont pas militaires n'est pas en état de juger un point qui importe si essentiellement à l'existence des armées.

La diversité des opinions n'influera jamais sur ma façon de penser pour vous ni pour les ministres du Roi ; je n'ai, comme eux, en vue que le bien du service.

167. — MENDICITÉ

Lettre à l'évêque de Fréjus (De Beausset de Roquefort).

[Bibliothèque d'Aix, ms 834.]

(Demande d'une statistique des biens destinés à la subsistance des pauvres).

Versailles, 18 novembre.

Sur le compte qui a été rendu au Roi, M., des inconvénients qu'occasionne la mendicité et des différents moyens qui ont été employés pour la détruire, S. M. a jugé qu'elle ne pouvait être proscrite avec justice et succès, qu'autant qu'il serait en même temps pourvu à la subsistance des mendiants, soit par des salaires offerts à ceux qui sont en état de travailler, soit par des fonds assurés, à ceux dont l'âge ou les infirmités ne leur permettent pas de subsister du travail de leurs mains.

Pour remplir des vues aussi dignes de la religion et de la bonté de S. M., elle a premièrement ordonné qu'il fût ouvert des *ateliers de Charité* dans les différentes provinces du Royaume, et elle a désiré en même temps de connaître tous les fonds qui étaient destinés à la subsistance des pauvres, afin de les consacrer entièrement à leur destination et de suppléer en cas de besoin à leur insuffisance.

J'ai écrit, en conséquence, par l'ordre du Roi, à MM. les Intendants. Je les ai priés de m'envoyer des *états des biens des hôpitaux, hôtels Dieu, maladreries*, et celui des *fonds de charité* de chaque Paroisse, soit qu'il y ait des hôpitaux, soit qu'il n'y en ait pas ; et je leur ai recommandé de distinguer avec soin, dans ces états, les biens qui auraient été unis à des hôpitaux voisins ou éloignés, et ceux qui en seraient restés séparés. Ces diverses connaissances sont absolument nécessaires pour retirer les hôpitaux de l'état de détresse auquel le plus grand nombre est réduit, pour consacrer au soulagement des pauvres de chaque Paroisse les biens que la piété des fidèles y a destinés, et enfin, pour empêcher que les grands établissements qui peuvent être autrement secourus, n'absorbent tous les secours particuliers qui ne sont jamais mieux employés, que lorsqu'ils sont plus divisés, et distribués sur les lieux mêmes où la misère se fait sentir.

S. M. m'a ordonné en même temps, M., de vous écrire, et elle compte que vous voudrez bien procurer à MM. les Intendants, et à leurs subdélégués, toutes les instructions dont ils peuvent avoir besoin et que vous donnerez à cet effet les ordres nécessaires à ceux qui dépendent de vous ; vous voudrez bien surtout, M., faire sentir aux administrateurs des hôpitaux et aux curés qu'ils doivent se porter avec zèle et confiance à donner les éclaircissements qu'on leur demande, puisqu'ils tendent au soulagement des pauvres dont les intérêts leur sont confiés, et dont les malheurs intéressent également la religion et l'humanité.

Le Roi se fait un devoir de ne rien omettre de ce qui peut dépendre de lui pour prévenir ou abolir la mendicité dans ses états. S. M. compte aussi que vous ne négligerez rien pour concourir à ses vues. Je serai encore plus à portée de les remplir si vous voulez bien me faire part incessamment de vos réflexions tant sur l'état actuel de la mendicité, et les remèdes qu'il convient d'y apporter, que sur les différents établissements faits en faveur des pauvres dans votre diocèse, leurs avantages, leurs défauts, et les moyens de les conduire à leur perfection.

J'aurai l'honneur de remettre vos observations sous les yeux de S. M. dès que je les aurai reçues, et je vous prie d'être persuadé de mon empressement à profiter de vos lumières.

168. — QUESTIONS DIVERSES [a]

I. *Hospice à l'école de chirurgie à Paris.*

Édit portant Établissement de l'hospice.

[Recueil des édits, 1774, 2ᵉ sem. — D. P., VII, 98. — D. D., II, 469.]

(Registré au Parlement le 7 janvier 1775.)

---

[a] On trouve dans les Archives de la Marne, (Neymarck, II, 385), une Lettre du 23 novembre à l'Intendant de Champagne sur la forme de la correspondance avec le Contrôle général. Elle recommande de ne pas comprendre dans la même lettre des objets de différente nature, d'écrire à mi-marge et de mettre à mi-marge un extrait de la lettre à laquelle on répond.

Du Pont (*Mém.*, VII, 104) cite aussi des lettres patentes de décembre confirmant les privilèges des habitants du Comtat et de la ville d'Avignon.

Versailles, 26 décembre.

Le Roi, notre très honoré seigneur et aïeul, persuadé que les arts utiles à la société contribuent à l'avantage ainsi qu'à l'ornement des États, n'a cessé, pendant le cours de son règne, de donner des marques de sa protection à tous les établissements qui pouvaient en favoriser les progrès ; c'est ce qu'il a surtout accompli et exécuté par rapport à la chirurgie, qui lui a paru mériter d'autant plus d'attention qu'elle tient un rang important entre les arts nécessaires à la conservation de l'humanité, et qu'il en avait lui-même reconnu l'utilité dans les différentes guerres qu'il avait eu à soutenir, dans lesquelles les chirurgiens avaient conservé à l'État un grand nombre d'officiers et de soldats qui seraient demeurés victimes de leur bravoure sans les secours de cet art salutaire. C'est par cette considération qu'après avoir établi, par son Édit du mois de septembre 1724, cinq places de professeurs au collège de chirurgie de Paris pour y enseigner gratuitement les différentes parties de cet art salutaire ; qu'après avoir, par ses Lettres-patentes du 8 juillet 1748, confirmé l'établissement de l'Académie royale ; par celles du mois de mai 1768, réglé la police et la discipline des écoles de chirurgie, il aurait assuré aux chirurgiens le rang honorable et distingué qu'ils devaient occuper dans la classe des citoyens ; enfin, après avoir étendu aux chirurgiens des provinces une partie des mêmes avantages, et pourvu, par différents règlements que sa sagesse lui a dictés, à tout ce qui pourrait contribuer à la perfection des études et des exercices capables de former les meilleurs sujets dans cette partie essentielle de l'art de guérir, le Roi notre aïeul, ne voulant rien laisser à désirer pour la perfection des divers établissements qu'il avait ordonnés en faveur de la chirurgie et des chirurgiens, s'était aussi déterminé à transférer le chef-lieu des écoles et de l'Académie royale de chirurgie de Paris dans un lieu plus spacieux [a], où les maîtres et les étudiants pussent suivre avec plus d'ordre et de tranquillité les différents exercices qui y ont été établis. Cet édifice, commencé sous son règne, nous a paru d'une utilité si sensible pour le bien de nos sujets, que non seulement nous nous sommes empressé d'en ordonner la continuation dès notre avènement au trône, mais que nous avons voulu même en poser la première pierre, qui deviendra le premier monument et un témoignage toujours subsistant de l'engagement que nous avons pris, et que nous renouvellerons toujours avec satisfaction, de concourir en tout ce qui dépendra de nous au sou-

---

[a] Dès le commencement de son ministère, Turgot avait engagé le Roi à fonder dans ces écoles un hospice de six lits pour les maladies chirurgicales (Du Pont, *Mém.*, 329). C'était une satisfaction donnée, conformément au désir de Quesnay, aux chirurgiens qui échappaient ainsi à la domination des docteurs de la Faculté. Le bâtiment est occupé maintenant par cette Faculté.

lagement de l'humanité... Et pour contribuer de notre part à rendre cet établissement plus parfait en joignant la pratique à la théorie, nous avons jugé à propos d'y fonder, avec un nouveau professeur de chimie chirurgicale, un hospice de quelques lits destinés à recevoir différents malades indigents, attaqués de maladies chirurgicales extraordinaires, qui ne pourraient se procurer ailleurs les secours de l'art aussi utilement que dans le centre de la chirurgie, et à portée d'être chaque jour aidés des lumières et de l'expérience des professeurs et autres grands maîtres qui s'y rendent pour leurs différents exercices...

Art. Ier. Nous avons fondé, établi et érigé, fondons, établissons et érigeons dans les nouvelles écoles de chirurgie de Paris un hospice de six lits, dans lequel seront reçus autant de malades indigents de l'un ou de l'autre sexe, attaqués de maladies chirurgicales graves et extraordinaires, dont le traitement long et dispendieux ne pourrait être suivi dans les hôpitaux. Défendons, sous quelque prétexte que ce puisse être, d'y recevoir et admettre aucuns malades attaqués de maladies ordinaires, et dont le traitement est suffisamment connu.

II. Seront lesdits malades reçus audit hospice sur l'avis de notre premier chirurgien, par délibération du bureau d'administration du Collège et Académie royale de chirurgie, établi par Lettres-patentes du 24 novembre 1769, auquel bureau nous attribuons toute connaissance des comptes, revenus, dépenses, régie et administration dudit hospice, sous l'inspection de notre premier chirurgien.

III. Les malades seront visités par les professeurs et les autres maîtres en chirurgie, qui, après avoir consulté sur l'état des malades, nommeront ceux d'entre eux qu'ils jugeront à propos pour faire en leur présence les opérations et pansements nécessaires, et en suivre spécialement le traitement.

IV. Et pour que lesdits malades trouvent dans le même lieu tous les secours nécessaires à leur guérison, nous avons établi et, par ces mêmes présentes, établissons l'un des maîtres en chirurgie de Paris, qui nous sera présenté à cet effet par notredit premier chirurgien, pour, en qualité de professeur, démonstrateur de chimie chirurgicale, tenir et avoir dans le lieu à ce destiné les médicaments tant simples que composés, et iceux délivrer pour le service desdits malades, lorsqu'il en sera requis sur un billet signé du trésorier. Ledit professeur sera en outre chargé de faire un cours de chimie chirurgicale aux élèves et étudiants dans l'amphithéâtre, aux jours et heures qui seront fixés par notredit premier chirurgien.

V. Nous avons attribué et, par ces présentes, attribuons une somme de 7 000 livres, tant pour le service des six lits établis par l'art. Ier, à raison de 1 000 livres par chacun, que pour les appointements du professeur établi par l'article précédent, laquelle somme de 7 000 livres sera payable par chaque année, sans aucune retenue, par les receveurs de nos domaines de la généralité de Paris, sur les simples quittances du trésorier de ladite administration ; de laquelle recette, ainsi que de la dépense à laquelle elle est destinée, il rendra chaque année un compte distinct et séparé, à notredit premier chirurgien et à ladite administration, dans la forme ordinaire.

VI. La dépense dudit hospice sera toujours proportionnée avec la recette, et celle-ci complètement employée sans aucune distraction au service desdits malades ; en sorte que, le cas arrivant où le nombre complet des malades et les frais extraordinaires qu'ils occasionneraient, engageraient dans des dépenses plus fortes que la recette, il ne serait reçu desdits malades que jusqu'à la concurrence des sommes dont l'administration aurait à disposer : comme aussi, s'il arrivait que la diminution dans le nombre des malades laissât lieu à quelque excédent dans la recette, ce qui en resterait serait réservé à subvenir dans d'autres circonstances à l'excédent des dépenses, lesquelles nous entendons être administrées et régies par lesdits administrateurs, avec la même économie et la même attention que de bons pères de famille doivent apporter à l'administration domestique ; nous reposant sur eux du meilleur emploi de ladite fondation, suivant les vues d'humanité qui nous ont déterminé à l'établir, sans que sous aucun prétexte les fonds que nous y destinons puissent être divertis ou employés à un autre usage.

II. *Privilège de la Gazette du Commerce.*

Lettre à de Cromot pour le rachat du privilège de ce journal.

[A. N., F^{12} 151. — Foncin, 583.]

13 décembre.

J'ai reçu, M., la lettre que vous m'avez écrite le 13 du mois passé. J'ai eu effectivement des vues de réunion de la *Gazette*[a] dont M. de Mesnard et vous avez le privilège. Je sais que vous avez fait des arrangements pour son exécution avec le Bureau de correspondance ; mais je crois qu'il serait plus utile au public que ces ouvrages périodiques fussent libres ; pour cela il faudrait que votre privilège fût rapporté, sauf à prendre des mesures pour vous rembourser des sommes légiti-

---

[a] La *Gazette du Commerce* avait toujours été hostile à la liberté du commerce des grains et aux économistes.

mement payées. Je n'ai pris encore aucun parti définitif sur cet objet. J'écouterai volontiers les propositions que vous vous proposez de me faire à ce sujet.

III. *Le Dictionnaire du Commerce de l'abbé Morellet.*

(On lit dans les *Mémoires* de Morellet (I, 173) que le travail, qui lui avait été commandé par le Contrôleur général d'Invau pour montrer les inconvénients du privilège de la Compagnie des Indes ne lui avait valu aucune récompense du gouvernement. « Le ministre, dit-il, sortit de place avant d'accomplir sa promesse, mais cinq ans après, à l'arrivée de M. Turgot au ministère, une gratification perpétuelle de 2 000 livres sur la Caisse du commerce me fut décernée par un Arrêt du Conseil pour « différents ouvrages et mémoires publiés sur les matières de l'administration ». Ce sont les termes de l'Arrêt, je les rapporte pour faire observer que M. Turgot paya ainsi la dette de M. d'Invau, ou plutôt du gouvernement. »)

169. — CHANSONS, ÉPIGRAMMES, POÈMES, PUBLICATIONS DIVERSES DE L'ANNÉE 1774.

I. *Chansons et épigrammes.*

La poule au pot.

1
[*Chansonnier historique*, IX, 10]

La poule au pot
Depuis longtemps était promise ;
La poule au pot
Attendait dès longtemps Turgot ;
Terray n'est plus ; la nappe est mise ;
L'on va bientôt mettre à sa guise
La poule au pot

2
[*Chansonnier historique*, IX, 37]

Grâce au bon Roi qui règne en France,
Nous allons voir la poule au pot !

Cette poule, c'est la finance
Que plumera le bon Turgot !
Pour cuire cette chair maudite,
Il faut la grève pour marmite,
Et l'abbé Terray pour fagot !

3

[Bersot, *Études sur le XVIIIe siècle*, 53. — Foncin, 51.]

Enfin, la poule au pot sera donc bientôt mise
On doit du moins le présumer ;
Car, depuis si longtemps qu'on nous l'avait promise
On n'a cessé de la plumer.

Dialogue
[*Chansonnier historique*, IX, 33]

LE ROI.
Mon contrôleur Turgot, dites-moi, quel homme est-ce ?

LE COMTE DE MAUREPAS.
Sire, il a l'esprit juste et le cœur citoyen,
Il respecte les lois, les mœurs… C'est fort bien,

LE ROI.
Mais jamais il n'entend la messe !

LE COMTE DE MAUREPAS
Sire, je n'en sais rien, on tient tant de discours !
L'abbé Terray, dit-on, l'entendait tous les jours [a].

II. *Épîtres, Poèmes.*

1. *Épître à M. Turgot, par M. Saurin, de l'Académie française.*

[*Journal historique*, VII, janvier 1775. — Almanach des Muses, 1775.]

Qu'un ministre ennemi du faste et de l'éclat,
Des trésors de son roi, sacré dépositaire,
Ne prodigue point l'or aux frelons de l'État ;

---

[a] Ce « mot fin et délicat » est rapporté dans le *Journal* de Hardy à la date du 28 décembre. Voir ci-après, p. 265, lettre du chevalier Turgot à son frère.

Leur troupe avide et mercenaire
Va bourdonnant partout que l'État est perdu,
Mais que tyran servile à l'intrigue vendu,
Des revenus publics infidèle économe,
Aux vœux des courtisans, il ne refuse rien.
Chacun d'eux en soi seul croit voir tout le Royaume,
Et sans avoir lu Pope, il dit que *tout est bien* !
Cependant, cachés sous le chaume
Ô que d'infortunés, dont la débile voix
Meurt avant d'arriver jusqu'au palais des rois !
Mais cette voix bientôt, en sursaut se réveille,
Ministre révéré dont le cœur généreux
Souvent alors que tout sommeille,
Veille, occupé du sort de tant de malheureux.
Un roi, de ses sujets, et Protecteur, et Père
Des fruits de leurs sueurs, doit compte à leurs besoins :
Tu le sais, tu remplis un si saint ministère ;
Et le peuple a tes premiers soins.
Hélas, dès l'âge le plus tendre,
Victime d'un travail ingrat
C'est ce peuple, à la fois laboureur et soldat,
Qui, sacrifiant tout, sans oser rien prétendre,
Vit pour nourrir l'État, et meurt pour le défendre.
C'est pour vous que sa main fait croître les moissons,
Sybarites oisifs ! vos plaisirs sont ses dons !
Laissez-lui quelque part aux biens qu'il vous procure.
Ô trop heureux ainés des fils de la Nature,
Vous seuls de ses bienfaits auriez-vous hérité ?
Tandis que votre goût dédaigneux et superbe,
Par cent mets différents vainement excité
Ne sent que le malheur de la satiété,
Aux animaux des champs, l'homme a disputé l'herbe !
Tu préviendras ces maux affreux :
D'un peuple respectable et digne d'être heureux
Tu soulageras la misère.
Mais que le bien, hélas ! est difficile à faire !
Que d'obstacles vont naître, et combien de clameurs !
Déjà, la calomnie, aux gages de la haine
N'osant s'attaquer à tes mœurs,
Accuse tes desseins et, dans l'ombre, déchaîne
La fraude tortueuse et les sourdes rumeurs !
Mais tu sais allier la prudence au courage :

Et dans tes projets bienfaisants
Imitant la nature sage,
Qui lentement prépare et mûrit ses présents,
Ta vertu poursuit son ouvrage,
Ton zèle actif et modéré,
Observe d'un œil éclairé
Ce que permet le temps, ce qu'il veut qu'on diffère.
Louis le hâtera, ce bonheur qu'on espère,
Il veut, comme HENRI, rendre heureux ses sujets.
Un roi qui sait vouloir, a le don des miracles :
Sûr de ses volontés, tu vaincras les obstacles.
Le bonheur de la France est le prix du succès.
Quelle plus noble récompense
Pourrait couronner tes travaux !
Ce n'est point aux honneurs, à la vaine opulence
Que s'est immolé ton repos.
Dans le poste éminent où la vertu te place
Ah ! s'il fallait toujours, avec un front de glace,
Du peuple repousser les vœux :
Si, de ton cœur sensible, il fallait te défendre
Si tu perdais l'espoir de faire des heureux,
Comme on t'y vit monter, tu saurais en descendre,
Sans faste, sans orgueil, déposer la grandeur.
À tes amis rendu, sous un ciel plus tranquille
Donner à tes vertus les Beaux-Arts pour asile
Et jouir dans leur sein, de la paix de ton cœur.
Mais Louis connaît trop tes lumières, ton zèle ;
Ami du mérite et des lois,
Que près de son trône, il appelle,
De la vérité sainte, il écoute la voix ;
Et sous une forme nouvelle,
La sagesse l'éclaire et préside à son choix.
Vous allez donc enfin renaître,
Jours de bonheur et de vertus,
Que nous avons vu disparaître,
Que mes vieux ans n'espéraient plus !
Et de mes yeux près de se clore,
Si la mort éteint le flambeau,
J'aurai du moins vu votre aurore,
Avant de descendre au tombeau !

2. *Épître par un avocat au Parlement.*

[*Mercure*, octobre 1774.]

Par le pouvoir de tes arrêts
D'un jeune roi qui respire la gloire
Et le bonheur de ses sujets,
Tu remplis donc, Turgot, les généreux projets !
Poursuis ! Je vois déjà les filles de Mémoire
T'inscrire dans leur temple à côté de Sully ;
Permets qu'un citoyen des grands hommes ami ;
Vienne, en ce règne heureux, célébrer ta victoire :
Depuis le siècle de Henri
Cette place vaquait... T'y voilà, Dieu merci !

3. *Discours d'Henri IV à Louis XVI.*

[*Mercure*, janvier 1775.]

... À peine au trône assis, que ta prompte justice
Des avides traitants, réprime l'avarice [a].

III. *Ouvrages et pamphlets*

1. *Plan d'imposition économique et d'administration des finances présenté à Monseigneur Turgot, ministre et contrôleur général des finances*, par M. Richard des Glasnières, Paris, Simon, in-4°, 1774, avec approbation et privilège du Roi.

À la fin de l'ouvrage est cette lettre de Turgot :

Paris, 13 septembre.

Lorsque je vous dis, M., de faire imprimer votre projet, c'était pour mettre le public à la portée de le juger. Je suis donc bien éloigné de m'opposer à la distribution des exemplaires, et vous êtes bien le maître de la commencer aussitôt que votre ouvrage sera imprimé.
Je suis, M., entièrement à vous...

« M. Turgot, lit-on dans la *Chronique* de Baudeau, à la date du 1er septembre, a donné audience publique. Un faiseur de projets s'est ap-

---

[a] Note au bas de la page : Le premier édit de Louis XVI concernant les grains.

proché pour lui offrir une affaire qu'il disait très avantageuse au Roi. Le ministre lui a répondu : « M., je crois votre projet fort bon, je le recevrai avec grand plaisir et je n'en rejetterai aucun, mais il faut que vous preniez la peine de le faire imprimer, car je n'en reçois pas d'autres. » Cette réponse a confondu le projeteur et fait grand plaisir à tous les assistants. »

Cette anecdote peut expliquer la lettre ci-dessus. L'homme à projets pouvait être Richard des Glasnières. Mais la lettre du ministre et le privilège publiés, à la suite du plan, firent croire ou permirent à l'auteur de prétendre que ce projet était approuvé par le contrôleur général. On le trouva très hardi et l'on en rendit Turgot responsable. Il consistait en la suppression de la totalité des impôts de consommation et autres, pour ne laisser subsister que la taille réelle et, sous le nom de droit de franchise, une sorte de capitation ou d'impôt sur le revenu. Tous les droits d'aides, d'entrée, de gabelles, de capitation, de tabacs, etc., la taille, le taillon, l'ustensile, les vingtièmes, les huit sols pour livre, étaient supprimés. Il ne devait plus y avoir de douanes qu'à la frontière et sur les marchandises venant de l'étranger. N'étaient maintenus, en fait d'impôts directs, que les droits de contrôle des actes, exploits, insinuations, etc., qui, d'après l'auteur, étaient d'une utilité indispensable pour la sûreté publique : la marque de l'or, de l'argent et des autres métaux, ainsi que la ferme des postes.

Les contribuables du droit de franchise étaient divisés en huit classes et chaque classe comportait des divisions. D'abord étaient les journaliers et domestiques sans biens, puis les religieux et religieuses et les journaliers ayant un petit héritage, puis les vicaires, les artisans et ouvriers, etc. Dans la dernière classe, étaient les gens du premier rang et les plus fortunés. Quant à la taille réelle, elle portait non seulement sur les immeubles, mais sur les rentes de l'Hôtel de Ville et autres, ainsi que sur les constitutions de particuliers à particuliers.

Aussitôt après la publication du plan une critique en fut faite, dans le *Mercure* (octobre 1774) qui demanda qu'on étudiât les sources véritables des richesses et qu'on fît souscrire par les communautés des billets représentant leurs impôts et devenant des billets d'État.

Une réfutation plus sérieuse fut faite par l'abbé Baudeau ; elle fut insérée dans le spécimen des *Nouvelles Éphémérides économiques*, paru en décembre 1774. Ce qui fit dire à Galiani : « Richard des Glasnières a donc été morfondu par l'abbé Badeau [a] »

Baudeau intitula sa réfutation : *Questions sur le plan d'impositions soi-disant économique*, et la fit précéder d'un préambule ainsi conçu :

---

[a] Lettre à Mlle d'Épinay, 10 décembre.

« Il se répandit au commencement du mois d'octobre dernier, un écrit in-4° sous le titre de *Plan d'impositions économique présenté à M. Turgot*, etc. Cet ouvrage… était terminé par une lettre du ministre des finances qui en permettait la publication. Sous le prétexte de cette lettre, on accéléra le débit du projet en insinuant que c'était le plan du gouvernement ou du moins celui des économistes. M. l'abbé Baudeau crut devoir détromper ceux qui pouvaient adopter et accréditer une pareille erreur. C'est dans ce dessein qu'il a composé sur le champ et publié les questions suivantes. »

Baudeau faisait remarquer que le plan proposé avait beaucoup de rapport avec celui qu'avait publié en 1763 Roussel de la Tour, sous le titre de *Richesse de l'État*. Il ajoutait que le produit calculé par l'auteur était chimérique : 800 millions ! Pour obtenir un tel produit, il aurait fallu que la production agricole de la France s'élevât au moins au double, c'est-à-dire à 1 600 000 000 livres, ce qui était impossible. Comment d'ailleurs la population pourrait-elle vivre si elle donnait au Roi tous ses revenus. Des Glasnières comptait pour son droit de franchise 7 387 000 contribuables. Or, il ne pouvait y avoir en France autant de chefs de famille, car il y avait, en moyenne, au moins cinq personnes par famille. Baudeau faisait enfin observer, en physiocrate, qu'il était inutile d'établir une capitation qui devait retomber finalement sur les propriétaires.

La réfutation de Baudeau était dans les idées de Turgot et il fallait être de mauvaise foi pour soutenir que des Glasnières avait exposé les vues des économistes et du contrôleur général. On le fit néanmoins :

Dans les *Mémoires secrets*, il est dit : « M. l'abbé Baudeau, économiste dans les mêmes principes que M. des Glasnières, mais qui a plus de tête, plus de méthode, plus de raisonnement et plus de style, vient de lui faire une réponse dont se prévalent les ennemis du projet, mais qui, au fond, n'en est que la confirmation plus sage, plus réfléchie, et plus développée. »

Le vrai motif de l'acharnement avec lequel on attribuait à Turgot le plan de des Glasnières venait de ce que cet auteur proposait, comme l'auraient fait les Physiocrates avec l'impôt unique, la suppression des fermiers généraux. On disait, par dérision, de ceux-ci qu'ils étaient les *colonnes de l'État*. Des Glasnières avait inséré dans sa brochure deux estampes, dont l'une représentait une colonne « minée par les fondements, percée à jour de toutes parts, dégradée et vacillante sur sa base » ; dont l'autre montrait une colonne « bien droite, ferme et solide ». La première désignait l'administration des fermes ; la seconde, l'administration nouvelle.

Les colères furent si vives qu'il fallut arrêter la publication de l'ouvrage, mais il se vendit clandestinement.

Aux critiques faites sur son projet, l'auteur avait répondu par une *Réplique générale pour le présent et l'avenir aux observations faites et à faire sur le plan d'impositions économique*, 1775, in-4°.

« Il faut avouer, dit le *Journal historique* (7 mars 1775), qu'il n'est pas heureux à la répartie et que la plupart de ses réponses à des objections très sensées sont pitoyables. »

D'autres réfutations furent faites : 1° Par le comte d'Albon, physiocrate, sous le titre : *Observations d'un citoyen sur un nouveau plan d'impositions* (Amsterdam, in-12, 1774).

2° Par X... *La dîme royale de M. le maréchal de Vauban comparée avec le plan d'impositions de M. R. D. G.* (1776).

2. *Réflexions sur la liberté d'écrire*, de Morellet.

En novembre 1774, parut une brochure de Morellet qui avait été écrite dix ans auparavant et qui n'avait pas pu voir le jour. Elle est intitulée : *Réflexions sur les avantages de la liberté d'écrire et d'imprimer sur les matières de l'administration*, écrites en 1764, à l'occasion de la Déclaration du Roi du 28 mars de la même année qui fait défendre d'imprimer, débiter aucuns écrits et ouvrages ou projets concernant la réforme ou administration des finances [a], etc., par M. L'A. M., Londres et Paris, 1775, avec cette épigraphe, sur le titre : *Ingenia studiaque facilius oppresseris, quam revocaris* (Tacite, *Agricola*) et avec cette addition à la fin de la brochure :

P.-S., novembre 1774.

Nunc demum redit animus, nec spem, modo ac votum securitas publica sed ipsius voti fidiciam ac robur assumpserit (Tacite, *Agricola*).

Voici deux passages de la brochure de Morellet :

« Toutes les grandes opérations en matière d'administration ont besoin d'être aidées de l'opinion publique ou du moins ne peuvent réussir si elles ont l'opinion publique contre elles. Or, il n'y a pas de moyens plus prompts pour diriger cette opinion que la voie de l'impression, surtout lorsqu'on ne veut montrer aux hommes que la vérité et qu'on ne cherche que leur bonheur. Il n'y a point de projet utile qui ne rencontre des obstacles sans nombre. Or, la liberté d'imprimer aide le ministre à en triompher. »

« Il y a tel pays où l'on ne peut obtenir un dénombrement exact, parce que le peuple se persuade que cette opération se fait toujours dans la vue d'augmenter les charges publiques. La même crainte est un des plus grands obstacles à la confection d'un cadastre. »

---

[a] Cette défense avait été faite par le Contrôleur général L'Averdy.

3. *Nouvelles Éphémérides.*

Le 6 décembre 1774 fut publié un *volume spécimen* des *Nouvelles Éphémérides économiques ou Bibliothèque raisonnée de l'Histoire, de la Morale et de la Politique.*

L'abbé Baudeau était le fondateur de cette revue, comme il avait été celui des *Éphémérides du citoyen* parues de 1767 à 1772. Le spécimen contenait la reproduction des *Maximes générales du gouvernement économique d'un royaume agricole,* de Quesnay ; un *Discours* du comte de Scheffer, ancien précepteur du Roi de Suède, Gustave III, *sur le bonheur des peuples et les lois fondamentales des États* ; une *Lettre* supposée *d'un fermier des droits de halle,* par Baudeau ; la *Critique du plan d'impositions de Richard des Glasnières* ; un *Discours* du Roi de Suède *sur la liberté de la presse* et une ordonnance du même Roi sur ce sujet.

Le premier tome suivit de près le spécimen ; l'approbation est du 14 janvier 1775. On y trouve une *Défense de l'Arrêt du 13 décembre 1774 sur le commerce des grains,* un *Essai sur la liberté du commerce et de l'industrie* ou plus exactement sur les Jurandes, de feu le président Bigot de Sainte-Croix [a], en-fin *l'Éloge funèbre de Quesnay* que le Marquis de Mirabeau avait prononcé dans l'assemblée de ses disciples le 20 décembre ; Quesnay était mort le 16 du même mois [b].

Dans les publications de l'année 1774, il faut encore citer le *Journal de Politique et de Littérature,* par Linguet, Bruxelles et Paris. Le premier volume parut en 1774. Trois volumes furent publiés en 1775 et trois autres en 1776. Il en est parlé ci-après aux *Pamphlets et ouvrages* de l'année 1775.

---

[a] La publication de l'*Essai sur les Jurandes* était prématurée ; elle fut l'origine de fâcheuses animosités contre Turgot.

[b] Les *Mémoires secrets* parlent, à la date du 2 janvier 1775 et en ces termes, des *Nouvelles Éphémérides* :

« La secte des économistes trouvant les circonstances favorables pour sa propagation sous un ministre qui se fait gloire d'en être membre, vient de recommencer son journal. On annonce que M. l'abbé Baudeau en sera le rédacteur et que M. de Saint-Leu, colonel au service du Roi et de la république de Pologne se charge de traduire ou d'analyser les écrits en langue étrangère. On donne pour essai un petit volume extraordinaire distribué gratuitement qui ne contient rien de bien neuf, de bien piquant ; il revient même sur des choses rebattues, telles que les Maximes de Quesnay.

« On y lit au surplus avec plaisir le *Discours économique...* du comte de Scheffer. Cet ouvrage traduit par M. de Baer, secrétaire et aumônier de l'ambassade suédoise à Paris, est merveilleusement bien écrit et porte quant au fond un grand intérêt avec lui. »

Voir aussi Fréron, *Année littéraire,* I, 136, 18 février 1775.

1775.

170. — SITUATION DE TURGOT AU DÉBUT DE L'ANNÉE

I. *Sa maladie.*

Turgot tomba malade au moment où il recevait les premières nouvelles de l'épizootie ; il rassembla ses forces pour dicter de son lit l'Arrêt du 30 janvier et le *Mémoire instructif* sur l'épizootie [a].

« Aussitôt qu'une feuille était prête, il l'envoyait à l'imprimerie établie à Versailles. Il continuait de dicter ; on lui rapportait les épreuves ; il les corrigeait. L'*instruction* fut faite et imprimée en un jour et une nuit. Il dicta encore les lettres qui devaient l'accompagner. Il sentait bien qu'il prodiguait sa vie. Cet effort appela la goutte sur la poitrine. La France manqua de le perdre. Il demeura près de quatre mois sans pouvoir se lever et ne fut tiré de son lit que par le bruit des séditions qui prenaient pour prétexte la liberté du commerce des grains » (Du Pont, *Mém.*, 37, 181).

C'est en 1760, pendant son voyage en Suisse, qu'il avait été atteint pour la première fois de la « goutte », maladie qui passait pour fréquente dans sa famille et à laquelle on attribuait la mort de son aïeul, de son père et de son frère aîné. Mais, à cette époque, on comprenait sous le nom de *goutte* beaucoup de maladies.

Turgot avait eu des accès presque tous les hivers, non assez violents toutefois pour interrompre longtemps ses travaux. Celui qui survint à la fin de 1774 le mit, au contraire, à deux doigts de la mort.

Lettres de Mlle de Lespinasse.

À de Vaines. — 5 janvier. — « M. Turgot est un peu mieux, j'ai eu trois fois de ses nouvelles depuis que je vous ai vu (depuis le matin) et j'en aurai autant avant minuit. Cela me satisfait sans me tranquilliser. Je ne suis point sortie ; je ne verrai personne qui me parle de bal ; j'en-

---

[a] Voir ci-après.

tendrai parler de M. Turgot, non pas avec l'intérêt qui m'anime, mais avec l'intérêt qu'on a pour la vertu et par la crainte de son successeur. Pour moi, depuis deux jours, il n'est plus contrôleur général ; il est M. Turgot avec qui je suis liée depuis 17 ans et, sous ce rapport, il agite et trouble mon âme. »

À Condorcet. — Vendredi (janvier ou février). — « Mme la Vicomtesse de la Rochefoucauld vient dans ce moment de m'envoyer demander si j'ai eu ce soir des nouvelles de M. Turgot. Cela m'inquiète. J'ai peur qu'il ne lui soit arrivé quelque chose. Je vais écrire à M. de Vaines. Mon Dieu, que le malheur rend timide, et qu'il est pénible d'être averti par la crainte du vif intérêt qu'on prend à ses amis. M. Turgot ne se doute pas à quel point il a troublé, je ne dirais pas mon bonheur, mais mon repos. Dites-moi donc, bon Condorcet, comment vous le trouvez ; je voudrais qu'il ne toussât plus et qu'il eût faim ; il ne sera bien guéri qu'alors. Je voudrais bien le voir ; si je ne craignais qu'il y eût de l'indiscrétion, je prierais bien Mme d'Enville de me mener dimanche, mais peut-être ne va t elle que l'après-dîner, peut-être aussi garde-t-elle son carrosse ? Je ferai des questions demain et nous verrons si elles me mèneront à Versailles. »

Dimanche. — « Je vous attends, bon Condorcet ; je n'ai pas osé demander une place à Mme la Duchesse d'Enville. »

— « Je viens d'envoyer chez vous vous dire que j'allais à l'Opéra et qu'à huit heures, au plus tard, je serais chez moi. Choisissez donc, que je vous voie et que je sache par vous des nouvelles de M. Turgot. »

Mardi. — « En grâce, dites à M. Turgot que j'envie bien les gens qui vont le voir et dites-lui que je sens son mal comme si j'en souffrais réellement et par la pensée ; sa goutte est une vraie calamité publique. »

Lettre de Morellet à Lord Shelburne. — 1er mars. — « Notre pauvre contrôleur général a eu une attaque de goutte qui nous a bien inquiétés ; il en est quitte et les affaires s'en trouvent mieux. » (*Lettres* publiées par lord Fitz Mauritz)

II. *Sa situation ministérielle.*

Lettre du Marquis Turgot [a].

[A. L., original.]

Caen, 28 décembre.

---

[a] Précédemment le chevalier.

Vous allez, mon cher frère, être accablé de souhaits. Je désire qu'ils soient aussi sincères que ceux que je fais pour votre bonheur.

Vous n'ignorez sûrement pas l'infernale cabale qui existe contre vous et les bruits qu'elle répand ; la prêtraille, la finance, tout ce qui lui tient, les pécheurs en eau trouble sont réunis.

On a écrit de Versailles ici que le Roi avait dit à M. de Maurepas : « Est-il vrai que mon Contrôleur général ne va pas à la messe ? » et que le Comte avait répondu : « En tout cas, Sire, l'abbé Terray y allait tous les jours. » Je ne crois ni la demande, ni la réponse, personne n'ayant été à portée d'entendre, et M. de Maurepas étant trop sage pour avoir fait la réponse qu'on lui prête.

Vous avez en Mme Blondel une amie très sage et à portée de savoir bien des choses.

Je vous plains, je vous assure, d'être où vous êtes ; il peut être honorable d'être martyr du bien, mais je n'ai nul désir que vous le soyez.

Lettre sans signature [a].

[A. L., original.]

15 janvier.

M., tout le monde parle de votre retraite prochaine. L'Arrêt du Conseil concernant les lettres de change vous fait un grand tort ; on dit dans le public que vous avez inculpé les porteurs de ces lettres pour sauver M. Poivre dont l'on commence à parler fort mal. Les Encyclopédistes passent aussi pour des fous qui vous ont mal conseillé ; enfin votre réputation de justice et de lumière se perd dans le public, si vous ne changez bien vite de liaisons et de système. Tout le monde rit du discours insensé du Marquis de Mirabeau à l'occasion de M. Quesnay ; voilà, dit-on, les conseils de votre ministère. Au nom de Dieu, revenez sur vos pas, vos amis véritables le désirent.

Journal de l'abbé de Véri. — Quand au commencement de 1775, Turgot avait été accablé par la goutte, il fut question de le remplacer ; Maurepas fut très embarrassé de lui trouver un successeur. Turgot sut qu'on parlait de sa retraite, ne s'en émut pas et continua à travailler.

---

[a] Avec la mention : *Pour vous seul.* Cette lettre porte un cachet de gueules au canon d'argent, avec chef d'argent chargé de trois tourteaux d'azur.

Correspondance Métra. — 3 mars. — Un solliciteur, s'étant adressé à Turgot, fut inscrit sur une liste de personnes à qui devaient être données des grâces. Un jaloux envoya au ministre une lettre anonyme contenant d'odieuses imputations contre ce solliciteur. Turgot prit des informations, et les ayant reconnues favorables, n'en porta que plus d'intérêt à celui qui avait été accusé.

15 mars. — Il a couru et il court encore bien des bruits sur le compte de M. Turgot ; voici l'exacte vérité :

Les financiers le craignent ; les gens à affaires le trouvent inébranlable ; les courtisans inflexible et ses amis même un peu trop sévère dans ses principes d'administration. On ne pourra le juger que sur ses opérations. Le désordre des finances les rendra fort lentes. Il ne peut tout d'un coup purger la finance de tous les coquins qu'on lui a laissés. En attendant, les mécontents auront beau jeu.

Jusqu'à présent, il a toute la confiance du Roi ; comme il est fort incommodé de la goutte, on le porte dans un fauteuil jusque dans la Chambre de S. M., où il travaille avec elle tête à tête trois heures de suite. Il aime à s'instruire et M. Turgot lui en fournit les moyens.

3 avril. — Depuis quelque temps, on ne parle plus que guerre. Il y a, dit-on, de grandes conférences entre nos ministres et ceux des Cours étrangères ; M. du Muy a été renfermé quatre heures avec M. de Vergennes ; celui-ci trois heures avec M. Turgot et M. Turgot quatre heures avec M. du Muy.

171. — PERSONNEL ADMINISTRATIF.

I. — *Trésoriers, payeurs, receveurs.*

1. *Déclarations Royales fixant la finance et l'exercice des payeurs des gages de la Cour des aides et du Parlement de Paris.*

[D. P., VII, 146.]

12 et 29 janvier.

La 1ère Déclaration fut rendue sur la demande de la Cour des aides. Elle arrêta la finance de l'office du payeur des gages (Morisse) de la Cour des Aides à 150 000 l. ; les gages annuels à 7 500 l., plus 5 000 l. de taxations fixes pour droits d'exercice, les gages et taxations étant soumis au dixième d'amortissement. Le payeur eut droit en outre à 1 500 l. de frais de bureau.

La 2ème Déclaration fut demandée par le Parlement qui la registra le 21 mars. La finance du payeur (Radin de Chevillon) fut arrêtée à 200 000 l. ; les gages annuels à 10 000 l. ; les taxations fixes pour droit d'exercice à 6 666 l. 13 s. 4 d., les dits gages et taxations étant assujettis au dixième d'amortissement. En outre, le payeur eut droit à 2 500 l. de frais de bureau.

2. *Déclarations Royales sur les délais de production des Comptes de plusieurs trésoriers généraux.*

[D. P., VII, 149 et 161.]

12 et 22 janvier.

Les Édits de création des offices de trésoriers de l'extraordinaire des guerres avaient fixé à deux ans en temps de paix, à trois ans en temps de guerre, les délais pour la reddition des comptes en la Chambre des Comptes. Ces délais ne pouvaient être observés ; les trésoriers étaient condamnés pour ce motif à une amende dont ils obtenaient ensuite décharge. Une Déclaration du 23 septembre 1770 avait allongé les délais et avait eu de bons effets ; il y eut même plus de célérité dans les liquidations.

Une Déclaration du 12 janvier 1775 appliqua le nouveau régime aux trésoriers de l'artillerie et du génie.

Une autre Déclaration du 22 janvier l'appliqua aux trésoriers de la Maison Civile du Roi, de l'Argenterie et des Menus Plaisirs, de la Vénerie et de la Fauconnerie, de la Chambre aux Deniers, des Bâtiments, des Offrandes et Aumônes, des Turcies et levées, des Ponts et Chaussées, du Barrage et Pavé de Paris, aux Trésoriers, Receveurs et Payeurs des gages des Cours et Compagnies et des secrétaires du Roi, à l'adjudicataire des fermes générales, et à celui des Postes.

3. *Édit créant six offices de receveurs des impositions et supprimant un office de receveur général.*

(Mesure d'économie.)

[D. P., VII, 186. — D. D., II, 381.]

Registré au Parlement le 23 février [a].

---

[a] Cet édit souffrit beaucoup de discussion au Parlement, sous prétexte que son enregistrement pourrait donner une consistance plus grande aux impôts de la capitation et du vingtième. Finale-

Versailles, janvier.

Louis... Parmi les moyens dont nous désirons faire usage pour nous procurer, le plus tôt qu'il sera possible, la satisfaction de soulager nos peuples, il n'en est point qui paraisse plus propre à hâter le succès de nos vues, que de supprimer, dans l'administration et la perception des revenus de notre État, les frais qui, n'étant pas indispensables, en diminuent d'autant le produit sans nécessité. Conduit par ces principes d'une juste économie, que nous ne cesserons de nous prescrire dans la perception et l'emploi des deniers publics, nous nous sommes fait rendre compte de l'ordre établi dans l'administration et le recouvrement des impositions qui se lèvent sur les habitants de notre bonne ville de Paris. Nous avons reconnu qu'en faisant faire la perception des différentes impositions par les receveurs, commis aujourd'hui pour recouvrer seulement la capitation des bourgeois, en érigeant ces commissions en charges, et en employant les finances qu'ils nous remettront au remboursement de l'office de receveur-général de la capitation et des vingtièmes de la ville de Paris, nous diminuerons les frais d'administration et de perception des différentes impositions, nous accélérerons la rentrée des deniers, nous éteindrons une charge devenue onéreuse par les gages et taxations qui y ont été attribués ; en sorte que la perception entière, étant réunie dans les mêmes mains, les receveurs trouveront dans les taxations ordinaires les émoluments qui doivent être la seule récompense de leur travail, sans que nous soyons encore assujetti à payer des intérêts de finance qui retombent définitivement sur nos peuples. À ces causes...

Art. I. Nous avons créé et érigé, créons et érigeons en titres d'offices formés et héréditaires, six offices de receveurs des impositions de notre bonne ville de Paris, dont seront pourvus ceux qui sont chargés aujourd'hui par commission du recouvrement de la capitation des bourgeois seulement ; à l'effet, par lesdits receveurs présentement créés, de faire le recouvrement de toutes les impositions à percevoir dans ladite ville.

---

ment, la Cour inséra dans l'enregistrement cette clause : « Sans que, de la création des offices portée au présent édit, on puisse induire la perpétuité des impositions y énoncées... »

Le receveur particulier de la capitation de la Cour était très arriéré. Le receveur général de la capitation et des vingtièmes de Paris n'était tenu de commencer ses paiements qu'au bout de 6 mois ; il ne les finissait qu'en 30 et ne soldait son compte qu'à la fin de la 3ᵉ année (Du Pont, *Mém.*, 246).

II. La finance desdits six offices sera de 600 000 livres [a]. Elle sera divisée entre chacun desdits six receveurs, en proportion du recouvrement qui leur sera assigné sur les départements dont nous avons fait former l'état. Chacun desdits receveurs sera tenu de payer le montant de sa finance entre les mains du receveur de nos revenus casuels, dans trois mois, à compter du présent mois de janvier ; et, au moyen du payement de cette finance, nous les avons déchargés, eux et leurs successeurs auxdits offices, de l'obligation de donner caution pour raison de leur recette.

III. Ceux qui prêteront leurs deniers pour l'acquisition desdits offices auront hypothèque et privilège spécial sur iceux, par préférence à tous autres créanciers, duquel privilège il sera fait mention dans les quittances de finance qui seront expédiées.

IV. Avons attribué et attribuons 4 deniers pour livre de taxation auxdits receveurs sur chacune des impositions dont ils feront le recouvrement, à l'exception néanmoins de celles qui se perçoivent et continueront d'être perçues en la forme ordinaire sur les corps et communautés de notre bonne ville de Paris, par les gardes, syndics ou jurés desdits corps, pour être versées ensuite par lesdits gardes, syndics ou jurés dans les termes prescrits, dans la caisse de celui des receveurs qui, suivant l'état y annexé, devra en faire le recouvrement, sur lesquelles sommes lesdits receveurs n'auront que 2 deniers pour livre de taxation.

V. À compter de la présente année 1775, lesdits receveurs feront le recouvrement de toutes les impositions qui se lèvent dans notre bonne ville de Paris…

VI. Avons dispensé et dispensons lesdits six receveurs du payement du droit de marc d'or de mutation, pour les premières provisions seulement, et sans tirer à conséquence pour l'avenir…

VII. Éteignons et supprimons l'office de notre conseiller receveur général des vingtièmes et capitations de la ville de Paris, créé par Édit du mois d'août 1772 et dont le Sr Lenormand [b] avait été pourvu…

Lettre au Premier Président D'Aligre, avec procès-verbaux des séances du Parlement au sujet de la suppression du receveur général des vingtièmes à Paris.

[A. L., minute autographe de la lettre et copie des procès-verbaux.]

Versailles, mercredi, 22 février.

---

[a] 600 000 livres pour les six offices, et non pour chaque office. La répartition de cette finance de 600 000 livres était faite d'après un tableau joint à l'édit et qui fixait aussi l'arrondissement de chaque recette. (Du Pont).

[b] Neveu de l'abbé Terray (*Journal historique*, 10 janvier et 7 mars 1775).

J'ai reçu, mon cousin, tout ce que vous m'avez envoyé. Je vous suis très obligé de votre attention. Mais je suis, en vérité, scandalisé de voir le Parlement saisir aux cheveux une occasion de parler de choses absolument étrangères à l'enregistrement qu'on lui propose. On voit assez clairement le but de cette affectation ; cela s'appelle montrer la corde et donner au Roi la clef des motifs qui animent une partie de ces messieurs.

Vous connaissez, mon cher cousin, tout mon attachement.

Mardi, 21 février. Aux Chambres Assemblées.

On a délibéré sur l'Édit portant suppression de la charge de Receveur général des Vingtièmes et de la Capitation de Paris.

Il y eut sept avis.

Le 1er : d'enregistrer.

Le 2e : de charger M. le Président d'employer ses bons offices à l'effet d'obtenir qu'il soit déposé annuellement à l'Hôtel de Ville de Paris un rôle exact de la Capitation.

Le 3e avis : de même que le second, en ajoutant dans l'enregistrement : « sans qu'on puisse induire du présent Édit que les impositions y mentionnées puissent être regardées comme perpétuelles. »

Le 4e avis : de nommer des Commissaires.

Le 5e avis : d'enregistrer avec mention dans l'enregistrement que « le rôle sera déposé au greffe de l'Hôtel de Ville et sans que les impositions puissent être regardées comme perpétuelles ».

Le 6e avis : d'enregistrer avec mention que « les impositions ne pourront être perpétuelles » ; arrêter en outre que « M. le Président sera chargé d'employer ses bons offices relativement aux dites impositions », et, « pour fixer les objets, il sera nommé des commissaires. »

Le 7e avis : enregistrer, faire des représentations, et nommer des commissaires pour en fixer les objets.

Compte fait des avis, il a passé, à la très grande pluralité (qu'il serait nommé des commissaires), avant d'enregistrer.

M. le Président a indiqué l'assemblée des commissaires à ce soir cinq heures.

Du 21 février à l'Assemblée des Commissaires.

MM. les commissaires se sont assemblés à cinq heures du soir jusqu'à neuf heures pour l'examen.

Il a été proposé cinq avis :

Le 1ᵉʳ : d'enregistrer, en ajoutant simplement qu' « il ne pourra être induit que les dites impositions puissent être regardées comme perpétuelles. »

Le 2ᵉ a été le même et, en outre : d'arrêter que « M. le Président sera chargé d'employer ses bons offices à l'effet d'obtenir du Roi que l'arbitraire dans l'imposition soit écarté des capitation et vingtième et que les sujets du Roi puissent trouver un secours sûr et facile pour faire entendre leurs plaintes légitimes à cet égard. »

Le 3ᵉ avis : « de surseoir et de continuer la délibération à quelques jours pour prendre des éclaircissements. »

Le 4ᵉ a été que la demande des bons offices précédât l'enregistrement.

Le 5ᵉ avis a été de prier le Roi « par la voie des bons offices de dispenser son Parlement d'enregistrer cet édit. »

MM. les Commissaires rendront compte demain matin à leurs Chambres, et l'assemblée des Commissaires est remise à demain chez M. le Président à cinq heures du soir.

M. le Premier Président a indiqué l'assemblée des Chambres à jeudi matin.

4. *Édit sur les receveurs des consignations.*

[D. P., VII, 167.]

(Registré au Parlement le 30 juin.)

(Révocation d'un édit provoqué par l'abbé Terray. — Création d'un bureau de Consignations.)

Versailles, avril.

Louis… L'intention dans laquelle nous sommes de maintenir l'ordre dans toutes les parties concernant l'administration de la justice, nous a fait regarder le rétablissement des offices de *Receveurs et Contrôleurs des Consignations*, tant de notre Conseil privé que de notre cour de Parlement et autres cours et juridictions de Paris, comme un des principaux objets de notre attention. Dans cette vue, nous nous sommes fait rendre compte de l'état de toutes les consignations de ladite Ville ; et, après avoir reconnu que le feu roi, notre très honoré aïeul, avait pourvu à ce que les comptes de l'administration de toutes lesdites Consignations fussent rendus, et à ce que les deniers et effets représentatifs des dépôts, ensemble le montant des finances des offices, fussent conservés au profit des créanciers desdits dépôts, dont ils forment le gage et la sûreté : Nous avons pensé qu'en confirmant les opérations qui ont été faites, il était convenable de rendre aux offices de Receveurs des Consignations, tant de notre Conseil privé que de notre Cour de Parlement et autres Cours et juridictions de Paris leur existence originaire, en faveur des titulaires qui en étaient revêtus avant l'année 1771 : Et, pour en rendre l'administration plus utile au public, nous avons jugé à propos de créer un troisième semblable office, en faveur du sieur Héron de la Thuilerie, qui était ci-devant pourvu à titre de survivance avec exercice, de l'office de receveur et contrôleur des consignations des requêtes du Palais. À ces causes...

I. Nous avons, par notre présent Édit, révoqué et révoquons l'Édit donné au mois d'octobre 1772, en ce qu'il porte suppression des offices réunis de nos Conseillers receveurs et Contrôleurs anciens, alternatifs et triennaux, des consignations de nos Conseils, Cours de Parlement, Grand Conseil, Cours des Aides, Requêtes de notre Hôtel, Chambre du Trésor, Eaux et Forêts, Connétablie, Bailliage du Palais, et Châtelet de Paris : ensemble l'Édit donné au même mois d'octobre, portant création, en titres d'offices, de deux autres, nos Conseillers Receveurs généraux des consignations de nos dits Conseils, Cours de Parlement et autres Juridictions de Paris y énoncées, desquels offices les finances payées seront remboursées par le Garde de notre Trésor Royal, en exercice, en la présente année, des fonds qui seront par nous à ce destinés ; en conséquence, avons rétabli et rétablissons lesdits offices supprimés, tels et tout ainsi qu'ils existaient avant le susdit Édit de suppression pour continuer d'être possédés et exercés conformément aux édits de leur création.

II. Avons néanmoins confirmé les comptes généraux rendus de toutes lesdites Consignations.

III. Voulons qu'à l'avenir l'administration des consignations de nos Conseils et de toutes les Cours et juridictions de notre ville de Paris, actuellement existantes, ou qui pourraient être créées par la suite, soit faite conjointement par les officiers ci-après nommés et leurs successeurs, en un seul et même bureau, sans qu'à l'avenir elles puissent être séparées sous quelque prétexte que ce soit...

L'article IV rétablit les sieurs Brillon de Jouy et Danjou, anciens receveurs des Consignations, dans leur office...

L'article V crée un troisième office pour être exercé conjointement avec les deux autres...

L'article VI nomme à ce troisième office le sieur Héron de la Thuilerie...

L'article IX réserve et règle les droits du sieur Valladon ancien associé des sieurs Brillon de Jouy et Danjou…

5. *Édit portant suppression des offices de Commissaires, receveurs, etc., de saisies réelles* [a].

[D. P., VII, 369.]

(Registré au Parlement le 30 juin).

Versailles, juin.

Louis… Par le compte que nous nous sommes fait rendre de l'état des offices de Commissaires, Receveurs et Contrôleurs, Payeurs, Greffiers et Commis des saisies réelles près de notre Parlement de Paris, de notre Cour des Aides et autres Cours et juridictions de la même ville, nous avons reconnu que la multiplicité de ces offices a, par leur réunion, formé une finance totale qui excède considérablement la juste proportion qui doit exister entre elle et les émoluments desdits offices réunis. Cet inconvénient nous a paru mériter de notre part une attention d'autant plus particulière que presque tous les titulaires de ces différents offices, ne trouvant dans leur exercice que des émoluments très modiques, ont pris, sur les fonds des saisies réelles, des sommes considérables dont eux ou leurs héritiers n'ont pu faire le remplacement, et qui, si nous ne nous empressions d'y remédier, parviendraient en assez peu de temps à affaiblir le gage des créanciers de la caisse, au point de mettre la rentrée de ce qui leur est légitimement dû dans le plus grand péril. À ces causes, nous avons statué et ordonné ce qui suit :

I. Les offices de nos Conseillers Commissaires, Receveurs, Contrôleurs, Payeurs, Greffiers et Commis anciens, alternatifs, triennaux et

---

[a] On avait multiplié à l'excès les offices de toute espèce. Il y avait pour la seule administration des fonds des saisies réelles, des Conseillers Commissaires, des Receveurs, des Contrôleurs, des Payeurs, des Greffiers, des Commis greffiers, des Commis anciens, alternatifs, triennaux, quinquennaux. Quelques-uns de ces offices avaient été réunis. Néanmoins, le partage des droits entre tous les officiers ne donnait à chacun d'eux que de faibles émoluments et presque tous s'étaient laissé entraîner à prendre sur les fonds des sommes assez considérables, dont eux ou leurs héritiers avaient pu faire le remplacement. Le gage des créanciers étant ainsi diminué, la rentrée de ce qui leur était dû était dans un véritable péril. Ils ne pouvaient trouver une caution suffisante de leur remboursement sur la valeur des charges qui, mises dans le commerce et proposées à de nouveaux officiers, étaient décriées en raison de la connaissance qu'on avait de la médiocrité de leurs profits légitimes. Turgot jugea que l'État, qui avait reçu la finance primitive des offices, devenait la caution des officiers et que c'était le cas de rembourser les offices au profit des créanciers. Pour diminuer la charge du remboursement, il fut créé un seul office de Conseiller Commissaire, Receveur et Contrôleur général. (Du Pont, *Mém.*, 251).

quatriennaux, unis ou non réunis, des Saisies réelles, créés et établis près notre Cour de Parlement de Paris et autres Cours, Châtelet et Juridictions de la même ville, seront et demeureront éteints et supprimés...

III. ... Nous avons créé et érigé, créons et érigeons en titre d'office formé, un seul office de notre Conseiller Commissaire, Receveur et Contrôleur général des saisies réelles près notre Cour de Parlement et autres nos Cours, Châtelet et Juridictions de la même ville, aux mêmes honneurs, titres, prérogatives, droits et émoluments exprimés dans les différents Édits, Déclarations et Arrêts de règlement rendus pour lesdits offices supprimés.

IV. Nous avons accordé l'agrément du dit office au Sr Marie-Louis César Roulleau, régisseur actuel desdits offices supprimés, qui sera tenu de payer dans trois mois, à compter du jour de l'enregistrement du présent Édit, entre les mains du Trésorier de nos revenus casuels la somme de 300 000 livres, à laquelle nous avons fixé la finance du dit office.

6. *Édit supprimant la Chambre des Comptes de Blois.*

[D. P., VII, 381]

(Registré en la Chambre des Comptes, 22 août.)

(Mesure d'économie.)

Versailles, juillet.

Louis... Occupé continuellement du bonheur de nos peuples, nous cherchons avec empressement les moyens de leur procurer des soulagements. Si les besoins de l'État ne nous ont pas encore permis de diminuer la masse des impositions qu'ils supportent, nous nous empressons du moins d'en alléger le fardeau en le divisant entre un plus grand nombre de contribuables : c'est dans cette vue que nous nous sommes déterminé à supprimer notre Chambre des comptes de Blois, dont le ressort peu considérable se trouve circonscrit dans l'étendue de notre seul comté de Blois ; de sorte que les officiers qui la composent sont pour ainsi dire sans fonctions, que même plusieurs d'entre eux ne résident point à Blois, et qu'ils jouissent néanmoins, au préjudice de nos autres sujets, de privilèges considérables qu'il est de notre justice de ne pas laisser subsister ; enfin que le service de cette Cour peut être aisément rempli par notre Chambre des comptes de Paris. À ces causes...

*7. Suppression d'offices de receveurs des tailles
et création d'un office de receveur par élection.* [a]

[D. P., VIII, 4. — D. D., II, 383]

(Registré en Parlement le 22 août.)

(Mesure d'économie.)

Versailles, août.

Louis… Par notre Édit du mois de janvier dernier, portant création de six offices de receveurs des impositions de la ville de Paris, nous avons fait connaître à nos peuples que, parmi les moyens dont nous désirons faire usage pour jouir le plus tôt qu'il sera possible de la satisfaction de leur procurer des soulagements, celui de supprimer, dans la perception des revenus de notre État, les frais qui, n'étant pas indispensables, en diminuent d'autant le produit sans nécessité, nous a paru propre à hâter le succès de nos vues. Nous nous sommes fait rendre compte de la manière dont se fait le recouvrement des impositions dans les différentes provinces de notre royaume, et nous avons reconnu que, si les rois nos prédécesseurs ont été obligés de chercher, dans la création de divers offices, des ressources momentanées pour faire face aux dépenses imprévues, occasionnées par le malheur des temps et par les guerres, la multiplicité des offices de receveurs des tailles a produit le double inconvénient de charger nos revenus de payements de gages susceptibles aujourd'hui d'être retranchés, et d'exposer les peuples au concours des poursuites de plusieurs receveurs qui, en se croisant, multiplient nécessairement les frais et rendent la perception de nos revenus plus difficile et plus onéreuse à nos peuples. Instruit des avantages qu'ils éprouvent chaque jour de la réunion, déjà faite dans plusieurs élections, des offices anciens et alternatifs de receveurs des tailles sur la tête d'un même titulaire, nous aurions désiré qu'ils en pussent jouir dès à présent dans les différentes provinces de notre royaume ; mais une réunion des offices anciens aux offices alternatifs, faite dans un même instant, dépouillerait subitement de leur état les titulaires de ces offices, ainsi que ceux qui, ayant obtenu l'agrément de ces char-

---

[a] Ce fut une application du principe qui consistait à faire rembourser les charges de finance auxquelles était attribué, sous le nom de gages, l'intérêt du capital de leur acquisition par de nouveaux titulaires qui trouvaient dans la réunion des taxations un profit suffisant pour l'intérêt de leurs fonds et le salaire de leur travail (Du Pont, *Mém.*)

ges, se sont fait pourvoir en survivance, ou ceux qui, à cause de leur minorité, ont fait commettre à l'exercice en attendant leur majorité. Ces considérations, dignes de notre justice, nous engagent à n'éteindre ces charges que successivement, de même que les intérêts de finances qui y sont attachés. Les taxations ordinaires seront la seule récompense des fonctions des receveurs de nos impositions, lorsque la réunion aura pu être consommée. À ces causes...

ART. I. Nous avons supprimé et supprimons les offices anciens et alternatifs, triennaux, mi-triennaux, de receveurs des tailles des élections, bailliages, diocèses, bureaux, vigueries, et généralement tous ceux qui ont pu être créés, sous quelque titre et dénomination que ce soit, pour la levée de nos impositions.

II. Les titulaires actuels de ces offices continueront cependant de les exercer leur vie durant, sur les provisions qu'ils en ont obtenues, et sans qu'il soit apporté, quant à présent, aucun changement à leur état.

III. Nous avons créé et érigé, créons et érigeons en titre d'office formé, un seul et unique office de receveur des impositions par chaque élection, bailliage, bureau, diocèse, viguerie où il existe aujourd'hui des offices de receveurs des tailles ou des finances pour le recouvrement des impositions.

IV. Vacance arrivant, par démission ou par mort, d'un des offices de receveur des tailles, soit ancien, soit alternatif, le titulaire qui survivra sera tenu de se pourvoir dans le mois par-devant nous pour obtenir des provisions de receveur des impositions et, à défaut de le faire, il y sera pourvu par nous et statué sur la nomination des apanagistes, qui devra être faite dans le même délai pour l'étendue de leur apanage.

V. Nous avons dispensé et dispensons du payement des droits de marc d'or et mutation, comme nouveaux pourvus, pour cette fois seulement et sans tirer à conséquence, les titulaires survivants.

VI. Sera tenu le nouveau pourvu, de rembourser aux propriétaires ou héritiers de l'office vacant, le prix dudit office, sur le pied de l'évaluation faite en vertu de l'Édit de février 1771 ; savoir, un tiers comptant, un tiers six mois après et le tiers restant, après l'apurement et la correction à la Chambre des comptes jusqu'en 1771 ; et, pour les années postérieures, après l'Arrêté aux Recettes générales des finances, des comptes qui seront à la charge desdits propriétaires ou héritiers [a]...

---

[a] Cet arrangement était avantageux aux Receveurs, car il n'en était aucun dont les taxations ne montassent à plus du double des gages de son office, de sorte qu'en jouissant seul des taxations, qui devenaient doubles pour lui, il se trouvait avoir du profit au delà des doubles gages ou intérêts dus à une double finance et de la somme des taxations qui avait jusque là été l'honoraire de ses peines. L'État se trouva, sans dépense, acquitté d'une dette très considérable et les contribuables soulagés parce qu'ils n'eurent plus à craindre le croisement des poursuites des Receveurs des an-

8. *Arrêt du Conseil ordonnant que la perception des Capitations à la Cour, au Conseil, etc., sera faite par le Receveur des impositions de Paris dans le département duquel le contribuable est domicilié.*

[D. P., VII, 128. — D. D., II, 387.]

(Mesure d'économie.)

30 décembre.

Le Roi, s'étant fait représenter en son Conseil, l'Édit du mois de janvier dernier, par lequel S. M. a créé six offices de receveurs des impositions dans la ville de Paris, à l'effet de recouvrer toutes celles qui se perçoivent dans cette ville ; S. M. a reconnu l'inutilité d'une commission particulière, établie en exécution de la Déclaration du 12 mars 1701, pour le recouvrement de la capitation des personnes comprises dans les rôles de la Cour, du Conseil, de la grande Chancellerie, des maisons royales. En faisant faire la retenue de cette capitation par les trésoriers chargés de payer les gages et émoluments aux personnes comprises dans les rôles des maisons royales, et en faisant imposer celles qui jusqu'à présent l'ont été au rôle de la Cour, du Conseil et de la grande Chancellerie, à leur véritable domicile à Paris, on fera cesser des frais de perception sur la capitation qui sera payée [a] par voie de retenue, et on réduira les taxations sur celle dont le recouvrement sera fait par les receveurs des impositions ; S. M. supprimera dès lors des dépenses inutiles, assurera, et d'une manière plus simple la rentrée exacte des deniers au Trésor royal.

En conséquence, S. M. étant en son Conseil, a ordonné et ordonne que les rôles de capitation des princes, ducs, maréchaux de France, officiers de la couronne, chevaliers et officiers de l'ordre du Saint-Esprit, de la chancellerie, des officiers des finances et des fermiers-généraux,

---

nées paires et impaires et la multiplicité des frais que chacun d'eux faisait à l'envi, pour tâcher de retirer ses fonds avant son collègue (Du Pont, *Mém.*, 250).

[a] En autorisant les Trésoriers à retenir cette contribution sur les appointements que la Cour donnait, c'était le seul moyen de la recouvrer exactement, car aucun Receveur n'osait poursuivre des gens si puissants, dont quelques-uns devaient dix années. Cela leur fut très désagréable. Mais le Trésor n'eut plus de non-valeurs à craindre.

L'opération produisit une avance de 214 000 l. dans la recette, une rentrée de 2 000 000 l. et une augmentation de revenu de 700 000 l. en épargne de frais et non-valeurs (Du Pont, *Mém.*, 248).

Lorsque les courtisans apprirent que le contrôleur général osait leur réclamer l'arriéré de leurs dettes et qu'il allait retenir sur leurs émoluments le montant de leurs capitations, ils montrèrent la plus grande aigreur. (*Correspondance Metra*).

continueront d'être arrêtés au Conseil de S. M. en la forme ordinaire. Les sommes qui y seront portées seront acquittées, à compter du 1er janvier 1776, dans les délais prescrits par les règlements pour le recouvrement de la capitation, entre les mains de celui des receveurs des impositions de la ville de Paris dans le département duquel les personnes comprises en ces rôles seront domiciliées. Veut S. M. que le Sr de Boisneuf, qui était chargé précédemment du recouvrement de cette imposition, remette incessamment au Sr contrôleur-général des finances un état détaillé de toutes les sommes à recouvrer sur les rôles de 1767, 1768, 1769, 1770, 1771, 1772, 1773, 1774 et 1775 [a], ainsi que toutes celles rejetées par ordre de compte sur 1767, lequel état, après avoir été examiné, sera arrêté au Conseil de S. M. et remis aux receveurs des impositions, qui seront tenus de former des états particuliers : les uns, de tous les officiers employés dans les maisons royales et dont la capitation sera susceptible de retenue, pour être déposés au Trésor royal ; les autres, qui resteront dans leurs mains pour servir au recouvrement, chacun dans leur département, des sommes employées dans les rôles et non susceptibles de retenue ; desquelles sommes ils seront tenus de compter, ainsi que du montant des autres rôles, dont ils sont dès à présent chargés de faire le recouvrement dans les délais et en la manière accoutumée.

Enjoint S. M. aux dits receveurs de faire incessamment les diligences nécessaires pour recouvrer les sommes arriérées, et pour qu'à l'avenir le recouvrement soit fait dans les termes prescrits par les règlements.

Veut et entend S. M. que lesdits receveurs ne jouissent que de 2 deniers de taxations sur ce recouvrement ; dérogeant à cet effet à l'article IV de l'Édit du mois de janvier dernier et à tous autres arrêts contraires au présent…

II. — *Intendants du Commerce.*

Lettre à Trudaine de Montigny.

---

[a] On voit que les grands et notables personnages dénommés dans cet arrêt, qui n'étaient certainement pas parmi les pauvres de la nation, et qui n'étaient même taxés à la capitation que très modérément, ne la payaient point, ou ne la payaient qu'avec de longs retards ; qu'il y en avait qui la laissaient arriérer de dix ans. Ils furent très offensés qu'on eût trouvé moyen de les forcer par des retenues à l'exactitude, et d'acquitter l'arriéré. Le nombre des ennemis de M. Turgot en fut beaucoup augmenté, et ils montrèrent la plus grande aigreur (Du Pont, *Mém.*)

Turgot demanda à chaque trésorier un état de leur personnel, de leurs produits et de leurs dépenses. Au lieu de lui répondre, ils s'adressèrent au ministre de qui ils dépendaient directement. Il fut décidé qu'on prendrait à cet égard les ordres du Roi. (*Gazette de Leyde*, 3 octobre).

[A. N., F12 151. — Foncin, 589.]

(Nomination de l'intendant Fargès) [a].

27 mars.

Je vous ai expliqué, M., les raisons qui m'ont déterminé à proposer au Roi de donner à M. Fargès une commission d'intendant du commerce.

Je ne puis penser comme vous que cette commission surnuméraire puisse faire la moindre peine à MM. les Intendants du commerce. Vous savez qu'il est chargé de différentes parties d'administration relatives au commerce et je désire fort qu'il puisse sur ces objets se concerter avec MM. les Commissaires du Bureau [b], qu'il y rapporte même des affaires importantes relatives à ce département et il ne serait pas possible qu'il le fît s'il n'était revêtu d'une commission d'intendant du commerce. Voilà, M., les raisons qui m'ont déterminé. Je vous prie d'en prévenir ces messieurs de ma part et de les assurer en même temps du désir que j'aurai toujours de concourir avec eux à tout ce qui me sera proposé par eux pour le plus grand bien du commerce. Il y a plusieurs affaires importan-tes dont la décision est encore suspendue. Je vous prie de les inviter de ma part à en presser le rapport le plus qu'il leur sera possible.

III. — *Intendants des généralités.*

1. *Édit portant suppression de l'Intendance de Bayonne.*

[D. P., VII, 168.]

(Registré à la Chambre des Comptes le 22 février.)

(Mesure d'économie.)

Versailles, janvier.

Louis... Les relations continuelles que le commerce entretient entre les villes de Bordeaux et de Bayonne, le génie des habitants, la multitude d'objets qui les rapproche sans cesse, la nécessité où se trouvent les habitants de Bayonne, du pays de Labour et des grandes et petites Landes de se rendre fréquemment à Bordeaux pour y suivre, tant en

---

[a] Fargès avait été révoqué par Terray, comme intendant de Bordeaux.
[b] Du bureau du Commerce.

notre Cour de Parlement qu'en celle des Aides, les affaires contentieuses qui intéressent leurs personnes, leurs propriétés et leurs impositions, enfin l'avantage de réunir entre les mains d'un même administrateur les grandes Landes et les petites qui séparent deux villes si importantes, afin de fertiliser, s'il est possible, ces terres immenses et presque incultes aujourd'hui, ces différents motifs également dignes de notre amour pour nos peuples, nous ont déterminé à rendre à la généralité de Bordeaux une partie de ce qui en a été démembré en 1716, et à réunir à celle d'Auch le surplus qui en avait été distrait provisoirement pour fonder une intendance particulière à Bayonne.

À ces causes, nous avons réuni et réunissons à la généralité de Bordeaux les bastilles de Marsan, Tursan et Gabardan, l'élection de Lannes, la Ville de Bayonne et le pays de Labour qui en avaient été démembrés par l'Édit d'avril 1716, en sorte que la généralité d'Auch comprendra seulement à l'avenir le pays de Soule, la Bigorre, les quatre vallées, le Nébouzan, les élections d'Astarac, d'Armagnac, de Comminges, de Rivière-Verdun, de Lomagne, et les États de Béarn et de Navarre.

2. Intendants à la nomination du ministre de la guerre.

Journal de Véri, juin 1781. — « Malesherbes et Turgot estimaient que le chef de la finance devait avoir la nomination des intendances frontières qui appartenaient au Ministre de la guerre ; que celui-ci devait avoir la disposition de la Maison militaire du Roi qui était sous la direction du secrétaire d'État de la Maison, que les affaires contentieuses de toutes les provinces qui vont au conseil des dépêches devaient être confiées à un seul secrétaire d'État qui aurait fait les fonctions de la magistrature.

« Malesherbes céda tout de suite à la guerre la Maison militaire du Roi et les gouvernements militaires que ses prédécesseurs nommaient dans leurs provinces. Les autres secrétaires d'État ne cédèrent rien. »

IV. — *Conseil des finances.*

(Dessaisissement en faveur des Intendants des finances.)

(*Journal* de Véri, janvier). — « L'expérience avait fait voir que les affaires contentieuses ne pouvaient être portées au Conseil des finances, parce qu'un contrôleur général n'a pas le temps de s'en occuper. Turgot les renvoya à l'assemblée des six intendants des finances et nomma dans chaque affaire pour rapporteur un maître des requêtes. Cette assemblée des intendants avait eu lieu précédemment, mais avait été rendue inutile par l'abbé Terray. »

V. — *Suppression de l'hérédité des offices.*

Arrêt du Conseil supprimant cette hérédité en Flandre et en Hainaut.

[D. P., VIII, 82.]

31 octobre.

Vu par le Roi, étant en son Conseil, l'Édit du mois de février 1771, par lequel, à l'exception des offices dénommés en l'article XX dudit Édit, toutes les hérédités et survivances dont jouissaient les pourvus d'autres offices royaux, à quelque titre qu'elles eussent été établies, auraient été révoquées, à compter du 1er janvier 1772 ; au moyen de quoi tous lesdits offices auraient été assujettis pour l'année 1772, aux droits de prêt et annuel et, pour chacune des années suivantes, au centième denier du prix auquel lesdits offices auraient été fixés par des rôles arrêtés au Conseil, d'après les déclarations des titulaires, comme aussi au paiement du droit de mutation sur le pied du vingt-quatrième des fixations pour les offices sujets au centième denier et du seizième pour ceux auxquels la survivance aurait été conservée.

Et S. M., considérant que les offices sont dans les provinces de Flandre, Hainaut et Artois, de la même nature que dans la autres provinces du Royaume, que l'hérédité qui leur a été attribuée étant dans ses principes, ses motifs et ses effets, la même hérédité que les besoins de l'État et d'autres circonstance ont souvent obligé d'accorder à un grand nombre d'offices du Royaume, que cette hérédité a toujours été regardée comme révocable ; que, dans différents temps, il y a eu, ou des taxes imposées pour conserver ce privilège, ou des lois qui l'ont révoqué purement et simplement ; que si ces taxes et les révocations qui ont précédé les Édits et Arrêts du Conseil ci-dessus mentionnés, n'ont point tombé sur les Offices de Flandre, Hainaut et Artois, S. M. n'en a pas moins conservé le droit de les ramener, quand elle le jugerait à propos, à la loi commune des offices ; qu'il y aurait de l'inconséquence à les faire jouir de l'hérédité en même temps qu'on juge nécessaire d'en priver tous les autres offices qui en jouissaient comme eux, qu'il est, au contraire, d'une bonne administration de maintenir l'uniformité et que les offices des provinces de Flandre, Hainaut et Artois ne puissent pas être possédés et transmis à d'autres conditions et régis par d'autres principes que ceux des autres provinces du Royaume ; que ces considérations qui ont déjà déterminé plusieurs décisions particulières, et notamment la réponse du feu Roi à l'article V des cahiers des États d'Artois de l'année 1772, ne permettent pas à S. M. d'avoir égard aux nouvelles représentations qui lui ont été adressées ; et voulant faire connaître plus positivement ses intentions ;

Le Roi… ordonne que l'Édit du mois de février 1771 et les Arrêts de son Conseil des 6 juillet 1772 et 30 décembre 1774 seront exécutés suivant leur forme et teneur, dans les provinces de Flandre, Hainaut et Artois ; qu'en conséquence, tous les pourvus d'offices royaux dans lesdites provinces, seront tenus de se conformer, si fait n'a été, à ce qui est prescrit par lesdits Édits et Arrêts du Conseil, et sujets aux droits du centième denier et de mutation y mentionnés.

VI. — *Questions particulières.*

1. *Affaire Fontette.*

Lettres à l'Intendant de Caen (Fontette)
au sujet de Langlade, directeur du vingtième.

Première lettre.

[A. N., H, 1416. — Foncin, 593.]

Paris, 14 février.

J'ai, M., une recommandation à vous faire en faveur de M. de Langlade, directeur du vingtième à Caen, homme estimé et estimable auquel ce qu'il y a de mieux à Caen, dans tous les états, prend un intérêt bien véritable ; il ne demande pas mieux que d'être à portée de se justifier, mais à des faits précis on substitue des imputations et c'est la marche ordinaire des personnes en places lorsqu'elles veulent perdre ceux qui leur ont déplu. D'ailleurs, comment et pourquoi M. de Langlade a-t-il déplu ? c'est peut-être pour n'avoir pas été aussi fiscal qu'on l'aurait voulu ; c'est assez, je crois, vous en dire pour vous disposer à lui être favorable, c'est-à-dire à le mettre promptement à même de détruire les imputations qu'on a pu lui faire, et de tenir un homme éloigné de sa résidence, de ses fonctions et de ses affaires personnelles ; c'est une injustice qui ne doit plus être de mode aujourd'hui et que vous êtes certainement bien loin d'adopter. Je vous recommande donc M. de Langlade et sa cause ; vous m'obligerez de le servir autant qu'il vous sera possible, justice et célérité ; ajoutez que, depuis longtemps, je suis lié avec vous par les sentiments de l'estime et de l'amitié, sentiment dont je vous renouvelle l'assurance avec bien du plaisir.

Deuxième lettre.

28 mars.

J'espère, M., que vous me rendez assez de justice pour penser qu'en vous recommandant M. de Langlade, je n'ai eu d'autre but que de le mettre à portée de connaître les imputations qui lui avaient été faites. Les observations que vous m'avez faites dans la lettre que vous m'avez fait l'honneur de m'écrire en réponse à la mienne, sont on ne peut pas plus justes ; si M. de Langlade s'écarte des devoirs qui lui sont prescrits, je n'entends assurément prendre aucun intérêt, et je suis très convaincu de la nécessité d'observer de très près ceux qui ont la perception des impositions. On serait trop heureux, s'ils ressemblaient tous à M. de Donnay, receveur des tailles à Falaise, qui fait des avances considérables aux pauvres, hors d'état de payer, avec une noblesse et un désintéressement dignes des plus grands éloges.

Lettres à d'Ormesson au sujet d'irrégularités dans les comptes de l'Intendant.

[A. N., H, 1416. — Foncin, 595.]

Première lettre.

Dimanche soir.

M. de Maurepas revient demain à Paris, M. Ainsi nous remettrons à finir l'affaire en question. Vendredi, je serai à Versailles et nous pourrons travailler jeudi matin à Paris avec M. D'Ailly. Vous pourrez m'apporter le Mémoire mis au net et je crois qu'il sera bon d'en avoir deux copies.

1° Je le trouve très bien ; cependant, je crois qu'on pourrait développer davantage la contradiction de la lettre de juillet 1768 et celle de janvier 1769 sur les intérêts ; en lisant les pièces même, cette contradiction paraît bien plus scandaleuse. 2° L'affaire des Ponts et Chaussées pourrait être plus détaillée d'après le Mémoire remis par M. Tr(udaine) et qui est dans le même dossier que la rente de Jacquelin. 3° La conduite vis-à-vis du sous-ingénieur et la manœuvre des rentes envoyées aux signataires par un piqueur est bien extraordinaire. 4° Le fait de l'association de Jacquelin avec le receveur de M. de Fontette est constant et avoué par celui-ci. 5° M. d'Ailly doit avoir reçu la nouvelle requête de Jacquelin et l'ordonnance de M. de Fontette qui casse toutes les adjudications de celui-ci sans motif, et pour le punir de ses plaintes. 6° Les réflexions qui naissent du fait même peuvent n'être pas inutiles, surtout si on laisse le Mémoire à Monsieur pour le lire ; M. D'Ailly pourrait, d'ici à jeudi, faire les changements que je propose au mémoire et en faire faire les deux copies au net.

Deuxième lettre.

Paris, lundi au soir.

Il serait important, M., pour tirer encore plus au clair l'affaire de M. de Fontette, de suivre l'exécution de sa lettre du mois de janvier 1769, par laquelle il annonce une ordonnance pour se faire payer du reste de son capital et des intérêts ; on peut vérifier par les comptes de la capitation s'il a effectivement touché les... et, comme il a certainement touché l'augmentation des frais de bureau, le double emploi sera constaté sans réplique ; je pousse la méfiance au point que je voudrais constater s'il avait eu la précaution de faire retenir sur le payement des cinquante mille francs les 1 750 francs, capital de la rente Foncière sur Tilly.

Il a si peu de mémoire et néglige tant ses propres affaires qu'il pourrait bien, lorsqu'il s'est fait rendre cette somme en 1772, avoir oublié qu'elle n'avait pas été déduite en 1769 ; en vérité, cela vaut la peine d'être vérifié.

Note au Garde des Sceaux (Miromesnil)

Mardi matin.

M. Turgot s'est avisé de jeter un nouveau coup d'œil sur les états des travaux de charité envoyés par M. de Fontette et il y a fait des découvertes qui ont échappé aux yeux de M. D'Ailly et qui malheureusement inculpent M. de Fontette à un point dont M. le Garde des Sceaux jugera, s'il veut prendre la peine de lire les notes marginales que M. Turgot a mises au Mémoire de de M. D'Ailly.

On vous dira peut-être que tout ceci n'est qu'une erreur d'arithmétique ; en effet, si au lieu d'écrire au bas du compte, reste en caisse 2 637 l., 13 s., 6 d., on avait écrit 7 314 l. 12 s., 6 d., il n'y aurait eu rien à reprendre et M. le Garde des Sceaux est sans doute aussi persuadé que moi que cette somme est en effet dans la caisse.

Troisième lettre (à d'Ormesson).

Mercredi matin.

Le maire de Caen me dit, M., que M. de Fontette lui a dit que l'arrêt du Conseil qui ordonne l'achat de sa maison et des deux voisines ordonne en même temps qu'il continuera à toucher les 1 500 francs de la ville pour son logement, et que cette somme serait employée en réparations.

Il est aisé de vérifier ce fait, et vous pourrez me dire demain ce qui en est.

Quatrième lettre.

Paris, 4 mai.

Les ordres étant disposés, M., pour que tous les intendants se rendent dans leurs généralités, et M. de Fontette devant partir sur-le-champ pour la sienne, il est nécessaire que le sieur Langlade soit révoqué. Il est inutile d'attendre pour cela des éclaircissements ultérieurs qui, quel qu'en soit le résultat, ne peuvent jamais le justifier. Ses infidélités étant prouvées, sa destitution devient indispensable, et il ne convient pas que M. de Fontette le trouve à Caen ; les témoignages que M. Esmangart, M. D'Ailly et M. De Vaines rendent de M. Rapin, contrôleur du vingtième, établissant sa probité, son intelligence et l'ancienneté de ses services ; vous pouvez lui expédier des ordres pour qu'il se rende sur-le-champ à Caen, pour y exercer la direction du vingtième.

Lettre à l'Intendant Fontette.

[A. N., H. 1416. — Foncin, 596.]

23 juin.

J'ai reçu, M., à Reims où j'avais suivi le Roi, votre lettre du 8 ; il ne faut pas vous étonner du retard de mes réponses ; vous embrassez tant de choses dans vos lettres, et, permettez-moi de vous le dire, vous y confondez tant de choses, que ce serait un long travail que d'y répondre article par article. Sans entrer dans un détail d'argumentation qui ne convient ni à vous, ni à moi, je vous dirai que je n'ai jamais varié dans ma façon de penser, sur la réunion de la place de Conseiller d'État avec l'Intendance de Caen ; par conséquent, je n'ai jamais dit, ni pu dire à Monsieur, que je me prêterais à cette réunion si M. le Garde des Sceaux y consentait.

J'ai toujours pensé qu'il n'était ni du bien de la chose, ni désirable pour vous, que vous restassiez Intendant de Caen et, avant qu'il fut question de l'affaire de vos vingtièmes, j'ai pensé qu'il convenait de vous donner la première place de Conseiller d'État ; je m'en suis expliqué avec M. de Maurepas et avec M. le Garde des Sceaux. Lorsque M. d'Ormesson m'eut rendu compte des imputations qui vous ont été faites par le Sr de Langlade, et des premières preuves qu'il en donnait, je crus devoir, avant d'en parler à qui que ce soit, prendre des mesures pour m'assurer de l'exactitude des faits. Lorsque j'eus devant les yeux les pièces qui établissent ces faits, j'en conférai de nouveau avec M. de Maurepas et M. le Garde des Sceaux. Nous crûmes devoir vous communiquer le tout et devoir même en prévenir sous le secret Monsieur, qui pressait journellement M. le Garde des Sceaux et moi sur la réunion de la place de Conseiller d'État à l'Intendance. Vous avez répondu sur les imputations qui vous avaient été communiquées. Vous êtes convenu de tous les faits, mais vous avez soutenu que le Sr Langlade avait seul agi à votre insu ; cela suppose une négligence excessive de votre part sur vos propres affaires. Cet excès de négligence est possible, et la présomption résultante de votre état, de vos services, de votre réputation, de la modicité de l'intérêt que vous aviez à commettre une prévarication de cette espèce, doit balancer l'invraisemblance de votre défense ; j'aime à me livrer à cette présomption favorable et, sans doute, c'est par une suite des mêmes dispositions que M. le Garde des Sceaux paraît vous destiner la place de Conseiller d'État, car vous ne vous dissimulez pas, sans doute, que si le résultat de notre examen avait été de vous juger coupable, il n'aurait pas été plus possible de vous nommer Conseiller d'État que de vous laisser Intendant de Caen. Ainsi, M., l'objet sur lequel nous avons eu à nous décider n'a jamais été si vous resteriez Intendant, mais s'il était possible de vous faire Conseiller d'État. Ce n'est donc point vous condamner que de vous faire Conseiller d'État ; ce n'est point vous déshonorer comme vous voulez le prétendre ; c'est au contraire vous honorer,

Voilà, M., ce que je pense et ce que j'ai dit à Mme de Fontette. Vous ne pouvez croire, dites-vous, qu'au moment où vous êtes à cinquante lieues pour le service du Roi, un Ministre équitable décide irrévocablement de votre sort sans vous entendre. Je ne conçois rien à une pareille plainte ; vous savez bien que vous avez été entendu. Lorsque les circonstances ont exigé que vous repartissiez pour la province, M. le Garde des Sceaux, M. de Maurepas et moi, nous devions nous assembler et rendre compte de nouveau à Monsieur de la position de votre affaire ; depuis ce moment, tout a été suspendu ; l'on a senti l'inconvénient de vous laisser, dans ces circonstances, vis-à-vis du Sr de Langlade ; en conséquence, on lui a ordonné de venir à Paris ; je ne vois là aucun jugement ; je ne vois rien non plus qui y ressemble. Quant à ce que j'ai dit à Mme de Fontette, il fallait bien que je lui expliquasse ma façon de penser, puisqu'elle me faisait l'honneur de me la demander. Je ne pouvais ni refuser de lui répondre, ni lui parler autrement que je pensais ; je ne puis vous parler autrement qu'à elle, parce que je pense toujours que si M. le Garde des Sceaux vous nomme Conseiller d'État, cette grâce serait la meilleure réponse que vous puissiez donner à tout ce qu'on a pu dire contre vous.

2. *Malversations par des Commis des Tailles.*

Lettre à l'Intendant de Bordeaux.

[A. Gironde, C. 74. — Foncin, 246.]

(Deux commis de la recette des tailles de Bordeaux furent accusés de malversations et leur culpabilité fut prouvée. L'Intendant Esrnangard voulut faire un exemple. Les commis étaient en fuite ; leurs familles offrirent de rembourser une partie des ordonnances falsifiées. Turgot écrivit à l'Intendant :

Juin (?).

Dès qu'ils sont en fuite et que l'on ne peut plus instruire le procès contre eux que par contumace, j'avoue que je suis touché du sort malheureux des familles qui seraient déshonorées sans que l'exemple put produire l'effet que vous en attendez. Il me paraît bien plus important d'établir la règle pour l'avenir que de faire un éclat qui ferait apercevoir qu'elle a été négligée précédemment, et qui donnerait lieu à des imputations et à des soupçons contre l'administration qu'il est toujours prudent d'éviter.

(Plus tard, l'Intendant demanda que les deux commis fussent jugés par une commission du Conseil. D'Ormesson, après en avoir conféré avec Turgot, répondit qu'il n'y avait pas lieu de s'écarter de l'usage et il chargea l'Intendant de juger l'affaire avec les officiers qu'il choisirait.)

3. *Nomination de De Vaines comme lecteur de la Chambre du Roi.*

Lettre à Senac, lecteur du roi, au sujet du projet de nomination de De Vaines comme lecteur du Roi, en survivance.

[A. L., en marge d'une lettre de Senac.]

Septembre.

En vous prêtant, M., aux propositions que M. votre frère [a] s'était chargé de vous faire passer de ma part, vous m'auriez facilité les moyens de prouver à M. de Vaines une marque publique de la justice que le Roi rend à son honnêteté, à ses talents, et à l'utilité de ses services ; c'eût été une grande satisfaction pour moi dans un moment où l'on répand dans le public, contre un homme que j'aime et que j'estime, un tissu de calomnies infâmes. Vous vous seriez acquis un droit à partager cette satisfaction.

Le plaisir que je vous demandais ne pouvait vous nuire en rien ni du côté de l'intérêt, ni du côté de l'agrément, puisque M. de Vaines, content de la simple adjonction, vous aurait laissé, et la possession de votre charge, et la liberté d'en disposer comme vous l'auriez voulu. Sa parole et la mienne vous auraient donné à cet égard toute la certitude que vous pouviez désirer.

Puisqu'on vous [b] a conseillé de vous refuser à cet arrangement, je chercherai d'autres moyens de remplir le but que je me proposais [c].

Lettre à de Vaines.

[*Correspondance* Métra, 7 octobre. — *Gazette de Leyde*, 3 octobre. — Foncin, 599.]

(Sa nomination comme lecteur du Cabinet du Roi.)

18 septembre.

Je vous apprends avec grand plaisir, M., que le Roi a bien voulu vous accorder la place de lecteur ordinaire de la Chambre, et y attacher les mêmes entrées qu'à celle de lecteur du Cabinet. J'ai cru devoir pro-

---

[a] Sénac de Meilhan, intendant.

[b] « Des personnes en qui j'ai confiance, disait Sénac, m'ont fait observer que je ne serais plus à même de vendre ma place à un prix convenable. » Il en avait refusé 60 000 francs.

[c] Ce moyen fut de nommer De Vaines lecteur de la Chambre du Roi et de laisser Sénac, lecteur du Cabinet. — Voir aux *Pamphlets* de 1775.

poser à S. M. de vous donner une marque publique de la satisfaction qu'elle a de vos services, dans un moment où on cherche à vous déchirer par un libelle infâme. Vous n'avez pas besoin de justification, mais ayant vu que les auteurs et fauteurs de ce libelle s'imaginent pouvoir accréditer auprès de moi leurs mensonges, par une multitude de lettres anonymes, je me devais à moi-même de montrer authentiquement mon mépris pour leurs calomnies atroces.

Il est dans l'ordre que vous y soyez exposé, vous, tous ceux qui ont quelque part à ma confiance, et moi peut-être plus que personne. Trop de gens sont intéressés au maintien des abus en tous genres, pour que tous ne fassent pas une cause commune contre quiconque s'annonce pour vouloir les réformer. Attendez-vous donc qu'ils emploieront les armes qu'ils savent manier, le mensonge et la calomnie ; il faut s'armer contre eux de courage et de mépris. Il faut se dire à soi-même, ce que le Roi me disait le jour de l'émeute à Versailles : « Nous avons pour nous notre bonne conscience ; avec cela, nous sommes bien forts. » Si les honnêtes gens se laissaient décourager par de telles horreurs, il faudrait donc que les méchants fussent irrévocablement maîtres d'opprimer et de piller le genre humain. C'est donc un devoir de les braver. Il faut regarder tous leurs traits comme des blessures honorables, et ne pas augmenter la force de ces gens-là par une sensibilité qui les encourage à redoubler leurs attaques. Je vous prêche la morale que je tâcherai de suivre moi-même. Si la raison ne peut dissiper entièrement l'impression que vous a faite cet amas d'atrocités, je souhaite que l'assurance de mon estime et de mon amitié vous serve de consolation [a].

4. *Nomination de d'Ormesson fils comme intendant des finances.*

Lettre à d'Ormesson, intendant des finances.

[A. L., minute.]

Versailles, novembre.

---

[a] Lettre de Mlle de Lespinasse à Condorcet. 24 septembre. — « Vous aurez su que M. Turgot a fait donner à M. de Vaines pour réponse au libelle que vous savez[*], la place de lecteur ordinaire de la Chambre du Roi avec toutes les entrées, prérogatives, etc., qui y sont attachées. M. Turgot a écrit à M. de Vaines une lettre qui ne vous étonnera pas plus que moi par le ton de fermeté qui y règne ; elle sera si publique que vous la lirez sûrement dans les gazettes où je souhaite qu'elle ne soit pas défigurée. (Henry, *Lettres inédites*, p. 171). [**]

[*] *Lettre d'un profane à M. l'abbé Baudeau.* — Voir aux *Pamphlets* de 1775.

[**] Il n'y a ni émoluments, ni soins attachés à ce poste qui est simplement un d'honneur et qui donne à celui qui l'occupe le droit d'entrée libre dans le cabinet du Roi. Le 21 septembre M. de Vaines prêta serment entre les mains de S. M. (*Gazette de Leyde*, 29 septembre).

Le Roi me charge, M., de vous faire passer la lettre ci-jointe. S. M. m'ordonne en même temps de vous témoigner la satisfaction qu'elle a de vos services ; elle croit ne pouvoir vous en donner une marque plus grande qu'en conservant votre place à M. votre fils, persuadée qu'elle trouvera en lui le même zèle et la même fidélité qu'en vous. Comme c'est à titre de récompense pour vous que cette place lui a été donnée, le Roi désire qu'il vous en ait toute l'obligation et m'a prescrit le secret le plus absolu de la lettre qu'il vous écrit, et vous pouvez donc annoncer à M. votre fils cet arrangement comme l'effet de votre seule tendresse pour lui.

Lettre de d'Ormesson fils à Turgot.

Paris, mercredi 8 novembre.

Je suis pénétré de reconnaissance, M., de la lettre dont vous m'avez honoré ce matin. Votre estime et votre confiance personnelles sont, comme j'ai eu l'honneur de vous le témoigner, les principaux objets de mon ambition, et la manière dont vous me comblez à cet égard est bien capable d'exciter mon zèle et mes efforts pour mériter de vous la continuation de ces sentiments dans les départements de mon père que vous voulez bien me conserver.

Quant aux parties qui pourraient être détachées sans inconvénient de l'ensemble de ce département et que vous me demandez à titre d'amitié de vous indiquer pour augmenter le travail de M. Amelot, le titre flatteur auquel vous me faites l'honneur de me témoigner vos désirs sur cet objet me serait seul une loi irrésistible d'y concourir, non seulement sans répugnance, mais même avec un empressement que vous savez que je n'aurais pas, s'il s'agissait de demander pour moi-même.

Je serais d'ailleurs flatté personnellement de pouvoir vous proposer quelque chose d'agréable à Mme de Maurepas, avec qui vous connaissez les liaisons de parenté et de reconnaissance, et à un confrère aussi estimable à tous égards que l'est M. Amelot. J'aurai l'honneur de vous demander un rendez-vous à cet effet le plus tôt possible, après votre retour à Paris. Je vous demanderai la permission d'y mener M. d'Ailly : ses lumières et ses vertus lui ont acquis des droits sur vos bontés, comme sur mon amitié. J'ai cru pouvoir sans indiscrétion lui communiquer la lettre dont vous m'avez honoré ; son amitié pour moi lui a fait sentir vivement toute la reconnaissance qu'elle m'a inspirée ; nous avons imaginé ensemble des moyens qui nous ont paru propres à seconder votre bonne volonté pour M. Amelot. Nous aurons l'honneur de vous les proposer dans le rendez-vous que vous voudrez bien nous indiquer.

Vous avez rendu justice, M., à mes sentiments que vous connaissez, en croyant que ce ne serait point un sacrifice pour moi que de renoncer à quelques émoluments pour concourir à vos vues en cédant à M. Amelot quelqu'une des parties qui pourront être détachées facilement du département de mon père, dès que cette cession n'altère point la confiance dont vous m'honorez dans les parties principales qui forment l'ensemble de ce département que vous voulez bien me conserver, et dès que vous me donnez, en me laissant moi-même l'arbitre de cette cession, la marque la plus flatteuse à mes yeux de l'estime que je désire de vous.

C'est dans ces sentiments qu'en attendant vos ordres avec impatience, pour le rendez-vous que j'ai l'honneur de vous demander, j'ai celui d'être, avec autant de reconnaissance que d'attachement et de respect, M., votre très humble et très obéissant serviteur.

D'Ormesson.

P. S. J'ai appris ce soir, M., que vous étiez incommodé de la goutte ; je me flatte que vous ne doutez pas de toute la part que je prends à votre indisposition ; le désir d'en savoir des nouvelles par moi-même augmentera certainement encore mon empressement pour le rendez-vous que j'ai l'honneur de vous demander le plus tôt possible.

172. — LES FINANCES DE 1775.

I. — *État des recettes et des dépenses pour 1774 dressé par l'abbé Terray.*

RECETTES

Reste à disposer sur les objets ci-après :

	LIVRES
1. Fermes générales	51 000 000
2. Nouveaux sols pour livre et régie de différents droits sur le papier, l'amidon, etc.	22 000 000
3. Ferme des postes	5 189 000
4. Recette générale des Finances	92 000 000
5. Régie des droits réunis	6 224 000
6. Régie des droits réservés	2 651 000
7. Régie des hypothèques, y compris les droits de Bretagne	2 300 000

8. Régie de la Flandre maritime	200 000
9. Ferme de Sceaux et de Poissy	456 000
10. Ferme des octrois	1 079 000
11. Fermes et régies particulières	300 000
12. Capitation de Paris	810 000
13. Vingtièmes de Paris	3 000 000
14. Vingtièmes des princes du sang	144 000
15. Capitation de la Cour	600 000
16. Pays d'États	7 759 924
17. Clergé des frontières	630 000
18. Ordre de Malte	149 600
19. Dixième d'amortissement	2 000 000
20. Domaines et bois du Roi	3 550 000
21. Nouveau marc d'or	350 000
22. Évaluation d'office	2 000 000
23. Droits féodaux et seigneuriaux	2 600 000
Restant net	206 992 524 [a]

DÉPENSES

	LIVRES
1. Extraordinaires des guerres	60 000 000
2. Artillerie et génie	10 000 000
3. Marine et colonies	30 000 000
4. Affaires étrangères	8 000 000
5. Maison militaire du Roi	8 000 000
6. Gouvernements municipaux	680 000
7. Mendicité	1 200 000
8. Ponts et chaussées, turcies et ports maritimes	
9. Maréchaussée et taillon	7 740 000
10. Ligues suisses	800 000
11. Remboursement des offices des Parlements et intérêts des liquidations	6 000 000
12. Remboursement des rescriptions	3 000 000
13. Intérêts desdites rescriptions	3 300 000
14. Intérêts des augmentations de finance, dixième déduit	. . . .
15. Remboursement d'avances à la régie des cuirs	3 000 000
16. Remboursement à la régie des hypothèques	500 000

[a] L'abbé Terray dressa successivement trois états de recettes :
Le premier comportant une recette nette de	200 031 000
Le second	196 901 557
Le troisième	206 992 524

17. Maison du Roi, y compris celles de Provence et d'Artois	32 000 000
18. Caisses des arrérages, y compris le versement des rentes sur la Compagnie des Indes et la Bretagne, et les intérêts des offices supprimés	18 000 000
19. Actions et Compagnie des Indes	5 500 000
20. Dépenses générales de la finance (y compris les frais d'établissement de la maison des Princes)	14 000 000
21. Dépenses imprévues, y compris les approvisionnements	8 000 000
22. Pensions	6 500 000
23. Intérêts et frais de remises	8 000 000
Total :	234 220 000 [a]

Dépenses	234 220 000
Recettes	206 992 324
Déficit	27 227 476

II. — *Tableau des revenus, charges et dépenses ordinaires de l'État pour l'année 1775, dressé par Turgot.*

RECETTES	PRODUIT	DÉDUCTIONS	NET porté au Trésor royal
1. Fermes générales	152 000 000	89 439 150	62 560 850
2. Sols pour livre réservés	1 800 000	»	1 800 000
3. Vingtième d'industrie des fermiers généraux	341 396	»	341 396
4. Capitation personnelle des fermiers généraux	144 000	»	144 000
5. Marc d'or sur les Commissions des fermes	150 000	»	150 000
6. Intérêt des billets des Fermes	162 000	»	162 000
7. Recettes générales des finances	140 152 590	37 375 520	102 777 070
8. Ferme des postes	7 700 000	»	7 700 000
9. Fermes de Sceaux et de Poissy	600 000	137 750	462 250
10. Ferme des droits réservés	4 500 000	1 314 375	3 185 625

[a] L'abbé Terray avait dressé trois états de dépenses :
Le premier montant à 225 130 000 livres conduisant à un déficit de 25 099 000
Le deuxième — 224 720 000 — 27 818 443
Le troisième — 234 220 000 — 27 227 476

11. Ferme des octrois municipaux et des hôpitaux	1 079 600	»	1 079 600
12. Ferme des devoirs du Port-Louis	32 000	32 000	»
13. Régie des droits réunis	8 100 000	3 905 381	4 294 419
14. Régie de la Flandre maritime	650 000	610 000	40 000
15. Régie des Hypothèques	5 000 000 [a]	880 000	4 120 000
16. Régie des domaines	4 000 000	633 855	3 366 145
17. Ferme particulière de quelques domaines réunis	104 000	104 000	»
18. Marc d'or	1 400 000	1 400 000	»
19. Principauté d'Orange	19 800	»	19 800
20. Impositions de Paris	5 800 000 [a]	1 417 514	4 382 487
21. Capitation de la cour	700 000	»	700 000
22. Vingtièmes abonnés	144 740	»	144 740
23. Bois du Roi	5 402 231 [a]	2 103 423	3 298 808
24. Marches du Poitou	22 000	»	22 000
25. Don gratuit du clergé	Mémoire. [a]	»	»
26. Revenus casuels	2 500 000 [a]	1 200 000	1 300 000
27. Dixieme d'amortissement	2 620 000	»	2 620 000
28. Dixième de diverses Capitations	1 163 746	»	1 163 746
29. Ordre de Malte : Capitation : 39 600 Vingtièmes : 110 000	149 600	»	149 600
30. Languedoc	8 827 886	7 072 134	1 755 752
31. Bretagne	7 254 399	3 666 436	3 587 963
32. Bourgogne	3 061 604	2 850 366	211 238
33. Provence	1 926 425 [a]	1 245 700	680 725
34. Terres adjacentes de Provence	927 124	344 833	582 291
35. Bresse, Bugey et Gex	846 635	463 547	383 088
36. Roussillon et pays de Foix	506 782	216 419	290 363
37. Béarn, Navarre et anciens domaines de Navarre	478 840 [a]	390 750	88 090
	370 167 398	156 703 352	213 464 046

[a] Les Bureaux avaient évalué la recette de divers chapitres aux chiffres ci-après :

		En plus.	En moins.
15. Régie des hypothèques	7 433 302	2 433 302	»
16. Impositions de Paris	5 919 176	119 176	»
23. Bois du Roi	5 399 972	»	2 259
25. Don gratuit du clergé	3 000 000	3 000 000	»
26. Revenus casuels	4 000 000	1 500 000	»
33. Provence	1 996 000	70 000	»
37. Béarn, etc.	478 860	20	»
		7 122 498	2 259
Total		7 110 239	

DÉPENSES À PAYER PAR LE TRÉSOR ROYAL

1. Extraordinaire des guerres	63 400 000
2. Artillerie et Génie	10 000 000
3. Taillon (comprenant les appointements des gendarmes, etc.)	1 186 756
4. Maréchaussées	2 500 000
5. Marine et colonies, y compris les dettes et lettres de change	33 000 000
6. Affaires étrangères	10 500 000
7. Maison militaire du Roi	8 000 000
8. Gouvernements municipaux	700 000
9. Dépenses des mendiants	1 200 000
10. Ponts et chaussées	3 600 000
11. Turcies et levées	480 000
12. Ports maritimes	396 000
13. Remboursements et intérêts des rescriptions et dépenses de la caisse des recettes générales	7 200 000
14. Ligues suisses	800 000
15. Caisse des arrérages	20 000 000
16. Intérêts et remboursements des actions de la Compagnie des Indes et dépenses de la Compagnie	5 500 000
17. Maison du Roi, y compris celle des princes	33 500 000
18. Dépenses générales de la finance	14 000 000
19. Dépenses imprévues	6 000 000
20. Pensions des différents départements	7 000 000
21. Intérêts et remises des différents services	6 000 000
Total des dépenses à faire par le Trésor royal en 1775	234 962 756
Revenus libres suivant l'état d'autre part	213 464 046
Déficit	21 498 710
La dette exigible arriérée montant 235 261 360 l., on ne peut payer sur cette dette, par année, moins de	15 000 000
Déficit total	36 498 710 [a]

---

[a] Les bureaux accusaient un déficit total de 37 157 126 livres, y compris 6 millions pour imprévus.

III. — *Mémoires au ministre de la Guerre (De Saint-Germain) sur les économies à faire dans le département de la Guerre.*

Octobre.

(Ces Mémoires n'ont pas été retrouvés. Voici ce qu'en a dit Du Pont : « M. Turgot avait sévèrement discuté les projets de fonds des différents départements et, celui des affaires étrangères excepté, il avait trouvé dans tous la possibilité de faire des économies considérables, sans nuire à la dignité, ni à l'utilité du service du Roi.

« Il avait surtout apporté le plus grand soin à l'examen du fonds de la guerre ; il l'avait comparé avec celui des autres puissances militaires. Il avait consulté des officiers généraux. Et il en avait conclu, qu'en rendant les garnisons plus sédentaires, en améliorant l'administration et le plan des étapes ; en réformant ceux des châteaux forts qui n'étaient plus d'aucun usage et même, par la suite, des forteresses qu'un meilleur système pour la guerre rendrait inutiles ; en donnant à l'École militaire une constitution plus avantageuse, ... en rendant les Invalides plus heureux et les Vétérans plus utiles ; en confirmant pour leur vie aux gouverneurs et commandants des provinces actuels, leurs places, purement honorables et lucratives, dont ils ne pouvaient remplir les fonctions sans une commission particulière — au point qu'un gouverneur de province n'osait exercer aucune autorité, ni même faire un voyage dans la province qui paraissait lui être confiée, sans un ordre exprès de la Cour — ; mais en réformant, pour l'avenir, ces titres qui n'occasionnaient pas de service, ... ou en les chargeant, lors des vacances, d'une partie des pouvoirs militaires au soulagement du Trésor, de même que les gros bénéfices ecclésiastiques étaient chargés de pensions, ... il avait conclu qu'on pouvait améliorer le sou du soldat, la force et les approvisionnements de l'armée, en rendant beaucoup de fonds libres pour les autres besoins de l'État [a].

« Il avait remis au comte de Saint-Germain deux *Mémoires*, dont l'un contenait les économies qui pouvaient être faites sur-le-champ ; elles passaient 2 000 000 l. L'autre exposait celles de ces économies qui demandaient un travail et des réformes pouvant cependant avoir lieu dans le cours d'une année ; elles se montaient à 15 000 000 l. et devaient s'accroître par le décès de ceux auxquels les réformes laisseraient des traitements viagers.

« M. Turgot finissait ce dernier travail lorsqu'il tomba malade à Fontainebleau, vers la fin d'octobre 1775. (Du Pont, *Mém.*) »

---

[a] Voir ci-dessus la lettre au comte Du Muy, p. 131.

IV. — *Projet de résiliation du bail des fermes.*

(Opposition des financiers. — Difficultés de la suppression du bail des fermes. — Projet de suppression de la gabelle.)

Journal Historique, 16 janvier. — Le contrôleur général donne cette année 3 millions de plus pour le paiement des rentes de la Ville, ce qui fait 1 500 000 livres par semestre et rapproche de trois semaines ce paiement arriéré de plus de 6 mois, car il faudrait 28 millions de livres pour être au pair.

22 février. — Les financiers continuent à dire du mal de M. Turgot ; ils lui reprochent d'abandonner tous les jours, ou du moins de laisser se détériorer quelques branches de la recette, sous prétexte qu'il ne veut pas qu'on tourmente personne sous son administration, en sorte qu'il préfère donner des indemnités aux fermiers, etc. À ce grief, ils en joignent un second plus fondé, c'est que, tandis que la recette diminue d'un côté, il ne retranche pas la dépense et elle va toujours son train.

27 février. — On veut aujourd'hui que le projet de M. Turgot soit de mettre toutes les généralités en pays d'états ; les receveurs généraux sont dans de grandes transes ; leur comité composé des Srs Hardouin, Boutin, Bouchard et Meulan obsèdent continuellement le ministre des finances ; mais on est fort inquiet de la santé de celui-ci dont la goutte est remontée dans la poitrine. Sa perte réjouirait merveilleusement toute la finance.

Journal de Véri, novembre. — Le choix de Saint-Germain a causé une joie unanime dans les troupes et dans les provinces. J'ai vu pareille jubilation à l'arrivée de M. Turgot à la finance, et depuis six mois, on n'entend qu'un cri contre son administration ; à Paris, car les provinces louent ses opérations et lui reprochent sa lenteur. Les critiques de Paris tombent sur le vague de ses systèmes supposés.

La suppression des *Messageries* [a] sert de prétexte parce que les privilégiés qui en faisaient leur profit se plaignent.

Son projet encore secret de résilier le bail des fermes m'effraie. Il compte rembourser les fonds d'avance qu'ils ont fait au Roi pour 93 millions et mettre en régie les droits royaux dont la ferme monte à 150 millions. J'ai trouvé Maurepas, Malesherbes et Trudaine effrayés de ce projet.

La difficulté de trouver 93 millions, la foi d'un contrat blessé par la résiliation d'un bail qui doit durer encore 5 ans, le discrédit qu'un em-

---

[a] Voir ci-dessous.

prunt si fort peut opérer dans les effets royaux, le danger d'altérer la confiance lorsqu'on est dans le doute d'une guerre, les non-valeurs d'une régie, dont les préposés sont moins vigilants que les fermiers, tous ces motifs ne détourneraient pas Turgot parce qu'il a une réponse plausible à tous.

Je lui ai fait voir que dans les provinces le produit des droits de contrôle, des aides, de la gabelle, de la douane n'était pas l'effet seul des tarifs, mais aussi que les extensions, la frayeur que les commis des fermes inspire, étaient les sources du grand accroissement des produits. Les financiers irrités ne manqueront pas de déclarer impraticables tous les changements utiles qu'il projette, d'en faire échouer quelques-uns par leurs manœuvres, d'effrayer les imaginations faibles du Roi et de Maurepas. Les gens de la Cour intéressés dans les produits de la finance devinent déjà que la confiance de ces deux personnages en Turgot est diminuée. Ils en répandent les critiques que Maurepas se permet trop publiquement. J'espère que les réflexions que je lui fais arrêteront la résiliation du bail, malgré sa ténacité dans ses plans.

Le luxe des financiers et de leurs alliés à la Cour perd une partie de son aliment par des opérations qui ne sont pas susceptibles d'improbation ; par exemple, le profit par les avances qu'ils faisaient au Trésor Royal et par les voyages supposés à l'argent ; le trésor a dépensé 5 à 6 millions de moins en frais de banque. J'ai proposé à Turgot de publier la liste de ces économies. « Ce serait se faire valoir, dit-il, et je n'aime pas cette manière. »

Malesherbes trouve une bienveillance assez générale ; le Roi le lui dit. Il répondit : « C'est une preuve que je fais mal la place que vous m'avez donnée ; si je la faisais bien, je formerais une foule de plaignants. — C'est donc, dit le Roi, comme le contrôleur général qui ne peut jamais être aimé. »

Décembre. — J'ai cru un moment qu'il allait reprendre son plan de mettre la ferme en régie. À mon observation sur la diminution du produit, il m'a répondu : « N'est-ce pas une chose avilissante que de laisser subsister une ferme parce qu'en la détruisant on ferait cesser les irrégularités et les exactions ? »

En réalité, c'est ce motif seul qui le retient. Il renvoie l'exécution de son projet au temps où il pourra supprimer la *gabelle* et la remplacer par une imposition.

Au sujet de l'équité, Turgot ne méconnaît pas que résilier un bail sans rendre en écus sonnants les fonds avancés au Roi ne soit une injustice apparente, mais il me dit : « Faisons une supposition : le Roi juge utile de supprimer l'esclavage des nègres dans les colonies en remboursant leur valeur aux propriétaires ; il ne peut faire ce remboursement que dans 10 ans, faut-il attendre ces 10 ans pour produire un bien si considérable ? Si je rompais le bail des fermes, sans le motif légal de la lésion excessive dans le prix, pour en tirer quelques revenus de plus, pour en gratifier d'autres gens plus favorisés, je ferais une injustice réelle, mais, si la machine est montée sur un plan de vexation qui tourmente tous les citoyens, dois-je être arrêté par la difficulté de rembourser les fonds sur-le-champ ? Et l'injustice qu'il y a de faire attendre le remboursement est-elle comparable au mal qu'éprouve le peuple ? Quant à la perte sur le produit, je crois qu'avec de la vigilance et de l'économie, on pourra l'empêcher sans s'écarter des tarifs légaux, et s'il y a une perte parce qu'on cessera d'être illégal, il faut la supporter et chercher un moyen légal de la réparer. » [a]

Décembre. — Le ton général dans Paris depuis 6 mois est de crier contre Turgot et, comme on ne peut rien spécifier de positif, on crie contre les projets qu'on lui suppose et on en fait courir des listes. On trouve, dans ces listes, des plans qui sont contradictoires à ses idées, mais le peuple croit tout et les financiers augmentent la circulation des faux bruits.

Un financier honnête m'a prié d'offrir à de Vaines un million par mois pour les avances du Trésor à un intérêt qui eût été regardé, il y a 18 mois, comme une perte énorme pour lui. De Vaines a refusé, parce qu'il trouve à emprunter à 4 p. 100 et qu'il espère bientôt se passer d'avances.

Le financier me disait : « Turgot nous écrase, mais on ne peut se plaindre jusqu'à présent ; il ne nous a été fait aucune injustice qui donne le droit de crier. »

V. — *Lettres de change des Colonies.*

Arrêt du Conseil sur la liquidation des lettres de change tirées des Iles de France et de Bourbon.

---

[a] D'après un *Mémoire sur la comptabilité générale active et passive des finances* (A. N., K 883, n° 6), Turgot aurait ramené son projet à la réduction de soixante à vingt du nombre des fermiers. Il avait, en ce cas, à prévoir le remboursement des parts de quarante fermiers, soit 63 400 000 livres ou 12 480 000 livres pour chacune des cinq années de bail. Ce remboursement devait être obtenu par les économies résultant de la réforme. La suppression d'un grand nombre de caisses devenues inutiles donnait un premier bénéfice de 1 million de livres ; celle de quarante fermiers assurait un gain de 11 880 000 livres ; enfin la réduction de l'intérêt des cautionnements procurait 2 736 000 livres. Au total, l'économie réalisée chaque année devait monter à 15 616 000 livres, alors que le remboursement des charges des quarante fermiers exigeait seulement 12 480 000 livres. Restait un bénéfice annuel de 3 136 000 livres ou d'un peu plus de quinze millions en cinq ans.

Il devait permettre de payer une partie des 31 millions de livres dus pour cautionnements aux vingt fermiers restants. Le surplus aurait été fourni par des économies sur les frais de régie.

« Je tiens de M. Turgot, écrit l'auteur du Mémoire, que toutes ces suppressions produiraient plus de quatre millions d'épargne par an ; ce serait plus de vingt millions dans les cinq ans. »

[D. P., VII, 156.]

15 janvier.

Sur le compte rendu au Roi, étant en son Conseil, que la situation dans laquelle les Administrateurs des Iles de France et de Bourbon se sont trouvés dans les années 1770, 1771, 1772, 1773 et 1774, ne leur ont pas permis de se renfermer dans les limites fixées pour les dépenses de ces colonies ; qu'obligés de pourvoir à des objets indispensables et imprévus, les différents moyens auxquels ils ont eu recours les ont mis dans la nécessité de tirer successivement des lettres de Change pour des sommes considérables sur les Trésoriers généraux des Colonies, que les sommes auxquelles ces lettres se trouvaient portées ayant fait soupçonner des abus, l'enregistrement en a été suspendu jusqu'à ce qu'un examen approfondi eut mis à portée de connaître leur véritable origine, et que le résultat de cet examen ayant été mis sous les yeux de S. M., elle a reconnu que, si une partie de ces lettres de change provenait de causes infiniment légitimes, une grande partie avait été produite par un papier-monnaie agioté sans mesure, ou avait été livré à des négociations abusives que les circonstances n'avaient que trop favorisées. S. M. a cru devoir ordonner le paiement de celles de ces lettres qui, ayant été délivrées à des étrangers, se trouvaient exemptes du soupçon d'agiotage, et méritaient à ce titre une préférence particulière. Et à l'égard du surplus des dites lettres, malgré le peu de faveur que semblent mériter leur plus grande partie, les recherches nécessaires pour parvenir à en faire la distinction étant de nature à entraîner des lenteurs dont les créanciers les plus légitimes auraient considérablement à souffrir par l'incertitude où ils seraient de leur sort ; S. M., par cette considération, a bien voulu prendre la résolution de les acquitter successivement en espèces effectives et sur le pied de leur capital. Mais, comme les fonds destinés à l'administration des Iles de France et de Bourbon pour les exercices auxquels ces lettres ont rapport, se trouvent absorbés, et bien au delà, par les dépenses faites pour ces colonies pendant ces mêmes exercices, S. M. a jugé à propos de nommer un Commissaire, auquel les originaux desdites lettres seront représentés, afin de parvenir ensuite à établir l'ordre dans lequel elles seront payées. À quoi voulant pourvoir... le Roi.... ordonne ce qui suit :

I. (L'article premier nomme M. de Mory, Commissaire pour viser les copies figurées de ces traites, qui montaient en total environ à *dix millions*).

II. D'après ces copies, il sera, par le dit Sr de Mory, dressé un état de toutes lesdites Lettres, qui sera arrêté au Conseil, et qui contiendra l'ordre des dates auxquelles elles ont été tirées et suivant lesquelles elles seront payées par lesdits trésoriers de la Marine et des colonies, ainsi qu'il sera dit ci-après.

III. Il sera fait, dans les six premiers mois de la présente année, entre les mains desdits trésoriers de la Marine et des colonies, les fonds nécessaires pour payer les 996 197 livres, à quoi montent les traites délivrées aux négociants hollandais du cap de Bonne-Espérance, en paiement des vivres qu'ils ont fournis pour la subsistance des habitants desdites Iles de France et de Bourbon ; celles qui ont été délivrées à la Compagnie des Indes du Danemark, pour même cause, montant à 70 352 livres et celles données en échange des fonds qui se trouvaient dans la Caisse du Régiment Royal Comtois à son départ de l'Ile de France, montant à 135 543 livres.

IV. Le surplus desdites Lettres de Change sera ensuite payé dans l'ordre qui sera établi en exécution de l'article II ci-dessus, à raison, savoir de 300 000 livres dans les six derniers mois de la présente année, qui seront employées à l'acquit de celles desdites lettres qui se trouveront de la somme de 500 livres et au-dessous, et d'un million dans chacune des années 1776 et suivantes jusqu'au parfait paiement desdites lettres ; se proposant au surplus S. M. de destiner par la suite, à mesure que la situation de ses finances le permettra, de plus fortes sommes pour accélérer le plus qu'il sera possible le dit paiement.

V. Les propriétaires et porteurs desdites lettres qui ne voudront pas attendre le temps dans lequel elles se trouveront payables, d'après l'état qui sera dressé en exécution de l'art. II ci-dessus, auront la faculté de demander en paiement desdites lettres des Contrats à 4 p. 100 sur les revenus du Roi, faisant partie de ceux créés par l'Édit de février 1770, dont ils auront la jouissance à compter du premier jour du quartier dans lequel ils remettront leurs soumissions et leurs effets entre les mains du dit Sr de Mory [a].

VI. — *Compagnie des Indes.*

Arrêt du Conseil sur la suppression du revenu des sommes dues à l'ancienne Compagnie des Indes.

[D. P, VII, 196.]

---

[a] Ancien caissier de la Compagnie des Indes. — Les lettres de change des Iles de France et de Bourbon étaient arriérées depuis cinq ans. Turgot affecta à leur remboursement en 1775 un fonds extraordinaire de 1 million 500 000 livres.
Après ce remboursement, il restait encore 8 500 000 livres à solder. Turgot assigna à l'extinction de cette dette une somme de un million de livres par an. (Du Pont, *Mémoires*, 240).

13 février.

(La liquidation de la Compagnie des Indes aux Iles de France et de Bourbon se trouvait consommée par l'effet du zèle des Commissaires qui en étaient chargés ; elle n'avait plus pour objet que des créances non susceptibles de contestation. Dès lors, pour l'achever, il suffisait d'un seul agent recevant, au lieu d'appointements fixes, une commission ou prime graduelle sur les sommes à recouvrer. (Du Pont, *Mém.*) Broutin fut désigné à cet effet) [a].

173. — LES IMPÔTS INDIRECTS.

I. — *Les Gabelles.*

1. *Arrêt du conseil sur le franc salé des officiers de la Chambre des comptes.*

[Transformé en Lettres patentes et registré en la Chambre des comptes le 7 mars.]

(Maintien du privilège.)

[D. P., VII, 139.]

7 janvier.

... S. M. ayant fait examiner plus particulièrement, en son Conseil, les titres et privilèges de sa Chambre des Comptes et désirant donner à ses officiers des témoignages de sa satisfaction de leur zèle et de l'application qu'ils donnent continuellement au travail de ses Domaines et finances, a résolu d'expliquer sur ce ses intentions...

Nonobstant les dispositions des Arrêts du Conseil des 24 février et 18 juillet 1773, les officiers de sa Chambre des Comptes de Paris de-

---

[a] Réorganisée en 1764, d'après un plan présenté aux actionnaires par Necker, la Compagnie des Indes portait le nom de *Compagnie Commerciale* et devait se régir elle-même. Le contrôleur général L'Averdy la replaça sous la tutelle de l'État ; elle était dans une situation très précaire en 1769. Mainon d'Invau chargea l'abbé Morellet de rédiger un mémoire à ce sujet. Morellet établit, comme Vincent de Gournay l'avait fait antérieurement, que le gouvernement dépensait chaque année plus de 10 millions pour obtenir des marchandises d'une valeur moindre, que la compagnie était incapable de se soutenir par ses propres forces et qu'une compagnie privilégiée n'était ni bonne, ni nécessaire, pour faire le commerce de l'Inde. Le privilège de la compagnie fut suspendu par Arrêt du 30 août 1769 ; le 7 avril 1770, l'abbé Terray mit fin au monopole ; c'était de la part de l'abbé une mesure fiscale. À son arrivée au contrôle général, Turgot maintint dans le tableau de prévisions des dépenses, 5 500 000 francs pour les paiements aux actionnaires de la Compagnie.

meureront dans la jouissance de 2 165 minots, 2/4 et 1/8, de franc-salé qui leur étaient précédemment attribués et qui continueront de leur être attribués comme par le passé..., en présence des Commissaires de ladite Chambre des Comptes sur le bateau à ce destiné, en payant seulement le droit de marchand... [a]

2. *Arrêt du Conseil maintenant à des paroisses du Soissonnais un privilège pour leur approvisionnement en sel.*

(Privilège motivé par l'éloignement des raffineries.)

[D. P., VII, 311.]

30 mars.

Sur la requête présentée au Roi en son Conseil, par les habitants du Sart de Nouvion en Thiérache, Bergues, Boué et Barsy, expositive que, depuis un temps immémorial, ils jouissent, par la concession et la bonté des Rois prédécesseurs de S. M., du privilège de s'approvisionner dans le pays exempt de gabelles, du sel nécessaire pour leur consommation, à la charge seulement par eux de payer annuellement à la recette des Gabelles de Guise une somme de quarante livres parisis, lequel privilège leur a été confirmé, entre autres, par lettres du Roi Henri IV du mois de juillet 1599, de Louis XIII du moins d'octobre 1612, de Louis XIV du mois de décembre 1644, et du feu Roi Louis XV... du mois de février 1716 ; qu'en conséquence, ils désireraient obtenir les mêmes lettres de confirmation de S. M. Vu le mémoire de l'Adjudicataire des fermes unies... Vu aussi l'avis du commissaire départi de S. M. dans le Soissonnais...

Maintient et confirme S. M. les habitants des paroisses du Sart de Nouvion en Thiérache, Bergues, Boué, et de la portion de celle de Barsy, qui dépend de la Picardie, dans la faculté de tirer le sel blanc nécessaire à leur consommation, des villes de Flandres, Artois ou Hainaut, où il y a des raffineries établies, à leur choix, à la charge par eux de continuer à payer annuellement à la Recette des Gabelles de Guise une somme de quarante livres parisis ; ordonne en conséquence que les Lettres Patentes qui leur ont été accordées par les Rois prédécesseurs de S. M. auront leur plein et entier effet, en ce qui n'y est dérogé par le présent règlement.

---

[a] Voir p. 299 les projets de Turgot relatifs à la gabelle.

II. — *Les aides.*

*Arrêt du Conseil modifiant celui du 30 octobre 1774
sur le commerce des eaux-de-vie de la généralité d'Amiens.*

[D. P., VII, 202.]

(Restriction supprimée.)

4 mars.

Le Roi, s'étant fait représenter en son Conseil l'Arrêt rendu en icelui, le 30 octobre 1774, par lequel elle avait fait défenses à tous marchands détailleurs ou autres, établis dans les Paroisses des généralités de Paris et de Soissons qui sont situées dans les trois lieues limitrophes des extrémités de la généralité d'Amiens, de tenir en magasin aucune eau-de-vie en pipes, busses, muids, demi-muids, quarts de muids et autres tonneaux ; et leur aurait permis seulement de s'en approvisionner en barils de 60 pintes et au-dessous, ayant acquitté les droits avant l'enlèvement, et dont ils ne pourraient avoir qu'un seul à la fois ; voulant S. M. qu'ils n'en fissent la revente qu'à pot et à pinte, ou autres moindres mesures et seulement pour la consommation des lieux qu'ils habitent. Et S. M., étant informée que la fixation de l'approvisionnement des détailleurs d'eau-de-vie, qui n'a été déterminé par cet arrêt à 60 pintes que dans la vue d'arrêter dans quelques lieux suspects la fraude, destructive du produit des droits de Picardie, qui s'y commettait, fait craindre aux commerçants qui fournissent en gros ces détailleurs que la consommation de cette liqueur ne soit gênée dans les paroisses considérables où cet approvisionnement leur paraît insuffisant, et que leur commerce n'en souffre beaucoup, qu'il serait nécessaire d'y pourvoir par un règlement qui fixerait l'approvisionnement de chaque paroisse, relativement à sa consommation annuelle, appréciée sur le nombre de ses habitants ; mais que ce règlement ne pouvant être formé que d'après des connaissances détaillées qui ne peuvent être rassemblées assez promptement, et qu'en attendant, la consommation de l'eau-de-vie dans beaucoup de lieux, et le commerce en gros de cette liqueur, pourraient en souffrir, S. M. s'est déterminée à y pourvoir provisoirement...

Tous marchands détailleurs d'eau-de-vie, établis dans les paroisses des généralités de Paris et de Soissons, qui sont situées dans les trois lieues limitrophes des extrémités de la généralité d'Amiens, pourront s'en approvisionner en pièces de 60 à 70 veltes et au-dessous, dont ils ne pourront avoir qu'une seule à la fois : Veut au surplus S. M., que l'Arrêt du Conseil du 30 octobre dernier et les autres règlements rendus sur le commerce de l'eau-de-vie qui se fait dans les trois lieues limitrophes de la Picardie, soient exécutés, en conséquence, sous les peines y portées [a].

III. — *Les Sols pour livres.*

Arrêt du Conseil sur la perception des droits de sol pour livre sur les bestiaux vendus pendant le Carême au marché de Sceaux.

[D. P., VII, 194.]

(Conséquence de la Déclaration du 25 décembre sur le commerce de la viande pendant le carême.)

31 janvier.

Le Roi, s'étant fait représenter en son Conseil la Déclaration du 25 décembre dernier, concernant le commerce de la viande pendant le Carême à Paris, par l'article IV de laquelle S. M. a ordonné que la perception des droits au marché de Sceaux sera continuée pendant le Carême, à l'effet d'assurer à l'Hôtel-Dieu le même secours qu'il a retiré jusqu'à présent de l'exercice de son privilège ; vu aussi la soumission du 27 dudit mois de décembre, des cautions de Martin Bouchinet, fermier des droits des marchés de Sceaux et de Poissy, de faire la perception desdits droits pendant le Carême au marché de Sceaux, et de fournir les fonds nécessaires sans demander aucune rétribution et voulant régler la perception desdits droits et la manière dont il en sera rendu compte :

I. En exécution de l'article IV de la Déclaration du 25 décembre dernier, il sera perçu le droit de sol pour livre du prix de tous les bestiaux qui seront vendus au marché de Sceaux pendant le Carême, et les quatre sols pour livre d'icelui, de la même façon et dans la même forme qu'ils le sont ou doivent l'être dans ledit marché pendant les autres temps de l'année, ainsi que les autres droits usités dans ledit marché.

---

[a] Une lettre de Turgot au Garde des Sceaux (A. N., F12 151) communiqua aux fermiers généraux une plainte du président de la Cour des Aides de Bordeaux (Du Luc) du 17 janvier. Un arrêt rendu par cette Cour en 1773, portant défense aux marchands commissionnaires d'eau-de-vie de retenir sur le vendeur un droit d'entrée de 10 livres par pièce, droit supprimé par Arrêt du Conseil du 3 octobre 1652, n'était pas appliqué.

Les articles II, III, IV, chargent Bouchinet de remplir les mêmes fonctions dont la caisse de Poissy était chargée le reste de l'année. Cette régie passagère, dit Du Pont, donnait l'avantage d'acquérir les idées plus exactes sur la perception dont il s'agissait.

IV. — *Le tabac.*

1. *Lettres patentes sur la contrebande du tabac à Paris.*

(Registrées en la Cour des Aides le 1er septembre 1775.)

[D. P., VIII, 32.]

(Répression des fraudes.)

Versailles, 29 août.

Louis... La conservation des droits de nos fermes et les moyens de prévenir la contrebande qui, en diminuant les revenus de l'État, expose la vie et la fortune de nos sujets, ont dans tous les temps mérité l'attention des rois nos prédécesseurs. Notre auguste aïeul, instruit qu'il s'introduisait dans la ville de Paris et dans celle de Versailles, une quantité considérable de tabacs mélangés et falsifiés dont le débit est aussi nuisible à la santé des citoyens que préjudiciable à nos droits, a, par Arrêts de son Conseil des 30 mai 1771 et 7 juin 1772, attribué au Sr lieutenant général de police de la Ville de Paris, la connaissance par voie de police et d'administration, et le jugement en dernier ressort, de tous les délits relatifs à l'introduction, au débit et au colportage des tabacs, tant en poudre qu'en bouts et des poudres factices exposées en vente, sous la dénomination de tabacs, tant dans les villes de Paris et de Versailles que dans l'étendue des Prévôtés et vicomtés en dépendantes ; nous avons reconnu que cette attribution a produit les plus prompts et les meilleurs effets. Les moyens faciles et multipliés que fournit au lieutenant général de police l'administration dont il est chargé, ont diminué une espèce de contrebande si dangereuse, prévenu les excès et les peines auxquels ceux qui s'y livrent sont malheureusement exposés. Elle a d'ailleurs l'avantage de diminuer les frais de procédure par la promptitude des jugements.

D'une autre part, notre Cour des Aides de Paris ayant, par ses remontrances à nous présentées au mois de mai dernier, réclamé contre cette attribution, nous nous sommes fait rendre compte desdits Arrêts des 30 mai 1771 et 7 juin 1772, des motifs qui les ont déterminés et des circonstances dans lesquelles ils ont été rendus et, voulant donner à notre Cour des Aides une nouvelle preuve de la confiance que nous avons dans son zèle et dans ses lumières, nous avons pris le parti qui nous a paru le plus propre à concilier les droits de la compétence qu'elle réclame, l'intérêt des lois, et celui de nos sujets, avec la nécessité où nous nous trouvons d'opposer à la fraude des moyens que rien ne pourrait suppléer. À ces causes...

Nous avons formé et établi, formons et établissons une commission de notre conseil qui sera composée du sieur d'Albert, maître des requêtes ordinaire de notre hôtel, lieutenant général de police de notre bonne ville de Paris, et de cinq conseillers de notre cour des Aides qui seront par nous nommés, à l'effet de connaître par voie de police et d'administration, et de juger en dernier ressort des introductions, vente, débit, et colportage des tabacs de toute espèce, en bouts et en poudre et de poudres factices, sous la dénomination de tabacs, dans la ville de Paris et celle de Versailles, et dans l'étendue des prévôtés et vicomte en dépendantes, leurs circonstances et dépendances, et des prévarications commises par les employés des fermes et débitants, dans l'exercice de leurs fonctions ; dérogeant à cet égard à tous Édits, Règlements et Arrêts qui pourraient y être contraires...

*2. Lettre à l'intendant de Bordeaux (Esmangard)
sur des plantations de tabac en Corse.*

[A. Gironde, C. 74. — Foncin, 590.]

1er novembre.

Vous m'avez envoyé, M., de la graine de tabac de Clairac que je vous avais demandée pour vous en faire essayer la culture en Corse. On s'en occupe et on m'en promet du succès ; mais M. de Boucheporn me marque qu'en ayant chargé plusieurs personnes dans différents cantons, il devient nécessaire de les diriger par une instruction uniforme et il désire d'en avoir une qui ait été dressée avec intelligence dans le lieu même d'où vient la graine qu'il fait essayer. Je vous serai obligé de me mettre en état de lui procurer ce secours le plus tôt qu'il vous sera possible en faisant donner cette instruction par une personne exercée dans ce genre de culture.

174. — LES OCTROIS DE PARIS.

1. *Déclaration Royale suspendant ou diminuant les droits sur le poisson pendant le carême.*

(Registrée au Parlement le 10 janvier.)

[D. P., VII, 144.]

Versailles, 8 janvier.

Louis... Nous avons reconnu que les droits perçus sur le poisson de mer frais et salé dans notre bonne ville de Paris étaient si considérables, qu'ils nuisaient sensiblement à l'encouragement de la pêche maritime, que nous regardons comme une des branches d'industrie les plus utiles de notre royaume ; que ceux établis sur le poisson salé sont plus particulièrement encore onéreux aux plus pauvres des habitants de cette ville, qui en tiraient un moyen de subsistance, principalement pendant le carême, où les lois de l'Église interdisent la consommation de toute espèce de viande. Nous avons, en conséquence, résolu de diminuer considérablement les droits sur la marée fraîche, et même de suspendre entièrement ceux qui se lèvent sur le poisson salé pendant la durée du carême, nous réservant d'étendre cette diminution et cette suppression à la totalité de l'année, si l'état de nos finances et les circonstances peuvent nous le permettre.

À ces causes... nous avons... ordonné... qu'à commencer du premier jour de carême jusqu'au jour de Pâques exclusivement il ne soit plus perçu dans notre bonne ville de Paris, sur le poisson de mer frais, que la moitié des droits qui étaient ci-devant perçus tant à notre profit qu'à celui des propriétaires des offices de jurés-vendeurs de poisson de notre hôpital et généralement tous autres qui pourraient y avoir quelques droits.

Voulons pareillement qu'il ne soit plus perçu aucun droit quelconque, dans la même ville, sur le poisson salé qui y sera consommé pendant la même époque, et que la même diminution et exemption aura lieu toutes les années pendant le carême ; nous réservant d'indemniser tant lesdits officiers et hôpitaux que les fermiers de nos droits et de les faire jouir des mêmes revenus dont ils ont joui pendant les carêmes des années précédentes.

(Cette opération ne coûta au Trésor aucun sacrifice important. La consommation s'accrut au point que la recette de la moitié des droits sur la marée fraîche qui fut conservée se trouva peu inférieure à celle qu'avait procurée la totalité des anciens droits. C'est une belle expérience de finance. (Du Pont, *Mém.*, II, 14.)

Turgot voyait dans cette opération entre autres avantages celui de détruire une des usurpations de la puissance ecclésiastique. L'abstinence de la viande, la cessation du travail les jours de fête étant des lois qui ne doivent obliger que la conscience. (Condorcet, *Vie de Turgot*, 50).

Pendant le carême de 1774, il ne vint à Paris que 153 chariots de marée fraîche. Pendant le carême de 1775, il en est venu 506. Les économistes ont toujours dit : plus on augmente l'impôt, plus on diminue la production et la consommation ; plus on diminue l'impôt, plus on accroît la production et la consommation. (Baudeau, *Nouvelles Ephémérides* ; elles contiennent une longue notice historique au sujet des droits perçus sur le poisson.)

2. *Arrêt du Conseil rendant permanente la diminution des droits sur le poisson.*

[D. P., VII, 216.]

13 avril.

Le Roi, ayant par sa Déclaration du 8 janvier 1775 ordonné qu'à commencer du premier jour de carême jusqu'au jour de Pâques exclusivement, il ne serait plus perçu dans la ville de Paris, sur le poisson de mer frais, que la moitié des droits qui étaient ci-devant perçus, tant au profit de S. M. que des officiers jurés-vendeurs de poisson et de l'Hôpital, et qu'il ne serait perçu aucun droit sur le poisson salé qui y serait consommé pendant la même époque ; et S. M. ayant reconnu que les motifs qui ont déterminé ces suppression et réduction ne pouvaient avoir l'effet qu'elle s'en était promis qu'autant qu'elles seraient définitives, elle s'est d'autant plus volontiers portée à continuer de faire jouir ses sujets desdites suppression et réduction, que la pêche maritime, y trouvant un encouragement permanent, cette branche utile d'industrie deviendra plus féconde et que le peuple de la capitale aura dans tous les temps un moyen de subsistance que l'excès des droits lui rendait difficile. S. M. voulant faire connaître ses intentions sur des objets si dignes de ses soins...

Les droits sur le poisson de mer frais, réduits à moitié par sa Déclaration du 8 janvier 1775, depuis le premier jour de carême jusqu'au jour de Pâques exclusivement, ne seront perçus, après cette époque et pour l'avenir, que sur le pied de la moitié à laquelle ils ont été réduits ; que la suspension des droits sur le poisson salé prononcée par ladite Déclaration, pendant le même intervalle, sera définitive, et que lesdits droits seront et demeureront supprimés. N'entendant néanmoins S. M. comprendre, dans les réduction et suppression ci-dessus, les droits de domaine et barrage [a], qui, n'étant par leur nature susceptibles d'aucune exemption, seront perçus comme ils l'étaient avant ladite Déclaration, et même avant l'établissement de ceux dont la perception est supprimée ou réduite. Se réserve S. M. de prendre les mesures convenables pour indemniser le fermier de ses droits, et les officiers jurés-vendeurs de poisson, de la non-perception ordonnée tant par sa Déclaration du 8 janvier 1775 que par le présent arrêt.

3. *Lettre au lieutenant de police (Le Noir), au sujet de la réduction des droits d'entrée sur le poisson.*

[A. N., F[12] 151. — Foncin, 590.]

(Autorisation de vendre de la morue cuite, nonobstant l'opposition des traiteurs.)

24 avril.

L'on m'observe, M., que la réduction de moitié des droits sur le poisson frais pendant le carême et la suppression des droits d'entrée sur le poisson salé n'ont fait aucune sensation dans Paris, le poisson s'y étant vendu aussi cher que pendant les carêmes de l'année précédente [b]. Comme il vient d'être rendu un Arrêt du Conseil, qui continue pour l'avenir la réduction des droits sur le poisson frais et confirme la suppression des droits sur le poisson salé, on prétend que, pour favoriser la pêche de la morue, il faudrait s'assurer d'un certain nombre de personnes à Paris qui se chargeassent de faire cuire de la morue sèche, appelée merluche, avec la faculté de la distribuer toute préparée aux manœuvres, maçons et autres ouvriers et artisans qui seraient fort aise de trouver cet aliment qui leur serait donné à bon compte.

Le sieur La Mothe, négociant à Paris, offre de se charger de faire venir directement de Saint-Malo ou autres ports maritimes de cette morue sèche et de la faire cuire et distribuer par plusieurs personnes. Je ne crois pas qu'il y ait aucun inconvénient d'accepter les offres de ce négociant et d'accorder ces permissions, en faisant défense à la communauté des traiteurs qui pourrait avoir quelques droits de s'y opposer

---

[a] Les droits qu'on appelait *de domaine et barrage*, étaient des droits domaniaux très anciennement établis, et devenus d'une très petite importance par la diminution de la valeur des monnaies. Mais leur qualité domaniale ne permettait pas au Roi de les supprimer sans engager une contestation sérieuse avec les Parlements et les Chambres des Comptes, et sans s'exposer à être obligé de déployer une autorité, qu'on aurait appelé arbitraire et subversive des lois dites fondamentales sur l'inaliénabilité du domaine ou des domaines de la couronne (Du Pont, *Mém.*).

[b] En raison sans doute de l'accroissement de la consommation.

et d'empêcher cette cuisson et ce débit. Il en résultera, au contraire, un double avantage, celui de procurer un commerce plus abondant de la morue, et celui d'une ressource d'aliment de plus au peuple ; quoique cette opération ne puisse se faire qu'au mois de novembre prochain, cependant, il est bon que le Sr La Mothe puisse être instruit plus tôt que plus tard de cette permission ; je vous prie, en conséquence, de vouloir bien faire les dispositions nécessaires à cet effet.

4. *Ordonnance du Roi pour la visite de toutes les voitures aux barrières de Paris.*

[D. P., VII, 199.]

15 février.

De par le Roi, S. M. étant informée que, nonobstant les ordonnances rendues, les 9 avril 1729 et 17 février 1757, pour faciliter aux commis de ses fermes la visite qu'ils doivent faire, aux entrées de la ville et faubourgs de Paris, des carrosses, chaises de poste, surtouts, fourgons et équipages de toutes sortes de personnes sans exception, même des équipages de S. M. et de ceux de la Reine et des Princes du sang, les abus qu'elle a voulu proscrire par ces ordonnances continuent et augmentent chaque jour, ainsi que S. M. l'a reconnu par les états qu'elle s'est fait représenter et qui contiennent les noms des seigneurs de sa cour et des autres personnes qui se sont soustraits aux visites, même des cochers et postillons qui ont refusé de s'arrêter aux barrières en poussant leurs chevaux avec tant de rapidité que les commis ont été forcés de se retirer promptement pour n'être pas écrasés. Et ces abus, tendant à détruire une portion intéressante des revenus de S. M., et étant d'ailleurs contraires à l'ordre qu'elle a établi pour la perception de ses droits et à l'obéissance due à ses ordonnances, elle a jugé à propos d'y apporter le remède convenable.

S. M. a, en conséquence, ordonné que, conformément aux ordonnances des 9 avril 1729 et 17 février 1757, qu'elle veut être exécutée selon leur forme et teneur, les postillons, cochers et conducteurs des carrosses, chaises de postes, surtouts, fourgons et équipages de toutes sortes de personnes sans exception, même les équipages de S. M., ceux de la Reine, ceux des Princes et princesses du sang, seront tenus de s'arrêter aux portes et barrières de la ville et faubourgs de Paris, à la première réquisition des commis, pour être la visite faite par eux. Enjoint S. M. aux commis de ses fermes de dresser des rapports contre les seigneurs de sa Cour et autres personnes, sans exception, qui refuseront de souffrir la visite de leurs équipages ; lesquels rapports seront remis au Contrôle général des finances et représentés à S. M. pour y être par elle pourvu de la manière qu'elle jugera le plus convenable...

L'Ordonnance prononce ensuite les peines de confiscation des marchandises, de cinq cent livres d'amende, et de prison des contrevenants s'ils y donnent lieu.

... Veut S. M. que les coffres, malles, valises, et autres choses fermant à clef, soient déchargés et remis dans les bureaux des entrées et conduits à la douane, pour être rendus après que la visite en aura été faite en présence de ceux qui auront apporté les clefs. Fait défense aux commis de se transporter dans les hôtels et maisons pour en faire la visite [a].

5. *Arrêt du Conseil rendant définitive une non-perception de droits réservés.*

[D. P., VII, 203.]

24 mars.

(L'Édit de 1758 avait établi sur les marchandises entrant à Paris ou consommées dans la banlieue, différents droits, dits *réservés*. En 1768, ils avaient été abonnés à la ville. Le Prévôt des marchands, De la Michodière, et les échevins avaient borné la perception à la somme suffisante pour payer l'abonnement. Ils avaient affranchi les suifs, les cuirs, l'amidon, dans la ville et n'avaient rien perçu en plusieurs endroits de la banlieue. L'abonnement et la régie finissant en 1774, l'abbé Terray avait, dès 1772, confié la perception des droits réservés à une nouvelle Compagnie, sous le nom de *Bossuat* ; le traité avait été fait d'après l'Édit de création des droits. La Compagnie était donc fondée à les percevoir en entier. C'est ce qu'elle fit en 1775.

Le peuple paya pendant deux mois sans réfléchir. Quelques réclamations s'élevèrent et Turgot, malade, apprit avec surprise qu'une perception avait été aggravée sous son ministère. Les régisseurs, cautions de Bossuat, furent mandés et excipèrent de leur traité. Il y eut un moment d'incertitude très singulier. La tolérance de la ville n'était connue de personne. Il paraît qu'elle était ignorée de l'abbé Terray. Le corps de ville avait craint en l'ébruitant d'appeler un ordre rigoureux de percevoir et une augmentation d'abonnement.

La Michodière consulté dévoila le mot de l'énigme. Turgot n'hésita pas à croire que la justice du Roi devait consolider l'arrangement qu'avait fait la prudence de la ville. Le Roi se chargea d'indemniser les cautions de Bossuat (Du Pont, *Mém.*, 245.)

Le Roi, étant informé que, pendant la durée des deux premiers dons gratuits qui ont cessé au 1er juillet 1768, ainsi que pendant la durée de

---

[a] Il y avait précédemment une liste des personnes exemptes. On prétendit que l'ordonnance avait été rendue, moins dans un intérêt fiscal que pour arrêter la circulation des brochures clandestines (*Journal historique*, 11 mars).

On lit aussi dans la *Correspondance Métra* (I, 268) :

« Le Roi donnera l'exemple, il n'y a rien à dire ; il sera seulement très édifiant de voir S. M. arrêtée par deux ou trois gredins pour lui demander si elle n'a rien contre ses propres ordres ».

l'abonnement des droits réservés fait au Prévôt des marchands et échevins de Paris, par l'Arrêt du Conseil du 26 mai 1768, pour six années six mois, commencées au 1er juillet 1768, et finies au dernier décembre 1774, lesdits Prévôt des marchands et échevins n'ont pas fait percevoir, ni dans la ville, ni dans la banlieue, la totalité des droits résultant de ladite Déclaration du 10 décembre 1758, et rappelés dans l'Arrêt dudit jour 26 mai 1768, parce qu'ils ont modéré leur perception à la quotité de droits nécessaires pour atteindre, soit à la fixation des deux premiers dons gratuits, soit au montant de leur abonnement des droits réservés, ce qui a procuré aux habitants de la ville de Paris et de la banlieue le soulagement des droits sur une portion des marchandises et denrées qui y avaient été assujetties.

Et s'étant fait représenter l'Arrêt de son Conseil du 26 septembre 1773, qui ordonne au Sr Bossuat, régisseur des droits réservés, de les percevoir conformément à l'Édit de 1771.

S. M., toujours animée du désir de faire ressentir à ses peuples les effets de sa bonté, a bien voulu renoncer, quant à présent, à l'augmentation de revenu qui serait résultée de l'exécution entière des règlements concernant la perception des droits réservés dans la ville, faubourgs et banlieue de Paris, et consentir à ne faire percevoir lesdits droits que sur les denrées et marchandises que lesdits Prévôt des marchands et échevins y avaient assujetties, et seulement dans les endroits de la banlieue où ils les avaient fait percevoir, avec les huit sols pour livre en sus, tels qu'ils se percevaient antérieurement au 1er janvier dernier. Et voulant S. M. expliquer ses intentions à cet égard... le Roi ordonne ce qui suit :

Art. I. Lesdits droits énumérés au long en cet article ne seront perçus à l'avenir que sur le pied auquel les Prévôt des marchands et échevins les avaient réduits de fait pendant la durée de leur abonnement.

II. Ils ne le seront que pour les denrées et marchandises sur lesquelles la perception s'en faisait, et seulement dans les endroits de la banlieue où ils étaient perçus avant le 1er janvier 1775.

III. Ils continueront d'être payés par toutes sortes de personnes de quelque état, qualité et condition qu'elles soient, exemptes et non exemptes, privilégiées et non privilégiées, même par les ecclésiastiques, les nobles et les communautés religieuses, séculières et régulières à l'exception seulement des hôpitaux et Hôtels-Dieu pour leur consommation particulière, et encore aux exceptions accordées aux bourgeois de la ville et faubourgs de Paris pour les denrées de leur crû et destinées à leur consommation, en observant par eux les formalités prescrites par la Déclaration du 24 août 1758.

IV. Enjoint S. M. audit Bossuat de se conformer aux dispositions du présent arrêt pour la perception des droits réservés dans la ville, fau-bourgs et banlieue de Paris ; à l'effet de quoi il sera pourvu à l'indemnité qui lui sera due pour raison de la diminution qui en résultera dans les produits de sa perception.

6. *Lettres patentes supprimant des droits sur les étoffes en passe-debout à Paris.*

(Registrées au Parlement le 19 mars 1776) [a].

[D. P., VIII, 125. — D. D., II, 414.]

23 décembre.

Louis... Les marchands et fabricants d'étoffes des provinces de notre royaume nous ont représenté, qu'avant les Lettres Patentes du 20 mars 1772 les étoffes en passe-debout, pour lesquelles ils empruntaient le passage par la ville de Paris afin de les faire parvenir à leurs différentes destinations, ont été affranchies des *droits de régie de la Halle, dite aux Draps*, portés par le tarif annexé aux Lettres Patentes du 8 juin 1745 ; que cet avantage procuré au commerce, et qui en augmentait l'activité, a été détruit et anéanti par les Lettres Patentes du 20 mars 1772 ; que par l'article III de ces Lettres, les étoffes, même en passe-debout, ont été assujetties à la perception du droit ; qu'il en est résulté que les marchands des différentes provinces, pour se soustraire à cette charge extraordinaire et onéreuse, qui augmente nécessairement le prix des étoffes, ont fait passer leurs marchandises par la banlieue où il s'est établi des entrepôts destinés à les recevoir jusqu'à ce qu'elles soient reprises par d'autres voitures pour être conduites à leur destination, ce qui exige un circuit autour de Paris ; que les frais et les retards qui en ont résulté, quoique nuisibles au commerce, n'ont donné aucune augmentation au produit desdits droits de la régie, qui a été par là privée de l'avantage que ce nouveau droit paraissait lui promettre ; enfin, que la suppression de cette gêne étant la seule capable de rétablir la liberté dont ces marchands jouissaient avant son établissement, ils nous supplient de la leur accorder. Et, désirant traiter favorablement les marchands et fabricants des provinces de notre royaume, nous avons cru

---

[a] On voit par le retard de près de trois mois apporté à l'enregistrement, combien le Parlement montrait d'opposition et de répugnance aux opérations les plus simples et les plus évidemment utiles que la bonté du Roi et les lumières de M. Turgot faisaient pour la liberté du commerce et le soulagement du peuple (Du Pont).

devoir accueillir leurs supplications et décharger leur commerce de la charge qui leur a été imposée par lesdites Lettres Patentes.

À ces causes, nous avons… ordonné : que les étoffes en or et argent, soie, laine ou mêlées de laine, de soie, de fil et d'autres matières, expédiées des provinces de notre royaume, et déclarées en passe-debout aux barrières de la ville de Paris, seront affranchies des *droits de la régie de la Halle, dite aux Draps*, à leur passage dans ladite ville, pour être conduites à leurs différentes destinations. Dérogeant, quant à ce, en tant que besoin, à l'article III des Lettres Patentes du 20 mars 1772, et à tous autres règlements qui pourraient y être contraires ; à la charge que tous les ballots, balles, paquets en passe-debout, seront, suivant l'usage, conduits ou portés à ladite Halle, pour ensuite être, par les Gardes des marchands drapiers et merciers ou leurs préposés, remis ou envoyés aux bureaux des voitures publiques chargées de les conduire à leur destination et ce, sans autres frais que le salaire des gagne-deniers qui seront employés à cet effet.

175. — LES IMPÔTS DIRECTS

I. — *La Taille*.

1. *Lettres Patentes validant les opérations faites pour la taille de 1772 à 1775.*

(Registrées à la Cour des Aides le 25 janvier 1776).

[D. P., VII, 105.]

(Approbation de mesures relatives à l'évaluation des terres pour l'assiette de l'impôt) [a].

Versailles, 1er janvier.

Louis… Le feu Roi, notre aïeul, s'était occupé des moyens d'écarter l'arbitraire de la répartition des impositions que supportaient les habitants des campagnes ; il avait fait connaître ses intentions à ce sujet par

---

[a] Bertier de Sauvigny, intendant de Paris, par de longs travaux et de bonnes instructions aux Commissaires des tailles de sa généralité, qui comprenait vingt-deux élections, en changeant sans cesse de canton les commissaires qu'il employait, puis contrôlant le travail des uns par celui des autres, était parvenu à une connaissance très exacte de la valeur des terres dans chaque commune de cette grande province, et à y répartir les contributions aussi équitablement que les lois d'alors le rendaient ou le laissaient possible. C'est ce travail dont Turgot a proposé au Roi la sanction, qui a été donnée par les Lettres patentes (Du Pont).

ses Édits d'avril 1763, juillet 1766 et par sa Déclaration du 7 février 1768 ; instruit que le Sr intendant et commissaire départi dans la généralité de Paris pour l'exécution de nos ordres, a fait, depuis plusieurs années, des efforts pour que les peuples recueillissent de ces lois les avantages qu'ils pouvaient en espérer, nous avons cru devoir laisser subsister ce travail pour la présente année. Nous espérons pouvoir bientôt nous expliquer plus particulièrement sur la répartition des impositions [a], objet digne de toute notre attention, et qui intéresse essentiellement le bonheur et la tranquillité de nos peuples. À ces causes...

Art. I. Nous avons validé et validons les opérations faites dans la généralité de Paris pour la confection des rôles de la taille des années 1772, 1773, 1774 et 1775, d'après l'instruction donnée par le Sr intendant et commissaire départi en ladite généralité, aux commissaires employés à la confection desdits rôles, laquelle instruction nous avons fait annexer à cet effet au contre-scel des présentes.

II. Ordonnons que les commissaires aux tailles, syndics et collecteurs des paroisses seront tenus de s'y conformer pour la présente année.

III. Voulons que les contestations et oppositions qui pourraient être déjà formées à l'occasion desdits rôles, ou qui pourraient l'être dans la suite, soient jugées en première instance par les officiers des élections, et par appel en notre Cour des aides, conformément aux dispositions contenues dans ladite instruction. Si donnons en mandement, etc.

<small>Ces lettres patentes ne furent pas enregistrées purement et simplement ; elles le furent sans approbation des arrêts du Conseil que le législateur y avait mentionnés et aussi sans approbation de l'Instruction des commissaires aux tailles, et à la charge, 1° qu'il serait déposé aux greffes des élections de la généralité de Paris, si fait n'avait été, un état contenant les noms et domiciles des commissaires nommés par le commissaire départi pour la confection des rôles de la taille ; 2° que lesdits commissaires aux rôles seraient tenus de donner, dans huitaine du jour de la communication qui leur aura été faite des mémoires des contribuables, leurs avis, ou de déclarer qu'ils n'en voulaient donner ; 3° que les rôles des tailles, pour l'année 1776 et les années suivantes, ne pourraient être faits que de la manière ordonnée par le Règlement du 7 septembre 1770, et avec défense aux commissaires et collecteurs, qui seraient nommés pour la confection des rôles, de s'en écarter, sous telles peines qu'il appartiendrait. « Cependant le plan de M. Bertier, et les Lettres patentes qui l'autorisaient, eurent leur exécution. Il est très fâcheux que depuis 1789 on ait négligé de profiter de son beau travail. » (Du Pont, *Mém.*)</small>

Instruction pour les commissaires des tailles.

Art. I. Les Commissaires des tailles se transporteront dans les paroisses au mois d'avril pour y recevoir les déclarations des biens des

---

[a] Cette promesse n'a pu être tenue.

contribuables, afin de parvenir à la confection des rôles de l'année suivante, et se feront assister par les collecteurs qui auront été nommés à cet effet.

II. Ils annonceront leurs commissions aux syndics de chaque paroisse, au moins huit jours avant celui où ils devront s'y rendre, par un mandement qui indiquera le jour, le lieu et l'heure qu'ils auront fixés pour leur opération ; et seront les syndics et les anciens et nouveaux collecteurs tenus de s'y trouver, sous peine de 20 livres d'amende, qui sera prononcée par l'intendant et commissaire départi ; les autres habitants seront pareillement tenus d'y comparaître, faute de quoi leurs déclarations seront faites par le surplus de la communauté.

III. À leur arrivée dans les paroisses, les Commissaires feront sonner la cloche pour assembler la communauté. Ils commenceront par se procurer des connaissances générales sur la situation de la paroisse, sa population, les noms des seigneurs, et autres objets qui doivent entrer dans la rédaction de leur procès-verbal.

IV. Ils s'enquerront particulièrement sur la nature et qualité du territoire pour déterminer la nécessité ou l'inutilité de faire plusieurs classes dans l'évaluation des terres, d'après l'égalité ou la variété du sol, et ils comprendront dans chaque classe les noms des différents cantons dont elles doivent être composées.

V. Les Commissaires prendront les renseignements les plus exacts sur tout ce qui pourra conduire à la juste fixation de l'estimation des biens imposables, ou du prix commun du loyer relativement à chaque classe, pour en faire leur rapport au département.

VI. Seront tenus les Commissaires de prendre les autres instructions prescrites par l'Édit du mois de mars 1600, celui de janvier 1634, l'Arrêt du Conseil du 28 février 1688, et les Déclarations des mois d'avril 1761 et février 1768.

VII. Les Commissaires procéderont ensuite à la réception des déclarations de chaque contribuable. Ils les rédigeront en présence du déclarant, des collecteurs et au moins des principaux habitants ; ils feront signer la déclaration par le déclarant lorsqu'il saura signer ; sinon, il sera fait mention qu'il ne sait signer, après toutefois les avoir avertis que les déclarations doivent être exactes et sans fraude, à peine du doublement de leurs cotes, ainsi qu'il est prononcé par les Déclarations de 1761 et 1768.

VIII. Les déclarations de chaque contribuable contiendront : 1° les noms et surnoms du déclarant et sa profession ; 2° le détail des biens propres qu'il exploite sur la paroisse, article par article, en distinguant la nature des biens et les différents cantons où ils sont situés, afin de les comprendre dans les classes qui pourront avoir été faites ; et, dans le cas où la totalité de ces biens ou partie d'iceux serait chargée de rentes, il en sera fait mention, ainsi que des noms et demeures des personnes à qui elles sont dues ; 3° les biens qu'il exploite à loyer, avec la même distinction, le prix de la location et les noms et demeures des propriétaires ; 4° ce qu'il exploite dans les paroisses voisines, en propre ou à loyer, avec les autres distinctions indiquées ci-devant ; 5° la maison dans laquelle habite le taillable, en distinguant si elle lui appartient en propre, ou s'il la tient à loyer ou à rente ; il sera fait mention du prix du loyer ou de la rente et des noms et demeures de ceux qui sont propriétaires desdites maisons ou créanciers des rentes ; 6° les revenus actifs, soit en loyer de maison, de terres ou rentes de toute nature, et les noms et demeures de ceux par qui ces revenus sont payés ; 7° le commerce ou l'industrie de chaque taillable, suivant la commune renommée et la déclaration du taillable ; 8° le déclarant sera tenu, autant qu'il sera possible, d'appuyer la déclaration de pièces justificatives, telles que baux, quittances, partages, etc.

IX. Lorsque les déclarations auront été reçues, elles seront lues en présence des syndics, collecteurs et principaux habitants, qui pourront les contredire. Dans le cas où le déclarant n'aurait pas appuyé sa déclaration de pièces, la contradiction de la paroisse l'emportera sur l'assertion particulière du déclarant et, si les habitants arguaient les pièces de fraude, le Commissaire en référera à l'intendant pour ordonner un arpentage ou telle autre vérification qu'il jugera convenable, dont les frais seront alors supportés par ceux des déclarants ou des habitants dont l'assertion aura été reconnue fausse.

X. Après la réception et la discussion des déclarations, le Commissaire terminera son procès-verbal ; il en signera la minute, et la fera signer aussi par les syndics, collecteurs et principaux habitants.

XI. Les Commissaires feront leur rapport au département des connaissances particulières qu'ils auront prises dans chaque paroisse pour parvenir à la fixation de l'estimation du prix des terres labourables et prés, suivant les différentes classes qui auront été convenues avec les habitants, ainsi que des jardins et chenevières, vignes, bois et autres biens ; et, d'après ce rapport discuté entre toutes les personnes qui assistent au département, le prix du loyer sera fixé et servira de base pour les opérations ultérieures des Commissaires.

XII. Après le département, les Commissaires feront, en présence des collecteurs de chaque paroisse, la répartition de la taille portée par la commission.

XIII. Chaque cote de taille, dans le rôle, sera divisée en deux parties, celle de la *taille réelle* et celle de la *taille personnelle*.

XIV. La partie de la *taille réelle* sera composée des objets suivants et dans l'ordre où ils seront rangés dans le présent article, savoir : 1° des terres labourables, prés, vignes et autres biens de cette nature qu'il exploite, soit en propre, soit à loyer ; 2° des moulins et usines qu'il fait valoir ; 3° des dîmes ou champarts, rentes ou droits seigneuriaux qu'il afferme ; 4° de la maison ou corps de ferme que le taillable occupe.

XV. Le taux d'occupation des maisons sera, dans l'élection de Paris et dans toutes les villes de la généralité, au sol pour livre de la location ou de l'évaluation comparée avec la location pour celles qui ne sont pas louées ou dont le prix ne peut être connu, et de 6 deniers pour livre seulement dans les campagnes des autres élections.

XVI. Les moulins ou autres usines seront imposés suivant le prix de la redevance, au taux de la paroisse, sans aucune déduction.

XVII. Les dîmes, champarts et droits seigneuriaux affermés seront également imposé au taux de la paroisse, aussi sans déduction.

XVIII. Les terres labourables, prés, vignes et autres biens de pareille nature seront imposés uniformément entre les mains de tous ceux qui en feront l'exploitation, au taux de la paroisse, suivant l'estimation donnée à l'arpent dans la classe où ils se trouveront, et sans avoir égard à la redevance portée par les baux.

XIX. La partie de la *taille personnelle* de chaque objet sera composée, savoir : 1° du revenu des moulins et usines et des maisons en propre données à loyer ou occupées, sur lesquels objets on déduira le quart pour les réparations ; 2° des revenus des terres données à loyer suivant la redevance, ou de celles exploitées en propre, suivant le prix du loyer des classes dans lesquelles elles se trouveront ; 3° des rentes actives ; 4° du bénéfice de l'industrie ; 5° du dixième du prix des journées de la profession à laquelle chacun des contribuables s'adonne.

XX. Tous les revenus ou facultés résultant des objets ci-dessus seront imposés au sol pour livre ; en telle manière, à l'égard des journées, par exemple, que si un artisan ou un journalier est censé gagner deux cents journées par an, ces journées ayant été tirées pour vingt dans l'évaluation des facultés, ce même journalier ne sera imposé qu'au prix d'une seule de ses journées. Les fermiers seront aussi imposés pour le bénéfice de leur exploitation, attendu que, ne l'étant pour les arpents de terre qu'ils cultivent que dans la même proportion que tous les autres exploitants, et même ceux qui n'ont à eux aucuns moyens de culture, il est juste qu'ils contribuent personnellement aux charges de l'État pour des fonds qu'ils emploient à leurs exploitations, comme un commerçant à raison des fonds qu'il met dans son commerce, sans quoi ils seraient effectivement traités comme les privilégiés, qui sont exempts de la taille personnelle et ne contribuent qu'à la taille d'exploitation.

2. *Mémoire au Roi pour l'abolition des contraintes solidaires et Déclaration royale approbative* [a].

(Registrée à la Cour des Aides le 27 janvier.)

[A. L., minute. — *Journal historique*, 13 février, pour le Préambule de la Déclaration. — D. P., VII, 119, avec modifications.]

(Différence de régime entre la taille et les vingtièmes. — Les asséeurs et les collecteurs. — Les conséquences de la contrainte solidaire. — Sa suppression sauf en cas de rébellion.)

3 janvier.

Sire, je crois devoir proposer à V. M. d'abroger une loi qui m'a toujours paru cruelle et, j'ose le dire, injuste pour les habitants des campagnes, et dont j'ai vu plus d'une fois l'exécution rigoureuse devenir une source de ruine pour des cultivateurs. Je parle de la loi qui autorise les receveurs des tailles à choisir plusieurs habitants parmi les plus hauts taxés d'une communauté, pour les contraindre à payer, par voie d'emprisonnement, ce que la paroisse doit sur ses impositions, soit par le défaut de nomination de collecteur, soit par l'infidélité ou l'insolvabilité du collecteur nommé.

Je dois avouer à V. M. que cette loi, comprise dans un Règlement général sur le fait des tailles de l'année 1600, est liée par cette date à deux noms qu'on est accoutumé à bénir et respecter, puisqu'en 1600 Henri IV régnait et que le duc de Sully administrait les finances. Mais le désordre dans le recouvrement des impositions était si extrême, lorsque le département fut confié à cet excellent homme, qu'on pourrait presque l'excuser d'avoir outré les précautions pour faire rentrer dans les coffres du Roi les deniers des impositions, que la rapine et la négligence dispersaient en mille manières, sans que les peuples en fussent aucunement soulagés. D'ailleurs, je dois dire, pour sa justification, que cette loi pouvait être alors fondée sur une forme adoptée dans le recouvrement des impositions qui ne subsiste plus aujourd'hui telle qu'elle était de son temps et que ce qui ne présente aujourd'hui que l'apparence de la dureté et de l'injustice pouvait alors paraître fondé sur un principe d'équité.

V. M. sait que la *taille* est imposée d'après des principes entièrement différents de ceux qu'on a depuis suivis dans l'imposition du *dixième* et

---

[a] Voir au tome III les mesures prises par Turgot dans la généralité de Limoges.

du *vingtième*. Le vingtième est une quotité déterminée du revenu de chaque contribuable dont la cote est fixée directement par l'autorité royale, d'après la connaissance qu'ont pu se procurer de ses revenus, les directeurs, contrôleurs, et autres préposés à l'assiette de cette imposition. Cette cote est indépendante de la cote des autres contribuables, en sorte que, dans le débat sur le plus ou moins, chaque particulier n'a à discuter qu'avec l'homme du Roi, et que le Roi a, pour ainsi dire, par ses préposés, un procès avec chaque propriétaire de son royaume. Il résulte de là que le produit total de cette imposition ne peut jamais être connu avec une entière précision ; car, si le contrôleur des vingtièmes s'est trompé en évaluant trop haut les revenus d'un ou de plusieurs particuliers, il faut bien, pour leur rendre justice, diminuer leur imposition, et c'est autant de retranché sur la somme totale du rôle. Si un contribuable éprouve des accidents sur ses récoltes, si par toute autre cause il est hors d'état de payer, il faut bien que le Roi perde le montant de son imposition. Si le préposé au recouvrement des vingtièmes dissipe les deniers qu'il a perçus et fait banqueroute, c'est encore le Roi qui perd, car les contribuables, ayant chacun payé la portion de leur revenu qu'ils doivent, sont quittes envers le Roi ; il n'y a aucun prétexte pour leur demander ce que tel ou tel n'a pas payé, il n'est aucun prétexte pour rendre la communauté responsable des non-valeurs ni de la dissipation du préposé au recouvrement.

Il en est tout autrement de la *taille*. Ce n'est point à chaque taillable que V. M. demande directement ce qu'il aura à payer : elle détermine dans son Conseil la somme qu'elle croit nécessaire au besoin de son État ; elle fixe, par les commissions des tailles et par les arrêtés de son Conseil, la portion dont chaque généralité et chaque élection doivent contribuer au payement de la somme totale.

La contribution de chaque *élection* se répartit entre les paroisses dans l'assemblée qui se tient chaque année pour le département, laquelle est composée de l'intendant, de deux officiers du bureau des finances de la généralité, et des élus ou officiers du tribunal qu'on appelle l'élection. L'intendant préside et a, seul, la voix décisive. Quand la somme que doit payer chaque paroisse est ainsi arrêtée au département, l'intendant en avertit chaque communauté par des mandements adressés au corps des habitants, et portant ordre de répartir entre eux sur chaque contribuable, à raison de ses facultés, la somme imposée sur la totalité de la paroisse. C'est donc à la communauté que les deniers de l'imposition sont demandés ; c'est à la communauté à faire remettre la somme entière sans non-valeur entre les mains du receveur des tailles. La répartition de ce qui doit être payé par chaque contribuable est l'affaire de la communauté, et non pas celle du Roi, qui n'y peut intervenir que comme le protecteur et le défenseur naturel de tous ceux auxquels on fait injustice.

Il suit de là que, si quelqu'un des particuliers compris dans le rôle est hors d'état de payer, c'est à la communauté entière à payer pour lui. Si un contribuable trop taxé obtient sa décharge, c'est à la communauté à remplir le déficit qui en résulte. Si le collecteur chargé de la levée des deniers les dissipe au lieu de les porter à la recette des tailles, c'est encore la communauté qui fait les deniers bons de sa banqueroute au Roi, lequel reçoit toujours la totalité de la somme imposée. Ainsi, tous les contribuables de la communauté sont regardés comme débiteurs solidaires répondant les uns pour les autres, répondant pour la communauté, comme elle pour eux, de la somme imposée.

Ce système, qui présente l'apparence de la simplicité et de la facilité, et celui d'une recette toujours assurée, a des avantages ; il a aussi des inconvénients qui peuvent être diminués par différents moyens, mais qui ont été et sont encore fort grands dans les pays de *taille personnelle*. L'expérience a montré que la simplicité et la facilité que cette méthode présente dans le commandement, ne se trouvent pas à beaucoup près dans l'exécution. Il est bien plus aisé au gouvernement de dire aux communautés : « Il me faut tant d'argent ; arrangez-vous comme vous voudrez ou comme vous pourrez, pourvu que j'aie l'argent que je vous demande », qu'il ne l'est à des communautés composées de paysans pauvres, ignorants et brutaux, comme elles le sont dans la plus grande partie du Royaume, de s'arranger effectivement, de répartir un fardeau très lourd avec une justice exacte, en discutant une foule d'exemptions établies par des règlements sans nombre, dont la connaissance détaillée exigerait toute l'étude d'un homme de loi et dont l'ignorance expose un malheureux paysan à surcharger ses concitoyens et lui-même, s'il a égard à des exemptions mal fondées, ou à soutenir, ainsi que sa communauté, des procès ruineux, s'il refuse d'avoir égard à des exemptions légitimes.

Dans l'origine, la paroisse choisissait un certain nombre de prud'hommes auxquels on donnait le nom d'asséeurs, qui faisaient serment d'asseoir ou de répartir l'imposition suivant leur âme et conscience sur tous les taillables de la communauté. L'on nommait aussi, à la pluralité des voix, un ou plusieurs particuliers solvables qui étaient chargés de faire, d'après le rôle arrêté par les asséeurs, la collecte des deniers, et de les verser dans la caisse des receveurs du Roi. On imposait, en sus de la somme demandée par le Roi, une taxation de 6 deniers pour livre au profit de ces *collecteurs* qui, moyennant cette espèce de salaire, étaient garants de leurs recettes.

L'on ne tarda pas à s'apercevoir qu'en confiant la fonction de répartir les tailles aux plus intelligents de la paroisse, qui étaient ordinairement les plus riches, ceux-ci étaient très portés à abuser de cette confiance forcée pour se ménager les uns les autres et se taxer fort au-dessous de leurs facultés ; en sorte que le fardeau retombait en grande partie sur les plus pauvres habitants. Il arrivait de là que les contribuables étaient souvent hors d'état de payer les sommes auxquelles ils étaient imposés sur les rôles et que les collecteurs, obligés de répondre de la totalité de la somme imposée, étaient souvent ruinés.

Pour remédier à cet inconvénient, l'on imagina de charger les collecteurs eux-mêmes de la répartition de la taille, en sorte qu'ils sont, en même temps, asséeurs et collecteurs. Il devait résulter de là, et il en est résulté, en effet, que le collecteur étant obligé de répondre de la totalité de l'imposition, et même souvent d'en faire l'avance au receveur, sa règle presque unique dans la répartition a été de taxer ceux qui payaient le mieux, en sorte qu'un moyen assuré de voir augmenter ses charges l'année suivante était de bien payer l'année courante. V. M. conçoit aisément combien cette forme a dû faire naître de lenteur dans les recouvrements ; elle a encore eu l'effet que chaque paysan n'a été occupé que de cacher son aisance, qu'il a craint de se livrer à son industrie, et qu'il a fui toute entreprise, toute acquisition, qui auraient pu donner aux collecteurs prise sur lui, et devenir un prétexte d'augmenter sa taxe. De là, le découragement de l'industrie et l'appauvrissement des campagnes dans la plus grande partie des pays d'élection où la taille est restée personnelle et arbitraire. On s'est occupé des moyens de remédier à ces maux ; mais il s'en faut beaucoup qu'on ait réussi ; leur réforme est un des plus grands biens que V. M. pourra faire à ses peuples.

Ces *asséeurs collecteurs* étaient toujours choisis par la paroisse et, d'après les principes établis, la paroisse devait répondre de leur gestion. C'est à raison de ces principes que les anciens règlements avaient ordonné que, dans le cas de dissipation des deniers royaux par les collecteurs, les receveurs des tailles étaient en droit, après avoir poursuivi ces collecteurs par l'emprisonnement et la vente de leur mobilier, de se pourvoir devant le tribunal de l'élection pour être autorisés à contraindre, par voie d'exécution et d'emprisonnement, un certain nombre des habitants les plus haut taxés de la paroisse à payer les sommes dissipées par les collecteurs, sauf à ces habitants plus haut taxés à se pourvoir ensuite pour être remboursés de leur avance par la communauté.

Il fut rendu, en 1597, un règlement pour la Normandie, qui établit la *contrainte solidaire* contre les principaux habitants des paroisses dans plusieurs cas, savoir : le cas de rébellion ; celui où faute d'avoir nommé les collecteurs, on n'aurait point fait l'assiette de l'imposition ; enfin, dans celui où les collecteurs nommés, devenant insolvables, n'auraient point payé la totalité des impositions dues par les paroisses ; ces dispositions, particulières à la Normandie, devinrent générales par les Règlements de 1600. Les dispositions de ces règlements ont été confirmées par ceux de 1634 et 1663, et elles sont encore observées.

Je ne proposerai point à V. M. de supprimer la contrainte solidaire dans le cas de rébellion et dans ceux où les paroisses se seraient refusées à nommer des collecteurs. Ces deux cas ne peuvent être aujourd'hui qu'infiniment rares, et s'ils arrivaient, il serait assez naturel que les principaux habitants répondissent du délit dont ils seraient certainement les principaux complices ; mais le cas d'insolvabilité et de dissipation de deniers de la part des collecteurs est très fréquent, surtout dans les provinces pauvres, et alors la loi qui rend les quatre plus haut taxés responsables de cette insolvabilité est d'un excès de dureté qui la rend très injuste [a]. J'ai déjà dit à V. M. que cette injustice pouvait n'être pas dans la loi lorsqu'elle a été portée. Alors les collecteurs étaient véritablement choisis par la communauté. S'ils n'étaient pas solvables, c'était donc la faute de la communauté de n'avoir pas choisi des hommes capables de répondre des deniers ; l'on devait présumer que les plus riches habitants avaient cherché à se décharger de ce fardeau sur d'autres moins en état qu'eux de le porter et il pouvait paraître juste de les rendre responsables d'un vide, dans la recette des deniers du Roi, qu'on pouvait croire arrivé par leur faute. C'est sans doute sous ce point de vue, que le duc de Sully envisageait la question lorsqu'il a fait rendre l'Édit de 1600 ; mais, depuis cette époque, les choses ont bien changé ; à mesure que les impositions ont augmenté, l'emploi d'*asséeur collecteur* est devenu tellement onéreux que personne n'a voulu s'en charger volontairement. Les paroisses seraient restées sans collecteurs, si divers règlements n'y avaient pourvu, en ordonnant que chacun serait nommé collecteur à son tour, d'après des tableaux dans lesquels chacun des taillables est inscrit pour passer successivement à la collecte. On nomme chaque année plusieurs collecteurs dont un seul reçoit l'argent. Le tableau est composé de plusieurs colonnes. La première colonne est remplie par les habitants les moins insolvables et c'est, dans cette colonne, que se prend le premier collecteur appelé *collecteur porte-bourse*, parce qu'il est chargé des deniers. Les tableaux se renouvellent de temps en temps et se font de l'autorité des intendants et des officiers de l'élection.

---

[a] Tout ce qui suit a été remplacé, dans le texte donné par Du Pont, par une dissertation qui ne nous a pas paru pouvoir être attribuée à Turgot.

Cette nécessité d'être *collecteur* à son tour est un des fléaux les plus redoutés par les habitants des campagnes parce que la collecte dans les pays pauvres conduit presque toujours à la ruine. C'est encore un des maux du peuple que je dénoncerai à la bonté du cœur de V. M. ; mais je ne veux, dans ce moment, que lui faire observer combien ce nouvel ordre des choses rend cruelle la charge imposée au petit nombre d'habitants plus haut taxés de répondre personnellement pour un collecteur qu'ils n'ont ni choisi, ni pu choisir.

Si ce malheureux, appelé par l'ordre du tableau à porter un fardeau au-dessus de ses forces, y succombe, si le dépositaire indiqué à la communauté par un ordre chronologique devient infidèle, est-ce une raison pour qu'un citoyen qui n'a rien à se reprocher soit troublé dans ses foyers, interrompu dans ses travaux, ruiné dans sa fortune, arraché à sa femme, à ses enfants et traîné en prison jusqu'à ce que, par la vente de son bien, il ait pu payer au receveur des tailles ce qu'il ne lui doit pas ? Non certes, et je ne doute pas que V. M. ne saisisse avec empressement tous les moyens que je puis lui proposer pour faire cesser cette injustice. Je dois lui dire que, pendant le cours de l'administration qui m'avait été confiée dans une de ses provinces, j'ai été plus d'une fois témoin de la ruine de plusieurs honnêtes citoyens par l'effet de cette loi destructive.

Heureusement, le remède en est très facile ; il ne s'agit que de demander à la paroisse ce qui tôt ou tard retombe sur elle, puisque les quatre plus haut taxés ont droit de se pourvoir par devers les intendants pour obtenir l'imposition sur la totalité de la paroisse des sommes qu'ils ont été obligés d'avancer aux receveurs des tailles. Pourquoi donc ne pas supprimer cet intermédiaire odieux de poursuites contre un petit nombre d'habitants, puisque toute la paroisse répond solidairement de l'imposition ? Pourquoi ne pas s'attaquer directement à toute la paroisse ? Les receveurs des tailles peuvent dire qu'ils sont obligés d'avancer au Roi la totalité de l'imposition et qu'il ne serait pas juste de les obliger d'attendre un an ou deux le recouvrement de la réimposition. Il est juste, sans doute, d'avoir égard à cette avance des receveurs, mais il est très facile d'y pourvoir par une voie douce ; il ne s'agit que de joindre à l'imposition de la somme principale celle des frais légitimement faits et des intérêts jusqu'au moment où la somme pourra être recouvrée et versée dans leurs mains. C'est ce que je propose dans la Déclaration dont je vais lire à V. M. le dispositif :

Louis… Les malheurs qui avaient affligé l'État pendant les guerres civiles, le désordre qui en était résulté pour le recouvrement des impositions, avaient fait juger nécessaire à nos prédécesseurs d'autoriser les receveurs des tailles à contraindre solidairement les principaux habitants des paroisses taillables au payement des impositions dues par les paroisses, soit dans le cas de rébellion, soit faute d'assiette des impositions ou de nomination de collecteurs, soit enfin lorsque les collecteurs, après une discussion sommaire de leurs biens-meubles, se trouvaient insolvables. Ces dispositions ont été confirmées depuis, quoique la nomination des collecteurs, dépendante autrefois de la volonté seule et du choix des paroisses, soit soumise aujourd'hui à des règles fixes qui appellent chaque habitant à son tour à la collecte, suivant l'ordre du tableau, et ne laissent plus aux habitants d'autre soin que de déterminer la classe dans laquelle doivent être placés les différents contribuables, d'après la quotité de leurs impositions, pour passer successivement à la collecte. Malgré la rigueur de cette contrainte solidaire, on ne peut en méconnaître la justice dans le cas où des paroisses entreprendraient de se soustraire au payement des impositions. Mais les règlements ayant pourvu à ce qu'il y eût des collecteurs nommés d'office, faute par les paroisses d'avoir formé les tableaux qui désignent ceux qui doivent remplir ces fonctions chaque année ; ces lois ayant également prescrit les précautions nécessaires pour la confection de ces tableaux, et prononcé des peines sévères contre les collecteurs qui, étant en même temps chargés de l'assiette des impositions, en divertissent les deniers, la rébellion nous a paru le seul cas extraordinaire dans lequel nous devons laisser aux receveurs la faculté de faire usage de cette contrainte avec des précautions même qui nous font espérer qu'ils ne seront jamais réduits à cette extrémité.

Notre affection pour les habitants de la campagne nous engage à supprimer, pour les deux autres cas plus extraordinaires, celui où les habitants n'auraient point nommé des collecteurs, et celui où les collecteurs, responsables des payements dans les termes prescrits, n'auraient point fait l'assiette ou deviendraient insolvables. Ces poursuites rigoureuses qui exposent les principaux contribuables à la perte de leur fortune et de leur liberté, répandent l'effroi dans les campagnes, découragent l'agriculture, l'objet le plus digne de notre protection et de nos soins, et obligent malgré eux les receveurs des tailles à des frais considérables contre des habitants qu'il est de leur devoir et de leur intérêt de ménager le plus qu'il est possible. Nous prenons en même temps les mesures convenables pour assurer, dans de pareilles circonstances, la rentrée de nos deniers, et pour indemniser les receveurs, chargés d'en faire la recette et le payement dans des termes limités, des retards qu'ils pourront éprouver.

Art. I. Il ne sera plus décerné de contraintes solidaires contre les principaux contribuables des paroisses pour le payement de nos impositions que dans le seul cas de rébellion, jugée contre la communauté.

Voulons que lesdits receveurs, même dans ce cas, soient tenus d'en avertir par écrit les Srs intendants et commissaires départis dans les provinces, afin qu'ils puissent employer l'autorité que nous leur avons confiée pour rétablir l'ordre et la subordination, et prévenir s'il est possible la nécessité de ces poursuites.

II. Ordonnons l'exécution des Déclarations des 1er août 1716, 24 mai 1717 et 9 août 1723, concernant la nomination des collecteurs ; enjoignons aux Srs intendants, conformément à l'article XIII de la déclaration du 9 août 1723, de choisir, dans le nombre de ceux qui sont compris dans les états qui leur seront remis exactement chaque année, les plus haut imposés à la taille pour faire les fonctions de collecteurs, et de les nommer d'office dans les paroisses où il n'aura point été fait de nomination, ou dont les habitants nommés seront insuffisants pour faire la collecte.

III. Dans le cas où les collecteurs nommés par les paroisses, ou ceux qui le seront d'office par lesdits Srs intendants, conformément au précédent article, refuseraient ou négligeraient de faire l'assiette des impositions et le payement d'icelles dans les termes prescrits par les règlements, ils seront contraints à les payer par les voies ordinaires et suivant les formes établies par lesdits règlements.

IV. En cas d'insolvabilité desdits collecteurs, après discussion sommaire de leurs meubles et procès-verbal de perquisition de leur personne, fait à la requête des receveurs des tailles, lesdits receveurs se pourvoiront par devers lesdits Srs intendants pour obtenir la réimposition des sommes qui leur seront dues par les paroisses ; lesquelles réimpositions, après que leurs demandes auront été communiquées aux habitants et que ceux-ci auront été entendus, seront faites au prochain département, tant de la somme principale que des intérêts et des frais légitimement faits par lesdits receveurs, sur tous les contribuables desdites paroisses.

V. Laissons à la prudence des Srs intendants, dans les cas où la somme dissipée serait trop forte pour être imposée en une seule année sans surcharger les contribuables, d'en ordonner la réimposition en principal et intérêts en deux ou plusieurs années.

VI. Les sommes réimposées seront payées dans les mêmes termes que l'imposition de l'année où la réimposition en aura été faite, et les intérêts en courront au profit du receveur, à compter du jour où l'insolvabilité des collecteurs aura été constatée dans la forme ordinaire jusqu'au temps marqué pour les payements.

VII. La même réimposition aura lieu et sera faite, dans la même forme, au profit des principaux contribuables qui auront été contraints solidairement, dans le cas de rébellion seulement, au payement des impositions dues par les paroisses.

VIII. Dérogeons à tous édits, etc., qui pourraient être contraires à ces présentes.

<small>La Déclaration ci-dessus fut enregistrée à la Cour des Aides avec cette réserve :
« Dans le cas de dissipations des deniers publics par les collecteurs, les receveurs des tailles sont tenus d'en faire la dénonciation au substitut du procureur général du Roi ès élection pour être à sa requête lesdits collecteurs poursuivis extraordinairement. (*Mémoires pour servir à l'histoire du droit*, 302. — Foncin, 158.)</small>

3. *Lettre à l'Intendant de Bordeaux (Esmangard) au sujet d'un rôle d'office à Génissac.*

[Foncin, 597.]

(Le rôle d'office a été établi sans motifs suffisants.)

14 juillet.

M. d'Ormesson m'a fait part, M., de ce que vous lui avez mandé le 20 juin dernier relativement au rôle d'office fait dans la paroisse de Génissac et j'ai examiné avec lui le projet d'arrêt que vous proposez au Conseil de rendre. Je ne vous dissimulerai point que j'en ai trouvé les dispositions trop rigoureuses et que je n'ai point cru devoir l'adopter.

Vous proposez de faire interdire le notaire, pendant trois mois, pour avoir reçu une délibération signée du syndic d'une communauté de cinq collecteurs et de treize habitants. Je ne vois pas sur quel motif on peut prononcer cette interdiction. Cet officier public ne devait point refuser son ministère lorsqu'il était requis. Je n'ai rien remarqué non plus, dans la délibération rendue des formalités requises, qui puisse blesser votre autorité, ni qu'on ait manqué en rien à votre commissaire. Cette délibération contient des représentations de la part des habitants convaincus de l'inutilité d'une taille d'office demandée par deux ou trois particuliers qui, faisant un commerce considérable, espéraient, au préjudice des autres taillables, une forte diminution sur leurs impositions. Dans l'acte du 7 mai, ils s'expriment avec des témoignages de respect et de déférence pour le commissaire, en le suppliant de se transporter dans la maison préparée au centre de la paroisse.

Ces habitants seraient punissables, sans doute, d'avoir refusé de donner leurs déclarations ; les collecteurs le seraient également s'ils avaient persisté à ne point faire leur répartition en présence de ce commissaire chargé de les éclairer dans leur répartition et d'empêcher l'effet des passions et des haines particulières. Mais il paraît que la persévérance du commissaire à ne point quitter la maison éloignée de la paroisse et à ne point accepter celle qu'on lui offrait dans le centre, a été la seule cause des petites discussions sur lesquelles enfin les habitants ont cédé ; ils ont fini par obéir aux volontés du commissaire. D'après cela, je ne vois rien d'assez grave pour attirer des châtiments au notaire et aux délibérants.

Je pourrais bien vous observer que ce n'était point au mois de mai que ce commissaire, nommé en septembre, devait s'occuper de ce rôle d'office, trois termes de la taille étant échus. Ce retard pouvait être très nuisible au recouvrement et un rôle d'office fait dans ce temps pouvait être plus préjudiciable qu'utile à cette communauté.

4. *Lettre à l'Intendant de Caen au sujet d'une modération de la taille.*

[A. Calvados.]

(Dommages causés par la grêle, l'épizootie, etc. — Les ateliers de charité. — La corvée des chemins).

Versailles, 20 septembre.

J'ai rendu compte au Roi, M., de la situation de votre généralité et des différents motifs qui pouvaient déterminer les secours que S. M. accorde chaque année sur la taille. Quoique la récolte soit beaucoup plus abondante cette année que les années dernières, S. M. n'a point cru devoir diminuer l'étendue des bienfaits dont les taillables ont joui en 1775. Les provinces les plus affligées par la grêle et par la maladie épizootique éprouveront tous les soulagements qui leur sont si nécessaires, et les autres seront diminuées dans la proportion des pertes qu'elles ont souffertes réellement.

S. M. a fixé à la somme de 15 000 livres la diminution en moins imposé effectif, et à celle des 45 000 livres celle qui, continuant à être imposée, ne tournera point au profit du trésor Royal et sera employée en travaux de Charité.

La somme moins imposée est destinée uniquement, comme vous le savez, au soulagement de ceux qui ont éprouvé des pertes dans leurs récoltes ou d'autres accidents, tels qu'incendie, mortalité de bestiaux, etc. Tout autre emploi, si quelqu'un pouvait se le permettre, serait très répréhensible aux yeux de S. M.

Celle consacrée aux travaux de Charité vous donnera les moyens d'établir des ateliers publics dans les lieux où les récoltes sont moins abondantes, où la misère pourrait se faire sentir, où il est le plus nécessaire enfin de procurer des salaires aux journaliers. Cette somme vous facilitera les moyens de faire réparer les grandes routes et de suppléer en partie aux corvées ; S. M. a pensé qu'il était indispensable de vous donner cette facilité dans ce moment ci, afin d'aplanir les premiers obstacles que vous pouvez rencontrer dans l'instant où vous passez du régime d'une administration qui autorise les corvées au temps où elles ne doivent plus avoir lieu.

Vous m'enverrez, ou à M. D'Ormesson, avant le 15 janvier prochain, l'état des ateliers de différente nature que vous me proposerez pour 1776. Vous ordonnerez aux ingénieurs et sous-ingénieurs des Ponts et chaussées de donner tous leurs soins pour que, dans l'état de ces ateliers, je puisse connaître l'objet des travaux, leur utilité et la dépense qui doit en résulter. Vous joindrez à cet état celui des sommes que les corps de ville, communautés ou les particuliers, auront offertes à titre de *Contribution volontaire*, pour des communications ou autres objets d'utilité publique et particulière. Lorsque j'aurai examiné le tout, je vous ferai connaître les intentions du Roi pour que vous vous y conformiez exactement. Les fonds seront remis à votre disposition à l'ordinaire en six termes égaux de mois en mois, par le commis à la recette générale dont le premier terme sera payable le dix février prochain.

Vous aurez soin de m'envoyer aussi avant le 1er mai prochain le compte définitif des fonds employés en 1775 et, pour cet effet, vous ferez remplir exactement l'état dont je vous ai envoyé le modèle le 14 septembre 1774.

II. — *Les vingtièmes.*

1. *Lettre à l'Intendant de Bordeaux (Esmangard) au sujet des rôles des vingtièmes.*

[A. Gironde, C. 74. — Foncin, 603].

(Les vingtièmes ne seront plus augmentés. — Conseils de modération aux contrôleurs.)

Fontainebleau, 18 octobre.

Il est nécessaire M., de s'occuper dans ce moment de la confection des rôles des vingtièmes de l'année 1776. Ils ne doivent contenir aucune augmentation qui ne soit le résultat certain d'une vérification faite avec la plus grande exactitude ou qui ne soit fondée sur des baux ou autres actes équivalents. Toute augmentation arbitraire serait répréhensible aux yeux de S. M. et le Roi désapprouverait ceux qui en feraient usage pour accroître le produit des vingtièmes… Il faudra prendre les mesures convenables pour que, dans le cours de l'année prochaine, la répartition de cette somme (le montant des vingtièmes) soit faite entre les paroisses, et entre les contribuables de manière que, dans les paroisses qui auront été vérifiées, les propriétaires puissent regarder leur imposition aux vingtièmes comme stable et à l'abri de toute augmentation…

Je ne puis trop vous le répéter, il ne faut point s'occuper d'augmentations sur les vingtièmes ; le Roi fait à ses peuples le sacrifice de celles que donneraient les travaux suivis des contrôleurs. Leur zèle et leurs efforts ne doivent plus avoir d'autre objet que de faciliter une meilleure répartition.

Je ne doute point que le Directeur et les Contrôleurs de votre généralité ne sentent toute l'importance de leurs fonctions ; il faut qu'ils se regardent comme les coopérateurs d'une juste et sage répartition, qu'ils écartent de leurs travaux toute espèce de partialité ; ils ne doivent s'appliquer uniquement qu'à établir une juste proportion entre les contribuables. Ne travaillant plus que pour le bonheur et la tranquillité des peuples, ils ont droit de prétendre à toute leur estime et à leur confiance. Faites, je vous prie, de votre côté, tout ce qui sera en vous pour faire connaître aux habitants de votre généralité les véritables intentions du Roi : rassurez-les pleinement contre toutes les craintes qu'ils ont pu avoir jusqu'à ce jour d'éprouver des augmentations qui pourraient accroître le produit des vingtièmes. Que la confiance renaisse.

2. *Projet de suppression des vingtièmes.*

D'après Du Pont, Turgot avait résolu de supprimer les deux vingtièmes et les quatre sols pour livre du premier, en les remplaçant par une imposition de la même somme sous le nom de *subvention territoriale*, qui aurait été établie dans une proportion réelle et juste avec les revenus des biens-fonds.

La proportion des vingtièmes avec le revenu des terres n'était que nominale. Les petites propriétés appartenant au peuple étaient taxées à la rigueur ; aucune des grandes, aucun domaine des nobles, des magistrats, ni des riches ne l'était à son véritable taux. Ceux du clergé ne l'étaient pas du tout.

« Les mémoires et les calculs nécessaires pour établir l'utilité de la conversion des vingtièmes en une imposition proportionnelle aux revenus, sans s'occuper encore ni du clergé, ni des impositions spéciales au Tiers-État, ont été finis. Le dispositif de la loi qui aurait ordonné cette conversion, ainsi que le détail des moyens de l'effectuer ont été conduits jusqu'au point où il les fallait pour les pouvoir offrir aux égards du ministre principal et du Roi. » (Du Pont, *Mém.*, 193 et s.)

III. — *Exemptions d'impôts.*

Lettre à l'Intendant de Bordeaux (Esmangard) portant suppression d'exemptions d'impôts à des employés.

[A. Gironde, C. 74. — Foncin, 604].

16 décembre.

Le Roi, M., s'étant fait rendre compte des abus qui se sont introduits dans l'exercice des privilèges attachés aux emplois de regratiers revendeurs de sel à la petite mesure, marqueurs de cuir, contrôleurs de la poudre, contrôleurs du papier et autres, S. M. a cru qu'il était de sa justice de réprimer ces abus. L'on a multiplié, dans beaucoup de lieux, ces commissions sans objet, sans utilité pour la perception des droits du Roi. Ceux qui en sont revêtus se soustraient aux charges publiques, quoiqu'ils partagent avec les autres habitants les avantages qui leur sont communs, quoiqu'ils fassent le commerce et se livrent à d'autres fonctions que celles de leur emploi ; les habitants sont réduits dans plusieurs paroisses, à la nécessité de confier le recouvrement des impositions à des personnes insolvables, parce que les autres se font revêtir de ces commissions pour s'affranchir de la collecte et des autres charges de l'État. S. M. m'a ordonné de vous mander que son intention était que, conformément à la Déclaration de 1680, tout employé qui ne se borne point à sa simple commission, rentrât dans la classe ordinaire des taillables et supportât les charges publiques dans la même proportion que les autres.

Je vous prie de veiller avec attention à ce que les ordres de S. M., qui n'ont d'autre objet que le soulagement des peuples, soient connus à l'avenir et exécutés fidèlement.

IV. — *Impôt territorial pour dépenses locales.*

Lettres à l'Intendant de Caen.

Première lettre (À Fontette).

[A. Calvados, C. 3124].

(Les droits réels. — Les péages. — La dîme. — Les rentes. — Les négociants et les propriétaires. — Les remboursements des offices. — L'impôt réel. — La contrainte solidaire.)

Versailles le 6 février.

Je réponds, M., aux deux lettres que vous m'avez écrites les 18 et 19 décembre dernier au sujet des difficultés que l'*impôt territorial* éprouve aujourd'hui dans votre généralité. Je vais reprendre séparément les questions que vous m'avez proposées et résoudre, autant qu'il est en moi, les difficultés dont elles vous ont paru susceptibles.

Je ne m'arrêterai point à la première difficulté [a]. Mon prédécesseur vous a fait connaître, par sa lettre du 10 septembre dernier, les intentions du Roi à ce sujet. En suivant, comme il vous l'a prescrit, les dispositions des lois concernant les vingtièmes, vous ferez cesser l'incertitude des répartiteurs ; il vous sera facile de fixer l'étendue qu'ils doivent donner à l'expression de *droits réels*, et vous pouvez leur donner tous les éclaircissements que vous croirez capables de les éclairer.

L'*impôt territorial* doit embrasser tous les fonds et droits réels [b]. Les droits de péage et autres de même nature sont de ce nombre ; ils payent les vingtièmes ; dès lors, ils ne peuvent être regardés que comme une propriété foncière ; il n'est pas possible d'admettre l'exception que vous proposez en leur faveur ; ils doivent être assujettis à l'impôt dans la proportion des autres fonds.

La *dîme*, elle-même, est une imposition réelle, établie au profit du clergé pour les dépenses du service divin [c]. On aurait excité des réclamations très vives en faisant contribuer cette espèce de revenu aux dépenses locales de votre généralité. Le feu Roi, en usant d'un tempérament aussi juste, le regardait comme un moyen sûr de concilier les esprits de ce corps et de les amener à se soumettre à l'impôt territorial pour tous les autres biens sans avoir recours à des voies d'autorité.

Il y a une distinction à faire pour les *rentes*. Celles *constituées* ne doivent pas être assujetties à cet impôt. Les rentes *foncières* au contraire doivent y contribuer.

Dès que vous aurez donné de la consistance à l'impôt territorial et si l'opération est bien faite, les propriétaires ne trouveront pas plus de difficultés à en faire la retenue que celle des vingtièmes. La quotité de

---

[a] Voir p. 337 les origines de cet impôt. — L'art. V des Lettres patentes qui l'avaient établi y avaient assujetti tous les *droits réels*. Cette expression vague avait embarrassé les répartiteurs.

[b] Il était demandé une exception pour des droits de péage et autres à Cherbourg par le motif qu'ils ne recevaient aucune augmentation des travaux du port.

[c] L'impôt territorial était, en conséquence, limité à ces dépenses.

l'imposition, comparée aux vingtièmes de la généralité, donnera une quotité déterminée qui servira de règle de proportion pour fixer celle de la retenue. Si l'impôt territorial, comparé aux vingtièmes, est de 1 comparé à 60 ; ce sera le 1/60e à retenir et la retenue peut être faite, avec la même certitude et la même précision que pour les vingtièmes.

Si le négociant [a] profite du meilleur état des routes, tant mieux pour le propriétaire. Quelle est donc la fonction du négociant, sinon d'être le facteur du propriétaire pour la vente des denrées de son crû et son commissionnaire pour l'achat de ses jouissances ? Le propriétaire ne paye-t-il pas toutes les dépenses et frais que l'on fait supporter au négociant ? D'ailleurs, comment imposer le commerce et l'industrie sans se livrer à l'arbitraire et sans s'éloigner, par conséquent, de l'objet de l'imposition territoriale, auquel vous aviez attaché un si grand prix et dont vous avez espéré tant d'avantages pour la répartition des impositions de votre généralité.

Les circonstances ne permettent pas de rien changer pour le moment actuel à l'imposition pour le *remboursement des offices* [b]. Ce ne sera qu'au département prochain qu'on pourra s'occuper des différences que le rétablissement des Cours opérera sur cet objet de dépense publique. Je prendrai les ordres du Roi avant ce temps, et je vous ferai connaître ses intentions.

Les principaux propriétaires ont été chargés du soin de la répartition ; la connaissance qu'ils ont des différentes propriétés de leur communauté prouve la sagesse de cette disposition. Si les Lettres patentes n'ont point déterminé des salaires pour eux [c], c'est que leurs taxations ne pouvaient concerner que l'homme à qui la communauté confierait le recouvrement. Les répartiteurs étant choisis par les communautés, la confection des rôles et la répartition deviennent pour eux des actes d'honneur et de confiance. Vous en trouverez sûrement très peu qui réclameront des salaires. Ce point, au surplus, regarde absolument les communautés ; c'est à elles à délibérer et à comprendre, dans la masse de l'impôt qu'elles ont à répartir, les taxations ; alors, il n'y a aucune difficulté à autoriser cette dépense locale qu'elles ont jugée indispensable.

Quant aux inconvénients que vous trouvez sur la répartition [d], je conviens avec vous qu'il sera difficile d'amener les paroisses à la préci-

---

[a] Il n'était point imposé.
[b] Supprimés lors du coup d'État Maupeou et rétablis.
[c] Ils ne recevaient pas d'indemnité pour ce travail.
[d] L'objection était celle-ci : « On a pris les vingtièmes pour base, en y comprenant le clergé. Mais, pour simplifier les opérations, on a réuni, en un seul article, l'imposition des biens possédés par un même propriétaire dans différentes paroisses. Elle s'acquitte dans le lieu du domicile. Cette

sion qu'on désire. C'est l'ouvrage du temps, des soins ; ce sera l'effet de la *réalité* de l'impôt. Le plan prescrit par les Lettres patentes doit faire naître des discussions ; elles ne serviront qu'à mieux éclairer vos opérations et ce n'est qu'à l'aide des contradictions que l'on pourra déterminer les limites des paroisses, circonscrire leur territoire, se procurer des connaissances exactes sur les propriétés et les revenus et former enfin la base de l'impôt réel dans chacune d'elles.

Les règlements sur les tailles ont prévu les cas où les communautés, averties par les syndics de délibérer pour faire le choix des répartiteurs, négligent de le faire [a] ; ils ont autorisé dans ce cas la *contrainte solidaire* contre les principaux habitants ; il était inutile que les Lettres patentes continssent de nouvelles dispositions sur ce point. Vous n'en aviez pas besoin pour faire usage de l'autorité coactive prescrite par ces règlements, lorsqu'elle est devenue nécessaire ; et peut-être qu'un seul exemple de sévérité eût levé tous les obstacles que l'indulgence a multipliés.

À l'égard des difficultés pour assembler les propriétaires dans les grandes villes, vous pouvez vous concerter avec M. de Crosne[b] ; il vous communiquera ses observations et vous indiquera la manière dont il a opéré. La généralité de Rouen renferme des villes plus considérables que la vôtre ; la même imposition y existe et la répartition n'éprouve pas, à beaucoup près, les mêmes contradictions. J'ai tout lieu de croire qu'après ses observations et en faisant usage des moyens que je vous indique, vous n'aurez pas besoin d'employer la voie de la rigueur. Je ne puis trop vous recommander, au contraire, de chercher à ramener tous les esprits par la douceur et la conciliation. Faites-vous rendre compte des paroisses qui sont en retard ; écrivez-leur directement pour les éclairer sur ce qu'elles doivent faire ; faites-leur sentir les dangers et la nécessité d'une contrainte solidaire. Si elles diffèrent plus longtemps de choisir des répartiteurs, recommandez à vos subdélégués de redoubler de soins et d'activité et mettez-les à portée de donner tous les éclaircissements dont on aura besoin et les explications dans lesquelles je viens d'entrer avec vous : si les répartiteurs, après ces précautions, ne font point la répartition, si le recouvrement n'est point mis en action, vous pourrez alors m'adresser un projet d'arrêt qui, partant des Lettres pa-

---

réunion rend la répartition de l'impôt territorial très fautive. Plusieurs communautés se trouvent imposées pour des biens qui leur sont étrangers.

[a] On faisait observer que la plupart des communautés n'avaient pas choisi de Répartiteurs, que la difficulté d'assembler les propriétaires, dans les grandes villes et même dans les petites, entraîne des longueurs, que le délai pour la nomination des préposés n'était pas fixé et que les Répartiteurs restaient dans l'inaction ou faisaient des rôles défectueux.

[b] Intendant de Rouen.

tentes même et voulant en assurer l'exécution, ordonnera que, dans un délai prescrit, on se mettra en règle, et vous autorisera, après l'expiration de ce délai, à viser les contraintes solidaires décernées à la requête et diligence des receveurs des tailles. Mais j'aime à croire que vos soins, animés par l'amour du bien des peuples de votre généralité, vous épargneront la peine de recourir à ce dernier parti. Vous ne devez en faire usage qu'après avoir employé tous les autres. Je vous prie de m'instruire exactement de l'effet des mesures que vous allez prendre, afin que je puisse en rendre compte moi-même au Roi et prendre ses ordres, s'il est nécessaire, sur ces objets.

Deuxième lettre (À Esmangard).

(Motifs qui ont fait adopter l'imposition territoriale. — La contrainte solidaire.)

Versailles, 29 décembre.

Il n'est point douteux, M., que le recouvrement des sommes dont on a fait l'objet d'une imposition territoriale dans votre généralité n'aurait éprouvé aucune difficulté si l'imposition eût été faite au marc la livre de la taille ou de la capitation. L'une ou l'autre de ces deux bases, depuis trop longtemps suivies pour toutes sortes d'impositions, quelque vicieuses qu'elles soient, aurait pu satisfaire l'Administration, si elle n'avait considéré que la facilité d'obtenir les sommes nécessaires pour faire face aux différentes dépenses auxquelles cette imposition était destinée, mais l'on a porté plus loin l'attention. Le Gouvernement a considéré la nature des dépenses auxquelles il fallait pourvoir, quelle était la classe des citoyens qui devait en attendre et recevoir le plus d'utilité et, convaincu que les impositions qu'il était question d'établir avaient pour but, soit l'amélioration des propriétés, soit l'avantage direct et réel des propriétaires, il a pensé que c'était sur les propriétaires qu'elles devaient porter, et non pas sur les taillables, qui n'en auraient pas encore été affranchis, si l'on eût pris pour base la capitation ; en conséquence, l'Administration a adopté le plan d'un *impôt territorial* que M. votre Prédécesseur a proposé. C'est à vous à travailler aujourd'hui à lever les difficultés. Votre zèle à seconder les vues du Gouvernement ne me permet pas de douter des mesures que vous prendrez pour faire cesser les obstacles qu'a pu éprouver ce recouvrement.

Vous pouvez vous faire représenter la correspondance tenue à ce sujet avec M. de Fontette, ainsi que la lettre que je lui ai écrite le 6 février dernier. Vous y trouverez tous les éclaircissements et toutes les autorisations qui peuvent vous être nécessaires. Il a été rendu, le 21 juillet dernier, des lettres patentes, enregistrées au Parlement de Rouen, qui valident, en tant que de besoin, la répartition faite en 1774 de l'imposition pour le *remboursement des offices supprimés* dans les trois généralités de la province de Normandie et ordonnent qu'elle sera suivie en la présente année 1775. Vous ne croirez peut-être pas inutile que les communautés qui font difficulté de se mettre en règle et les propriétaires les plus opiniâtres en connaissent les dispositions.

Si, lorsque vous serez sur les lieux, vous employez la voie de la persuasion ; si vous faites connaître aux communautés qu'elles s'exposeraient à des poursuites rigoureuses si elles persistaient à ne point faire leur répartition ou à ne point nommer un préposé pour faire le recouvrement, vous ferez exécuter alors l'art. VIII des Lettres patentes. Vous nommerez un préposé dont les propriétaires seront responsables.

Si quelques-uns même n'avaient pas encore fait choix des répartiteurs, quoique ce cas n'ait pas été prévu par les Lettres patentes, les règlements des tailles y ont suffisamment pourvu en prononçant la contrainte solidaire contre les plus hauts imposés. L'article 1er de la déclaration du 3 janvier qui abolit ces contraintes pour le payement des impositions royales a formellement excepté *le cas de rébellion*, dont ces communautés se rendraient coupables par une plus longue résistance à faire la répartition de la somme assignée par vos mandements.

La route que vous devez suivre est donc de veiller à ce que chaque communauté nomme ses répartiteurs et fasse sa répartition.

Quand vous serez bien assuré que la répartition aura été faite, alors vous donnerez votre attention à ce qu'il y ait dans chaque communauté un préposé ; dans celles où il n'en aura pas été choisi, vous en nommerez un d'office conformément aux Lettres patentes.

Lorsque ces deux objets seront en règle pour l'imposition de 1774, vous pourrez expédier vos mandements pour l'imposition de 1775. La répartition s'en fera comme celle de l'imposition de 1774, et vous donnerez ensuite tous vos soins à faire aller à la fois le recouvrement de l'un et l'autre exercice.

Mais il est difficile de suivre tous ces détails et de vaincre ces difficultés, si vous n'êtes pas sur les lieux, si vous ne surveillez pas de près ce que vous aurez prescrit pour l'exécution des ordres du Roi ; je vous demande d'y donner tous vos soins, et de m'instruire avec la plus grande exactitude de ce que vous aurez fait à ce sujet.

V. — *Les droits d'insinuation, de centième denier, de franc fief, d'amortissement, de marc d'or.*

1. *Arrêt du Conseil portant affranchissement des droits d'insinuation, de centième denier, de franc fief, pour les baux dont la durée n'excède pas 29 ans.*

[*Nouvelles Éphémérides*, 1775. Tome II. — D. P., VII, 187. — D. D., II, 461.]

(Mesure prise en faveur des propriétés rurales.)

2 janvier.

L'insinuation était la publication de l'enregistrement d'un acte. Il existait au Châtelet un greffe spécial à son sujet.

L'arrêt fut donné en vue d'appeler dans les campagnes les capitaux et l'industrie des gens riches (Du Pont, *Mém.*, 178).

La faculté de passer des baux à ferme de 29 ans avait été donnée par Arrêt du 28 avril 1762 sur la proposition de Bertin, à la condition que le fermier fût chargé de défricher, marner, planter, ou améliorer d'une autre manière les terres comprises dans le bail. En 1772, cet arrêt avait été rétracté, « sous un prétexte qu'on n'a même pas pris la peine de rendre plausible. » (Baudeau, *Nouvelles Éphémérides*).

S. M., considérant que tous les biens-fonds de quelque genre qu'ils soient, même ceux qui sont en valeur et en pleine culture, sont susceptibles d'améliorations, et que la plupart des cultivateurs ne s'occupent de cet objet important qu'autant qu'ils espèrent trouver, dans une jouissance plus longue que celle des baux ordinaires, le moyen de se dédommager des dépenses qu'entraînent leurs opérations ; voulant, d'ailleurs, S. M. leur donner de nouveaux encouragements et favoriser de plus en plus le progrès de l'agriculture, elle a résolu de faire jouir tous les fonds et héritages situés dans la campagne, sans aucune exception ni distinction, de l'exemption qui a été restreinte aux seules terres incultes, sans néanmoins que cette faveur puisse être étendue aux maisons, édifices, bâtiments, et à tous autres immeubles situés dans les villes et bourgs, lesquels ne sont point, par leur nature, susceptibles du même genre d'améliorations ; sur quoi, S. M. désirant faire connaître ses intentions... ordonne :

Les baux dont la durée n'excédera pas 29 années, qui seront passés à l'avenir par-devant notaire, et qui auront pour objet des terres, soit incultes, soit en valeur, et généralement tous autres fonds et héritages situés dans la campagne, seront et demeureront affranchis des droits d'insinuation, centième ou demi-centième denier, et de franc fief. Et, à l'égard des baux au-dessus de neuf années, qui auront pour objet des maisons, édifices, bâtiments et tous autres immeubles ou terrains sis dans les villes et bourgs, ou la perception de rentes, cens et droits seigneuriaux, sans aucune exploitation rurale faite par le fermier, ordonne S. M que lesdits baux continueront d'être assujettis aux droits de centième ou demi-centième denier, conformément aux précédents règlements.

2. *Arrêt du Conseil sur l'exemption du centième denier pour les actes entre les propriétaires de rentes foncières rachetables et leurs débiteurs.*

[D. P., VIII, 44.]

(Mesures prises pour favoriser le rachat des rentes.)

Les anciens principes fiscaux étaient de mettre des droits sur les conventions les plus utiles, afin d'obtenir un plus gros produit.

Turgot favorisait, au contraire, les conventions utiles. Il pensait que faciliter aux propriétaires la libération de leurs héritages et les occasions de placer eux-mêmes le produit de leurs économies était le plus puissant aiguillon qu'on pût donner au travail et le meilleur moyen d'accroître les richesses publiques et privées (Du Pont, *Mém.*, 259).

9 septembre.

Le Roi, s'étant fait représenter, en son Conseil, la Déclaration du 20 mars 1708, par l'article VI de laquelle il a été ordonné que tous les contrats de ventes, échanges, licitations entre héritiers, copropriétaires et coassociés, *baux à rentes foncières rachetables et non rachetables*, baux emphytéotiques, baux à domaine congéable, ventes à faculté de réméré ou de rachat, antichrèses, contrats pignoratifs, engagements, démissions, abandonnements, contrats de vente à vie, cessions de fonds avec fruits, transports, subrogations, résolutions volontaires de ventes, arrêts, jugements, sentences, et généralement tous actes translatifs et rétrocessifs de propriété de biens-immeubles tenus en fief ou en censive ; ensemble, ceux tenus en franc-alleu, franc-bourgades et franches-bourgeoisies, *rentes foncières*, contrats de vente de droits de justice, et tous autres droits seigneuriaux et honorifiques, conjointement ou séparément du corps des domaines ou fonds de terre, seraient insinués, et que les droits de centième denier en seraient payés dans les temps et sous les peines portées, tant par l'Édit du mois de décembre 1703, que par la Déclaration du 19 juillet 1704, encore qu'aucuns desdits biens ne fussent sujets à lots et ventes, et autres droits seigneuriaux

Vu aussi l'Arrêt du 20 mars 1742, par lequel il a encore été ordonné que la Déclaration du 20 mars 1708 serait exécutée suivant sa forme et teneur ; en conséquence, que le droit de centième denier serait payé, pour le rachat des rentes foncières non rachetables, sur le pied des sommes payées pour l'extinction desdites rentes.

S. M. a reconnu que la prestation des rentes foncières dont les héritages sont chargés, et dont les débiteurs n'ont point la faculté de se libérer, ne peut qu'apporter beaucoup de gênes et d'obstacles au progrès de l'agriculture, en ce que le produit des fonds se trouvant absorbé en partie par l'acquittement de ces rentes, les propriétaires sont souvent dans l'impossibilité de faire les avances nécessaires pour l'amélioration des terres.

Et S. M. a jugé convenable, dans la vue de faciliter l'extinction de charges aussi onéreuses et aussi contraires à la liberté naturelle dont les fonds de terre doivent jouir, d'affranchir de tout droit de centième denier les actes qui seront passés à l'avenir entre les propriétaires de *rentes foncières non rachetables* et leurs débiteurs, soit à l'effet d'opérer l'extinction actuelle de ces rentes, soit à l'effet d'accorder aux débiteurs la faculté de les racheter par la suite ; sauf à pourvoir, s'il y a lieu, à l'indemnité de l'adjudicataire général des fermes, et sans néanmoins rien innover, en ce qui concerne les droits de centième denier, qui sont exigibles, aux termes de la Déclaration du 20 mars 1708, tant pour les baux à rentes foncières rachetables et non rachetables, que pour les ventes, donations, cessions ou transports desdites rentes foncières, en faveur de toutes personnes autres que les débiteurs.

Sur quoi, S. M., désirant faire connaître ses intentions… ordonne :

Les actes portant extinction de rentes foncières, ensemble ceux par lesquels la faculté d'en faire le rachat sera accordée aux débiteurs, soit qu'elles aient été stipulées non rachetables par les baux à rentes ou autres actes, soit qu'elles le soient devenues par le laps de temps ou autrement, seront et demeureront exempts à l'avenir de tout droit de centième denier, sauf à pourvoir, s'il y a lieu, à l'indemnité de l'adjudicataire général des fermes. Voulant, au surplus, S. M. que les baux à rentes foncières, rachetables ou non rachetables, les ventes, cessions, donations, transports et autres actes translatifs de propriété desdites rentes, qui seront faits en faveur de tous particuliers autres que ceux qui en seront débiteurs, continuent d'être insinués, en exécution de la Déclaration du 20 mars 1708, et que les droits de centième denier en soient payés dans les temps et sous les peines portées par les précédents règlements.

3. *Circulaire aux bureaux des Finances
en vue de les exempter du centième denier* [a].

[A. L., original.]

10 novembre.

MM., j'ai rendu compte au Roi de vos représentations et de celles des autres bureaux des Finances du Royaume au sujet du centième denier. S. M. veut bien vous en accorder l'exemption et rétablir la survivance dont vos offices jouissaient avant l'Édit de février 1771 ; mais elle a reconnu, en même temps, qu'il pouvait y avoir à faire des changements utiles dans la composition des compagnies et elle m'a chargé de vous demander un état qui comprenne tous les offices des président trésorier de France, avocat et procureur du Roi et greffier, dont votre bureau est composé, d'indiquer la date des édits qui les ont créés, de distinguer ceux qui auraient pu n'être pas levés depuis leur création, ceux que votre compagnie a réuni, ceux qui sont actuellement exercés par des titulaires, et enfin ceux qui sont vacants. Vous n'avez pas un moment à perdre pour former cet état que vous voudrez bien adresser à M. Amelot, intendant des finances.

4. *Arrêt du Conseil affranchissant du droit
d'amortissement les bâtiments servant de casernes.*

[D. P., VIII, 99.]

22 novembre.

... Les édifices, maisons et bâtiments servant de casernes, dont il sera passé des baux par devant notaire pour les intervalles pendant lesquels il n'y sera pas logé de troupes, demeureront affranchis du droit d'amortissement, pourvu que l'usage et la destination n'en soient pas changés pour toujours ; et à la charge que le droit de nouvel acquêt en sera payé par les villes et communautés pendant la jouissance des particuliers qui les occuperaient.

---

[a] Les réclamations des Trésoriers de France et autres bureaux étaient appuyées sur ce qu'ils avaient toujours fait partie des Compagnies supérieures et n'avaient jamais été soumis, dans les deux droits dont le *Centième-denier* était composé, à celui de *prêt* et avaient racheté celui *annuel*. (Du Pont, *Mém.*, 242).

5. *Arrêt du Conseil autorisant les gens de main-morte à placer en rentes sur le clergé les sommes qu'ils recevront pour fondations et les exemptant du droit d'amortissement.*

[D. P., VIII, 100.] — 24 novembre.

Cet arrêt avait pour objet de faciliter l'emprunt du clergé. (Du Pont)

6. *Arrêt du Conseil exemptant les bénéficiers des doubles droits de contrôle qu'ils devaient pour omission de déclaration.*

[D. P., VII, 202.] — 24 novembre.

Arrêt demandé par l'assemblée du clergé pour les années antérieures à 1774.

7. *Lettre à l'intendant de Bordeaux atténuant le droit de marc d'or* [a] *pour les concessions de droits d'octroi.*

[A. Gironde, C. 74. — Foncin, 603.]

Paris, 2 décembre.

... Il m'a paru juste, M., de modérer la fixation des droits de marc d'or, que les villes, communautés et hôpitaux sont dans le cas de payer pour les prorogations et concessions d'octrois. Cette fixation qui se faisait ci-devant à raison des quarantièmes du produit des années pour lesquelles la concession ou prorogation était accordée ne se fera plus à l'avenir qu'à raison du centième : vous voudrez bien en prévenir les villes, communautés et hôpitaux qui seront dans le cas.

8. *Arrêt du Conseil confirmant l'exemption du droit d'amortissement pour les rentes sur l'Hôtel de Ville données en fondations* [b].

[D. P., VIII, 125.] — 24 décembre.

---

[a] Un arrêt du Conseil du 6 septembre dispensa du droit de marc d'or les présidents et conseillers au Parlement de Bretagne (*Anciennes lois françaises*, XXIII, 238. — Foncin, 291).

[b] Ou délivrées par les héritiers des fondateurs en payement de legs, et autorisant les gens de main-morte à placer en rentes de même nature les deniers qu'ils recevront pour l'acquit des fondations, sans être sujets à l'amortissement, pourvu que cet emploi soit fait dans les six mois de la délivrance des legs. (Du Pont, *Mém.*)

176. — LES POUDRES ET SALPÊTRES.

1. *Arrêt du Conseil organisant une régie des poudres* [a].

[D. P., VII, 297.]

(Le privilège exclusif de la vente des poudres et salpêtres avait été accordé à une Compagnie en vertu d'un bail, renouvelé en dernier lieu par *Résultat du Conseil* du 16 juin 1772, pour une durée de six années.

Les conditions principales de la concession étaient les suivantes : 1° Le prix de vente de la poudre au public était fixé à raison, pour la poudre de chasse, par exemple, de 29 à 30 sous la livre ; elle revenait à 12 sous ou 12 sous 1/2. Au bénéfice notable que le concessionnaire réalisait de ce chef s'ajoutaient celui qu'il tirait du commerce avec l'étranger et celui de la vente de la poudre de guerre, de la poudre de traite pour le commerce de Guinée, de la poudre de mine, du salpêtre en nature. Ces divers objets lui procuraient un produit net de 1 million de livres par an.

2° La Compagnie devait fournir chaque année aux départements de la guerre et de la marine un million de livres pesant de poudre de guerre, au prix de 6 sous la livre. Elle aurait perdu la moitié, soit 300 000 livres, sur cette fourniture, si elle avait toujours été faite intégralement. Mais, en temps de paix, la fourniture s'abaissait parfois à 150 ou 200 000 livres.

Au contraire, lorsque l'administration avait besoin de plus de un million de livres de poudre, la Compagnie n'était pas tenue de fournir l'excédent ; l'Administration l'achetait où elle pouvait. Dans certaines années, la consommation avait atteint 4 millions de livres.

La Compagnie prétendait même — parce qu'une clause de ce genre avait figuré dans un ancien bail — qu'une fois l'année finie, l'Administration ne pouvait plus réclamer les poudres non fournies sur le million de livres afférent à cette année.

3° L'adjudicataire recevait et payait, à raison de 7 à 8 sous la livre, tout le salpêtre qui était recueilli en France. L'État donnait en gratifications aux salpêtriers du Roi, comme on les appelait, 50 à 60 000 livres par an, à ceux de Paris ; et d'autres sommes, 10 000 livres environ en temps de guerre, aux salpêtriers de province, et supportait d'autres frais [b]. Ainsi, sous prétexte d'accroissement du prix des denrées, la Compagnie avait obtenu une indemnité de 2 sous par livre du salpêtre, qu'elle ne payait pas aux salpêtriers.

Ceux-ci usaient rigoureusement du droit de fouille dans les constructions privées de tout genre. Certains d'entre eux plaçaient leurs tonneaux ou leurs cuves dans l'endroit de la maison où ils étaient le plus incommodes pour l'habitant, parfois même dans sa chambre d'habitation. Ils menaçaient de rester chez lui longtemps, fouillaient partout et finalement consentaient à s'en aller si on leur payait une somme plus ou moins forte.

Les communautés étaient tenues de loger gratis les salpêtriers, de fournir tout façonné et de charrier le bois dont ils avaient besoin, à raison de 30 sous la corde pour le chêne, etc., de 24 sous pour le bois blanc, prix qui ne couvraient pas la dépense.

---

[a] Du Pont, *Mém.* — *Œuvres de Lavoisier*, t. V, particulièrement, p. 680 et s., 699 et s., 714 et s.

[b] Les accidents de force majeure étaient à sa charge. Le trésor payait par abonnement 27 000 livres pour les sauts de moulins.

Pour se débarrasser de ces charges, les communautés payaient ; les salpêtriers allaient alors dans d'autres communautés, se promenaient avec leur attirail et levaient un véritable impôt sur chaque village.

Dans les provinces soumises à la gabelle, la ferme générale devait, en outre, payer aux salpêtriers 4 sous par livre de sel marin produit. Or, les salpêtriers fabriquaient beaucoup de sel en fraude ; quelques-uns d'entre eux ne faisaient même que du sel.

Il a été calculé que le salpêtre, pour lequel l'adjudicataire payait 7 à 8 sous la livre, revenait au contribuable à plus de 12 sous.

Le contrôle des opérations de la Compagnie était illusoire.

Les conditions du bail étaient arrêtées par le Contrôleur général, mais les fournitures étaient faites directement aux départements de la Guerre et de la Marine et on lui disputait le droit de savoir si elles avaient été faites. Il y avait un Commissaire général des poudres, mais l'usage s'était introduit de le choisir parmi les fermiers et c'était au plus important de ceux-ci que le brevet était ordinairement expédié sur la présentation de la Compagnie.

Celle-ci était constituée au capital de 4 millions, restituables par sixièmes annuels aux souscripteurs, lesquels se partageaient des bénéfices montant parfois à 15 p. 100.

En 60 ans, il n'était pas entré un sou au Trésor du produit sur la ferme.

Cependant, en Suède en 1747, en Prusse l'année suivante, on avait commencé à renoncer à la fouille et à fabriquer artificiellement le salpêtre.

Au commencement de 1775, une compagnie se présenta au Contrôle général pour affermer le privilège exclusif de la vente et de la fabrication des poudres à des conditions avantageuses. L'attention de Turgot fut ainsi attirée sur les bénéfices énormes de cette affaire et sur les vices qui s'y étaient introduits.

Il fit prononcer la résiliation du bail par Arrêt du Conseil du 28 mai 1775, bien que ce bail eut encore quatre ans de durée, moyennant remboursement du capital en quatre ans et indemnité de 800 000 livres environ. En outre, les cautions de la ferme devinrent, pour la plupart, celles de la régie et profitèrent de ses bénéfices.

Néanmoins, cette affaire excita les murmures les plus violents. On prétendit que Turgot avait porté une atteinte grave à la propriété privée. Peut-être eût-il paru équitable de recourir à une autre juridiction que le Conseil pour résilier le Contrat ? Mais les fermiers n'étaient pas, en réalité, lésés.

Au lieu de donner une concession nouvelle, Turgot organisa une régie au nom de J. B. Bergault, avec des cautions d'une probité et d'une capacité reconnues : Le Faucheux qui était le directeur général de l'ancienne compagnie, Clouet, Lavoisier, et Barbault de Glatigny.

Les régisseurs devaient avancer, pour le remboursement de l'ancien capital, des fonds à 1 p. 100 au-dessus du taux légal et se récupérer, pour le reste des dépenses, sur les bénéfices de l'entreprise.

En outre, Turgot chargea l'Académie des Sciences qui était assez mal renseignée sur la fabrication artificielle du salpêtre, d'ouvrir un concours et de procéder à des études sur ce sujet.

Enfin, les corvées pour le transport des matières salpêtrées et ustensiles des salpêtres, ainsi que l'obligation de fournir le logement et le bois autrement qu'au prix courant et de gré à gré, furent supprimées. Les privilèges des salpêtriers furent remplacés par une augmentation de prix.

À partir du 1er janvier 1778, la fouille fut restreinte aux écuries, bergeries, colombiers, granges vides, et autres lieux bas des maisons. L'entrée des caves, celliers à vin et habitations personnelles fut interdite aux salpêtriers autrement que de gré à gré [a].

---

[a] Voir la lettre du 22 novembre 1774.

« Les poudres, a écrit Lavoisier en 1789, sont devenues les meilleures de l'Europe ; le Royaume s'est trouvé en situation de fournir des poudres à tous les amis et alliés du Roi. On peut dire avec vérité que c'est à elles que l'Amérique septentrionale doit sa liberté. Depuis le 1er juillet 1775 jusqu'au dernier décembre 1788, les produits de la Régie se sont élevés à 14 millions de livres dont 5 millions furent versés au Trésor Royal ; près de 1 300 000 livres sont entrés en poudre dans les magasins de la Marine et de l'Artillerie à 6 sous la livre ; 1 200 000 livres ont été employés en acquisitions ou constructions indispensables et à l'amélioration des services ; près de 800 000 livres en dédommagement aux fermiers renvoyés et le reste en paiement à la décharge du Trésor Royal ou en approvisionnements de précaution existant dans les magasins de la Régie, qui la mettent en état de fournir, au premier besoin, 5 millions de livres de poudre de guerre pour la France ou ses alliés, sans entamer la récolte annuelle, laquelle suffira à l'avenir à toutes les consommations. L'établissement du nouveau régime a soulagé le peuple ou déchargé les finances de plus de 2 400 000 livres chaque année. »

Toute cette affaire fut conduite par Turgot, par les Régisseurs et par d'Ormesson fils qui seconda le ministre. Toutefois, sans la guerre d'Amérique, les profits de l'opération n'auraient pas été aussi abondants [a].

28 mai.

Le Roi, s'étant fait représenter le *Résultat de son Conseil*, du 16 juin 1772, par lequel le feu roi a passé bail pour six ans à *Alexis Demont* de la fabrique des poudres et salpêtres, et lui a remis les raffineries, magasins, moulins et autres bâtiments…

S. M. a reconnu que les conditions dudit bail ne procurent pas à ses finances tout l'avantage qui devrait résulter de l'exploitation du privilège qui en est l'objet ; que le prix stipulé pour ladite exploitation n'a point été clairement fixé et que la rentrée n'en a point été assurée par des précautions suffisantes ; que les conditions portées par ledit résultat s'opposent au désir qu'a S. M. de soustraire ses sujets aux abus qui sont souvent la suite du droit accordé aux salpêtriers de fouiller dans les maisons et dans tous les lieux habités, pour en enlever les matières salpêtrées, et de se faire fournir, à un prix inférieur au prix courant, les bois et le logement nécessaires à la cuite de leurs salpêtres ; qu'en laissant subsister ledit bail, il serait impossible à S. M. de connaître la manutention intérieure de son exploitation, de découvrir et d'apprécier les moyens de resserrer dans de justes bornes les privilèges des salpêtriers, sans exposer un service aussi essentiel à la défense de l'État ; que, pour assurer le succès des mesures qu'il est convenable de prendre à

---

[a] Il y avait en Franche-Comté des forêts dont les propriétaires étaient tenus de fournir du bois aux salpêtriers, et de n'en fournir qu'à eux. Turgot déplaça les ateliers des salpêtriers et rendit ainsi aux propriétaires la libre disposition de leur bois. En même temps, il fit creuser un canal qui amena dans les ateliers l'eau des salines du pays. Ce canal enlevait quelques arpents de terre à un gentilhomme ; il poussa les hauts cris ; on lui offrit une indemnité à dire d'expert, il la refusa ; il vint se plaindre à la Cour ; les courtisans le soutinrent.

cet égard et pour tirer de cette partie de ses revenus tout l'avantage qui devrait en résulter pour le bien de son service et pour l'intérêt de ses peuples, il serait indispensable de convertir le bail dudit Demont en une régie qui se fasse pour le compte de S. M.

À quoi voulant pourvoir... Le Roi ordonne :

À compter du 1er juillet prochain, la régie et exploitation de la fabrication, vente et débit des poudres et salpêtres dans toute l'étendue du Royaume, sera faite pour le compte et au profit de S. M. suivant la forme qui sera prescrite à cet effet.

En conséquence, S. M. résilie le bail passé audit Alexis Demont, et annule l'arrêt qui l'a mis en possession.

Se réservant S. M. de pourvoir à l'indemnité qui pourra être due audit Demont ou ses cautions pour raison de la résiliation dudit bail, sur les mémoires qui lui seront présentés à cet effet ; comme aussi de statuer sur le déficit des fournitures stipulées soit par le bail passé audit Demont, soit par les précédents baux, ensemble sur les erreurs et omissions qui auraient pu être faites dans les comptes qui en ont été rendus, d'après le rapport qui lui en sera fait. Ordonne S. M. que ledit Demont sera tenu de remettre les bâtiments servant à la fabrique desdites poudres et salpêtres dans l'état où il les a reçus, suivant les procès-verbaux qui en ont été dressés conformément audit Arrêt de prise de possession ; en conséquence, veut S. M. que visite et récolement soient faits desdits bâtiments, savoir pour la ville et arsenal de Paris, par le Sr bailli de l'arsenal, que S. M. a commis à cet effet ; et, pour les provinces et généralités du Royaume, par les Srs intendants et commissaires départis pour l'exécution des ordres de S. M. dans lesdites provinces et généralités ; de laquelle visite lesdits Srs intendants et commissaires départis, et bailli de l'arsenal, dresseront des procès-verbaux qu'ils enverront au Sr Contrôleur-général de ses finances, pour, sur le compte qu'il en rendra à S. M. et à son Conseil, être ordonné par S. M. ce qu'il appartiendra.

Résultat du Conseil du Roi, du 30 mai, contenant règlement pour l'exploitation de la Régie des poudres et salpêtres.

Le préambule et les articles I, II, III, IV, V et VI nomment J.-B. Dergault, régisseur, pour faire exécuter, sous la conduite et direction de ses cautions, la recherche des salpêtres et la fabrication des poudres ; ordonnent que la remise des bâtiments, ustensiles et matières lui soit faite, à la charge par ses cautions de payer les matières aux prix coûtants, les effets et ustensiles à dire d'experts ; ils règlent les inventaires nécessaires ; défendent à tous autres que les préposés de la Régie de s'immiscer dans la recherche et fabrique des salpêtres, la fabrique et la vente des poudres, la recherche et amas du bois de Bourdenne, à compter du 1er juillet 1775 jusqu'au dernier décembre 1779, et règle le prix du salpêtre à fournir par les salpêtriers à la Régie.

VII. La fouille, dans les maisons, caves, celliers, bergeries, écuries et autres lieux bas, cessera d'être faite, si ce n'est de gré à gré et par convention, entre les propriétaires ou locataires et les salpêtriers, à commencer du 1er janvier 1778.

VIII. Les salpêtriers continueront à prendre comme ci-devant, sans en rien payer, les pierres, terres et plâtras salpêtrés provenant des démolitions ; défend S. M. aux propriétaires des maisons ou emplacements, aux entrepreneurs des bâtiments et maîtres maçons, et aux officiers de la voirie, de faire ou laisser faire aucune démolition et reconstruction, sans en donner avis aux salpêtriers, et ce, sous peine de cent livres d'amende.

IX. S. M. fait très expresses inhibitions et défenses auxdits salpêtriers, à commencer dudit jour, 1er janvier 1778, d'exiger gratuitement ou même à un prix inférieur, et autrement que de gré à gré, aucune fourniture de bois et logement des communautés ou particuliers ; entendant S. M. qu'ils s'en pourvoient, où et ainsi qu'ils aviseront.

X. Les salpêtriers seront tenus de porter leurs salpêtres au magasin général de la Régie, chacun dans leur arrondissement, de quinzaine en quinzaine, sans qu'ils en puissent disposer, ni en vendre, ni raffiner en quelque sorte que ce soit, à peine de confiscation et de trois cents livres d'amende.

XI. Les sels marins, provenant des ateliers des salpêtriers ou des raffineries de la Régie, seront remis à la ferme générale, qui en payera le prix à quatre sols la livre aux salpêtriers de la Touraine, à sept sols aux salpêtriers de Paris, et à deux sols aussi la livre à la Régie, ainsi qu'il a été précédemment réglé par le bail passé à Alexis Demont, sauf à statuer sur le prix desdits sels dans les autres provinces du Royaume.

XII. Les poudres, tant fines que de guerre et de mine ou traite, seront vendues au public aux prix portés au Résultat du Conseil du 16 juin 1772, contenant les conditions du marché passé audit Alexis Demont ; et ceux des salpêtres seront de douze sols la livre de salpêtre brut, dix-sept sous la livre de salpêtre raffiné en deux cuites, et vingt sols la livre de salpêtre raffiné de trois cuites.

XIII. La régie fournira, aux mêmes clauses et conditions portées au marché passé à Alexis Demont, un million de poudre chaque année pour le service de terre et les arsenaux de la Marine : savoir 750 000 livres pour les magasins de terre, et 250 000 livres dans les arsenaux de la Marine.

XIV. La poudre que la Régie fournira sera composée des trois quarts effectifs de salpêtre de trois cuites, bien raffinée, menue, grainée bonne, et portera le globe à 90 toises au moins ; ladite poudre sera sujette d'ailleurs aux mêmes épreuves que celle qui avait été fournie par ledit Demont.

XV. La régie resséchera et radoubera les poudres défectueuses qui se trouveront dans les arsenaux de terre et de mer, aux conditions portées au marché dudit Demont.

XVI. Jouira ladite Régie, ainsi que ses fondés de pouvoirs, commis, poudriers et autres employés de toute espèce, des privilèges, immunités, franchises accordés ci-devant, par les ordonnances, déclarations, arrêts et résultats, au service des Poudres et salpêtres, et à ceux qui y sont employés.

XVII. Les fonds nécessaires à l'établissement de la régie et au remboursement des sommes qui se trouveront légitimement dues à Alexis Demont, seront fournis par les cautions dudit Bergault, suivant la répartition qui en sera arrêtée par S. M., et ne pourront lesdites cautions prétendre à aucun des bénéfices de la Régie, au delà de l'intérêt fixé pour lesdits fonds.

XVIII. Il sera arrêté par le Sr Contrôleur général des finances un état des frais de ladite Régie, auquel elle sera tenue de se conformer ; il ne pourra être fait aucune dépense extraordinaire ou achat de salpêtre à l'étranger sans son autorisation.

XIX. Il sera fourni, à la fin de chaque mois, audit Sr Contrôleur général, un relevé exact des comptes et livres de la régie, ensemble un état de situation, tant en deniers qu'en matières et effets ; et, à la fin de chaque année un compte général de ses recettes et dépenses, et des fournitures par elle faites ; lequel compte, après avoir été vérifié et examiné par le Sr d'Ormesson, intendant des finances, que S. M. a commis et commet à cet effet, sera présenté et arrêté au Conseil royal des finances…

2. *Arrêt du Conseil nommant les Administrateurs.*

[D. P., VII, 358.]

24 juin.

Vu, au Conseil d'État, les Arrêts rendus les 28 et 30 mai dernier, par le premier desquels, et par les considérations y contenues, S. M. a jugé avantageux à ses finances, à son service et à ses peuples, de résilier, pour le temps qui en restait à courir, le bail de la fabrique, fourniture, vente, et débit des poudres et salpêtres, passé à Alexis Demont, par Résultat du Conseil du 16 juin 1772, et de convertir ce bail en une régie pour son propre compte, sous le nom de J.-B. Bergault ; et par le second, S. M. a, en conséquence, fait un Règlement sur les points les plus intéressants de l'exploitation de la régie. S. M., ayant reconnu qu'il était nécessaire d'entrer dans un plus grand détail sur la forme de cette nouvelle administration, de faire connaître les cautions de J.-B. Bergault, qui seront chargées personnellement du service ; de déterminer la quotité et l'intérêt de leurs fonds d'avance, et de régler leurs fonctions, tant publiques qu'intérieures...

Art. I. Les Srs *Le Faucheux, Clouet, Lavoisier et Barbault de Glatigny*, cautions de Bergaud, auront l'administration générale de la régie et du service des poudres et salpêtres dans toute l'étendue du Royaume, et dans tous les pays soumis à la domination de S. M.

II. Les régisseurs ci-dessus nommés prendront, sous le nom de Bergault, au 1er juillet prochain, possession, d'après les inventaires qui seront dressés à cet effet, des matières, effets et ustensiles qui se trouveront dans les fabriques de poudres et salpêtres, raffineries, magasins et autres emplacements servant à l'exploitation du service des poudres, conformément à l'Arrêt du 30 mai dernier, et en payeront la valeur, savoir des poudres, salpêtres, soufre et charbon de Bourdenne, aux prix usités de compagnie à compagnie, et des effets et ustensiles, suivant l'estimation qui en sera faite par experts. En cas de prétention de plus-value des matières de la part de l'adjudicataire sortant, il en sera rendu compte au Sr Contrôleur général des finances, pour, sur son rapport, y être statué par S. M. en son Conseil, ainsi qu'il appartiendra.

III. Les fonds d'avance nécessaires tant pour le payement des matières qui seront remises par l'adjudicataire sortant, que pour l'exploitation de la Régie, seront faits sous le nom desdits régisseurs, et portés d'abord à 4 millions, sur lesquels S. M. veut et entend qu'il soit accordé aux bailleurs desdits fonds, pris, pour la plupart, parmi les cautions ou intéressés au bail d'Alexis Demont, par forme d'indemnité et dédommagement de la résiliation de leur bail, et pour le temps de la durée qu'aurait eue ledit bail seulement, un intérêt de 11 p. 100, sujet à la retenue du dixième, sans que, sous aucun prétexte, lesdits bailleurs de fonds puissent prétendre aucun bénéfice sur les produits de la Régie, qui doivent tourner en entier au profit de S. M., ni conserver, au delà de la durée qu'aurait eue ledit bail d'Alexis Demont, les intérêts que S. M. leur accorde pour le temps de cette durée seulement.

IV. Il ne sera gardé dans la Régie que les fonds indispensables pour soutenir le service ; et, à mesure de la vente des matières, pour le payement desquelles les fonds d'avances auront été faits, il sera fait des remboursements sur les 4 millions énoncés en l'article précédent, et ces remboursements, qui éteindront partie des intérêts qui chargent la Régie, seront de 600 000 livres au moins, par chacune des trois premières années de son exploitation.

V. Lesdits remboursements seront faits au marc la livre des fonds fournis par chacun desdits bailleurs, autres que les régisseurs ; lesquels régisseurs seront tenus, au dernier décembre 1779, de rembourser en deniers comptants, et non autrement, auxdits bailleurs de fonds, ce qui leur restera dû, déduction faite des remboursements qui leur auront été précédemment faits ; en sorte qu'à ladite époque, lesdits régisseurs soient seuls chargés de fournir, de leurs propres deniers, tous les fonds qui seront jugés nécessaires pour l'exploitation de la régie, et dont l'intérêt sera et demeurera fixé à 1 p. 100 seulement au delà du taux lors courant de l'argent sous la condition qu'il ne leur sera fait aucune retenue, déduction ni retranchement d'aucune espèce.

VI. Afin d'exciter de plus en plus l'émulation des régisseurs, S. M. veut qu'indépendamment de l'intérêt de leurs fonds, réglé par les précédents articles, ils jouissent de droits de présence et de remises. Les droits de présence seront et demeureront fixés à 2 400 livres par chacun desdits régisseurs, qui leur seront distribuées pour assistance effective aux assemblées qui se tiendront deux fois par semaine ; et la part des absents, excepté pour cas de maladie, accroîtra au profit des présents. Les droits de remises seront, jusqu'au dernier décembre 1779, d'un sol par livre pesant de poudre fine vendue au delà de 800 milliers, et de 2 sols sur ce qui excédera 900 milliers ; de 6 deniers par livre pesant de salpêtre provenant des nouveaux établissements d'ateliers jusqu'à la concurrence de 200 milliers, et de 3 deniers seulement sur ce qui excédera lesdits 200 milliers. À compter du 1er janvier 1780, lesdites remises seront doubles ; et soit avant, soit après ladite époque, elles seront partagées également entre les régisseurs.

VII. Lesdits régisseurs nommeront à tous les emplois du service des poudres et salpêtres, en observant de ne les confier qu'à des sujets instruits, de bonne réputation, et suffisamment cautionnés…

VIII. … Afin de mettre le secrétaire d'État de la Guerre à portée de juger de la situation du service pour les objets qui le concernent, il lui sera remis chaque année un tableau général de la situation des fabriques des salpêtriers et de la récolte en salpêtre.

IX. Les régisseurs pourront vendre aux armateurs et négociants les poudres de guerre et de traite, aux prix dont ils conviendront avec eux de gré à gré, à l'effet de les engager à ne plus faire sortir l'argent du Royaume par des achats à l'étranger.

X. Les régisseurs pourront faire, dans toutes les villes, bourgs et villages du Royaume, les établissements qu'ils jugeront nécessaires pour augmenter la récolte en salpêtre ; veut et entend S. M. qu'il leur soit donné à cet égard toutes facilités et secours convenables.

XI. Les poudres et salpêtres qui entreront dans le Royaume, qui en sortiront ou qui le traverseront sans passeports desdits régisseurs, seront saisis et arrêtés par les employés des fermes de S. M., et confisqués à son profit : ordonne, en conséquence, S. M., à l'adjudicataire général des fermes, de donner à tous ses employés les ordres les plus précis à cet effet.

XII. Veut et entend S. M. que lesdits régisseurs aient la liberté de faire entrer dans le Royaume, d'en faire sortir, et de transporter de lieu à autre, dans tous les pays de son obéissance, sans aucune exception, les poudres, salpêtres, soufre, charbon, cendres, bois de toute espèce, fer, fonte, plomb, et généralement toutes les matières, effets et ustensiles servant à l'usage des poudres et salpêtres, sans qu'en passant et repassant dans les districts des bureaux établis pour la perception des droits, soit de S. M., soit des seigneurs, villes et communautés, il en soit levé aucuns, anciens ou nouveaux, de péages, octrois des villes ou autres, sous quelque dénomination que ce soit, sur lesdites matières.

XIII. Veut et entend S. M. que le produit des 2 sols par livre d'augmentation sur la poudre fine, ordonnée par l'Arrêt du Conseil du 6 juillet 1756, et que S. M. s'est réservé par le Résultat de son Conseil du 16 juin 1772, en faveur d'Alexis Demont, soit perçu par lesdits régisseurs, à commencer du 1er juillet prochain, pour être employé suivant les destinations qui en seront faites par S. M.

XIV. Ordonne S. M. que les fonds qui se trouveront être dans la caisse de l'adjudicataire sortant, et qui proviennent tant de ladite augmentation de 2 sols par livre de poudre fine, que du troisième sol établi par Arrêt du 25 mai 1772, à compter du jour où il a commencé d'être perçu, jusqu'au 1er janvier 1774, qu'il a été abandonné par S. M. à Alexis Demont, seront versés, au 1er juillet prochain, dans la caisse générale de la Régie, dont le caissier en fournira son récépissé audit adjudicataire, pour valoir à sa décharge.

XV. Pour connaître, dans tous les temps, la véritable situation de la Régie et afin d'en assurer de plus en plus la bonne administration, veut et entend S. M. que lesdits régisseurs soient tenus de remettre, à la fin de chaque mois, au Sr Contrôleur-général et au Sr d'Ormesson, un état certifié par eux véritable des recette et dépense en deniers, matières et effets de la Régie, ensemble des dépenses qu'ils croiront nécessaires pour les établissements d'ateliers à salpêtre, construction de bâtiments nouveaux, reconstruction, réparations et entretien de ceux actuellement existants ; lesquels établissements, constructions, reconstructions et réparations, ne pourront être faits par lesdits régisseurs qu'après y avoir été valablement autorisés.

XVI. Seront tenus, en outre, lesdits régisseurs de fournir au Conseil à la fin de chaque année, un compte général desdites recette et dépense en deniers, matières et effets ; ensemble un compte particulier du produit des 2 sols par livre d'augmentation sur la poudre fine ; lesquels comptes seront vérifiés et arrêtés par le Sr d'Ormesson, conseiller d'État, intendant des finances, que S. M. a pareillement commis et commet à cet effet, S. M. dispensant Bergault, et les régisseurs ses cautions, de compter ailleurs qu'en son Conseil.

XVII. Tous les frais qui seront occasionnés par la prise de possession et l'établissement, ainsi que pour l'exploitation de la Régie, étant à la charge du Roi, fait S. M. défenses aux officiers de sa chancellerie, secrétaires et greffiers de son Conseil, de prétendre ni percevoir aucuns droits pour l'expédition et sceau du présent arrêt, ainsi que de tous autres arrêts, commissions ou lettres-patentes qu'il pourrait être nécessaire d'expédier par la suite, pour raison de ladite Régie.

XVIII. S. M. dispense Bergault, ses cautions, ses commis et préposés, du payement du droit du marc d'or, ordonné par l'Édit du mois de décembre 1770, auquel S. M. a dérogé et déroge, pour ce regard seulement.

XIX. En cas de décès de l'un des bailleurs de fonds dans la Régie, les veuve, héritiers ou ayants cause du décédé, ne pourront jouir des intérêts accordés sur lesdits fonds, que jusqu'à la fin du quartier dans lequel le décès sera arrivé ; après quoi les fonds leur seront remboursés.

XX. Bergault, et les quatre régisseurs ses cautions, feront leur soumission au greffe du Conseil, et s'obligeront en leur propre et privé nom, et solidairement, comme pour les propres deniers de S. M., à l'exécution des clauses et conditions portées aux présent règlement et résultat, qui sera exécuté selon sa forme et teneur.

XXI. Enjoint S. M. aux Srs intendants et commissaires départis dans les différentes provinces et généralités du Royaume, et au Sr lieutenant-général de police, en ce qui concerne la ville et les faubourgs de Paris, de tenir, chacun en droit soi, la main à l'exécution du présent arrêt ; confirmant et renouvelant S. M., en tant que besoin serait, l'attribution faite par les déclarations, règlements et arrêts du Conseil des rois ses prédécesseurs, notamment par l'Arrêt du Conseil du 26 mai 1774, auxdits Srs intendants et commissaires départis pour les provinces et généralités, et audit Sr lieutenant-général de police pour la ville et faubourgs de Paris, de la connaissance de toutes les contestations sur le fait des poudres et salpêtres, privativement à toutes cours et autres juges, sauf l'appel au Conseil.

Observations. — L'organisation de la Régie a donné lieu de la part des nouvellistes du temps à des racontages dont voici les principaux :

Mémoires secrets (VII, 371, 30 mars). — « Un certain M. Lehoc et un abbé Satti, intrigants faiseurs d'expériences et auteurs de prétendues découvertes, avaient fait entendre à M. Turgot qu'ils avaient trouvé le secret de faire du salpêtre avec de l'eau de mer. Comme on est embarrassé de trouver suffisamment de cette matière première de la fabrication de la poudre, et qu'ils se faisaient forts d'en fournir la quantité qu'on voudrait à beaucoup meilleur marché, le ministre avait adopté leurs propositions et était à la veille de casser le bail des poudres. Mais l'affaire fut portée au Conseil ; le ministre de la Guerre avec lequel le Contrôleur général ne s'était pas concilié vraisemblablement et que cette innovation regardait et intéressait n'a pas trouvé les expériences pour constater le succès de la nouvelle fabrication suffisamment bonnes. Il a représenté combien, en cas de guerre, il serait dangereux de faire usage d'une poudre qui pourrait causer les revers les plus funestes. Cette objection a entraîné les membres du Conseil et le ministre des finances a eu le dessous ».

Correspondance Métra (9 avril). — « Une nouvelle compagnie a proposé à M. Turgot de prendre le bail des poudres aux conditions ordinaires et néanmoins de fournir au Roi gratuitement la poudre nécessaire pour le courant annuel. Le ministre enchanté d'une proposition aussi avantageuse, voulant la faire agréer au Roi, en avait formé le plan pour le porter au Conseil, lorsqu'il crut de son honnêteté, en prévenir M. d'Ormesson… L'intendant trop peu éclairé pour pouvoir combattre avec bonnes raisons l'idée du Ministre et trop intéressé pour voir de bon œil cette partie changer de forme, retourna bien vite à Paris, découvrit la chose à M. de Courbeton, le directeur et l'âme de la compagnie des poudres ; dès le lendemain, avant l'heure du Conseil, les financiers avaient employé tant d'efforts que lorsque M. Turgot voulut proposer l'affaire, il trouva tous les esprits prévenus qui élevèrent mille obstacles et décidèrent qu'il y aurait des risques infinis à innover à cet égard. »

Quelques jours plus tard, la même correspondance ajouta : « Le Contrôleur-général est cruellement contrarié de toutes parts dans ses vues ; sa fermeté et le mérite de la chose lui feront pourtant emporter la victoire sur la compagnie des Poudres. »

Les *Mémoires secrets* annoncèrent aussi, le 26 mai, le succès du Ministre : « On assure que le bail des poudres est résilié et que cette partie est mise en régie par le Roi. Cette infraction faite à une convention sacrée avec le monarque effraie les fermiers généraux qui craignent un pareil sort. »

Necker a reconnu dans son *Compte rendu au Roi* (1781) combien avaient été correctes les mesures prises par Turgot. « La seule affaire de finances, dit-il, où je n'ai pas vu d'abus de ce genre (libéralités et munificences), c'est la régie des poudres dont les conditions ont été réglées sous M. Turgot. »

3. *Lettre au Secrétaire perpétuel de l'Académie des Sciences (Grandjean de Fouchy)* [a] *sur la fabrication du salpêtre.*

[*Œuvres de Lavoisier*, V, 462.]

Versailles, 17 août.

Sur le compte, M., que j'ai rendu au Roi de l'état actuel de la récolte du salpêtre en France, des diminutions successives qu'elle a éprouvées depuis quelques années, des moyens propres à la rétablir, enfin des différents motifs qui doivent fixer son attention sur cette branche importante d'administration, S. M. a pensé que le plan qui avait été suivi jusqu'à ce jour, relativement à la fabrication du salpêtre dans son royaume, avait dû retarder le progrès de cet art et que c'était sans doute par cette raison qu'il semblait être, dans ce moment, au-dessous du niveau des autres connaissances physiques et chimiques.

Dans ces circonstances, elle a jugé nécessaire de réveiller l'attention des savants, de diriger leurs recherches sur cet objet et de chercher à acquérir, par leur concours, des connaissances fixes et certaines qui pussent servir de base aux différents établissements qu'elle se propose d'ordonner.

Aucun moyen ne lui a paru plus propre à remplir ses vues à cet égard que la proposition d'un prix en faveur de celui qui, au jugement de l'Académie, aurait vu de plus près le secret de la nature dans la formation et la génération du salpêtre, et qui aurait enseigné les moyens les plus prompts et les plus économiques pour le fabriquer en grand et en abondance. L'intention de S. M. étant de soulager le plus tôt possible ses sujets de la gêne qu'entraînent la recherche, la fouille et l'extraction du salpêtre chez les particuliers, elle désire que l'Académie se mette en état d'annoncer ce prix dès la séance publique de la Saint-Martin prochaine. Il sera nécessaire, en conséquence, qu'au reçu de la présente ou dans le plus court délai possible, elle procède dans la forme

---

[a] Lue à l'Académie le 23 août.

accoutumée à la nomination des commissaires qui seront chargés de la rédaction du programme et qu'ils en rendent compte à l'Académie avant les vacances.

Le programme devra contenir suffisamment de détails :

1° Pour donner une idée très succincte de l'état actuel des connaissances sur la formation du salpêtre ;

2° Pour indiquer les ouvrages dans lesquels les concurrents pourront trouver des notions plus étendues ;

3° Enfin, pour les mettre sur la voie de ce qu'ils ont à faire et des expériences qu'ils ont à tenter.

L'intention du Roi étant que le prix ne soit distribué qu'autant que l'expérience aura été jointe à la théorie, S. M. se propose de procurer aux commissaires de l'Académie, soit à l'Arsenal, soit ailleurs, un emplacement commode et suffisamment vaste pour répéter les expériences proposées dans les mémoires admis au concours. Elle désire même que les commissaires de l'Académie y joignent toutes celles qui, quoique non indiquées par les concurrents, leur paraîtront propres à éclaircir la matière. Elle attend de leur part des preuves du zèle constant de l'Académie pour tout ce qui intéresse le bien public et le service de l'État. S. M. désire aussi qu'ils dressent du tout, jour par jour, un procès-verbal exact auquel pourront assister les régisseurs des Poudres et salpêtres, et qui sera signé de tous les assistants.

Le prix proposé sera de 4 000 livres et, vu les dépenses extraordinaires qu'il exigera de la part des concurrents, il y sera joint deux accessits, de mille livres chacun, en faveur de ceux qui se seront le plus distingués. Ces fonds seront assignés sur ceux de la Régie des Poudres et salpêtres, et j'écris aux régisseurs pour qu'aussitôt que le temps de la proclamation sera fixé, ils remettent entre les mains du trésorier de l'Académie un ordre payable à la même époque.

Le prix distribué, je vous prierai de m'adresser toutes les pièces qui auront été admises au concours pour en faire des extraits, afin que les idées utiles qui pourront s'y trouver ne soient pas perdues pour le public.

Je vous prie de me marquer ce que l'Académie aura fait pour l'exécution du contenu de la présente, de m'envoyer le nom des commissaires qu'elle aura choisis et de me donner communication du programme aussitôt qu'il sera rédigé [a].

---

[a] Quoique l'usage de l'Académie fut de remettre à huitaine toute délibération importante, il fut statué immédiatement. Les Commissaires choisis furent Macquer, Lavoisier, le chevalier d'Arcy, Sage, Baumé. Celui-ci se retira et fut remplacé par Cadet ; D'Arcy mourut et fut remplacé par Montigny. Le programme du concours rédigé par Macquer fut arrêté le 2 septembre ; le concours fut ouvert pour le 1er avril 1777. Les Commissaires publièrent, en outre, un Recueil de Mémoires

177. — LES MESSAGERIES.

1. *Arrêt du Conseil remettant provisoirement aux Intendants la connaissance des litiges relatifs aux messageries.*

[D. P., VII, 344.]

(Ouverture d'une enquête sur les concessions des moyens de transport. — Renvoi des litiges au lieutenant de police et aux intendants.)

4 juin.

Sur le compte qui a été rendu au Roi, de plusieurs difficultés qui se sont élevées, concernant l'exercice des privilèges et concessions des messageries, diligences, carrosses, et autres voitures publiques, S. M. ayant reconnu qu'il serait important de pourvoir à différents inconvénients qui se sont introduits dans cette partie du service public, tant à l'égard de la manutention desdits établissements qu'au sujet des contestations qui y sont relatives ; S. M., dans le dessein d'y remédier plus efficacement, a résolu de prendre une connaissance particulière et approfondie de tout ce qui a rapport auxdits privilèges et à leur exercice, en se faisant représenter tous les titres qui en établissent la propriété et les droits, ainsi que tout ce qui en est la suite, et notamment les règlements particuliers à chacun d'eux. Et sur ce qui lui a été représenté que les contestations et procès qui s'élèvent journellement entre les Fermiers ou Entrepreneurs des carrosses et messageries concernant l'exécution de leurs baux, circonstances et dépendances, et les marchands, voituriers, voyageurs et autres, dans presque toutes les provinces de son royaume, sont portées indistinctement, soit par devant le Lieutenant civil au Châtelet de Paris, comme conservateur des privilèges de l'Université, soit en différents tribunaux de la justice ordinaire, soit enfin par devant les Intendants et Commissaires départis, en conséquence des attributions qui leur en ont été données ; ce qui occasionne des conflits de juridiction très fréquents et très à charge au commerce : S. M. s'étant fait rendre compte des Édits, Déclarations, Lettres Patentes, et Arrêts du Conseil à ce sujet, a reconnu qu'en attendant qu'elle eût pourvu en

---

et d'observations sur la formation et la fabrication du Salpêtre, par MM. Macquer, D'Arcy, Lavoisier, Sage et Baumé, 1776 ; dès le mois de décembre 1775, ils avaient dressé un plan d'expériences qui furent immédiatement poursuivies. Au concours, 38 mémoires furent produits, mais le délai avait été trop bref et un nouveau concours fut ouvert pour 1782 : 66 mémoires furent alors produits ; Thouvenel, commissaire des poudres, à Nancy, eut le premier prix.

plus grande connaissance de cause par un Règlement général, tant sur l'exercice desdits privilèges que sur les conflits et contestations qui naissent à cet égard, il était instant de procurer à ses sujets, et au commerce du Royaume, une justice prompte et sommaire.

À ces causes... S. M. ordonne que tous les pourvus de concessions ou privilèges, propriétaires, aliénataires ou entrepreneurs de carrosses, de voitures, diligences, messageries et autres voitures publiques, leurs fermiers, sous-fermiers ou préposés, seront tenus d'envoyer, dans le délai de six mois, à compter de la date du présent, copie de leurs titres, baux, tarifs, pancartes et règlements particuliers, au secrétaire d'État ayant dans son département la police des carrosses, diligences et messageries pour, sur le compte qui en sera rendu au Roi en son Conseil, y être statué par S. M. ce qu'elle jugera convenable.

Et cependant, ordonne par provision, S. M., que toutes les contestations qui surviendront entre lesdits fermiers ou entrepreneurs, leurs procureurs, commis ou préposés, concernant l'exercice des droits résultants de leurs baux, circonstances et dépendances, et les marchands voituriers, voyageurs et tous autres seront portées par devant le Sr lieutenant général de la police de la Ville de Paris, et par devant les Srs Intendants et Commissaires départis, pour y être par eux statué, et leurs Jugements exécutés par provision, sauf l'appel au Conseil.

2. *Arrêt du Conseil sur la Régie des messageries* [a].

---

[a] D'après la *Correspondance Métra* (5 août) le projet passa au Conseil « malgré Bertin et les autres contradicteurs de Turgot ». La création de la régie, dit le même nouvelliste (30 août) « a excité quelques mécontentements parmi cette espèce d'hommes toujours prêts à médire des ministres. M. Turgot n'en est pas moins actif à poursuivre ses projets de réforme et il montre qu'un grand homme doit s'occuper de faire le bien, sans espérer la moindre reconnaissance ».

À la date du 9 septembre, Métra signale que le nouvel établissement a beaucoup d'ennemis. « Cela ne surprend pas quand on sait que les anciens fermiers tenaient le plus grand état, recevaient beaucoup de monde, donnaient fréquemment des fêtes magnifiques et conséquemment avaient acquis un grand nombre de partisans. Une infinité de gens craignent de perdre les bons dîners qu'ils trouvaient chez Mme Herbert, chez M. de Chanteclair, etc. Tous les gens sensés désiraient depuis longtemps qu'un établissement dont l'Allemagne offrait l'exemple, fit succéder ici la célérité que peuvent procurer des relais placés de deux en deux lieues à l'insupportable lenteur de nos coches. Le prix des places sera moindre sur plusieurs routes et n'éprouvera sur d'autres qu'une légère augmentation inférieure aux frais d'auberge que l'accélération de la course économisera aux voyageurs. Le surplus du tarif est conforme, ainsi que ce qui concerne le privilège exclusif, absolument conforme au règlement approuvé par arrêt du 5 septembre 1760...

« Il est vrai que les fermiers des messageries se relâchaient souvent des droits qu'ils étaient autorisés de percevoir, mais nous devons également attendre des modérations et des facilités de la part d'une administration royale, ce qui est maintenant synonyme de paternelle, dans les occasions où le bien du commerce s'y trouvera intéressé...

« ... L'établissement fait autant d'honneur au ministre qu'à l'homme de mérite — Bernard, cidevant intendant général des Postes du Roi de Prusse — qui est chargé de son exécution...

« Tel homme qui, par l'établissement actuel, pourra épargner une partie de son revenu, et ce qui est aussi précieux, aller faire au loin des affaires utiles sans perdre en route un temps qu'il emploie-

[D. P., VIII, 10.]

(Mise en régie des messageries distraites du bail des postes, moyennant indemnité. — Réunion au domaine des droits de carrosses. — Maintien provisoire du privilège exclusif. — Organisation d'un service de voitures sur les grandes routes.)

7 août.

(Le droit d'établir sur les grandes routes des voitures publiques était en France l'objet d'une foule de petits privilèges particuliers, concédés ou affermés par le gouvernement. On y avait joint presque partout le droit exclusif de voiturer les paquets au-dessous de cinquante livres. Turgot aurait désiré pouvoir détruire ces privilèges, mais il aurait fallu sacrifier un revenu nécessaire, et il était à craindre que l'établissement des voitures publiques sans privilèges ne se fît qu'avec lenteur, dans un pays où l'habitude d'en obtenir et celle de n'avoir presque jamais vu de commerce libre, fait exagérer la crainte de la concurrence. Ainsi, la réunion de tous ces privilèges à une régie dépendante du gouvernement, semblait une première opération nécessaire et d'autant plus utile que le ministère, en conservant le privilège exclusif, pouvait l'exercer avec douceur, et supprimer du moins les vexations qui en étaient la suite. Le nouveau plan procurait plus de célérité dans la marche des voitures, en multipliait le nombre, en diminuait les prix ; utile ou commode aux particuliers, il offrait des avantages réels au commerce, et cependant, il apportait quelque augmentation au trésor public. (Condorcet, *Vie de Turgot*, p. 87)

« Les entrepreneurs des anciens établissements, dit méchamment l'abbé Proyart, étaient tenus de procurer aux voyageurs la faculté d'entendre la messe les jours où il est de précepte d'y assister : la réforme des voitures entraîna celle des chapelains ; et les voyageurs en *Turgotines* apprirent à se passer de messe, comme s'en passait Turgot. » (*Louis XVI et ses vertus aux prises avec la perversité de son siècle*.)

« On a estimé que l'établissement de la Régie avait augmenté les revenus de 1 800 000 fr. C'est encore un des objets sur lesquels on a crié à la violation de la propriété.

L'intention de Turgot n'était pas de conserver dans la suite au Roi aucun privilège exclusif... Il savait que l'avantage d'une entreprise faite en grand et combinée avec l'établissement des postes lui donnerait les moyens de rendre libre ce genre de commerce et d'industrie...

Turgot n'a pas dirigé tous les détails de cette entreprise... Il trouvait dans la réunion aux postes l'avantage d'épargner, lorsque les messageries seraient bien montées, la dépense des courriers de la malle, au moins jusqu'à 30 lieues à la ronde autour de Paris...

Il voyait dans les messageries l'avantage de conduire avec rapidité les fonds du trésor d'une province à l'autre ou des recettes particulières au chef-lieu. Il se proposait de mettre toutes les postes à 4 lieues, comme dans le reste de l'Europe, et de donner aux maîtres des postes l'inspection des routes... Les maîtres jouissant alors d'un petit

ra avantageusement ; cet homme raille de ce que le Roi s'est fait messager et se charge lui-même de le voiturer. »

traitement et recevant le prix de la course double, auraient suffisamment gagné sur les chevaux à 20 sols ; les diligences moins chères eussent été plus employées ; le peuple eût profité de la moitié des exemptions des maîtres de postes...

La régie des messageries paraissait à quelques amis de Turgot n'être pas une opération au niveau des grandes vues qu'on lui connaissait... Mais une fois l'établissement achevé, l'État en aurait tiré 4 000 000 l. en augmentation de revenu ou en diminution de dépenses.

Les droits des anciens concessionnaires, pour lesquels les ennemis de Turgot cherchaient à exciter la pitié publique, avaient été scrupuleusement respectés... Leurs chevaux, voitures... leur furent achetés à toute leur valeur, plutôt augmentée qu'affaiblie...

Si ce n'eut été alors une espèce de mode, personne n'eût murmuré contre Turgot... » (Du Pont, *Mém.*, 234 et s.))

Le Roi, s'étant fait rendre compte des différents arrêts et règlements rendus pour l'administration des messageries, ensemble des concessions faites par les Rois ses prédécesseurs, de différents droits de carrosse et de quelques messageries ; S. M. a reconnu que la forme de régie qui a été adoptée pour cette partie ne présente pas à ses sujets les avantages qu'ils devraient en tirer ; que la construction des voitures, et la loi imposée aux fermiers de ne les faire marcher qu'à journées réglées de 10 à 11 lieues, est très incommode aux voyageurs qui, par la modicité de leur fortune, sont obligés de s'en servir ; que le commerce ne peut que souffrir de la lenteur dans le transport de l'argent et des marchandises ; que, d'ailleurs, cette ferme soumet les peuples à un *privilège exclusif* qui ne peut que leur être onéreux et qu'il lui serait impossible de détruire s'il continuait d'être exploité par des fermiers ; que, quoiqu'au moyen dudit privilège, cette ferme dut donner un revenu considérable, cependant l'imperfection du service en rend le produit presque nul pour ses finances ; S. M. a pensé qu'il était également intéressant, pour elle et pour ses peuples, d'adopter un plan qui, en présentant au public un service plus prompt et plus commode, augmentât le revenu qu'elle tire de cette branche de ses finances, et préparât en même temps les moyens d'abroger *un privilège exclusif onéreux au commerce*.

Pour y parvenir, S. M. a jugé qu'il était indispensable de distraire du *bail des Postes les messageries et diligences* qui y sont comprises, de retirer des mains de ceux qui en sont en possession, les *droits de carrosses* concédés par les Rois, ses prédécesseurs, de résilier tous les baux qui ont été passés pour leur exploitation, en assurant, tant aux fermiers qu'aux concessionaires, l'indemnité qui se trouvera leur être due.

S. M. désirant faire jouir ses sujets de tous les avantages qu'ils doivent tirer des messageries bien administrées, et se mettre en état de leur en procurer de nouveaux par la *suppression du privilège exclusif* attaché auxdites messageries, aussitôt que les circonstances pourront le permettre, a résolu de faire rentrer dans sa main, tant lesdits droits de carrosse que les messageries, qui font partie du bail général des Postes pour former du tout une Administration royale, de substituer aux carrosses dont se servent les fermiers actuels, des voitures légères, commodes et bien suspendues, d'en faire faire le service à un prix modéré, également avantageux au commerce et aux voyageurs ; enfin, d'astreindre les maîtres de poste à fournir les chevaux nécessaires pour la conduite desdites voitures, sans aucun retard et avec la célérité que ce service exige.

I. Les privilèges concédés par les Rois prédécesseurs de S. M. pour les droits de carrosses et de quelques messageries seront et demeureront réunis au Domaine de S. M. pour être exploités à son profit par l'*Administration des diligences et messageries* ; et ce, à compter des jours qui seront fixés successivement pour les différentes routes par des arrêts particuliers.

II. Les baux passés par l'adjudicataire des Postes aux différents fermiers des messageries et diligences, de même que ceux faits par les engagistes, concessionnaires et autres possesseurs des droits de carrosses et messageries particulières, seront et demeureront résiliés, à compter desdits jours fixés pour les routes que concernent leurs baux.

III. Les dites messageries seront et demeureront distraites du bail général des postes et il sera tenu compte à l'adjudicataire, en déduction du prix de son bail, de la somme à laquelle se trouvent monter les prix des baux des messageries et diligences qui y sont comprises.

IV. Entend S. M. que les possesseurs des droits de carrosses soient indemnisés de la perte résultant de la suppression des engagements et concessions à eux faits, suivant la liquidation qui en sera faite par les Commissaires du Conseil que S. M. nommera pour procéder à ladite liquidation.

V. Entend également S. M. qu'il soit incessamment pourvu à l'indemnité qui pourra être due aux fermiers des messageries, diligences et carrosses, pour raison de ladite résiliation et des bénéfices qu'ils auraient pu espérer pendant le temps qui reste à courir de leurs baux, et ce, suivant la liquidation qui en sera faite par lesdits Commissaires du Conseil.

VI. À compter du jour qui sera fixé pour chaque route en particulier, il sera établi *sur toutes les grandes routes* du Royaume, *des voitures à huit, six ou quatre places*, commodes, légères, bien suspendues, et tirées par des chevaux de poste, lesquelles partiront à jours et heures réglés et seront accompagnées d'un commis pour la sûreté des effets.

Quant aux routes de traverse et de communication, S. M. se réserve de pourvoir à y établir le service des messageries de la manière la plus avantageuse au public.

VII. Se réserve également S. M., de fixer par Arrêt de son Conseil, le prix qui sera payé aux diligences qui seront substituées, par la nouvelle administration, aux carrosses, diligences ou messageries actuelles, soit pour les voyageurs, soit pour le port des hardes, argent, bijoux et effets.

3. *Résultat du Conseil nommant le régisseur et fixant la rémunération des administrateurs.*

[D. P., VIII, 15.]

7 août.

L'article I commet Denis Bergault pour la Régie.

L'article III accorde à chacun des administrateurs et cautions de Bergaud 6 000 l. par an pour droits de présence, plus un droit de remise de 3 deniers pour livre sur les premiers produits nets de 500 000 l., de 6 deniers pour livre sur les produits nets de 500 000 l. à 1 000 000 l., de 9 deniers pour livre sur les produits nets de 1 000 000 à 1 500 000 l. et de 1 sol pour livre sur les produits nets excédant 1 500 000 l.

L'article VIII exempte les administrateurs du droit de marc d'or.

4. *Arrêt du Conseil nommant les administrateurs et réglant leurs attributions.*

[D. P., VIII, 16.]

7 août.

(Complément de la décision précédente.)

5. *Arrêt du Conseil réunissant à la régie le privilège des voitures de la Cour et des voitures de Saint-Germain.*

[D. P., VIII, 16.]

7 août.

... Le Roi, par Résultat de son Conseil de ce jour, ayant jugé à propos de changer l'Administration des diligences et messageries par tout le Royaume, S. M. a pensé qu'il pourrait être utile pour son service et pour l'amélioration de ladite Administration, d'y réunir les voitures établies à la suite de la Cour, celles de Saint-Germain et les messageries en dépendantes.

Articles I et II. Réunion au domaine des privilèges de ces voitures à compter du 1er septembre 1776.

III. Les engagistes, concessionnaires ou fermiers de ces voitures seront indemnisés de la perte résultant de la suppression des engagements et concessions à eux faits, suivant la liquidation qui en sera faite par les Commissaires du Conseil que S. M. nommera pour procéder à ladite liquidation.

IV. L'Administration des diligences et messageries prendra pour son compte, d'après les inventaires et estimations à dire d'experts, qui en seront faits, les voitures, chevaux et ustensiles servant à l'exploitation des dites voitures de la Cour et messageries et seront les fermiers... payés du prix desdits effets, suivant la liquidation qui en sera faite par les Commissaires qui seront nommés à cet effet.

V. Il sera incessamment pourvu à l'indemnité qui pourra être due aux fermiers des voitures de la Cour, de celles de Saint-Germain et messageries qui en dépendent, pour raison de ladite résiliation, et des bénéfices qu'ils auraient pu espérer pendant le temps qui reste à courir de leurs baux et ce, suivant la liquidation qui en sera faite par les Commissaires du Conseil.

6. Arrêt du Conseil nommant les commissaires pour la liquidation de l'entreprise des voitures de la Cour.

[D. P., VIII, 22.]

7 août.

Ces commissaires furent : De Boullongne et Boutin, intendants des finances ; Du Four de Villeneuve, conseiller d'État ; Meulan d'Ablois, Raymond de Saint-Sauveur, De Colonia, Feydeau de Brou, maîtres des requêtes.

7. Arrêt du Conseil sur les tarifs des diligences et messageries.

[D. P., VIII, 19.]

7 août.

S. M., en réunissant dans sa main les Messageries qui faisaient ci-devant partie du bail des postes, et les droits de carrosses et de quelques messageries, possédés par différents particuliers, à titre d'engagement, concession ou autrement, s'est réservé de prescrire les règles à suivre pour l'administration desdites diligences et messageries, de déterminer les obligations de ladite administration envers le public et celles du public envers elle ; de fixer le tarif des prix à payer, soit pour les places dans lesdites diligences, soit pour le port des hardes, argent et autres effets. Elle a vu avec satisfaction que ledit établissement présente à ses sujets des avantages multipliés ; que, si la nécessité de conserver dans toute son intégrité les revenus qu'elle tire des diligences et messageries, s'oppose au désir qu'elle aurait eu de supprimer dès à présent le *privilège exclusif* qui leur est accordé, les principes qui seront suivis par la nouvelle administration, les commodités qui en résulteront pour les voyageurs et négociants, la célérité et le bas prix des transports devant lui assurer bientôt une préférence décidée, elle pourra, dès que ledit service sera entièrement et solidement établi et sans diminuer les revenus qu'elle tire desdites diligences et messageries, et ceux qu'elle doit en attendre, se livrer aux mouvements de son affection paternelle pour ses peuples et les soustraire audit privilège exclusif.

En attendant qu'elle puisse leur procurer la totalité des avantages qui doivent en résulter, il est de sa bonté de prendre les mesures les plus promptes pour en régler le service et pour faire jouir ses sujets des commodités qu'il doit leur procurer dès les premiers temps de son établissement. À quoi voulant pourvoir...

Le premier article abaisse le tarif des diligences de Lyon et de Lille.

Le second ordonne que, sur le prix des places ainsi abaissé, une retenue d'un sixième sera destinée à former une masse pour donner des gratifications aux maîtres de poste qui feront le service des diligences.

Le troisième défend de visiter aux barrières les voitures des messageries ; ordonne qu'elles le soient aux bureaux mêmes des diligences, sauf à les faire accompagner depuis la barrière par des employés.

Le quatrième les exempte des droits de péage, passade, traites foraines et autres.

Le cinquième et le sixième contiennent des dispositions réglementaires relatives au service des postes et à celui des rouliers.

Le septième astreint la Régie aux règlements du roulage, et confirme la portion des anciens règlements de messageries à laquelle celui-ci ne déroge pas.

Le huitième ordonne aux maréchaussées d'escorter les voitures de messageries dans les forêts, et à toute réquisition.

Le neuvième attribue la connaissance des contestations qui pourraient s'élever au lieutenant de police à Paris et aux intendants dans les provinces.

Le tarif et quelques autres règlements sont annexés à l'Arrêt.

8. *Ordonnance portant règlement.*

[D. P., VIII, 26. — Foncin, p. 278. — *Anciennes lois Françaises*, XXIII, 227-229.]

(Établissement de diligences légères sur toutes les grandes routes.)

12 août.

S. M. ordonne qu'à compter du jour qui sera fixé pour chacune des grandes routes du Royaume, il sera établi une ou plusieurs diligences, lesquelles partiront chargées ou non chargées et seront conduites par des chevaux de poste en nombre suffisant ; et, attendu que le nouveau service qu'elle juge à propos de confier aux maîtres de Poste leur assure un produit considérable et constant, S. M. ordonne :

1. — À compter du jour qui sera fixé pour chacune des grandes routes du Royaume il y sera établi, au lieu des voitures publiques actuellement en usage, des diligences légères, commodes, bien suspendues, à huit places, pour lesquelles il sera fourni par chaque maître de poste, qu'elles soient remplies de voyageurs ou qu'elles ne le soient pas, et lorsque la charge n'excèdera pas 18 quintaux poids de marc, six chevaux ; lorsqu'elle montera à 21 quintaux, sept chevaux, et à 24 quintaux, huit chevaux, lesquels seront payés aux maîtres de poste à raison de 20 sols par poste…

2. — Chaque diligence sera accompagnée d'un commis conducteur, lequel sera porteur d'un billet d'heure, qui lui sera remis par le directeur de la diligence au lieu de départ. Ce billet sera rempli, de poste en poste, par les maîtres de poste, qui écriront l'heure de l'arrivée et celle du départ de la diligence, et y mettront leur signature. Ces mêmes billets seront encore visés des directeurs ou receveurs des diligences dans les lieux où il y en aura d'établis ; et ce, afin d'assurer l'exactitude du service, qui doit se faire avec assez de célérité, pour que, dans les chemins les plus difficiles, les diligences puissent parcourir une poste dans l'espace d'une heure [a].

3. — Les maîtres de poste auront soin de tenir leurs chevaux prêts pour l'heure de l'arrivée des diligences, afin que le service n'éprouve

---

[a] La poste était de 4 lieues.

aucun retard ; ils auront soin de même d'avoir de bons chevaux et des postillons en état de conduire ces voitures : S. M. déclarant qu'ils seront responsables des retards et des accidents qui pourraient arriver par leur faute ou celle de leurs postillons...

5. — Les inspecteurs généraux des diligences et messageries seront chargés de l'examen des chevaux qui seront employés à ce service, et ils pourront réformer ceux qui ne sont pas en état de le faire.

9. *Arrêt du Conseil sur la liquidation de l'entreprise des voitures de la Cour.*

[D. P., VIII, 41.]

(Conservation aux créanciers des billets au porteurs souscrits par les fermiers.)

6 septembre.

Le Roi, ayant jugé à propos par Arrêt de son Conseil du 7 août de faire régir et administrer pour son compte le privilège des voitures à la suite de la Cour et celles de Saint-Germain et messageries en dépendantes, et d'ordonner que la nouvelle administration... prendrait pour son compte, d'après les inventaires et estimations, établies à dire d'experts, les meubles et immeubles, les voitures, chevaux, ustensiles servant à l'exploitation, à l'occasion de quoi, S. M. ayant été informée que les créanciers des associés à l'entreprise et au bail desdites voitures de la Cour, à qui il est dû par billets au porteur, auraient été alarmés de voir passer dans les mains de la nouvelle administration, des effets qu'ils ont toujours regardés comme le gage de leur sûreté ; S. M. a pensé qu'il était de sa justice et de sa bonté, de calmer les inquiétudes de ces créanciers et de venir à leur secours en leur assurant le paiement de leurs créances...

1. — Tous les créanciers... seront tenus de représenter, dans un mois... au Sr Rouillé de Marigny, caissier général des diligences et messageries... les billets au porteur souscrits solidairement par lesdits fermiers pour être visés et payés à leur échéance par ledit caissier, après toutefois qu'ils auront été reconnus par lesdits fermiers ; et ce, en déduction et jusqu'à concurrence des sommes que l'administration des messageries se trouvera devoir auxdits fermiers.

2. — Fait S. M. défense auxdits créanciers... de faire aucunes poursuites contre lesdits associés.

10. *Circulaire aux Intendants
sur la nouvelle administration des messageries.*

[A. Calvados, C. 3051.]

(Envoi des Arrêt et Ordonnance intervenus. — Enquête sur les transports. — Réductions de prix par abonnements. — Les facilités accordées précédemment seront maintenues.)

Paris, 9 septembre.

Le Roi, ayant adopté un nouveau plan d'administration pour les diligences et messageries de son royaume, a rendu le 7 du mois dernier quatre Arrêts à ce sujet.

Par le premier, S. M. réunit à son domaine *tous les privilèges* concédés par les rois ses prédécesseurs pour les droits de *Carrosses, diligences et messageries,* et prescrit la manière dont ces voitures seront servies à l'avenir. Par le deuxième, elle fixe le prix qui sera payé pour les places dans les voitures et pour les marchandises. Par le troisième, elle commet Denis Bergault pour la régie et administration des diligences et messageries. Par le quatrième, elle nomme les administrateurs qu'elle charge de veiller aux opérations de cette régie et par une Ordonnance du 12 du même mois, elle prescrit aux maîtres de poste le service qu'ils auront à faire pour cette régie.

S. M. m'a ordonné de vous marquer que son intention est que ces lois soient publiées et affichées dans votre généralité ; il est bon de vous observer pour l'Ordonnance intéressant particulièrement les maîtres de poste qu'il est nécessaire que vous donniez vos ordres pour qu'elle soit affichée à la porte de chacun d'eux.

Je connais trop votre zèle pour le service du Roi pour n'être pas assuré de votre exactitude à exécuter ses ordres et de votre empressement à concourir à tout ce qui pourra faciliter un établissement qui, en donnant une nouvelle branche de revenu à l'État, procure plus de commodités aux voyageurs et plus de célérité aux opérations de commerce.

Pour porter cet établissement au degré de perfection dont il en est susceptible et le rendre aussi utile au public que S. M. le désire, il me paraît nécessaire, que vous veuillez bien préparer et remettre à l'administrateur de tournée qui se rendra incessamment dans votre généralité et qui aura l'honneur de vous voir, les renseignements les plus détaillés qu'il vous sera possible de vous procurer sur les communications que les villes de votre généralité ont entre elles et avec la capitale, le nombre par approximation des voyageurs qui se servaient des anciennes voitures, la quantité de marchandises qu'on faisait transporter par cette voie, sur les nouvelles diligences que vous jugerez nécessaires d'établir d'une ville à une autre, sur les avantages que le commerce en tirerait, la grandeur que devront avoir les voitures à établir proportionnellement au nombre des voyageurs qui s'en serviront, enfin tous les renseignements que vous jugerez propres à faciliter, accélérer et perfectionner un établissement que S. M. a jugé pouvoir concourir au bien de son peuple et du commerce.

Vous verrez que le Roi a pris, pour base de cette opération, le tarif accordé aux messageries et carrosses de voitures ; je n'ignore pas que les principaux négociants, les banquiers, les receveurs des deniers royaux avaient fait, avec les fermiers, différents abonnements à des prix inférieurs ; il n'a pas été possible de prendre ces abonnements pour base du tarif annexé à l'arrêt du 7 août, mais je me suis proposé d'autoriser l'Administration à maintenir ces abonnements, d'après le rapport qu'elle doit me faire des circonstances qui peuvent les rendre nécessaires ou utiles ; je vous serai obligé d'en prévenir les personnes intéressées.

P. S. — La lecture de ces Arrêts vous convaincra que l'intention de S. M. n'a point été d'aggraver l'exercice du privilège, qu'elle n'a voulu que le laisser subsister dans son état actuel, parce qu'elle l'a jugé nécessaire pour faciliter l'établissement de la nouvelle administration ; on a copié dans l'Arrêt du conseil servant de Règlement, les expressions des anciens Règlements sur l'étendue des privilèges accordés aux messageries ; mais l'intention du Roi n'est pas que ces privilèges soient exercés plus rigoureusement que par le passé et l'Administration a ordre de laisser subsister les adoucissements que l'usage avait introduits en divers lieux en faveur du commerce et des voyageurs. Ainsi, les choses resteront, quant à l'exercice du privilège, exactement dans le même état qu'elles étaient jusqu'à ce que l'établissement complet du nouveau plan et les avantages qui lui assureront toute préférence de la part du public mettent le Roi en état d'adoucir ou de supprimer, s'il est possible, les privilèges qu'elle a cru devoir quant à présent laisser subsister.

11. *Arrêt du Conseil pour la mise en adjudication des fournitures.*

[Cité D. P., VIII, 52.]

11 septembre.

(L'arrêt commet les administrateurs nommés par Arrêt du Conseil du 7 août, à l'effet de procéder à l'adjudication au rabais des fournitures nécessaires.)

12. *Circulaire aux intendants leur annonçant la prise de possession par la régie de l'exploitation des carrosses, etc.*

[A. Calvados, C. 3051.]

19 septembre.

(Cette prise de possession fut fixée au premier octobre.)

13. *Arrêt du Conseil relatif aux objets remis aux anciennes messageries et non réclamés.*

[D. P., VIII, 70.]

30 septembre.

(Ces objets devront être remis à la nouvelle administration qui paiera à l'ancienne les frais dus pour le port. S'ils ne sont pas réclamés par les expéditeurs ou destinataires dans les deux ans, ils seront vendus à l'enchère au profit du Roi.)

14. *Arrêt du Conseil ordonnant aux préposés de l'administration des messageries de prêter serment.*

[Cité D. P, VIII, 71.]

5 octobre.

(Le serment doit être prêté devant le lieutenant de police ou les intendants.)

15. *Arrêt du Conseil réunissant au Domaine les privilèges des coches et diligences d'eau.*

[D. P., VIII, 103.]

(Réunion motivée par le morcellement des exploitations.)

11 décembre.

Le Roi, étant informé que, par concessions particulières des Rois prédécesseurs de S. M., il a été établi, sur la plus grande partie des rivières et sur quelques canaux navigables du Royaume, des coches et diligences qui partent et arrivent à jours et heures réglés ; que ces voitures sont de la plus grande commodité pour le public et pour le commerce, par la modicité des prix fixés pour le port des marchandises et les places des voyageurs, mais que ces établissements pourraient encore se perfectionner si S. M. faisait rentrer dans sa main les privilèges en vertu desquels lesdites voitures ont été établies, et n'en formait qu'une seule exploitation, attendu les obstacles inséparables d'exploitations d'entreprises de cette espèce, que des particuliers surmontent difficilement, et qui s'aplaniraient d'eux-mêmes si lesdites voitures étaient dans la main d'une administration royale ; S. M. a pensé qu'il ne pourrait qu'être avantageux à ses peuples et à elle-même de prononcer ladite réunion et de confier l'exercice de tous lesdits privilèges à l'Administration des diligences et messageries, établie par Arrêt du 7 août dernier, en pourvoyant à l'indemnité qui pourra être due aux concessionnaires desdits privilèges et aux fermiers qui les exploitent ; que ladite administration, réunissant les coches et diligences d'eau à la partie dont elle est chargée, pourra les combiner de la manière la plus avantageuse, et qu'il lui sera facile de faire concourir à l'utilité publique et au bien de sa manutention générale, ces différentes entreprises qui, par leur division, ne peuvent que se nuire réciproquement. À quoi voulant pourvoir...

178. — LE COMMERCE DES GRAINS.

1. *Arrêt du Conseil permettant l'entrée par le port de Marseille des grains nationaux destinés à la consommation de la Provence* [a].

[D. P., VII, 152.]

(L'Arrêt du 13 septembre 1774 n'ayant pas statué sur l'exportation des grains et le port de Marseille étant réputé étranger, la ville de Marseille n'a pu profiter des grains introduits dans son port ; l'entrée y est permise sur acquits-à-caution.)

14 janvier.

Le Roi, en établissant, par l'Arrêt rendu en son Conseil, le 13 septembre 1774, la liberté du commerce des grains dans l'intérieur du

---

[a] Cette précaution assura la subsistance de la Provence, du Dauphiné et d'une partie du Languedoc (Du Pont, *Mém.*, 182).

Royaume, a eu pour objet d'assurer, entre ses différentes provinces, la communication nécessaire pour subvenir par l'abondance des unes aux besoins des autres ; S. M., ayant cru devoir, par des motifs de prudence, différer de statuer sur la liberté de la vente hors du Royaume jusqu'à ce que les circonstances soient devenues plus favorables et le port de Marseille, ayant toujours été réputé étranger par rapport au commerce et ayant, en conséquence, toujours joui de la liberté indéfinie de vendre toutes sortes de grains à l'étranger, il en est résulté, par une conséquence nécessaire, que l'introduction des grains nationaux n'a pu être permise dans la ville de Marseille, puisque les grains une fois introduits dans ce port auraient pu, sans obstacle, être transportés à l'étranger. Mais S. M. est instruite que cette défense, dont l'objet n'a été que d'empêcher les grains nationaux de passer à l'étranger, nuit à l'approvisionnement de plusieurs cantons de l'intérieur de la Provence, qui étant plus à portée de Marseille que d'aucun autre port, sont privés de la ressource des grains qu'ils pourraient tirer des autres provinces du Royaume, ou ne peuvent les recevoir que par des voies longues, détournées et difficiles et, par conséquent en les payant beaucoup plus cher. Cette interdiction du passage des grains du Royaume par Marseille empêche les grains de la Provence même, et en particulier du territoire d'Arles où la récolte a été assez abondante, de parvenir dans les cantons les plus disetteux et même dans la capitale de la province, où le commerce les porterait facilement et ferait diminuer le prix de la denrée si la voie de la circulation par Marseille était ouverte. Ces considérations ont fait penser à S. M. que, si la destination des grains nationaux pour le port de Marseille ne pouvait pas être autorisée sans donner lieu à la sortie des grains hors du Royaume, il était néanmoins indispensable et conforme à la justice qu'elle doit à tous ses sujets, de rendre le passage par cette ville libre aux secours destinés à approvisionner l'intérieur du Royaume, et d'établir à cet effet une forme qui, sans donner lieu à la sortie des grains pour l'étranger, put rendre facile leur introduction par Marseille dans l'intérieur de la Provence. S. M. a reconnu avec satisfaction qu'il était facile de parvenir à ce double but, en ordonnant que les grains expédiés des différents ports du Royaume pour Marseille et destinés pour l'intérieur de la Provence soient munis d'un acquit-à-caution pour le premier bureau, par lequel les marchandises entrent dans le Royaume en sortant de Marseille.

À quoi, étant nécessaire de pourvoir... Il sera libre à toutes personnes de transporter dans l'intérieur de la Provence des grains nationaux, même en les faisant passer par le port de Marseille. Les acquits-à-caution qui seront délivrés dans les ports où les grains auront été chargés seront à la destination du bureau de Septêmes et autres bureaux de l'intérieur de ladite province, et que ceux à qui lesdits acquits-à-caution auront été donnés seront tenus d'introduire dans ladite province et par lesdits bureaux les quantités portées dans leurs chargements et y faire décharger les acquits-à-caution, aux peines portées par l'ordonnance des fermes [a].

2. *Lettre à l'évêque de Tarbes* [b].

[A. N., F^{12} 151.]

(Félicitations pour les mesures prises contre l'épizootie. — Le Gouvernement ne fait plus d'achats de grains.)

14 février.

J'ai reçu, M., la lettre que vous m'avez fait l'honneur de m'écrire le 29 du mois passé. Je vois avec plaisir que, par les précautions que vous avez prises, votre diocèse a été préservé du fléau qui règne aux environs. Ce n'est véritablement qu'avec de la fermeté que l'on parvient au succès désiré. J'ai rendu compte au Roi de l'éloge de celle qu'a eue M. De Formet, maire de la ville de Tarbes. S. M. m'a chargé de vous marquer combien elle en était satisfaite.

Elle consent volontiers à faire payer le tiers de la valeur des bêtes qui auront été assommées, ainsi qu'elle y a consenti pour les bêtes tuées dans les autres provinces. Vous pourrez vous adresser à M. l'Intendant qui a reçu les ordres nécessaires à cet effet.

À l'égard du blé que vous désireriez qui put être distribué aux habitants, S. M. n'en fait plus acheter ; c'est à la province à faire pourvoir aux besoins de ses habitants comme elle le jugera le plus convenable. Mais si elle se porte à ordonner quelque distribution, je crois qu'il vaut mieux que ce soit en argent qu'en grains.

3. *Lettres à l'Intendant de Caen (De Fontette)*
au sujet d'une émotion populaire à Cherbourg.

[A. Calvados, C. 2681.]

Première lettre.

---

[a] Notifié aux Intendants, le 10 février. (A. Calvados, C. 2627).
[b] Couet du Vivier de Lorry, évêque de Tarbes (1769 à 1782).

(L'émotion a été provoquée par des exportations de grains opérées par le service de la Marine. — Ordre de sévir.)

Versailles, 14 mars.

J'ai reçu, M., les éclaircissements que vous m'avez adressés [a] au sujet de l'émotion populaire qu'ont occasionnés, sur la fin de l'année dernière, dans la ville de Cherbourg les embarquements que le Sr De Barry, garde des magasins des vivres de la Marine, a été chargé de faire et d'envoyer par mer et par acquit-à-caution dans d'autres places du Royaume pour le service de la Marine.

Je vois, M., que, ni les *officiers municipaux*, quand ils en ont été requis, ni même le *lieutenant de police* ne se sont mis en peine de contenir le peuple, de s'opposer à ses violences, ni de les réprimer. Le Sr De Barry, n'ayant point eu, de la justice ordinaire, les secours qu'il avait droit d'en attendre et, étant par état attaché à l'Administration, c'est par les voies de l'Administration qu'il convient de le mettre à l'abri de pareilles insultes et de protéger ses opérations qui sont essentielles pour le service de S. M.

Malgré ce que vous me marquez du Sr Guiffard, qui m'a écrit lors de cette émeute, je ne vous dissimulerai pas qu'un homme qui s'est permis de m'écrire avec la chaleur que le Sr Guiffard a mise dans son Mémoire, me paraît très suspect de n'avoir pas été plus réservé envers le peuple, et de l'avoir excité, ou par des propos, ou par quelques-uns des écrits qui se sont répandus, et je pense qu'il est à propos que vous lui enjoigniez d'être plus circonspect à l'avenir.

Quant au nommé Pierre Sorel, l'injonction que vous vous proposez de lui faire ne me paraît pas suffisante ; il est, ainsi que Jacques Cavelier, chef des séditieux, et ils doivent être tous deux punis. Je compte demander au Secrétaire d'État de la province de vous adresser les ordres du Roi pour que Cavelier soit détenu, comme vous me le proposez, dans les prisons de Carentan pendant deux mois et Pierre Sorel pour un mois dans un autre lieu.

Il est de la plus grande importance que vous vous fassiez rendre un compte exact de la conduite que les officiers municipaux et le lieutenant de police ont tenu pendant cette émeute et, s'ils sont répréhensibles, comme je le crois d'après la lettre du Sr De Barry, dont vous avez copie, je ne pourrai me dispenser de prendre les ordres du Roi contre eux-mêmes pour ne s'être pas opposés aux violences qui se sont

---

[a] Les 5 janvier et 6 février avaient été communiqués à l'intendant les Mémoires des gardes Guiffard et De Barry.

commises par la populace, qui a insulté le Sr De Barry et qui a cassé les vitres de sa maison. Il était du devoir du lieutenant de police de faire arrêter les coupables, ou du moins d'informer contre eux pour parvenir à les connaître. Toute autre conduite en pareille circonstance ne peut servir qu'à provoquer le trouble et le faire accroître, bien loin de l'apaiser ; et l'impunité enhardit toujours ceux qui voudront se livrer à cet excès. Je vous prie donc de vous informer des motifs qui ont pu porter ce lieutenant de police à se relâcher de son devoir en différant de suivre la plainte du Sr De Barry et en souffrant que Sorel, Cavelier, Saint-Martin, horloger de campagne, Lafresne, cordonnier, et sa femme, et Larivière, menuisier, fissent des quêtes pour défrayer les deux premiers du voyage qu'ils se proposaient de faire à Paris et qu'ils ont fait effectivement pour y présenter les placets dont je vous ai donné connaissance. Pourquoi cet officier, après le départ de Sorel et de Cavelier, a-t-il laissé continuer les quêtes par les trois autres particuliers ? Pourquoi il n'y en a-t-il pas eu un seul qui ait été arrêté ni même contenu ? Ils méritent cependant d'être punis et vous voudrez bien me donner les renseignements nécessaires pour prendre à leur égard les ordres du Roi à l'effet de les détenir prisonniers pendant quelque temps dans les prisons différentes que vous m'indiquerez.

Il vous reste encore à m'informer si l'embarquement des grains destinés pour le service de la Marine a été fait nonobstant l'opposition qui y a été mise par les habitants de Cherbourg. Et, s'il n'a pas été exécuté, vous devez faire usage des moyens qui vous ont été indiqués pour assurer cet embarquement qui intéresse le service du Roi. C'est pourquoi il est à propos que vous fassiez prévenir le Sr De Barry que, s'il est chargé par sa compagnie d'envoyer des grains par le port de Cherbourg, pour les autres ports du Royaume, il pourra les faire embarquer en vous demandant main forte s'il en est besoin ; et alors vous voudrez bien vous adresser au commandant de la province pour avoir les troupes qui seront nécessaires.

Deuxième lettre.

(Mise en prison des meneurs.)

10 juin.

J'ai, M., en conséquence de la lettre que vous m'avez écrite le 26 mars, demandé à M. Bertin de vous adresser les ordres du Roi pour faire mettre Cavelier dans les prisons de Carentan pour quatre mois, Pierre Sorel pour un mois dans les prisons de Valognes, et les nommés

Saint-Martin… Lafresne… et Larivière… dans celles de Cherbourg pour quinze jours. Cet exemple qu'il est nécessaire de faire pour ne pas laisser impunie la sédition que ces particuliers ont excitée, suffira sans doute pour les contenir et pour en imposer au peuple [a].

4. *A. C. cassant les ordonnances des officiers de police de La Rochelle.*

[D. P., VII, 209.]

(Visites domiciliaires contraires
à la liberté du commerce des grains.)

7 avril.

(Les officiers de police avaient ordonné la visite dans les greniers de grains venant de l'étranger, et en avaient suspendu la vente pour une autre visite être faite après quinze jours.)

S. M. a reconnu que ces officiers ont excédé le pouvoir qui leur est confié ; qu'ils ont même contrevenu aux lois données par S. M. pour accorder au commerce des grains la liberté qui lui est nécessaire ;

que le pouvoir attribué à des juges de police ne s'étend pas jusqu'à faire visiter les grains que l'on garde dans les magasins ; qu'en aucune occasion, que sous aucun prétexte, ils ne peuvent se permettre d'ordonner de telles visites, parce que des grains gardés dans des magasins ne peuvent jamais nuire au public ;

que c'est au commerçant, dont les grains ont souffert dans le trajet quelque dommage, à déterminer s'il doit, ou s'il veut, faire les dépenses nécessaires pour le réparer, et la manière et le temps qu'il emploiera pour y parvenir, sans qu'aucun juge de police puisse ni faire visiter ces grains, ni lui fixer un délai pour les remettre dans un meilleur état, ni constater par une procédure qu'il ne les y a pas rétablis ; que l'intérêt du commerce est à cet égard la seule règle qu'il doive suivre ; qu'il peut user de sa chose comme il lui plaît, et qu'aucun juge ne peut violer ce droit de la propriété ;

que la vente même de ces grains ne peut pas être interdite ; qu'elle est souvent nécessaire ; qu'elle est utile ; qu'elle ne peut être nuisible ;

que cette vente est souvent nécessaire ; que l'usage, autorisé par l'Ordonnance de la Marine, est dans le commerce de faire assurer les marchandises que l'on transporte par mer et même sur les rivières navigables, moyennant une prime d'assurance proportionnée à la valeur

---

[a] Les arrestations eurent lieu le 19 juin.

de la cargaison et donnée à des compagnies ou à des particuliers qui, sous le nom d'assureurs, prennent le péril sur eux ; qu'en conséquence les avaries sont à la charge des assureurs, pourvu qu'elles ne proviennent point du vice propre de la chose, et qu'elles arrivent par quelque accident de mer ; mais que, pour que les assurés puissent en exiger le remboursement, il est nécessaire qu'ils prouvent non seulement qu'il y a une avarie, mais quelle en est l'évaluation ; que, suivant la pratique usitée dans les amirautés du Royaume, auxquelles la connaissance des avaries est attribuée privativement à tous autres juges par les articles III et XV du titre II de l'Ordonnance de la Marine, il y a deux manières de procéder à cette évaluation : ou par experts nommés par le juge de l'amirauté, ou par la vente publique des grains avariés, et d'une partie de ceux qui n'ont souffert aucun dommage, ensuite de laquelle on connaît la différence entre la valeur des uns et des autres grains et on fixe l'indemnité ; qu'ainsi il peut arriver que le juge de l'Amirauté ordonne la vente ; qu'il y aurait donc contradiction entre l'ordonnance du juge de l'Amirauté et celle du juge de police ; que celle du juge de l'Amirauté devrait prévaloir, parce qu'il est seul compétent en cette matière, et que la vente des grains peut être nécessaire et forcée ;

que l'usage reçu dans les places du Nord, d'où sont venus les grains que les juges de police de La Rochelle ont défendu de vendre, rend cette vente encore plus nécessaire ; qu'on n'admet point dans ces places l'évaluation des avaries par expertise ; qu'on y exige qu'elle soit établie par vente publique ; que, sans cette formalité, les assureurs avec lesquels le chargeur a traité dans ces places refuseraient de payer l'indemnité ; que tel est usage de leurs tribunaux ; qu'ainsi, défendre la vente de ces grains, c'est ôter la réciprocité d'assurances et, par conséquent, de commerce entre le Royaume et les États étrangers ;

que cette vente est utile ; qu'elle l'est aux grains eux-mêmes, parce que les partager par la vente, c'est multiplier le nombre de personnes occupées à les soigner et à les rétablir, en accélérer, en faciliter et en assurer le rétablissement ; elle l'est au peuple, qui, en lavant ces grains et les faisant sécher, ou les mêlant avec d'autres grains, se procure une subsistance convenable et cependant moins chère ; elle l'est au commerçant lui-même, qu'elle exempte des frais de manutention ;

que cette vente ne peut être nuisible ; que ce n'est pas la vente des grains qui peut nuire au peuple ; que c'est la fabrication et la vente du *pain* ; que ce n'est donc que sur la vente et la qualité du pain que doit veiller la police ; que porter les prohibitions jusqu'à la vente des grains, c'est empêcher que les grains les plus détériorés ne puissent être employés à des pâtes, des colles, des poudres nécessaires à la société civile ; obliger d'y substituer des grains mieux conservés, c'est diminuer les subsistances ;

qu'ainsi les juges de police de La Rochelle, par les visites, les défenses, les procédures qu'ils se sont permis d'ordonner, ont excédé leur pouvoir ;

qu'ils ont contrevenu aux lois données par S. M. sur le commerce des grains ; qu'ordonner qu'après quinzaine il serait fait une nouvelle visite de grains venus de l'étranger, c'est obliger le commerçant qui les a reçus à les garder au moins pendant quinzaine, puisqu'il est tenu de les représenter, à l'expiration de ce délai, aux experts chargés de les visiter ; qu'ainsi le commerçant ne peut ni les faire ressortir, ni en disposer ; que néanmoins les Lettres patentes données par S. M. le 2 novembre 1774 ordonnent, article IV, qu'il sera permis à tous ses sujets, et aux étrangers qui auront fait entrer des grains dans le Royaume, d'en faire telles destinations et usages que bon leur semblera ; même de les faire ressortir sans payer aucuns droits, en justifiant que les grains sortants sont les mêmes qui ont été apportés de l'étranger ; que les juges de police de La Rochelle ont donc contrevenu aux Lettres patentes de S. M. ;

que les ordonnances rendues par ces juges de police sont encore contraires aux vues que S. M. s'est proposées dans ses Lettres patentes ; elle a cherché à y encourager le commerce, à l'exciter à apporter des grains dans le Royaume ; et que ces ordonnances tendraient à le repousser et à le détourner : en conséquence de la pleine et entière liberté que S. M. lui a accordée, plusieurs négociants ont envoyé des grains étrangers dans le Royaume, notamment à Marseille, Bordeaux, La Rochelle et Nantes ; que toutes ces importations utiles, mêmes nécessaires, cesseraient ; que le commerce qui, lorsqu'il a souffert quelque perte par des accidents de la mer, mérite, par cette considération, d'être encore plus affranchi de toute inquiétude, fuirait les lieux où ses malheurs mêmes l'exposeraient à des visites, à des inhibitions, à des procédures ; que S. M. doit au maintien de son autorité, au bien de ses peuples, à la sûreté de la subsistance de son royaume, de réprimer des entreprises si nuisibles, et de marquer aux négociants qui font venir des grains étrangers la protection qu'elle leur a accordée et qu'elle est résolue de leur conserver dans toutes les occasions…

À quoi voulant pourvoir, … le Roi casse les Ordonnances… [a].

---

[a] Notifié aux Intendants le 28 avril ; imprimé et distribué en mai (A. Calvados, C. 2627, 2628).

5. Lettre à l'Intendant de Champagne
sur les primes à l'importation dans sa généralité.

[A. Marne. — Neymarck, 39 et s.]

(Effets des primes à l'importation sur le pays récepteur et sur le pays expéditeur. — Le taux des primes doit être modéré. — Les formalités doivent être réduites.)

Paris, 7 avril.

Les observations que vous m'avez communiquées, M., dans notre dernière entrevue au sujet des gratifications que je vous avais proposé de donner à tous les commerçants qui apporteront des grains dans quelques villes de la Champagne m'ont engagé à m'occuper de nouveau de cet objet ; et, après y avoir réfléchi, je crois qu'il y a un moyen de concilier le bien qui doit en résulter, pour l'approvisionnement de votre généralité, avec le ménagement qui peut être nécessaire pour éviter que votre ordonnance ne produise dans la Lorraine et le pays Messin, d'où les grains doivent venir, une impression désavantageuse.

Je ne puis pas me persuader que l'annonce publique de primes pour la Champagne puisse exciter dans cette province la crainte de la disette, et y porter les propriétaires à resserrer leurs grains ; au contraire, les primes destinées à attirer les grains des provinces voisines font craindre aux propriétaires des grains sur les lieux une abondance prochaine ; ainsi, elles portent ces propriétaires à les mettre en vente, les détournent de les resserrer, d'où il résulte qu'avant même que des grains n'arrivent des provinces voisines, que quoiqu'il n'en dut pas arriver, elles produisent une diminution, moins par la concurrence des grains voisins que par celle des grains de la province. Il résulte encore de là qu'il est possible que les primes ne produisent aucune révolution dans les grains des provinces voisines et que cependant elles remplissent le but que l'on se propose dans la province que l'on veut secourir. Il n'est donc pas certain que les gratifications que je vous propose d'accorder diminuent les subsistances dans le pays Messin et dans la Lorraine et il est néanmoins certain qu'elles paraîtront les augmenter dans la Champagne, en accélérant la vente de celles qui sont dans l'intérieur de cette province.

Vous voyez donc, M., que l'usage des primes produit par lui-même dans la province pour laquelle on les accorde plutôt la crainte de l'abondance que la terreur de la disette ; il s'agit seulement d'examiner si elles ne peuvent pas opérer une impression fâcheuse dans les provinces d'où on veut attirer les grains : et je crois qu'on peut la prévenir en évitant de donner dans ces provinces de la publicité au parti que l'on a pris d'accorder des primes pour la province voisine ; vous pourrez ne pas envoyer votre ordonnance dans la Lorraine et le pays Messin et vous réduire à en informer MM. de la Galaisière et de Calonne, et leur demander d'en instruire leurs subdélégués dans les différents départements, afin qu'ils donnent les certificats nécessaires aux commerçants qui pourraient les demander et qui seraient dans le cas de les obtenir, sans donner aucun ordre pour afficher votre ordonnance ni la rendre autrement publique. Je regarde, M., ce tempérament comme très propre à concilier le bien de votre généralité avec ce que peut exiger la situation du pays Messin et de la Lorraine. J'y ajoute pourtant qu'il est nécessaire, dans ce point de vue, de diminuer les gratifications que je vous ai proposé d'accorder. Un taux très haut dans ces gratifications pourrait, en effet, faire une trop grande impression soit sur les esprits, dans votre généralité, soit sur les grains des provinces voisines ; vous êtes d'ailleurs à portée par la connaissance particulière du local, de connaître quelle gratification suffit pour exciter le commerce à apporter et faire craindre la concurrence aux propriétaires des grains sur les lieux, et je vous laisse entièrement le maître de les fixer et de les diminuer.

Ainsi, je vous prie de donner le plus tôt qu'il vous sera possible votre ordonnance pour accorder les gratifications que vous fixerez par quintal de blé de seigle, à ceux qui, du 15 de ce mois au 1er juillet prochain, apporteront de ces sortes de grains du pays Messin et de la Lorraine à Reims, à Chalons et à Troyes, vous bornant à donner connaissance aux intendants de ces provinces de votre ordonnance qui n'y sera pas affichée, et à laquelle on ne donnera d'ailleurs aucune publicité dans ces deux provinces.

P. S. — Je vous envoie, M., le projet d'ordonnance qui était joint à votre lettre du 3 de ce mois ; vous voudrez bien en supprimer les endroits que j'ai soulignés.

1° Dans le préambule, en parlant de l'introduction des grains étrangers, vous ajoutez, « et dont la bonne qualité aurait été reconnue ». Il serait à appréhender que le commerçant ne voulut pas se livrer à cette introduction par la crainte qu'il aurait d'être assujetti à une visite qui serait indispensable pour juger de la bonne ou de la mauvaise qualité et d'être exposé à un refus.

2° Dans l'article 2, pour gagner la gratification, vous exigez la preuve du chargement des grains, de leur déchargement et vente d'iceux. Le déchargement dans les villes de Chalons, Reims et Troyes suffit. Il n'est pas à supposer que des grains qui y seront déchargés en ressortiront pour essayer de nouveaux frais de transport ; la vente n'est pas nécessaire et d'ailleurs la preuve en serait sujette à des inconvénients comme je l'observerai plus bas.

3° Dans l'article 4 qui concerne l'introduction des grains étrangers, vous exigez les mêmes certificats que pour les grains venus de Lorraine et du pays Messin par ces termes : « En outre des certificats ci-dessus qui justifieront l'origine étrangère des dits grains ». Cela est impossible, parce qu'il peut se faire que ces grains viendront de pays où la sortie est défendue et que, sortant frauduleusement, leur entrée en France ne peut être constatée que par les acquits des droits qu'ils paieront à l'entrée du Royaume ; vous ne pouvez donc assujettir qu'à la représentation des acquits.

4° Dans l'article 5, vous ne voulez faire payer la gratification qu'après le déchargement des grains, et la vente de la totalité ou partie d'iceux, laquelle sera constatée par un certificat du commissaire de police ou autre, chargé de la police des marchés. Cette condition est impraticable ; ce serait une gêne à la vente qui ne peut s'allier avec la liberté accordée au commerce, comme je l'ai observé ci-devant sur l'article 2 ; d'ailleurs, la gratification peut être exigée par les voituriers et conducteurs ; il faut donc qu'ils puissent la recevoir après le déchargement pour qu'ils puissent s'en retourner ou vaquer à d'autres transports ; ce serait les consumer en frais que de leur faire attendre la vente de partie ou de la totalité des grains qu'ils auraient apportés et cette vente peut être confiée à des commissionnaires et subordonnés aux ordres des commerçants. On ne peut donc exiger la vente de ces grains pour payer la gratification.

Lorsque vous aurez rendu votre ordonnance, je vous prie, M., de m'en envoyer un exemplaire [a].

6. *Arrêt du Conseil suspendant des droits sur les farines à Dijon, Beaune, Saint-Jean-de-Losne et Montbard.*

---

[a] L'abbé Morellet rapporte que, dans une conversation avec le Premier Consul, à la fin de 1803, celui-ci lui dit :

« Cependant, si M. Turgot s'en était rapporté à la liberté du commerce pour approvisionner la ville de Reims au temps du sacre, il eût été fort embarrassé et ce fut heureusement M. de Vaines qui l'en détourna. »

Morellet aurait répondu : « Citoyen consul, l'exception ne contrarierait pas le principe ; une ville de 10 à 12 000 habitants où se fait subitement une réunion de 60 à 80 000 personnes, peut bien avoir besoin que le gouvernement, qui opère ce changement de situation, prenne quelques précautions pour des approvisionnements qui ne sont pas dans la marche ordinaire des choses. Et, pour avoir pris ce soin, non pas en achetant lui-même et vendant des grains, mais en invitant les négociants, en les encourageant même par quelques primes, l'administrateur ne pourrait pas être regardé pour cela comme ayant abandonné le principe général de la liberté constante du commerce. » (Morellet, *Mém.*, II, 218)

[D. P., VII, 220.]

(Les droits de circulation sont un obstacle au commerce. — En attendant qu'ils puissent être abolis partout, ils seront suspendus dans les localités où les besoins sont les plus grands, sauf indemnité en faveur des titulaires.)

22 avril.

Le Roi, occupé des moyens d'empêcher que les grains nécessaires à la subsistance de ses peuples ne s'élèvent au-dessus du prix juste et naturel qu'ils doivent avoir suivant la variation des saisons et l'état des récoltes, a établi, par son Arrêt du 13 septembre 1774 et par les Lettres patentes du 2 novembre dernier, la liberté du commerce, qui seule peut, par son activité, procurer des grains dans les cantons où se feraient sentir les besoins, et prévenir, par la concurrence, tout renchérissement excessif ; dans les mêmes vues, S. M. a défendu tout approvisionnement fait par son autorité, et par les soins des corps municipaux ou de tous autres corps chargés d'une administration publique, parce que ces approvisionnements, loin de faire baisser les prix, ne servent qu'à les augmenter et qu'en écartant le commerce, ils privent les lieux, pour lesquels ils sont faits, des secours beaucoup plus grands qu'il y aurait apportés, et pallient les besoins sans amener l'abondance.

Mais S. M. a reconnu que, quoique les mesures qu'elle a prises soient les seules qui puissent procurer avec efficacité, avec justice, dans tous les temps, dans toutes les circonstances, le bien de ses peuples, leur effet est arrêté par des obstacles que la circulation des grains éprouve encore dans différents lieux du Royaume ; que les droits établis sur ces denrées, à l'entrée de plusieurs villes et dans les marchés, les y rendent plus rares et, par conséquent, plus chers ; que le marchand doit trouver, dans le produit de la vente de ses grains, le payement du droit ; qu'il est donc obligé d'en demander un plus haut prix, et qu'ainsi le droit lui-même opère un renchérissement ; mais qu'une cherté encore plus grande naît de l'effet que ce droit produit sur le commerce, en l'écartant et le détournant ; que le commerce évite des lieux où il serait obligé de payer des droits et porte, par préférence, à ceux qui en sont exempts ; qu'il craint même l'inquiétude de la perception ; qu'ainsi il ne se détermine à venir dans les lieux sujets à des droits, que lorsqu'il y est appelé par la plus grande cherté ; qu'il n'y apporte même ses denrées que successivement, par parcelles, et toujours au-dessous du besoin, dans la crainte que les grains restant invendus ou la cherté venant à diminuer, le payement des droits ne demeure à sa charge et ne l'expose à des pertes ; de sorte que l'établissement seul du droit occasionne le renchérissement, et éloigne l'abondance qui le ferait cesser.

La circulation ne pourra donc être établie, avec égalité, avec continuité dans tous les lieux du Royaume, que lorsque S. M. aura pu affranchir ses peuples de droits si nuisibles à sa subsistance ; elle se propose de leur donner cette marque de son affection ; mais, en attendant qu'elle puisse accorder ce bienfait à tout son royaume, elle se détermine à en faire, dans le moment, jouir les lieux où des circonstances particulières exigent d'accélérer cette exemption.

En suspendant la perception de ces droits, S. M. n'entend pas préjudicier à la propriété de ceux à qui ils appartiennent ; elle veut leur assurer une pleine indemnité et prendre les mesures nécessaires pour en fixer le payement. À quoi étant nécessaire de pourvoir…

À compter du jour de la publication du présent arrêt, jusqu'à ce qu'il en soit autrement ordonné, la perception de tous droits sur les grains et farines, tant à l'entrée de la ville que sur les marchés, soit à titre d'octrois, ou sous la dénomination de minage, aunage, hallage et autres quelconques, sera et demeurera suspendue dans les villes de Dijon, Beaune, Saint-Jean-de-Lône et Montbard ; fait défense à toutes personnes de les exiger, même de les recevoir, quoiqu'ils fussent volontairement offerts, aux peines qu'il appartiendra, à la charge néanmoins de l'indemnité qui pourra être due aux propriétaires ou aux fermiers desdits droits pour le temps qu'ils auront cessé d'en jouir, ou du remboursement du principal auquel lesdits droits auront été évalués, ensemble des intérêts, si S. M. se détermine à en ordonner la suppression.

Fait S. M. très expresses inhibitions et défenses aux propriétaires et fermiers desdits droits, d'exiger de ceux qui introduiront des grains et des farines dans les dites villes, ou qui les apporteront aux marchés, aucune déclaration de leurs denrées, ni les assujettir à aucunes formalités, sous quelque prétexte que ce puisse être, même à cause de l'indemnité ci-dessus ordonnée, laquelle sera fixée sur leurs baux et tous autres renseignements servant à constater le produit annuel du droit.

Autorise S. M. le Sr intendant… dans la province de Bourgogne à ordonner la dite suspension dans toutes autres villes et lieux de la dite province où il le jugera nécessaire ou utile à la liberté du commerce et à l'approvisionnement des peuples.

7. *Arrêt du Conseil ordonnant des Primes à l'importation par mer.*

[D. P., VII, 226].

(Les primes sont rendues nécessaires par la médiocrité des récoltes en France et à l'étranger. — Des ateliers de charité sont ouverts pour aider à supporter la cherté.)

24 avril.

Le Roi, occupé des moyens d'exciter et d'encourager le commerce [a], qui seul peut, par sa concurrence et son activité, procurer le prix juste et naturel que doivent avoir les subsistances suivant la variation des saisons et l'étendue des besoins, a reconnu que, si la dernière récolte a donné suffisamment des grains pour l'approvisionnement des provinces de son royaume, sa médiocrité empêche qu'il n'y ait du superflu, et que, tous les grains étant nécessaires pour subvenir aux besoins, les prix pourraient éprouver encore quelque augmentation, si la concurrence des grains de l'étranger ne vient l'arrêter ; mais que la dernière récolte n'ayant point répondu, dans les autres parties de l'Europe, aux espérances qu'elle avait données, les grains y ont été généralement chers, même dans les premiers moments après la récolte ; qu'ainsi le commerce n'a pu alors en apporter, si ce n'est dans les provinces du Royaume qui, ayant manifesté promptement des besoins, ont éprouvé, dans ces moments même, un renchérissement ; et qu'il a négligé les autres provinces, parce que les prix s'y étant soutenus, sur la fin de l'année dernière et dans les premiers mois de celle-ci, à un taux assez modique, il aurait essuyé de la perte en y faisant venir des grains qui étaient plus chers ; que lorsque, par la variation des saisons et les progrès naturels de la consommation, les prix ont augmenté dans ces provinces, ils ont également, et par les mêmes causes, éprouvé une augmentation dans les places étrangères ; que, dans la plupart d'entre elles, ils sont actuellement plus chers que dans le Royaume [b] ; et que, dans celles où ils ont le moins renchéri, il n'y a point une assez grande différence entre le prix de ces places et celui qui a lieu dans les principales villes du

---

[a] « Il était arrivé beaucoup de blé de Hollande et du Nord (Du Pont, *Mém.*, 185). Turgot n'ignorait pas que l'attrait le plus sûr pour l'importation des grains étrangers est la liberté la plus absolue et la plus dégagée qu'il soit possible de formalités pour la réexportation ; parce qu'alors les négociants étrangers et nationaux se livrent avec ardeur à la spéculation d'importer dès que l'état des prix y fait envisager un bénéfice, et ne sont pas retenus par la crainte que l'affluence d'un grand nombre de combinaisons semblables à la leur ne fasse trop hausser le prix et ne les force à vendre à perte. Ils voient la réexportation, lorsqu'elle peut avoir lieu, comme une ressource naturelle contre le danger, et il n'en est aucune de plus efficace. Mais l'état des opinions ne permettant pas encore au Gouvernement d'employer ce moyen si simple, on y avait suppléé par des gratifications à l'entrée. Exciter quelquefois, jamais contraindre ; c'était une des maximes de Turgot. » (Du Pont, *Mém.*, 212).

[b] On reprocha à Turgot d'avoir dit que le blé était cher, qu'il serait cher et qu'il devait être cher (*Relation historique de l'émeute arrivée le 3 mai 1775 et de ce qui l'a précédée et suivie*, imprimée à la suite des Mémoires (apocryphes) de l'abbé Terray, Londres, 1776).

Royaume, pour assurer au commerce des bénéfices suffisants ; qu'en conséquence, il paraît nécessaire de l'exciter, en lui offrant une gratification qui rétablisse la proportion entre les avances qu'il doit faire pour se procurer des grains de l'étranger et le produit qu'il en peut espérer par la vente dans le Royaume ;

que S. M. ne doit pas se borner à attirer des grains de l'étranger dans les ports, qu'elle doit exciter à les introduire dans l'intérieur, principalement dans les villes dont la consommation excessive se prend sur les provinces voisines, et y porte le renchérissement ; que Paris et Lyon sont, dans les circonstances actuelles, les seules villes principales qui, n'étant pas pourvues de grains étrangers, doivent tirer des provinces une subsistance qui les dégarnit ; que, si des denrées étrangères affluent dans ces villes, l'augmentation du prix doit naturellement cesser dans les pays qui subviennent à leurs besoins ;

mais que, pour animer ces importations, il est nécessaire de maintenir le commerce dans toute la sûreté et la liberté dont il doit jouir et d'assurer de toute la protection de S. M. les négociants français ou étrangers qui se livreront à ces spéculations utiles.

S. M., en prenant ainsi des mesures pour augmenter les subsistances dans son royaume, ne néglige point de procurer à ses peuples les moyens d'atteindre à la cherté actuelle que la médiocrité de la dernière récolte rend inévitable : elle multiplie, dans tous les pays où les besoins se font ressentir, les travaux publics ; elle a établi, dans plusieurs paroisses de la ville de Paris, des ouvrages en filature, en tricot, et en tous les autres genres auxquels est propre le plus grand nombre de sujets et elle donne des ordres pour étendre ces ouvrages dans toutes les paroisses. À tous ces travaux, soit à Paris, soit dans les provinces, sont admis même les femmes et les enfants, de sorte qu'ils servent à occuper ceux qui sont le moins accoutumés à trouver du travail et à gagner des salaires, et qu'en offrant un profit et des salaires à toutes les personnes qui composent chaque famille les ressources se trouvent distribuées à proportion des besoins.

C'est en excitant ainsi les importations par la certitude de la liberté, l'attrait des gratifications et l'assurance de sa protection, et en multipliant les travaux publics de tout genre dans les lieux où il est nécessaire, que S. M. se propose d'augmenter la quantité de subsistances dans son royaume, et d'assurer à ses peuples les moyens d'atteindre au prix auquel elles ont pu monter.

À quoi voulant pourvoir...

I. L'Arrêt du Conseil du 13 septembre 1774 et les lettres patentes du 2 novembre dernier seront exécutés selon leur forme et teneur ; en conséquence, fait S. M., très expresses inhibitions et défenses à toutes personnes, notamment aux juges de police, à tous ses officiers et à ceux des Seigneurs, de mettre aucun obstacle à la libre circulation des grains et farines de province à province sous quelque prétexte que ce soit. Enjoint à tous les commandants, officiers de Maréchaussée et autres, de prêter main forte toutes les fois qu'ils en seront requis pour l'exécution des dites Lettres patentes, d'arrêter même les contrevenants et de procéder contre eux, pour être punis suivant les lois et les ordonnances du Royaume.

II. Il sera payé à tous les négociants français ou étrangers qui, à compter du 15 du mois de mai [a] jusqu'au 1er août de la présente année, feront venir des grains de l'étranger dans le Royaume, une gratification de 18 sols par quintal de froment, et de 12 sols par quintal de seigle ; lesquelles gratifications seront payées par les Receveurs des droits des fermes dans les ports où les grains seront arrivés, sur les déclarations fournies par les capitaines de navire, qui seront tenus d'y joindre les certificats des magistrats des lieux où l'embarquement aura été fait, pour constater que lesdits grains auront été chargés à l'étranger, ensemble copie dûment certifiée des connaissements ; et seront lesdites déclarations vérifiées dans la même forme que pour le paiement des droits de S. M.

III. Il sera tenu compte à l'adjudicataire des Fermes du Roi, sur le prix de son bail, du montant des sommes qu'il justifiera avoir payées pour raison desdites gratifications.

IV. Il sera payé à tous ceux qui, dans l'époque ci-dessus énoncée, feront venir directement de l'étranger ou de quelque port du Royaume des grains étrangers dans les villes de Paris et de Lyon, une gratification, savoir : pour Paris de 20 sols par quintal de froment et de 12 sols par quintal de seigle, et pour Lyon, de 25 sols par quintal de froment et de 15 sols par quintal de seigle, outre et par dessus la gratification qui sera due et aura été payée dans les ports pour l'importation desdits grains dans le Royaume, supposé qu'ils y soient arrivé dans l'époque prescrite par l'article II ci-dessus…

(Les articles V et VI prescrivent les formalités nécessaires pour constater l'entrée des grains étrangers à Paris et à Lyon.)

VII. Ne pourront les propriétaires des grains étrangers introduits dans le Royaume, ou leurs commissionnaires, après avoir reçu les gratifications énoncées dans l'article II ci-dessus, les faire ressortir, soit pour l'étranger, soit pour un autre port du Royaume, ni par eux-mêmes, ni par personnes interposées, sans avoir restitué auparavant ladite gratifi-

---

[a] En raison de la cherté, les négociants n'attendirent pas la date du 15 mai fixée par l'Arrêt du Conseil pour amener des blés de l'étranger. (*Rel. histor.*)

cation, sauf à la recevoir de nouveau dans le port du Royaume où lesdits grains seront introduits en dernier lieu, pourvu néanmoins qu'ils y rentrent dans l'époque ci-dessus prescrite.

VIII. Tous navires français ou étrangers chargés de grains et introduits dans les ports du Royaume, seront exempts du droit de fret jusqu'au 1er août prochain, de quelque nation qu'ils soient, et dans quelque port qu'ils aient été chargés [a].

8. *Circulaire aux Intendants.*

[A. Calvados, C. 2628, 12.]

(Même objet.)

Paris, 28 avril.

Je vous envoie, M., quelques exemplaires d'un Arrêt par lequel le Roi accorde des gratifications à tous ceux qui, à compter du 15 du mois de mai prochain jusqu'au 1er août, feront entrer des grains étrangers dans le Royaume. Je suis déterminé à donner au commerce cet encouragement principalement par le motif que les grains étrangers étant, dans toutes les places étrangères, presque aussi chers que dans le Royaume, les négociants ne pourraient point en faire importer, si des primes accordées par S. M. ne leur payaient les frais du transport et ne leur faisaient entrevoir un bénéfice.

Vous verrez, par la lecture de l'Arrêt, que S. M. accorde des gratifications particulières à ceux qui importeront à Paris ou à Lyon des grains étrangers, qu'ils viennent directement de l'étranger ou qu'ils soient pris dans un port du Royaume où ils auraient été déchargés. J'ai cru qu'il ne suffisait pas d'attirer les subsistances dans nos ports et qu'il était essentiel d'exciter à les introduire dans l'intérieur ; les villes de Paris et de Lyon m'ont paru celles où il était le plus important de multiplier les subsistances étrangères, afin de ménager d'autant les grains nationaux qu'elles prennent dans les provinces du Royaume. Je vous prie de faire publier et afficher le présent arrêt et de tenir la main à son exécution [b].

---

[a] Au moment où cet arrêt du Conseil fut signé, M. de Maurepas écrivit à l'abbé de Véri (24 avril) : « La cherté du blé est ce qui nous occupe ici ou, pour mieux dire, ce qui nous inquiète sans nous occuper, car nous n'avons pas de remèdes à y apporter, quand même M. de Turgot changerait de principes, ce qu'il ne fait pas, et ferait inutilement. » (Véri, *Journal.*)

[b] Turgot avait chargé le Sr Jean Clottin de faire venir des blés d'Espagne. Ils étaient arrivés au Havre et on les faisait remonter la Seine. (*Rel. histor.*)

9. *Lettre à Necker au sujet de son ouvrage
sur la* Législation et le commerce des grains.

[A. L.]

Versailles, 23 avril.

J'ai reçu, M., l'exemplaire de votre ouvrage que vous avez fait mettre à ma porte. Je vous remercie de cette attention. Si j'avais eu à écrire sur cette matière et que j'eusse cru devoir défendre l'opinion que vous embrassez, j'aurais attendu un moment plus paisible où la question n'eût intéressé que les personnes en état de juger sans passion. Mais, sur ce point comme sur d'autres, chacun a sa façon de penser.

Je suis très parfaitement, M… [a]

Réponse de Necker.

[A. L.]

24 avril.

Monsieur,

C'est le douze mars que mon ouvrage a été remis à l'impression, comme il est prouvé par la date de l'approbation de M. Capronier ; alors il n'y avait pas la moindre cherté nulle part. Si celle qui est survenue depuis, dans quelques endroits, vous avait paru, Monsieur ou à M. le Garde des sceaux, un motif de suspendre la publication de tel ouvrage et que vous me l'eussiez fait connaître, j'aurais eu pour vos vo-

---

Il passe pour constant que le Contrôleur général fit donner sous main des ordres aux fermiers de garnir de blé les marchés et de ne pas abuser de la circonstance pour le mettre à un prix trop excessif. (*Rel. histor.*)

Le fait est exact : l'intervention de Turgot était motivée par les mêmes considérations que celles qui lui faisaient donner des primes aux importateurs.

[a] Turgot mit comme adresse : « M. Nèkre, envoyé de la République de Genève. » Il avait commencé à écrire le mot *ministre* au lieu d'*envoyé*.

D'après l'*Espion dévalisé*, Turgot voulut faire révoquer Necker de son poste de représentant de la République de Genève ; mais cette assertion n'est confirmée nulle part.

Lettre de l'abbé Morellet à Lord Shelburne, 12 mars 1776. — « Mon ami, M. Suard, va en Angleterre, avec M. Necker et Mme Necker. Vous saurez par lui que depuis la grande opposition que M. Necker a montré à l'administration de M. Turgot, il a été nécessaire que je cessasse d'aller dans sa société. Je n'en suis pas moins reconnaissant des politesses que j'en ai reçu, et s'ils avaient besoin d'une recommandation auprès de vous, je vous prierais très instamment de leur faire les honneurs de l'Angleterre. »

lontés une respectueuse déférence. Mais un ouvrage abstrait, modéré pour le fond des idées et circonspect dans la forme, ne peut avoir, ce me semble, aucun rapport avec les passions. Vous me pardonnerez j'espère, Monsieur, l'intérêt et l'empressement que je mets à vous présenter ce qui peut me justifier du petit reproche que vous paraissez me faire ; il est assez fâcheux pour moi de différer de votre façon de penser sur quelques objets de l'économie politique. Je ne voudrais pas que vous me trouvassiez d'autres torts. Votre opinion à cet égard me serait vraiment sensible.

J'ai l'honneur d'être…

10. *Lettre à l'abbé de Veri.*

[A. L., tirée du *Journal de l'abbé de Veri.*]

Émeutes à Dijon et à Pontoise.

30 avril.

La fermentation et les manœuvres redoublent ; les émeutes de Dijon sont calmées ; elles avaient été excitées [a]. Je viens d'apprendre qu'à Pontoise le peuple a pillé hier deux bateaux de grains. Je me suis bien dit :

Tu ne cede malis, sed contra audentior, etc.

---

[a] Lettre de Dijon, du 20 avril 1775 :

« Il vient d'arriver dans cette ville une émeute considérable par rapport à la cherté des grains. Grand nombre de gens de la campagne ont battu un moulin appartenant à un monopoleur. Ils sont revenus à la ville et après différents désordres ont été chez M. de Sainte-Colombe, Conseiller au Parlement, un des restants (non révoqués lors du coup d'État Maupeou), expulsé par sa compagnie, pour raison de cette imputation odieuse. Les mutins sont entrés chez lui ; ils ont déclaré ne vouloir rien enlever, mais ils ont tout cassé, tout brisé et tout jeté par les fenêtres. M. de la Tour du Pin, qui commande en cette ville, n'a pas peu contribué à les irriter, par une réponse dure, dont il n'a pas vraisemblablement senti toute la barbarie. Sur ce qu'ils lui exposaient leur besoin, le manque absolu de pain où ils étaient, ou du moins l'impossibilité d'atteindre au prix de la denrée, il leur a répondu : « Mes amis, l'herbe commence à pousser, allez la brouter. » Sans l'évêque[‘], qui est sorti de son palais épiscopal pour haranguer ces malheureux et les ramener à la douceur, il eût été fort à craindre que le désordre n'eût augmenté, au lieu de diminuer. Un frère de l'évêque, militaire, inquiet de ce prélat, étant allé à sa rencontre, a été pris pour M. de la Tour du Pin. Déjà un homme, derrière lui, avait le couteau levé pour le frapper, lorsqu'un autre lui a retenu le bras, en lui observant qu'il se trompait. »

Le Commandant se disculpa, en disant que S. M. lui avait écrit qu'elle approuvait tout ce que faisait son contrôleur général et ses principes concernant la législation et le commerce des grains, qu'il eut à faire exécuter les nouveaux règlements avec le plus de douceur qu'il serait possible, mais qu'il employât la rigueur et la force, si elles devenaient nécessaires. Mais il n'en résulte pas qu'il fut en droit de tenir son propos inhumain et atroce (*Rel. hist.*).

[‘] D'Apchon, évêque de 1755 à 1776.

J'ai montré au Roi votre lettre sur la milice.
Il n'y a rien de nouveau à la Cour.

11. *Arrêt du Conseil suspendant le droit de minage à Pontoise.*

[D. P., VII, 233.]

(Suspension motivée par les contestations auxquelles avaient donné lieu les prétentions des fermiers du droit.)

30 avril.

Le Roi, étant informé que le droit de minage qui se lève à Pontoise détourne le commerce d'y apporter des grains et, en conséquence, les y fait renchérir, non seulement à cause du droit lui-même que le marchand doit retrouver sur le prix des denrées, mais à cause de leur rareté, qu'il y occasionne ; que même les propriétaires du minage et leurs fermiers, voulant donner à ce droit une extension qui est contraire à sa nature et à son institution, prétendent le percevoir, non seulement dans le marché, mais sur les ports, dans les greniers, maisons, moulins et autres lieux ; de sorte que les grains écartés du marché par la crainte du droit, le sont encore de toute la ville : S. M, pour prévenir cet inconvénient, a, par Arrêt du 20 mars dernier, évoqué à elle et à son Conseil toutes les contestations nées et à naître concernant ledit droit de minage et tous marchands de blé ; mais elle a reconnu que ces mesures ne produisaient pas l'effet qu'elle s'était proposé ; que ces contestations se renouvellent tous les jours, et que les laboureurs et autres propriétaires de grains, pour éviter l'inquiétude que leur font essuyer les préposés à la perception de ce droit, et s'exempter de la nécessité de suivre un procès, préfèrent de le payer, lors même qu'ils vendent hors du marché, et prennent la résolution d'abandonner ensuite le marché et la ville de Pontoise, et de cesser d'y apporter des grains.

À quoi étant nécessaire de pourvoir...

À compter du jour de la publication du présent arrêt jusqu'à ce qu'il en soit autrement ordonné, la perception du droit de minage sera et demeurera suspendue dans la ville de Pontoise ; fait défenses à toutes personnes de l'exiger, même de le recevoir, quoiqu'il fut volontairement offert, aux peines qu'il appartiendra ; à la charge néanmoins de l'indemnité qui pourra être due au propriétaire ou au fermier dudit droit pour le temps qu'il aura cessé d'en jouir, ou du remboursement du principal auquel ledit droit aura été évalué, ensemble des intérêts, si S. M. se détermine à en ordonner la suppression.

Fait S. M. très expresses inhibitions et défenses au propriétaire et au fermier dudit droit d'exiger de ceux qui apporteront ou introduiront des grains ou des farines dans la ville de Pontoise, soit au marché ou ailleurs, aucune déclaration de leurs denrées, ni de les assujétir à aucune, formalité, sous quelque prétexte que ce puisse être, même à cause de l'indemnité ci-dessus ordonnée, laquelle sera fixée sur leurs baux et tous autres renseignements servant à constater le produit annuel du droit...

12. *Guerre des farines.*

1. *Lettres du Roi antérieures au lit de justice* [a].

[A. L., originaux. — Abbé Proyart, *Louis XVI et ses vertus aux prises avec la perversité du siècle*. — Léon Say, *Turgot* (extraits). — E. Dubois de l'Estang, *Turgot et la famille Royale*.]

Première Lettre.

2 mai, 11 heures du matin.

Je viens de recevoir, M., votre lettre par M. de Beauvau [b]. Versailles est attaqué et ce sont les mêmes gens de St-Germain ; je vais me concerter avec M. le M[al] du Muy et M. d'Affry [c] pour ce que nous allons faire ; vous pouvez compter sur ma fermeté. Je viens de faire marcher la garde au marché. Je suis très content des précautions que vous avez prises pour Paris : c'était pour là que je craignais le plus. Vous pouvez marquer à M. Bertier [d] que je suis content de sa conduite. Vous ferez bien de faire arrêter les personnes dont vous me parlez ; mais surtout, quand on les tiendra, point de précipitation et beaucoup de questions. Je viens de donner les ordres pour ce qu'il y a à faire ici et pour les marchés et moulins des environs.

Louis.

Deuxième Lettre.

2 heures de l'après-midi.

---

[a] Voir ci-après, p. 393, la marche des émeutes.
[b] Capitaine des gardes-du-corps, membre de l'Académie française (1771), maréchal (1783). D'après l'*Espion dévalisé*, le tumulte fut aperçu par le lieutenant de la prévôté Béusse de la Brosse.
[c] Colonel des Suisses.
[d] Bertier de Sauvigny. On a prétendu que Turgot n'avait pas été satisfait de son concours dans la circonstance et avait demandé son remplacement sans pouvoir l'obtenir (E. Dubois de l'Estang).

Je viens de voir M. Bertier, M. ; j'ai été très content de tous les arrangements qu'il a pris pour l'Oise et la Basse-Seine ; il m'a rendu compte de ce qui s'était passé à Gonesse et des encouragements qu'il avait donnés aux laboureurs et commerçants de grains pour ne pas interrompre le commerce ; j'ai envoyé ordre à la compagnie de Noailles à Beauvais de se concerter avec lui s'il en avait besoin ; il vient de partir pour Mantes où il trouvera les chevau-légers et les gendarmes à Meulan, qui ont ordre de se concerter avec lui ; il aura de plus de l'infanterie dans ces deux villes. Les mousquetaires ont ordre de se tenir prêts à Paris, selon ce que vous en aurez besoin : les Noirs au faubourg Saint-Antoine peuvent envoyer des détachements sur la Marne, et les Gris au faubourg Saint-Germain, le long de la Basse-Seine [a]. M. l'Intendant m'a dit qu'il ne craignait pas pour la haute Seine et pour la Marne par où il ne vient pas de farine ; pourtant nous les garnirons. Le colonel général se portera à Montereau et à Melun et Lorraine à Meaux [b]. Pour d'ici nous sommes absolument tranquilles ; l'émeute commençait à être assez vive ; les troupes qui y ont été les ont apaisés ; ils se sont tenus tranquilles devant eux. M. de Beauvau qui y a été les a interrogés : les uns ont répondu qu'ils étaient de Sartrouville, de Carrière-Saint-Denis, et les autres ont dit qu'ils étaient de plus de vingt villages ; la généralité disait qu'ils n'avaient pas de pain, qu'ils étaient venus pour en avoir et montraient du pain d'orge fort mauvais qu'ils disaient avoir acheté 2 sols, et qu'on ne voulait leur donner que celui-là. La plus grande faute qu'il y ait eu, est que le marché n'ait pas été ouvert ; on l'a fait ouvrir et tout s'est fort bien passé. On a acheté et vendu comme si de rien n'était. Ils sont partis après et des détachements des gardes du corps ont marché après eux pour savoir la route qu'ils tenaient. Je ne crois pas que la perte ait été considérable. J'ai fait garnir la route de Chartres et celle des moulins des vallées d'Orsay et de Chevreuse, avec des précautions pour les marchés de Neauphle et de Rambouillet. J'espère que toutes les communications seront libres et que le commerce ira son train. J'ai recommandé à M. l'Intendant de tâcher de trouver ceux qui payaient que je regarde comme la meilleure capture.

Je ne sors pas aujourd'hui, non pas par peur, mais pour laisser tranquilliser tout.

---

[a] Toutes ces troupes faisaient partie de la Maison du roi. La compagnie écossaise des gardes du corps, commandée par le maréchal de Noailles, avait son quartier à Beauvais ; les gendarmes et les chevau-légers, à Versailles ; la première compagnie des mousquetaires, montée sur chevaux gris ou blancs, à Paris, rue du Bac ; la seconde compagnie, montée sur des chevaux noirs, rue de Charenton (E. Dubois de l'Estang).

[b] Probablement le régiment de cavalerie Colonel-Général en garnison à Issoudun et les dragons de Lorraine en garnison à Provins (E. Dubois de l'Estang).

M. de Beauvau m'interrompt pour me dire une sotte manœuvre qu'on a faite, qui est de leur laisser le pain à 2 sols [a]. Il prétend qu'il n'y a pas de milieu entre leur laisser comme cela ou les forcer à coups de baïonnette à le prendre au taux où il est. Ce marché ci est fini ; mais, pour la première fois, il faut prendre les plus grandes précautions pour qu'ils ne reviennent pas faire la loi ; mandez-moi quelles elles pourraient être car cela est très embarrassant.

Louis.

Troisième lettre. [b]

4 mai.

J'ai vu, M., les lettres que vous m'avez envoyées ; elles marquent bien ce qu'on pense aux environs de Paris ; c'est ce que tout le monde pense ici. Je suis très content que Paris soit tranquille ; nous le sommes ici ; mais à présent ce n'est plus les marchés qu'on pille, c'est aussi les fermes et les granges. Vous ferez bien de faire donner les ordres les plus clairs par M. le M^{al} de Biron à toutes les troupes d'empêcher le rabais du blé et du pain. M. du Muy a expédié les ordres pour M. le M^{al} de Biron, telles que vous les demandez : lui et M. de la Vrillière ont les ordres pour envoyer les commandants et les intendants chacun chez eux. Je verrai M. Bertier au Conseil. Pour ce qui est du billet de M. de Montholon [c], je viens de voir M. de Maurepas et M. le Garde des sceaux. Si l'enregistrement est forcé, cela sera une terrible porte aux méchants. Si le Parlement donne des arrêts contre, cela sera encore pire. Aussi, M. le Garde des sceaux a écrit, sous son propre et privé nom, aux meilleures têtes du Parlement qu'il connaît pour tâcher de faire enregistrer de bonne volonté ; sinon, que l'affaire qui est aux commissaires ne soit pas rapportée tout de suite et les têtes se rassureront pendant ce temps-là. Il croit que c'est la peur du peuple qui les retient ; mais il compte qu'ils ne s'opposeront pas à la liberté des grains.

---

[a] Presque tous les historiens rapportent, d'après la *Correspondance Métra*, que, dans la journée du 2 mai, Louis XVI avait paru au balcon du château, qu'il s'était troublé, qu'il avait annoncé à la foule que le pain allait être taxé à deux sous, et que Turgot avait dû accourir de Paris pour le faire revenir sur cette concession. Il est acquis désormais que la promesse a été réellement faite, mais que le Roi y est resté étranger (E. Dubois de l'Estang). — On remarquera l'expression employée par le Roi : la *sotte manœuvre* émanait du Prince de Poix, gouverneur des ville et château de Versailles.

[b] D'après l'*Espion dévalisé*, les lettres du Roi furent portées par d'Angivillers à Turgot qui en fit distribuer des copies par le chef de bureau Menard de Cornichard.

[c] Premier président du Parlement de Rouen. Voir ci-dessous.

Vous avez à Paris M. de Belbeuf, procureur général [a], à qui vous pouvez en parler et donner des instructions.

J'approuve M. Fargès pour succéder à M. Albert [b].

Louis.

2. *Marche des émeutes.*

« La disette n'était nulle part. Les provinces où le soulèvement eut lieu n'étaient pas celles où le blé se vendait au plus haut prix. Ceux qui le pillaient n'étaient pas des gens affamés. Ils répandaient par les rues ou jetaient à la rivière les grains dont ils s'étaient emparés.

« Les principaux d'entre eux avaient douze francs dans leur poche et les proposaient aux marchands avant le pillage, soit pour un sac de grains, soit pour un sac de farine… qui vaut ordinairement le double. Quelques-uns avaient de l'or.

« Leur marche était réglée comme si leur projet eut été d'affamer Paris. Sous ce point de vue, elle était parfaitement dirigée, comme par un général expérimenté…

« Ce n'était point une sédition populaire. Elle avait exigé d'assez longs préparatifs et de grandes dépenses : douze francs par tête aux attroupés, des louis aux chefs de bande… On avait imprimé de faux arrêts du Conseil pour autoriser le pillage. On avait fabriqué d'avance et laissé moisir pour le moment de l'explosion du pain composé d'un peu de farine de seigle, mêlée de son et de cendre. On avait répandu ce pain dans les campagnes, à Paris, et surtout à la Cour… [c]

« M. Turgot avait et devait avoir beaucoup d'ennemis… Il avait déjà coupé la racine à de grands profits. Son projet de détruire les jurandes avait inspiré et choquait les intérêts de quelques personnes du plus haut rang qui jouissaient du droit d'en vendre l'exemption. Celui d'ôter les droits sur les grains contrariait d'autres intérêts. On craignait de lui des réformes encore plus importantes dans toutes les branches de l'administration. L'enthousiasme de ses admirateurs, la manie qu'ils avaient de lui supposer et souvent de lui attribuer tous les projets qu'ils concevaient eux-mêmes, devaient semer les alarmes et fomenter les haines…

« Du reste, nulle opiniâtretés, nulle force, nulle animosité parmi les séditieux. Ils faisaient leurs courses en chantant…

---

[a] À Rouen. Voir ci-dessus p. 204. Le Parlement de Rouen n'avait pas encore enregistré les Lettres patentes du 2 novembre 1774 sur la liberté du commerce des grains. L'arrêt d'enregistrement ne fut rendu que le 21 décembre 1775.

[b] Voir ci-dessous p. 402 la révocation de Lenoir.

[c] Voir la lettre de Louis XVI, p. 390.

« Le complot pouvait cependant avoir des effets très funestes : celui de détruire une grande quantité de subsistances ; celui d'exciter de proche en proche des soulèvements dans toutes les provinces ; celui d'effrayer le commerce et de faire manquer les approvisionnements ordinaires, d'exposer Paris et les autres grandes villes à quelques moments d'une disette réelle…

« Des troupes furent répandues sur tous les points importants, de manière que les séditieux, dont la marche ne pouvait être aussi rapide, trouvaient partout la force une heure avant eux et que le pillage fût réduit à peu de chose.

« Cette pitoyable *guerre des farines* a empêché M. Turgot d'asseoir les finances sur une *Constitution*, conciliant les droits et les intérêts des citoyens avec le pouvoir et les lumières de l'autorité.

« Elle a fait manquer l'époque du mois d'octobre 1775 où les projets auraient dû être soumis à l'approbation du Roi et de son principal conseil. Car l'assiette et la répartition de toutes les impositions territoriales et personnelles se faisaient au mois d'octobre et les rôles des contributions étaient alors rendus exécutoires pour un an. Au mois d'octobre de l'année suivante, il y a longtemps que M. Turgot n'était plus dans le cas de proposer ce qu'il avait cru convenable. » (Du Pont, *Mém.*)

« Pendant les émeutes, Turgot s'était montré supérieur à tous ceux qui l'entouraient. Tous les pouvoirs semblaient suspendus, dit Condorcet. Turgot seul agissait : la vertu et le génie avaient obtenu dans ce moment de crise tout cet ascendant qu'ils prennent nécessairement lorsqu'ils peuvent déployer toute leur énergie. »

Correspondance Métra. — 3 mai. — Depuis quelque temps, on avait remarqué qu'il venait plus de paysans que de coutume aux marchés de Paris et de Versailles. Il en venait même de 15 à 20 lieues à la ronde et ces gens tenaient des discours capables d'émouvoir les esprits de la populace.

Lundi, l'émeute s'est déclarée à Versailles, surtout de la part des femmes.

La police de la Cour et de la ville faisait attention aux mouvements, mais avec circonspection ; les troupes de la maison du Roi restèrent tranquilles. La journée s'est passée sans incident remarquable.

Hier, l'émeute a recommencé plus vivement et la populace tenait des propos qui prouvaient qu'elle était soufflée…

Aujourd'hui, faute d'un nouvel ordre, le pain est revenu au premier prix ; le trouble a recommencé ; les gardes de la maison du Roi ont été répandus par toute la ville et ont crié qu'ils avaient ordre de tirer sur le premier qui remuerait ; la populace s'est éclipsée.

Le Roi n'a pas mangé de tout le jour ; les gens de la Cour se sont mis à l'unisson.

M. Turgot étant encore à Paris, le Roi lui a écrit une lettre très honorable et consolante. »

3. *Délibérations du Parlement et Lit de justice.*

Lettre du Roi au Premier Président.

[A. L., copie ou plus probablement minute de la main de Turgot.]

2 mai.

Les grains, M., ont été pillés dans plusieurs marchés des environs de Paris avec des circonstances qui me donnent tout lieu de croire que ces émeutes ont été fomentées par des gens mal intentionnés. J'ai pris les mesures les plus efficaces pour assurer les approvisionnements, soit à Paris, soit dans les marchés des environs en faisant cesser les craintes de ceux qui apportent la denrée. Comme toute démarche de mon Parlement dans cette conjoncture ne pourrait qu'augmenter les alarmes, je vous charge de l'instruire que je veille à tout et que mon intention est qu'il s'en rapporte aux soins que j'ai pris et à mon amour pour mes peuples.

Délibération du Parlement du 3 mai.

(Le Parlement avait assemblé les Chambres. Le Premier Président avait arrêté les délibérations, en rendant compte que le Contrôleur général avait passé la veille à son hôtel ; que, peu ému des orages passagers survenus dans divers endroits avant de quitter Paris, il l'avait prévenu du désir du Roi que son Parlement ne se mêlât en rien de cette police.

Le Premier Président avait ensuite fait part de la lettre de S. M. qu'il venait de recevoir où elle lui disait qu'instruite des émeutes arrivées les jours précédents et de celle qui avait lieu en ce moment dans sa capitale, elle allait s'occuper des moyens d'en arrêter les suites ; qu'elle avait déjà découvert en partie d'où provenait la fermentation, occasionnée par des gens malintentionnés ; qu'elle comptait être incessamment instruite de toute cette machination et qu'elle voulait que son Parlement ne traversât point ses vues par une activité dangereuse et mal éclairée.

Sur quoi, le Premier Président fut chargé de se retirer devers le Roi, pour témoigner à S. M. le zèle et la soumission de la Compagnie, pour l'assurer qu'elle s'en rapportait entièrement à sa sollicitude paternelle sur un objet qui causait des alarmes si vives et si générales.)

Ordonnance du lieutenant de police
sur la liberté du commerce du pain.

[*Relation historique*, p. 260.]

3 mai.

Nous ordonnons, ce requérant le Procureur du Roi, que les boulangers auront la faculté de vendre le pain au prix courant. Faisons très expresses inhibitions et défenses à toutes personnes de les forcer à vendre à moindre prix. Enjoignons aux officiers du guet et de la garde de Paris de saisir et arrêter ceux qui contreviendront à la présente ordonnance, pour être punis selon la rigueur des lois. Requérons tous officiers, commandants, de prêter main-forte à son exécution. Défendons à toutes personnes de s'introduire de force chez les boulangers, même sous prétexte d'y acheter du pain, qui ne leur sera fourni qu'à la charge de le payer au prix ordinaire.

Mandons aux commissaires du Châtelet de tenir la main à l'exécution de notre présente ordonnance, qui sera imprimée, publiée, affichée dans cette ville, faubourgs et banlieue, et partout où besoin sera, à ce que personne n'en ignore.

Ce fut fait et ordonné par nous, Jean, Charles, Pierre Le Noir, chevalier, conseiller du Roi.

Ordonnance du Roi sur les attroupements.

(Affichée à Versailles et à Paris, s. l. n. d.)

[*Relation historique*, p. 263.]

3 mai.

Il est défendu, sous peine de la vie, à toutes personnes, de quelque qualité qu'elles soient, de former aucun attroupement, d'entrer de force dans la maison ou boutique d'aucun boulanger, ni dans aucun dépôt de graines, grains, farines et de pain.

On ne pourra acheter aucune des denrées susdites que dans les rues ou places.

Il est défendu de même, sous peine de la vie, d'exiger que le pain ou la farine soient donnés dans aucun marché au-dessous du prix courant.

Toutes les troupes ont reçu du Roi l'ordre formel de faire observer les défenses avec la plus grande rigueur et de faire feu, en cas de violence. Les contrevenants seront arrêtés et jugés prévôtalement sur-le-champ.

Délibération du 4 mai.

(Le Parlement ignorait ce qui se passait à Versailles ; instruit qu'une multitude de pillards, qu'on avait ménagés le jour, mais observés, suivis et arrêtés dans la nuit par les espions de la police, étaient en prison, il jugea de son devoir de connaître de faits intéressant aussi essentiellement ses fonctions ; il crut donc, malgré la *lettre du Roi* de la veille, devoir s'assembler de nouveau et délibérer sur l'objet capital qui agitait les habitants de Paris.

Plusieurs de ces Messieurs firent des récits de ce qu'ils avaient entendu ou appris de leurs terres. Il en résulta que tout était en commotion, non seulement dans la Capitale, mais dans les environs, à une grande distance et dans les provinces circonvoisines ; qu'à l'égard de Paris, le peuple était resté encore tranquille et simple spectateur du pillage, exécuté seulement par des gens venus de la campagne, mais que plusieurs circonstances indiquaient que ces étrangers vagabonds étaient moins excités par la misère que par d'autres motifs essentiels à approfondir. — *Relation hist.*, p. 264 et s.)

(Le fait suivant rapporté par un Conseiller des Enquêtes, M. de Pomeuze, confirma cette opinion :

S'étant trouvé dans la bagarre du mercredi, il avait vu une femme plus animée que les autres ; il était allé à elle, l'avait sollicitée de se retirer de la mêlée, en lui offrant un écu de six francs pour qu'elle put se pourvoir de pain ; mais cette furibonde, rejetant son écu, lui avait répondu avec un sourire ironique : « Va, nous n'avons pas besoin de ton argent ; nous en avons plus que toi », et en même temps elle avait fait sonner sa poche. — *Relation hist.*, p. 265. — Du Pont, *Mém.*)

(On convint de la nécessité de rendre un arrêt préalable, soit pour empêcher le peuple de prendre part au tumulte, en renouvelant les ordonnances contre les attroupements [a] et en évitant cependant de par des menaces articulées et trop sévères, soit pour le consoler en lui faisant voir que la Cour s'occupait de ses besoins et songeait à réclamer la vigilance paternelle du monarque…)

En conséquence l'arrêt ci-après fut rédigé :

Arrêt. — Ce jour, toutes les Chambres assemblées, reçoit le procureur général du Roi plaignant des émotions arrivées dans la ville de Paris et lieux circonvoisins, circonstances et dépendances ; ordonne qu'il sera informé et que l'instruction sera faite et les jugements à intervenir seront rendus en la Grand'Chambre ; qu'à cet effet toutes poursuites qui pourraient avoir été, ou qui pourraient être faites par aucuns juges du Ressort, seront apportées au greffe de la Cour, pour y être pareillement suivies et jugées ; et cependant, ordonne que les ordonnances, arrêts et règlements, qui interdisent tous attroupements illicites, seront exécutés selon leur forme et teneur ; en conséquence, fait très expresses inhibitions et défenses à toutes personnes de former, promouvoir ou

---

[a] L'ordonnance ci-dessus contre les attroupements.

favoriser lesdits attroupements, etc., sous les peines portées par les ordonnances, arrêts ou règlements ;

Ordonne, en outre, que le Roi sera très humblement supplié de vouloir bien faire prendre de plus en plus les mesures que lui inspireront sa prudence et son amour pour ses sujets, pour faire baisser le prix des grains et du pain à un taux proportionné aux besoins du peuple, et pour ôter ainsi aux gens malintentionnés le prétexte et l'occasion dont ils abusent pour émouvoir les esprits [a].

(Le même jour, le Parlement refusa d'enregistrer une déclaration par laquelle S. M. attribuait à la Tournelle la connaissance des délits et excès.

Le Parlement la trouva irrégulière au fond et dans la forme. Au fond, en ce qu'elle le rendait *Commission* à l'égard d'une portion d'autorité qu'il avait par essence ; dans la forme, en ce qu'elle aurait dû être adressée à la Grand'Chambre et non à la Tournelle.

Le Conseil jugea le Parlement trop formaliste et trouva qu'il fallait recourir à un *lit de justice*. Il s'opposa en outre à la publication de l'arrêt au lieu de le faire casser par arrêt du Conseil [b] ; de sorte que le Parlement le regarda comme toujours subsistant, sans chercher toutefois à lui procurer aucune exécution.)

L'arrêt avait été envoyé sur-le-champ par le Parlement à l'impression, mais le gouvernement ne le trouvant pas conforme à ses arrangements, avait fait signifier des ordres à l'imprimeur pour empêcher qu'il ne fut distribué. Des mousquetaires étaient venus rompre la planche. (*Relation hist.*, p. 265 et s.)

Tout cela avait arrêté la vente, et non l'affiche, qui eut lieu en quelques endroits. Mais on recouvrit l'Arrêt avec l'Ordonnance du Roi du 3 mai — Du Pont, *Mém.*, 189).

Délibération du 5 mai.

(Le 5 au matin, le grand maître des Cérémonies vint apporter au Parlement une lettre de cachet, par laquelle S. M. lui ordonnait de se rendre à Versailles dans la matinée en robes noires pour un *lit de justice*.

On délibéra sur cet ordre. De nouveaux faits survenus la veille et dans la nuit donnèrent lieu à de nouveaux récits, entre autres celui d'un Conseiller de Grand'Chambre (l'abbé Le Noir) qui dit que son chapelain, arrivé le matin même de son prieuré de Gournay, lui avait appris que les bandits s'y étaient répandus ; mais n'avaient ravi chez les fermiers que du blé battu, qu'ils l'avaient même payé 12 l. le setier, en observant que le Roi avait taxé le pain à 2 s. la livre à Versailles et ne voulait pas qu'il fut payé plus cher.

Le Parlement se rendit à Versailles selon l'étiquette prescrite par la lettre de cachet. Messieurs furent bien accueillis. S. M. leur fit donner à dîner dans une salle de cérémonies, où s'assemblent les Corps qui doivent être introduits auprès du Roi. — *Relation hist.*, 367 et s.)

La séance commença à 3 heures 1/2. Elle fut ouverte par un discours du Roi.

---

[a] D'après l'abbé de Véri, cette disposition fut insérée dans l'Arrêt par une confusion du greffe ; elle avait fait l'objet d'un arrêté particulier.
[b] Lorsqu'il fut décidé de tenir le lit de justice, l'intention était de biffer des registres du Parlement l'arrêt qu'il avait rendu la veille et de défendre à cette Cour de se mêler de ce qui regardait les grains, mais, après réflexion, M. de Maurepas fit changer ce plan avant l'arrivée du Parlement à Versailles (*Journal de Véri*).

Premier discours du Roi. — (Quoique Louis XVI n'eut pas l'organe agréable et sonore, il y mit un ton de noblesse et de fermeté qui répara ce défaut. Il n'avait pas l'air fâché contre le Parlement, mais affligé des nouvelles accablantes qu'il apprenait).

« MM... les circonstances où je me trouve et qui sont fort extraordinaires et sans exemple, me forcent de sortir de l'ordre commun et de donner une extension extraordinaire à la juridiction prévôtale. Je dois et je veux arrêter des brigandages dangereux qui dégénéreraient en rébellion. Je veux pourvoir à la subsistance de ma bonne ville de Paris et de mon royaume. C'est pour cela que je vous ai assemblés et pour vous faire connaître mes intentions que mon Garde des sceaux va vous expliquer. »

Discours du Garde des Sceaux (lu par le Greffier en chef). — « MM..., les événements qui occupent depuis plusieurs jours l'attention du Roi n'ont point d'exemple. Des brigands attroupés se répandent dans les campagnes, s'introduisent dans les villes, pour y commettre des excès qu'il est nécessaire de réprimer avec la plus grande activité ; leur marche semble combinée ; leurs approches sont annoncées ; des bruits publics indiquent le jour, l'heure, les lieux où ils doivent commettre leurs violences. Il semblerait qu'il y eut un plan formé pour désoler les campagnes, pour intercepter la navigation, pour empêcher le transport des blés sur les grands chemins, afin de parvenir à affamer les grandes villes, et surtout la ville de Paris. Le mal s'est tellement répandu en peu de temps qu'il n'a pas été possible d'opposer partout la force à la rapidité des crimes ; et si le Roi ne prenait les mesures les plus vives et les plus justes pour arrêter un mal aussi dangereux dans son principe et aussi cruel dans ses effets, S. M. se verrait dans la triste nécessité de multiplier des exemples indispensables, mais qui ne sont réellement efficaces que lorsqu'ils sont faits sans délai.

« Tels sont les motifs qui engagent S. M. à donner, dans ce moment-ci, à la juridiction prévôtale, toute l'activité dont elle est susceptible.

« Lorsque les premiers troubles seront totalement calmés, lorsque tout sera rentré dans le devoir et dans l'ordre, lorsque la tranquillité sera rétablie et assurée, le Roi laissera, lorsqu'il le jugera convenable, à ses Cours et Tribunaux ordinaires, le soin de rechercher les vrais coupables, ceux qui, par des menées sourdes, peuvent avoir donné lieu aux excès, qu'il ne doit penser, dans ce moment-ci, qu'à réprimer ; mais, quant à présent, il ne faut songer qu'à arrêter, dans son principe, une contagion dont les suites et les progrès conduiraient infailliblement à des malheurs et que la justice et la bonté du Roi doivent prévenir. »

(Le Premier Président (D'Aligre) qui devait parler ensuite, peu éloquent de son naturel, n'étant point préparé et d'ailleurs fort embarrassé sur le rôle qu'il devait jouer dans cette circonstance, préféra garder le silence.

Le Premier avocat général (Séguier) n'osa pas s'étendre davantage et donna des conclusions pures et simples pour l'enregistrement de la Déclaration.

M. de Miromesnil allant aux voix pour la forme, on remarqua que M. le Prince de Conti, seul entre les grands, et M. Fréteau, seul entre les membres du Parlement, parlèrent et discutèrent leur avis, que le Garde des sceaux, en retournant au Roi pour lui rendre compte du vœu de l'Assemblée, était resté un quart d'heure aux genoux de S. M.)

Deuxième discours du Roi. — « MM. vous venez d'entendre mes intentions. Je vous défends de faire aucunes remontrances, qui puissent s'opposer à l'exécution de mes volontés. Je compte sur votre soumission, sur votre fidélité, et que vous ne mettrez pas d'obstacles ni de retardement aux mesures que j'ai prises, afin qu'il n'arrive pas de pareil événement pendant le temps de mon règne. »

(*Messieurs*, avant de partir, reçurent encore beaucoup de politesse et de compliments des ministres ; mais ils revinrent fort ulcérés du coup porté à leur autorité. Les partisans du gouvernement craignant que, dans la première fermentation, il ne fut pris quelque arrêté trop vif, firent renvoyer la délibération au lendemain samedi. Les têtes étant alors plus rassises on décida de ne faire aucune réclamation ouverte, de se contenter des protestations ordinaires et d'un arrêté vague.)

Arrêt du Parlement, les Chambres assemblées :

… La Cour, délibérant sur le récit fait par un de Messieurs, ensemble sur le récit fait par le Premier Président, a chargé le Premier Président de faire connaître audit Seigneur Roi combien il est essentiel, dans les circonstances, qu'il veuille bien continuer, relativement aux grains, les soins que son amour pour ses peuples lui a déjà dictés et que c'est pour entrer dans les vues de sa sagesse, et pour ne rien déranger des précautions que les circonstances présentes lui ont suggérées, que son Parlement a pris la voie la moins éclatante, mais également sûre, vis-à-vis le Seigneur Roi, pour lui témoigner ses inquiétudes et son zèle ; ordonne en conséquence… (reproduction de la partie de l'Arrêt du mai relative aux attroupements).

4. *Révocation de Lenoir, lieutenant de police ; son remplacement par Albert et nomination de Fargès au service des subsistances. Lettre de Turgot à Lenoir* [a].

Paris, 4 mai à 7 heures du matin.

C'est avec un véritable regret, M., que je vous fais passer le paquet ci-joint de M. le duc de la Vrillière dans lequel vous trouverez une lettre de la main du Roi. Les rapports que votre travail m'a donnés avec vous m'ont convaincu de votre honorabilité et m'ont fait désirer de mériter votre amitié. J'ai cru et je crois encore que votre confiance répondait à la mienne. Je suis très persuadé que vous avez fait ce que vous avez pu pour prévenir les malheurs de la journée d'hier. Mais ces malheurs sont arrivés et je ne puis douter que la manière dont la police a été faite n'ait facilité un événement très aisé, suivant moi, à prévenir, puisque tout était annoncé et que nous étions convenus la veille de mesures qui devaient vous tranquilliser et du succès desquelles vous aviez répondu. Ces mesures n'ont point été exécutées, vous le savez ; vous avez été trop mal servi. Sans vous en faire un crime, la circonstance est si capitale, la tranquillité dans le moment où nous nous trouvons est si nécessaire pour assurer la subsistance des peuples et de la ville de Paris, son maintien peut tellement influer sur le repos et le bonheur du Roi et de ses sujets pendant tout son règne que j'ai regardé comme un devoir rigoureux de ne rien mettre au hasard et de ne pas risquer un second jour comme celui-ci. Je ne vous cache pas que j'ai proposé au Roi de vous demander votre démission et de nommer un lieutenant de police qui, par une plus grande analogie de caractère avec ce qu'exige la position du moment, me rassure sur le rétablissement de la tranquilité dans le jour. La lettre du Roi doit vous montrer de quelle manière je me suis expliqué avec S. M. ; elle doit vous consoler par l'assurance des sentiments qu'elle conserve pour vous, par l'intention qu'elle vous annonce de vous donner d'autres moyens de la servir utilement et de mériter ses bontés. Vous me connaissez et vous savez que mes promesses ne sont pas de vains compliments. Ainsi vous croirez à l'assurance que je vous

[a] Lenoir avait succédé à Sartine dans les fonctions de lieutenant de police le 30 août 1774. Nommé conseiller d'État peu de temps après son remplacement à la police, il reprit ses anciennes fonctions après la chute de Turgot et les conserva jusqu'en 1785.

La lettre que Turgot lui adressa pour le consoler de sa disgrâce fut dictée par des considérations politiques. Turgot pouvait soupçonner Lenoir de mollesse volontaire, car, dit Du Pont (*Mém.*, 189), il avait été très soigneusement averti.

D'après l'*Espion dévalisé* Raymond de Saint-Sauveur aurait affirmé que Lenoir et Sartine avaient préparé l'émeute.

La nomination d'Albert comme lieutenant de police et son remplacement par Fargès dans la partie des subsistances au contrôle général fut notifiée aux Intendants le 10 mai (A. Calvados, C. 2627.)

donne de saisir toutes les occasions qui se trouveront de remettre sous les yeux du Roi vos anciens services, vos sentiments et les espérances que S. M. vous donne aujourd'hui.

P. S. — M. Albert est votre successeur. Il apprend cet événement en même temps que vous : il n'en avait pas hier le moindre soupçon. Connaissant son honorabilité, vous le jugerez aux discours qu'il a tenus devant vous sur les fautes de la police et vous en croirez le témoignage que je vous en donne et que je lui dois.

5. *Nouvelle ordonnance du Roi sur les attroupements.*

[*Relation historique.*]

Il est défendu à ceux qui veulent acheter des denrées dans les rues et marchés, de s'y présenter avec des bâtons ni aucune espèce d'armes et d'outils propres à nuire, pour ne pas être confondus avec les voleurs qui ont détruit et pillé les provisions destinées aux habitants de Paris ou qui ont voulu se les faire donner à un prix au-dessous du courant [a].

6. *Lettres du Roi à Turgot, postérieures au lit de justice.*

Quatrième lettre.

6 h. du soir, 5 mai.

Je viens, M., d'exécuter ce dont nous étions convenus. La mémoire a pensé me manquer au premier discours, mais j'ai suppléé comme j'ai pu, sans me déconcerter. Il y a eu beaucoup d'avis assez modérés dont M. le Garde des sceaux vous rendra compte sûrement. Quelques-uns ont demandé les anciens règlements ; mais le général avait beaucoup rabaissé de son impertinence d'hier et avait grande peur. J'espère que cela nous donnera de la tranquillité. Je ne sais si vous savez ce que le Parlement de Rouen a fait : c'est encore plus fort que ce que je viens d'ordonner.

Cinquième lettre.

À 6 h., ce samedi (6 mai).

---

[a] Cette ordonnance était, comme la précédente, sans signature, ni date ; elle portait seulement au bas : De l'Imprimerie Royale, 1775. — Le samedi 6 mai était jour de marché.

J'ai reçu, M., toutes vos lettres. Je suis fort aise que Pont soit sauvé : nous devions bien nous douter que le mal gagnerait toutes les campagnes. Le point est de rassurer les laboureurs et fermiers et de les engager à continuer leur négoce ; c'est ce dont vous vous occupez avec M. le M^{al} de Biron. Je viens d'envoyer à M. le Baron Rigoley d'Oigny [a] l'ordre qu'il demande. J'ai lu devant M. Beauvau de l'article de la lettre de M. Bertier, où il fait l'éloge du détachement des gardes du corps et de celui des chevau-légers de Mantes et je l'ai chargé de leur en témoigner ma satisfaction.

Vous avez bien raison que tout ceci coûtera beaucoup d'argent [b] et nécessitera de grands retranchements ; mais, un peu plus ou un peu moins, il en fallait toujours venir là, et, comme d'un mal on gagne quelquefois un bien, on aura vu de ceci que je ne suis pas si faible qu'on croyait et que je saurai exécuter ce que j'aurai résolu : ce qui vous facilitera les opérations qu'il faudra faire. Le vrai est que je suis plus embarrassé avec un homme seul qu'avec cinquante.

Je vais donner les ordres à M. de La Vrillière pour vous envoyer les deux ordres en blanc que vous demandez. C'est une chose bien épouvantable que les soupçons que nous avions déjà et le parti bien embarrassant à prendre, mais malheureusement ce n'est pas les seuls qui en ont dit autant. J'espère pour mon nom que ce n'est que des calomniateurs [c]. Je dirai en même temps à M. de La Vrillière de demander à l'abbé Becquet [d] les papiers qu'il a vus sur les blés peu de temps avant la mort de l'abbé Soldiny [e]. (Il faut que vous ayez une grande certitude pour trancher le mot de fripon comme vous avez fait) ; je ne doute pas que vous n'ayez mandé au procureur général de ne rien faire sur cet avis-là. Toutes les nouvelles de Paris sont bonnes et on a été content de ce qui s'est passé hier, à ce qui me paraît. Je ne crois pas que le Parlement ait fait quelque chose ce matin, excepté les protestations d'usage sur le lit de justice. Fontainebleau est pillé. Tout est entièrement tranquille ici.

7. *Déclaration Royale remettant les faits relatifs aux émeutes à la justice prévôtale* [f].

---

[a] Rigoley, baron d'Oigny, intendant général des postes.
[b] Du Pont évalue la perte qui en résulta pour le Trésor à 610 000 livres. Turgot fit payer sur-le-champ 50 000 livres au négociant Planter dont un bateau avait été pillé et dont on avait jeté le grain à l'eau.
[c] Les soupçons contre le prince de Conti.
[d] Supérieur du séminaire du Saint-Esprit.
[e] Confesseur du roi, mort au commencement d'avril 1775.
[f] La Déclaration portait par erreur qu'elle avait été « régistrée au Parlement le 5 mai 1775 » et imprimée chez « Simon, imprimeur du Parlement. » La Déclaration fut affichée à Paris et envoyée

[D. P., VII, 273. — D. D., II, 189.]

(Registrée le même jour en lit de justice.)

5 mai.

Louis... Nous sommes informé que, depuis plusieurs jours, des brigands attroupés se répandent dans les campagnes pour piller les moulins et les maisons des laboureurs ; que ces brigands se sont introduits les jours de marché dans les villes, et même dans celle de Versailles et dans notre bonne ville de Paris ; qu'ils y ont pillé les halles, forcé les maisons des boulangers, et volé les blés, les farines et le pain destinés à la subsistance des habitants desdites villes et de notre bonne ville de Paris ; qu'ils insultent même sur les grandes routes ceux qui portent des blés ou des farines ; qu'ils crèvent les sacs, maltraitent les conducteurs des voitures, pillent les bateaux sur les rivières, tiennent des discours séditieux, afin de soulever les habitants des lieux où ils exercent leurs brigandages, et de les engager à se joindre à eux ; que ces brigandages, commis dans une grande étendue de pays, aux environs de notre bonne ville de Paris, et dans notre bonne ville même, le mercredi 3 de ce mois et jours suivants, doivent être réprimés, arrêtés et punis, afin d'en imposer à ceux qui échapperont à la punition, ou qui seraient capables d'augmenter le désordre [a].

Les peines ne doivent être infligées que dans les formes prescrites par nos ordonnances ; mais il est nécessaire que les exemples soient faits avec célérité ; c'est dans cette vue que les rois nos prédécesseurs ont établi la juridiction prévôtale, laquelle est principalement destinée à établir la sûreté des grandes routes, à réprimer les émotions populaires et à connaître des excès et violences commis à force ouverte. À ces causes et autres...

Tant dans notre bonne ville de Paris, que dans toutes les autres villes et lieux où ont été commis lesdits excès, comme dans ceux où l'on en commettrait de pareils, les personnes qui ont été jusqu'à présent ou seront à l'avenir arrêtées, seront remises aux prévôts-généraux de nos maréchaussées, pour leur procès leur être fait et parfait en dernier ressort, ainsi qu'à leurs complices, fauteurs, participes et adhérents, par lesdits prévôts-généraux et leurs lieutenants, assistés par les officiers de

---

dans les campagnes pour y mettre en activité les justices prévôtales. D'après l'*Espion dévalisé*, Turgot avait consulté Malesherbes sur cette Déclaration et Maurepas la restreignit.

[a] D'après l'*Espion dévalisé*, les apôtres de Turgot dirent que l'époque de la révolution de la liberté était arrivée, mais qu'il fallait des martyrs.

nos présidiaux, ou autres assesseurs appelés à leur défaut et les jugements rendus sur leurs procès, exécutés conformément aux ordonnances ; voulons et ordonnons, à cet effet, que les procédures encommencées soient portées au greffe desdits prévôts ou leurs lieutenants. Faisons défenses à nos Cours de parlement et à nos autres juges d'en connaître, nonobstant toutes ordonnances et autres choses à ce contraires, auxquelles nous avons, en tant que de besoin, dérogé ; et tous arrêts qui auraient pu être rendus, que nous voulons être regardés comme non avenus. Si donnons en mandement à nos amés et féaux conseillers les gens tenant notre Cour de parlement à Paris, que ces présentes ils aient à faire lire, publier, enregistrer ; et le contenu en icelles, garder, observer et exécuter selon leur forme et teneur ; car tel est notre plaisir ; en témoin de quoi nous avons fait mettre notre scel à cesdites présentes.

Donné à Versailles le cinquième jour du mois de mai…

Registrée, du très exprès commandement du Roi, ouï et ce requérant le procureur général du Roi, pour être exécutée selon sa forme et teneur ; et copie collationnée, envoyée aux bailliages et sénéchaussées du ressort, pour y être pareillement lue, publiée et registrée ; enjoint aux substituts du procureur général du Roi d'y tenir la main, et d'en certifier la Cour au mois. Fait à Versailles, le Roi séant en son lit de justice, le cinq mai mil sept cent soixante-quinze. Signé LE BRET.

8. État des personnes mises à la Bastille pour les affaires de blé [a], *sur l'ordre de La Vrillière* [b].

[Funk-Brentano, *Les Lettres de Cachet*.]

1. Saffray de Boislabbé, avocat du Roi à Pontoise, 3 mai-26 juin avec injonction de suivre la Cour.
2. Doumerck, chargé de l'approvisionnement des blés pour le compte du Roi, 5 mai-20 juin.
3. Dubois, maire de Beaumont-sur-Oise, 6 mai-19 juin.
4. Sorin de Bonne, négociant à Paris, 6 mai-20 juin.
5. De l'Épine, négociant en vins à Villemomble, 7 mai-20 juin.
6. Blaison, procureur fiscal et syndic à Villemomble, 7 mai-20 juin.
7. Hattot, garçon perruquier, pour avoir parlé d'un prétendu complot contre le Roi, 9 mai-15 mai.

---

[a] Les dates qui suivent les noms indiquent : la première, l'entrée à la Bastille ; la seconde, la sortie.
[b] À moins d'indication contraire.

8. Jolivet, marchand de musique de la Reine, pour avoir déclaré au Lieutenant de Police que son perruquier lui avait dit que le Roi devait être assassiné, 9 mai-15 mai.

9. Abbé Jouffroy, curé de Férolles-en-Brie, 9 mai-23 mai.

10. Pasquier, curé de Chevry, près Brie-Comte-Robert, 9 mai-23 mai.

11. Abbé Riguet, diacre chapelain et épistolier à Notre-Dame de Chartres, 9 mai-29 juin.

12. Chastellain, meunier au Thillay, près Gonesse, 14 mai-26 mai.

13. L'abbé Sauri, ancien professeur de philosophie à l'université de Montpellier, auteur des *Réflexions d'un citoyen sur le commerce des grains*, 29 mai-26 juin.

14. Hurel, ancien trompette de la ville de Rouen, pour avoir colporté un faux arrêt sur les blés, 30 mai-27 septembre (sur l'ordre de Du Muy).

15. Abbé Delarue, chapelain de la Charité de Garancières-en-Drouais, 3 juin-20 juillet.

16. Tival de la Martinière, curé d'Anger-Saint-Vincent (diocèse de Senlis), 7 juin-17 juillet.

17. Cavelier, curé de Panilleuse-en-Vexin, 17 juin-26 juillet.

18. Lemoine, sergent au baillage de Beaumont, 18 juin-30 juillet.

19. Dubois, brigadier de maréchaussée, commis et pensionnaire des fermes générales, 18 juin-30 juillet. Transféré à Melun.

20. Femme d'Étienne Le Comte, vigneron, 18 juin-30 juillet. Transférée à Melun.

21. Femme de Janton, maçon, 18 juin-30 juillet. Transférée à Melun.

22. Dourdan, curé de Gournay-sur-Marne, 20 juin-28 août.

23. Bailly, notaire à Beaumont, 28 juin-24 juillet.

24. Langlois, ancien président au Conseil Supérieur de Rouen, 2 juillet-10 juillet.

25. Thorel, domestique du précédent, 2 juillet-17 juillet.

26. Queudray, maître des postes aux Andelys, 2 juillet-17 juillet. Transféré à Chartres.

27. Renault, tisserand à Auny, diocèse de Chartres, 2 juillet-20 août. Transféré à Chartres.

28. De Bon, curé de La Queue-en-Brie, 5 juillet-17 août.

29. Dutertre, dit Petrus, 5 juillet-1er juin 1776. Transféré à Bicêtre.

30. Croville, tisserand de Villette, près Mantes, 17 juillet-1er juin 1776. Transféré à Bicêtre.

31. Melin, journalier à Auffreville, 22 août-1er juin 1776.

Observations : 2 et 4. — Monthyon a dit : « Dès ses premiers pas dans sa nouvelle carrière, il (Turgot) débuta par une double faute : il fit arrêter les agents de l'abbé Terray (Doumerck et Sorin de Bonne) pour l'approvisionnement des blés comme coupables de manœuvres, ce qui fit concevoir au peuple des soupçons, auxquels il n'est que trop disposé dans les temps de disette. Après avoir fait cet éclat, il ne put trouver ces agents en tort, soit qu'ils n'y fussent point, *soit qu'il n'eut pas pris des mesures assez promptes et assez justes pour acquérir des preuves de leurs manœuvres.* » On voit que l'arrestation des deux fournisseurs eut lieu au mois de mai et non au début du ministère de Turgot.

« Les rigueurs exercées contre eux précédemment, les scellés mis sur leurs papiers, l'examen scrupuleux, qu'on avait voulu apporter à leurs comptes, renvoyés à la discussion d'Albert, firent présumer que des griefs venus à leur charge donnaient lieu à cette captivité. On s'imaginait assez vraisemblablement qu'ils étaient pour quelque chose dans les émeutes. Lorsqu'ils furent relâchés, ils se vantèrent qu'on n'ait pu asseoir contre eux aucun chef d'accusation. » (*Rel. histor.*)

9 et 10. Ces deux curés avaient fourni de l'argent à leurs ouailles pour aller chercher du blé à 12 livres et l'avaient recelé chez eux. L'un de ces pasteurs avait près de 80 ans. (*Rel. histor.*) Le curé de Noisy-le-Grand, coupable du même délit, ne fut pas arrêté ; il prévint l'orage et en fut quitte pour une forte réprimande.

13. « Quoiqu'on use de plus de rigueur à l'égard des curés prisonniers, on travaille à leur élargissement ; aucune procédure judiciaire n'est commencée contre eux. » (*Rel. histor.*)

22. En faisant en chaire l'éloge du Roi, ce curé avait déclaré contre les ministres. Il fut arrêté, d'après une information faite sur les lieux, par les ordres du Commissaire départi. » (*Rel. histor.*)

24 et 26. Dans la *Correspondance Métra*, Langlois est signalé comme l'une des créatures du Chancelier Maupeou. « Il vient de sortir de la Bastille, ce qui prouve que les charges qui étaient contre lui étaient peu fondées. » (*Rel. histor.*)

« En dehors des personnes embastillées, il y en eut d'autres poursuivies pour faits relatifs à l'émeute. Huit jours après les arrestations, le duc de La Vrillière avait écrit au chef de la Commission prévôtale (Papillon) pour lui reprocher son manque d'activité. Assisté de onze juges du Châtelet, ce magistrat rendit en la Chambre Criminelle un jugement prévôtal condamnant un gazier et un perruquier chamberlan à être pendus en place de grève. L'exécution eut lieu le 11 mai au moyen de deux potences de 18 pieds de haut et avec un grand appareil. On raconta que les magistrats avaient pleuré en signant le jugement et que les suppliciés implorèrent le secours du peuple, en s'écriant qu'ils mourraient pour lui. Un homme plus criminel, nommé Carré et condamné à Versailles à être pendu, eut sa grâce, parce qu'il appartenait au Comte d'Artois. Il avait tenu les propos les plus séditieux et avait dit aux mutins qu'ils devaient aller au château où ils trouveraient des gens ayant grande peur. Sa peine fut commuée en une prison perpétuelle. (*Rel. histor.*)

9. *Arrêt du Conseil accordant des primes à l'importation
des grains par terre en Lorraine et en Alsace.*

[D. P., VII, 277.]

8 mai.

Le Roi, ... ayant, par son Arrêt du 24 avril dernier, accordé différentes gratifications à ceux qui feraient venir des grains étrangers dans les différents ports du Royaume. Et S. M. ayant reconnu qu'il était utile d'en étendre les dispositions aux grains qui souvent arrivent des pays étrangers par terre, dans quelques-unes des provinces de son royaume, qui sont dans le cas d'en avoir le plus besoin ; et singulièrement dans ses provinces d'Alsace et de Lorraine..., ordonne...

I. — Il sera payé à tous les négociants français ou étrangers, qui, à compter du 15 mai prochain jusqu'au 1er août de la présente année, feront venir des grains de l'étranger par terre dans ses provinces d'Alsace et de Lorraine et des Trois-Évêchés, quinze sols par quintal de froment et douze sols par quintal de seigle ; lesquelles gratifications seront payées par les receveurs des fermes dans les villes frontières de l'Alsace et de la Lorraine et des Trois-Évêchés, où les grains seront arrivés, sur les déclarations fournies par les négociants ou les voituriers, qui seront tenus d'y joindre les certificats des magistrats des lieux où le chargement aura été fait, pour constater que lesdits grains ont été chargés en pays étrangers, ensemble copie dûment certifiée des factures, et seront lesdites déclarations vérifiées dans la même forme que pour le paiement des droits de S. M.

II. — Il sera tenu compte à l'adjudicataire des fermes du Roi, sur le prix de son bail, du montant des sommes qu'il justifiera avoir été payées pour raison desdites gratifications.

III. — Il sera payé par quintal de farine de froment introduite dans lesdites provinces d'Alsace et de Lorraine et des Trois-Évêchés par terre, 18 sols, et 15 sols par quintal de farine de seigle.

IV. — Ne pourront les propriétaires des grains étrangers introduits dans le Royaume, ou leurs commissionnaires, après avoir reçu les gratifications portées aux articles Ier et III ci-dessus, les faire ressortir pour l'étranger, ni par eux-mêmes, ni par personnes interposées, sans avoir restitué auparavant lesdites gratifications, sauf à les recevoir de nouveau dans une autre province où les grains seraient introduits, pourvu néanmoins qu'ils y rentrent dans l'époque ci-dessus prescrite.

10. *Lettre au premier président du Parlement de Rouen (De Montholon).*

[A. L., original, de la main d'un secrétaire pour la première partie, de la main de Turgot pour le surplus.]

(Gratifications pour achats de grains à Rouen. — Enregistrement par le Parlement de l'Arrêt sur la liberté du commerce des grains).

Paris, 8 mai.

Je ne puis pas vous dire, M., combien je suis touché de votre zèle et de vos vues respectables. Dans les circonstances, l'arrangement à faire avec Milien n'est pas à négliger. Je suis bien éloigné de vouloir que vous fassiez une telle dépense à vos frais, surtout après la contribution à laquelle vous vous êtes porté pour le soulagement des pauvres de la ville. Mais il est très important, néanmoins, que je ne paraisse entrer pour rien dans la gratification que Milien [a] exige ; ayez donc la bonté de traiter la chose en votre nom et sans aucun éclat, comme si vous vous y portiez par un simple mouvement de charité que vous voudriez même qui fut ignoré, car à tous égards, le secret est important dans cette affaire. J'en rendrai compte au Roi et en considération de votre zèle, je vous ferai donner une gratification équivalente sur le Trésor Royal. De cette manière, tout sera bien. Votre inquiétude, les murmures des boulangers et les alarmes du peuple seront calmés. Vous aurez fait une bonne œuvre ; le Roi vous aura donné une marque de sa satisfaction et je ne me serai pas mêlé d'une affaire dont il serait dangereux que j'eusse paru me mêler [b].

P.-S. (de la main de Turgot). — J'ai reçu vos deux lettres du 8. Je vois avec plaisir que tout a été tranquille à Rouen hier. Je réponds à M. le maréchal d'Harcourt dont les dispositions me paraissent fort sages.

Quant à l'enregistrement des Lettres patentes, je crois que le moment de la grande fermentation n'est pas celui de donner des lettres de jussion, mais il faut que ceci finisse et certainement si le Parlement n'enregistre pas [c] volontairement, aussitôt que le grand trouble sera fini, le Roi prendra les mesures nécessaires pour être obéi. On a répandu ici

---

[a] Négociant en grains qui donna le reçu ci-après :

Je soussigné avoir reçu de Mgr de Montholon, premier Président du Parlement de Normandie, la somme de 4 692 l. pour gratification qu'il a bien voulu me payer pour 4 692 mines de blé livré de son ordre à divers boulangers de cette ville à 16 l. 5 s. la mine, suivant le mémoire présenté.

À Rouen, ce 25 juillet. MILIEN.

[b] Bien qu'il s'agisse d'une gratification et non d'un achat de grains pour le compte du Roi, on conçoit que Turgot ait eu des appréhensions sur le parti que ses ennemis auraient pu tirer d'une mesure de ce genre, étant donné l'état des esprits à Rouen.

[c] Voir l'avis du Garde des Sceaux, p. 205.

le bruit que le Parlement de Rouen avait rendu ou voulait rendre un arrêt pour ordonner d'approvisionner les marchés. Une telle démarche directement contraire aux intentions du Roi et dont l'éclat produirait dans les circonstances présentes le plus mauvais effet déplairait souverainement à S. M. Certainement, elle ne la souffrirait pas.

11. *Lettre royale aux archevêques et évêques sur les émeutes* [a].

[D. P., VII, 279].

(Appel au concours du clergé pour assurer le maintien de l'ordre public.)

Versailles, 9 mai.

M., vous êtes instruit du brigandage inouï qui s'est exercé sur les blés autour de la capitale, et presque sous mes yeux à Versailles, et qui semble menacer plusieurs provinces du Royaume. S'il vient à s'approcher de votre diocèse ou à s'y introduire, je ne doute pas que vous n'y opposiez tous les obstacles que votre zèle, votre attachement à ma personne, et plus encore la religion sainte dont vous êtes le ministre, sauront vous suggérer. Le maintien de l'ordre public est une loi de l'évangile comme une loi de l'État, et tout ce qui le trouble est également criminel devant Dieu et devant les hommes.

J'ai pensé que, dans cette circonstance, il pourrait être utile que les curés de mon royaume fussent instruits des principes et des effets de ces émeutes et c'est dans cette vue que j'ai fait dresser pour eux l'instruction que je vous envoie, et que vous aurez soin d'adresser à ceux de votre diocèse. Les connaissances qu'elle renferme, mises par eux sous les yeux des peuples, pourront les préserver de la sédition, et les empêcher d'en être les complices ou les victimes.

Je compte que vous y joindrez, de votre part, toutes les instructions que les circonstances vous feront juger nécessaires. Je suis bien persuadé que je n'ai rien à prescrire à votre zèle ; mais si le désir de m'être agréable peut l'accroître, soyez sûr qu'on ne peut mieux me servir et me plaire qu'en préservant les peuples de tout malheur, et par-dessus tout de celui d'être coupables dans un moment où, pour leur intérêt même,

---

[a] « Qui le croirait, si on ne connaissait l'esprit du clergé ! il ne se conforma qu'avec répugnance aux ordres du Roi. Il fut scandalisé qu'on fit empiéter S. M. sur ses droits et qu'on lui attribuât en quelque sorte celui de donner des instructions en chaire. Quelques évêques, regardant Turgot comme un athée, se plaignirent qu'il tendit insensiblement à faire le Roi chef de l'Église Gallicane et, par conséquent, à détruire la Religion. » (*Rel. hist.*).

il ne me serait pas permis d'user d'indulgence. La présente n'étant à autre fin, je prie Dieu, M., qu'il vous ait en sa sainte garde.

Instruction aux curés.

(Origines de la sédition. — La cherté est l'effet de la rareté des blés. — Il n'est pas au pouvoir du Roi de l'empêcher ; il ne peut que l'atténuer par quelques mesures. — Le pillage est un vol. — Les auteurs de la sédition.)

S. M. a ordonné que les brigandages qui dévastent ou menacent plusieurs provinces de son royaume fussent réprimés par des punitions promptes et sévères. Mais, si elle a été forcée d'y avoir recours pour diminuer le nombre des coupables et en arrêter les excès, elle est encore plus occupée d'empêcher qu'aucun de ses sujets ne le devienne et, si elle peut y parvenir, le succès de ses soins sera d'autant plus consolant pour elle, qu'elle est plus vivement affligée des mesures rigoureuses que les circonstances ne lui permettent pas de négliger.

C'est dans cette vue que S. M. a jugé à propos de faire adresser la présente instruction aux curés de son royaume.

Elle a déjà éprouvé l'utile influence de plusieurs d'entre eux, dans des paroisses dont quelques habitants, entraînés à la révolte par des impressions étrangères, mais ramenés par les exhortations de leurs pasteurs à leur devoir et à leur véritable intérêt, se sont empressés de remettre eux-mêmes les denrées qu'ils avaient enlevées, et de porter aux pieds des autels le repentir de leurs fautes, et des prières ferventes pour le Roi, dont on avait osé, pour les séduire, insulter et rendre suspecte la bonté.

S. M. se promet le même zèle des autres curés de son royaume. La confiance des peuples est le prix naturel de leur tendresse, de leur affection et de leurs soins ; et, lorsqu'aux vérités saintes de la religion, qui proscrit tout trouble dans l'ordre public et toute usurpation du bien d'autrui, ils joindront la terreur des peines imposées par les lois civiles contre le vol et la sédition, des avis salutaires sur les dangers et les malheurs du brigandage, et surtout les assurances de la bonté du Roi, qui n'est occupé que du bonheur de ses sujets, S. M. a lieu d'espérer que les peuples seront garantis des voies odieuses qu'on emploie pour les tromper, et qu'ils sauront se préserver également du crime de la sédition et du malheur d'en être les victimes.

Pour que les curés soient plus à portée de faire valoir ces utiles réflexions, il est nécessaire qu'ils soient instruits des principes et des suites de la sédition, dont les habitants de leurs paroisses ont à se préserver et à se défendre.

Elle n'est point occasionnée par la *rareté réelle des blés* ; ils ont toujours été en quantité suffisante dans les marchés, et pareillement dans les provinces qui ont été les premières exposées au pillage.

Elle n'est pas non plus produite par l'*excès de la misère* : on a vu la denrée portée à des prix plus élevés, sans que le moindre murmure se soit fait entendre ; et les secours que S. M. a fait répandre, les *ateliers* qu'elle a fait ouvrir dans les provinces, ceux qui sont entretenus dans la capitale, ont diminué les effets de la cherté pour les pauvres, en leur fournissant les moyens de gagner des salaires et d'atteindre le prix du pain.

Le brigandage a été excité par des hommes étrangers aux paroisses qu'ils venaient dévaster : tantôt ces hommes pervers, uniquement occupés d'émouvoir les esprits, ne voulaient pas, même pour leur compte, des blés dont ils occasionnaient le pillage ; tantôt ils les enlevaient à leur profit, sans doute pour les revendre un jour, et satisfaire ainsi leur avidité.

On les a vus quelquefois affecter de payer la denrée à vil prix, mais en acheter une quantité si considérable, que l'argent qu'ils y employaient prouvait qu'ils n'étaient poussés ni par la misère présente, ni par la crainte de l'éprouver.

Ce qu'il y a de plus déplorable, est que ces furieux ont porté la rage jusqu'à détruire ce qu'ils avaient pillé. Il y a eu des grains et des farines jetés dans la rivière.

La scélératesse a été poussée jusqu'à brûler des granges pleines de blés et des fermes entières. Il semble que le but de ce complot ait été de produire une véritable famine dans les provinces qui environnent Paris, et dans Paris même, pour porter les peuples, par le besoin et le désespoir, aux derniers excès.

Le moyen employé par ces ennemis du peuple a été de l'exciter partout au pillage, en affectant de paraître ses défenseurs. Pour le séduire, les uns ont osé supposer que les vues du Roi étaient peu favorables au bien de ses peuples, comme s'il avait jamais séparé son bonheur de celui de ses sujets, et comme s'il pouvait avoir d'autre pensée que celle de les rendre heureux.

Les autres, affectant plus de respect, mais non moins dangereux, n'ont pas craint de répandre que le Roi approuvait leur conduite et voulait que le prix des blés fût baissé, comme si S. M. avait le pouvoir et le moyen de baisser à son gré le prix des denrées, et que ce prix ne fût pas entièrement dépendant de leur rareté ou de leur abondance.

Un de leurs artifices les plus adroits a été de semer la division entre les différentes classes de citoyens et d'accuser le gouvernement de favoriser les riches aux dépens des pauvres ; tandis qu'au contraire il a eu pour but principal d'assurer une production plus grande, des transports plus faciles, des provisions plus abondantes ; et, par ces divers moyens, d'empêcher tout à la fois la disette de la denrée et les variations excessives dans les prix, qui sont les seules causes de la misère.

Projets destructeurs supposés au gouvernement, fausses inquiétudes malignement exagérées, profanation des noms les plus respectables, tout a été employé par ces hommes méchants pour servir leurs passions et leurs projets ; et une multitude aveugle s'est laissé séduire et tromper : elle a douté de la bonté du Roi, de sa vigilance et de ses soins, et par ses doutes elle a pensé rendre ces soins inutiles, et tous les remèdes vains et sans effet.

Les fermes que le brigandage a pillées, les magasins qu'il a dévastés, étaient une ressource toute prête pour les temps difficiles et assuraient les moyens de subsister jusqu'à la récolte.

Si l'on continue de priver l'État de cette ressource, de piller les voitures sur les chemins, de dévaster les marchés, comment se flatter qu'ils seront garnis, que les grains n'enchériront pas davantage, que la denrée, dissipée, interceptée et arrêtée de toutes parts, ne finira pas par manquer aux besoins ? Si les blés sont montés à des prix trop élevés, ce n'est pas en les dissipant, en les pillant, en les enlevant à la subsistance des peuples, qu'on les rendra moins chers et plus communs.

L'abondance passagère d'un moment, obtenue par de tels moyens, serait le présage certain d'une disette prochaine et qu'on tenterait alors en vain d'éviter.

Ce sont ces vérités qu'il est nécessaire que les curés fassent comprendre aux peuples pour leur propre intérêt : le pillage amène les maux que feignent de craindre ceux qui l'inspirent et le conseillent, et un petit nombre de gens malintentionnés profitent du désordre, tandis que ceux qu'ils ont séduits en demeurent les victimes.

Des pasteurs n'ont pas besoin d'être avertis de faire remarquer aux peuples que toute usurpation de la denrée, même en la payant, lorsque c'est à un prix inférieur à sa valeur, est un vol véritable, réprouvé par les lois divines et humaines, que nulle excuse ne peut colorer, que nul prétexte ne peut dispenser de restituer en entier au véritable maître de la chose usurpée. Ils feront sentir, à ceux qui pourraient être dans l'illusion, que le prix des blés ne peut malheureusement être proportionné qu'à la plus ou moins grande abondance des récoltes ; que la sagesse du gouvernement peut rendre les chertés moins rigoureuses, en facilitant l'importation des blés étrangers, en procurant la libre circulation des blés nationaux, en mettant, par la facilité du transport et des ventes, la subsistance plus près du besoin, en donnant aux malheureux, en multipliant pour eux toutes les ressources d'une charité industrieuse ; mais que toutes ces précautions, qui n'ont jamais été prises plus abondamment que depuis le règne de S. M., ne peuvent empêcher qu'il n'y ait des chertés ; qu'elles sont aussi inévitables que les grêles, les intempéries, les temps pluvieux ou trop secs qui les produisent ; que la crainte et la méfiance des peuples contribuent à les augmenter, et qu'elles deviendraient excessives, si, le commerce se trouvant arrêté par les émeutes, les communications devenant difficiles, les laboureurs étant découragés, la denrée ne pouvait plus être apportée à ceux qui la consomment.

Il n'est point de bien que S. M. ne soit dans l'intention de procurer à ses sujets : si tous les soulagements ne peuvent leur être accordés en même temps, s'il est des maux qui, comme la cherté, suite nécessaire des mauvaises récoltes, ne sont pas soumis au pouvoir du Roi, S. M. en est aussi affectée que ses peuples ; mais quelle défiance ne doivent-ils pas avoir de ces hommes malintentionnés qui, pour les émouvoir, se plaisent à exagérer leur malheur, par les moyens mêmes qu'ils leur indiquent pour les diminuer !

S. M. compte que tous les curés des paroisses où cette espèce d'hommes chercherait à s'introduire, préviendront avec soin les habitants contre leurs fatales suggestions.

Des troupes sont déjà disposées pour assurer la tranquillité des marchés et le transport des grains. Les habitants doivent seconder leur activité et se joindre à elles pour repousser la sédition qui viendrait troubler leurs foyers et accroître leur misère, sous prétexte de la soulager.

Lorsque le peuple connaîtra quels en sont les auteurs [a], il les verra avec horreur, loin d'avoir en eux aucune confiance ; lorsqu'il en connaîtra les suites, il les craindra plus que la disette même.

Les sublimes préceptes de la religion, exposés en même temps par les curés, assureront le maintien de l'ordre et de la justice. En exerçant ainsi leur ministère, ils concourront aux vues bienfaisantes de S. M. ; elle leur saura gré de leurs succès et de leurs soins [b]. Le plus sûr moyen

---

[a] D'après Du Pont, Brienne, consulté sur la rédaction de cette *Instruction aux curés*, et chargé d'y mettre la dernière main, y inséra cette phrase, que plusieurs personnes prirent pour un engagement de dévoiler tous les ressorts de la conspiration et d'en nommer les instigateurs, ce que leur qualité et la nature des circonstances rendaient impossible. L'archevêque de Toulouse ne l'ignorait pas. C'était donc, de sa part, une imprudence dont on a rendu Turgot responsable, et qui a beaucoup envenimé la haine que lui portaient ceux que leur conscience avertissait de se croire désignés. (Du Pont, *Mém.*)

[b] Le curé de Méry avait menacé les mutins de leur refuser les sacrements. Turgot lui fit accorder 200 livres de pension et lui fit espérer un bénéfice. (*Gazette de Leyde*)

de mériter ses bontés est de partager son affection pour ses peuples et de travailler à leur bonheur [a].

12. *Lettre du Roi à Turgot, après les émeutes.*

[A. L., original.]

11 mai.

Je vous renvoie, M., l'Arrêt du Conseil que vous m'avez envoyé [b] ; il faut que ce ne soit pas un homme de loi qui l'ait fait : car il n'a pas le sens commun ; mais il part sûrement du même foyer et il aurait été à désirer qu'on eût pu en arrêter le colporteur.

J'ai revu avec plaisir le nom de Marin [c] au bas d'une pièce de vers.

Il est très vrai que nous avons à présent trop de troupes aux environs de Paris ; mais, dans le premier moment, on ne pouvait pas savoir où cela irait. Le peuple a ouvert les yeux et reconnu qu'il avait été trompé. Si vous pouvez épargner les gens qui n'ont été qu'entraînés, vous ferez fort bien. M. de La Vrillière m'a appris les deux exécutions qu'il y avait eu ce soir [d]. Je désirerais bien qu'on pût découvrir les chefs de cette odieuse machination. Je crois qu'à présent vous pouvez ne pas presser l'arrivée des troupes, sans paraître les décommander et ôter les gardes qui sont à chaque boutique de boulanger en laissant les patrouilles rôder dans les rues. Je crois que c'est par là où vous devez commencer. Vous pouvez ne pas venir demain au Conseil.

Louis.

13. *Ordonnance du Roi.*

[D. P., VII, 290.]

(Amnistie en faveur des pilleurs qui auront restitué.)

Versailles, 11 mai.

---

[a] « Les frondeurs du Gouvernement dirent que l'*Instruction* était, comme tout ce qui sortait du contrôle général, verbeux, sophistique, maladroit ; annonçant sans doute de bonnes vues — car les ennemis les plus déclarés de Turgot n'osaient jamais l'attaquer que sur son système et commençaient toujours par dire : C'est un honnête homme, qui a le cœur droit et de bonnes vues —, mais fournissant en même temps des armes à ceux qui voulaient le combattre. » (*Rel. histor.*)

[b] On avait répandu de faux Arrêts du Conseil promettant au peuple que le pain serait taxé à bas prix.

[c] Marin, directeur de la *Gazette de France* de 1771 à 1774, remplacé alors par l'abbé Aubert.

[d] Voir p. 407.

Il est ordonné que toutes personnes, de quelque qualité qu'elles soient, qui, étant entrées dans des attroupements, par séduction ou par l'effet de l'exemple des principaux séditieux, s'en sépareront d'abord après la publication du présent ban et ordonnance de S. M., ne pourront être arrêtées, poursuivies ni punies pour raison des attroupements, pourvu qu'elles rentrent sur-le-champ dans leurs paroisses, et qu'elles restituent, en nature ou en argent, suivant la véritable valeur, les grains, farines ou pain qu'elles ont pillé, ou qu'elles se sont fait donner au-dessous du prix courant.

Les seuls chefs et instigateurs de la sédition sont exceptés de la grâce portée dans la présente ordonnance.

Ceux qui, après la publication du présent ban et ordonnance de S. M., continueront de s'attrouper, encourront la peine de mort et seront les contrevenants arrêtés et jugés prévôtalement sur-le-champ.

Tous ceux qui dorénavant quitteront leurs paroisses sans être munis d'une attestation de bonne vie et mœurs, signée de leur curé et du syndic de leur communauté, seront poursuivis et jugés prévôtalement comme vagabonds, suivant la rigueur des ordonnances.

14. *Événements en province.*

[A. L., bulletin manuscrit.]

12 mai.

Montfort du 9 mai. — Le subdélégué de Montfort-l'Amaury mande du 9 que les invitations aux fermiers d'approvisionner les marchés ne produisent pas grand effet, ce qui indique que la terreur y est encore bien générale et qu'on ne se croit pas assez en sûreté.

Monthéry du 9. — Quoique le marché du 8 se soit passé paisiblement à cause de la présence des troupes, on ne peut pas être entièrement tranquille sur cette partie. Il y avait, dit le subdélégué, 15 000 âmes rassemblées. Il faut réduire ce compte à 4 ou 5 000, mais c'est encore assez pour commettre beaucoup de dégâts en se dispersant. Les mutins paraissent très animés et n'ont été retenus que par la crainte. Celle qu'ils inspiraient a empêché les laboureurs d'envoyer et a rendu le marché très peu fourni.

Mennecy, près Corbeil, du 10. — La tranquillité n'est, de même, maintenue que par la présence des troupes. 300 paysans sont venus avec des sacs qui n'ont rien acheté quoique le prix fut baissé d'un sixième.

Melun. — Tout est en paix et les pillards restituent.

Dammarie du 10. — Les femmes ameutées ont arbitrairement fixé le prix du grain ; les fermiers ont dit qu'ils ne s'exposeraient plus à apporter du grain puisqu'on les traitait ainsi ; les séditieux ont répondu qu'ils en trouveraient bien dans les fermes s'il n'en venait pas au marché ; les dragons se sont bornés à empêcher les voies de fait, non pas la violence faite aux laboureurs sur le prix. Ils n'ont arrêté personne. Ces dragons n'ont pas fait leur devoir et l'officier qui les commande doit être puni.

Dreux (lettres du commandant de la maréchaussée et du subdélégué de Mantes) du 10. — Deux brigades de maréchaussée ont contenu la populace qui se disposait à forcer les halles et greniers et voulait que le blé fût taxé à bas prix. Elles ont maintenu la liberté du marché.

Provins du 10. — La ville est tranquille, mais il y a des fermes pillées dans la campagne.

Fontainebleau du 10. — Le subdélégué demande quelques troupes pour le marché de Milly où il appréhende une émeute.

Lagny du 11, par courrier exprès. — On a brûlé une ferme comme on en avait menacé la veille. Des hussards ou des dragons y seraient fort nécessaires.

Picardie. — Il y a eu rumeur à Péronne et à Roye ; la bourgeoisie s'y est mise sous les armes. On a envoyé de Troyes un détachement de 50 gardes du corps et un de 30 gardes du corps à Grandvilliers. Il y a encore à Troyes une garde laissée par le bataillon de Navarre qui y a passé.

Tableau des Troupes qui sont ou seront incessamment en Picardie pour maintenir la tranquillité (Lettre de l'Intendant d'Agay), du 10 mai.

Actuellement à Amiens : La compagnie des gardes du corps de Luxembourg, sur quoi il en sera détaché :

À Roye	30 maîtres ;
À Grandvilliers	30 maîtres ;

À Amiens, on attend l'infanterie de la légion de Soubise, (180 hommes), sur lesquels il sera détaché :

À Péronne,	une compagnie d'infanterie ;
À Breteuil	25 hommes ;
À Lihons	25 hommes ;
À Conty	25 hommes.

A Montdidier, arrivera le 12 un escadron du Régiment de Condé.

Beauce. — M. le premier Président marque qu'on lui mande qu'à Chartres, Courville, la Loupe et Nogent-le-Rotrou, il y a des gens inconnus qui courent les villages et ameutent le peuple, en disant qu'il y a ordre du Roi de donner le blé à 12 livres le setier.

À Nogent-le-Rotrou, un seul étranger a mené la bande du village de Coulombs qui avait été avertie par d'autres étrangers.

À Dourdan, un petit homme habillé de rouge a intimidé l'exempt de la maréchaussée en lui disant qu'il était porteur d'ordres du Roi pour faire donner le blé à 15 livres et que, s'il s'y opposait, il serait pendu.

Soissons. — M. de Brabançon et M. de Morfontaine demandent de la cavalerie pour garder le cours de l'Aisne et protéger les fermes dans le pays. Il y a eu émeute à Château-Thierry, et même à Chauny, malgré un détachement du corps d'artillerie qui s'y était porté de La Fère.

Gazette de Leyde du 19. — À Rouen, un arrêté du Parlement a ordonné au prévôt général de faire le procès aux mutins.

Dans le Centre, 60 000 hommes de troupes ont opéré pour rétablir l'ordre. Il y avait eu des pillages à Metz et à Nancy.

Une lettre à l'intendant de Caen (A. Calvados, C. 2 628) du 27 mai, constate la tranquillité dans la province.

15. *Lettre de Turgot à l'abbé de Véri.*

[A. L., copie tirée du *Journal* de l'abbé.]

(Opinion de Maurepas sur les émeutes. — Récit de l'abbé.)

13 mai.

Vous saurez vraisemblablement ce qui se passe. Jamais votre présence ne m'a été plus nécessaire. Le Roi est aussi ferme que moi, mais le danger est grand parce que le mal se répand avec une rapidité incroyable et que les mesures atroces des instigateurs sont suivies avec une très grande intelligence. Les partis de vigueur sont d'une nécessité absolue. Celui du renvoi de M. Lenoir n'est pas approuvé d'un de vos amis [a]. Il ne sait pas le service que je lui ai rendu à lui-même. Si M. Lenoir était resté, je ne pouvais répondre de rien ; je tombais et par conséquent M. de Maurepas. Je crois votre présence assez nécessaire pour vous envoyer un courrier. Partez, venez sans délai... J'ai du courage, mais venez m'aider.

À la date du 26 mai, l'abbé de Véri note dans son *Journal* ses impressions sur l'émeute : « Il est impossible de trouver dans aucun monu-

---

[a] Maurepas.

ment historique un exemple d'émeutes populaires comme celles qui ont eu lieu dans différents endroits et nommément à Paris et à Versailles ; la fureur, la rage, les meurtres et les excès des brigandages sont les causes et les suites ordinaires des séditions. Ici, c'était de la gaîté pour les spectateurs, de la douceur et de la jovialité dans les exécuteurs, et de l'inaction stupide ou volontaire dans ceux qui sont commis pour veiller à l'ordre public. La cherté du pain a été le prétexte ; cependant son prix est fort au-dessous de ce qu'il a coûté dans plusieurs années de cherté pendant lesquelles le peuple ne s'est point ameuté. Les marchés ont été suffisamment garnis partout. Le grain ne manque pas dans le Royaume, quoiqu'il y soit un peu rare, par l'effet de la mauvaise récolte. On ne nomme aucun monopoleur. N'importe, un cri furieux s'est élevé dans une classe de gens et surtout dans la capitale, contre les maximes de liberté du commerce. On les appelle *système dangereux, système affamant...* M. de Maurepas eût été le premier objet de leur chaleur si M. Turgot ne s'était pas présenté à leurs yeux comme l'auteur réel de la liberté. Il s'est même montré si promptement au danger en prenant tout sur lui qu'il a été lui seul l'objet de la haine ou de l'admiration... M. de Maurepas n'a fait qu'un personnage secondaire qui n'a pas paru à ses partisans convenable à son âge et à son poste ; il avait adopté par raisonnement les maximes de la liberté, mais avec la nuance de son caractère ; à chaque inquiétude occasionnée par le renchérissement de la denrée, quoique bien prévu, à chaque cri des mécontents, il devenait un peu chancelant dans les plans adoptés ; l'habitude qu'il a de dire ce qu'il pense au delà du cercle de ses amis, l'a fait présumer au moins indifférent sur l'article des grains et peut-être contraire à M. Turgot... Ceux qui n'ont pas été traités par celui-ci comme ils l'auraient désiré, ceux qui craignent les réformes, les financiers qui lui voient avec chagrin les yeux ouverts sur les abus de leur administration, les magistrats de grande et de petite police, ennemis de la liberté prise sur une partie chérie de leur influence sur le peuple, ceux qui voudraient avoir part au ministère et ceux qui veulent renverser celui qui existe, ont tous concouru, de désir et de fait, à faire élever les voix qui se plaignent au-dessus de celles qui approuvent. Le courage de M. Turgot, réduit à faire face aux plaintes de tous les genres, a suffi vis-à-vis de toutes ; il a fortifié le Roi dans ses principes par lettre et de vive voix... « Nous avons pour nous notre bonne conscience », lui dit le Roi en le voyant arriver le jour de l'émeute de Versailles, et « avec cela, on est bien bien fort »... [a]

« ... Il n'est pas encore décidé si cette quantité d'émeute n'a pas été la même qui s'est promenée successivement dans différents endroits...

[a] Voir la Lettre à De Vaines, p. 289.

« Les insurgeants furent conduits, à la fin, hors de Versailles par les militaires, comme l'est un troupeau de moutons ; ils annoncèrent qu'on les verrait le lendemain à Paris ; l'avis qu'on en eut fit prendre des précautions pour assurer la Halle au Blé... Les insurgeants n'y touchèrent pas ; mais ils se répandirent dans les quartiers de Paris, à la Halle au pain et chez les boulangers ; ils s'y promenèrent plusieurs heures de rue en rue et se bornèrent à prendre le pain pour le donner aux premiers venus. Le peuple de Paris ne prit point parti pour eux... Chaque habitant ferma ses portes ; mais les fenêtres étaient ouvertes et on s'y mettait pour voir passer l'émeute, comme on va voir passer une procession.

« Dans quelques endroits et devant la maison du Contrôleur général, on entendit des cris et on vit des hommes qui montraient du pain moisi... Quelques morceaux de ce pain ont été examinés par des experts et on a reconnu qu'il avait été cuit dans la journée même et qu'on l'avait fait verdir et noircir avec une composition...

« Cette promenade qu'on peut dire paisible pour être une émeute, étonne encore autant que l'inaction des troupes à pied et à cheval qui furent distribuées dans les différents quartiers de Paris. On a vu des escouades du guet passer à côté des boulangers qu'on pillait... On a vu le guet refuser de conduire en prison des séditieux que des mousquetaires jeunes et actifs avaient resserrés dans un coin. Le guet répondait : « Nous n'avons pas d'ordres d'arrêter. » Le lendemain, des sergents de gardes-françaises riaient avec eux (les brigands) de la manière dont ils s'étaient comportés la veille... C'est à l'inaction du maréchal de Biron, leur colonel, qu'on doit attribuer principalement la durée de l'émeute. M. Lenoir, lieutenant de police, qui avait fortifié la Halle sans trop penser au reste, peut avoir eu quelque négligence qu'on ne peut justifier. Mais un homme de robe, et nouveau dans sa place, peut avoir la tête troublée ; il a été le seul puni et est encore sous la punition, quoiqu'on sente déjà qu'il a été traité trop rigoureusement et qu'on s'occupe de le dédommager. Le plus coupable était sans contredit le maréchal de Biron... Son inaction se manifesta le matin même du 3 mai ; il fut conseillé par M. de Maurepas, chez lequel il était à 9 heures du matin, de laisser la cérémonie de la bénédiction des drapeaux indiquée pour ce jour-là et de distribuer ses gardes dans Paris ; il ne le voulut pas d'abord et ce ne fut que plus tard qu'il envoya de gros détachements dans les lieux principaux et encore sans leur donner les ordres nécessaires pour dissiper les mutins L'ordre était seulement d'empêcher de tuer. C'est à ce même moment que commença le vrai tort de M. de Maurepas ; quoique tout Paris lui ait fait un crime d'avoir été la veille à l'Opéra, lorsque l'émeute était à Versailles, il n'en avait pas été instruit et il ne la connut telle qu'elle était qu'à l'Opéra même où il sut que tout était apaisé. Ce tort, au reste, pouvait n'être qu'une étourderie, mais le lendemain, ce fut un tort à mon avis de faiblesse et de réflexion. »

Véri raconte qu'il fit à ce sujet des observations au vieux ministre et que Maurepas lui répondit : « Le Roi avait écrit à Turgot ; M. Turgot avait été prendre ses ordres et nous les attendions à tout moment ; dès qu'il fut de retour à midi, j'allai chez lui pour me concerter et le voyant donner des ordres à tout le monde, je me retirai. »

« ... Le maréchal de Biron ne fut pas le seul coupable d'inaction. Le 3 mai, les gardes suisses à Saint-Germain, à Versailles et à Paris eurent aussi des torts par défaut d'ordres de leurs chefs ; les mousquetaires se présentèrent de bonne grâce, mais leur influence ne pouvait qu'être médiocre par leur petit nombre et leur chef n'avait qu'un détail très circonscrit. »

16. *Lettre à l'Intendant de Champagne.*

[A. Marne. — Neymarck, II, 408.]

(Demande de renseignements sur les dégâts commis pendant les émeutes).

Paris, 16 mai.

Le repentir, M., des excès auxquels se sont livrés les habitants des différentes paroisses dans lesquelles les marchés ou les fermes ont été pillés, commence à opérer des effets salutaires. L'amnistie que S. M. a accordée à ceux qui restitueraient, a eu le succès qu'elle devait en attendre ; les restitutions déjà commencées, avant cette amnistie, sont devenues beaucoup plus considérables depuis. Je suis instruit qu'il y a quelques fermiers à qui on a restitué en entier tout ce qu'ils avaient été obligés de livrer ; lorsque toutes ces restitutions seront commencées, je vous prie de m'en envoyer l'état et d'y joindre celui des grains qui ont été pillés autant qu'on aura pu le constater, soit par la déclaration des fermiers, soit par toute autre voie. Si vous pouvez connaître à peu près quelle est la quantité de grains qui aurait été jetée dans la rivière, la valeur des granges brûlées et celle des grains et farines répandus dans les marchés ou ailleurs et dont une grande partie sera perdue, j'aurai, par la réunion de ces différents objets, le tableau des subsistances perdues, de celles qui auront été recouvrées et de la perte des différents propriétaires. Cet aperçu peut servir de base aux spéculations du commerce et à régler les indemnités qu'il sera juste d'accorder aux fermiers. Ce tableau vous servira à vous-même, dans la répartition des impositions lors de votre département, pour faire supporter aux paroisses, dans lesquelles des restitutions commencées partout n'auraient point eu leur effet, les dédommagements qu'il serait juste d'accorder. Je vous prie, M., de m'envoyer cet état le plus promptement qu'il vous sera possible pour que je puisse rendre publics les effets salutaires du repentir des habitants qui se sont laissés entraîner à la séduction ou au mauvais exemple. La publicité des restitutions présentera les ressources des campagnes jusqu'à la récolte, et diminuera l'inquiétude, préviendra les pillages dans les lieux qui en ont été garantis jusqu'à présent, et l'*Instruction* que S. M. a invité MM. les Évêques d'adresser à leurs curés, achèvera autant qu'il sera possible la réparation de tous les dommages qui seront réparables.

Documents divers sur les émeutes.

17 mai.

Lettre de l'abbé Morellet à Lord Shelburne [a]. — Vous aurez appris, sans doute, les petits mouvements qui se sont exercés ici à l'occasion de la cherté du pain, cherté au reste moindre que celle que nous avons éprouvée dans la plus grande partie du ministère de l'abbé Terray. Je ne doute pas qu'on ne vous ait grossi les événements et qu'on y ait donné des explications très merveilleuses. Vous savez que je ne me laisse pas entraîner si facilement à cette imagination qui agrandit les objets...

Je dois pourtant vous avouer que j'ai passé quelques jours fort inquiet de ce qui pouvait arriver de tout ceci à mon ami M. Turgot et plus inquiet encore du malheur qui menaçait ce pays-ci, si on venait à perdre le ministère...

Ce n'est pas qu'il (Turgot) ait été ébranlé le moins du monde dans sa place, mais c'est qu'il n'a tenu pour qu'il le fut qu'au caractère du Roi qui heureusement s'est trouvé et s'est montré très raisonnable et très ferme... Ces émeutes ont consisté uniquement à forcer des boulangers à donner le pain à 2 sols la livre, les fermiers et autres marchands de grains à donner leur blé à 12 francs le setier et à piller la farine dans quelques moulins. Il n'y a pas eu d'autres violences de faites, mais elles se sont étendues fort loin... Le prince de Poix, fils du maréchal de Mouchy, ci-devant comte de Noailles, crut faire merveille, en sa qualité de gouverneur de Versailles, d'ordonner qu'on donnât le pain à 2 sols à ces marauds-là. Cette faute légère de la part d'un jeune homme a eu les

---

[a] Lettres publiées par lord Fitz Mauritz.

conséquences les plus graves, car tout de suite on en a pris droit de répandre que le Roi avait ordonné qu'on donnât le pain à 2 sols...

Sans croire qu'il y ait à tout cela une première et unique cause, un complot formé et dirigé à un seul but, on ne peut se dissimuler que ce premier mouvement une fois donné a été soigneusement entretenu... On a surtout été étrangement surpris de la facilité avec laquelle Paris a été pillé... On était averti la veille qu'il y aurait le lendemain une émeute à Paris... Et, en effet, quatre ou cinq cents personnes, dont un petit nombre armé seulement de bâtons, ont pillé toutes les boutiques de boulangers depuis trois heures du matin jusqu'à trois heures de l'après-midi, sans opposition, sans contradiction, et sans que cette merveilleuse police de Paris qu'on vante tant pour sa vigilance et sa sévérité ait rien empêché... Le soir même de cette belle journée, M. Turgot est allé à Versailles, a raconté au Roi ce qui s'était passé, et fait révoquer sur-le-champ le lieutenant de police et donné sa place à un homme que vous avez vu à Montigny [a], un M. Albert... Ce premier coup d'autorité a commencé à faire voir à quel homme on avait affaire en la personne de M. Turgot ; mais le jour suivant, il a encore déployé son caractère et sa présence d'esprit d'une manière plus marquée... On avait décidé que les coupables seraient jugés et punis *prévôtalement*... Le Parlement faisait quelque opposition à cette forme de procéder. D'ailleurs, après être convenu le mercredi que les magistrats s'en rapporteraient au Roi sur les moyens les plus prompts d'éteindre ces commencements de trouble, le Parlement, assemblé le jeudi au soir, s'était laissé aller à porter un arrêt dans lequel, entre autres dispositions, le Roi était supplié de réduire le prix du pain à un taux moins disproportionné aux facultés du peuple. C'était faire l'apologie des mouvements populaires... M. Turgot sentit tout de suite la tendance de cet arrêt et, après avoir fait des tentatives inutiles tout le soir du jeudi, pour empêcher qu'on imprimât et qu'on affichât l'arrêt, est allé à Versailles au milieu de la nuit et a fait réveiller le Roi...

Je vous ai dit que le Roi s'était montré très raisonnable et très ferme ; j'en suis sûr parce que j'ai là plusieurs de ses lettres, écrites dans les moments de crise et très biens écrites, très sagement et montrant très clairement le désir de faire le bien...

Je vous ai envoyé un ouvrage qui fait ici beaucoup de bruit sur *La législation et le commerce des grains* ; il est de M. Necker ; il est à bout portant contre l'administration de M. Turgot ; des gens délicats en procédés ont désapprouvé qu'on profitât de la liberté qu'accorde M. Turgot lui-même pour fronder violemment son administration... Quant aux

---

[a] Chez Trudaine de Montigny.

mérites du livre, deux sentiments très opposés, comme dans toute affaire, percent : les uns le trouvent excellent ; d'autres, au nombre desquels je suis, très mauvais, au moins pour les principes, si ce n'est pour la forme qui n'est pas mauvaise, sans être bien merveilleuse.

Opinions de l'abbé Galiani. — Les opinions de Galiani sur Turgot, bien que contradictoires, ont été souvent citées. Il est utile dès lors de recueillir celles que contiennent ses *Lettres à Mme d'Épinay*.

18 février. — Au sujet d'un paquet qui devait être contresigné par le contrôleur général et qui ne l'avait pas été, Galiani appelle Turgot : « Mon ancien et véritable ami. »

27 mai, à propos de la *guerre des farines*, il écrit : « La moinaille et la prêtraille ont été les moteurs des émeutes de Madrid en 1765 ; on se servit du prétexte de la cherté pour venger les impôts que M. de Squillace mettait sur les ecclésiastiques. Ceux qui n'entendent pas souvent la messe doivent donc s'attendre qu'on vengera le mépris de la messe. Le premier problème à résoudre pour un ministre est de garder sa place et, plus il se croit honnête homme, plus il doit s'acharner à rester en place... J'espère que cet événement aura appris à M. Turgot et à l'abbé Morellet à connaître les hommes et le monde qui n'est pas celui des ouvrages des économistes. Il aura vu que les révoltes causées par la cherté ne sont pas impossibles comme il le croyait. On ne sait jamais au juste le nombre de ses ennemis... M. Turgot ne sait peut-être pas que le jadis Parlement, aujourd'hui grand Conseil, trouve le pain fort cher aussi. Si son chagrin et celui de M. l'abbé, servaient à leur faire rendre un peu plus de justice à mes *Dialogues*, ou du moins à mes intentions... j'aurais gagné beaucoup à cette bagarre, puisqu'il n'y a pas d'homme dont je chérisse plus l'estime et l'amitié ; ils ont de grandes vertus et un grand génie ; ils sont restés peut-être trop longtemps au cabinet et n'ont pas été comme moi jetés, dès leurs premières années, au beau milieu d'une Cour pour y être le jouet de la fortune.

3 juin, à propos de la *Réfutation* de ses *Dialogues*, par l'abbé Morellet. — « M. Turgot, qui était persuadé que la liberté seule suffisait, sera très étonné de se voir obligé à donner des récompenses pour l'importation, à épuiser le trésor royal et à flétrir sa gloire... C'est dommage s'il est renvoyé, mais c'est un peu sa faute ; pourquoi se faire économiste ? »

10 juin. — « Si votre jeune souverain ne sacrifie pas M. Turgot au caprice et à la terreur panique de son peuple, il mérite d'acquérir par ce seul trait le surnom de Grand... J'attends l'ouvrage de Necker que je lirai parce qu'il se laisse lire. »

24 juin, à propos de la *fin des émeutes*. — « Tout cela est arrangé. Tant mieux, et j'en suis vraiment ravi pour M. Turgot ; je regarde comme un vrai bonheur pour la France de le conserver en place. »

29 juillet. — « Maurepas, Turgot, Sartine, Malesherbes, voilà quatre hommes dont un seul suffit à rétablir un empire. »

29 août, à propos de l'abbé Baudeau, qui s'était exprimé inconsidérément sur Sartine. — « Croyez-moi et souvenez-vous-en quand il sera temps, les économistes casseront le cou à M. Turgot ; ils ne méritent pas d'avoir un ministre dans leur secte absurde et ridicule. »

Lettres de Mlle de Lespinasse à Condorcet [a]. — Mercredi au soir. — « ... Il n'y a pas de repos pour une âme aimante et animée de l'amour du bien. C'est bien certainement la passion la plus malheureuse que puisse avoir un homme en place, et cela ne vous est que trop prouvé. Notre ami en sera la victime. On vous aura mandé tous les troubles de ces jours-ci ; on vous aura dit que les révoltes étaient annoncées et qu'elles ont eu lieu comme si elles avaient été imprévues. Notre ami est resté calme dans l'orage ; son courage et sa bonne tête ne l'ont point abandonné. Il a passé les jours et les nuits à travailler, mais je me meurs de peur que sa santé ne succombe à d'aussi violentes secousses... Le Roi a montré dans toute cette affaire beaucoup de sagesse, de bonté et de fermeté ; il a écrit hier deux lettres à M. Turgot qui font grand honneur à son âme et à son bon esprit... Bon Condorcet, mettez de la modération dans le ton et une grande force dans les choses ; c'est la cause de la raison et de l'humanité que vous défendez. Gardez-vous d'employer ce moyen si commun et si faible de dire des injures ; la matière que vous traitez n'est pas susceptible de plaisanteries... » [b]

Samedi au soir (15 mai). — « Non, je n'ai pas été à la campagne, d'abord parce que si j'y avais été j'en serais revenue pendant ce temps de trouble ; je ne voyais pas M. Turgot, mais j'avais de ses nouvelles dix fois par jour et elles m'étaient nécessaires... »

Lundi au soir (21 mai). — « Je crois que M. Turgot restera à Paris pendant le Sacre pour se remettre au courant des affaires. Sa maladie et les derniers troubles doivent l'avoir mis fort en retard... Mais pourquoi donc les *Lettres provinciales* [c] ne sont-elles pas répandues parmi les fidèles de Paris ? J'ai vu deux petites feuilles de Genève qui, j'espère, vous sont parvenues. Le *Monopole*, cela est du meilleur ton et du meilleur sel. L'autre feuille est du vieillard de Ferney qui a la vigueur, la gaieté et la frivolité de vingt ans ; cela est intitulé *Diatribe à l'auteur des Éphémérides*...

---

[a] Henry, *Lettres inédites*, p. 149.
[b] Il s'agit des *Lettres sur le commerce des grains* de Condorcet. Paris, Couturier, 1775, in-8°.
[c] Les *Lettres* de Condorcet.

Ce qu'il dit sur l'édit de M. Turgot est vraiment touchant : l'humanité tenait la plume, et le Roi a signé.

1er juin. — « C'est à moi que vous devez vous en prendre si la quatrième et la cinquième lettre ne paraissent pas depuis huit jours ; j'ai conjuré M. Du Pont d'attendre la sixième pour les faire paraître ensemble, et je suis assurée que c'est votre intérêt et le bien de la chose qui m'ont animée, et cela est si vrai que M. Turgot et M. Du Pont se sont rendus à mes raisons... Pour remplir votre objet, il fallait cette sixième lettre qui entrera en matière et qui intéressera pour ce qui doit la suivre...

« Il faut absolument qu'il (Condorcet) fasse dire : Il a fait un excellent ouvrage, et par le ton, et par la manière, il l'a rendu agréable et, quand M. Necker et l'abbé Galiani seront oubliés, votre livre restera avec la force que donne la vérité, soutenue de l'instruction...

« Vous savez que M. Turgot va au Sacre. Mon premier mouvement a été d'en être fâchée ; je voyais que cela lui donnerait bien du temps, qu'il se remettrait au courant, mais tout ce qui l'entoure dit qu'il fallait qu'il y allât, que cela était absolument nécessaire. »

V. — *Lettres à Brochet de Saint-Prest.*

1. (Invitation à remettre des dossiers.)

[A. N., F12 151.]

4 avril.

Je suis informé, M., que vous avez encore entre vos mains différents dossiers d'affaires concernant le commerce qui vous ont été renvoyées et dont plusieurs particuliers que ces affaires regardent sollicitent la décision. Je vous prie de vouloir bien faire remettre à M. Albert tous ces dossiers sur l'inventaire desquels il vous donnera récépissé.

2. (Remboursement du prix de sa charge.)

[A. N., F12 151.]

28 décembre.

M. Trudaine m'a parlé, M., du remboursement que vous demandez du prix de votre charge. Si vous voulez bien me transmettre vos titres, je la ferai examiner et procéder à la liquidation et au remboursement.

Je suis très parfaitement M., etc...

VI. — *Lettres de Maurepas à Turgot au sujet des émeutes.*

[A. L.]

Première lettre.

Pontchartrain, 3 juin.

Je vous rends mille grâces, M., d'avoir bien voulu m'informer de l'arrivée du Roi ; nous sommes toujours ici aussi entourés qu'à Versailles. Nous y avons d'hier l'abbé de Véri. J'en ai peu joui, car M. et Mme d'Ai.[a] sont venus passer ici la journée et la conversation a été assez triste, comme vous pouvez croire. Nos campagnes sont assez belles et le pays tranquille à quelques braconniers près qui tirent des coups de fusil dans les fermes. Le Comte de Flamarens[b] en a déjà fait prendre deux ; il espère avoir les autres.

Mme de M.[c] me charge de vous dire mille choses de sa part et je vous assure, M., de mon très fidèle attachement.

Deuxième lettre.

Pontchartrain ?, 10 juin.

Je suis charmé, M., que vous ayez lieu d'être tranquille sur les subsistances, dans le pays où vous êtes j'étais bien persuadé que le public averti depuis longtemps y aurait pourvu.

On veut ici nous donner quelque inquiétude pour Versailles, mais d'après ce que je vois ici, je ne puis la croire fondée. Il est bon pourtant qu'il vienne des bestiaux à Orléans pour forcer la Beauce à apporter à Paris, et je voudrais qu'il en parût à Mantes qui feraient le même effet dans ce pays-ci pour Versailles et pour nos environs.

Vous n'attendez pas que je vous mande des nouvelles d'ici ; Mme de M. est mieux de son rhume et vous fait mille compliments. Ne doutez jamais, M., de la fidélité de mon attachement.

---

[a] D'Aiguillon. Il était le neveu de Mme de Maurepas. Marie-Antoinette, qui le poursuivait de sa haine, venait de le faire exiler.
[b] Brigadier de dragons depuis 1768.
[c] De Maurepas.

L'archevêque d'Aix [a] exercera au [b] ; je voudrais bien savoir s'il aura réussi.

VII. — *Arrêts du Conseil suspendant les droits d'octroi sur les grains, les farines et le pain, sauf à Paris et à Marseille.*

[D. P., VII, 336.]

1er Arrêt. — Suppression des droits d'octroi à Bordeaux.

2 juin.

(La Ville de Bordeaux percevait des tributs onéreux qui ajoutaient à la cherté des grains destinés à la consommation des habitants et qui portaient les marchands à conduire leurs blés dans d'autres villes où les droits étaient moins pesants ; elle demandait que le Roi trouvât quelque moyen de diminuer la cherté et d'appeler la denrée dans ses murs (Du Pont, *Mém.*, 201).

Le Roi, occupé des moyens de pourvoir au bonheur de ses peuples par la facilité des subsistances, a reconnu qu'il est surtout essentiel d'affranchir le commerce des grains des entraves qui en arrêtent la libre circulation et des droits de différentes natures qui en augmentent les prix.

S. M. est informée que sa ville de Bordeaux jouit d'un octroi qui se perçoit à raison de 7 sols 6 deniers par boisseau de blé, de 6 sols par boisseau de méteil, et de 4 sols 6 deniers par boisseau de seigle ; que, quoique, dans l'ordre commun, le droit d'octroi d'une ville ne doive s'étendre que sur les denrées qui se consomment dans son intérieur, l'octroi de Bordeaux sur les grains a reçu, en différents temps, une extension nuisible à la liberté du commerce ; qu'à la vérité il ne se percevait pas directement sur les grains qui passent à Bordeaux, soit en venant du pays étranger, soit en descendant des provinces de l'intérieur du Royaume pour être transportés ailleurs ; mais qu'à ce passage ils étaient soumis à un entrepôt fixé, par l'Arrêt du conseil du 27 novembre 1757, à un bref délai de huit jours, à l'expiration duquel le fermier de l'octroi exigeait rigoureusement le droit, sans égard aux retardements forcés que peut éprouver le commerce, soit par les vents contraires, soit par la nécessité de soigner les grains qui ont reçu quelques avaries ; que, pour éviter le payement de ce droit, les négociants ont été forcés d'établir leurs entrepôts hors de l'arrondissement marqué par le

---

[a] Raymond de Boisgelin.
[b] Illisible.

fermier de la ville, d'où il résultait que les opérations de leur commerce, s'exécutant loin d'eux, elles étaient moins bien faites et plus dispendieuses ; que, malgré les réclamations du commerce, les Lettres patentes du 27 août 1767 ont maintenu la ville de Bordeaux dans la perception de ce droit ; mais seulement par provision et jusqu'à ce qu'il en soit autrement ordonné, voulant qu'à cet effet il fût fait distinction du produit dudit octroi dans le bail des revenus de la ville ; qu'enfin les Lettres patentes du 14 juillet 1771 ont restreint la perception dudit droit aux seuls grains déclarés pour la consommation de la ville ; qu'elles ont même accordé l'entrepôt indéfini aux grains et farines qui passent à Bordeaux ou dans la banlieue pour être transportés ailleurs ; mais que, par ces dispositions, les subsistances de la ville demeurent grevées du droit, et que les déclarations, les formalités compliquées, les enregistrements auxquels ces denrées sont assujetties, les visites que le fermier est autorisé à faire dans les magasins, les saisies auxquelles les négociants peuvent être exposés en jouissant de l'entrepôt, tendent à éloigner de la ville et de la banlieue de Bordeaux l'abondance qui devrait régner dans son port, et se répandre de là dans toutes les provinces ouvertes à son commerce.

À quoi étant nécessaire de pourvoir...

À compter du jour de la publication du présent arrêt, et jusqu'à ce qu'il en soit autrement ordonné, la perception du droit d'octroi sur les grains, soit nationaux ou étrangers, entrant, soit par eau ou par terre, dans la ville et banlieue de Bordeaux, sera et demeurera suspendue, soit que lesdits grains soient destinés pour la consommation de ladite ville ou pour être transportés ailleurs.

Fait défenses au fermier de la ville et à toutes personnes d'exiger ledit droit, même de le recevoir, quoiqu'il fût volontairement offert, et ce, sous telle peine qu'il appartiendra ; se réservant S. M., après que les titres originaires de l'établissement et de la quotité dudit octroi auront été représentés et vérifiés en son Conseil, de pourvoir à l'indemnité qui pourra être due à ladite ville, ainsi qu'il appartiendra.

2ᵉ Arrêt. — Suppression des droits d'octroi dans toutes les villes, sauf à Paris et à Marseille.

2 juin.

Le Roi ayant, par Arrêt de son Conseil du 22 avril dernier, suspendu la perception de tous droits sur les grains et farines, tant à l'entrée des villes que sur les marchés, soit à titre d'octroi, ou sous la dénomination de minage, aunage, hallage et autres quelconques, dans les villes de

Dijon, Beaune, Saint-Jean-de-Losne et Montbard, S. M. a depuis étendu cette suspension à plusieurs droits de même nature, perçus au profit des villes dans les généralités de Besançon, de Lorraine, de Metz, de Flandre, de Picardie, de Hainaut, de Champagne, de Rouen, de Lyon, de Moulins, de La Rochelle et de Paris ; les mêmes motifs qui l'ont déterminée à ordonner cette suspension dans ces différentes généralités, à mesure qu'on a réclamé contre les inconvénients qui résultaient de la perception de ces droits, la conduisent à rendre générale une exemption qui pourrait tourner au préjudice des villes dans lesquelles on laisserait subsister ces droits qui cesseraient d'être perçus ailleurs : S. M. a pensé qu'en ordonnant cette suspension, elle ne faisait que remplir le vœu des officiers municipaux des villes qui, regardant leurs revenus comme consacrés à l'avantage de leurs concitoyens, seront toujours empressés d'en faire le sacrifice, ou d'en demander le changement, lorsqu'ils croiront que la perception en pourrait être nuisible aux habitants desdites villes, et en écarter les denrées nécessaires à leur subsistance. S. M. a vu avec satisfaction plusieurs villes demander elles-mêmes la suspension de ces droits, et elle a reconnu que l'abondance avait été rétablie dans la plupart de celles dans lesquelles ces droits ont cessé d'être perçus en vertu des différents Arrêts de son Conseil ; et, voulant répondre aux désirs que les officiers municipaux de ces villes ont de contribuer au soulagement de leurs concitoyens, de procurer dans leurs marchés l'abondance et une diminution du prix des grains, par la suspension de ces droits, dont la plupart sont assez considérables pour influer sensiblement sur ce prix, et qui peuvent donner lieu dans la perception à des abus qui augmentent encore la surcharge, elle se porte d'autant plus volontiers à suspendre ces droits, qu'elle a lieu de croire que, dans l'examen des charges et des revenus des villes, elle trouvera, par des économies et des retranchements de dépenses inutiles, les moyens de rendre cette suspension durable, sans avoir recours à des impositions d'un autre genre : et, lorsque la situation des finances des villes exigera un remplacement de revenus, S. M. est persuadée qu'il sera facile d'y pourvoir par des moyens qui n'influeront pas aussi directement sur une denrée de première nécessité.

S. M., en suspendant la perception des droits qui appartiennent aux villes, croit encore moins devoir laisser subsister ceux qui se lèvent au profit des exécuteurs de la haute justice, dont la perception pourrait exciter plus de troubles et rencontrer plus d'opposition dans les marchés ; elle a pensé que c'était autrement qu'il fallait pourvoir à leurs salaires...

La perception faite par les villes, dans toute l'étendue de son royaume et à leur profit, de droits sur les grains, les farines et le pain, soit à l'entrée, soit sur les marchés ou ailleurs, à titre d'octroi et sous quelque dénomination que ce soit, sera et demeurera suspendue à compter du jour de la publication du présent arrêt, et jusqu'à ce qu'il en soit autrement ordonné.

Fait défenses à toutes personnes de les recevoir, quoiqu'ils fussent volontairement offerts ; à la charge néanmoins de l'indemnité qui pourra être due aux fermiers desdits droits pour le temps qu'ils auront cessé d'en jouir.

Fait très expresses inhibitions et défenses aux régisseurs ou fermiers desdits droits d'exiger de ceux qui introduiront des grains et des farines dans les villes, ou qui les apporteront dans les marchés, et de ceux qui feront la vente du pain, aucune déclaration, ni de les assujettir à aucune formalité, sous quelque prétexte que ce puisse être.

N'entend néanmoins S. M. rien changer, quant à présent, à ce qui concerne les villes de Paris et de Marseille [a], qu'elle a exceptées des dispositions du présent arrêt.

Fait en outre S. M. très expresses défenses aux exécuteurs de la haute justice d'exiger aucunes rétributions, soit en nature, soit en argent, des laboureurs et autres qui apporteront des grains et des farines dans les villes et sur les marchés des lieux où elles ont été jusqu'à présent en usage, sauf à eux à se pourvoir, pour faire statuer au payement de leurs salaires, de la manière qui sera jugée convenable.

VIII. — *Lettre à l'Intendant de Champagne.*

[A. Marne. — Neymarck, II, 409.]

(Primes à l'importation.)

Paris, 18 mai.

Il faut, M., rendre tout de suite l'ordonnance dont vous m'envoyez le projet, pour restreindre aux grains venus de l'étranger la gratification accordée par votre première ordonnance. Quoique la quantité qui a été tirée de ces provinces ne soit pas assez considérable pour y causer une diminution sensible, cependant, il faut se garantir des effets de l'opinion autant que de la réalité et ces provinces auraient de justes raisons de se plaindre de l'inégalité qui serait entre elles et la Champagne, et de

---

[a] Relativement à Paris, une Déclaration avait été préparée. Elle ne fut publiée que le 5 février 1776. Marseille demandait des dispositions particulières, à cause de la franchise de son port. (Du Pont, *Mém.*, 202.)

l'attrait qu'on donnerait aux négociants de cette province, dont l'effet devrait être de faire payer en Lorraine et ailleurs le blé plus cher.

Les secours que vous pouvez tirer par la Hollande, ceux qui vous viendront pour Reims des magasins de vivres suppléeront abondamment à ceux que la gratification que vous aviez accordée pouvait vous procurer.

J'ai instruit MM. les Intendants d'Alsace, de Lorraine et de Metz de la révocation prochaine de votre ordonnance contre laquelle ils avaient fait des réclamations, ainsi que plusieurs villes de leur généralité. Le délai de 10 jours donnera le temps à toutes les commissions données d'être exécutées, et celles qui ne le seraient pas peuvent être révoquées.

Il suffit d'annoncer le transit accordé, dans le préambule de votre ordonnance, sans le répéter dans le dispositif qui ne doit avoir d'objet que de révoquer la prime accordée et de la restreindre aux blés importés de l'étranger.

IX. — *Lettres à l'Intendant de Caen.*

[A. Calvados, C. 2628, 26.]

(Encouragements à donner au commerce des grains.)

Première lettre.

Paris, 2 juin.

J'ai indiqué, M., à un négociant du Havre auquel il est arrivé des grains d'Amsterdam les besoins de votre généralité. Si les prix, que vous annoncez être augmentés et devoir s'accroître encore, lui promettent plus d'avantages qu'à Rouen ou à Paris, il viendra au secours de votre généralité. C'est aux négociants de votre province à diriger leurs spéculations.

Ceux du Havre dont je vous parle sont les sieurs Féray et Daugirard ; c'est à vous à rassurer les marchands par vous-même et par vos subdélégués. Ils doivent voir la protection que le Roi accorde à ceux qui se livrent à ce commerce. Tout ce que le Roi a fait depuis les dernières émotions qui viennent d'arriver doit leur faire connaître qu'il maintiendra l'exécution des lois qui assurent la liberté du commerce, et vous devez sentir et persuader que c'est dans toutes les années où les récoltes sont les plus mauvaises, où les subsistances sont les plus rares, que la liberté est plus nécessaire ; on ne peut apporter des denrées dans un lieu où on pourra craindre de n'en avoir pas la libre disposition.

Plus votre province peut craindre de n'avoir pas de blé jusqu'à la récolte et plus tous ceux qui concourent à cette administration doivent faire d'efforts pour persuader qu'il faut exciter tous les négociants à en aller chercher ; dites-leur que vous me ferez connaître ceux qui se seront distingués par leur zèle et qui, par l'intelligence avec laquelle ils auront exercé leurs spéculations, auront maintenu l'abondance aux prix les plus avantageux que les consommateurs puissent espérer.

Vous-même, dans la répartition des impositions, vous pourriez donner quelques marques de satisfaction aux négociants les plus actifs et les plus désintéressés. Ne pourriez-vous pas décharger de la capitation les négociants de chaque ville principale de votre généralité qui auront vendu le plus de grains à un meilleur marché ? Ces encouragements qui satisferont à la fois la vanité et l'intérêt produiront un très bon effet et, dans la répartition des décharges de la capitation que vous êtes autorisé à accorder, ce seraient peut-être les mieux employées.

Deuxième lettre.

[A. Calvados, C. 2628, 37.]

(Propos séditieux à Vire. — La liberté du commerce est surtout nécessaire lors du passage d'une récolte à une autre. — Il faut encourager le commerce.)

Versailles, 23 juin.

Je vous ai marqué que j'avais écrit à la Chambre du Commerce de Saint-Malo pour indiquer les besoins de la basse Normandie. C'est aux négociants de votre province à s'instruire eux-mêmes pour procurer, partout où le besoin les appelle, les secours nécessaires.

Je vous prie de faire rechercher avec la plus grande activité les auteurs des placards séditieux qui ont été affichés à Vire. Il est de la plus grande importance de les connaître et de les punir ; c'est par les punitions qu'on affermira la tranquillité.

Les derniers mois qui précèdent la récolte sont toujours bien difficiles à passer lorsque l'année précédente a été mauvaise ; plus la récolte a été mauvaise, plus la liberté doit être encouragée, plus elle est nécessaire. Il faut que le commerce aille chercher ce qui manque ; il faut, par conséquent, l'attirer et non l'effrayer ou le contraindre ; c'est la concurrence facile du commerce qui peut déterminer les fermiers à vendre. Ainsi tournez vos efforts du côté du commerce. Que les négociants ne soient pas effrayés, s'ils conduisent leur commerce avec intelligence !

Je sais que des négociants de Paris ont fait venir des grains du Nord qui sont d'une très bonne qualité et qui leur reviennent rendus à Rouen à 28 et 29 livres le setier ; ils sont un peu plus chers en Hollande, mais ces mêmes négociants m'ont assuré qu'ils pourraient en faire venir plusieurs chargements de Hollande qui ne leur reviendraient pas, rendus à Rouen, à plus de 32 livres. Au lieu de les faire venir à Rouen, ils pourraient venir dans des ports de votre Province. Cherchez, dans la ville de Caen, quelque négociant intelligent ; les prix de votre généralité et les gratifications leur promettent un bénéfice prompt et certain ; les efforts du commerce sont toujours plus actifs, plus intelligents et plus prompts que ceux du Roi qui est bien convaincu qu'il ne doit jamais s'en mêler [a].

X. — *Édit sur la liberté du commerce des grains à Rouen.*

[D. P., VII, 347 et *Mém*, 204. — D. D., II, 200.]

(Registré au Parlement de Rouen le 23 juin.)

(Suppression de la Compagnie des marchands privilégiés, de la corporation des porteurs et du droit de banalité des moulins à Rouen.)

Reims, juin.

Louis... Occupé dans tous les temps du soin d'assurer et de faciliter la subsistance de nos sujets, nous nous proposons de porter singulièrement notre attention sur les obstacles de tous genres qui peuvent éloigner le commerce des grains des villes où leur abondance est le plus nécessaire, ou les faire monter au-dessus de leur prix juste et naturel, par des frais accessoires.

Nous sommes informé que, dans notre ville de Rouen, ce commerce important est uniquement et exclusivement permis à une *Compagnie de marchands privilégiés*, créés en titre d'office, au nombre de 112, par les Édits de décembre 1692 et juillet 1693 ;

que les titres de leur création leur attribuent non seulement le droit de vendre seuls des grains à la halle de ladite ville, dans leurs maisons et boutiques et d'en tenir magasin chez eux, mais encore celui de pouvoir seuls acheter les grains qui y seraient transportés d'ailleurs par des laboureurs ou des marchands étrangers ;

---

[a] Dans une lettre du 4 juillet, au sujet d'une saisie de grains dépourvus d'acquit à caution, l'intendant fut invité à ne pas donner suite à la saisie.

qu'ils ont même celui d'acheter seuls, exclusivement et sans concurrence, les grains dans quatre des principaux marchés de la province, aux lieux d'Andelys, Elbeuf, Duclair et Caudebec ; en sorte que, tant à l'achat qu'à la vente, le commerce des subsistances de notre ville de Rouen est privé de toute liberté, et concentré dans une société unique, ce qui constitue essentiellement le monopole ; qu'à la vérité l'exercice de ce privilège exorbitant et abusif a été modéré, à quelques égards, par les dispositions de la Déclaration du 28 mai 1763 ; mais que ce qui en subsiste encore est très nuisible au commerce, notamment par le droit de visiter tous les grains apportés dans ladite ville, de s'ériger en juges de leur bonne ou mauvaise qualité, et d'inquiéter les négociants ; en sorte que les fonctions de ces marchands privilégiés ne peuvent avoir d'autre effet que de les rendre seuls arbitres du prix des grains, et d'éloigner l'abondance, tant des quatre marchés soumis à leur privilège, que de notre ville de Rouen même.

Nous sommes encore informé que, dans cette même ville, les acheteurs de grains ne sont libres ni de choisir les porteurs qu'ils veulent employer, ni de convenir de gré à gré du prix de leurs salaires ; que le droit de faire ces transports, au moyen d'un prix déterminé et taxé est réclamé par quatre-vingt-dix *porteurs, chargeurs et déchargeurs de grains*, dont les offices, très anciennement créés, abolis ensuite, ont été rétablis et confirmés par Arrêt du Conseil et Lettres patentes du 28 septembre 1675, et par autres Lettres d'août 1677, registrées en notre Parlement de Normandie le 5 mars 1678 ; l'établissement de pareils offices est aussi inutile en lui-même que contraire à la liberté publique.

Enfin, nous sommes pareillement instruit que le *droit de banalité*, attaché aux cinq *moulins* qui appartiennent à notredite ville de Rouen, est également nuisible, soit à la facilité de l'approvisionnement, soit au prix modéré du pain, puisque ce droit emporte la défense aux boulangers de la ville d'acheter ou d'employer d'autres farines que celles qui proviennent desdits moulins ; et que même, cesdits moulins ne pouvant suffire à la consommation, l'on ne se relâche de cette défense qu'en obligeant les boulangers de payer au fermier de la banalité le droit de mouture sur les farines qu'ils sont obligés de faire fabriquer ailleurs ; que ce droit de banalité, qu'on annonce comme fixé seulement au treizième, augmente le prix du pain dans une proportion beaucoup plus forte : qu'en effet, les boulangers des faubourgs, qui ne sont point sujets à la banalité, sont obligés, par ces règlements, de fournir le pain, dans les marchés de la ville de Rouen, à raison de dix-huit onces par livre, et au même prix que celui qui se fait dans l'intérieur, dont le poids n'est que de seize onces : d'où il résulte que le droit de banalité augmente le prix d'un neuvième.

Si des institutions aussi nuisibles à la subsistance de nos sujets, aussi contraires à tous les principes, sollicitent notre attention pour tous les lieux où elles existent, elles la méritent encore plus particulièrement dans notre ville de Rouen, que la nature a désignée, par les avantages de la plus heureuse position, pour devenir le chef-lieu d'un grand commerce, l'entrepôt le plus commode de l'importation des grains étrangers et de la circulation des grains nationaux, le centre d'où l'abondance, fixée dans la ville même et assurée à ses habitants, doit encore se répandre par la Seine vers notre bonne ville de Paris et les provinces de l'intérieur de notre royaume. Tel est le degré d'importance et de prospérité que la situation de notre ville de Rouen lui promet, et que sa police prohibitive actuelle ne lui permettrait jamais d'atteindre.

Mais, en nous livrant au soin de réformer cette police, notre justice exige en même temps que nous nous occupions des moyens de pourvoir, soit à la liquidation et au remboursement des finances qu'on nous justifiera être légitimement dues sur les offices que nous avons résolu de supprimer et au payement des dettes auxquelles ils pourraient être affectés, soit aux indemnités auxquelles l'abolition du droit de banalité pourrait justement donner lieu. À ces causes, ...

Art. I. Nous avons éteint et supprimé, éteignons et supprimons les cent offices de marchands de grains privilégiés, créés en notre ville de Rouen par Édit du mois de décembre 1692, et les douze offices semblables créés par Édit de juillet 1693 ; l'office de syndic desdits marchands, créé par Édit du mois de décembre 1693 ; les deux offices d'auditeurs et examinateurs des comptes de ladite communauté, créés par Édit de mars 1694 ; les deux offices de syndic créés par Édit de novembre 1705, et les offices d'inspecteurs et contrôleurs créés par l'Édit du mois de février 1745.

II. Les titulaires ou propriétaires desdits offices supprimés seront tenus dans l'espace de six mois du jour de la publication du présent édit, de remettre entre les mains du Sr Contrôleur général de nos finances, leurs titres de propriété, quittances de finance et autres titres justificatifs des sommes par eux payées, pour être procédé à la liquidation et ensuite au remboursement des finances légitimement dues, ainsi qu'il sera ordonné ; ensemble, un état de leurs dettes, tant en rentes perpétuelles que viagères, pour être pourvu à l'acquittement, ainsi qu'il appartiendra.

III. Défendons expressément auxdits cent douze marchands de prétendre, après la publication de notre présent édit, aucun privilège ou droit exclusif, soit en achetant ou en vendant dans l'intérieur de notre ville de Rouen, ou dans les lieux d'Andelys, Elbeuf, Duclair et Caudebec ; leur permettons néanmoins de continuer le commerce des grains avec la même liberté dont jouissent nos autres sujets.

IV. Nous avons pareillement éteint et supprimé, éteignons et supprimons les 90 offices de porteurs, chargeurs et déchargeurs de grains, établis et confirmés par Arrêt du Conseil et Lettres patentes du 28 septembre 1675, et Lettres en forme de Règlement, d'août 1677. Voulons que les droits attribués auxdits 90 offices, pour leur tenir lieu de salaires et réglés par Arrêt du Conseil du 9 avril 1773, soient et demeurent éteints et supprimés à compter du jour de la publication du présent édit. Défendons aux titulaires desdits offices, et à tous autres, de faire sous prétexte desdits droits aucune perception, à peine de concussion.

VI. Voulons que le droit de banalité des cinq moulins appartenant à la ville de Rouen, soit et demeure éteint et aboli, à compter du jour de la publication du présent édit ; en conséquence, permettons à tous boulangers, pâtissiers et autres de ladite ville, de faire moudre leurs grains ou de se pourvoir de farines partout où ils voudront. Défendons de les assujettir à aucun des droits, ou d'exiger d'eux aucune des rétributions du droit de banalité.

VII. Ordonnons que, dans un mois du jour de la publication du présent édit, les officiers municipaux de notre ville de Rouen remettront au Contrôleur général de nos finances les états du produit annuel dudit droit de banalité, et les états par estimation de celui que donneront lesdits moulins après la suppression, ensemble de la diminution que pourront en souffrir les revenus de la ville, pour être par nous pourvu à l'indemnité ainsi qu'il appartiendra.

VIII. Voulons que notre présent édit soit exécuté nonobstant tous Édits, Déclarations, Lettres patentes ou Règlements, auxquels nous avons dérogé et dérogeons en ce qui pourra y être contraire.

« On trouve dans cet édit un principe qui mérite une attention particulière, parce qu'il paraît devoir servir de règle pour l'indemnité à fournir dans le cas de suppression de toute banalité, dont on croirait devoir l'anéantissement au bien public. L'édit distingue, dans le produit des moulins, ... ce qui constitue le salaire naturel qu'exige le service, du surplus de ce salaire qui est l'effet du privilège exclusif, et qui forme le seul revenu... dont on doive indemnité au propriétaire, lorsque la banalité est supprimée.

« Exemple : un seigneur jouit d'un moulin banal affermé 1 000 écus. Si la suppression de la banalité fait baisser le prix de la mouture, la juste indemnité que peut exiger le possesseur pourra n'être que de 600 livres de rente. L'avantage de ce genre de banalité monte rarement aussi haut ; la plupart des moulins ayant été originairement construits par la suite de conventions faites de gré à gré entre les possesseurs et ceux qui étaient soumis à la banalité ne rendaient guère plus que le salaire dû au service.

« La suppression générale de cette servitude, exécutée de manière à ne faire aucun tort réel à ceux au profit desquels elle existait, n'aurait pas été une grande dépense pour les communes qui auraient eu la liberté de s'en rédimer.

« De ce que les droits de banalité n'étaient pas d'un grand produit aux seigneurs, ... on aurait tort de conclure qu'ils n'étaient pas fort onéreux aux vassaux... La recette en argent est souvent peu de chose ; mais la gêne pour le commerce et la facilité que le privilège exclusif donne aux agents chargés de l'exercer, pour mal servir le public, sont d'une grande importance » (Du Pont, *Mém.*).

XI. — *Troubles en divers endroits. Lettres au Garde des Sceaux.*

[A. Affaires étrangères, 1375 ; 185, 186, 197, 199, 241, 262.]

Première lettre.

(Nouveaux troubles et incendie à Mantes.)

Reims, 11 juin.

J'ai reçu, avec la lettre que vous m'avez fait l'honneur de m'écrire, celle du lieutenant de la maréchaussée de Mantes. Je vous prie de lui marquer votre satisfaction du zèle avec lequel il se porte à dissiper les attroupements et à arrêter les brigands qui inquiètent encore les fermiers et de l'engager à continuer la même activité dans son service. M. le Comte de Flamarens m'a mandé qu'il en avait fait arrêter deux qui s'étaient retirés dans les bois et qu'on soupçonnait être des incendiaires qui avaient mis le feu à une ferme près de Mantes. Il serait bien à souhaiter qu'on pût parvenir à découvrir ceux qui ont mis le feu à Mantes ; c'est contre ces incendiaires qu'il faut réunir toute l'activité des troupes et de la maréchaussée.

Deuxième lettre.

(Menaces à main armée.)

Reims, 11 juin.

J'ai adressé à M. l'Intendant de Paris la copie de la lettre du curé de Behoust [a] que vous m'avez fait l'honneur de me communiquer ; je vous prie aussi de faire donner des ordres à la maréchaussée de faire des perquisitions exactes dans les campagnes pour tâcher d'avoir des fermiers le signalement de ceux qui ont été dans les fermes avec des armes se faire donner des grains et de l'argent.

Troisième lettre.

(Même objet.)

Versailles, 9 juillet.

J'ai reçu, avec la lettre que vous m'avez fait l'honneur de m'écrire, celle du lieutenant de la maréchaussée de Mantes relative aux prisonniers qui ont été arrêtés en vertu des ordres de M. de Flamarens. Les circonstances extraordinaires des émeutes peuvent donner un peu plus d'étendue aux règles que l'on suivait dans des temps plus tranquilles.

Il y a un corps de délit constant, c'est qu'il y a des braconniers qui ont été chez les laboureurs à main armée ; ce délit est réel ; les auteurs peuvent être connus par une information, et si elle désigne ceux que les dragons ont arrêtés ; alors ils peuvent devenir très légitimement justiciables de la maréchaussée. Les laboureurs peuvent être entendus dans l'information ; ils peuvent même être conduits dans les prisons où les braconniers sont détenus pour les reconnaître. C'est ainsi qu'on a conduit, dans la procédure qui a été faite à Dijon, des témoins dans les prisons, pour voir s'ils reconnaissaient ceux qu'ils avaient indiqués dans leurs dépositions. C'est à vous, Mgr., à juger si ces moyens peuvent suppléer au défaut de procès-verbal fait lors des captures. Si les dragons n'ont aucun caractère pour faire un procès-verbal, ils peuvent être entendus en déposition, et le lieu où ils ont trouvé les braconniers qu'ils ont arrêtés, la vie errante qu'ils menaient, en les faisant regarder comme vagabonds, me paraît les rendre justiciables de la maréchaussée.

Quatrième lettre.

(Même objet. — Moyens de procédure à employer.)

Paris, 13 juillet.

---

[a] Seine-et-Oise, canton de Montfort-l'Amaury.

J'ai reçu la lettre que vous m'avez fait l'honneur de m'écrire et celles qui y étaient jointes relativement au Sr Pierre Hamelin, boulanger à Nesle, arrêté à Beaumont, avec un pistolet chargé et amorcé dans sa poche et qui, à l'ouverture du marché, est monté sur une pile de sacs et a dit à haute voix aux laboureurs : « *MM. les laboureurs, vous avez foulé le peuple jusqu'à ce jour, il faut que vous soyez foulés à votre tour.* » Ces faits constatés par son propre aveu dans ses interrogatoires me paraissent ne pouvoir être atténués par sa protestation qu'il n'avait pas intention d'élever une sédition, car aucune conduite ne pouvait y être plus propre.

Ce qu'il dit encore, qu'il portait un pistolet pour se défendre contre les séditieux, est démenti par le discours qu'il a tenu à leur tête. Les procédures envoyées par M. Ruste disent d'ailleurs qu'il est noté dans le pays comme un mauvais sujet. L'humanité des personnes qui s'intéressent à lui peut avoir été émue par les sollicitations. Mais si l'on faisait grâce à celui-là, je crois qu'il n'y a pas un seul des autres coupables qui ne pût s'imaginer en droit de l'obtenir. Il se trouve formellement excepté par le ban de l'amnistie du nombre de ceux à qui elle a été accordée puisqu'il a été *ameuteur* et ameuteur armé. C'est du moins mon opinion ; je m'en rapporte à la vôtre et je suis…

Cinquième lettre.

(Jugements rendus et poursuites. — Félicitations à la maréchaussée.)

Versailles, 17 août.

J'ai reçu, avec la lettre que vous m'avez fait l'honneur de m'écrire, les exemplaires du jugement rendu par le Sr Ruste, lieutenant de la maréchaussée de Beauvais, contre les auteurs des émeutes de Beaumont, Méru et Pontoise. Je vous prie d'en agréer mes remerciements. Il est juste de réaliser les promesses qui ont été faites à cet officier de lui procurer des témoignages de la satisfaction du Roi. J'attends sur cela des détails de M. l'Intendant, d'après lesquels je proposerai à S. M. de lui accorder les récompenses qui seront trouvées convenables.

Sixième lettre.

(Mêmes objets.)

17 octobre.

J'ai reçu, avec la lettre que vous m'avez fait l'honneur de m'écrire, celle du Sr Ruste, lieutenant de la maréchaussée ; les nouvelles procédures qu'il a faites ont opéré le bon effet de produire de nouvelles restitutions. Je crois, Mgr, que vous penserez qu'à l'égard de tous ceux qui ont restitué, les procédures peuvent être terminées, sans ordonner, à leur égard, le règlement à l'extraordinaire. Il me paraît que le procès ne doit être continué que contre ceux qui n'ont pas encore restitué ou qui n'auraient restitué qu'une faible partie. C'est l'objet des restitutions auquel je crois qu'il faut s'attacher sans relâche pour garantir des émeutes pour l'avenir. Il me paraît juste d'accorder aux greffiers la gratification de 60 l. que le Sr Ruste demande pour eux. Lorsque ce procès sera terminé, je ferai accorder à cet officier une récompense proportionnée à ses services.

Septième lettre.

(Mêmes objets.)

Fontainebleau, 21 octobre.

J'ai l'honneur de vous renvoyer la lettre que le Sr Ruste, lieutenant de la maréchaussée de Beauvais, vous a écrite le 11 de ce mois. Vous penserez vraisemblablement qu'il doit continuer la nouvelle instruction qu'il a commencée, puisqu'elle a produit des restitutions de la part d'un grand nombre de particuliers. Je crois qu'il peut décharger, comme il le propose, les 157 personnes qui ont restitué et faire la procédure sur les 26 autres.

XII. — *Lettre de Gustave III, roi de Suède, à Turgot* [a] *et réponses.*

1. Lettre du Roi de Suède.

[A. L., original et copie de la main de Turgot.]

(Félicitations à Turgot et Louis XVI.)

Anjalla en Finlande, 16 juin.

---

[a] Au premier bruit des séditions, le Roi de Suède avait envoyé au Roi de France deux vaisseaux chargés de blés. La lettre à Louis XVI n'a pas été retrouvée. D'après Du Pont, elle accompagnait la lettre à Turgot.

Monsieur Turgot, admirateur par principe et par inclination de tous ceux qui se dévouent avec zèle au bien des hommes et au bonheur de leur patrie, j'ai saisi avec autant de satisfaction que d'intérêt vos opérations et j'ai été d'autant plus indigné des séditions et des désordres qu'on a excités pour déranger votre besogne. Je vous félicite surtout d'avoir surmonté les obstacles ; mais je vous félicite d'avoir un roi assez éclairé pour connaître le prix de vos lumières et aussi ferme pour vous soutenir contre tous les assauts qu'on vous a livrés. Si l'on ne vous rend pas la justice que l'on vous doit dans votre patrie, le suffrage de vos contemporains impartiaux et surtout celui de la postérité doivent vous dédommager des peines qu'on peut vous faire éprouver. C'est à la postérité surtout que les gens qui, comme vous, sont placés en but à tous les yeux, doivent en appeler du jugement de leurs actions. Elle seule, impartiale et juste, plaça Sully et Colbert parmi le petit nombre des ministres qui ont pensé au bien des peuples, malgré la haine de leurs contemporains. Intéressé par raison d'État et par amitié personnelle au bien des affaires du Roi, votre maître, je n'ai pu me refuser la satisfaction de vous marquer mes sentiments sur ce qui vient de se passer chez vous. Une ressemblance assez singulière des circonstances où je me trouve avec la position où vous êtes, n'a pas peu, je vous l'avoue, augmenté cet intérêt. Continuez donc, M., à servir votre maître et votre patrie et à nous donner, nous qui sommes dans les mêmes principes que vous, des exemples d'admiration que nous puissions citer à ceux qui sont encore retenus par le respect pour d'anciens abus ou pour de vieux préjugés. Sur ce, je prie Dieu qu'il vous ait en sa sainte et bonne garde, étant, M. Turgot, votre très affectionné,

Gustave.

2. Réponse de Turgot.

[A. L., minute.]

Versailles, 23 juillet.

Sire,

M. le Comte de Creutz m'a remis la lettre dont V. M. m'a honoré. Pénétré des témoignages d'estime qu'elle daigne me donner, pourrais-je me défendre de l'ivresse qu'ils m'inspirent ? Le suffrage d'un roi couvert de gloire, et plus distingué de la foule des hommes par ses qualités personnelles que par l'éclat même de son rang, serait la plus digne récompense des plus grands hommes qui auraient fait les plus grandes choses.

Je n'ai d'autre mérite, Sire, que d'avoir servi invariablement des principes que la théorie et l'expérience m'ont démontrés depuis bien des années et dont V. M. connaît mieux que personne la certitude. Si les efforts par lesquels on a tenté de les ébranler ont été vains, ce succès est dû entièrement à la fermeté que le Roi a montrée et qu'il a puisée dans la conscience de la pureté de ses vues et dans son amour pour ses peuples. Il est facile aux ministres de bien faire quand le Prince qu'ils servent ne sépare jamais ses intérêts de ceux de sa nation et de l'humanité.

C'est en cela, sans doute, que consiste plus qu'en tout autre chose la conformité singulière des circonstances entre la France et la Suède qu'a remarquée V. M. et qui promet aux deux nations le même bonheur.

3. Lettre de Louis XVI à Gustave III.

[Geffroy, *Gustave III et la Cour de France*. — Foncin, p. 219.]

(Remerciements pour l'envoi d'un vaisseau chargé de blé.)

Versailles, 15 juillet.

Monsieur mon frère, la marque d'intérêt que V. M. me donne dans ce moment-ci m'est bien sensible. Quel que soit l'envoi de blé que vous m'enverrez, il me vaudra une plus grande quantité, venant d'un allié que j'estime autant, et dont l'amitié est aussi attentive. J'ai peur qu'on ne vous ait fait le mal plus grand qu'il n'était en effet : la mauvaise récolte et le mauvais esprit de quelques personnes dont les manœuvres étaient déconcertées ont porté des scélérats à venir piller quelques marchés. Les paysans, entraînés par eux et par la fausse nouvelle de la diminution du prix du pain qu'on avait eu soin de répandre, s'y sont joints et ont eu l'insolence de venir piller les marchés de Versailles et de Paris : ce qui m'a forcé de faire approcher des troupes qui ont rétabli le bon ordre sans peine. Après le déplaisir extrême que j'avais eu de ce que le peuple avait fait, j'ai eu la consolation de voir que, d'abord qu'ils ont été détrompés, ils ont rapporté ce qu'ils avaient pris avec une véritable peine de ce qu'ils avaient fait.

XIII. — *Lettre au Ministre des affaires étrangères, au sujet de l'*Anti-monopoleur.

[Aff. étr., 1881, 164, copie.]

25 septembre.

M. Albert m'a informé, M., à la suite de la saisie faite à Rouen d'un ouvrage répréhensible intitulé : *L'Anti-Monopoleur*, que l'envoi en avait été fait d'Amsterdam à un Sr Lezurier, négociant à Rouen. Il y en avait trois ballots destinés pour trois libraires de Paris qui n'en avaient pas été prévenus non plus que le Sr Lezurier ; mais, la lettre d'avis écrite à ce dernier était datée d'Amsterdam et signée Crajenschot, qui est sans doute un libraire de cette ville. Il n'a pas été possible, M., de se procurer rien de certain concernant l'impression et l'envoi de cet ouvrage, mais, comme il serait utile de remonter à la source, trouveriez-vous de la difficulté à autoriser M. le Marquis de Noailles [a] à faire des démarches qui tendraient à savoir du Sr Crajenschot si le manuscrit de cet ouvrage lui a été envoyé de France, par qui il a été envoyé, pour le compte de qui il l'a imprimé ou fait imprimer, s'il en avait donné avis aux libraires et s'ils lui en avaient demandé des exemplaires ? On parviendrait peut-être par là à connaître l'auteur et à mettre fin par la punition qu'il mérite au débit d'ouvrages répréhensibles.

XIV. — *Amnistie définitive*.

1. Déclaration Royale révoquant celle du 5 mai qui a remis la connaissance des faits d'émeutes à la justice prévôtale.

[D. P., VIII, 100.]

Versailles, 24 novembre.

Louis, etc. Par notre Déclaration du 5 mai de la présente année, enregistrée et publiée en notre Parlement le même jour en notre présence, nous avions chargé les prévôts généraux de nos maréchaussées et leurs lieutenants, assistés par les officiers de nos présidiaux ou autres assesseurs appelés à leur défaut, de faire, en dernier ressort, le procès à ceux qui avaient été arrêtés, ou qui le seraient à l'avenir, comme coupables des attroupements séditieux, violences et autres excès commis depuis peu par des brigands, tant dans notre bonne ville de Paris, que dans celle de Versailles, et dans différentes autres villes, bourgs et villages dans les campagnes et sur les grands chemins, ainsi que leurs complices, fauteurs, et adhérents. La nécessité de réprimer promptement des crimes aussi dangereux que multipliés, d'assurer, par cet acte de notre vigilance

---

[a] Ambassadeur à La Haye.

et de notre autorité, la subsistance de nos sujets et de protéger la libre circulation des blés dans notre royaume, nous avait engagé à donner, par notredite Déclaration, à la juridiction prévôtale, toute la force et l'activité dont elle peut être susceptible. Le succès a répondu à nos vues. Les exemples qui ont été faits ont suffi pour en imposer aux gens malintentionnés ; et nous avons fait éprouver les effets de notre clémence à ceux des coupables qui, ayant été entraînés par la multitude ou trompés par de faux bruits, n'ont fait que céder à la séduction, et qui, revenus à eux-mêmes, ont réparé leurs fautes par un repentir sincère et restitué ce qu'ils avaient enlevé aux laboureurs et autres particuliers. Les mesures extraordinaires que nous nous étions trouvé dans l'obligation de prendre pour rétablir le calme, n'étant plus nécessaires, nous avons pensé qu'il était de notre sagesse de remettre tout dans l'ordre antérieurement observé et de nous en rapporter à nos Cours de Parlement et à nos autres juges ordinaires pour entretenir la tranquillité que nos soins ont fait renaître, et de renfermer la juridiction prévôtale dans les bornes qui lui sont prescrites par les ordonnances. À ces causes…

Nous avons révoqué et révoquons notre Déclaration du 5 mai dernier. Faisons défenses auxdits prévôts-généraux et à leurs lieutenants de commencer aucunes poursuites et procédures nouvelles pour raison des délits qui ont donné lieu à notre susdite Déclaration. Leur ordonnons néanmoins de parachever sans délai, jusqu'à jugement définitif, les procès dont l'instruction aura été par eux commencée avant l'enregistrement et la publication des présentes [a].

2. Ordonnance Royale accordant une amnistie
aux soldats déserteurs.

[D. P., VIII, 104.]

12 décembre.

S. M. voulant donner à ses sujets une preuve signalée de sa bonté et de sa justice, a résolu de modérer les peines portées contre les déserteurs de ses troupes par les ordonnances du feu roi son aïeul, et de proportionner celles qui auront lieu pour l'avenir aux motifs et aux circonstances de leur désertion ;

Obligée de sévir contre ceux qui se rendront coupables d'un crime si préjudiciable à la discipline militaire, ainsi qu'à la gloire et à la prospé-

---

[a] Le gouvernement n'a pas découvert ou n'a pas voulu peut-être approfondir les auteurs réels des émeutes. L'opinion les rapporte, sans en avoir la démonstration, au prince de Conti (Véri).

rité de ses armes, S. M. n'a consulté que sa tendresse pour ses sujets dans le choix des punitions qu'elle a établies, au lieu de la peine de mort ci-devant prononcée pour tous les cas de désertion, et elle ne l'a maintenue que contre les déserteurs qui, en abandonnant leur patrie en temps de guerre, joignent, dans cette circonstance, une lâche trahison à leur infidélité.

Considérant au surplus S. M. la situation malheureuse des soldats, cavaliers, dragons et hussards de ses troupes, qui en ont déserté jusqu'à présent, et qui, fugitifs dans ses États, ou réfugiés en pays étrangers, expient, la plupart depuis longtemps, par leur misère et leur repentir, le crime qu'ils ont eu le malheur de commettre, elle a cru que le jour où elle publiait une loi de douceur et d'humanité devait être celui de sa clémence, et elle s'est déterminée à leur accorder une amnistie générale et sans condition. S. M. déclarant que nul événement, ni aucune circonstance, ne la porteront, durant le cours de son règne, à renouveler une pareille grâce, ni à en accorder de particulières aux déserteurs de ses troupes.

S. M. se persuade d'ailleurs que ses sujets, n'ayant plus lieu d'être émus de compassion en faveur desdits déserteurs, attendu la diminution notable des peines contre eux précédemment prononcées, ils regarderont comme un devoir, que leur fidélité et leur patriotisme leur imposent, de contribuer à les faire arrêter, loin de protéger leur fuite, et même de leur donner retraite, comme par le passé…

En conséquence, Sa Majesté a ordonné et ordonne, etc.

XV. — *Droits seigneuriaux sur les grains.*

1. Arrêt du Conseil spécifiant que la perception
de ces droits n'était pas suspendue par l'Arrêt du 3 juin.

[D. P., VII, 376. — D. D., II, 203.]

20 juillet.

(Cet arrêt fut rendu pour faire cesser des bruits injustes. En Bourgogne, les États avaient d'eux-mêmes supprimé les droits seigneuriaux moyennant indemnité. (Véri))

Le Roi, ayant, par Arrêt de son Conseil du 3 juin dernier, suspendu dans toute l'étendue de son royaume la perception des droits d'octroi des villes, sur les grains, les farines et le pain, et défendu aux exécuteurs de la haute justice d'exiger aucunes rétributions, soit en nature, soit en argent, sur les grains et les farines, dans tous les lieux où elles ont été en usage jusqu'à présent ; les motifs exprimés dans le préambule de cet arrêt, l'attention avec laquelle S. M. a rappelé les exemples des différentes villes dans lesquelles ces droits avaient déjà été suspendus, les principes qu'elle annonce pour l'indemnité qu'il serait nécessaire de procurer aux villes, l'économie qu'elle indique comme le premier moyen à employer, avant de chercher d'autres objets de remplacement, enfin la disposition de cet arrêt, relative aux droits perçus par les exécuteurs de la haute justice ; tout devait faire croire à S. M. que cet arrêt n'était susceptible d'aucune interprétation qui pût faire appliquer aux droits des seigneurs particuliers la suspension, ordonnée par cet arrêt, des droits appartenant aux villes et aux exécuteurs de la haute justice : cependant elle est informée que, dans plusieurs endroits, quelques seigneurs particuliers ont paru douter eux-mêmes s'ils devaient continuer la perception de leurs droits ; que, dans d'autres, les habitants des lieux où ils étaient perçus, ont cru qu'ils étaient suspendus. S. M., voulant arrêter les effets d'une interprétation aussi préjudiciable aux propriétaires, dont les droits ne peuvent cesser d'être perçus que lorsque S. M. aura expliqué ses intentions, tant sur la suppression de leurs droits, que sur l'indemnité qui leur sera due...

Tous les droits des seigneurs sur les grains, dont la perception n'a pas été suspendue par des arrêts particuliers, continueront d'être perçus, et la suspension ordonnée par l'Arrêt du 3 juin dernier n'aura lieu, ainsi qu'il est porté par ledit arrêt, que pour les droits qui appartiennent aux villes, ou qui étaient perçus par les exécuteurs de la haute justice.

2. Arrêt du Conseil ordonnant de représenter les titres
des droits seigneuriaux sur les grains [a].

[D. P., VIII, 26. — D. D., II, 204.]

13 août.

Le Roi, s'étant fait représenter l'Arrêt rendu en son conseil le 10 août 1768, par lequel, entre autres dispositions, le feu Roi a ordonné que : dans six mois, à compter du jour de la publication dudit Arrêt, tous Seigneurs, Villes, Communautés ou Particuliers qui perçoivent ou font percevoir à leur profit aucuns droits quelconques, dans les marchés d'aucunes villes, bourgs ou paroisses de son royaume, seront tenus de représenter leurs titres et pancartes desdits droits par devant les

---

[a] Le 16 juillet, avait déjà été demandé à l'Intendant de Caen (A. Calvados, C. 2629) et probablement aux autres intendants un état des droits sur les grains existant dans la généralité.

commissaires nommés par Arrêt du Conseil du 1er mai 1768 ; le prix auquel les blés se sont élevés a déterminé S. M à s'occuper de plus en plus de lever tous les obstacles qui peuvent encore ralentir la libre circulation des grains, en gêner le commerce et rendre plus difficile la subsistance de ceux de ses sujets qui souffrent de la rareté et du haut prix des denrées ; elle a reconnu que, parmi ces obstacles, un de ceux qu'il est le plus pressant d'écarter, est la multitude de droits de différentes espèces auxquels les grains sont encore assujettis dans les halles et marchés ; en effet, ces droits ont non seulement l'inconvénient de surcharger la denrée la plus nécessaire à la vie, d'un impôt qui en augmente le prix au préjudice des consommateurs dans les temps de cherté et des laboureurs dans les temps d'abondance ; ils contribuent encore à exciter l'inquiétude des peuples, en écartant des marchés les vendeurs qu'un commun intérêt y rassemblerait avec les acheteurs. Ils intéressent un grand nombre de personnes à ce que tous les grains soient vendus dans les marchés où se perçoivent les droits, plutôt que dans les lieux où ils en seraient affranchis. Cet intérêt peut rendre encore moins sensibles et moins généralement reconnus les avantages de la liberté et, malgré les encouragements que S. M. a voulu donner au commerce des grains, retarder les progrès de ce commerce, le plus nécessaire de tous, et contrarier l'effet de la loi salutaire par laquelle S. M. a voulu assurer dans tous les temps la subsistance de ses sujets, au prix le plus égal que puisse le permettre la variation inévitable des saisons.

S. M. a cru, en conséquence, que la suppression de ces droits, étant un des plus grands biens qu'elle puisse procurer à ses peuples, elle devait faire suivre l'examen ordonné par l'Arrêt de 1768, à l'effet de reconnaître les titres constitutifs de ces droits, leur nombre et leur étendue, et de parvenir à la fixation des indemnités qui seront dues aux propriétaires, conformément aux titres d'établissement légitime qui seront par eux produits. Mais, comme plusieurs des commissaires qui avaient été nommés par l'Arrêt du 1er mai 1768, ne remplissent plus au Conseil les mêmes fonctions qu'ils y remplissaient alors et que, d'ailleurs, la vérification, qui avait été ordonnée pour d'autres objets par le même arrêt, n'a pas été plus suivie que celle qui avait pour objet les droits de marché, S. M. a cru nécessaire de substituer d'autres commissaires.

Et voulant faire connaître ses intentions sur ce sujet : ... le Roi ... ordonne :

L'arrêt du Conseil du 10 août 1768 sera exécuté et, en conséquence, dans six mois, à compter du jour de la publication du présent arrêt, tous les seigneurs et propriétaires, à quelque titre que ce soit, qui perçoivent ou font percevoir des droits sur les grains dans les marchés d'aucunes villes, bourgs ou paroisses de son royaume, seront tenus de représenter leurs titres par-devant les sieurs Bouvard de Fourqueux, Dufour de Villeneuve, conseillers d'État ; Beaudouin de Guémadeuc, Chardon, Raymond de Saint-Sauveur, Guerrier de Bezance, de Bonnaire de Forges et de Trimond, maîtres des requêtes ordinaires de l'hôtel.

Les propriétaires desdits droits seront tenus de remettre les originaux de leurs titres ou copies d'iceux, dûment collationnées et légalisées par les plus prochains juges royaux des lieux, au Sr Du Pont [a], que S. M. a commis et commet pour faire les fonctions de greffiers en ladite commission, lequel leur en délivrera le certificat.

Les titres d'établissement de ces droits seront communiqués au Sr Lambert, maître des requêtes ordinaires de l'hôtel, que S. M. a commis et commet pour faire les fonctions de procureur général, pour, par lui, prendre telles conclusions et faire tels réquisitoires qu'il conviendra et y être statué par lesdits Srs commissaires, au nombre de cinq au moins, ainsi qu'il appartiendra. Lesdits propriétaires remettront pareillement les baux faits par eux ou les livres de recette tenus par leurs régisseurs pendant les vingt dernières années ; au défaut de représentation des titres dans ledit délai, la perception des droits demeurera suspendue, et les propriétaires, après ledit délai, ne pourront la continuer que sur la représentation du certificat du greffier de ladite commission, dont ils seront tenus de déposer copie collationnée au greffe de la juridiction ordinaire ou de police du lieu, à peine de concussion.

S. M. ayant suspendu, par l'Arrêt du 3 juin dernier, la perception des droits qui se perçoivent au profit des villes et l'indemnité qui peut leur être due, devant être réglée par d'autres principes que celle due aux particuliers, elle a ordonné et ordonne que lesdites villes remettront entre les mains des Srs intendants et commissaires départis dans les différentes généralités les titres de propriété desdits droits, ensemble l'état de leurs revenus et de leurs charges, pour, par lesdits Srs intendants et commissaires départis, proposer les retranchements dans les dépenses qu'ils jugeront convenables, indiquer les améliorations dont les revenus seront susceptibles, le plan de libération le plus avantageux aux villes, et, d'après la balance exacte des revenus et des charges, donner leur avis sur l'indemnité qui pourrait être nécessaire auxdites villes pour remplacer les droits qui se perçoivent sur les grains, et sur les moyens de la procurer les moins onéreux, pour être, sur leur avis, statué par S. M., ainsi qu'il appartiendra.

Les fermiers des droits appartenant à S. M. remettront pareillement leurs titres entre les mains des Srs intendants et commissaires départis,

---

[a] Du Pont de Nemours.

pour être par eux également donné leur avis sur l'indemnité qui pourra leur être due.

Enjoint S. M. aux Srs intendants et commissaires départis dans ses provinces, de tenir la main à l'exécution du présent arrêt, qui sera imprimé, lu, publié et affiché partout où besoin sera, et signifié à qui il appartiendra.

XVI. — *Statistique des prix.*

Lettre à l'Intendant de Bordeaux au sujet des états du prix des grains.

[A. Gironde, C. 74. — Foncin, 603.]

12 décembre.

J'adresse, M., directement à votre intendance les *états imprimés concernant les prix des grains et denrées* ; je vous prie de donner vos ordres pour les faire distribuer à vos subdélégués et leur recommander de les remplir bien exactement du prix des blés à raison de la mesure locale et du setier de Paris ; que les prix du froment y soient distingués par qualités et jours de marchés, ainsi que les prix des différentes qualités de pain, et qu'il soit fait mention dans la colonne d'observations des causes des augmentations ou des diminutions qui pourront survenir dans les prix.

Je vous prie encore, M., de recommander à vos subdélégués de continuer d'envoyer ces états tous les quinze jours à M. de Fargès, aussitôt que le dernier jour de marché de chaque quinzaine sera expiré. Vous voudrez bien leur mander qu'ils y apportent la plus grande exactitude ; il s'en trouve toujours quelques-uns dans le nombre qui se négligent dans le cours de l'année et qui se permettent de n'envoyer la première quinzaine qu'avec la seconde : l'usage que M. de Fargès fait de ces états exige qu'il les reçoive aussi promptement que je vous les demande.

XVII. — *Arrêt sur le Cabotage des blés, farines et légumes.*

[A. Calvados, C. 2628. — D. P., VIII, 72.]

12 octobre.

Le Roi, s'étant fait représenter les Arrêts rendus en son Conseil les 14 février et 31 décembre 1773, 25 avril et 22 juin 1774, portant Règlement pour le transport des grains d'un port du royaume à un autre, S. M. a reconnu que l'Arrêt du 14 février 1773 a eu pour principe de considérer tous les sujets du Royaume comme les membres d'une grande famille qui, se devant un secours mutuel, ont un droit sur les produits de leurs récoltes respectives ; cependant, les dispositions de cet arrêt ne répondent pas assez à ces principes d'union établis entre tous les sujets de S. M.

L'Arrêt du 14 février 1773 n'avait d'abord permis le commerce des grains d'un port à un autre, que dans ceux où il y a siège d'amirauté ; si l'arrêt du 31 décembre suivant a étendu à quelques ports des généralités de Bretagne, La Rochelle et Poitiers, où il n'y avait point de siège d'amirauté, cette même permission ; si celui du 25 avril 1774 a permis le transport des grains dans le port de Cannes en Provence, et celui du 22 juin suivant dans les ports de Saint-Jean-de-Luz et Ciboure, il reste encore plusieurs ports, où il n'y a point de siège d'amirauté, par lesquels le commerce des grains par mer reste interdit ; s'il est permis de transporter des grains au port de Saint-Jean-de-Luz, il est défendu d'en sortir par ce port pour tous les autres ports du Royaume ; pour les ports de la même province, la quantité de grains qu'il est permis de charger est limitée à cinquante tonneaux. Les formalités rigoureuses auxquelles le transport est assujetti peuvent détourner les sujets de notre royaume de se livrer à ce commerce et faire rester, au préjudice des propriétaires, les grains dans les provinces où ils seraient surabondants, pendant que d'autres provinces, qui auraient des besoins, en seraient privés. L'Arrêt du 14 février 1773 rend les capitaines responsables des effets des mauvais temps, et les condamne aux amendes et aux confiscations ordonnées même lorsque les gros temps les auront obligés de jeter leur chargement ou une partie à la mer, et les oblige de faire verser, dans le port pour lequel la cargaison était destinée, la même quantité de grains venant de l'étranger, qui est mentionnée en l'acquit-à-caution.

Enfin, les amendes qui sont portées à trois mille livres, indépendamment de la confiscation, sont prononcées dans le cas où, au lieu de la sortie, il y aurait un excédent de plus d'un dixième des grains déclarés et, au lieu de la rentrée, un déficit de plus du vingtième : mais dans une longue traversée des ports du Royaume les plus éloignés, il pourrait souvent y avoir des déchets plus considérables sur les grains qui seraient transportés d'une province à une autre.

Tant d'entraves, la crainte d'encourir des peines aussi sévères que celles de la confiscation de toute la cargaison et des bâtiments, étaient faites pour empêcher les négociants de se livrer à un commerce qui pouvait compromettre aussi considérablement leur fortune, et ne pouvait produire d'autre effet que de laisser subsister, entre les différentes provinces, une disproportion dans les prix des grains que la liberté du commerce la plus entière peut seule faire cesser.

Ces principes, qui ont déterminé S. M. à rendre à la Déclaration de 1763 toute l'exécution que des lois postérieures avaient affaiblie, lui ont fait penser qu'il fallait également rendre au commerce par mer toute la liberté nécessaire pour maintenir l'équilibre entre les différentes provinces qui peuvent se communiquer par cette voie ; que tous les ports du Royaume doivent également participer à la liberté, soit qu'il y ait un siège d'amirauté, soit qu'il n'y en ait pas ; que, dans la même province, les quantités de grains que les armateurs peuvent transporter ne doivent pas être limitées ; que les armateurs ne doivent pas être responsables de l'effet des mauvais temps ; et qu'enfin, tant que subsisteront les lois qui défendent encore la sortie à l'étranger, et que S. M. a déjà annoncé devoir cesser, lorsque des circonstances favorables le permettraient, les peines doivent être plus proportionnées à la nature de la contravention ; à quoi voulant pourvoir : ... le Roi ... ordonne :

Art. I. La Déclaration du 25 mai 1763 sera exécutée ; en conséquence, ordonne S. M. que les grains, graines, grenailles, farines et légumes, pourront circuler de province à province, sans aucun obstacle dans l'intérieur, et sortir librement par mer, de tous les ports du Royaume, pour rentrer dans un autre port, soit de la même province, soit d'une autre, en justifiant de la destination et de la rentrée.

II. Tous les négociants ou autres qui voudront transporter des grains par mer seront tenus, outre les formalités d'usage dans les lieux où il y a siège d'amirauté, de faire au bureau des fermes établi à la sortie une déclaration de la quantité de grains qu'ils transporteront, et d'y prendre un acquit-à-caution indicatif de la quantité et qualité desdites denrées, et du lieu de leur destination.

III. Lorsque lesdites denrées rentreront dans le Royaume, l'acquit-à-caution sera déchargé dans la forme prescrite par l'ordonnance des fermes.

IV. Les mauvais temps pouvant obliger les capitaines de relâcher dans d'autres ports du Royaume que ceux pour lesquels ils auraient été destinés, et le prix des grains pouvant leur faire trouver plus d'avantage à les vendre ailleurs qu'au lieu de leur destination, pourront lesdits capitaines transporter les grains chargés sur leurs navires dans tout autre port du Royaume que celui pour lequel ils auraient été destinés, et l'acquit-à-caution qu'ils représenteront sera également déchargé dans tous les ports du Royaume.

V. Lors de la vérification, si, au lieu de la sortie ou de la rentrée, il se trouve sur la quantité de grains, graines, grenailles, farines et légumes, un excédent ou un déficit de plus d'un dixième, les négociants ou autres qui auront fait transporter les grains seront tenus de faire rentrer dans le Royaume le quadruple de la quantité de grains qui excéderont à la sortie ou manqueront à la rentrée sur la quantité mentionnée dans l'acquit-à-caution, et ce, dans le délai qui sera prescrit par l'intendant ou son subdélégué, sous peine de 1 000 livres d'amende.

VI. Les peines portées par l'article précédent ne seront point encourues par les capitaines qui auront fait, soit au lieu du débarquement, soit en d'autres amirautés, des déclarations que le jet à la mer de leur chargement ou de partie d'icelui, a été forcé par le gros temps ; et seront lesdits capitaines, en vertu desdites déclarations certifiées comme il est d'usage, déchargés de l'acquit-à-caution qu'ils auront pris.

VII. Toutes les contraventions au présent arrêt, relatives au transport par mer des blés, farines et légumes, d'un port à un autre du Royaume, seront portées devant les Srs Intendants... pour les juger en première instance, sauf l'appel au Conseil.

XVIII. — *Lettre au ministre de la guerre (Comte de Saint-Germain).*

(Exportation des grains appartenant à des étrangers.
Utilité de la liberté du commerce).

[A. L., original.]

Novembre.

J'ai reçu, M., la lettre que vous m'avez fait l'honneur de m'écrire, par laquelle en répondant à deux lettres que j'avais écrites à M. le maréchal du Muy relativement à la forme des passeports qui sont expédiés pour les propriétaires des États des Princes étrangers qui possèdent des terres en France pour l'extraction des grains qui proviennent de leurs récoltes et de leurs dîmes et relativement à l'extraction de 5 milliers de foin que M. le Comte de Stainville avait arrêtés, vous entrez dans une nouvelle discussion de cette matière et vous paraissez adopter les mêmes principes que votre prédécesseur ; je crois devoir, M., reprendre cette question pour la discuter avec vous.

Vous connaissez, M., les Lettres patentes du 2 novembre 1774 qui assurent la liberté intérieure du commerce des grains. Vous connaissez les principes qui les ont déterminés. Vous avez vu que S. M. se proposait, dès que les circonstances seraient plus favorables, d'accorder la liberté extérieure. Déjà, plusieurs provinces la demandent [a], et celles dans lesquelles les princes d'Allemagne possèdent des terres ou des

---

[a] La *Gazette de Leyde* constate à la date du 6 octobre que la récolte des grains était belle et que le Parlement de Toulouse avait demandé la liberté de l'exportation.

dîmes sont celles où les grains tombent au plus bas prix et rendent plus nécessaire aux propriétaires toute communication qui leur procure l'avantage de tirer un meilleur parti de leurs propriétés.

D'après ces principes, M., qui ont dicté les Lettres patentes du 2 novembre 1774, vous pouvez penser que le plan de la législation générale sur cet objet important est de s'approcher par degrés de la liberté générale. C'est, dans cette vue, que j'ai pensé qu'il était utile de s'occuper d'établir entre les différents États voisins de la France une réciprocité respective utile à tous les États, et j'ai discuté cet objet avec M. le Comte de Vergennes ; c'est avec lui que je le suivrai. Je vous observerai seulement, M., que je crois que ce n'est point par la comparaison de l'étendue des propriétés que des différents sujets des Princes possèdent en France, avec celles que les sujets du Roi possèdent dans les États de ces princes que cette question doit être jugée. Il faut envisager les États de ces princes, comme servant d'entrepôts aux grains des États plus éloignés. On pourrait ainsi faire passer en France par ce moyen tout le superflu de leurs récoltes dans des années où elles seraient utiles à la France ; ainsi, dans cette réciprocité respective, nous trouverions l'avantage de profiter de la libre communication établie entre tous les États de l'Allemagne.

Vous voyez déjà, M., que, d'après ces principes, si la réciprocité respective est établie entre les différents États dont les sujets possèdent des terres en France et la France, les passeports deviendraient inutiles.

Jusque là, en tant qu'ils seront nécessaires, j'ai pensé qu'ils devaient être revêtus de moins de formalités qu'il serait possible, et assujettis à aussi peu de difficultés que le peu de temps qu'ils ont à durer peut-être, semble l'exiger.

Je sais, M., qu'il ne faut pas se flatter que la France soit toujours en paix avec ses voisins, mais je suis bien loin de croire qu'il y ait le moindre sujet de craindre que, dans le moment où des semences de divisions pourraient faire appréhender de voir altérer la tranquillité générale, les sujets des puissances qui deviendraient nos ennemis, ou le gouvernement même, se réunissent pour tirer de nos provinces tous les grains qui y seraient nécessaires, et nous privent par là des moyens de subsistance nécessaires pour rassembler facilement les armées du Roi. Au surplus, lorsque les circonstances sembleront devoir faire craindre une rupture prochaine, il sera temps alors de prendre les précautions que l'état de Guerre rendra nécessaires. Mais, tant que nous serons en paix, jouissons, M., des avantages qu'elle doit nous procurer. Ne craignons point que les gouvernements qui pourraient proposer d'altérer la tranquillité générale, commencent par tirer de la France tous les grains qui lui sont nécessaires ; une extraction un peu considérable retiendra toujours, par l'augmentation du prix des grains qui ne sortiront plus quand on les paiera aussi chers, et les trésors des États voisins de la France ne suffiraient pas pour réaliser le projet chimérique de lui enlever les subsistances nécessaires à la nourriture de ses habitants.

D'ailleurs, le Roi, instruit des projets de ses voisins et, ayant toujours sous les yeux le tableau des affaires de l'Europe, arrêtera, dès qu'il le jugera à propos, une exportation que les circonstances d'une guerre prochaine rendraient dangereuse.

Voilà, M., les réflexions qui me font croire qu'il n'y a rien à craindre de la liberté que je désire, dépouillée de toute sujétion et de toutes formalités ; c'est le vœu des Lettres patentes du 2 novembre 1774 et je me hâterai de proposer au Roi d'en réaliser l'effet ; mais, quant à présent, il ne s'agit que des formalités des passeports pour les propriétaires étrangers de terres ou de dîmes, et de redevances des terres de la domination du Roi. Je crois même qu'il est inutile que le Conseil du Roi s'occupe de délibérer s'il y a lieu ou non d'accorder des passeports à des propriétaires qui voudraient tirer le produit de leurs récoltes ou de leurs propriétés, et que les délais qui pourraient résulter des délibérations du Conseil pourraient porter préjudice à ces propriétaires, sans qu'il put en résulter aucun avantage pour l'administration générale. J'ai proposé, en conséquence, à M. le Maréchal du Muy de dispenser des passeports qu'on était dans l'usage d'expédier ; j'ai cru qu'il suffisait que les conducteurs des grains fussent munis des certificats des syndics et habitants ou officiers municipaux des lieux où le chargement aura été fait, et du passeport délivré en conséquence par l'Intendant de la province ou son subdélégué.

Je crois, M., qu'il sera inutile d'exiger de ceux qui jouiront de la liberté de l'extraction, de laisser dans le pays l'objet des semences et la subsistance des habitants employés à la culture de leurs terres. Il faudrait faire des distinctions entre le produit des récoltes et celui des dîmes et des redevances. Le décimateur et le seigneur qui n'ont rien à semer, ne doivent rien laisser dans le pays. Mais, M., ne craignons point de laisser sortir les productions qui appartiendront aux étrangers ; si, par une extraction un peu plus considérable les grains en devenaient un peu plus cher, les propriétaires français tireront un avantage plus considérable de leurs récoltes, et c'est l'objet que S. M. se propose, jusqu'à ce que la liberté générale et indéfinie leur assure tout l'avantage que le commerce pourra leur procurer.

Les passeports seront présentés aux bureaux des fermes placés sur les frontières ; ces formalités suffiront pour faire connaître les quantités sorties. Il me semble qu'il y a déjà beaucoup plus de facilités ; l'expédition des passeports par le secrétaire d'État du département, en vertu des décisions du Conseil, entraîne beaucoup plus de délais ; elle suppose la possibilité du refus, et ceux délivrés par MM. les Intendants seront une simple formalité ; ils ne pourront les refuser, lorsqu'on leur représentera ou à leurs subdélégués les certificats nécessaires.

Vous sentez, M., qu'il y aura beaucoup plus de célérité et moins d'incertitude dans cet arrangement et si la politique ou les vues militaires pouvaient exiger qu'on interrompît cette extraction, les ordres adressés à MM. les Intendants la feraient cesser sur-le-champ ; mais, tant qu'elle sera permise, je crois qu'il faut qu'elle soit aussi facile qu'il sera possible.

J'ai donné pour exemple à M. le Maréchal du Muy ce qui se pratique en Bourgogne relativement à la République de Genève, non pour prétendre que les arrangements qui ont lieu avec cette république puissent obliger à suivre les mêmes principes vis-à-vis des autres États, mais pour lui faire connaître que cette forme courte et simple n'était susceptible d'aucun inconvénient, et que, si elle a été adoptée vis-à-vis d'un État qui n'a aucun territoire, dont la France pourrait jamais tirer du secours, combien plus aisément doit-elle être adoptée pour des États qui ont un territoire étendu et qui, tenant à toute l'Allemagne, participent à la liberté générale établie dans cet empire pour tous les membres qui en font partie, et qui peuvent par là devenir l'entrepôt des États où les récoltes sont le plus abondantes, pour nous en faire passer les produits dans les circonstances où ils nous seraient nécessaires, loin d'avoir à craindre cet effet. Si M. l'Intendant de Bourgogne se réserve encore la faculté de fixer des délais plus ou moins considérables pour l'usage à faire des passeports qu'il accorde, cet exercice de son autorité n'aura plus lieu lorsque la liberté générale sera accordée aux propriétaires étrangers d'extraire le produit de leurs récoltes et il ne pourra plus apporter de modifications à l'exercice de cette liberté.

À l'égard des denrées dont la sortie n'est pas défendue, je crois, M., que rien ne doit s'opposer à leur sortie, et je crois, comme je l'ai écrit à M. le Maréchal du Muy, que M. le Comte de Stainville ne devait pas s'opposer à l'extraction des foins que M. le landgrave de Hesse demandait à tirer du Comté de Bitche.

Je crois, M., que l'intérêt principal auquel tous les autres sont subordonnés est l'intérêt des propriétaires ; c'est lorsque leurs propriétés seront aussi protégées qu'il est possible, c'est lorsqu'ils en tireront le plus grand avantage qu'ils pourront, qu'ils seront intéressés à faire valoir davantage leurs terres, que les productions en tous genres se multiplieront, que le Roi, pour l'entretien de sa cavalerie, trouvera les fourrages en plus grande abondance et à un prix plus égal et plus modéré que si des prohibitions ou des gênes pour la sortie des foins faisaient abandonner cette culture facile pour se reporter sur celles des productions qui jouiraient d'une plus grande liberté. C'est la liberté générale de toutes les productions qui mettra entre les denrées cet équilibre qu'exige l'intérêt des consommateurs, et chaque terrain sera employé à la production la plus avantageuse au propriétaire particulier et à l'État en général, lorsqu'il lui sera libre d'en vendre partout le produit.

Voilà, M., où doivent mener les principes consacrés dans les Lettres patentes du 2 novembre 1774 ; voilà l'objet que le Roi s'est proposé. Tous les arrêts qu'il a rendus depuis ce temps ont approché par degré de ce but : je ne doute pas que, pénétré de la vérité de ces principes, et envisageant les deux questions que vous avez discutées sous le point de vue de la législation générale que le Roi a établie et dont il a fait connaître toute l'étendue, vous ne jugiez qu'il est nécessaire d'abolir par degrés les gênes qui empêchent les propriétaires étrangers de tirer le produit de la récolte des terres qu'ils ont en France et de laisser à tous les sujets du Royaume la liberté de faire sortir toutes leurs denrées sur lesquelles les lois prohibitives ne sont point étendues. C'est à ceux qui sont chargés de la subsistance de la cavalerie à prendre de bonne heure des mesures pour s'assurer des fourrages dont ils ont besoin. Ils ont sûrement plus d'avantages sur les lieux que les étrangers qui peuvent en tirer, et le Roi a plus à cœur encore l'avantage que ses sujets peuvent tirer de leurs propriétés, que l'économie qu'ils pourraient trouver dans des lois prohibitives pour l'entretien de sa cavalerie, mais il est persuadé encore que cette économie ne serait que passagère, et que c'est par la liberté seule qu'il pourra trouver un prix toujours plus égal et plus soutenu, et éprouver moins l'inconvénient de la diversité des récoltes.

180. — LES FOURRAGES.

Lettres au ministre de la guerre (Comte de Saint-Germain).

Première Lettre.

[A. N., F^{12} 151.]

(Inconvénients des privilèges exclusifs.)

16 novembre.

Le Sr Mayran, de Belfort, m'a adressé des représentations sur ce que, pour favoriser l'entrepreneur des fourrages de la cavalerie, M.

l'intendant d'Alsace lui a interdit le commerce des foins qu'il avait toujours fait et qui lui procurait les moyens d'élever sa famille. M. De Blair, à qui il en a été écrit, observe que, depuis l'année 1771, la fourniture des fourrages de la cavalerie qui est en garnison dans cette province a été donnée en entreprise ; que, chaque année, le marché de cette fourniture est passé à un entrepreneur général ; que, par une des conditions de ce marché, il est défendu à toutes personnes à l'exception des Maîtres de Poste, pour les quantités nécessaires à leurs services, et aux particuliers, pour leur consommation, de faire aucun amas de foins et d'avoines, et que c'est en conséquence de ce marché qu'il a rendu publique cette disposition et qu'il a fait défense au Sr Mayran de faire ce commerce. Je ne puis m'empêcher d'avoir l'honneur de vous observer qu'un marché qui ne permet qu'à un seul entrepreneur de faire des amas d'une marchandise quelconque est un privilège exclusif, qui ne peut que nuire au bien du commerce et à la liberté que doit avoir tout citoyen d'embrasser celui qui peut lui convenir. J'aurai même celui de vous ajouter que la concurrence occasionnant toujours le meilleur marché, il y a tout lieu de croire que le service du Roi gagnerait à laisser à chacun la faculté d'acheter et de vendre des fourrages comme bon lui semblerait. Il serait donc bien à désirer de trouver un moyen qui put concilier la sûreté du service du Roi pour la subsistance de sa cavalerie avec la liberté qui est due au commerce en général.

J'ai cru devoir mettre ces réflexions sous vos yeux. J'espère que vous voudrez bien prendre en considération les représentations du Sr Mairan et me faire part de ce que vous croirez devoir faire à ce sujet.

P.-S. — L'ordonnance de M. l'Intendant d'Alsace est rendue sans pouvoir. Le droit de faire le commerce de fourrage appartient à tout citoyen. Il n'y a que le Roi qui puisse donner un privilège exclusif et il ne le peut qu'en faisant une injustice. Je suis persuadé que tous les marchés du genre de celui sur lequel M. l'Intendant d'Alsace a cru pouvoir l'autoriser sont aussi contraires à vos principes qu'aux miens. L'expérience a prouvé que ces privilèges exclusifs donnés à des fournisseurs ne tournent jamais qu'au préjudice des autres citoyens et des propriétaires, qu'on leur donne le moyen de vexer sans que le Roi en profite par un plus bas prix. Mais, quand le Roi y gagnerait quelque léger rabais sur la fourniture, ce serait un mauvais profit. Il faut que le Roi paye à ses sujets les choses ce qu'elles valent et que les sujets vendent leurs denrées librement et à leur véritable prix, afin de pouvoir subvenir au payement des impôts qu'exigent les dépenses de l'État.

Deuxième lettre.

(Impositions pour les fourrages. — Exagération
des dépenses du ministère de la guerre.)

[D. P., VIII, 111.]

Paris, 18 décembre.

M. d'Ormesson m'a remis, M., la lettre que vous lui avez écrite et les deux projets d'arrêts du Conseil qui y étaient joints, à l'effet imposer 1 420 000 livres sur la province d'Alsace, et 571 120 l. 1. s. 8 d. sur celle de Franche-Comté, pour paiement de l'excédent du prix des fourrages de la cavalerie, des hussards et des dragons qui se trouveront en garnison ou en quartier dans ces provinces l'année prochaine. Ces projets d'arrêts disent que c'est pour suppléer aux cinq sols par ration qui seront payés par l'Extraordinaire des guerres et pour d'autres frais.

Je vous serais très obligé : premièrement, de vouloir bien vous faire représenter une notice des autres frais dont il s'agit, et d'avoir la bonté de me la communiquer afin que nous puissions en raisonner ensemble ;

Secondement, je dois vous observer que, dans le projet de fonds qui m'avait été remis par feu M. le Maréchal du Muy pour l'Extraordinaire des guerres, les fourrages sont portés pour 4 976 629 livres, ce qui indique bien plus de 8 sols et même bien plus de 10 par ration.

Il me paraît donc surprenant que les projets d'arrêts du Conseil n'énoncent que 5 sols par ration à payer par le Trésorier de l'Extraordinaire des guerres. Il me paraît encore surprenant que la totalité des demandes, pour les fourrages, dans le projet de fonds, n'étant pas tout à fait de cinq millions, le supplément se monte à deux millions dans les seules provinces d'Alsace et de Franche-Comté, qui sont, de tout le Royaume, celles où les fourrages sont au plus bas prix.

Vous remarquerez avec moi, M., que sur 4 976 629 livres demandés par le projet de fonds de l'Extraordinaire des Guerres pour 1776, il y a 943 295 livres, ou près d'un cinquième d'augmentation sur la fourniture de l'année dernière. La note qui accompagnait le projet de fonds motive cette augmentation sur le défaut de récolte et le renchérissement de la denrée. Elle dit qu'on est au moment de passer les marchés et qu'on m'en communiquera les bases, si je le désire.

Mais si les marchés ont été passés, ou sont près à l'être sur le pied de près d'un million ou d'environ un cinquième de renchérissement à cause des circonstances qui l'exigent, pourquoi faut-il encore un supplément de deux millions sur deux provinces ? Je vous avoue que mon désir de voir les bases augmente par ce fait, et je suis bien sûr que vous le partagerez. D'ailleurs, s'il faut sept millions, et non pas cinq qu'on avait demandés pour les fourrages, pourquoi n'en porter que cinq sur les fonds de l'Extraordinaire des Guerres et en imposer deux par des arrêts particuliers ?

Ne sont-ce pas là de ces formes ténébreuses et détournées que vous et moi voulons éviter, et qui embrouillent la comptabilité fort inutilement ? J'ai une véritable impatience de causer avec vous sur tout cela.

181. — LE PAIN. — LA BANALITÉ DES MOULINS.

I. — *Le prix du pain.*

1. *Lettre à l'Intendant de Champagne.*

[A. Haute-Marne. — Neymarck, II, 400.]

(Proportion entre le prix du blé et celui du pain. — Les jurandes).

Paris, 17 avril.

Je suis informé, M., que, dans plusieurs villes de votre département, la taxe du pain n'est point proportionnée au prix des grains et que cet abus qui, vraisemblablement subsiste en tout temps, devient bien plus sensible lorsqu'il survient une augmentation un peu forte, et excite à juste titre les murmures du peuple. Je vois même, par le dernier état de quinzaine que votre subdélégué à Châlons m'a envoyé, que le prix du pain y est à 4 s. 6 d. la livre de 21 onces, ce qui fait 3 s. 7 d. par livre en la réduisant à 16 onces, tandis que le prix du blé n'y est que de 28 l. 16 s. par setier réduit à la mesure de Paris.

Je ne puis concevoir, M., les proportions sur lesquelles est faite une pareille taxe ; en la réglant sur les bases qui sont suivies à Paris et en permettant aux boulangers de Châlons les mêmes bénéfices, le même gain, qu'aux boulangers de la capitale, le pain le plus cher ne devrait être que de 12 s. 6 d. les quatre livres, 3 s. 1 d. 1/2 par livre de 16 onces, et cependant, il est à 3 s. 7 d. à Châlons. On donne à ces boulangers un plus grand profit qu'à ceux de Paris qui sont contraints à payer un loyer beaucoup plus cher, une main d'œuvre plus coûteuse, et qui forment une communauté qui les assujettit à des frais certainement plus considérables.

Néanmoins, la taxe usitée à Paris est encore trop forte et les prix du pain y seraient plus modérés si la fabrication et la vente n'en étaient pas concentrées dans une jurande ayant privilège exclusif et qu'elle fût permise à quiconque voudrait vendre du pain au public.

Tant que subsisteront les jurandes, il est pourtant nécessaire, M., d'établir et de faire exécuter des règles justes, sur les proportions entre le prix du pain et celui des grains, et puisqu'elles jouissent d'un privilège exclusif, il convient d'empêcher qu'elles n'en abusent et qu'assurées d'être les seules qui ont le droit de vendre, elles ne se portent à des vexations que la concurrence générale écarterait et dont elle délivrerait les peuples.

Je vous prie donc, M., de vous en occuper, de vous faire rendre compte des principes qui sont suivis pour établir ces taxes et ces règles et de faire connaître aux juges de police le principe des erreurs qu'ils y commettent, de vous attacher surtout à connaître l'état de chacune des communautés de boulangers de votre généralité, l'excédent de ses dettes sur ses revenus, les moyens de pourvoir à cet excédent et de le rembourser, afin de parvenir à leur suppression, d'introduire en attendant l'usage, supposé qu'il ne soit pas établi, de permettre aux boulangers forains d'apporter du pain dans les villes de jurande, du moins pendant quelques jours de la semaine, de les y inviter, et vous voudrez bien me marquer ce que vous aurez fait à cet égard et le succès que vos mesures auront progressivement eu.

Mais, comme il est de l'intérêt des peuples de ne pas les laisser sous la vexation des boulangers, même pendant les délais que peut exiger cette suppression, je vous prie de vous faire remettre les règlements qui peuvent avoir été faits pour déterminer la taxe du pain tant à Châlons que dans les autres villes où vous reconnaîtrez une disproportion marquée, et de me les envoyer le plus promptement qu'il vous sera possible afin que je puisse proposer à S. M. les moyens de les réduire à des principes d'égalité et de justice.

2. Lettre à l'Intendant de Caen.

[A. Calvados, C. 2628, 32.]

(Effets de la liberté du commerce des grains.)

Reims, 15 juin.

Vous rendrez, M., un grand service à votre province en faisant rétablir une proportion plus juste entre le prix du blé et celui du pain, et si vous pouvez parvenir à faire payer au peuple le pain 8 deniers par livre de moins qu'il n'a fait depuis 1743 ; cette diminution l'empêchera de s'apercevoir de l'augmentation du prix des grains que la rareté de la denrée qui se consomme chaque jour jusqu'à la récolte occasionnera, si le commerce ne la répare pas. Il faut cependant que les prix ne soient pas encore très hauts si, malgré la gratification, les négociants ne trouvent aucun avantage à tirer des grains de la Hollande ou des autres pays étrangers : Je sais que quelques négociants du Havre ont aussi prétendu que les prix du Havre et du reste de la Normandie ne pouvaient pas, même avec la gratification, couvrir leurs achats, mais les négociants de Nantes et quelques autres qui ont fait arriver des grains à Paris ne m'ont pas porté les mêmes plaintes ; quelques-uns m'ont dit qu'ils pouvaient vendre aux prix courants et même au-dessous avec un bénéfice raisonnable ; mais si les prix en Normandie ne sont pas assez forts pour dédommager les négociants, c'est une preuve que les grains ne manquent pas, et tant qu'ils seront au-dessous des prix de Hollande, joints aux frais de transports, il est impossible de se plaindre.

À l'égard des préjugés du peuple, s'ils s'opposent à ce que le commerce s'établisse, il en porte infailliblement la peine. Mais la protection ouverte que le Roi apporte au commerce, la certitude qu'il a fait donner aux différents négociants que leur propriété serait assurée et qu'ils seraient même indemnisés dans le cas où le retour des premiers désordres qui sont arrivés les exposerait à de nouveaux pillages, le maintien inviolable de la liberté du commerce, tout doit encourager les négociants à s'élever au-dessus des préjugés, à n'en pas craindre l'effet : affermissez, M., cette opinion et que vos négociants ne s'en tiennent plus à la simple commission.

Les difficultés de la navigation de la rivière d'Orne rendront les transports plus chers, mais ils ne sont pas impossibles et, si les grains manquent, il faut qu'ils soient chers ; si le prix n'en augmente pas, c'est une preuve qu'ils ne manquent pas. Enfin, M., le Gouvernement est irrévocablement déterminé à ne s'en pas mêler ; il est persuadé qu'il ne pourrait suppléer le commerce, ni aussi promptement, ni à aussi peu de frais, ni avec autant de soins ; que, sûrs de n'être jamais traversés par le Gouvernement, les négociants se livreront avec activité à procurer des secours partout où ils manquent ; est-ce dans une province où il y a plusieurs ports qu'on devrait avoir de l'inquiétude ?

Vos négociants se trompent lorsqu'ils croient qu'il est arrivé une très petite quantité de grains au Havre ; j'ai eu depuis peu de temps nouvelle d'une douzaine de navires. Il en est arrivé aussi beaucoup à Nantes ; c'est principalement du seigle ; votre généralité peut avoir communication avec la Bretagne par Saint-Malo ; ainsi, que les hauts prix de votre généralité invitent les négociants de votre ville à donner des commissions en Bretagne et au Havre ; je donnerai les mêmes indications ; plus les circonstances deviennent difficiles, plus le commerce doit mettre d'activité ; plus le peuple a besoin de la liberté, plus il doit la respecter ; affermissez les opinions, dissipez la crainte des négociants, encouragez leurs spéculations. Plus ils serviront leurs concitoyens, plus ils seront assurés d'éprouver des marques de la satisfaction du Roi, et je mettrai avec plaisir sous ses yeux les noms de ceux qui se seront distingués par le plus d'activité et qui auront procuré les secours les plus prompts et les plus efficaces. Je suis persuadé que S. M. se portera avec plaisir à accorder des marques publiques de son approbation, peut-être même des distinctions honorables à ceux qui se seraient distingués par des services essentiels dont ils recueilleront toujours les premiers fruits.

3. *Circulaire aux intendants.*

[A. Calvados, 2628, 48].

(Proportion entre le prix du pain et celui du blé. — Les jurandes.)

Paris, 17 septembre.

Le moment, M., où la diminution se fait sentir sur les prix des grains, doit être celui où le peuple éprouve la même diminution sur le prix du pain.

J'ai vu avec peine que la proportion établie presque partout entre le prix du blé et le prix du pain l'était d'une manière très défavorable au peuple ; il en résulte que, lorsque l'abondance a fait diminuer considérablement le prix des grains, il paye encore sa subsistance à un prix assez considérable, et que, dans le temps de cherté, il lui est impossible d'y atteindre. Vous avez fait faire, sans doute, ou il a été fait dans les différentes villes de votre généralité par les officiers municipaux, des essais pour établir le produit d'une mesure quelconque de blé en farine, le produit en pain et les frais de cuisson [a]. La cherté qu'il y a eu dans les environs de Paris a donné lieu à de nouveaux essais à Roissy qui m'ont paru faits avec cette attention que donne le désir de procurer du soulagement au peuple dans un objet aussi intéressant que celui de sa subsistance journalière et souvent unique ; j'ai cru devoir vous les communiquer ; ils vous serviront à convaincre les officiers municipaux de

---

[a] Par circulaire du 19 octobre 1767, le contrôleur général L'Averdy avait ouvert une enquête sur le rapport du prix du pain avec celui du blé.

différentes villes de votre généralité et les boulangers eux-mêmes que le prix du pain peut toujours être égal à celui de la livre du blé et, par conséquent, d'autant de deniers que le setier, mesure de Paris, vaut de livres numéraires. Ces essais serviront aussi à faire connaître qu'en y mêlant un quart de seigle, on trouve le moyen de donner le pain à beaucoup meilleur marché et, de ces expériences répétées, du premier juillet jusqu'au onze août, il résulte que dans les temps d'une cherté des grains très considérable et telle qu'on ne doit pas craindre d'en voir souvent, lorsque le prix est élevé à 36 livres, le peuple peut manger le pain à trois sols la livre, et qu'en y mettant un quart de seigle, il le mangera à deux sols huit deniers ; ce pain qui est tel que le mangent les troupes du Roi, avec la différence qu'on n'y laisse point le son ; et, dans les pays où l'on mange principalement le pain de froment, ce mélange peut être pratiqué surtout dans des temps de cherté à l'avantage du peuple ; on a éprouvé qu'il rendait le pain plus agréable.

Je vous prie, M., de vouloir bien donner tous vos soins pour que les officiers municipaux ou de police chargés de la taxe du pain la fasse faire dans cette proportion. Ce qui s'est pratiqué à Roissy peut se pratiquer ailleurs et si, dans quelques grandes villes, la cherté des loyers pouvait être un motif pour le tenir un peu plus cher, il ne devrait y avoir tout au plus qu'un ou deux deniers de différence. Si les jurandes des boulangers sont un obstacle à cette proportion, ce sera une raison de plus pour hâter le moment où on rendra à cette profession la liberté nécessaire pour opérer le soulagement du peuple.

P.-S. — *À l'Intendant de Caen.*

Les officiers du Baillage de Caen ont fait, au mois de juin dernier, un règlement portant fixation provisoire du prix des pains de différentes qualités. Il serait bien important que vous puissiez porter ces officiers et tous ceux des différents lieux de votre généralité à suivre les principes établis dans ma lettre d'après des essais qui prouvent que le prix de la livre de grains fait celui de la livre de pain, et leur fait considérer que le mélange qui peut être fait par le boulanger de différentes espèces de grains est l'objet qui mérite la plus grande attention de leur part, parce qu'il doit diminuer le prix du pain relativement au prix de la livre de grains mélangés, ce qui procure encore une différence, puisqu'il est reconnu que partout le pain du peuple ne se compose pas des premières qualités de grains. Les états de la dernière quinzaine me mettent à même de vous donner la preuve que les officiers de police procèdent irrégulièrement à la taxe du pain. Le setier de blé, mesure de Paris, était à Avranches à 25 livres 10 sols et la livre de pain à 2 sols 6 deniers ;

cette taxe est assez juste ; mais à Bayeux, le même setier de blé ne valait que 24 livres 4 sols et le pain était taxé à 3 sols 4 deniers ; ce n'est pas à Bayeux seulement, c'est presque partout que la taxe du pain est vicieuse [a].

P.-S. — *À l'Intendant de Limoges.*

[A. N., K. 899, 37. — D. D., II, 207.]

Les états de quinzaine prouvent les inégalités qui règnent, M., dans votre généralité, au sujet de la taxe du pain. À Brive, le setier de blé, mesure de Paris, valait, dans le mois d'août, 26 livres 8 sols, et le pain 2 sols 6 deniers ; à Tulle, 22 livres 15 sols, et le pain au même prix de 2 sols 6 deniers ; à Limoges, 19 livres 10 sols, et le pain 2 sols 3 deniers. C'est à faire réformer cette disproportion, partout où elle existe, et à ramener la taxe du pain à la proportion établie dans ma lettre, que je vous prie de donner vos soins.

P.-S. — *À l'Intendant de Champagne.*

[A. Marne. — Neymarck, II, 416.]

Paris, 23 septembre.

J'ai déjà eu occasion, M., de vous entretenir de la disproportion qui règne dans votre généralité entre le prix du pain et celui du grain. C'est à l'uniformité de procéder qu'il faut tâcher de ramener les officiers qui taxent le pain. Vous voyez, par ma lettre et par le résultat des essais qui l'accompagnent, que la livre de grains dont il est composé n'est pas la même que dans les autres localités ; on consomme beaucoup de seigle dans votre généralité ; c'est au mélange et à la qualité des grains que les boulangers emploient qu'il doit être fait attention pour asseoir la taxe du pain. Je trouve dans les états de la dernière quinzaine la preuve que le pain est trop cher ; par exemple, à Chaumont où le setier de blé, mesure de Paris, valait 18 livres 12 sols, le pain était taxé 3 sols 6 deniers ; il excédait, conséquemment aux principes établis, de plus de 1 sol 9 deniers la proportion du prix du blé [b].

---

[a] Par lettre du 4 juillet (C. 2455), Turgot avait déjà prescrit à l'Intendant un examen de la question.

[b] On trouve aux Archives Nationales F^{12} 151 une lettre du 28 mars au secrétaire perpétuel de l'Académie des Sciences demandant un avis sur une machine à moudre devant faire 720 livres de pain par jour.

II. — *Le commerce du pain.*

Arrêt du Conseil sur la liberté de ce commerce à Lyon [a].

(Suppression des privilèges illégaux
de la communauté des boulangers.)

[D. P., VIII, 95.]

5 novembre.

Le Roi, étant informé que d'anciens règlements de police, conservés et exécutés jusqu'à ce jour dans sa ville de Lyon, s'opposent à la vente et à la distribution libres du pain, tendent à en augmenter le prix et à bannir l'abondance, a jugé que cet objet méritait toute son attention ; en conséquence, S. M. s'est fait représenter les différentes ordonnances de police relatives à cette partie essentielle des subsistances. Elle a reconnu :

Que des Règlements des 2 septembre 1700 et 4 février 1701, avaient imposé aux boulangers forains la nécessité de ne vendre du pain que dans des places déterminées, à des jours marqués, à un prix inférieur à celui des boulangers de la ville, et de remporter au dehors celui qui n'aurait pu être vendu dans le jour ;

Qu'un autre du 7 avril 1710 défend à tous habitants de la ville qui n'ont point de maîtrise de boulangers, de faire ou débiter du pain, et aux forains d'en vendre ailleurs qu'au lieu qui leur est prescrit ; qu'enfin un autre Règlement du 12 mars 1751, donné sur la requête des maîtres boulangers, condamne à 300 livres d'amende des particuliers pour avoir apporté du pain dans la ville ; qu'il réitère de sévères défenses aux boulangers des villes et villages circonvoisins d'en introduire, à peine de confiscation et de 100 livres d'amende, et cependant qu'il réserve le privilège exclusif d'en apporter et d'en vendre aux deux seules paroisses de Montluel et de Saint-Pierre-de-Chandieu, mais seulement trois jours de la semaine, et sans pouvoir entreposer et garder dans la ville celui qui n'est pas vendu.

---

[a] « La ville de Lyon avait été ruinée : elle avait contracté une dette immense (par des opérations sur les grains). Les mesures qu'elle avait prises avaient été pour elle une source d'abus de tout genre et de calamités de toute espèce. Les greniers furent loués au profit de la ville, à laquelle on enjoignit de ne plus faire le commerce des blés, et servirent de même à son approvisionnement. Les droits qu'elle levait sur les grains furent suspendus comme les autres. L'arrêt du Conseil établit la liberté du commerce du pain. Depuis lors, la ville a toujours été abondamment pourvue et les prix n'y ont jamais été excessifs. » (Du Pont, *Mém.*, 303)

Ainsi, l'intérêt le plus pressant du peuple été sacrifié à celui de la communauté des maîtres boulangers, dans une ville où toutes maîtrises, communautés et jurandes étaient interdites par des lois précises du 3 juillet 1606, du 28 septembre 1641, du mois de mai 1661 et du mois de septembre 1717.

De tous les soins nécessaires au régime d'une grande ville et au bonheur de ses habitants, aucun n'est aussi essentiel que celui d'éloigner tous les obstacles qui peuvent gêner les subsistances générales, diminuer leur abondance, rendre leur distribution moins facile, ou en augmenter le prix par le défaut de concurrence ; ce soin est plus nécessaire encore dans une ville où le commerce et l'emploi que donnent les manufactures rassemblent une population nombreuse qui, ne subsistant que des rétributions de son travail et de l'emploi continu de son temps, doit trouver dans tous les moments, à sa portée, l'objet de ses premiers besoins. L'effet de la liberté et d'une pleine concurrence peut seul assurer aux sujets de S. M. cet avantage que promettaient spécialement à la ville de Lyon les lettres patentes de 1606, 1661 et 1717.

À quoi étant nécessaire de pourvoir...

À compter du jour de la publication du présent arrêt, il sera permis aux boulangers forains des villes, villages et paroisses circonvoisins, d'apporter, vendre et débiter dans la ville de Lyon la quantité de pain qu'ils jugeront à propos ; à la charge par eux de se conformer aux ordonnances de police rendues à cet égard, et de n'apporter que du pain de bonne qualité. Permet S. M. auxdits particuliers d'apporter leur pain tous les jours de la semaine indistinctement, et de le vendre dans les marchés publics et rues qu'ils trouveront les plus convenables, et au prix qu'ils voudront, pourvu néanmoins qu'il n'excède pas celui fixé par les prévôts des marchands et échevins. Veut S. M. que lesdits boulangers forains qui n'auraient pu vendre dans le jour tout le pain qu'ils auraient apporté, puissent faire dans ladite ville tels entrepôts qu'ils jugeront convenables, sans que, sous aucun prétexte, ils puissent être troublés ni inquiétés : en conséquence, S. M. a annulé et annule toutes les ordonnances de police contraires aux dispositions du présent arrêt, seulement en ce qui les concerne, et notamment celles des 2 septembre 1700, 4 février 1701, 9 août 1706, 7 avril 1710 et 12 mars 1751...

III. — *Banalité des moulins.*

Turgot ne supprima pas la banalité des moulins. « Il n'avait voulu, dit Condorcet, ni détruire sans aucun dédommagement un droit fondé sur une possession longtemps reconnue, quelquefois même sur une convention libre, ni faire racheter au peuple à un trop haut prix ce même droit qui n'aurait aucune valeur si la fraude appuyée par la force n'avait su lui en créer une. » (*Vie de Turgot*, 77.)

Il existe toutefois aux Archives de Lantheuil un projet de suppression des banalités avec notes de Fourqueux et quelques notes de Turgot, d'ailleurs sans intérêt.

182. — ATELIERS ET BUREAUX DE CHARITÉ.

1. *Lettre à l'Intendant de Champagne.*

[A. Marne. — Neymarck, II, 405.]

(Création d'Ateliers de charité à Reims
et suspension des corvées des chemins.)

Paris, 27 avril.

Les prix des grains ayant éprouvé, M., une augmentation assez sensible dans votre généralité, et principalement à Reims, je me détermine à y augmenter les travaux publics qui, en assurant au peuple des salaires, et en y faisant participer les femmes, même les enfants ordinairement inoccupés, sont le seul moyen de le mettre en état de se procurer sa subsistance, lorsqu'elle excède par la cherté ses facultés ordinaires. Vous avez déjà reçu pour ces travaux 65 000 l. qui vous ont été donnés sur le grèvement de la province. J'y destine encore 40 000 l. que vous prendrez sur le receveur général à qui j'ai ordonné de les remettre sur vos ordonnances. Je désire, M., que ce nouveau secours soit principalement réservé pour Reims ; vous devez y ouvrir des ateliers autour de la ville et dans la route de Paris et les y multiplier de manière que tous ceux qui auraient besoin de gagner des salaires puissent en trouver. Il est inutile de vous observer qu'il convient d'y admettre les femmes et même les enfants ordinairement inoccupés ; c'est le seul moyen de mettre le chef de chaque famille en état de la nourrir. Si vous jugiez qu'il pût être utile d'établir à Reims des filatures, vous pourrez prendre sur les fonds que je vous envoie, la somme que vous estimerez nécessaire pour cet établissement, et il faudrait le concerter avec quelques négociants honnêtes. Je vous enverrai des instructions, tant sur les travaux de charité que sur les filatures lorsqu'elles seront imprimées ; mais en attendant vous ne devez pas différer d'ouvrir ou de multiplier les travaux de charité dans les environs de Reims et sur la route de cette ville à Paris ; mon intention est que vous les fassiez établir et exécuter sur le champ.

Je prends même le parti de suspendre les corvées, et comme la cherté actuelle importe à multiplier les salaires, elle me détermine aussi à procurer à ceux qui seraient obligés de donner leur travail gratuitement, le moyen d'en gagner. Ainsi, vous voudrez bien faire cesser les corvées dès que vous aurez reçu ma lettre.

2. *Mémoire au Roi sur les ateliers de charité à ouvrir à Paris.*

[D. P., VII, 236.]

L'augmentation subite dans le prix des denrées peut mettre une disproportion entre les salaires et la subsistance, entre les facultés et les besoins ; la modicité des récoltes, la distance des lieux d'où doivent venir les grains, peuvent les élever au-dessus des faibles ressources que le travail procure à la classe la plus indigente des consommateurs. Une augmentation de travail est le moyen le plus naturel d'y remédier. En multipliant les salaires, elle multiplie les moyens de vivre ; et le peuple, secouru par ce gain extraordinaire, n'est pas moins en état d'acheter sa subsistance que dans les circonstances où, les denrées étant moins chères, il gagnait des salaires moins étendus.

Mais un nouveau travail ne peut être un secours efficace contre l'indigence, s'il n'est à la portée des différentes classes de sujets que le public n'est pas dans l'usage d'occuper. Des salaires présentés à ceux qui, employés chaque jour aux travaux ordinaires, sont sûrs d'un gain suivi et continuel, seraient rejetés, ou n'augmenteraient pas les moyens de subsister.

Deux sortes de personnes peuvent avoir principalement besoin de ce secours : les artisans auxquels la pauvreté ne laisse pas les moyens de se procurer la matière sur laquelle s'exerce leur industrie, et les femmes et les enfants. Ainsi, on peut ranimer les fabriques oisives en donnant les avances nécessaires pour les mettre en activité, et établir dans le sein des familles de nouvelles fabriques en mettant les femmes et les enfants en état de travailler.

Les dentelles, les gazes, les blondes et tous les autres genres d'ouvrages de cette nature, que l'expérience de MM. les curés et la connaissance qu'ils ont du caractère et des besoins du peuple, peuvent les mettre en état d'indiquer, sont les objets qui pourront le plus, s'ils sont encouragés et soutenus, faire vivre un grand nombre d'artisans désœuvrés.

La filature procurera aux enfants et aux femmes un travail qui ne surpasse point leur adresse ; et, quelque modique que soit le salaire attaché à cette main-d'œuvre, il n'en sera pas moins un vrai secours qui, répandu par parcelles multipliées, et ajouté aux rétributions que le père se procure par un travail plus lucratif, assurera la subsistance de toute la famille.

Lorsque la cherté élève la denrée au-dessus des facultés du peuple, ce n'est point pour lui-même que souffre l'homme de journée, l'ouvrier, le manœuvre ; ses salaires, s'il était dégagé de tout lien, suffiraient pour le nourrir : ce sont sa femme et ses enfants qu'il ne peut soutenir, et c'est cette portion de la famille qu'il faut chercher à occuper et à salarier.

Pour parvenir à procurer ces ressources et mettre tous les sujets indigents en état d'y participer, S. M. destine des fonds ; ils seront confiés, dans différents quartiers de la ville, à six commerçants, qui les administreront par esprit de charité et sans aucun bénéfice ; les frais seuls leur seront payés ; ils achèteront et feront venir les matières, en livreront des portions aux ouvriers indigents de chaque paroisse, par avance et sans exiger le payement du prix, sur les certificats que donnera M. le curé de leur honnêteté. La distribution se fera par petites parties : une livre de filasse, quelques onces de fil à dentelles, ou de soie pour la gaze et les blondes, seront à peu près les mesures dans lesquelles on se fera une loi de se contenir. Cette précaution paraît nécessaire pour prévenir les abus, et diminuer les pertes : un ouvrier à qui on confierait une plus grande quantité de matière serait tenté de la vendre et d'en détourner le prix à son profit.

La matière distribuée sera évaluée au prix coûtant ; on ne pourra jamais l'excéder. Quand elle sera fabriquée, le commerçant achètera l'ouvrage et payera sur-le-champ le prix, en déduisant seulement la valeur de la matière, et il donnera au pauvre la même quantité de matière pour le mettre en état de continuer son travail : ainsi, par des livraisons successives, l'ouvrier sera continuellement occupé.

L'évaluation de l'ouvrage sera faite par une femme qui sera attachée au bureau de chacun de ces commerçants, et afin d'exciter au travail et augmenter ce genre de secours, on recommandera de faire l'évaluation un peu au-dessus du prix ordinaire.

L'ouvrier qui aura rapporté son ouvrage au bureau pourrait se croire lésé par l'évaluation, s'il était obligé d'y acquiescer ; peut-être prétendra-t-il que sa main-d'œuvre est d'un plus grand prix que celui auquel elle aura été estimée. On a senti cet inconvénient : pour le prévenir, on propose de laisser à l'ouvrier la liberté de remporter son ouvrage et d'aller le vendre ailleurs ; néanmoins, en rapportant au bureau la valeur de la matière qui lui avait été avancée, on lui en livrera une autre quantité.

Les commerçants chargés de chaque bureau vendront les ouvrages qui leur auront été rapportés, et du prix qui en sera résulté ils achèteront de la nouvelle matière.

Ainsi, chaque famille sera assurée d'une ressource prête à la soulager. Un double avantage lui est présenté : l'un d'obtenir la matière, quelle que soit son indigence, et sans être tenue de rien débourser ; l'autre d'être assurée d'un plus prompt débit, et de n'être pas obligée de chercher et d'attendre les salaires qui doivent l'aider à subsister. Ces salaires, distribués à tous les consommateurs, même aux enfants dont la famille est composée, seront proportionnés aux besoins ; la classe même de ces indigents que la honte couvre d'un voile et cache à la société qui les soulage, pourra vaquer à un travail exécuté dans l'intérieur des maisons et à l'ombre du secret domestique, et participer à ce secours ; et les indigents à qui leur tempérament ou leurs infirmités ne permettent ni de se livrer à aucune occupation, ni d'espérer aucun salaire, trouveront dans ce travail public l'avantage que les aumônes ordinaires, concentrées dans un cercle plus étroit et plus resserré, pourvoiront mieux à leurs besoins.

C'est du zèle et de l'application de MM. les curés que dépend principalement le succès d'une ressource si précieuse. L'influence qu'ils ont sur l'esprit des peuples, la confiance qu'ils sont faits pour inspirer, doivent principalement déterminer les indigents à se livrer à un travail auquel plusieurs d'entre eux ne sont pas accoutumés. La menace de leur retirer les aumônes, la précaution de les leur diminuer quand le travail sera ralenti, l'annonce qu'elles ne continueront que jusqu'à un délai fixé pour donner à leur famille le temps de s'habituer aux ouvrages qui lui auront été indiqués, sont des moyens dont ils peuvent se servir avec avantage, et qui paraissent capables de vaincre la répugnance et la paresse...

3. Instruction pour l'établissement et la régie des ateliers de charité dans les Campagnes.

[D. P., VII, 241.]

(Précautions à prendre pour empêcher les abus.)

2 mai.

Le Roi, ayant bien voulu arrêter qu'il serait chaque année accordé aux différentes provinces des fonds pour soulager les habitants des villes et des campagnes les moins aisés, en leur offrant du travail, S. M. a pensé que le moyen le plus sûr de remplir ces vues était d'établir des ateliers de charité dans les cantons qui auront le plus souffert par la médiocrité des récoltes, et de les employer, soit à ouvrir des routes nouvelles, soit à perfectionner les routes déjà commencées, soit à réparer les chemins de traverse.

Le premier soin que doivent avoir MM. les intendants, pour l'emploi des fonds destinés aux travaux de charité, est donc de se procurer les renseignements les plus précis sur la situation des récoltes dans les différents cantons de leur généralité : cette connaissance les mettra en état de répartir avec justice les fonds qui leur auront été accordés, et de proportionner les secours aux besoins. Lorsqu'ils auront une fois fixé la somme destinée à chaque canton, il leur sera facile de déterminer le nombre des ateliers qu'on y devra former, le genre d'ouvrage auquel chacun des ateliers sera occupé, et le lieu où les travaux seront ouverts. Comme le but de cet établissement est de procurer des secours aux personnes qui ont les plus grands besoins, avec le moins de moyens pour y subvenir, il est indispensable d'y admettre toutes celles qui sont en état de travailler, hommes, femmes, vieillards, et jusqu'aux enfants [1]. D'après cela, on sent bien qu'il n'y a guère que les remuements et le transport de terres, de cailloux et de graviers, qui puissent être l'objet des ateliers de charité, parce que ce sont les seuls travaux qui puissent être exécutés par toutes sortes de personnes. Ainsi, dans les parties de chemin qu'on entreprend, s'il se rencontre des travaux plus difficiles, et qui exigent des bras plus exercés, il sera nécessaire de charger de leur exécution les entrepreneurs ordinaires des routes, et de payer ces entrepreneurs sur d'autres fonds que ceux destinés aux ateliers de charité.

La conduite de ces ateliers exige une attention très suivie, et qui doit embrasser plusieurs objets :

La conduite même et la direction des travaux ;

La police des ateliers, ainsi que les règles à suivre pour choisir ceux qui doivent être admis, et pour éviter l'engorgement des hommes ;

La distribution des tâches ;

La manière de payer les ouvriers ;

L'ordre de la comptabilité.

On va parcourir successivement chacun de ces articles.

---

[1] Si les paroisses qui auront souffert par la médiocrité des récoltes, et qui par cette raison ont besoin de secours, se trouvent à portée de villes qui puissent leur offrir un débouché, il serait peut-être plus à propos de consacrer les fonds qui leur auraient été destinés à y introduire des filatures. C'est aux personnes chargées de l'administration de chaque province qu'il appartient de considérer ce que les circonstances locales exigent pour tirer le parti le plus avantageux des secours accordés par le gouvernement.

Art. Ier. *La conduite et la direction des travaux.* Si les travaux que l'on ouvrira ont pour objet la construction de quelque route, il sera à propos de confier la conduite des ouvrages aux ingénieurs des ponts et chaussées, et de les faire exécuter sur les plans et d'après les directions tracées par l'ingénieur en chef de la province, ou par les sous-ingénieurs du département. Lorsque ces opérations préparatoires seront achevées et que les travaux seront ouverts, il sera établi des conducteurs ou piqueurs sur chaque atelier, pour conduire immédiatement les travaux d'après les instructions du sous-ingénieur, distribuer et recevoir les tâches, surveiller les ouvriers, les instruire et les diriger dans leur travail. Il sera en outre établi des conducteurs généraux, chargés de veiller sur plusieurs ateliers, de les visiter continuellement, à l'effet de vérifier si les conducteurs particuliers se conforment exactement aux instructions qu'ils ont reçues, soit pour la distribution des tâches, soit pour le tracé et la façon des ouvrages. Ils seront aussi chargés d'examiner si l'on porte contre eux des plaintes fondées, et d'en rendre compte au sous-ingénieur et au subdélégué, afin que ceux-ci puissent faire les recherches nécessaires pour vérifier les accusations et y porter remède.

Les conducteurs et piqueurs se conformeront, en ce qui concernera les directions, les pentes et tout ce qui sera relatif à l'art, aux instructions et aux ordres qui leur seront donnés par l'ingénieur ou le sous-ingénieur du département. Ils recevront aussi les ordres des subdélégués, ou des commissaires particuliers qui seront établis dans les lieux qui ne seraient pas assez à portée des subdélégués, pour tout ce qui concernera la police des ateliers. Ils leur rendront compte pareillement de tout ce qui pourrait se passer parmi les ouvriers contre le bon ordre et la subordination, afin qu'ils y pourvoient et punissent les délinquants, suivant l'exigence des cas.

II. *De la police des ateliers et des règles à suivre pour l'administration et la distribution des travailleurs.* Les subdélégués des lieux où seront établis les ateliers seront chargés de leur police et de la manutention générale de cette opération. Lorsque les subdélégués, par leur éloignement, ou par quelque autre circonstance, ne seront point à portée d'y veiller eux-mêmes, il sera nommé des commissaires particuliers qui rempliront les mêmes fonctions, et avec la même autorité que l'aurait fait le subdélégué.

Les ateliers de charité, étant destinés à fournir un moyen de subsistance à tous ceux qui en ont besoin, il semblerait que l'on devrait y admettre indifféremment tous les travailleurs qui s'y présentent, de quelque province et de quelque canton qu'ils soient ; mais cette facilité ne pourrait qu'entraîner les plus grands inconvénients. Il serait presque impossible de faire régner l'ordre sur de pareils ateliers, d'y régler les tâches, d'y distribuer les salaires à un si grand nombre d'hommes, de femmes et d'enfants assemblés au hasard ; d'où résulterait le double inconvénient d'une plus grande dépense, et d'une moindre quantité d'ouvrage à proportion de cette dépense.

L'expérience a fait voir qu'un des objets les plus importants pour cette opération est de prévenir le trop grand engorgement des ateliers, et la confusion qui en est la suite. Il est indispensable, pour y parvenir, de désigner à l'avance les paroisses qui doivent être admises à chacun des ateliers ouverts dans chaque canton, et d'attacher irrévocablement à chaque atelier les travailleurs des paroisses désignées pour cet atelier.

D'après cette distribution préliminaire, le subdélégué, ou le commissaire chargé de la police de chaque atelier, écrira aux curés des paroisses affectées à celui qu'il dirige, pour leur demander des listes exactes de ceux qui se présenteront pour participer aux travaux. Le modèle de ces listes est ci-joint, imprimé à la suite de cette instruction. Chacun de MM. les intendants fera imprimer, et adressera au subdélégué ou commissaire, les feuilles imprimées qui doivent servir à former les listes des travailleurs de chaque paroisse : elles seront envoyées doubles au curé, pour qu'il puisse faire la liste double, qu'une des copies puisse être remise au conducteur de l'atelier, et que l'autre puisse rester entre les mains du commissaire, tant pour son usage que pour remplacer celle du conducteur, si elle venait à se perdre.

Ces listes comprendront, nom par nom, tous les particuliers de chaque paroisse qui se présenteront pour travailler sur les ateliers, et qui auront besoin de ce secours. Ils seront partagés en brigades de dix à douze personnes au plus, et de cinq à six personnes au moins. On aura soin de prévenir MM. les curés de former chaque brigade, autant qu'il sera possible, de travailleurs qui soient de la même famille, ou tout au moins qui se connaissent, et de désigner pour chef de brigade celui auquel ils croiront le plus d'intelligence et d'honnêteté, et qu'ils sauront jouir de la meilleure réputation.

Il y a tout lieu d'espérer que MM. les curés se chargeront volontiers du soin de former ces listes, dont personne ne peut s'acquitter aussi bien qu'eux ; dans le cas où quelques raisons les en empêcheraient, le commissaire s'adresserait ou au seigneur, ou à quelque autre personne qu'il saurait être, par son zèle et son intelligence, et par la connaissance de la paroisse, en état de remplir exactement la liste.

Lorsque ces listes auront été formées de cette manière, et renvoyées au commissaire de l'atelier, celui-ci en remettra le double au conducteur ; il fixera le jour et l'heure auxquels les travailleurs de chaque paroisse seront admis sur l'atelier et il aura soin de fixer le temps pour chaque paroisse, de façon que les travailleurs de deux paroisses n'arrivent jamais ensemble sur l'atelier, et que ceux de la première puissent être placés et distribués sur l'ouvrage, lorsque ceux de la seconde arriveront. Par ce moyen, les conducteurs n'auront aucune peine à placer et distribuer les travailleurs sur l'atelier.

Chaque jour, les conducteurs feront deux fois l'appel au moyen de ces listes, sans être obligés d'assembler tout l'atelier, et en le parcourant au contraire dans toute sa longueur, pour appeler successivement nom par nom, les travailleurs de chaque paroisse et de chaque brigade, sur l'ouvrage même où elle sera occupée. Au moyen de ces appels, on connaîtra dans le plus grand détail tous les travailleurs qui composeront l'atelier. Le conducteur pourra les surveiller tous sans confusion, et lorsqu'il arrivera quelque désordre, il sera toujours aisé de trouver le coupable et de le punir.

III. *Distribution des tâches*. Dans un atelier où l'on admet indifféremment toutes sortes de personnes, il est impraticable de payer les ouvriers à la journée ; car, si l'on suivait cette méthode, il ne se ferait presque aucun ouvrage ; le plus grand nombre de ceux qu'on est obligé d'employer, n'étant que très peu habitués au travail, perdraient presque tout le temps qu'ils passeraient sur les ateliers. Il est donc indispensable de payer à la tâche.

Cette méthode serait presque impraticable si l'on voulait donner une tâche à chaque travailleur ; il est nécessaire, pour la simplifier, de réunir ensemble plusieurs travailleurs par famille ou par brigade, comme nous l'avons expliqué dans l'article précédent.

Ce sera au chef de la brigade que le conducteur donnera la tâche pour toute la brigade. C'est à ce chef qu'il expliquera la nature et la quantité du travail, qu'il confiera les outils ; c'est avec lui qu'il conviendra du salaire ; c'est à lui qu'il donnera les acomptes, qu'il délivrera la réception de l'ouvrage, et qu'il en soldera le paiement : bien entendu que tous ces détails se traiteront en présence de toute la brigade, et que le conducteur veillera à ce que le chef n'abuse pas de la confiance qu'on aurait en lui, pour priver ses compagnons de travail de ce qui leur est dû.

Le registre des conducteurs, pour la distribution des tâches, sera donc formé par paroisses et par brigades d'après les listes des curés ; mais il ne sera pas nécessaire d'y dénommer tous les travailleurs de chaque brigade ; il suffira de nommer le chef et de marquer le nombre des hommes, celui des femmes et celui des enfants, qui composent la brigade.

Voici un modèle de la manière dont ce registre doit être rempli :

Paroisse de

NOM DES VILLAGES et numéros des brigades.	NOMS des chefs de brigades.	NOMBRE d'hommes.	NOMBRE de femmes.	NOMBRE d'enfants.	DIMENSIONS, prix et dates des tâches.	DATES des paiements.	À-COMPTES et réception.
N° 1. Village de la Veytison… *Première tâche.*	Jean Roger	5	2	3	25 avril. Longueur 120 l. 0 p. Largeur 1 0 Hauteur 0 5 À transporter à 20 toises de distance, estimé 15 l. 10 s.	26 avril. 1er mai. 4 mai. 5 mai.	2 l. 3 1 Réception.
Seconde tâche.							

Comme les tâches ne doivent être données que pour un petit nombre de jours, et comme, par conséquent, la même brigade exécutera plusieurs tâches dans le cours de la campagne, il convient de destiner dans le registre un feuillet pour chaque brigade, afin qu'on puisse sans confusion enregistrer à la suite les unes des autres toutes les tâches qu'une même brigade fera dans le cours de la campagne. En supposant que chaque brigade soit composée, l'une portant l'autre, de huit personnes, un atelier de huit cents travailleurs ne formera que cent brigades, et n'exigera qu'un registre de cent feuilles.

Il sera fourni aux conducteurs des registres dont les feuilles seront réglées d'avance et disposées en colonnes, afin qu'ils n'aient d'autre peine que celle de les remplir. Il faut que ces registres soient reliés, et du même format que le cahier qui comprendra les listes des paroisses, afin que le conducteur puisse les porter dans un sac de toile cirée qui les garantisse de la pluie.

Cette méthode de distribuer les tâches par famille ou par brigade n'empêche pas qu'il ne soit encore difficile de proportionner ces tâches au nombre, à l'âge, à la force des personnes qui composent chaque famille. Pour établir cette proportion avec une exactitude rigoureuse, il serait d'abord nécessaire d'évaluer ce que peut faire un homme par jour, suivant l'espèce d'ouvrage, la qualité du terrain plus ou moins dur à fouiller, et la distance plus ou moins grande des deux termes du transport ; enfin, en ayant égard à toutes les difficultés qui se présentent. Cette évaluation devient encore plus embarrassante par la nécessité d'avoir égard à la différence de force des hommes, des femmes, des enfants qu'on emploie ; c'est cependant d'après toutes ces considérations que doit être déterminé le prix des ouvrages à la toise cube ou à la toise courante.

On sent qu'il faudrait, pour cette opération, des gens instruits du toisé et de la valeur des ouvrages ; or, on ne peut se flatter d'en trouver un nombre suffisant pour diriger tous les ateliers qu'on se propose d'établir.

Dans l'impossibilité de trouver un assez grand nombre de commis capables d'exécuter cette opération méthodiquement, il faudra se contenter de chercher des hommes raisonnables qui fixeront ces tâches d'après une estimation un peu arbitraire, et qui ensuite marchanderont avec le chef de brigade, comme un bourgeois, lorsqu'il fait faire dans son domaine des fossés, des défrichements, des remuements de terres. Ce bourgeois fait marché avec des ouvriers aussi peu instruits que lui ; il se trompe quelquefois à son préjudice, quelquefois à celui de l'ouvrier ; cependant on ne voit pas que ces sortes d'erreurs soient excessives ; et, dans l'opération des ateliers de charité, ces erreurs auront beaucoup moins d'inconvénients, parce qu'on pourra toujours s'en apercevoir et les corriger. En effet, le commis conducteur reconnaîtra facilement, au bout de quelques jours, si la tâche qu'il a donnée à une brigade est trop forte ou trop faible ; il verra bien si cette famille a travaillé avec activité, et si son travail lui a procuré de quoi vivre : comme il n'a aucun intérêt à profiter de l'erreur de son calcul, s'il est préjudiciable à l'ouvrier, il diminuera la tâche ou augmentera le prix ; il fera le contraire si sa première estimation avait été trop forte. Cet arbitraire aura sans doute toujours quelques inconvénients ; mais il faut supporter ceux qui sont inévitables, se contenter de faire passablement ce qu'il n'est pas possible de faire bien.

Il y a certaines natures d'ouvrages, tels que ceux qui consistent en transports de terres, ou en déblais et remblais, dans lesquels on peut parvenir, par une voie assez simple, à régler les tâches. En effet, ces transports de terre se font à la brouette, aux camions ou à la hotte, ou sur des espèces de civières, et à une distance réglée plus ou moins grande. Il ne faut pour les brouettes et les hottes qu'une seule personne ; il en faut deux pour les civières et les camions. La tâche de ceux qui portent la terre d'un lieu à un autre est très facile à régler par le nombre des voyages, à raison de la charge et de la distance plus ou moins grande ; ou, ce qui est la même chose, à raison du nombre de voyages qu'on peut faire par jour, puisque ce nombre dépend de la charge et de la distance, et qu'on peut aisément déterminer par quelques essais combien un homme peut faire de voyages par heure, et combien il peut travailler d'heures par jour sans une fatigue excessive. Il n'est pas moins facile de compter le nombre des voyages ; il suffit pour cela qu'à l'endroit de la décharge il y ait un homme préposé, pour donner, à chaque voyage, au manœuvre une marque qui ne servira qu'à cet objet : quand le manœuvre aura gagné un certain nombre de ces marques, qui sera fixé, il les remettra au commis ou conducteur, qui lui fera payer le prix convenu.

Le nombre des ouvriers occupés à transporter les terres au remblai, suppose un nombre proportionné d'ouvriers occupés dans le déblai à couper les terres que les premiers transportent. Les marques données à ceux qui voiturent la terre indiqueront en même temps le travail de ceux qui auront coupé dans le déblai la terre pour charger les hottes ou les brouettes. En effet, supposons qu'un fort ouvrier soit attaché à un déblai, et qu'on l'ait chargé de couper la terre à la pioche, qu'un enfant travaille avec lui à rassembler la terre que le premier a piochée, et à remplir la hotte d'un troisième qui va porter cette terre au remblai ; celui-ci aura reçu autant de marques qu'il aura fait de voyages. Mais il n'aura pas pu faire ce nombre déterminé de voyages, sans que le manœuvre qui a chargé sa hotte, et le terrassier qui a pioché la terre dont cette hotte a été chargée, aient fait chacun de leur côté un travail dont la quantité corresponde exactement au nombre des voyages qu'aura faits le porteur de hotte, et au nombre de marques qu'il aura reçues. On peut donc régler aussi, par le nombre de marques que rend le porteur de hotte, le salaire de ceux qui ont travaillé à la remplir. Il n'est pas nécessaire que le salaire soit le même pour le même nombre de marques : par exemple, l'ouvrier qui pioche peut avoir à faire un ouvrage plus pénible et qui exige plus de force que le travail de l'enfant qui charge, ou même de celui qui porte la hotte. Rien n'empêche que le premier, pour cent marques délivrées au dernier, ne reçoive un prix plus considérable et proportionné à son travail.

Le conducteur pourra, lorsque la composition des brigades se portera à cet arrangement, charger une brigade du déblai et du remblai. Le travail se distribuera naturellement entre les hommes qui feraient l'ouvrage du déblai, et les femmes et les enfants qui chargeraient et transporteraient la terre que les hommes auraient fouillée. Dans d'autres circonstances, on pourra charger du transport seul une brigade composée d'ouvriers faibles, tandis qu'une brigade composée principalement d'ouvriers forts serait occupée au déblai. Dans tous ces cas, on s'épargnera l'embarras du toisé, en évaluant les tâches, tant du déblai que du remblai, par le nombre des voyages de brouettes, de civières, de hottes, etc., auxquels cette tâche aura fourni. Cette méthode est simple, à la portée d'un plus grand nombre d'hommes, et n'est pas sujette à plus d'erreurs que celle des toisés réguliers. Elle a d'ailleurs un avantage, en ce que les voituriers, payés à raison du nombre des voyages qu'ils font, sont très intéressés à presser les travailleurs qui doivent leur fournir de la terre, et seront pour ceux-ci une espèce de piqueurs sur lesquels on pourra compter.

Le seul abus qu'on puisse craindre de cette méthode serait que, pour multiplier les voyages et diminuer le travail, les terrassiers et les voituriers s'accordassent à faire les charges trop légères ; mais les piqueurs ou commis, placés au remblai pour recevoir les brouettes et distribuer les marques, remédieront aisément à cet abus, en refusant de donner de ces marques pour les charges qui seraient sensiblement trop légères.

Les ingénieurs pourront surveiller et instruire les commis des ateliers qui seront à leur portée. Lorsqu'ils croiront que le commis, qu'ils auront suivi quelque temps, sera suffisamment instruit, ils pourront le faire passer sur un atelier éloigné, d'où ils tireront le commis que le premier remplacera, pour l'instruire à son tour, en le faisant travailler sous leurs yeux, et ainsi de suite. Ils pourront dresser des tables par colonnes, pour fixer l'ouvrage d'un homme dans les différentes espèces de terres, et à proportion l'ouvrage des femmes et des enfants, afin d'évaluer la quantité de voyages que peuvent faire dans un jour les manœuvres à raison de leur âge, de leur force, de la distance et de l'espèce de voiture. Cependant, comme l'usage de ces tables exigera encore de l'intelligence et de l'attention, il sera bon que le commis se mette au fait, en opérant quelque temps sous les yeux de l'ingénieur. Or, tout cela exige du temps ; ainsi, les tâches pourront encore être fixées un peu arbitrairement ; mais il y a lieu d'espérer que cet inconvénient diminuera d'année en année, et finira par être absolument insensible, pourvu que l'on veuille y apporter de l'attention.

IV. *De la manière de payer les ouvriers.* Il n'est guère possible de donner, sans confusion, des tâches pour chaque jour, et il faut nécessairement les donner pour une semaine. Il y aurait cependant un grand inconvénient à laisser écouler la première semaine entière sans rien payer aux travailleurs : une grande partie de ceux qui se présentent aux ateliers de charité sont des pauvres dénués de toute autre ressource pour vivre, et qui n'ont pas de quoi subsister avant la fin de la semaine ; il est donc indispensable de donner au père de famille ou au chef de la tâche, à mesure que l'ouvrage avance, des acomptes pour la subsistance journalière des travailleurs.

À moins que la tâche donnée à une brigade n'ait été évaluée trop faiblement, ou que les ouvriers n'aient travaillé avec nonchalance, la brigade, à la fin de chaque semaine, doit avoir gagné quelque chose de plus que la simple subsistance des travailleurs, et, par conséquent, plus que le montant des acomptes qui lui ont été distribués. Alors, et sur le certificat de réception de la tâche, le conducteur fera payer au chef de la brigade ce qui lui sera dû en sus des acomptes qu'il aura reçus. Le certificat du conducteur, sur lequel cette solde finale des tâches sera payée, contiendra le décompte de la tâche, ainsi qu'il sera expliqué aux paragraphes ci-après.

Comme la brigade est composée d'hommes, de femmes et d'enfants, comme tous ceux qui la composent ont été nourris sur les a-comptes reçus pendant le cours du travail, et que la nourriture qu'ils ont consommée n'a point été proportionnée à l'ouvrage qu'ils ont fait, puisqu'il est notoire que les enfants mangent presque autant que les hommes faits et travaillent beaucoup moins, il ne serait pas juste que l'excédent du prix qui se trouve à la fin de la tâche fut distribué par tête à tout ce qui compose la brigade indistinctement. Il est juste, au contraire, que les hommes et les femmes qui ont fait plus de travail, à proportion de ce qu'ils ont consommé, aient seuls part à ce qui a été gagné au delà de la subsistance. En conséquence, tout cet excédent de prix qui se trouvera après la réception de la tâche, sera partagé par égales portions entre les hommes et femmes au-dessus de seize ans ; les enfants au-dessous de cet âge n'y auront aucune part. Cette disposition est d'autant plus équitable, que les enfants n'ont guère d'autre besoin que d'être nourris ; au lieu que les pères et mères sont chargés de l'entretien de toute la famille, et ont quelquefois de jeunes enfants hors d'état de travailler, et qu'ils doivent nourrir sur le prix de leur travail.

Il est nécessaire que cet arrangement soit expliqué d'avance aux ouvriers lorsqu'on distribuera la tâche à chaque brigade, et que le conducteur s'assure qu'ils l'entendent bien ; c'est le seul moyen de prévenir les discussions et les disputes qui ne manqueraient pas de survenir à la réception des tâches, lorsqu'il serait question de partager ce qui resterait du prix, la nourriture des ouvriers prélevée.

Si quelques-uns refusaient de souscrire à cet arrangement ainsi expliqué, il faudrait les effacer de la liste, et les renvoyer des ateliers. On doit croire que ceux qui ne voudraient pas souscrire à une règle aussi juste et qui assure leur subsistance, ont quelque moyen de vivre indépendamment des ateliers.

Quoique le chef de brigade participe, comme les autres ouvriers, au profit qu'a donné la tâche, il est juste, s'il se conduit bien, de lui donner en sus du prix de sa tâche, quelque gratification, à raison de ses soins et des détails dans lesquels il est obligé d'entrer ; trois ou quatre sols, plus ou moins, suivant que la tâche sera plus ou moins forte et exigera plus de temps, paraissent devoir suffire. Mais cette gratification ne sera donnée qu'autant que le chef de brigade aura rempli ses fonctions d'une manière satisfaisante, en poussant le travail avec intelligence et activité, sans donner lieu à des plaintes fondées de la part des ouvriers qui lui seront subordonnés.

Le certificat de réception de la tâche fera une mention expresse de la bonne conduite du chef, et du montant de la gratification, afin que le caissier puisse payer en conséquence.

Le conducteur veillera soigneusement à ce que les chefs de brigade tiennent compte aux hommes et femmes qui la composent de ce qui leur revient. Si quelque chef de brigade prévariquait à cet égard, le conducteur en rendrait compte au commissaire, afin que non seulement il fût rendu justice à ceux qui auraient été lésés, mais encore que le prévaricateur fut puni sévèrement et destitué de ses fonctions de chef de brigade.

V. *De l'ordre de la comptabilité.* Il est nécessaire que le commis conducteur et le caissier chargé des paiements tiennent un état exact et journalier de dépense, chacun pour ce qui les concerne ; et que ces états soient arrêtés régulièrement de semaine en semaine, et de mois en mois, par le subdélégué ou commissaire, sous la police duquel sera chaque atelier ; afin que celui-ci puisse tenir un compte exact de la recette et de la dépense générale.

Le commis conducteur doit tenir un état des tâches qu'il distribue et les inscrire par ordre de dates, à mesure qu'il les donne. Il doit, dans cet état, spécifier la nature de la tâche, le nom du chef de brigade avec lequel il a fait prix, et le nombre des travailleurs dont chaque brigade est composée ; enfin le prix dont il est convenu.

Il se conformera, pour la formation de ce registre, au modèle qui a été donné ci-dessus : après avoir rempli la colonne destinée à la spécification et à l'évaluation de la tâche, il laissera en blanc les deux dernières, pour les remplir successivement, et date par date, des notes des paiements acomptes, et de la réception de la tâche lorsqu'elle sera finie.

Le certificat de réception devant servir à l'ouvrier pour toucher du caissier ce qui lui restera dû pour sa tâche, en sus des acomptes qui lui auront été délivrés et auront été employés à sa nourriture, il est nécessaire qu'il contienne la mention du prix de la tâche et du montant des acomptes donnés, et en outre la mention de la bonne conduite du chef de brigade, et du montant de la gratification qui lui sera fixée. D'après ce certificat, le caissier fera le décompte de ce qui restera dû à ce chef de tâche, et lui en payera le montant.

Les autres frais, soit pour les appointements des piqueurs et conducteurs, soit pour les achats d'outils, soit pour tout autre objet, ne seront payés par le caissier que sur l'ordre du subdélégué ou du commissaire qui en tiendra lieu.

Le caissier sera tenu d'avoir un registre de recette et de dépense, où il inscrira, par ordre de date, de suite et sans interligne, toutes les recettes et dépenses de l'atelier.

L'argent lui sera remis au fur et à mesure des besoins par le subdélégué, auquel il en donnera quittance, et il s'en chargera sur son registre en recette.

Il gardera, pour pièces justificatives des paiements faits aux ouvriers, les certificats de réception du conducteur.

Quant aux autres payements, les ordres du subdélégué, et les reçus des parties prenantes, lui serviront de pièces justificatives

Le subdélégué, ou le commissaire chargé de l'atelier, arrêtera, semaine par semaine, le registre du conducteur et celui du caissier ; et il en fera de mois en mois un relevé qu'il adressera à M. l'intendant, pour lui faire connaître la dépense effective du mois.

4. *Circulaire aux Intendants.*

[A. Calvados, C. 3417.]

(Envoi de l'instruction précédente
et d'une instruction sur l'ouverture de filatures.)

Paris, 8 mai.

J'ai l'honneur de vous adresser, M., quelques exemplaires de deux instructions, dont l'une a pour objet l'établissement et la régie des Ateliers de Charité et l'autre, celui des Filatures. La première est presque entièrement tirée des instructions que j'avais fait imprimer à Limoges pour l'administration des Ateliers de Charité qui y ont été établis pendant les quatre dernières années. Elle renferme ce que l'expérience m'a fait connaître de plus utile pour le soulagement des pauvres, eu égard aux circonstances locales. Je n'ai pas besoin de vous observer que ces circonstances n'étant pas partout les mêmes, les principes de l'administration sur ce point, comme sur beaucoup d'autres, ne peuvent être réduits en maximes absolument générales et sans exception. Aussi vous adressé-je cette instruction, moins comme une règle que vous deviez suivre sans jamais vous en écarter, que comme un exposé de ce qui m'a paru le plus utile, et de ce que je crois devoir être suivi avec les modifications que pourront nécessiter les circonstances locales particulières à votre généralité.

J'en dis autant de l'instruction pour l'établissement des Filatures. Elle avait été faite pour l'administration d'un établissement qui a été commencé cet hiver à Paris avec succès. Il peut se faire qu'elle ne convienne pas entièrement aux villes de votre département où ce secours peut être nécessaire ; j'ai pensé que, sur ce point, comme sur celui des Ateliers de Charité, il était moralement impossible d'établir des règles absolument générales et qui s'appliquassent à tous les temps et à tous les lieux. Je n'ai donc pu que vous donner des indications et me référer à votre prudence sur les changements que vous croirez devoir faire aux instructions ci-jointes, pour en rendre l'exécution plus avantageuse à la province qui vous est confiée.

183. — LA MENDICITÉ.

Lettres à l'Intendant de Caen.

[A. Calvados. — Villey, *Note sur la Correspondance de Turgot* avec l'Intendant de la Généralité de Caen ; extrait du *Bulletin des sciences économiques et sociales* du Comité des travaux historiques et scientifiques, année 1899.] [a]

Première lettre.

21 novembre.

Le Roi s'est fait rendre compte, M., de tout ce qui a été fait jusqu'ici pour parvenir à la destruction du vagabondage et de la mendicité, et des différents mémoires qui ont été donnés sur cette matière. S. M. a pensé que le moment était arrivé de remplir les mesures dont sa bonté l'a portée à s'occuper en faveur des pauvres du Royaume. Elle m'a, en conséquence, chargé de vous faire part de ses intentions, en vous recommandant d'apporter tout votre zèle pour leur procurer la plus prompte exécution.

Premièrement, le Roi a décidé de réduire dès ce moment les *dépôts de mendicité* établis dans les différentes généralités du Royaume à un seul

---

[a] En publiant ces lettres, M. Villey les a fait précéder d'une note où on lit :

« Nous avons trouvé, ou plutôt retrouvé dans les Archives départementales du Calvados, une correspondance échangée entre Turgot et l'Intendant de la généralité de Caen qui nous paraît intéressante à plusieurs points de vue.

« Elle est relative aux mesures prises par Turgot pour combattre la mendicité, mesures que M. de Clugny s'empressa de rapporter, comme on le voit par la dernière lettre du dossier. Deux de ces lettres que nous avions signalées dans le temps au Comité de la Société de la participation aux bénéfices et qui ont été reproduits dans le *Bulletin* de cette société, nous révèlent, malheureusement sans explications, une curieuse tentative faite par Turgot pour stimuler le travail dans ses « Compagnies d'ouvriers provinciaux » ; il leur abandonnait *le cinquième du produit net de leur travail* ; les mots *produit net*, ayant, dans la bouche d'un économiste, tel que Turgot, un sens nettement défini, on peut voir là, ce nous semble, une ébauche du système de la participation aux bénéfices. »

pour chacune. Mais, comme il n'en existe qu'un dans la vôtre, cette première disposition devient sans objet à votre égard, et je ne vous en fais part qu'à cause de la relation qu'elle peut avoir avec l'ensemble des ordres du Roi sur l'opération de la destruction de la mendicité en général.

2° L'intention de S. M. est que vous fassiez élargir dès à présent, tous ceux d'entre les *renfermés* dans le dépôt de votre généralité qu'il ne vous paraîtra point dangereux de remettre dans la société, en renvoyant chez eux, avec des routes, ceux qui seront encore en état de gagner leur vie. À l'égard de ceux qui, hors d'état de travailler, ne seront pas dans le cas de trouver des ressources dans leurs familles, vous pouvez leur assigner, pour les aider à vivre la première année, une pension de 30 à 50 livres environ proportionnée à leurs besoins et au prix des denrées dans les endroits où ils se retireront, en m'en rendant compte néanmoins préalablement.

3° Vous voudrez bien aussi faire sortir peu à peu du dépôt, d'ici au mois de mai prochain, ceux des renfermés qui ne seraient que *suspects*, parce que le Roi a décidé de ne laisser subsister à cette époque que 5 dépôts de mendicité dans le Royaume, et qui seront dans les villes de Saint-Denis près Paris, de Tours, de Bordeaux, de Bourg-en-Bresse et de Châlons en Champagne.

4° À l'égard des sujets renfermés dans le dépôt que vous jugerez *dangereux*, je vous prie de donner vos ordres pour qu'ils soient exactement et soigneusement gardés jusqu'au mois de mai, temps où ils seront transférés dans les cinq dépôts que je viens de vous indiquer.

5° Il sera nécessaire de faire former et de m'envoyer des états exacts de tous les *renfermés* à qui vous aurez fait rendre la liberté, avec une note de l'endroit où ils auront dû se retirer, d'après la route que vous leur aurez fait remettre.

6° Il pourra se trouver des gens encore assez attachés à la fainéantise qui est le principe de la mendicité et aux dérèglements qui en sont la suite, pour se refuser aux ressources qui leur seront offertes. Vous voudrez bien, en conséquence, donner vos ordres à la maréchaussée de continuer à arrêter les *mendiants valides* faisant évidemment la profession de mendier habituellement et qui seraient dénoncés par des personnes dignes de foi. En vous instruisant de ces captures les commandants des brigades vous enverront les dénonciations qu'ils auront reçues et, sur la vérification que vous en ferez faire, vous serez le maître, suivant les circonstances, de faire rendre la liberté au mendiant arrêté ou de le faire retenir.

Le but des captures et des détentions correctionnelles auxquelles on s'est livré jusqu'ici a été de faire renoncer les mendiants de profession à ce genre de vie et de leur inspirer le goût du travail. Il serait donc fort à désirer, surtout à l'égard des jeunes gens renfermés actuellement dans les dépôts ou qui y seront conduits dans la suite, qu'ils se déterminassent à contracter volontairement des engagements. La rigidité et l'exactitude de la discipline militaire paraissent les moyens les plus propres à contenir ces sortes de gens. Il existe déjà plusieurs compagnies d'ouvriers provinciaux dont l'intention du Roi est d'augmenter le nombre, et dans lesquelles on placerait ceux qui se décideraient à s'engager. Je vous envoie ci-joint un exemplaire des engagements dont on se sert pour ces compagnies et une instruction sur le prix et les conditions de ces engagements... Vous voudrez bien en faire imprimer un certain nombre et les remettre à votre subdélégué de la ville où est situé le dépôt. Lorsque des jeunes gens détenus consentiront à s'engager, on remplira ces engagements en la manière ordinaire, avec le signalement de l'homme engagé et les renseignements qu'il aura donnés sur le lieu de sa naissance et ses parents. Ces engagements vous seront adressés et vous ferez en conséquence expédier une route aux hommes engagés pour leur procurer les secours de subsistance nécessaires, de distance en distance, à l'effet de se rendre au Roule, près Paris, où est établie la caserne servant de dépôt de recrues de ces compagnies. Je vous prierai d'avoir l'attention, en m'adressant les engagements de ces hommes, d'y joindre une copie de la route que vous leur aurez fait remettre.

P. S. Je ne vous adresserai que sous quelques jours l'exemplaire d'engagements que je vous annonce...

Deuxième lettre.

22 novembre.

Vous avez vu, M., dans ma lettre du 21 de ce mois, quelles sont les intentions du Roi sur la *suppression des dépôts de mendicité* établis dans les différentes provinces du Royaume. Les ordres que S. M. a en même temps donnés pour l'évacuation de ces dépôts et pour la réduction des captures produiront l'effet de ne laisser dans le petit nombre de dépôts qui sera conservé que des sujets absolument dangereux et incorrigibles... Un des principaux objets qu'on s'était proposés en acceptant la soumission de la compagnie qui s'est chargée de la nourriture et entretien des renfermés dans les dépôts de votre généralité était d'y introduire différents genres de travaux et cela ne peut plus avoir lieu d'après les nouveaux arrangements que le Roi a prescrits. J'ai, en conséquence, fait instruire les membres de cette compagnie que, conformément aux ordres de S. M., leur traité demeurerait résilié au dernier décembre prochain, jour auquel leur service cesserait. J'ai cru devoir aussi vous en prévenir, afin que vous preniez les arrangements que vous croirez les plus convenables pour pourvoir, par régie et par économie, à commencer du 1er janvier 1776, à la subsistance de ces renfermés qui resteront dans les dépôts. Vous voudrez bien me faire part des mesures que vous aurez prises à ce sujet.

Troisième lettre.

27 novembre.

Je vous ai fait part, M., dans ma lettre du 21 de ce mois, des intentions du Roi sur l'élargissement successif de certaine espèce de renfermés dans les dépôts de mendicité. Vous y avez vu le désir qu'a S. M. que les *jeunes gens* qui sont actuellement dans ces maisons ou qui y seront conduits dans la suite contractent des engagements pour son service dans les compagnies d'*ouvriers provinciaux* dont elle a autorisé l'établissement. Vous trouverez ci-joint un exemplaire de ces sortes d'engagements que je vous ai annoncé et dont vous ferez imprimer le nombre d'exemplaires que vous jugerez nécessaires. Vous en ferez usage de la manière dont je vous l'ai demandé, en observant de faire remplir, non seulement les noms, l'âge et le signalement de l'engagé, mais d'y faire ajouter les renseignements qu'il donnera sur le lieu de sa naissance, sur les endroits où il aura passé un certain temps et sur l'état de sa famille, de ses protecteurs ou des maîtres sous lesquels il aurait servi ou travaillé. Le terme de ces engagements doit être de neuf années, parce que la première est destinée à former les sujets au travail et qu'ensuite ils doivent fournir huit ans de service effectif utile. La solde de ces soldats est proportionnée au travail auquel ils sont destinés. Elle est réglée à 10 s. par jour, et ils ont, en outre, le cinquième du *produit net* de leur travail, ce qui offre un sort avantageux à ceux qui se portent avec zèle à remplir leur devoir. À l'égard du prix de l'engagement, il ne sera payé aux hommes qui se seront engagés qu'à leur arrivée à la caserne du corps, où ils seront pareillement habillés. Cette précaution m'a paru nécessaire pour les exciter à joindre exactement cette destination par l'appât du prix de leur engagement. Vous voudrez bien, au surplus, vous conformer à ce que je vous ai précédemment mandé sur la route à donner aux hommes qui s'engageront pour leur assurer, de distance en distance, les secours qui leur seront nécessaires pour subsister en chemin, en les astreignant à faire viser cette route, soit des subdélégués, soit des officiers municipaux des villes ou des syndics de villages dans lesquels ils coucheront.

Quatrième lettre.

11 décembre.

J'ai reçu, M., votre lettre du 4 de ce mois, dans laquelle vous me demandez quel est le *montant de l'engagement* que vous ferez promettre aux jeunes gens qui consentiront à s'engager pour le corps des ouvriers provinciaux, et à quel taux par lieue vous fixerez les secours qui seront accordés pour subsister en chemin, soit à ces soldats, soit à ceux des renfermés à qui il sera expédié des routes.

À l'égard des encouragements, ils sont modiques et cela à cause des avantages attachés ailleurs au genre de service auquel ces soldats sont destinés. La solde est de 12 s. par jour et chaque soldat a, en outre, le 5ᵉ du produit de son travail ; ce second objet est plus ou moins considérable, suivant l'activité et la bonne volonté au travail.

Il résulte de ce traitement qu'un soldat qui veut avoir une bonne conduite peut, après avoir très bien vécu pendant le temps de son engagement, se trouver une masse d'épargne de 300 livres, lorsqu'il est dans le cas d'obtenir son congé et de se retirer. C'est, d'après ces considérations, que le prix de l'engagement a été fixé à 3 livres seulement en argent, indépendamment de 2 chemises, d'une paire de souliers et autres petits effets en nature.

Quant à l'article des secours à donner, soit à ces soldats, soit à d'autres renfermés à qui vous ferez expédier des routes, je ne crois pas devoir rien changer à l'ancienne fixation qui est un sol par lieue. Une augmentation sur ce secours deviendrait en ce moment un objet trop considérable, eu égard au nombre de ceux à qui on sera dans le cas de l'accorder dans toutes les provinces du Royaume et à la longueur des routes que plusieurs seront dans le cas de faire [a].

184. — LES PARLEMENTS ET LES TRIBUNAUX.

I. — *Pensions aux membres des Conseils supérieurs supprimés.*

1. *Lettres au Garde des Sceaux.*

[A. Affaires étrangères ; 1375, f° 149, 161 et s. ; 1383, f° 108.]

---

[a] Le 13 mars, des remerciements furent adressés à l'évêque de Fréjus pour les ordres qu'il avait donnés aux curés au sujet de l'enquête sur la mendicité et pour les détails dans lesquels il était entré sur les causes de la mendicité et les moyens de la détruire (Bibl. d'Aix).

Première lettre.

Paris, 12 avril.

J'ai l'honneur de vous remettre ci-joint l'état que j'ai fait dresser des pensions à accorder aux différents officiers qui composaient les neuf conseils supérieurs. Il a été formé sur ceux que vous m'avez communiqués et d'après les observations, que nous avons faites conjointement. Vous verrez, Mgr, que les noms de ceux auxquels vous avez jugé vous-même qu'il ne fallait point donner de pension sont restés en blanc. Il n'y a que M. Charpentier, second président du Conseil de Châlons, et de Champflour, procureur général de celui de Clermont, que j'ai pensé n'être pas dans le cas d'obtenir un dédommagement, attendu qu'ils ont chacun une pension de 3 000 francs. Au surplus, si vous croyez qu'ils méritent de nouvelles grâces du Roi, vous voudrez bien remplir les noms de ces officiers de la somme que vous jugerez convenable de leur accorder et m'en faire part. Vous verrez aussi que j'ai été d'avis que, des 1 800 francs donnés à M. Dilleau, procureur général du Conseil supérieur de Poitiers, il y en eut 800 de réversibles sur la tête de ses deux filles à raison de 400 chacune.

Relevé des sommes que pourraient coûter les pensions proposées pour les officiers des Conseils supérieurs et du Parlement de Bretagne qui ont été supprimés.

Conseil supérieur de Clermont	17 000
— — de Lyon	15 600
— — de Bayeux	25 600
— — de Rouen	23 800
— — de Poitiers	28 200
— — de Douai	5 000
— — d'Arras	9 800
— — de Blois	22 900
— — de Châlons	17 100

Officiers entrés en 1771 au Parlement de Bretagne et qui n'y sont pas rentrés   19 700

Officiers entrés après les démissions du Parlement de Boulogne et conservés sans charges en 1769 et qui n'ont pu rentrer en 1774   6 000

           Total   191 000

État de ce que coûtaient au Roi pour leurs gages, les officiers des Conseils supérieurs et ceux des Parlements de Bretagne qui n'ont pu rentrer dans ce Parlement.

CONSEIL SUPÉRIEUR DE CLERMONT

Le premier président	6 000
2 présidents à 4 000 chacun	8 000
19 conseillers à 2 000 chacun	38 000
1 procureur général à 4 000 chacun	4 000
2 avocats généraux à 2 400 chacun	4 800
2 substituts à 1 000 chacun	2 000
Total	62 800

CONSEIL SUPÉRIEUR DE LYON

Le premier président	6 000
2 présidents	8 000
20 conseillers	40 000
1 procureur général	4 000
2 avocats généraux	4 800
2 substituts	2 000
Total	64 800

CONSEIL SUPÉRIEUR DE BAYEUX

Le premier président	6 000
2 présidents	8 000
20 conseillers	40 000
1 procureur général	4 000
1 avocat général	2 400
2 substituts	2 000
Total	62 400

CONSEIL SUPÉRIEUR DE ROUEN

Le premier président	6 000
2 présidents	8 000
17 conseillers	34 000
1 procureur général	9 000
2 substituts	2 000
Total	59 000

CONSEIL SUPÉRIEUR DE POITIERS

(Même composition que le Conseil de Lyon.)   64 800

CONSEIL SUPÉRIEUR DE DOUAI

(Même composition que le Conseil de Lyon.)   64 800

CONSEIL SUPÉRIEUR D'ARRAS

(Même composition que le Conseil de Lyon.)   64 800

CONSEIL SUPÉRIEUR DE BLOIS

Le premier président	6 000
2 présidents	8 000
19 conseillers	38 000
1 procureur général	4 000
1 avocat général	2 400
2 substituts	2 000
Total	60 400

CONSEIL SUPÉRIEUR DE CHÂLONS

(Même composition que le Conseil de Lyon.)   64 800

Officiers non compris dans la rentrée du Parlement de Bretagne et qui y étaient entrés en 1771. Il y en a 19   57 000
Officiers entrés dans le Parlement après la démission de 1767, conservés par les lettres patentes de 1769 et qui n'ont pas été conservés en 1774. Il y en a 6 qui font   18 000
Les officiers ci-dessus coûtaient donc au Roi   643 600
Les pensions proposées coûteront   191 000
Il y aura désormais à payer pour   452 600

Il sera juste de rendre à ceux qui ont payé leurs provisions ce qu'ils pourront avoir déboursé pour cet effet.

Deuxième lettre.

Versailles, 6 mai.

(Accusé de réception de la décision conforme du Roi.)

Troisième lettre.

Versailles, 8 juillet.

J'ai examiné l'état que vous m'avez fait l'honneur de m'adresser, des traitements que vous jugez convenable d'accorder aux officiers du Parlement de Grenoble qui n'ont pas été conservés dans les places qu'ils occupaient depuis 1771. Puisque vous pensez que ces officiers sont dans le même cas que ceux du Parlement de Bretagne et qu'ils doivent être traités de la même manière, je ne puis qu'approuver la fixation que vous avez faite de leurs récompenses ; j'ai l'honneur de vous renvoyer ces états afin que vous puissiez prendre en conséquence les ordres du Roi.

Quatrième lettre.

Fontainebleau, 14 octobre.

Je me propose de faire expédier dans mes bureaux les ordonnances de toutes les pensions accordées aux magistrats, mais pour y parvenir, il serait nécessaire que vous voulussiez bien me fixer les époques à compter desquelles elles doivent partir, si c'est du jour de la suppression des cours, ou de la date des *Bons* du Roi, et dans ce dernier cas, comme toutes les ampliations que vous m'avez fait l'honneur de m'adresser ne porteront point de dates, je ne pourrais que suivre celles de vos lettres auxquelles ces ampliations étaient jointes ; je crois devoir aussi vous observer, Mgr, que toutes les pensions étant sujettes à la retenue des dixièmes graduels ordonnée par l'arrêt du Conseil du 29 janvier 1770, dont j'ai l'honneur de vous envoyer un exemplaire, celles des magistrats s'y trouveront pareillement assujetties à moins que vous ne pensiez qu'il convienne de déroger en leur faveur aux dispositions de cet arrêt et alors, il serait à propos que vous eussiez la bonté de prendre les ordres du Roi par un seul *Bon* qui exempterait des retenues généralement toutes les pensions accordées aux officiers des Parlements et autres cours supprimés. Je vous prie de vouloir bien me marquer vos intentions à cet égard.

Cinquième lettre.

Fontainebleau, 28 octobre.

J'ai reçu la lettre que vous m'avez fait l'honneur de m'écrire relativement aux pensions qui ont été accordées aux magistrats.

Vous me marquez qu'il me paraît juste de les faire courir du jour de la suppression et de les exempter des retenues attendu leur modicité.

La modicité de la plupart de ces pensions ne permettant pas, en effet, de les assujettir à aucune retenue, ne penseriez-vous pas, Mgr, que celles qui excèdent 2 000 francs doivent les supporter ?

Quant à l'époque de laquelle elles doivent courir, j'ai l'honneur de vous observer que tous les brevets de ces pensions que M. de Malesherbes a fait expédier portent qu'elles n'auront lieu qu'à compter de la date des *Bons* du Roi, conformément à la lettre que vous lui avez écrite le 3 août dernier, dont il vient de m'adresser une copie.

Il ne peut y avoir de contradiction entre la date des brevets et celles des ordonnances ; vous voudrez donc bien, Mgr, d'après ces réflexions, prendre les ordres définitifs de S. M. Aussitôt que vous me les aurez communiqués, je ferai des réponses positives à cet égard à tous les magistrats qui me demandent les époques auxquelles ils seront payés de leurs pensions.

Sixième lettre.

Versailles, 18 novembre.

J'ai reçu la lettre que vous m'avez fait l'honneur de m'écrire relativement aux retenues que doivent supporter les pensions accordées aux magistrats et aux époques à compter desquelles elles auront lieu.

Je pense ainsi que vous, Mgr, que les circonstances peuvent engager à dispenser de toutes retenues les pensions au-dessous de 2 000 francs. Il se peut aussi que celles au-dessus, jusqu'à 4 000 francs, ne soient pas dans le cas de supporter 3 dixièmes et qu'il soit convenable de n'en exiger qu'un ; mais comme c'est déroger à une loi générale, et peut tirer à conséquence, il faudra que vous vouliez bien prendre le *Bon* du Roi et m'en envoyer l'ampliation. Afin même d'éviter toute méprise des prétentions sans titre pour la même grâce et des plaintes mal fondées, il serait nécessaire que vous eussiez la bonté de faire mettre la décision de S. M. au pied d'un état qui contiendrait le nom des pensionnaires et le montant des pensions non sujettes à retenues ou à la retenue d'un seul dixième. À l'avenir, vous feriez insérer dans les mémoires sur lesquels interviendrait le *Bon* du Roi, la dispense ou le montant de la retenue, au moyen de quoi il n'y aurait à craindre aucune erreur lors des expéditions des ordonnances.

Quant aux époques d'où ces pensions doivent courir, puisque vous jugez que ce ne peut être que de la date des brevets qui en ont été délivrés, je donnerai des ordres dans mes bureaux pour que l'on s'y conforme dans l'expédition des ordonnances.

À l'égard des pensions pour lesquelles il n'aura pas été expédié de brevets, on partira de la date des lettres pour lesquelles vous m'avez annoncé la décision du Roi : n'y en ayant point sur les ampliations qui y étaient jointes, je vous prie à l'avenir de vouloir bien les faire mettre aux ampliations.

*Remboursement d'offices
du Parlement de Normandie supprimés en 1771.*

*Lettre à l'intendant de Caen au sujet de l'imposition
pour le remboursement de ces offices.*

[A. Calvados, C. 3124.]

Fontainebleau, 26 octobre.

J'ai reçu la lettre que vous m'avez écrite le 12 de ce mois relativement à la portion contributive de votre généralité dans l'imposition pour le remboursement des *offices supprimés du Parlement de Normandie.*

Le rétablissement des Cours ne doit rien changer à cette imposition pour 1775, ainsi que je l'ai marqué à M. de Fontette.

Elle subsiste dans tout le Royaume et le recouvrement en est même fait dans la plus grande partie des provinces. Il est indispensable que vous vous occupiez du soin de mettre ces objets en règle le plus promptement qu'il vous sera possible. Vous n'y trouverez aucun obstacle de la part du Parlement ; il a senti la nécessité de laisser, pour cette année, subsister les choses sur le même pied que les précédentes, et il a enregistré purement et simplement les lettres patentes qui lui ont été adressées pour ordonner la continuation de cette imposition sur les trois provinces de Normandie. Vous en trouverez ci-joint copie, elles lèvent tous les obstacles que vous redoutez, et je ne doute point que les propriétaires de fonds ne se soumettent sans réclamation à les exécuter [a].

---

[a] *Rétablissement du Parlement de Pau.* — « Ce rétablissement fut arrêté uniquement entre M. le Garde des Sceaux, M. de Malesherbes, et M. le contrôleur général. Les autres ministres ne s'en sont mêlés en rien, et le Roi lui-même s'en rapportant entièrement au zèle des ministres n'a fait que signer l'édit comme une suite du plan général adopté il y a un an...

« Les démissionnaires se regardaient d'abord comme si heureux de rentrer avec les autres qu'ils avaient offert à M. le contrôleur général de payer la finance des charges des autres (nommés mem-

II. — *Décisions diverses.*

1. *Arrêt du Conseil évoquant et renvoyant au Parlement des contestations relatives à l'abbaye de Saint-André-en-Gouffern.*

[D. P., VII, 291.]

14 mai.

(Après avoir montré au Parlement de Paris que le Roi ferait respecter son autorité dans toutes les matières importantes au repos et à la subsistance de ses sujets, il était bon de lui manifester aussi que S. M. ne gardait point de trop fort souvenir de la conduite que cette cour s'était permise et ne l'en traiterait pas avec moins de bienveillance dans les autres occasions.

On saisit celle des procès relatifs aux biens de l'abbaye de Saint-André-en-Gouffern qui avait été mise en économats, procès qui se trouvaient suspendus pendant la vacance de cette Abbaye, en exécution de la Déclaration du 20 février 1725. Le 14 mai 1775, un Arrêt du Conseil et des Lettres patentes sur cet arrêt évoquèrent au Conseil ces procès et les renvoyèrent à juger, en vertu de cette évocation, à la Grand-Chambre du Parlement de Paris, défendant à toutes autres cours d'en connaître. — Du Pont.)

2. *Arrêt du Conseil cassant une sentence arbitraire du baillage d'Estaing* [a]

[D. P., VIII, 69.]

23 septembre.

(Le baillage avait appliqué sans droit une amende de 100 livres au profit de la Charité : l'arrêt du Conseil condamna les juges au paiement de la même somme entre les mains du régisseur pour le Roi des amendes lui appartenant. — Du Pont).

III. — *Lettre au procureur général Dudon au sujet d'inculpations contre lui.*

[A. L., minute en marge d'une lettre de Dudon du 2 septembre.]

Versailles, 15 septembre.

J'ai reçu, M., les lettres et mémoires que vous m'avez adressés à l'occasion des inculpations qu'on a cherché à vous faire. M. le garde

---

bres du Conseil supérieur par Maupeou) parce qu'ils donnaient pour raison d'éluder le rétablissement de ces offices en charges que plusieurs n'étaient pas en état de payer. M. Turgot répondit que c'était une folie. » (*Mémoires secrets*).

[a] Étain en Barrois.

des sceaux auquel vous avez envoyé le même mémoire vous a sans doute répondu. Cet objet regarde particulièrement son ministère, mais vous devez attendre de lui toute la justice que vous méritez. Je serai fort aise d'y contribuer. Je me rappelle avec plaisir la correspondance que nous entretenions lorsque j'étais intendant de Limoges et je vous prie d'être persuadé de la sincérité des sentiments avec lesquels... ᵃ

185. — LA CORVÉE DES CHEMINS.

1. *Projet de Circulaire aux Intendants sur l'abolition de la corvée.*

[A. L., minute.]

Versailles, 1ᵉʳ février.

Vous apprendrez sans doute, M., avec autant de plaisir que j'en ai à vous l'annoncer, qu'ayant rendu compte au Roi des principes qui ont été suivis jusqu'à présent dans la confection des grandes routes par corvées, S. M. m'a ordonné de m'occuper sans délai des moyens de soulager ses sujets d'une charge qui leur est aussi onéreuse. J'ai cru devoir, avant de proposer au Roi de rendre une loi définitive sur cette partie importante de l'administration, en conférer avec vous et vous

---

ᵃ Les Parlements rétablis ne voulaient pas recevoir les gens du Roi qui avaient exercé devant les parlements provisoires et usaient de procédés inqualifiables pour les empêcher de remplir leurs fonctions. Il en fut ainsi à Grenoble pour le procureur général de Moydieu et à Bordeaux pour le procureur général Dudon. Celui-ci, qui comptait trente-cinq ans de services des plus honorables et avait courageusement aidé Turgot dans ses efforts pour combattre la disette du Limousin en 1770, fut dénoncé sans le moindre fondement comme prévaricateur. Les motifs qu'invoqua le Parlement furent les suivants :
1° Un arrêt de la Chambre des enquêtes du 23 juin 1775 interdit au sénéchal de Bazas d'employer dans ses sentences la qualification « *La Cour sénéchale* », dont il avait été usé de tout temps ; le lieutenant général de Bazas demanda respectueusement au Président de la Chambre quelle expression devait être employée ; la Chambre prit cette demande en mauvaise part ; Dudon défendit le lieutenant général : celui-ci fut néanmoins assigné par décret pour être ouï. Au lieu d'envoyer le décret par le greffier, Dudon écrivit simplement au lieutenant de se présenter devant la Chambre ; celle-ci inculpa Dudon pour prévarication dans l'exercice du ministère public.
2° En 1774, un procès considérable fut engagé devant le lieutenant criminel de Bordeaux par un nommé Arditley, contre deux fermiers, Montardier et Pouard ; ils furent décrétés de prise de corps et emprisonnés. Pouard obtint expédition de son interrogatoire et le fit signifier ; Montardier ne put l'obtenir du greffier ; il s'adressa à Dudon qui donna ordre de le délivrer. Le procureur général fut accusé de prévarication pour ce second motif.
3° Sur la demande du Procureur général d'Aix, Dudon fit arrêter un individu accusé de vol et une jeune fille que cet individu avait enlevée. L'argent volé fut restitué. Le procureur général d'Aix fut d'avis de libérer les prisonniers, ce qui fut fait. Mais le greffier de l'hôtel de ville de Bordeaux s'opposa à ce que les effets fussent retirés, sous prétexte d'opposition. Dudon, saisi de la question, donna tort au greffier ; il fut encore accusé de prévarication.
Dudon fut dénoncé successivement à la 1ᵉʳᵉ Chambre, puis au Parlement assemblé.

prier de me faire part de vos réflexions. Les raisons qui ont décidé S. M. à l'abolition des corvées vous sont à peu près connues et vous avez sûrement gémi plus d'une fois d'être obligé à les commander. Je ne crois pas cependant inutile d'entrer dans quelques détails sur cette matière. Mais l'objet le plus important de cette lettre est de vous exposer les différents moyens qui me paraissent les plus convenables pour suppléer à la corvée sans ralentir la construction des grandes routes et surtout sans que les fonds destinés à ces travaux puissent être détournés à d'autres objets, car je n'ai point dissimulé au Roi cette difficulté, la seule qui vraisemblablement ait pu empêcher les administrateurs qui m'ont précédé de céder au vœu du public et sans doute à leur propre vœu sur la suppression d'une charge aussi dure ; c'est surtout sur les moyens qui m'ont paru propres à lever cette difficulté unique que je vous demande le secours de vos observations [a].

2. *Circulaire aux intendants pour la suspension de la corvée.*

[A. Vignon, pièces justificatives, III, 92. — A. Calvados, C. 3375. — A. Marne. — Neymarck, II, 408.]

Paris, 6 mai.

Le Roi, informé de l'excessive cherté des blés dans quelques provinces du Royaume, causée par la mauvaise récolte de l'année dernière, m'a ordonné de lui présenter tous les moyens de soulager principalement les malheureux journaliers des campagnes que cette cherté réduit souvent à la misère.

Dans cette circonstance, S. M. a pensé qu'il n'était pas naturel de les surcharger d'un travail infructueux pour eux en les commandant, comme les autres années, aux corvées pour les grands chemins. Cette espèce de contribution, toujours trop onéreuse pour ceux qui en sont chargés, devient impraticable dans les lieux et dans les temps où les peuples ont tant de peine à se procurer leurs subsistances par leur tra-

---

[a] Nous ne savons pour quel motif cette circulaire ne fut pas envoyée. La suppression de la corvée des chemins devait entraîner une dépense de 10 à 12 millions d'après le nombre de journées que fournissaient les corvées. La dépense réelle devait toutefois être inférieure parce que les journées libres et payées par entreprises font plus d'ouvrage que les journées forcées et sans salaire. Outre la difficulté de trouver des ressources pour couvrir cette dépense, on objectait à la suppression la crainte des fraudes qui pouvaient se glisser dans les marchés de travaux, où devaient intervenir 30 intendants, 200 subdélégués, et plus de 300 ingénieurs et piqueurs des Ponts et chaussées. L'exemple de ce qui se passait dans les bâtiments du Roi, dans les ouvrages militaires, dans les travaux des églises paroissiales, des presbytères et dans les ponts n'était pas rassurant. La troisième objection était que les fonds destinés à remplacer la corvée fussent détournés de leur destination lorsque le trésor aurait besoin d'argent.

vail. Le Roi s'est proposé de faire enfin cesser cette contribution, et je vous ferai incessamment connaître ses intentions définitives ; mais j'ai cru devoir en attendant vous informer des ménagements que son amour pour ses peuples le porte à leur accorder provisoirement. En conséquence, vous voudrez bien suspendre les ordres pour les corvées, surtout dans tous les lieux de votre généralité où la misère causée par la cherté du pain se sera fait sentir.

Comme je prévois que vous avez déjà donné des ordres pour la corvée de ce printemps et que plusieurs paroisses auront achevé leurs tâches, vous pouvez les décharger de celles de l'automne. À l'égard de celles qui n'auront pas encore fini ou même commencé les tâches qui leur auront été distribuées, vous ne les presserez point et surtout vous éviterez de prononcer aucune condamnation pour cet objet. Vous tâcherez d'engager ces paroisses à convertir en argent leur contribution à la corvée. Cette méthode est infiniment préférable en tout temps, mais surtout dans un moment de cherté de denrées, comme celui-ci, parce qu'elle donne occasion d'ouvrir des ateliers où les plus pauvres trouvent leurs subsistances. Vous voyez, par ce que je vous mande, que l'intention du Roi n'est pas d'arrêter les travaux faits à prix d'argent aux dépens des communautés qui auront préféré cette manière de faire leur tâche. Quoiqu'elle occasionne une imposition et que cette imposition, faite au marc la livre de la taille, soit sûrement onéreuse, cependant elle ne tombe que faiblement sur les journaliers que S. M. a principalement à cœur de soulager. Et ils sont amplement dédommagés de cette faible imposition par la certitude de pouvoir employer utilement leur temps ; et ce que je vous mande ne doit être appliqué qu'aux paroisses qui ont été commandées pour faire leur tâche en nature. Mais, en portant tous vos soins à l'exécution des intentions favorables du Roi, vous prendrez les précautions que vous croirez convenables pour que l'entretien des routes ne souffre que le moins qu'il sera possible de cette cessation de travail. Ainsi, vous voudrez bien faire suspendre tous les ouvrages nouveaux qui pourront l'être sans aucun danger imminent de dépérissement.

À l'égard des entretiens, vous ferez faire les plus urgents sur les fonds des travaux de charité que vous emploierez à cet usage, préférablement à tous les autres. Vous voudrez bien, en conséquence, vous faire donner par l'ingénieur des ponts et chaussées qui sert près de vous, les états exacts de ces ouvrages, à commencer par les plus indispensables, et vous le chargerez d'y faire travailler incessamment après avoir pris les mesures nécessaires pour faire payer les ouvriers qui y auront été employés. Vous concerterez avec lui les moyens les plus propres à mettre cette comptabilité en règle. Je vous prie de me mander, en m'accusant la réception de cette lettre ce que vous aurez fait en conséquence.

3. *Circulaire aux Intendants leur communiquant pour avis deux projets de déclaration.*

[Vignon, III, pièces justificatives, 93. — A. Calvados, C. 3375. — A. Marne. — Neymarck, II, 410.]

28 juillet.

Vous verrez, M., par deux projets de déclaration que je joins à ma lettre, que l'intention du Roi est qu'il ne soit plus commandé de corvées à l'avenir et que cette contribution en nature soit suppléée par une imposition sur tous les biens-fonds situés dans votre généralité. Je vous prie de faire vos réflexions sur ces deux projets.

Le premier est destiné à être enregistré au Parlement et le deuxième à la Cour des Aides seulement. Je vous prie de m'envoyer, le plus promptement que vous pourrez, vos observations sur ces deux projets ou de me marquer si vous ne les croyez pas susceptibles d'observation. Et cependant, vous voudrez bien vous conformer aux vues de S. M. sur cet objet important, en supprimant dès à présent toute espèce de commandement pour la corvée en nature.

Je dois vous prévenir, en même temps, que l'intention du Roi est bien qu'il ne soit plus exigé de ses sujets aucun travail gratuit, qui est particulièrement onéreux à ceux qui n'ont que leurs bras ; mais S. M. n'entend pas, sous le nom de corvée, les impositions qui ont été faites dans plusieurs paroisses et même dans quelques généralités entières pour y suppléer, cette forme se rapprochant, au contraire, de celle qu'elle veut qui soit observée dans toute l'étendue de son royaume. Je vous prie d'employer ces sommes, provenant du rachat de la corvée, principalement à perfectionner les entretiens, ainsi que je vais vous l'expliquer plus en détail.

Pour parvenir à l'exécution du plan arrêté par le Roi, vous voudrez bien faire faire par l'ingénieur qui sera près de vous, le plus tôt qu'il vous sera possible, un état des routes et autres ouvrages de corvées dont vous croyez le plus instant de s'occuper et vous m'enverrez, ou à M. Trudaine, cet état avec vos observations sur le plus ou moins d'utilité de ces ouvrages ; je les ferai examiner et M. Trudaine ou moi nous vous renverrons cet état, en vous marquant celles dont vous devez vous occuper dans la campagne prochaine ; vous ferez faire par le même ingénieur, ou par les sous-ingénieurs, des devis et détails exacts de ces ouvrages qui seront examinés et vous seront envoyés pour que vous puissiez faire procéder aux adjudications que vous passerez aux entrepreneurs les plus intelligents et les plus honnêtes que vous pourrez trouver. Je vous prie de recommander aux ingénieurs la plus scrupuleuse attention pour les prix et pour toutes les conditions des devis, car il est à désirer qu'on n'ait plus à revenir sur ces adjudications. Cependant, comme il peut se faire qu'il se présente dans l'exécution des obstacles qu'on pourrait n'avoir pas prévus et qu'il y a des natures d'ouvrages qui ne sont pas susceptibles de calcul exact, je vous autorise, dans les cas qui vous paraîtront l'exiger absolument, à passer des sommes à valoir qui ne doivent jamais excéder le dixième du montant total de l'adjudication. Ces sommes ne pourront être employées que sur vos ordres, sur le compte qui vous en aura été rendu par l'ingénieur et en sera compté en détail, à l'effet de quoi, il sera tenu des attachements exacts par le sous-ingénieur chargé de la suite de l'ouvrage ; il est à désirer, autant qu'il est possible, que chaque adjudication puisse être exécutée en entier dans l'espace de l'année ; mais, lorsque vous croirez nécessaire de passer une adjudication plus étendue, vous voudrez bien la délivrer par partie dont chacune sera exécutée dans le cours de l'année.

Dans le même esprit, vous voudrez bien faire faire des devis des entretiens des ouvrages déjà faits et me les adresser en même temps ; vous en passerez ensuite des baux de six ou neuf années et les ingénieurs suivront l'exécution de ces baux de manière que vous puissiez vous assurer de la perfection des entretiens.

Je vous recommande une attention particulière pour cet article. Il ne suffit pas d'assujettir les entrepreneurs à une ou deux réparations par année, ainsi qu'il en a été usé jusqu'à présent. Il faut qu'ils aient un atelier toujours existant sur les routes de manière que les réparations soient faites aussitôt qu'on s'apercevra des plus petites dégradations. Par ce moyen, on évitera les grands accidents qui pourraient donner lieu à des réparations dispendieuses. Je me propose de vous envoyer incessamment une instruction détaillée, tant sur la manière de pourvoir aux entretiens avec le plus d'économie, que sur les moyens de meilleures constructions de chaussées à prix d'argent et par la voie des adjudications.

Lorsque ces adjudications et baux auront été passés, vous voudrez bien en faire former un projet d'*état du Roi* dans la même forme usitée pour les autres ouvrages des Ponts et chaussées, où chaque nature d'ouvrage sera détaillé aussi bien que le montant de l'adjudication ; je vous le renverrai avec mon autorisation.

Vous verrez, par le projet de déclaration ci-joint, que l'intention du Roi est que cet *état du Roi*, signé de moi, soit déposé au greffe de la Cour des Aides, afin que cette Cour soit en état de voir l'emploi de l'imposition. Vous ferez dresser un rôle des biens-fonds situés dans chaque paroisse de votre généralité et vous répartirez la somme à laquelle montera cet *état du Roi* sur tous ces biens-fonds dans la proportion de leur valeur. Comme le Roi regarde la construction des chemins comme une charge de la propriété, son intention est qu'elle soit supportée par tous les propriétaires privilégiés ou non privilégiés, sans aucune exception, et dans la même forme qui a lieu pour la reconstruction des églises et presbytères.

Vous aurez soin, à la fin de chaque année, de faire dresser un état de situation de tous les ouvrages qui auront été faits dans l'année, et ce sera sur cet état de situation qu'on pourra juger de la nécessité de diminuer ou d'augmenter l'imposition de l'année suivante ; si les sommes destinées à l'exécution de la totalité, ou de partie d'une adjudication n'ont pu être consommées dans l'année, il sera juste d'en faire la déduction sur le montant de l'imposition de l'année suivante ; si, au contraire, quelque ouvrage imprévu vous avait obligé d'excéder la somme qui y avait été destinée (ce que vous ne ferez qu'après m'en avoir prévenu) il faudra ajouter à cette imposition le montant de l'avance dans laquelle vous aurez constitué l'entrepreneur.

Je ne vous parle point ici de la manière dont les entrepreneurs seront payés ; c'est un article sur lequel je compte m'expliquer avec vous quand vous m'aurez envoyé vos observations en réponse à cette lettre ; mais je crois qu'il faudra toujours les tenir en avance, au moins du cinquième de ce qu'ils auront fait dans l'année et au plus du tiers et, comme les recouvrements rentreront de mois en mois, cela vous mettra en état de faire commencer les ouvrages avant même que l'imposition soit en recouvrement.

Comme tous les éclaircissements que je vous demande et l'envoi des états ci-dessus mentionnés doivent emporter du temps et qu'il est nécessaire cependant de parer à l'entretien des ouvrages déjà faits qui pourraient dépérir, sans y employer le secours des corvées que S. M. veut qu'il n'ait plus lieu à l'avenir, si vous avez fait faire par les paroisses de votre généralité des abonnements pour remplacer la corvée, ainsi qu'il est usité dans plusieurs provinces, vous continuerez de faire ces abonnements et le prix en sera employé suivant l'usage qui a lieu dans votre généralité. Si, au contraire, les corvées ont continué jusqu'aujourd'hui à être employées en nature, vous bornerez les ouvrages à faire cette année aux entretiens des ouvrages déjà faits que vous ferez perfectionner le plus qu'il sera possible et vous supprimerez tous les ouvrages neufs à l'exception de ceux déjà commencés et dont la continuation serait indispensable et, dans ce cas, vous auriez soin de m'en prévenir pour subvenir à cette dépense. Vous voudrez bien imposer sur les paroisses qui auraient dû y être employées les sommes nécessaires pour faire cet entretien. Je ferai autoriser ces impositions par Arrêt du Conseil et vous leur accorderez sur leurs autres impositions des modérations du montant de cette imposition extraordinaire, ainsi qu'il en a été usé dans la généralité de Limoges.

J'ai déjà mandé le 6 mai dernier que l'intention du Roi était que les fonds de charité fussent, autant qu'il est possible, employés à la réparation des chemins et à suppléer en cette partie à la cessation des corvées. Je ne puis qu'insister de nouveau sur cette destination d'un fonds dont l'emploi doit être le soulagement des pauvres, ce qui sera par là de la plus grande utilité.

PROJET DE DÉCLARATION

1. — Il ne sera plus exigé de nos sujets, à compter du 1er octobre prochain, aucun travail gratuit sous le nom de corvée ou sous quelqu'autre dénomination que ce puisse être, soit pour la construction des chemins, soit pour tout autre ouvrage public. Défendons à tous ceux qui sont chargés de l'exécution de nos ordres d'en commander ou exiger.

2. — Il sera procédé par nos ordres dans chaque généralité à des adjudications, soit de nouvelles constructions des routes et autres ouvrages nécessaires pour la communication des provinces et des villes entre elles, soit de l'entretien des dits ouvrages, et le montant des dites adjudications sera arrêté tous les ans par nous en notre Conseil et constaté par un état signé en la forme ordinaire par le contrôleur général de nos finances.

3. — Réservons à nous et à notre Conseil la connaissance des dites adjudications et de l'exécution de toutes les clauses qui pourront y être contenues, circonstances et dépendances icelles interdisant à toutes nos cours et juges.

4. — Le montant des sommes portées au dit état arrêté en notre Conseil sera imposé chaque année dans chaque généralité sur tous les possédants fonds, *privilégiés* ou *non privilégiés*, en la même forme que les sommes destinées à la construction ou réparation des Églises et Presbytères, et, dans le cas où les dites sommes n'auraient pu être consommées dans l'année, l'imposition de l'année suivante en sera d'autant moins considérable, de manière qu'elle soit toujours proportionnée au progrès des ouvrages.

5. — Les dites sommes ne pourront, sous aucun prétexte, être employées à aucun autre usage, ni versées dans notre Trésor Royal ; elles demeureront entre les mains des Trésoriers établis par nous pour les dépenses des Ponts et chaussées, lesquels ne pourront en vider leurs mains qu'en celles des adjudicataires des Travaux et ne pourront les dits trésoriers être valablement quittes envers nous qu'en justifiant par quittance valable du dit emploi. Faisons très expressément défense aux dits trésoriers de se dessaisir des dits deniers pour toute autre destination, même pour verser dans notre Trésor Royal, sous quelque prétexte que ce puisse être ; enjoignons à nos Chambres des Comptes d'y tenir la main exactement et leurs faisons défense, à peine de manquer à la fidélité qu'ils nous doivent, de passer d'autre emploi et d'obtempérer sur cet objet à tous ordres, arrêts ou lettres patentes qui pourraient nous être surpris, contraires aux dispositions du présent article.

6. — L'état arrêté par nous du montant des adjudications, mentionné en l'art 2, sera déposé tous les ans en nos Cours des aides chacune pour leur ressort, et dans le cas où les dites adjudications n'auraient pas été remplies et où il n'aurait pas été fait distraction des sommes non employées dans l'état de l'année suivante, permettons et même enjoignons aux dites Cours de nous faire leurs représentations et de nous demander que la dite imposition soit suspendue jusqu'à ce que les dites adjudications aient été remplies.

7. — La dite imposition sera faite sur les possédants fonds dans la proportion de la valeur desdits fonds, ainsi qu'il sera expliqué par la Déclaration que nous nous proposons de rendre à cet effet et d'adresser à nos Cours des aides pour y être exécutée selon sa forme et teneur.

PROJET DE DÉCLARATION
À FAIRE ENREGISTRER EN LA COUR DES AIDES

1. — La Déclaration du   sera exécutée selon sa forme et teneur. En conséquence, il sera fait tous les ans par l'intendant de chaque généralité un *rôle desdites réparations* sur tous les biens fonds appartenant tant aux privilégiés qu'aux non privilégiés, et la somme contenue en notre état énoncé en l'art 2 de ladite Déclaration du   sera répartie en proportion de la valeur desdits biens fonds.

2. — Il sera fait mention dans ledit état du montant de l'adjudication de chacun des ouvrages séparément et du prix des baux d'adjudication des entretiens pour l'année courante et, à la tête de l'état de l'année suivante, il sera fait une récapitulation sommaire desdites

sommes et des ouvrages qui auront été faits dans l'année en exécution desdites adjudications.

Et les dites adjudications contiendront, non seulement les ouvrages nécessaires, mais encore les estimations des maisons et héritages appartenant aux particuliers et qu'on sera obligé de traverser ou de démolir.

3. — La partie des sommes ci-dessus énoncées qui n'aurait pas été consommée dans l'année précédente sera déduite du montant de l'imposition de l'année courante et celles qui auront été avancées par lesdites adjudications pour ouvrages imprévus dans le prix de la main d'œuvre ou des matériaux et approuvées par nous en notre Conseil seront ajoutées au montant de ladite imposition.

4. — Attribuons aux intendants et commissaires départis dans nos provinces et à nos bureaux des finances dans la généralité de Paris la connaissance réservée à nous et à notre Conseil par l'article 3 de la Déclaration du   des adjudications passées en conséquence de ladite Déclaration et de toutes les contestations qui pourraient être relatives auxdites adjudications, soit pour le prix des ouvrages, soit pour quelqu'autre cause que ce soit, sauf l'appel en notre Conseil.

5. — Le prix des ouvrages, dont la construction sera nécessaire ou utile à tout le Royaume ou à toute la généralité, sera imposé sur les biens fonds de toutes les paroisses de la généralité ; mais, dans le cas où il en aurait été ordonné par nous qui ne seraient utiles qu'à une ou plusieurs paroisses, la répartition du prix sera faite seulement sur les propriétaires des fonds situés dans lesdites paroisses en la même manière.

6 — La répartition de ladite imposition sera faite par nos intendants, et le recouvrement en sera fait par nos receveurs des tailles qui videront leurs mains, mois par mois, en celles des commis de notre Trésorier général des Ponts et Chaussées.

7. — Ne pourront nos Cours des aides prendre aucune connaissance des clauses des adjudications, ni de l'utilité ou inconvénients des différents ouvrages par nous ordonnés, nous réservant à nous seuls la connaissance desdits objets ; mais, dans le cas où il parviendrait à leur connaissance que les sommes imposées n'ont point été employées, sans qu'il ait été fait mention dans l'*état du Roi* qui fera déposer tous les ans en leur greffe, lesdites Cours pourront aux termes de l'article de notre Déclaration du   demander la suppression de cette partie de l'imposition.

Réponses des Intendants.
(D'après le résumé fait par Vignon, III, 96)

JULLIEN, intendant d'Alençon. — Depuis six ans, cet intendant suit, dans sa généralité, la forme adoptée par Turgot dans la généralité de Limoges. Il a porté le chiffre des travaux des routes jusqu'au quart du principal de la taille, et toutes les communautés ont accepté volontiers le rachat de la corvée en argent. Il ne fait aucune observation sur les projets et les approuve entièrement.

D'AGAY, intendant d'Amiens. — Il a partout reconnu dans les deux projets « les grandes vues qui dirigent l'administration de Turgot et les sentiments de bienfaisance et d'humanité qui la distinguent si particulièrement ». Il trouve qu'on a pourvu à tout.

Dans sa généralité, les communautés n'étaient point abonnées pour leurs tâches, mais les exécutaient elles-mêmes. Il a révoqué ses mandements pour la corvée, de sorte qu'on ne travaille point cette année. Malgré les 20 000 livres de fonds de charité accordées à sa généralité, les routes se trouveront entièrement dégradées après l'hiver, et il en coûtera beaucoup pour les réparer. Il évalue à 4 ou 500 000 livres le montant annuel de la corvée.

JOURNET, Intendant d'Auch. — Approbation sans réserve ; il va tâcher d'engager les communautés à faire leurs tâches à prix d'argent, ce qui est presque inconnu dans cette généralité.

Au sujet du premier projet de Déclaration, il fait observer que l'ordre de Malte se prétend exempt de toute contribution quelconque ; il propose de spécifier textuellement qu'il ne sera pas exempt ; il signale les difficultés d'exécution de l'art. 7 jusqu'au renouvellement du cadastre qui est entièrement fautif.

Sur la seconde déclaration, il fait observer que, dans sa généralité, sont des parties qui sont pays d'États, qui ont leurs fonds spéciaux, leurs travaux distincts, qui, en outre, sont du ressort de divers Parlements et de diverses Cours des Aides.

ESMANGARD, Intendant de Bordeaux. — Il approuve le remplacement de la corvée par une imposition, mais il redoute le mode proposé par l'art. 4. Il craint des « réclamations sans nombre, des remontrances de la part des Cours. On représentera la triste situation des provinces et surtout de celle de Bordeaux, entièrement épuisée... On perdra de vue le soulagement opéré par la suppression de la corvée pour n'offrir que l'image d'une charge nouvelle. » On représentera les exemptions « comme un privilège de la naissance et de l'état civil ». La réponse serait facile ; mais ces débats et l'emploi des voies d'autorité auraient des inconvénients ; il y aurait aussi des difficultés résultant du dépôt des états aux greffes des cours qui auront frondé la loi.

Il propose de remplacer cette imposition pour la généralité de Bordeaux par une autre au marc la livre de la taille (qui est réelle et sans exception dans trois élections), et de la capitation, qui frappe sur tout le monde, par un simple arrêt du conseil, comme le 2e brevet de la taille avec dépôt aux bureaux des finances et non aux greffes des Cours. Il restera, dans ce système, l'exemption du clergé, mais on y parera par une demande spéciale à ce corps. Il termine en insistant sur l' « avantage de ne point mettre les Cours dans le cas de prendre connaissance d'un objet qui tient entièrement à l'administration et dont le Conseil seul a connu jusqu'ici ».

DUPRÉ DE SAINT-MAUR, Intendant de Bourges. — Il approuve les principes des projets de déclaration mais il croit que « leur exécution souffrira plus de difficultés en Berry que dans toute autre province. » Là, il n'y a pas 1/20 des routes à l'entretien ; presque rien n'est fait ; l'impossibilité de trouver des fonds suffisants empêchera de continuer plus d'un quart des ouvrages. Bourges, Châteauroux et Donzy sont les seules villes qui se soient soumises depuis deux ou trois ans à une imposition représentative de la corvée. Or, les privilégiés, qu'atteindrait le nouveau système, ne contribuent point à ces abonnements qui sont à la charge des seuls taillables. Il signale les difficultés des adjudications dans les commencements à cause du défaut d'entrepreneurs aisés ; le cinquième de garantie est trop élevé. Les fonds appartenant au Roi et les bois sont exempts de contribuer aux réparations des églises et presbytères ; il serait injuste qu'ils le fussent de la nouvelle imposition. Crainte du détournement des fonds et du rétablissement de la corvée. Les fermages actuels sont établis en raison de ce que la corvée est acquittée par les fermiers ; il serait juste que les fermiers payassent le nouvel impôt jusqu'à leur expiration. Actuellement, l'administration ignore le produit des biens ecclésiastiques. Quelle forme prescrira-t-on pour le déterminer ?

DE FONTETTE, Intendant de Caen. — Il approuve le nouveau plan pour les provinces où la corvée en nature subsiste encore. « Mais, il y a, dit-il, sept ans que je l'ai anéantie dans ma généralité, et à cela près que l'imposition ne porte que sur les taillables et qu'il n'y a point de caisse où elle soit versée, ma généralité a l'avantage inestimable de se trouver précisément dans la position heureuse où vous voulez mettre celles des provinces du Royaume qui ne s'y trouvent pas. »

Les tâches sont déjà distribuées ; les entrepreneurs qu'il a pressés pour faire subsister les pauvres doivent être avancés ; il n'y aura donc cette année ni suspension, ni changement dans la généralité.

Rouillé d'Orfeuil, Intendant de Champagne. — « Je suis intimement persuadé qu'il n'y a point d'opération plus nécessaire au soulagement du peuple que le changement de l'administration des corvées des chemins…

« Jusqu'à présent, on a fait usage en Champagne des corvées des habitants de la campagne pour exécuter et entretenir les chemins : car les habitants des principales villes, qui sont en même temps exempts de taille, ont aussi été dispensés des travaux publics »…

Abus de la corvée : « Disproportion dans la distribution des tâches confiée à une multitude d'employés subalternes ; argent reçu par les piqueurs pour favoriser des habitants au préjudice des autres ; impossibilité d'en avoir la preuve ; mécontentement des corvoyeurs ; humeur de ceux qui les conduisent ; faux dénombrements donnés par les syndics ; peu d'exactitude de la part des inspecteurs, qui ne se trouvent point souvent sur les routes quand les communautés y arrivent ; temps perdu en déplacements et frais de voyages ; inconvénients de détourner les habitants de leurs travaux dans des temps précieux ; tous abus enfin de la plus dangereuse conséquence… »

Vices des punitions. Éviter la prison et les amendes ; il a employé l'adjudication des tâches pour les gens aisés et pour les manœuvres ; le travail sous la garde des cavaliers de maréchaussée payé par les récalcitrants.

Il demande que la contribution ne porte pas seulement sur les possédants fonds, mais en même temps sur les négociants, marchands, artisans et même journaliers, en proportion des facultés de chacun, parce que tout le monde profite des chemins. On suit cette règle en Champagne pour les travaux des églises et presbytères et autres, intéressant les communautés. Désigner en outre comme contribuables le clergé, la noblesse, et l'ordre de Malte, puis les biens-fonds des domaines du Roi et des Princes.

Pour éviter le détournement des fonds ou même son soupçon dans le peuple, continuer à attribuer des tâches à chaque ville ou communauté, avec faculté d'exécution directe ou de mise en adjudication.

Propositions pour le recouvrement des fonds par des collecteurs élus par les contribuables ou par des préposés d'office.

Ajouter que chaque généralité ou province ne pourra être imposée que pour les ouvrages relatifs aux chemins qui sont dans l'étendue de chacune, afin que le montant de l'imposition soit religieusement employé dans la même province qui l'aurait payé…

De Garnerans, Intendant de la province de Dombes. — Observations de forme.

Porter les sommes non consommées en *revenant bon* pour l'année suivante plutôt que de réduire l'imposition ; on serait toujours à temps de faire cette réduction si, après expérience de quelques années, on reconnaissait l'impôt supérieur aux besoins.

DE LA CORÉE, Intendant de Franche-Comté. — La suppression de toute corvée capitale ou personnelle est un règlement infiniment avantageux et fort désirable pour tout le Royaume...

« Il n'en n'est pas de même de la corvée en nature et réelle, telle qu'elle existe en Franche-Comté. L'on ne voit pas qu'il y ait, pour cette province, le moindre avantage à l'abolir, puisque cette charge y est proportionnée à la valeur des fonds autant que pourrait l'être la nouvelle imposition, puisqu'elle n'est jamais exigée rigoureusement en nature et puisque tout contribuable est libre de s'en racheter, non par une somme payée à l'État (qui, malgré sa vigilance, l'administrerait toujours mal et à grand frais), mais en se faisant remplacer, soit par des domestiques et ouvriers à la journée, soit par un entrepreneur du lieu même, avec qui il traite à bien meilleur compte et qu'il surveille bien mieux que ne peut faire l'administration...

« L'abolition générale des corvées ne pourrait donc être avantageuse à la Franche-Comté, puisque des trois moyens qui sont à son choix pour acquitter cette charge, ou par soi-même, ou par des domestiques et gens de journée, ou par argent, il ne resterait absolument que le dernier, qui est souvent le plus lourd. Quoi qu'on puisse dire, il y a dans les campagnes beaucoup plus de journées mortes que d'argent superflu. Mais l'imposition forcée et effrayante qu'il faudrait substituer à une infinité de petites contributions volontaires ou à un travail modéré et devenu presque insensible par l'habitude, ferait une grande sensation à l'abord et aurait des suites bien dangereuses.

« L'on ne peut, d'après l'expérience, évaluer à moins de 800 000 l. le montant de l'imposition nécessaire. Quelle régie immense et difficile !

« Les vues patriotiques du magistrat qui aura établi une nouvelle méthode se seront communiquées à tous les coopérateurs qui s'épuiseront en efforts pour la faire réussir. Leur intégrité pourra se soutenir ; mais ce zèle et cette ferveur active, qui ne sont pas moins essentielles, se ralentiront infailliblement, tandis que le public, qui s'ennuie de tout, trouvera maint abus où il n'en voyait d'abord aucun.

« Du moment où commencera une gestion aussi considérable que celle dont il s'agit, il n'y aura pas d'ingénieur, employé et entrepreneur dont la probité ne soit soupçonnée.

« La multiplicité des formes et des écritures auxquelles on les assujettira n'y remédieront pas et il est à craindre que ce ne soit le moyen le plus propre à masquer les négligences et à favoriser la cupidité.

« Si, pour prévenir ce mal, les états et les ouvrages sont soumis, comme il le paraît, à la vérification de quelque Cour souveraine, ce sera une compagnie, composée en entier de seigneurs et gros propriétaires, offensés de la perte de leurs privilèges, supportant impatiemment une contribution qui leur paraîtra excessive, et toujours trop disposée d'ailleurs à la croire mal employée et à blâmer en général les opérations de finances.

« Il faudra donc autant d'adjudicataires que de routes neuves, et un entrepreneur pour cinquante lieues au plus d'entretien : c'est-à-dire qu'il faudra au moins et subitement vingt entrepreneurs dans la province, espèce de profession qui y est inconnue, qu'il faut créer, et qui ne peut jamais s'établir que petit à petit, non plus que les bandes et les chefs d'ouvriers, outils, équipages, etc.

« Faudra-t-il commander des ouvriers d'autorité ?

« Les bénéfices des entreprises monteront fort haut : il se fera des fortunes scandaleuses qu'on reprochera beaucoup plus qu'on ne regrette aujourd'hui le temps mal employé par les corvoyeurs. »

PAJOT DE MARCHEVAL, Intendant de Grenoble. — Il a toujours regretté la corvée et désiré son rachat ; mais il était arrêté par l'injustice de la répartition de l'imposition qui ne pouvait se faire que sur les seuls taillables. « Il ne doute pas que le plus grand nombre n'applaudisse à sa suppression et ne se soumette sans répugnance à une imposition qui doit affranchir d'un service aussi dur, aussi onéreux, et aussi injuste que celui de la corvée. »

« Je ne répondrais pas cependant que notre parlement, qui est en même temps Cour des aides, ne fît, lors de l'enregistrement de deux déclarations, quelques représentations pour maintenir les exemptions qui ont eu lieu jusqu'à présent. » Il compte sur l'efficacité d'un préambule fortement motivé.

Il n'exigera plus aucune corvée ; mais il sera fort embarrassé pour pourvoir à l'entretien des routes faites. Il demande qu'on mette une grande célérité dans l'exécution du projet.

Dans l'art. 7 du deuxième projet de déclaration, il demande une formule spécialement applicable au Dauphiné, pour assujettir à l'imposition tous les possédants fonds, privilégiés ou non, mais il pense qu'il en faudrait aussi faire porter une partie sur les citoyens non possesseurs de fonds qui profitent aussi de l'utilité des chemins. Il voudrait que les facultés mobilières et l'industrie en supportassent une partie, de 1/8 dans les villes, 1/10 dans les bourgs, et 1/12 dans les communautés villageoises, ainsi qu'il est réglé pour la taille en Dauphiné par le règlement du 24 octobre 1639. Il propose pour la première année une imposition de 200 000 l., sauf à réduire ultérieurement.

TABOUREAU, Intendant du Hainaut. — Il approuve en principe la suppression de la corvée ; il se borne quant à présent à quelques observations générales sur les projets de déclaration.

Il demande l'imposition par tête à raison des facultés connues. Cette manière est conforme à la coutume et aux lois du Hainaut.

Il n'est pas d'avis que l'on envoie au greffe de la Cour des aides les projets des ouvrages d'après lesquels se feront annuellement les impositions. Il craint sur cela les prétentions du Parlement de Flandre qui, dans plusieurs circonstances, s'est prétendu Cour des aides.

La répartition de la somme annuelle à imposer et la confection d'un rôle des biens-fonds de chaque paroisse lui présentent de grandes difficultés. Il faudrait d'abord un cadastre, ouvrage long et dispendieux. La province s'est abonnée pour le vingtième ; il propose de suivre la proportion de cet abonnement.

Il insiste pour qu'il n'y ait personne d'exempt de cette imposition. Il observe que le duc d'Orléans et l'ordre de Malte possèdent des biens considérables en Hainaut et ne paient pas le vingtième.

DE LA GALAISIÈRE, Intendant de Lorraine. — Il approuve entièrement la suppression des corvées. Dans sa généralité, il proposait aux communautés le rachat en argent ; mais les assemblées, presque toujours conduites par un esprit de cabale et de méfiance pour tout ce qui est présenté par le gouvernement, ne profitèrent pas pour le dixième de la faculté qui leur était offerte.

Quant au danger du détournement des fonds, il ne croit pas que la précaution prise dans les projets arrête ceux des successeurs de Turgot qui voudraient donner atteinte à la loi. Il n'est que trop de moyens de vaincre la résistance momentanée des tribunaux dans un État où le Roi est le seul maître et où tout plie sous son autorité. Il trouve que la protestation du Roi à ce sujet compromet sa majesté souveraine, sans présenter une garantie sérieuse d'efficacité ; il en demande la suppression. Il voit surtout un grand danger à l'intervention des tribunaux. Les Cours des aides ou Chambres des comptes profiteront du dépôt des états dans leurs greffes pour vouloir se mêler de l'emploi des sommes, des adjudications, etc. De là, des usurpations sur le pouvoir administratif ou au moins des conflits continuels.

Plus loin, il donne une évaluation de l'entretien annuel au chiffre de 800 000 livres au moins pour 474 lieues de routes. Il propose des travaux neufs en 1776 pour 180 000 livres.

DE CALONNE, Intendant de Metz. — « Une loi favorable aux cultivateurs et dont l'objet est de les délivrer du fardeau le plus onéreux a des droits sur la reconnaissance de tout le Royaume. » Avant de décider, on en a sans doute pesé les inconvénients et les avantages ; il se bornera à quelques observations de rédaction et de forme.

Art. 1er. — Ce sont sans doute les corvées *royales* que cet article supprime ; quant aux corvées *seigneuriales*, il n'en est pas question, puisqu'il ne s'agit que d'ouvrages publics ; elles sont donc conservées. Mais il existe dans sa généralité des corvées commandées par le bureau des trésoriers de France pour la réparation des chemins qui servent à la communication des villages. La défense prononcée de commander ou d'exiger aucune corvée, etc., s'applique-t-elle aussi à celles-ci ? Elles présentent d'ailleurs beaucoup d'abus.

Les dispositions des articles 3, 5, 6 de la première déclaration, 4 et 7 de la seconde, lui paraissent devoir soulever des difficultés et des conflits.

« On sait, dit-il, que les cours ont pour principe de ne reconnaître formellement aucune attribution aux intendants et il n'est pas d'usage d'exiger qu'elles y mettent elles-mêmes le sceau par leur enregistrement. Ainsi, quoique l'attribution portée à l'article 4 de la deuxième déclaration soit du nombre de celles qui ont toujours eu lieu et qu'elle ne paraisse pas susceptible d'exciter aucune réclamation lorsqu'elle continuera de s'exercer, comme par le passé, en vertu d'arrêts du conseil seulement, il est à croire qu'on ne parviendrait pas sans difficulté à la faire enregistrer aux Parlements et aux Cours des aides.

Les articles 4 et 7 du projet de déclaration pour les Cours des aides amèneront infailliblement des conflits et des incidents de compétence et donneront à ces Cours le prétexte de se saisir d'une administration qui a toujours été et doit être dans la main du Conseil et des intendants.

De plus, la précaution prise contre le détournement de l'imposition « qui sera superflue si, comme on doit le présumer, la volonté du Roi est toujours la même à cet égard, sera-t-elle suffisante si, dans des circonstances extraordinaires et par des motifs qu'on ne peut prévoir, cette volonté venait à changer ? Les enregistrements et les formalités les plus multipliées pourraient-elles empêcher qu'une nécessité jugulante ne prévalut sur toute autre considération ; qu'alors, sans déroger à ce qui aurait été solennellement prescrit par rapport à la destination des fonds dont il s'agit, on n'en suspendait pour quelque temps l'emploi pour les faire servir à des besoins plus pressants, plutôt que de multiplier davantage les impositions nouvelles ; et que par suite on se trouvât réduit, pendant la durée de cette suspension, à recourir à l'usage des corvées et à en exercer encore le droit inaliénable pour remédier à la dégradation des grandes communications. »

Autre observation : l'imposition actuelle pour les Ponts et chaussées n'est établie par aucune loi enregistrée, et les Cours n'ont à en prendre aucune connaissance. La différence de formalités pour deux impositions de même genre et destinées au même objet ne paraîtra-t-elle pas étrange ?

DE PONT, Intendant de Moulins. — Il approuve entièrement le remplacement de la corvée par une imposition. Il en avait déjà opéré le rachat dans sa généralité depuis 1770 par un système imité de celui de M. de Fontette, et il communique au contrôleur général un exemplaire imprimé de la lettre qu'il écrivit à cet effet à ses subdélégués le 15 novembre 1769, dont l'objet est de déterminer les communautés à se racheter de leur corvée par une contribution en argent de 4 sols pour livre de la taille servant à payer les adjudicataires de leurs tâches en n'imposant que 2 livres aux simples manœuvres. Il observe toutefois qu'il n'a aucun fonds pour l'année, attendu que les paroisses, instruites de la suppression de la corvée en nature, ont refusé de souscrire leurs abonnements ordinaires.

Il insiste pour que personne ne soit exempt de l'imposition et que l'on désigne nommément les communautés religieuses, les ecclésiastiques, l'ordre de Malte, tous les propriétaires possesseurs d'héritages, immeubles et droit réels, privilégiés ou non, exempts ou non, les biens des Princes du sang, du domaine de S. M. dans les lieux taillables, villes franches, abonnées ou tarifées, proportionnément à leur valeur.

DE CYPIERRE, Intendant d'Orléans. — La suppression des corvées était désirée depuis longtemps et produira les plus grands biens.

Mais il observe que l'obligation imposée par Arrêt du Conseil aux voituriers, revenant à vide de Paris à Orléans, de voiturer du pavé pour l'entretien de la chaussée, ne doit pas être regardée comme corvée et doit être maintenue.

Il craint beaucoup d'inconvénients du dépôt des *états* au greffe des Cours des aides, et que l'administration et les commissaires départis ne soient inquiétés par ces Cours.

Il propose de prendre les vingtièmes pour base de l'imposition, si l'on ne veut y assujettir que les propriétaires, en y ajoutant ceux qui ne sont pas sujets aux vingtièmes ; toutefois, la Cour des aides pourra faire quelque difficulté, parce que le nouvel impôt doit être perpétuel, tandis que les vingtièmes ne sont que momentanés.

DE BLOSSAC, Intendant de Poitiers. — Le système proposé sera un grand soulagement pour le peuple ; mais il présente beaucoup de difficultés dans son exécution. Il propose de réunir à cette imposition celle pour les ouvrages d'art. Il observe que les biens-fonds sont déjà grevés de nombreuses charges et craint qu'on ne décourage la culture et qu'on n'engage ainsi les fonds à se placer dans le commerce. Il propose de ne commencer la suppression de la corvée que l'année suivante, pour n'être pas obligé de suspendre les entretiens pour lesquels il n'est plus temps de faire une imposition provisoire. Le défaut de commerce en Poitou rend l'argent rare ; on trouvera difficilement des entrepreneurs. Ceux-ci emploieront des bras dans la saison des travaux de campagne. Difficulté de répartition de l'imposition.

Delaporte, Intendant du Roussillon. — Il fait observer qu'il conviendrait d'assujettir à l'imposition, non seulement les possesseurs de fonds, mais aussi le commerce et l'industrie qui tirent de si grands avantages de la facilité des communications. Les usages, pour les constructions d'églises et de presbytères, varient dans les différentes provinces. Ne pas maintenir l'assimilation proposée qui donnerait lieu à contestations. Il craint que l'article 6 n'amène des conflits avec les tribunaux qui voudront s'immiscer dans l'administration des Ponts et chaussées. Il y a en Roussillon une foule d'exempts de toute espèce qu'il sera difficile d'assujettir à l'imposition ; il sera nécessaire d'en faire une mention claire et expresse.

De Chazerac, Intendant de Riom. — Il n'a rien reconnu dans le projet qui ne soit profitable au bien du service. Cependant, il craint le déplaisir de la noblesse et des privilégiés et la difficulté pour les collecteurs de faire le recouvrement.

De Crosne, Intendant de Rouen. — L'exécution du nouveau plan procurera un grand soulagement dans les campagnes et sera avantageuse à la construction des routes qui pourra être suivie avec plus de soins, et à moins de frais. Mais la disposition qui ordonne le dépôt de l'état au greffe de la Cour des aides pourra être la source de bien des difficultés et des entraves à l'administration. Il propose de ne faire des baux d'entretien qu'après avoir mis les routes en bon état. Il ne peut faire une imposition provisoire cette année parce que tout le public est prévenu de la prochaine loi pour la suppression des corvées. Suivant la faculté qu'il laissait aux communautés, les unes exécutaient en nature, les autres rachetaient leur tâche ; mais aucune ne consentira à racheter une corvée dès à présent supprimée.

De Monthyon, Intendant de la Rochelle. — Longue déclamation contre la corvée et applaudissement à sa suppression. Observations de détail sur les projets de déclarations. Refusera-t-on une communauté qui voudra s'imposer des corvées pour certains travaux d'intérêt local ?

Il conviendrait de limiter la proportion de l'imposition, comme à la moitié du vingtième, pour éviter les excès de zèle. Quelques craintes sur les réclamations des privilégiés et l'intervention des Cours. Les impositions pour les églises et presbytères varient de forme suivant les généralités. Comment compter sur l'engagement de ne jamais détourner les fonds lorsqu'en ce moment même les fonds des Ponts et chaussées se portent au trésor royal et sont employés à d'autres objets ? Faire l'imposition sur le revenu plutôt que sur les fonds, dont l'évaluation donnera lieu à beaucoup de discussions. On ne connaît pas le produit des biens ecclésiastiques.

Le Peletier, Intendant de Soissons. — La forme des rôles pour les reconstructions d'églises et de presbytères ne peut être suivie pour l'imposition qui doit suppléer à la corvée parce que cette sorte d'imposition ne se fait pas seulement sur les possédants fonds. Il demande si les Princes du sang contribueront aussi en proportion des biens qu'ils possèdent. Il expose la difficulté de dresser les rôles, les contestations auxquelles ils donneront lieu et propose l'organisation d'une administration à cet effet. Comprendre dans la nouvelle imposition celle qui se fait déjà pour les Ponts et chaussées. Maintenir aux intendants la connaissance exclusive des contestations sur la répartition de l'imposition. Les corvées se font généralement en nature dans sa généralité ; il n'a aucun moyen d'y suppléer provisoirement.

De Cluzel, Intendant de Tours. — Sur le projet de déclaration pour la Cour des aides : s'expliquer très littéralement sur la proportion de la répartition entre les taillables et non taillables, les fermiers et propriétaires, etc. Prendra-t-on pour base le vingtième ? Le clergé y serait-il assujetti et, à son égard, prendra-t-on pour base les décimes ? Sans un énoncé bien explicite, les oppositions se multiplieront à l'infini. Il est contre tous les principes de taxer l'industrie ; il est cependant fâcheux que les commerçants des villes, qui profitent le plus des grandes routes et les détruisent le plus, ne contribuent en aucune manière à les réparer. Donner à l'article 2 un effet rétroactif pour évaluer et payer les fonds dont on s'est déjà emparé.

4. *Arrêt du Conseil ordonnant dans la généralité de Tours une imposition pour remplacer la corvée des chemins.*

[Vignon, III, pièces justificatives, 105.]

20 septembre.

S. M. s'étant fait rendre compte en son Conseil de l'état où se sont trouvées les différentes routes ouvertes dans l'étendue de la généralité de Tours au moment où elle a adressé ses ordres pour faire cesser les corvées dont ses sujets taillables étaient précédemment chargés pour leur confection ou réparation, elle a reconnu qu'il était d'une nécessité indispensable, pour ne pas perdre le fruit desdits travaux, d'adopter le plan qui lui a été proposé d'imposer sur les paroisses de ladite généralité les sommes auxquelles se serait montée la totalité de leurs ouvrages sur lesdites routes, tant pour le restant de la corvée du printemps de la présente année que pour celle qu'elles auraient dû faire en automne, suivant l'état estimatif qui en aurait été fait, sur les ordres du Sr intendant et commissaire départi, par le Sr de Limay, ingénieur en chef des ponts et chaussées en ladite généralité, lequel état aurait été représenté à S. M. et se serait trouvé monter à la somme de 230 341 livres…

Sur quoi… le Roi, étant en son Conseil… approuve l'état estimatif fait par l'ingénieur en chef des ponts et chaussées de la généralité de Tours, des ouvrages à faire pour l'entretien et confection des routes de ladite généralité pendant le restant de la présente année ; autorise, en conséquence, ledit Sr intendant et commissaire départi en icelle à procéder aux adjudications au rabais des ouvrages y contenus, dans les formes ordinaires et accoutumées ; et pour subvenir au paiement desdits ouvrages, ordonne S. M. que la somme de 230 341 livres, … sera imposée sur les élections dénommées au dit état.

Lesquelles sommes seront départies par ledit Sr intendant sur les différentes paroisses comprises en l'état dudit ingénieur, en proportion et au marc la livre de la taille de chacune desdites paroisses et imposées sur les habitants taillables par des rôles particuliers qui seront faits par des collecteurs qui seront nommés par lesdits habitants, sinon d'office par ledit Sr intendant ou ses subdélégués ; lesquels rôles seront, par lui ou ses subdélégués, vérifiés et rendus exécutoires, et ce nonobstant les défenses, portées par les commissions des tailles, d'imposer autres et plus fortes sommes que celles y contenues…

Voulant S. M. que les sommes provenant dudit recouvrement soient employées sans aucun divertissement, au paiement des ouvrages nécessaires pour l'entretien et confection des parties des routes que lesdites paroisses auraient dû faire en la présente année.

5. *Lettre à Trudaine de Montigny.*

[Vignon, III, pièces justificatives, 106.]

28 décembre.

Toutes réflexions faites, mon ami, je pense que, pour répondre aux objections que fera le Parlement sur la quotité indéfinie de l'imposition destinée à remplacer les corvées, il faut reprendre notre première idée de faire enregistrer tous les ans aux Cours des aides l'état arrêté au Conseil. Je crois que la déclaration, telle que je vous l'envoie, brochée d'après votre premier projet, à de légers changements près, ne prête point aux craintes que nous ont témoignées les intendants, puisque les Cours des aides n'auront aucun prétexte de se mêler des directions des chemins, ni des clauses des adjudications.

Je crois que, comme il s'agit d'impositions et de recouvrements, il serait fort utile de communiquer ce projet à M. d'Ailly, qui pourrait nous y faire ses observations. Je voudrais bien que vous pussiez me renvoyer le tout après-demain.

Vous avez dû recevoir aujourd'hui ma réponse à vos questions. Je demande à M. d'Ormesson la note que vous désirez.

Je vous embrasse, et j'ai grande impatience de vous voir, ainsi que M. de Fourqueux.

186. — LE SACRE DU ROI.

I. — *Approvisionnement de la ville de Reims.*

1. *Arrêt du Conseil, suspendant les droits d'entrée dans la ville de Reims pendant le Sacre.*

[D. P., VII, 202. — D. D., I, 406.]

15 mai.

Le Roi, s'étant fait rendre compte de la nature et de la quotité des droits qui se perçoivent dans la ville de Reims, S. M. a considéré que si elle n'arrêtait point la levée de ces différents droits sur les consommations et approvisionnements qui auront lieu à l'occasion de son Sacre, il en résulterait un très fort produit, sur lequel les fermiers desdits droits n'ont pas dû compter, dont ils n'ont pas payé le prix, qui retomberait en surcharge pour les consommateurs, et opérerait le renchérissement des denrées ; en conséquence, S. M., voulant donner à ses sujets une nouvelle preuve de son affection paternelle et désirant empêcher autant qu'il est en elle que la cérémonie auguste qui demandera sa présence à Reims ne devienne onéreuse à ceux que leur amour pour leur souverain pourra appeler dans la même ville ; et que leur joie ne puisse être troublée par les contraventions auxquelles ils seront exposés... ordonne :

Non seulement pendant le séjour de S. M. à Reims, pour la cérémonie du Sacre, mais encore pendant les huit jours qui précéderont l'arrivée de S. M. et les huit jours qui suivront son départ, inclusivement, la ville de Reims et ses faubourgs jouiront de l'exemption des droits dus à l'arrivée, aux entrées, à la vente en gros et à la vente en détail, ou à la consommation sur les liqueurs, vins, eaux-de-vie, bière, cidre ou autres boissons, bestiaux morts ou vifs, gibier, volaille, marée, poissons d'eau douce, grains, légumes, fourrages, bois à brûler, charbon, et généralement sur toutes les denrées ou subsistances propres à la consommation ; se réservant S. M. de pourvoir, ainsi qu'il appartiendra, à l'indemnité que pourront prétendre les fermiers généraux des fermes unies, fermiers d'octrois, régisseurs, propriétaires ou autres, au profit desquels aucuns desdits droits seraient perçus : défend S. M. à tous commis de procéder à des visites où à des saisies, relativement aux-dits droits, pendant le susdit temps de franchise… [a]

2. *Arrêts du Conseil sur les formalités à remplir pour l'exécution de l'Arrêt précédent.*

[D. P., VII, 300, 302]

29 mai.

1er Arrêt. — L'affranchissement prévu par l'Arrêt du 15 mai ne doit pas être étendu aux droits dus hors de l'enceinte de la ville de Reims ni aux boissons qui en sortiront pour être vendues ou consommées ailleurs.

Les voituriers et autres qui conduiront des vins, eaux de vie… seront tenus de représenter aux bureaux de l'adjudicataire des fermes établis au delà de la ville et de ses faubourgs les congés ou acquits justificatifs du paiement des droits dus et perceptibles au lieu de l'enlèvement.

2e Arrêt. — L'intention de S. M. n'étant pas qu'à la faveur de l'exemption prévue par l'Arrêt du 25 mai, il puisse se faire des approvisionnements nuisibles aux droits d'entrées et de gros, perceptibles à Reims après le terme de la franchise, il sera procédé le lendemain du

---

[a] « L'usage était dans les voyages de la cour d'ordonner aux cantons environnants et aux provinces voisines des lieux où elle allait séjourner, une certaine quantité d'approvisionnements. Quoique ces ordres renfermassent une sorte d'exclusion tacite pour les négociants, entrepreneurs, fournisseurs, qui ne les avaient pas reçus… ; quoique ces ordres fussent balancés par des taxations des denrées… on avait été de tout temps persuadé que, sans cette précaution orientale, la cour manquerait de tout. L'ébranlement de la sédition… ajouta pour les esprits faibles à la prétendue nécessité de suivre l'ancienne forme. M. Turgot osa conseiller de ne donner aucune ordonnance pour l'approvisionnement de Reims et de s'en fier à la liberté… Il demanda seulement que l'attrait naturel des négociants ne fut pas balancé par la crainte d'aucune imposition… Les gens à routine murmurèrent contre ses propositions. Le Roi les accepta… À la grande surprise des réglementaires, l'abondance fut extrême et le cours des prix très modéré. Cet exemple notable a rendu libre l'approvisionnement de Fontainebleau dans le voyage suivant et jamais il n'a été plus complet. Ce n'est pas un des succès auquel M. Turgot ait été le moins sensible. » (Du Pont, *Mém.*, 233)

jour de l'expiration de la franchise, par les préposés de l'adjudicataire des fermes, chez les marchands en gros, cabaretiers, hôteliers et autres…, bouilleurs, marchands en gros et détailleurs d'eau de vie… un inventaire de tous les vins, eaux de vie… qui pourront leur rester ; les quantités desdites boissons qui se trouveront excéder les quantités restantes par les arrêtés faits la veille de la franchise seront assujetties aux droits [a].

II. — *Formules de Serment à substituer aux formules en usage.*

[A. L., copie. — D. P., VII, 314.]

PROMESSE DU ROI AUX ÉVÊQUES.

Toutes les Églises de mon Royaume doivent compter sur ma protection et sur ma justice.

SERMENT DU SACRE.

Je promets à Dieu et à mes peuples de gouverner mon royaume par la justice et par les lois ; de ne jamais faire la guerre que pour une cause juste et indispensable ; d'employer toute mon autorité à maintenir les droits de chacun de mes sujets ; de les défendre contre toute oppression et de travailler toute ma vie à les rendre aussi heureux qu'il dépendra de moi.

SERMENT DU GRAND-MAÎTRE DE L'ORDRE DU SAINT-ESPRIT.

Je promets de maintenir l'ordre du Saint-Esprit dans l'éclat que lui ont conservé mes prédécesseurs. Il est de mon intérêt que l'admission dans cet Ordre continue d'être un objet d'émulation pour ma noblesse ; cette admission est une récompense de ses services d'autant plus flatteuse que l'honneur en fait tout le prix et qu'elle attache ceux qui en sont décorés d'une manière plus spéciale à ma personne par une sorte de confraternité qui m'est chère, et qui assure à jamais à l'Ordre toute ma protection.

---

[a] On trouve aux Archives nationales une *Lettre du Roi*, contremandant (notamment à cause des dépenses résultant des indemnités pour pertes entraînées par les « brigandages qui se sont exercés sur les grains ») les fêtes projetées pour le Sacre, pour les couches de la comtesse d'Artois, pour le mariage de, Madame Clotilde, etc.

SERMENT DU GRAND-MAÎTRE DE L'ORDRE DE SAINT-LOUIS

Je maintiendrai l'Ordre de Saint-Louis dans toutes ses prérogatives ; j'en porterai toujours la Croix comme symbole de l'honneur ; elle me rappellera la reconnaissance que je dois aux braves qui l'ont méritée au prix de leur sang.

SERMENT SUR LES DUELS [a]

Je promets de faire tout ce qui dépendra de moi pour abolir la coutume barbare des duels condamnée par la Religion et proscrite par les lois de mes Prédécesseurs.

« M. Turgot était sérieusement peiné de voir un aussi honnête homme qu'était le Roi entraîné pour des formules dictées dans des temps d'ignorance, d'intolérance et de superstition, à prononcer un serment que ce Prince ne voulait pas, ne pouvait pas vouloir tenir, celui d'*exterminer les hérétiques*, et que n'avaient prêté ni Henri IV, ni Louis XIII, ni Louis XIV, mais qui « depuis Louis le Débonnaire avait été renouvelé par tous les autres prédécesseurs de Louis le Vertueux » ; c'était l'expression de M. Turgot.

« Il écrivit au Roi pour éveiller sa scrupuleuse conscience... et joignit à cette lettre un nouveau projet de formules.

« Cette lettre très énergique et touchante n'a été vue, avant d'être soumise à M. de Maurepas et au Roi, que de M. de Malesherbes, et d'un autre ami de M. Turgot.

« M. de Maurepas n'osa empêcher M. Turgot, appuyé du suffrage de M. de Malesherbes, de la remettre à Louis XVI sur qui elle fit la plus vive impression. Mais cette impression, d'abord véhémente, ne put résister aux conseils du principal ministre... qui n'avait pu pardonner au contrôleur général d'avoir... exercé seul l'autorité pendant les cinq premiers jours de la sédition des farines [b]. L'intime amitié de M. Turgot et de M. de Malesherbes les lui faisait paraître encore plus redoutables pour son âge avancé... Il dit au Roi : « M. Turgot a raison ; mais il a trop d'audace... Il vous sera toujours facile de ne point persécuter. Les vieilles formules n'engagent plus à rien... » Le Roi ne changea pas la formule du serment mais aux paroles qui répugnaient à sa vertu, il suppléa, d'une voix basse et en rougissant, quelques mots inintelligibles. Le Procès-verbal fut conforme à celui du règne précédent.

« M. de Maurepas se vanta aux évêques d'avoir fait reculer deux philosophes tels que M. de Malesherbes et M. Turgot.

« Celui-ci justifia sa démarche auprès du Roi par son *Mémoire sur la tolérance*. » (Du Pont, *Mém.*, 217 et s.)

---

[a] Au lieu du serment illusoire et cruel de ne point pardonner aux duellistes (Condorcet, *Vie de Turgot*, 116).

[b] Extrait d'une *lettre de Mercy à Marie-Thérèse*, 18 mai :

« Relativement à tout ce qui vient de se passer ici, j'ai une observation de conséquence à faire sur la prépondérance que gagne le contrôleur général.

« Ce ministre est un ami intime de l'abbé de Vermond ; ils ont été au collège ensemble et ne se sont jamais perdus de vue depuis, de façon que leur liaison devient très utile au service de la Reine. Le parfait accord qui règne entre l'abbé de Vermond et moi rend très efficace tout ce que je lui indique de convenable à notre but commun qui est l'avantage de la Reine, et, en matières sérieuses, le contrôleur général peut y coopérer d'une façon très essentielle. »

« La lettre éloquente, sentimentale et courte, qui accompagnait les projets de serments, et dont Turgot avait conservé minute, paraît avoir été au nombre des papiers que M. de Malesherbes a cru devoir brûler dans la nuit qui suivit la mort de M. Turgot, dont la famille avait craint que les papiers ne fussent enlevés par ordre ministériel, comme il était arrivé au décès de quelques autres anciens ministres.

« C'est une grande perte ; cette même nuit en a causé plusieurs autres du même genre.

« Nous avons retrouvé le commencement du *Mémoire sur la tolérance*, par lequel M. Turgot exposa au Roi, quelques jours après le Sacre, son regret de n'avoir pas réussi dans la proposition de rendre le serment royal digne du cœur du Prince, entièrement conforme à l'intérêt du peuple, et les motifs plus détaillés de cette proposition » (Du Pont, VII, 316).

Lettre du Roi à Turgot.

[A. L., original.]

Reims, le 10 juin.

Je ne vous ai pas fait appeler, M., pour vous donner réponse à la lettre d'hier, parce que j'aimais mieux vous laisser un écrit comme gage de ma façon de penser sur votre compte à cette occasion. Je pense que la démarche que vous avez faite auprès de moi est d'un très honnête homme et qui m'est fort attaché ; je vous en sais le meilleur gré possible et je vous serai toujours très obligé à me parler avec la même franchise. Je ne veux pourtant pas, dans ce moment-ci, suivre votre conseil ; j'ai bien examiné depuis ; j'en ai conféré avec quelques personnes et je pense qu'il y a moins d'inconvénients à ne rien changer. Mais je ne vous suis pas moins obligé de l'avis et vous pouvez être sûr qu'il demeurera secret comme je vous prie de garder cette lettre.

Louis.

III. — *Le Sacre.*

Le 8 juin, le Roi avait quitté Versailles avec toute la Cour. Le Sacre eut lieu le 11, jour de la Trinité ; les cérémonies accessoires telles que le *Te Deum*, la revue et manœuvres, la guérison des écrouelles, les processions, le repas de gala occupèrent toute la semaine. Le Roi ne fut de retour que le 17 à Versailles. (*Mercure*, 2 juillet)

D'après le cérémonial, les évêques à un certain moment devaient demander le consentement du peuple pour l'élection du Roi. On retrancha cette scène. « Ce qui a indigné les patriotes, disent les *Mémoires secrets* (29 juin), ç'a été la suppression de cette partie du cérémonial. Quelque vaine que soit cette formule, dérisoire aujourd'hui, on trouve très mauvais que le clergé, pour qui semble surtout fait ce pieux spectacle, se soit avisé de retrancher de son chef l'autre partie et de ne conserver que ce qui le concerne spécialement. »

« Lorsqu'on posa la couronne sur la tête du Roi, il dit qu'elle le gênait ; lorsqu'il fallut prêter le serment d'exterminer les hérétiques, il crut sortir d'embarras en balbutiant quelques paroles inintelligibles. Le Roi et la Reine furent très sensibles aux acclamations du peuple ; pendant la cérémonie, Marie-Antoinette ne put contenir ses larmes. C'est une chose étonnante et bien heureuse en même temps, écrivit-elle à sa mère, d'être si bien reçue deux mois après la révolte et malgré la cherté du pain, qui malheureusement continue. » 22 juin)

Lettres de Mercy à Marie-Thérèse. — *23 juin.* « Dans ce moment la Reine est investie de tous les partisans du duc de Choiseul ; ils excitent en elle des sentiments de haine et de vengeance qui ne sont point dans le caractère de cette jeune princesse. Elle cède cependant aux importunités et c'est de là que sont sortis tous les faits relatifs au procès du comte de Guines, au renvoi du duc d'Aiguillon, et aux intrigues qui sont actuellement en mouvement pour faire ravoir au duc de Choiseul la charge de colonel général des Suisses et même pour le remettre dans le ministère si tant est qu'il soit possible de vaincre à cet égard l'excessive répugnance du Roi. Elle a donné à Reims trois quarts d'heure au duc de Choiseul. S. M. me l'a dit elle-même. Entre temps, le duc de Chartres et le baron de Besenval… sont parvenus à persuader le comte d'Artois qu'il était de son honneur de rendre la charge des Suisses au duc de Choiseul. Le jeune prince s'est enflammé là-dessus et en a parlé au Roi duquel il ne tira qu'un refus très sec ; étant revenu une seconde fois à la charge, le Roi ne fit point de réponse et tourna le dos avec humeur. »

17 juillet. — « Dans l'audience en question, le duc de Choiseul débuta par louer la Reine de la fermeté avec laquelle elle avait protégé le comte de Guines et le duc ajouta que S. M. devrait pour comble de bonté demander le cordon bleu pour l'ambassadeur susdit… Le duc ne fit aucune sollicitation formelle sur ses propres affaires… Il insinua, avec le ton de la plaisanterie, tout ce qui pouvait être défavorable au ministère actuel. Il ridiculisa de son mieux les gens de robe… Pendant toute cette crise intéressante, la comtesse de Brionne n'a pas quitté Versailles et y a joué le rôle le plus actif et le plus dangereux.

« Je sais que le duc de Choiseul, soit par lui-même, soit par ses amis, a fait envisager à la Reine qu'elle n'avait que deux partis à prendre : celui de gagner le Roi par les voies de douceur, ou celui de le subjuguer par la crainte. Il est visible que la Reine incline de préférence à choisir le dernier de ces deux partis.

Le *13 juillet*, Marie-Antoinette avait écrit au comte de Rosenberg des lettres dans lesquelles elle avait avoué qu'elle avait tout fait pour obtenir l'exil du duc d'Aiguillon qui avait cherché à la braver dans l'affaire du comte de Guines. Elle avait ajouté : Vous aurez peut-être appris l'audience que j'ai donnée au duc de Choiseul à Reims ; on en a tant parlé que je ne répondrais pas que le vieux Maurepas n'ait eu peur d'aller se reposer chez lui. Vous croirez aisément que je ne l'ai point vu sans en parler au Roi et vous ne devinerez pas l'adresse que j'ai mise pour ne pas avoir l'air de demander de permission. Je lui ai dit que j'avais envie de voir M. de Choiseul et que je n'étais embarrassée que du jour ; j'ai si bien fait que le pauvre homme m'a arrangé lui-même l'heure la plus commode où je pouvais le voir. »

Cette lettre fit dire à Marie-Thérèse :

« J'en suis pénétrée jusqu'au fond du cœur ; quel style ! ... elle court à grands pas à sa ruine... Si Choiseul vient au ministère, elle est perdue. Il en fera moins de cas que de la Pompadour, à qui il devait tout, et il l'a perdue le premier. »

Lettre du Roi à Maurepas. — Reims, *15 juin.* — « Je suis libre de toutes mes fatigues ; la procession de ce matin (jour de la Fête-Dieu) était la dernière... J'ai été fâché que vous n'ayez pas pu partager avec moi la satisfaction que j'ai goûtée ici. Il est bien juste que je travaille à rendre heureux un peuple qui contribue à mon bonheur. Je vais maintenant m'en occuper. J'espère que vous aurez pensé aux moyens dont nous avons parlé ensemble. J'y ai pensé de mon côté, autant que j'ai pu, dans la foule des cérémonies ; la besogne est forte, mais avec du courage et vos avis, je compte en venir à bout. »

« Je commence à l'aimer, m'a dit Maurepas d'un air attendri, comme on aime son enfant qui a bonne volonté. Les moyens ne sont pas embarrassants, c'est l'affaire de Turgot ; il en trouvera, mais la force, voilà le difficile, il ne faut pas que derrière nous, il aille donner des promesses qui contrarient les plans arrêtés. (*Journal* de l'abbé de Véri.)

17 juin. — « Le Roi arrive à Versailles aujourd'hui. Turgot est venu passer un jour à Pontchartrain [a] au retour de Reims. Tout le monde arrive avec l'intention de commencer le travail des réformes et d'y concourir chacun pour sa part. La Reine elle-même a dit à Turgot à Reims qu'après le retour à Versailles, elle voulait le seconder dans les plans qu'il faudrait adopter. » (Même *Journal.*)

---

[a] Voir les lettres de Maurepas à Turgot, p. 427.

IV. — *Dépenses du sacre.*

Lettre à l'Intendant de Champagne.

[A. Marne. — Neymarck, II, 410.]

Versailles, 22 juillet.

Comme je désirerais, M., savoir à quoi se montent toutes les dépenses auxquelles a donné lieu le sacre de S. M., je vous serai obligé de m'envoyer, le plus tôt possible, l'état de celles qui ont pu être faite dans votre généralité à l'occasion de cette cérémonie [a].

187. — LA TOLÉRANCE RELIGIEUSE

Projet de mémoire au Roi.

(Fragment).

[A. L., minute. — D. P., VII, 317.]

(Les serments du Roi. — Les droits de la conscience. — Diversité des religions. — Diversité des Princes. — Louis XIV.)

Sire, lorsque j'ai proposé à V. M. de changer la formule des serments qu'elle devait prononcer à son sacre, je n'ai pu que lui indiquer sommairement les motifs qui me paraissaient devoir l'y déterminer. Je m'engageai alors à lui développer avec plus d'étendue les principes sur l'objet le plus essentiel de ces changements, c'est-à-dire sur l'usage de sa puissance dans les matières de religion. V. M., en rendant justice à mes vues, a craint l'éclat de la démarche que j'osais lui conseiller ; elle

---

[a] Par une lettre postérieure du 21 octobre, cette demande fut rappelée et l'intendant fut invité à envoyer sur-le-champ au moins un aperçu des dépenses [A. Marne. — Neymarck, II, 418].

Les *Mémoires secrets* disent au sujet de ces dépenses :

« Pour en donner un échantillon, il suffira de dire que la Reine devant assister à la cérémonie décidément, comme elle sera longue, on bâtit dans l'église un appartement complet pour S. M. — On a abattu à Soissons une porte de la ville où le carrosse du Roi n'aurait pu pénétrer à cause de sa hauteur de 18 pieds et l'on a également reconstruit sur la route divers ponts qui s'y trouvent par où S. M. doit passer. Les malheureux habitants qui y travaillent, dès qu'ils voient de loin un voyageur, s'agenouillent, lèvent les yeux au ciel et les ramènent vers leur bouche comme pour leur demander du pain. » (19 mai)

On trouve aux Archives nationales une lettre de Turgot (28 septembre) à Bronne cadet, lui accusant réception d'un programme de prix à donner par l'Académie des Sciences de Toulouse à l'occasion du Sacre.

sait combien j'ai regretté qu'elle se soit soumise à des formules d'engagements dressées dans des temps trop dépourvus de lumières. Mais tout n'est pas perdu, et V. M. ne peut être engagée à une chose qui serait injuste.

Vos serments, Sire, ont été prononcés en présence de Dieu et de vos sujets. Vos sujets ont intérêt, ils ont droit, à votre justice ; Dieu vous en fait une loi. Commettre une injustice pour exécuter des formules qu'on vous a fait prononcer, serait violer ce que vous devez à Dieu, à vos peuples et à vous-même. Vous devez donc examiner, Sire, si les engagements contenus dans les formules du sacre, par rapport aux hérétiques, sont justes en eux-mêmes ; et s'ils sont injustes, c'est un devoir pour vous de ne les pas accomplir. C'en est un pour moi d'insister d'autant plus fortement auprès de vous sur un point qui intéresse essentiellement votre conscience, votre justice, le bonheur de vos peuples et le repos de votre État. Je vais m'acquitter de ce devoir.

Je n'ai rien déguisé à V. M. de ma façon de penser ; elle l'a vue dans la lettre [a] dont j'avais accompagné les nouvelles formules de serment que je lui proposais ; et j'ose lui répéter aujourd'hui qu'elle doit, à titre de chrétien, à titre d'homme juste, laisser à chacun de ses sujets la liberté de suivre et de professer la religion que sa conscience lui persuade être vraie. J'ajoute, Sire, que vos intérêts politiques sont sur ce point entièrement conformes à ce que vous prescrivent la religion et la justice. Ces trois points de vue formeront la division naturelle de ce mémoire.

J'examinerai d'abord les *droits de la conscience* d'après les principes de la religion. J'établirai ensuite ces droits d'après les *principes du droit naturel*. Je discuterai, en troisième lieu, la question de cette liberté de conscience dans ses rapports avec l'*intérêt politique des États*.

Après avoir ainsi traité la question en elle-même, je chercherai dans une quatrième partie les *mesures que la prudence peut exiger*, pour adapter à la variété des circonstances les principes reconnus vrais, pour préparer et opérer sans trouble les changements que la justice et la sagesse même rendent indispensables.

Ière PARTIE. *Des droits de la conscience d'après les principes de la religion.* Qu'est-ce que la religion, Sire ? C'est l'assemblage des devoirs de l'homme envers Dieu : devoirs de culte envers cet Être suprême, devoirs de justice et de bienfaisance à l'égard des autres hommes ; devoirs, ou connus par les simples lumières de la raison qui composent ce qu'on appelle la *religion naturelle*, ou que la Divinité elle-même a ensei-

---

[a] Voir ci-dessus la lettre du Roi, p. 519.

gnés aux hommes par une révélation surnaturelle, et qui forment la *religion révélée*.

Tous les hommes ne s'accordent point à reconnaître la révélation, et ceux qui en reconnaissent une ne s'accordent pas non plus sur celle qu'ils admettent.

Il est notoire qu'il y a sur la surface de la terre une foule de religions, dont les sectateurs croient également que la religion qu'ils professent est la seule qui soit l'ouvrage de la Divinité et qui lui soit agréable.

Les principales religions, telles que le mahométisme et même le christianisme, sont divisées en une multitude de sectes dont chacune se croit exclusivement la vraie religion. Toutes ou presque toutes, en exigeant de l'homme certaines croyances et l'accomplissement de certains devoirs, ajoutent à cette obligation la sanction des peines ou des récompenses dans une vie à venir. Un grand nombre de religions enseignent que ces peines et ces récompenses sont éternelles. Telle est la doctrine de presque toutes les communions chrétiennes, et en particulier de l'Église catholique romaine, dont V. M. professe la doctrine. En sorte que, de la croyance et de la pratique d'une vraie ou d'une fausse religion, dépend pour l'homme une éternité de bonheur ou de malheur.

Je conçois que des hommes qui croient toutes les religions également fausses, qui les regardent comme des inventions de la politique pour gouverner les peuples avec plus de facilité, peuvent ne se faire aucun scrupule de contraindre ceux qui dépendent d'eux à suivre la religion qu'ils croient avoir intérêt de leur prescrire. La question de la tolérance n'est pour eux qu'une question de politique que je me réserve d'examiner aussi dans la troisième partie. Mais s'il y a une religion vraie, si Dieu doit demander compte à chacun de celle qu'il aura crue et pratiquée, si une éternité de supplices doit être le partage de celui qui aura rejeté la véritable religion, comment a-t-on pu imaginer qu'aucune puissance sur la terre ait droit d'ordonner à un homme de suivre une autre religion que celle qu'il croit vraie en son âme et conscience ?

S'il y a une religion vraie, il faut la suivre et la professer malgré toutes les puissances de la terre, malgré les édits des empereurs et des rois, malgré les jugements des proconsuls et le glaive des bourreaux. C'est pour avoir eu ce courage, c'est pour avoir rempli ce devoir sacré qu'on propose à notre vénération les martyrs de la primitive Église. Si les martyrs ont dû résister à la puissance civile pour suivre la voix de leur conscience, leur conscience ne devait donc pas reconnaître pour juge la puissance civile.

Tous les souverains n'ont pas la même religion et chaque homme religieux se sent en sa conscience, son devoir et son salut obligé de suivre la religion qu'ils croient vraie. Les souverains n'ont donc pas droit d'ordonner à leurs sujets de suivre la religion qu'ils ont adoptée. Dieu, en jugeant les hommes, leur demandera s'ils ont cru et pratiqué la vraie religion. Il ne leur demandera pas s'ils ont cru et pratiqué la religion de leur souverain ; et comment le leur demanderait-il, si tous les souverains ne sont pas de la vraie religion ? Jetez les yeux sur la mappemonde, Sire, et voyez combien il y a peu de pays dont les souverains soient catholiques. Comment se pourrait-il que le plus grand nombre des souverains de l'univers, étant dans l'erreur, ils eussent reçu de Dieu le droit de juger de la vraie religion ? S'ils n'ont pas ce droit, s'ils n'ont ni l'*infaillibilité* ni la *mission divine* qui seule pourrait le donner, comment oseraient-ils prendre sur eux de décider du sort de leurs sujets, de leur bonheur ou de leur malheur pendant l'éternité ? Tout homme, dans les principes de la religion, a son âme à sauver ; il a toutes les lumières de la raison et de la révélation pour trouver les voies du salut ; il a sa conscience pour appliquer ces lumières ; mais cette conscience est pour lui seul. Suivre la sienne est le droit et le devoir de tout homme, et nul homme n'a droit de donner la sienne pour règle à un autre. Chacun répond pour soi devant Dieu, et nul ne répond pour autrui.

Cela est d'une telle évidence qu'on croirait perdre son temps à le prouver, si les illusions contraires n'avaient aveuglé pour ainsi dire la plus grande partie du genre humain, si elles n'avaient pas inondé la terre de sang et si elles ne faisaient pas encore aujourd'hui des millions de malheureux. La patience ne doit donc pas se lasser, et je vais encore présenter le même raisonnement sous une autre face.

Il ne peut y avoir droit de commander sur quoi que ce soit, s'il n'y a en même temps de la part de celui qui reçoit le commandement, devoir d'obéir. Or, s'il y a une religion vraie, non seulement il n'y a pas devoir d'obéir au Prince qui commande une religion différente de celle que dicte la conscience, mais il y a au contraire, devoir de lui désobéir, devoir rigoureusement imposé par la Divinité, devoir dont, suivant la religion que V. M. professe, la violation sera punie par une éternité de supplices. Donc, sur les matières de religion, le Prince ne peut avoir droit de commander. Devoir de désobéir d'un côté, et droit de commander de l'autre, sont une contradiction dans les termes.

Les défenseurs de l'intolérance diront-ils que le Prince n'a droit de commander que quand sa religion est vraie, et qu'alors on doit lui obéir ? Non, même alors, on ne peut ni ne doit lui obéir : car si l'on doit suivre la religion qu'il prescrit, ce n'est pas parce qu'il le commande, mais parce qu'elle est vraie ; et ce n'est pas ni ne peut être parce que le Prince la prescrit qu'elle est vraie. Il n'y a aucun homme assez absurde pour croire une religion vraie par une pareille raison. Celui donc qui s'y soumet de bonne foi n'obéit pas au Prince, il n'obéit qu'à sa conscience ; et l'ordre du Prince n'ajoute ni ne peut ajouter aucun poids à l'obligation que cette conscience lui impose. Que le Prince croie ou ne croie pas une religion, qu'il commande ou ne commande pas de la suivre, elle n'en est ni plus ni moins ce qu'elle est, ou vraie ou fausse. L'opinion du Prince est donc absolument étrangère à la vérité d'une religion et, par conséquent, à l'obligation de la suivre ; le Prince n'a donc, comme Prince, aucun droit de juger, aucun droit de commander ; son incompétence est absolue sur les choses de cet ordre, qui ne sont point de son ressort, et dans lesquelles la conscience de chaque individu n'a et ne peut avoir que Dieu seul pour juge.

Quelques théologiens disent : « Nous convenons que le Prince n'a pas le droit de juger de la religion, mais l'Église a ce droit, et le Prince soumis à l'Église ordonne de se conformer à ses jugements. Il ne juge point, mais ordonne qu'on se soumette à un jugement légitime. » Comme ce raisonnement a été fait et se fait encore quelquefois sérieusement, il faut y répondre sérieusement.

L'Église a le droit de juger des choses de la religion, oui, sans doute ; elle a le droit d'exclure de son sein, de dire anathème à ceux qui refusent de se soumettre à ses décisions ; ces décisions obligent la conscience, ce que l'Église lie et délie sur la terre sera lié et délié au ciel. Mais l'Église n'est pas une puissance temporelle ; elle n'a ni droit ni pouvoir de punir sur la terre ; ses anathèmes sont la dénonciation des peines que Dieu réserve dans l'autre vie à l'obstination des réfractaires.

Le Prince, s'il est catholique, est enfant de l'Église : il lui est soumis ; mais c'est comme homme dans les choses qui intéressent sa religion, son salut personnel. Comme Prince, il est indépendant de la puissance ecclésiastique. L'Église ne peut donc lui rien ordonner en tant qu'il est Prince, mais seulement en tant qu'il est homme et, comme ce n'est qu'en qualité de Prince qu'il obligerait ses sujets à se soumettre au jugement de de l'Église, il s'ensuit que l'Église ne peut lui faire un devoir d'employer son autorité pour les y obliger. Elle ne peut pas lui en donner le droit, d'abord parce qu'elle ne l'a pas, mais encore parce que le Prince, comme Prince non seulement ne connaît point la supériorité de l'Église, mais parce qu'il n'a pas même de compétence pour juger quels sont les droits de l'Église ni que telle Église est la vraie Église. Y a-t-il une Église infaillible ? La société des chrétiens unis au pape est-elle cette Église ? Voilà précisément la question qui divise toute l'Europe en deux parties à peu près égales, ou la question à juger entre les protestants et les catholiques. Il y en a même une autre à juger encore avant celle-là, car les protestants et les catholiques reconnaissent les uns et les autres la vérité du christianisme et la divinité des Écritures, sur lesquelles toutes les communions chrétiennes prétendent appuyer leurs croyances. Mais les juifs n'admettent pas toutes ces Écritures ; une grande partie de l'Asie suit la religion de Mahomet et rejette celle de Jésus-Christ. Les pays musulmans sont aussi étendus que les pays où le christianisme est établi. Le reste de la terre, encore plus vaste, ne reconnaît ni Mahomet, ni Jésus-Christ, et suit des religions différentes. Tous ces peuples, et leurs magistrats, et leurs rois, sont bien loin de croire à l'infaillibilité de l'Église romaine et, puisque les rois ne sont pas d'accord sur cette infaillibilité, puisque leur qualité de rois les laisse également sujets à l'erreur sur cette question et sur les questions mêmes que celle-là suppose, leur qualité de rois ne leur donne donc aucun titre pour juger plutôt cette question que les autres ; ils sont donc tous aussi incompétents. Ceux qui sont soumis à l'Église lui sont soumis pour eux, pour leur propre salut comme hommes ; mais ils ne le sont point comme princes. Ils ne le sont point pour le salut de leurs sujets, qui ne leur est pas confié.

Non, le salut de leurs sujets ne leur est point et ne peut leur être confié. Il ne l'est ni ne peut l'être à aucun prince infidèle, et s'il l'était au prince chrétien et catholique à l'exclusion du prince infidèle, il faudrait qu'il y eût quelque différence entre le prince infidèle et le prince catholique, quant à l'autorité qu'ils ont droit d'exercer sur leurs sujets. Il faudrait que Clovis, en se faisant chrétien, eût acquis des droits de souverain qui lui manquaient auparavant. Il faudrait que la couronne, en passant de la tête de Henri III sur celle de Henri IV, eût perdu quelques-uns de ses droits, et c'était en effet la doctrine des fanatiques du temps.

Tel est le piège que le fanatisme intolérant a tendu aux princes qui ont eu la sottise de l'écouter. En les flattant d'un pouvoir inutile à leur grandeur, il n'a voulu qu'acquérir un instrument aveugle de ses fureurs, et se préparer un titre pour dépouiller à son tour l'autorité légitime, si elle ne voulait plus être son esclave. C'est le même esprit, c'est la même doctrine, qui a produit l'infernale Saint-Barthélemy et la détestable Ligue, mettant tour à tour le poignard dans la main des rois pour égorger les peuples, et dans la main des peuples pour assassiner les rois.

Voilà, Sire, un grand sujet de méditation que les princes doivent avoir sans cesse présent à la pensée.

Mais, sans remonter à ces grands principes, le plus simple bon sens permet-il de penser que les princes puissent avoir quelque droit sur la conscience et le salut de leurs sujets ? Si le sort des hommes pendant l'éternité pouvait dépendre d'autres hommes, ne faudrait-il pas du moins une certitude raisonnable que ceux-ci fussent doués de lumières naturelles ou acquises, supérieures à celles du commun des hommes ? Sans de telles lumières, et même avec elles sans une mission expresse de la Divinité, quel homme pourrait oser prendre sur lui le bonheur ou le malheur éternel d'autres hommes ? Quel homme ne tremblerait d'être chargé d'une pareille mission ?

Celle des rois est de faire le bonheur de leurs peuples sur la terre. Elle est assez noble, assez belle, et leur fardeau est assez pesant pour les forces de quelque homme que ce soit. Celui qui a rempli avec succès cette sublime et laborieuse carrière peut mourir content de lui et n'a point à redouter le compte qu'il rendra de sa vie. Avec de l'attention, de la droiture, du travail, un prince trouve les lumières et les secours nécessaires pour connaître ce qui est vraiment juste et vraiment utile ; il n'a pas besoin de savoir autre chose.

Il pourra se tromper, et c'est un malheur sans doute, mais ce malheur est une suite inévitable de la nature des choses. Puisqu'il faut un gouvernement, puisque la pire de toutes les situations possibles serait l'anarchie, il faut bien que ce gouvernement soit exercé par des hommes, et conséquemment par des êtres sujets à l'erreur. Il est nécessaire que les hommes, ayant des intérêts communs et des intérêts opposés, se concertent, qu'ils établissent des sociétés civiles, et qu'ils soumettent leurs intérêts temporels aux administrateurs de ces sociétés. Mais il n'y a aucune nécessité, aucun motif, qui puissent les engager à soumettre l'intérêt de leur salut éternel à des hommes quels qu'ils soient, à des hommes auxquels il n'y a pas le plus léger prétexte, pas la plus légère vraisemblance qui conduise à supposer des lumières supérieures en pareille matière.

Sire, je parle à un roi, mais à un roi juste et vrai. Qu'il se demande à lui-même ce qu'il en pense, et qu'il se réponde.

Il y a, dans les différentes Universités et parmi les Ministres des différentes sectes protestantes, des hommes qui, nés avec beaucoup d'esprit, ont blanchi dans l'étude de leur religion, ont lu toute leur vie l'Écriture sainte, ont approfondi toute l'antiquité ecclésiastique ; et, quoique dans toutes les religions il y ait des hommes qui s'attachent moins à découvrir la vérité qu'à trouver des moyens d'étayer la doctrine qu'ils ont intérêt de maintenir, on ne peut cependant douter qu'un très grand nombre de ces savants hommes ne soient très sincèrement convaincus que la doctrine dont ils font profession est la seule véritable. Quel est celui des princes catholiques qui se croirait en état de les convaincre, de se défendre même contre leurs objections ? Sans doute, les princes protestants ne seraient pas moins embarrassés, s'ils étaient obligés de disputer contre les plus savants docteurs catholiques. Les princes, dans quelque religion que ce soit, ne sont pas faits pour approfondir la théologie. Je ne me rappelle qu'un roi qui ait eu cette fantaisie, et c'était un protestant, Jacques Ier, roi d'Angleterre. Elle ne lui a pas réussi, et l'Europe a pensé qu'il eût mieux fait d'employer son temps à être un grand roi qu'un médiocre théologien. Trop de princes sont uniquement livrés au plaisir et à la dissipation. Ceux qui s'appliquent s'occupent des affaires de leur État, et font bien.

J'ose vous demander, Sire, si parmi les princes des différents temps et des différents pays dont vous avez lu l'histoire, il y en a un seul que vous eussiez voulu prendre pour conseil sur le choix d'une religion ; et, cependant, presque tous ces princes se sont crus en droit d'ordonner de la religion de leurs sujets, de rendre des lois, de prononcer des peines et de faire subir des supplices à des hommes qui n'avaient commis d'autre crime que d'avoir des opinions religieuses différentes des leurs et de suivre les mouvements de leur conscience. Ce qui augmente encore l'étonnement, c'est que la plus grande partie de ces princes, en même temps qu'ils donnaient ces ordres, violaient en mille manières les préceptes de leur propre religion et alliaient le scandale de la débauche avec la barbarie de la persécution.

Louis XIV qui, cependant, a mérité d'être estimé et même regardé comme un grand prince, parce qu'il avait de la probité, de l'honneur, un caractère un peu gâté peut-être, mais élevé et fortifié par un amour excessif de la gloire, mais surtout parce qu'il avait cette volonté ferme sans laquelle les rois ne peuvent ni faire le bien, ni empêcher le mal, Louis XIV savait très peu de chose. Il avouait avec candeur que son éducation avait été négligée. Il faisait cet aveu, et il osait juger de la religion de ses sujets ; il se croyait en droit d'ôter aux protestants la liberté de conscience que leur avait solennellement assurée Henri IV, dont ils avaient cimenté la couronne de leur sang ! Il les réduisait au désespoir par une continuité de vexations exercées en son nom, dont le détail fait frémir quand on lit les *Mémoires* du temps, et il faisait punir les fautes, où les avait entraînés ce désespoir, par les derniers supplices. Il croyait faire une action louable et pieuse : déplorable aveuglement d'un prince, d'ailleurs bien intentionné, mais qui n'a pas su distinguer ses devoirs comme homme de ses droits comme prince ; qui n'a pas su que s'il devait, comme homme et comme chrétien, se soumettre avec docilité à l'Église pour régler sa croyance personnelle, il n'était point en droit d'exiger comme souverain la même docilité de ses sujets, parce qu'il ne le pouvait sans se rendre juge de leur conscience. Mais l'intérêt des prêtres de cour a toujours été de confondre ces deux choses et d'abuser, pour fonder leur crédit et servir leurs passions, de l'ignorance des princes sur ces matières.

Ce n'est pas la seule faute qu'ils aient fait commettre en ce genre à Louis XIV. Les misérables disputes du jansénisme et du molinisme, qui ont causé la ruine de tant de particuliers et qui ont servi de prétexte à une fermentation dangereuse pour l'autorité royale, n'ont existé que par une suite de cette manie de faire intervenir le gouvernement dans des questions dont il n'a ni intérêt ni droit de se mêler, et par la malheureuse facilité de Louis XIV à croire aveuglément des prêtres de cour et des dévots de parti.

Cette affaire du jansénisme et du molinisme est, en quelque sorte, une guerre civile ; les deux partis reconnaissaient également l'autorité ecclésiastique. Cette circonstance a donné un caractère particulier à la manière dont on y a fait intervenir la puissance civile. Elle doit aussi donner lieu à des observations qui lui sont spécialement propres. Les moyens de pacifier cette querelle et toutes les autres de ce genre méritent d'être traités à part ; et si V. M. me le permet, j'en ferai la matière d'un *Mémoire* séparé de celui-ci. Je reviens à mon sujet.

Comment la religion pourrait-elle commander aux souverains, comment leur pourrait-elle permettre d'user de leur pouvoir pour contraindre leurs sujets en matière de religion ? La religion peut-elle donc commander ; peut-elle permettre des crimes ? Ordonner un crime, c'est en commettre un : celui qui commande d'assassiner est regardé par tout le monde comme un assassin. Or, le prince qui ordonne à son sujet de professer la religion que celui-ci ne croit pas, ou de renier celle qu'il croit, commande un crime ; le sujet qui obéit fait un mensonge ; il trahit sa conscience ; il fait une chose qu'il croit que Dieu lui défend.

Le protestant qui, par intérêt ou par crainte, se fait catholique, et le catholique qui, par les mêmes motifs, se fait protestant, sont tous deux coupables du même crime. Car ce n'est pas la vérité ou la fausseté d'une assertion qui constituent le mensonge et le parjure ; celui qui affirme avec serment une chose vraie qu'il croit fausse, est tout aussi menteur, tout aussi parjure, que si la chose était effectivement fausse. Le mensonge ou le parjure consistent dans la contradiction entre l'assertion et la persuasion de celui qui affirme ou qui fait serment. L'abjuration et les actes de catholicité extorqués d'un protestant par les supplices, par les... [a].

Extrait du journal de l'abbé de Véri. — *4 mars.* — Par une maladresse de Bertin, on a inquiété les protestants du côté d'Auch, au lieu le fermer les yeux suivant l'usage. Ils se sont rassemblés et ont fait un

---

[a] Ici s'arrête le manuscrit de Turgot. « C'est, dit Du Pont, un essai raturé que Turgot remit au net de sa main. »

« Turgot, dit Condorcet, n'a terminé que la première partie de ce mémoire ; c'est la plus importante, la seule sur laquelle tous les hommes de bonne foi, qui ont quelques lumières, aient pu conserver des doutes. » (*Vie de Turgot*, 117).

Mémoire imprimé dans lequel ils demandent les libertés de tous les citoyens.

D'autre part, les Français réfugiés en Saxe ont fait demander s'il était vrai qu'ils seraient tolérés en France. Il y a plusieurs années, des réfugiés en Angleterre avaient fait de pareilles demandes [a].

Turgot désire vivement la tolérance et en a fait une des bases de sa politique et même de son administration des finances. Ses raisons sont bonnes, mais sa chaleur est trop prompte ; il ne sait pas louvoyer. Il ne redoute pas assez les obstacles du clergé. Plusieurs évêques sont disposés à la tolérance ; ils se tairont ; les zélés élèveront fortement la voix. Les magistrats de plusieurs tribunaux opposeront les lois en vigueur. Du Muy les soutiendra ; les autres ministres suivront le penchant du Roi. Louis XVI est actuellement très opposé à toute tolérance ; j'en ai averti Turgot qu'une goutte violente retient au lit. Il ne peut pas se persuader que cette répugnance subsiste si la question est présentée au Roi avec cette évidence que Turgot y trouve. Je lui ai dit que le Roi n'avait ni les lumières, ni la force d'esprit qui puisse lui faire sentir en peu de temps cette évidence, que l'esprit de tolérance ne serait amené dans le Conseil que par le cours des opinions et par les progrès du temps. Un geste de tête m'a fait voir que Turgot ne me croyait pas.

Maurepas n'est point éloigné des maximes de tolérance, mais il ne voudra rien briser ; il ne se produira rien dans son temps sur cet article ; mais ses observations douces et judicieuses pourront préparer la révolution.

Les difficultés portent sur les points suivants : exercice public de religion ; exclusion des charges de l'État ; mariages, baptêmes, légitimité des enfants, droit d'hériter, paiement des dîmes.

Le Roi pourrait prendre les dîmes et faire des pensions viagères aux possesseurs actuels ; dans la suite, les offrandes volontaires de chaque citoyen paieraient les ministres des autels, mais les portions de dîmes qui font subsister petitement 200 000 individus, une fois remises entre les mains des receveurs royaux, ne produiront pas le quart de leur aliment actuel. On a vu de nos jours tous les biens des Jésuites absorbés par les seuls frais de régie, tandis que 3 000 individus en vivaient auparavant. Il n'y a pas de quoi payer les intérêts des créanciers et pas un sou à donner aux Jésuites.

---

[a] « M. Turgot chargea des personnes de confiance de prendre dans les pays étrangers des informations prudentes, sur la quantité et la richesse des Protestants de race française qui pourraient rentrer dans la patrie de leurs ancêtres si la tolérance y était établie. » (Du Pont., *Mém.*, 221)

188. — MÉMOIRE SUR LES MUNICIPALITÉS.

[D. P., VII, 387. — *Œuvres posthumes de Turgot*, avec une lettre à M. le Comte de M... et des observations d'un républicain sur les différents systèmes d'administrations provinciales, etc. — Karl Knies : *Karl Friedrichs von Baden briefticher verkehr mit Mirabeau und Du Pont*, I, 244.]

(Inutilité des données historiques. — Absence de constitution.)

Le *Mémoire sur les municipalités* a été rédigé par Du Pont sur les indications de Turgot et dans les circonstances ci-après :

Turgot, voulant remédier à la centralisation excessive qui constituait l'organisation de l'Ancien régime, projeta la formation d'*administrations municipales et provinciales* qui auraient été placées sous la direction du gouvernement et auraient eu des attributions si bien limitées qu'elles ne pussent avoir la prétention d'imiter les assemblées des pays d'États et surtout les Cours souveraines. Il chargea Du Pont de mettre sur le papier les idées qu'il lui avait exposées plusieurs fois à ce sujet.

D'après le *Mémoire* que prépara Du Pont, les municipalités, les cantons et les provinces devaient résoudre elles-mêmes les questions qui les intéressaient directement. Les *municipalités* auraient réparti les impôts entre les habitants, procédé à l'établissement des ouvrages publics et des chemins vicinaux, réglé la police des pauvres et les moyens à employer pour leur soulagement. Puis, les *assemblées de canton*, composées de députés des municipalités, auraient réparti à leur tour l'impôt entre les paroisses, présidé à la construction et à l'entretien des chemins de grande communication, et distribué des secours aux paroisses en cas de calamités exceptionnelles, comme la grêle, l'inondation ou l'incendie. Ce second degré d'assemblées aurait envoyé des députés à des *assemblées provinciales* qui auraient tranché les questions d'un ordre plus général ; au sommet de cette hiérarchie, aurait été placée une *assemblée générale*, composée des députés de toutes les assemblées provinciales et ayant pour mission de répartir l'impôt entre les provinces, de déterminer le montant des dépenses à faire pour les travaux publics et d'établir un lien entre le Roi et les paroisses les plus éloignées du Royaume.

Quant à l'entrée dans les différentes assemblées, elle devait être réservée aux seuls propriétaires du sol, en attribuant à chacun d'eux un nombre de voix proportionnel à son revenu.

Un changement aussi profond n'aurait pu être introduit dans l'organisation du pays sans que les citoyens eussent, au préalable, été rendus aptes à prendre part à la vie politique ; il était créé dans ce but une *instruction publique*, indépendante de l'action du clergé et dirigée de manière à enseigner à chacun « les obligations qu'il a à la société et au pouvoir qui les protège, les devoirs que ces obligations lui imposent, l'intérêt qu'il a à les remplir pour le bien du public et pour le sien propre ».

Telles étaient les bases du système politique, dont, selon le *Mémoire*, l'organisation devait être proposée par Turgot à Louis XVI. Ce n'était pas là un de ces rapports banals, comme il en sort journellement des administrations publiques, c'était un plan complet de réformation du Royaume, dans lequel on retrouve à chaque ligne les idées physiocratiques, avec les atténuations que Du Pont y avait apportées sous l'inspiration de Turgot. Le Roi conservait toute la puissance exécutive et nulle *contre-force* ne devait être établie pour balancer son pouvoir ; les citoyens n'avaient à intervenir que pour répartir l'impôt, faire les travaux publics et se secourir mutuellement, par une application exagérée du principe de solidarité. C'était l'émancipation, sans modifier les rouages essentiels de l'organisation existante ; il n'était porté d'atteinte réelle qu'à la situation des privilégiés.

Le plan de Turgot différait profondément de celui qu'avait dressé le marquis de Mirabeau dans son *Mémoire sur les états provinciaux* ; le marquis aurait voulu que toute la France fut organisée sur le même pied que les *pays d'États*, mais avec les trois ordres et en conservant la prééminence aux privilégiés.

Turgot ne s'occupait tout d'abord que des *pays d'élections*, mais, dit Du Pont (*Mém.*, 195), il y avait lieu de croire que les grands avantages qu'ils ne pouvaient manquer d'en retirer auraient engagé plus tôt ou plus tard les pays d'États à demander au Roi de changer la forme de leur administration. Les Parlements n'auraient plus eu à se mêler des finances. Le Conseil de l'instruction nationale ne devait influer en rien sur l'instruction religieuse qui restait en dehors de l'autorité civile.

L'intention de Turgot était de faire aboutir cette grande réforme au mois d'octobre 1775, avant le renouvellement de l'année financière. Il fallait pour cela que le plan fut achevé dans ses détails au mois de juillet ; il aurait été soumis au Conseil, proposé ensuite au Roi et publié. La guerre des farines retarda le travail et Turgot ne dut songer à en faire l'objet d'une proposition ferme que lors de la préparation de l'année financière 1777, c'est-à-dire pour l'automne de l'année 1776 ; or, il fut disgracié au mois de mai de cette année.

L'intervention de Du Pont a été définie par lui-même, dans ses *Mémoires sur Turgot*, en ces termes :

« M. Turgot avait confié le premier essai de ce travail à son ami le plus intime, mais il avait approuvé cet essai qu'il se proposait de corriger et de récrire en entier avec la sévérité la plus scrupuleuse comme il faisait de tous les ouvrages auxquels il permettait à ses amis de coopérer. »

En 1787, presque au lendemain de la clôture de la première assemblée des notables, à une époque où on ne parlait que d'États Généraux, les hommes politiques savaient que Turgot avait dressé un projet pour appeler le peuple à prendre part aux affaires publiques, mais peu de personnes connaissaient exactement les vues du grand ministre sur ce sujet important. Or, il fut publié sous le titre d'*Œuvres posthumes de Turgot*, une édition du *Mémoire sur les municipalités*, avec une *Lettre à M. le comte de M...*, des commentaires « par un républicain » et une *Préface* dans laquelle on lisait :

« Je crois rendre un grand service au public et à la mémoire de M. Turgot en publiant son *Mémoire sur les municipalités*. Il est impossible d'élever aucun doute sur son authenticité. Je le tiens d'un homme respectable qui le trouva à sa mort parmi ses papiers et qui me permit d'en tirer une copie. Les amis de ce ministre éclairé, ceux qui connaissent ses principes et son style, le reconnaîtront aisément dans cet excellent morceau... »

Du Pont venait de prendre une part active à la rédaction des projets soumis par Calonne à l'assemblée des Notables et l'un de ces projets passait pour avoir été copié sur le plan de Turgot ; on ne manqua donc pas de lui attribuer la paternité de l'édition. Une lettre au *Journal de Paris* du 3 juillet renferme ce démenti :

« MM., on vient de publier, comme ouvrage posthume de M. Turgot, un *Mémoire sur les assemblées provinciales ou sur les différents degrés de municipalités* dont l'établissement peut concourir à l'administration du Royaume. L'éditeur dit qu'il est aisé de reconnaître, dans ce mémoire, le style de M. Turgot. Je dois déclarer que c'est précisément le style de M. Turgot qu'il est impossible d'y reconnaître, attendu que les idées sont à ce grand homme et que la rédaction est d'un écrivain bien inférieur, qui avait seulement cherché à se pénétrer de son esprit...

« Vous trouverez dans les *Mémoires sur la vie et les ouvrages* de ce ministre [a] ... qu'il y avait quatre ou cinq personnes, non de ses commis, mais de ses amis, qui partageaient plus particulièrement sa confiance ; qu'il leur faisait essayer à tous la rédaction de ses projets, comparait leur travail et finissait par tout refaire lui-même.

« Ces amis ne me désavoueront pas, lorsque je dirai qu'une telle confiance de la part d'un homme aussi habile, aussi vertueux, aussi propre à faire le bonheur du monde que l'était M. Turgot, sera, chez la postérité, un de leurs plus beaux titres d'honneur. C'étaient M. de

---

[a] Par Du Pont.

Fourqueux, M. Trudaine [a], M. le marquis de Condorcet et l'auteur des *Mémoires* qui viennent d'être cités.

« C'est ce dernier qui, d'après les ordres et les instructions de son protecteur et de son ami, a rédigé à la fin d'août 1775, ce mémoire qui n'a jamais été présenté au Roi. Son ouvrage ne doit être regardé que comme une première ébauche, puisque M. Turgot ayant cru, pour lors, devoir remettre à l'année suivante l'exécution de ses vues sur les municipalités, n'a pas même fait faire les autres travaux préliminaires de celui qu'il se proposait.

« M. Turgot avait indiqué au crayon plusieurs corrections nécessaires dans le style et même quelques-unes dans les idées de ce projet.

« Il était bien d'avis qu'il n'y eut que les propriétaires des terres qui concourussent à la répartition des impositions, parce qu'il pensait qu'elles retombent toutes sur eux et qu'il serait plus sage, moins onéreux pour eux-mêmes et pour la société, qu'on les leur demandât directement ; mais il pensait aussi que les assemblées municipales avaient d'autres intérêts que celui de la répartition des contributions et de la bonne administration des travaux publics. Il croyait utile de leur confier plusieurs branches de police qui, pouvant toucher à la liberté des individus, demandaient que le vœu de ceux mêmes qui n'ont point de propriété foncière pût être connu et pût contribuer à éclairer le gouvernement sur le choix des personnes à qui serait remis l'exercice de cette portion de l'autorité.

« Il aurait exposé et développé les avantages d'une institution de ce genre et sa liaison avec l'établissement d'une bonne constitution d'administrations municipales.

« Il voulait encore que l'on parlât des limites naturelles des territoires dont l'administration pourrait être confiée aux différents degrés de municipalités. Il jugeait que les arrondissements ou districts devaient être déterminés de manière qu'ils ne renfermassent aucun village distant de plus de huit à dix mille toises du chef-lieu, parce qu'il fallait que chacun pût y aller réclamer son droit, faire ses affaires et revenir coucher chez soi. Il trouvait que les provinces ne devaient jamais avoir plus de dix lieues de rayon…

« Il voulait que l'on fît sentir les rapports naturels qui existent entre l'administration et la juridiction, et que l'on démontrât combien il serait utile que les divisions de territoire les plus favorables aux degrés de l'une, fussent pareillement appliquées à l'étendue des ressorts de l'autre.

« Ainsi, quoique toutes les idées qui se trouvent dans le mémoire, qui vient d'être imprimé, soient à M. Turgot, on voit combien on aurait

---

[a] De Montigny.

tort de lui attribuer un ouvrage auquel il voulait qu'on ajoutât tant de choses.

« L'auteur les aurait ajoutées, comme il avait fait le mémoire, le moins mal qu'il aurait pu, si, voyant M. Turgot jouir de la liberté, il n'eût préféré de lui laisser à lui-même le soin d'exposer ses idées.

« Il fallait des ordres bien précis de la part de M. Turgot, pour que ses amis et ses élèves osassent traiter une matière qu'ils avaient discutée avec lui. Ils sentaient combien il était à désirer que la clarté de son esprit, la sévérité de sa logique et la justesse de son expression fussent les seuls interprètes des conceptions de son génie.

« L'édition furtive qui vient d'être faite est d'ailleurs si incorrecte ; elle présente tant d'omissions et de fautes qui sont des contre-sens grossiers ; elle est accompagnée d'additions si étranges que l'auteur serait doublement affligé de sa publicité, s'il n'était convaincu que l'ouvrage sera peu recherché quand on saura qu'il n'est pas de M. Turgot.

« J'ai l'honneur d'être, etc.

« DU PONT. »

Ainsi, Turgot avait approuvé le mémoire, mais il voulait rendre la réforme plus radicale en appelant tous les citoyens, *propriétaires ou non*, à prendre leur part des affaires publiques ; il voulait aussi restreindre l'action des Parlements, en unifiant les divisions judiciaires et les divisions administratives.

Le plan ainsi complété eût-il été réalisable ? Son exécution aurait exigé, sans nul doute, de la part du gouvernement une persévérance et une fermeté dont Louis XVI n'était pas capable. Turgot ne désespérait pourtant pas du succès et n'hésitait que sur le moment ; les événements lui prouvèrent qu'il avait trop compté sur son Roi ; il succomba bientôt sous les coups de la plus basse intrigue et la majeure partie de son œuvre fut détruite momentanément par la réaction triomphante. Mais, à en juger par ce qui se passa plus tard, la réforme ne dépassait pas de beaucoup la mesure de ce qui était faisable en 1775, sans troubler profondément le pays et sans ébranler la monarchie. Deux ans ne s'étaient pas écoulés, en effet, que Necker se voyait obligé d'entrer dans la voie préparée par son prédécesseur et de créer une première *assemblée provinciale*, mais avec la préoccupation de ménager les privilégiés.

L'abbé de Véri qui s'occupa activement de l'assemblée provinciale du Berry a émis au sujet du *Mémoire sur les municipalités*, l'opinion ci-après : « Un ami de M. Turgot a mis sur le papier les idées qu'il avait recueillies de vive voix de sa bouche sur le plan que ce ministre espérait réaliser un jour pour former une administration municipale. Je les trou-

ve exemptes de toute inquiétude pour la constitution monarchique. »
(*Journal*, octobre 1781)

Tel était bien le sentiment qui avait dominé dans la pensée de Turgot.

Quelques années plus tard, Calonne chercha à ramener à lui l'opinion en présentant aux Notables un programme de réforme peu différent de celui qu'avait imaginé Turgot. Il avait eu connaissance du *Mémoire sur les municipalités*, plusieurs mois avant que ce document eût été livré à la publicité ; la communication lui en avait été faite, non par le rédacteur véritable, qui était cependant en relations journalières avec lui, mais par Mirabeau, le futur orateur de la Constituante, qui, pour obtenir des fonctions qu'il ambitionnait, lui avait remis cet important travail, en s'en attribuant la paternité.

Une lettre, que Du Pont écrivit au marquis Turgot, le jour même où fut adressée au *Journal de Paris* la rectification que nous avons reproduite, fournit des détails sur cette supercherie.

« J'ai l'honneur de vous envoyer copie de la réclamation que j'envoie au *Journal de Paris* au sujet de l'ouvrage dont vous me parlez. Il est vrai que ce n'est pas moi qui l'ai fait imprimer ; car je n'y aurais pas ajouté des lettres [a] qui ont pour objet d'établir que cet ouvrage dont je connais les défauts, mais qu'avec eux je crois bon, est cependant contraire à son but et doit être rangé parmi les rêves bien intentionnés. Voici comment il est arrivé à la publicité. Du vivant même de M. votre frère, dans le temps que le comte de Mirabeau était à Vincennes où il périssait d'ennui, où il travaillait beaucoup et montrait pour les travaux utiles une ardeur intéressante, je l'allais voir tous les dimanches pour le consoler. Il me demandait sans cesse des matériaux, des mémoires, des papiers qui pussent servir à son instruction et faire que sa prison le rendît propre à bien faire quand il en serait sorti. Parmi un grand nombre d'écrits de moi, que je lui prêtai dans cette vue, était celui-ci, un des moins mauvais que j'aie faits. Il me l'a rendu, mais ne s'est pas vanté d'en avoir gardé copie. Depuis, il l'a donné à M. de Calonne comme son propre ouvrage ; et il a fallu que je présentasse au ministre l'original de ma main (une copie chargée de coups de crayon de M. votre frère) pour lui montrer comment Mirabeau fait quelquefois ses écrits. Depuis, il eut besoin d'argent et pensant que le nom de votre frère donnerait plus de prix au mémoire, il l'a vendu au libraire en le restituant non à moi, mais à mon protecteur et, selon toute apparence, l'ouvrage n'étant

---

[a] *Lettre adressée à M. le comte de M.* (Mirabeau) *par M.* (Clavière ?) *sur le plan de M. Turgot.* — *Observations d'un républicain* sur les différents systèmes d'administrations provinciales, particulièrement sur ceux de MM. Turgot et Necker, et sur le bien qu'on peut en espérer dans les gouvernements monarchiques.

pas assez volumineux pour l'argent qu'il en avait reçu ou voulait en recevoir, il a grossi le volume avec deux fatras pitoyables, dont je crois un de lui et un de Clavière. J'ai évité d'entrer dans ces détails en écrivant au *Journal*, premièrement, parce que le comte de Mirabeau a un talent et une violence qu'il n'est pas prudent d'irriter même quand il a tort, ou autant qu'il a tort. Il aggraverait ses torts avec une insolence qui obligerait de le tuer pour lui apprendre à vivre et je serais très fâché d'être forcé de prendre ce parti, qui ne convient pas à mon âge, et nuirait à ma raison et à celle des gens raisonnables avec lesquels j'ai eu le bonheur d'être lié ; secondement, ces détails ne sont rien à M. votre frère. D'ailleurs, le comte de Mirabeau avec des vices très gros, a des qualités estimables dont on peut tirer parti pour l'utilité publique. C'est le plus étrange mélange de bien et de mal que j'aie connu. »

En 1778, Du Pont communiqua au margrave de Bade une copie du mémoire qu'il avait rédigé ; cette copie a été reproduite par M. Knies dans la *Correspondance du margrave avec Mirabeau et Du Pont*. Elle diffère sensiblement de la version que Du Pont inséra dans les *Œuvres de Turgot* en 1809 ; tout fait supposer qu'à cette époque Du Pont retoucha fortement le texte primitif ; la version publiée par M. Knies fait mieux connaître les idées que Turgot pouvait avoir en 1775 ; aussi est-ce celle que nous suivons en indiquant en note les modifications les plus importantes de celles qu'y a faites Du Pont en 1809.

À la suite du *Mémoire*, nous publions les *observations* de Condorcet qui ont de l'intérêt au point de vue historique.

***

Sire, pour savoir s'il convient d'établir des *municipalités* en France dans les cantons qui en sont privés, s'il faut perfectionner ou changer celles qui existent déjà et comment constituer celles qu'on croira nécessaires, il ne s'agit pas de remonter à l'origine des *administrations municipales*, de faire une relation historique des vicissitudes qu'elles ont essuyées, ni même d'entrer dans de grands détails sur les diverses formes qu'elles ont aujourd'hui. On a beaucoup trop employé, en matières graves, cet usage de décider ce qu'on doit faire, par l'examen et l'exemple de ce qu'ont fait nos ancêtres dans des temps d'ignorance et de barbarie. Cette méthode n'est propre qu'à égarer la justice à travers la multiplicité des faits qu'on présente comme autorités. Elle tend à dégoûter les princes de leurs plus importantes fonctions en leur persuadant que, pour s'en acquitter avec fruit et gloire, il faut être prodigieusement savant. Il ne faut cependant que bien connaître et bien peser les droits et les intérêts des hommes. Ces droits et ces intérêts ne sont pas fort multipliés, de sorte que la science qui les embrasse, appuyée sur des principes de justice que chacun porte dans son cœur, et sur la conviction intime de nos propres sensations, a un degré de certitude très grand, et néanmoins n'a que peu d'étendue. Elle n'exige pas un effort de longue étude et ne passe les forces d'aucun homme de bien.

Les *droits des hommes* réunis en société ne sont pas fondés sur leur histoire, mais sur leur nature. Il ne peut y avoir de raison de perpétuer les établissements faits sans raison. Les rois, prédécesseurs de V. M., ont prononcé, dans les circonstances où ils se sont trouvés, les lois qu'ils ont jugées convenables. Ils se sont trompés quelquefois. Ils l'ont été souvent par l'ignorance de leur siècle et, plus souvent encore, ils ont été gênés dans leurs vues par des intérêts particuliers très puissants, qu'ils ne se sont pas cru la force de vaincre et avec lesquels ils ont mieux aimé transiger. Il n'y a rien là-dedans qui puisse Vous asservir à ne pas changer les ordonnances qu'ils ont faites, ou les institutions auxquelles ils se sont prêtés, quand Vous avez reconnu que ce changement est juste, utile et possible.

Ceux de vos sujets qui sont les plus accoutumés aux réclamations, n'oseraient contester à V. M., pour réformer les abus, un pouvoir législatif tout aussi étendu que l'était celui des princes qui ont donné ou laissé lieu. La plus grande de toutes les puissances est une conscience pure et éclairée dans ceux à qui la Providence a remis l'autorité. C'est le désir prouvé de faire le bien de tous.

V. M. peut donc se regarder comme un législateur absolu et compter sur sa bonne nation pour l'exécution de ses ordres.

Cette *nation* est nombreuse ; ce n'est pas le tout qu'elle obéisse : il faut s'assurer de la pouvoir bien commander. Il semble d'abord que pour y réussir, il faudrait connaître, et même dans un assez grand détail, sa situation, ses besoins, ses facultés. C'est ce qui serait plus utile, sans doute, que l'historique des positions passées. Mais c'est encore ce à quoi, dans la constitution actuelle des choses, V. M. ne peut pas espérer de parvenir, ce que ses ministres ne peuvent pas se promettre, ce que les intendants des provinces ne peuvent guère plus, ce que les subdélégués, que ceux-ci nomment, ne peuvent même que très imparfaitement pour la petite étendue confiée à leurs soins. De là naissent, dans l'assiette et la répartition des impositions, dans les moyens de les lever et dans l'administration intérieure, une infinité d'abus qui sont ceux qui excitent le plus de murmures et qui, portant le plus sur les dernières classes du peuple, contribuent effectivement le plus à les rendre malheureuses. Il serait impossible d'y pourvoir, si l'on n'imaginait une forme d'après laquelle la plupart des choses qui doivent se faire, se fassent d'elles-mêmes suffisamment bien, et sans que V. M. ni ses principaux serviteurs, aient besoin d'être instruits que de très peu de faits particuliers, ni d'y concourir autrement que par la protection générale que vous devez à vos sujets.

La recherche de cette forme est l'objet de ce *Mémoire*.

La cause du mal, Sire, vient de ce que Votre nation n'a point de *Constitution*. C'est une société composée de différents ordres mal unis et d'un peuple dont les membres n'ont entre eux que très peu de liens sociaux ; où, par conséquent, chacun n'est occupé que de son intérêt particulier exclusif, où presque personne ne s'embarrasse de remplir ses devoirs ni de connaître ses rapports avec les autres ; de sorte que, dans cette guerre perpétuelle de prétentions et d'entreprises que la raison et les lumières réciproques n'ont jamais réglées, V. M. est obligée de tout décider par elle-même ou par ses mandataires. On attend Vos ordres spéciaux pour contribuer au bien public, pour respecter les biens d'autrui, quelquefois même pour user des siens propres. Vous êtes forcé de statuer sur tout, et le plus souvent par des volontés particulières, tandis que Vous pourriez gouverner comme Dieu par des lois générales, si les parties intégrantes de votre empire avaient une organisation régulière et des rapports connus.

Votre royaume est composé de *provinces*. Ces provinces le sont de *cantons* ou d'*arrondissements* qu'on nomme, selon les provinces, bailliages, élections, vigueries ou de tel autre nom. Ces arrondissements sont formés d'un certain nombre de villes et de villages. Ces *villes* et ces *villages* sont habités par des familles. Il en dépend des terres qui donnent des productions, qui font vivre tous les habitants et fournissent des revenus avec lesquels on paye des salaires à ceux qui n'ont point de terres, et l'on acquitte les impôts consacrés aux dépenses publiques. Les familles enfin sont composées d'individus, qui ont beaucoup de devoirs à remplir les uns envers les autres et envers la société, devoirs fondés sur les bienfaits qu'ils en ont reçus et qu'ils en reçoivent chaque jour.

Mais les *individus* sont assez mal instruits de leurs devoirs dans la famille, et nullement de ceux qui les lient à l'État.

Les *familles* elles-mêmes savent à peine qu'elles tiennent à cet État, dont elles font partie : elles ignorent à quel titre. Elles regardent les commandements de l'autorité pour les contributions qui doivent servir au maintien de l'ordre public comme la loi du plus fort, à laquelle il n'y a d'autre raison de céder que l'impuissance d'y résister. De là, chacun cherche à tromper l'autorité et à rejeter les charges sociales sur ses voisins. Les revenus se cachent et ne peuvent se découvrir que très imparfaitement, par une sorte d'inquisition dans laquelle on dirait que V. M.

est en guerre avec son peuple. Et, dans cette espèce de guerre qui, ne fût-elle qu'apparente, serait toujours fâcheuse et funeste, personne n'a intérêt à favoriser le gouvernement ; celui qui le ferait serait vu de mauvais œil. Il n'y a point d'esprit public, parce qu'il n'y a point d'intérêt commun visible et connu. Les villages et les villes, dont les membres sont ainsi désunis, n'ont pas plus de rapports entre eux dans les arrondissements auxquels ils sont attribués. Ils ne peuvent s'entendre pour aucun des travaux publics qui leur seraient nécessaires.

Les différentes divisions des provinces sont dans le même cas, et les provinces elles-mêmes s'y trouvent par rapport au Royaume.

Quelques-unes de ces provinces ont cependant une espèce de constitution, des assemblées, une sorte de vœu public ; c'est ce qu'on appelle les *pays d'États*. Mais, étant composés d'*ordres* dont les prétentions sont très diverses et les intérêts très séparés les uns des autres et de celui de la nation, ces États sont loin encore d'opérer tout le bien qui serait à désirer pour les provinces à l'administration desquelles ils ont part.

C'est peut-être un mal que ces demi-biens locaux. Les provinces qui en jouissent sentent moins la nécessité de la réforme. Mais V. M. peut les y conduire en donnant aux autres provinces qui n'ont point du tout de constitution, une constitution mieux organisée que celle dont s'enorgueillissent aujourd'hui les pays d'États. C'est par l'exemple qu'on peut leur faire désirer, Sire, que votre pouvoir les autorise à changer ce qu'il y a de défectueux dans leur forme actuelle.

Pour faire disparaître cet esprit de désunion qui décuple les travaux de vos serviteurs et de V. M. et qui diminue nécessairement et prodigieusement votre puissance, pour y substituer, au contraire, un esprit d'ordre et d'union qui fasse concourir les forces et les moyens de votre nation au bien commun, les rassemble dans votre main et les rende faciles à conduire, il faudrait imaginer un plan qui liât par une instruction à laquelle on ne pût se refuser, par un intérêt commun très évident, par la nécessité de connaître cet intérêt, d'en délibérer et de s'y conformer ; qui liât, dis-je, les individus à leurs familles, les familles au village ou à la ville à qui elles tiennent, les villes et les villages à l'arrondissement dans lequel ils sont compris, les arrondissements aux provinces dont ils font partie, les provinces enfin à l'État.

J'oserai proposer à V. M. sur ces différents objets si propres à intéresser son cœur bienfaisant et son amour pour la véritable gloire, plusieurs établissements dont je développerai les avantages à mesure que j'en ferai passer le projet sous vos yeux.

De la manière de préparer les individus et les familles à bien entrer dans une bonne constitution de société.

La première, et peut-être la plus importante de toutes les institutions que je croirais nécessaires, celle qui me semblerait la plus propre à immortaliser le règne de V. M. et qui influerait le plus sur la totalité du Royaume, serait, Sire, la formation d'un *Conseil de l'instruction nationale*, sous la direction duquel seraient les académies, les universités, les collèges, les petites écoles.

Le premier lien des nations est les mœurs ; la première base des mœurs est l'instruction prise dès l'enfance sur tous les devoirs de l'homme en société. Il est étonnant que cette science soit si peu avancée. Il y a des méthodes et des établissements pour former des grammairiens, des géomètres, des physiciens, des peintres. Il n'y en a pas pour former des citoyens. Il y en aurait, si l'instruction nationale était dirigée par un de vos Conseils, dans des vues publiques, d'après des principes uniformes.

Ce Conseil n'aurait pas besoin d'être très nombreux, car il faudrait qu'il ne pût avoir lui-même qu'un seul esprit. Il ferait composer dans cet esprit les livres classiques d'après un plan suivi, de manière que l'un conduisît à l'autre, et que l'étude des *devoirs du citoyen*, membre d'une famille et de l'État, fût le fondement de toutes les autres études, qui seraient rangées dans l'ordre de l'utilité dont elles peuvent être à la société.

Il veillerait à toute la police de l'éducation ; il y pourrait rendre utiles les corps littéraires. Leurs efforts à présent ne tendent qu'à former des savants, des poètes, des gens d'esprit et de goût : ceux qui ne sauraient prétendre à ce terme restent abandonnés et ne sont rien. Un nouveau système d'éducation, qui ne peut s'établir que par toute l'autorité de V. M. secondée d'un Conseil très bien choisi, conduirait à former dans toutes les classes de la société des hommes vertueux et utiles, des âmes justes, des cœurs purs, des citoyens zélés. Ceux d'entre eux ensuite qui pourraient et voudraient se livrer spécialement aux sciences et aux lettres, détournés des choses frivoles par l'importance des premiers principes qu'ils auraient reçus, porteraient dans leur travail un caractère plus mâle et plus suivi. Le goût même y gagnerait, comme le ton national : il deviendrait plus sévère et plus élevé, mais surtout plus tourné aux choses honnêtes. Ce serait le fruit de l'uniformité des vues patriotiques que le Conseil de l'instruction ferait répandre dans tous les enseignements qu'on donnerait à la jeunesse.

Il n'y a présentement qu'une seule espèce d'instruction qui ait quelque uniformité : c'est l'*instruction religieuse*. Encore, cette uniformité n'est-elle pas complète. Les livres classiques varient d'un diocèse à l'autre ; le catéchisme de Paris n'est pas celui de Montpellier, ni l'un ni l'autre ne sont celui de Besançon. Cette diversité de livres classiques est impossible à éviter dans une instruction qui a plusieurs chefs indépendants les uns des autres. Celle que ferait donner votre Conseil de l'instruction n'aurait pas cet inconvénient. Elle serait d'autant plus nécessaire, que l'instruction religieuse est particulièrement bornée aux choses du ciel. La preuve qu'elle ne suffit pas pour la morale à observer entre les citoyens, et surtout entre les différentes associations de citoyens, est dans la multitude de questions qui s'élèvent tous les jours, où V. M. voit une partie de ses sujets demander à vexer l'autre par des *privilèges exclusifs* ; de sorte que votre Conseil est forcé de réprimer ces demandes et de proscrire comme injustes les prétextes dont elles se colorent.

Votre royaume, Sire, est de ce monde ; c'est à la conduite que vos sujets y tiennent les uns envers les autres et envers l'État, que V. M. est obligée de veiller pour l'acquit de sa conscience et pour l'intérêt de sa couronne. Sans mettre aucun obstacle (et bien au contraire) aux instructions dont l'objet s'élève plus haut, et qui ont déjà leurs règles et leurs ministres tout établis, je crois donc ne pouvoir rien vous proposer de plus avantageux pour votre peuple, de plus propre à maintenir la paix et le bon ordre, à donner de l'activité à tous les travaux utiles, à faire chérir votre autorité et à vous attacher chaque jour de plus en plus le cœur de vos sujets, que de leur faire donner à tous une instruction qui leur manifeste bien les obligations qu'ils ont à la société et à votre pouvoir qui la protège, les devoirs que ces obligations leur imposent, l'intérêt qu'ils ont à remplir ces devoirs pour le bien public et pour le leur propre. Cette instruction morale et sociale exige des livres faits exprès, au concours, avec beaucoup de soin, et un maître d'école dans chaque paroisse, qui les enseigne aux enfants avec l'art d'écrire, de lire, de compter, de toiser, et les principes de la mécanique.

L'instruction plus savante et qui embrasserait progressivement les connaissances nécessaires aux citoyens dont l'État exige des lumières plus étendues, se donnerait dans les collèges ; mais toujours d'après les mêmes principes, plus développés selon les fonctions que le rang des élèves les met à portée de remplir dans la société.

Si V. M. agrée ce plan, Sire, je mettrai sous ses yeux les détails qui pourront y être relatifs dans un *Mémoire spécial*. Mais j'ose lui répondre que, dans dix ans d'ici, sa nation ne serait pas reconnaissable ; et que, par les lumières, par les bonnes mœurs, par le zèle éclairé pour votre service et pour celui de la patrie, elle serait infiniment au-dessus de tous les autres peuples qui existent et qui ont existé. Les enfants qui ont actuellement dix ans se trouveraient alors des hommes de vingt, préparés pour l'État, affectionnés à la patrie, soumis, non par crainte, mais par raison, à l'autorité, secourables envers leurs concitoyens, accoutumés à connaître et à respecter la justice qui est le premier fondement des sociétés.

De tels hommes se comporteront bien dans leurs familles, et formeront, sans doute, des familles qui seront faciles à conduire dans le village auquel elles tiendront. Mais il n'est pas nécessaire d'attendre les fruits de cette bonne éducation pour intéresser déjà les familles existantes à la chose publique et au service de V. M. ; et rien n'empêche de les employer, telles qu'elles sont, à la composition de villages réguliers, qui soient autre chose qu'un assemblage de maisons, de cabanes et d'habitants non moins passifs qu'elles. Ce peut même être un très bon moyen de rendre l'éducation encore plus profitable, et d'exciter l'émulation des pères et des élèves, que d'offrir à l'ambition honnête un objet et au mérite un emploi, dans la part que les sujets distingués prendront naturellement par la suite à la manutention des affaires du lieu où leur famille sera domiciliée.

De ce qui constitue naturellement les villages, et de l'espèce d'administration municipale dont ils sont susceptibles.

Un village est essentiellement composé d'un certain nombre de familles qui possèdent les maisons qui le forment et les terres qui en dépendent.

La police ecclésiastique a fait à cet égard des divisions de territoire assez bien entendues. Les *paroisses* n'ont pas entre elles une inégalité fort notable et le petit nombre de celles qui pourraient être regardées comme trop grandes sont sous-divisées par des annexes ou des *succursales*. On a été conduit à ces divisions, par la nécessité de ne donner aux paroisses qu'une étendue dans laquelle il ne soit pas au-dessus des forces d'un curé de remplir les fonctions de son ministère. La division par paroisses, ou si l'on veut par succursales, peut donc être et est déjà adoptée de fait pour les villages. Chacune de ces divisions a un territoire connu et déterminé, susceptible d'une administration politique aussi claire que l'administration religieuse que le curé y exerce ; et cette administration relative au territoire doit être on ne peut pas plus facile à remplir par ceux qui sont sur les lieux.

Les objets qui peuvent la concerner sont :

1° De répartir les *impositions* ;

2° D'aviser aux *ouvrages publics*, chemins vicinaux et autres spécialement nécessaires au village ;

3° De veiller à la *police des pauvres* et à leur soulagement ;

4° De savoir quelles sont les *relations* de la paroisse avec les autres villages voisins et avec les grands travaux publics de l'arrondissement, et de porter à cet égard le vœu de la paroisse à l'autorité supérieure qui peut en décider.

Ces points, indispensables pour que les affaires de chaque village soient bien faites, ne sauraient être remplis par les *syndics* actuels qui n'ont aucune autorité, ni par les *subdélégués* qui ont chacun un trop grand nombre de villages sous leur juridiction pour les connaître bien en détail. Les *commissaires aux tailles* et les *contrôleurs des vingtièmes*, indépendamment de ce qu'ils ont aussi un trop grand arrondissement, sont dans le cas d'être sans cesse trompés par les fausses déclarations et par l'intérêt que tout le monde a de les induire en erreur relativement aux impositions. Ils n'ont ni titre, ni droit, ni intérêt pour se mêler des autres parties.

D'ailleurs, ils annoncent toujours le gouvernement comme *exigeant*, comme *la partie adverse* de chacun ; tandis qu'une administration, prise sur le lieu même pour la répartition de l'impôt, serait *la partie* de ses propres concitoyens ; et s'il s'élevait des difficultés, l'autorité souveraine n'aurait à y paraître que comme juge et protectrice de tous.

La nécessité de former cette administration de village, qui peut soulager Votre gouvernement, Sire, d'une fonction que le peuple regarde comme odieuse et pourvoir en même temps aux besoins spéciaux de chaque lieu, me semble donc très clairement établie par l'exposition même de la chose.

Mais, *sur quels principes cette administration municipale villageoise* doit-elle être constituée, et qui sont ceux qui doivent y avoir part ? C'est une question fondamentale qui se présente et dont je dois mettre la discussion sous les yeux de V. M.

Premièrement, il est clair qu'on ne doit pas y envoyer des officiers tirés d'un autre lieu, auxquels il faudrait donner des appointements ou des privilèges ; ce serait une charge trop considérable pour les villages, et ce pourrait être une source de vexations, ou du moins de murmures. Les soins à prendre pour l'administration des villages sont à peu près de la nature de ceux que chacun prend volontiers soi-même pour gouverner son propre bien et pour lesquels il serait très fâché qu'on lui donnât un officier public. Il paraît donc constant qu'on n'y doit employer que les gens du village même, qui ont intérêt direct à la chose et pour lesquels son succès est une récompense bien suffisante.

Mais tous les gens du village doivent-ils y influer également ? C'est une seconde question, qui demande à être traitée avec un peu plus d'étendue.

Il semblerait, au premier coup d'œil, que tout chef de famille habitant dans un village devrait avoir sa voix, au moins pour choisir ceux qui auraient à se mêler des affaires de la communauté. Mais, indépendamment de ce que les assemblées trop nombreuses sont sujettes à beaucoup d'inconvénients, de tumulte, de querelles ; de ce qu'il est difficile que la raison s'y fasse entendre ; et de ce que la pauvreté des votants les rendrait faciles à corrompre et pourrait faire acheter les places d'une manière qui avilirait la nation que V. M. veut au contraire élever, améliorer, ennoblir et qui perdrait tout le fruit de la bonne éducation qu'il s'agit de lui donner, on voit, en y regardant plus attentivement, qu'il n'y a de gens qui soient réellement d'une paroisse ou d'un village, que *ceux qui possèdent des biens-fonds*. Les autres sont des *journaliers*, qui n'ont qu'un domicile de passage : ils vont faucher les foins dans un canton, scier les blés dans un autre, faire la vendange dans un troisième, Des manœuvres limousins viennent bâtir des maisons à Paris ; des Auvergnats vont ramoner les cheminées en Espagne. Dans tout le Royaume, c'est dans la classe des gens de campagne qui n'ont point de terre, que se recrutent les valets, une grande partie des armées et les petits artisans, lesquels portent leur talent avec eux où ils jugent que l'emploi leur en sera le plus profitable, et souvent hors du Royaume. Ces gens ont aujourd'hui une habitation, et demain une autre. Ils sont au service de la nation en général ; ils doivent partout jouir de la douceur des lois, de la protection de Votre autorité et de la sureté qu'elle procure ; mais ils n'appartiennent à aucun lieu. En vain voudrait-on les attacher à l'un plutôt qu'à l'autre. Mobiles comme leurs jambes, ils ne s'arrêteront jamais qu'à celui où ils se trouveront le mieux. C'est aux propriétaires de chaque canton à les attirer chez eux en raison du besoin qu'ils peuvent en avoir. L'État lui-même n'a sur eux qu'un droit moral, et une autorité de police. Il n'a pas le pouvoir physique de les retenir dans son sein. Loin de les fixer à un village, il ne peut pas même les conserver au Royaume, autrement que par des bienfaits qui déterminent leur choix. Toutes les fois qu'on s'est cru réduit à défendre les émigrations d'ouvriers, on a été trompé dans ses vues ; elles ne peuvent s'empêcher que de gré à gré par l'appât d'un meilleur sort. Les richesses mobilières sont fugitives comme les talents ; et malheureusement celui qui ne possède point de terre ne saurait avoir de patrie que par le cœur, par l'opinion, par l'heureux préjugé de l'enfance. La nécessité ne lui en donne point. Il échappe à la contrainte ; il esquive l'impôt. Quand il paraît le payer, il le passe en compte dans la masse générale de ses dépenses et se le fait rembourser par les propriétaires des biens-fonds qui lui fournissent ses salaires. C'est à quoi ne manquent jamais les marchands, qui font toujours entrer les impôts dans leurs factures, comme les autres fonds qu'ils emploient dans leur commerce et se les font rembourser de même, ordinairement avec 10 p. 100 de bénéfice, et quelquefois sur un pied plus haut, si leur commerce est d'une nature plus avantageuse. Mais s'il arrive que, dans la vue de faire contribuer leurs gains, on hausse l'impôt jusqu'à leur ôter cette faculté de se faire donner un profit par delà et, par conséquent, jusqu'à déranger leur commerce en les privant du gain qu'ils ont spéculé devoir faire sur le capital qu'ils déboursent, ils abandonnent leurs entreprises et le pays.

Il n'en est pas ainsi des *propriétaires du sol*. Ils sont liés à la terre par leur propriété ; ils ne peuvent cesser de prendre intérêt au canton où elle est placée. Ils peuvent la vendre, il est vrai ; mais alors ce n'est qu'en cessant d'être propriétaires qu'ils cessent d'être intéressés aux affaires du pays, et leur intérêt passe à leur successeur : de sorte que c'est la possession de la terre qui non seulement fournit, par les fruits et les revenus qu'elle produit, les moyens de donner des salaires à ceux qui en ont besoin et place un homme dans la classe des *payeurs*, au lieu d'être dans la classe de *gagistes* de la société ; mais c'est elle encore qui, liant indélébilement le possesseur à l'État, constitue le véritable droit de *cité*.

Il semble donc, Sire, qu'on ne peut légitimement accorder l'usage de ce droit ou la voix dans les assemblées des paroisses, qu'à ceux qui y possèdent des biens-fonds.

Ce point établi, il s'élève une nouvelle question fort importante, qui est de savoir *si tous les propriétaires de biens-fonds doivent avoir voix*, et voix au même degré ?

Je crois que V. M. pourrait décider cette question d'après quelques considérations.

La division naturelle des héritages fait que celui qui suffisait à peine pour une seule famille, se partage entre cinq ou six enfants ; et chacune des portions de ceux-ci se subdivise encore très souvent entre cinq ou six autres.

Ces enfants et leurs familles alors ne subsistent plus de la terre. Ils louent, comme ils peuvent, leur petite propriété très insuffisante pour leurs besoins les plus essentiels, et se livrent aux arts, aux métiers, au commerce, à la domesticité, à toutes les façons de gagner un salaire aux dépens des propriétaires fonciers. C'est par leur travail que ces nouveaux chefs de famille, déshérités pour ainsi dire par la terre, parviennent à subsister. Ils appartiennent principalement à la classe salariée. Celle des propriétaires de fonds à laquelle ils ne tiennent que par quelques perches de terre, souvent sans culture et sans valeur, ne peut les réclamer qu'en très petite partie. Il n'est pas naturel que de tels hommes aient voix comme les propriétaires de cinquante mille livres de rentes en biens-fonds. Il n'est pas naturel qu'on puisse acquérir une voix qui donne le droit de suffrage ou, en d'autres termes, le droit de cité, en achetant un petit terrain sur lequel un citoyen ne peut subsister.

Nous avons remarqué plus haut l'inconvénient grave d'accorder le droit de suffrage à des gens trop dénués de fortune. À Dieu ne plaise que je conseille jamais à V. M. d'ouvrir une porte par où la corruption vénale pût pénétrer jusque dans les campagnes ! Il en faudrait cent pour qu'elle sortît du reste du pays.

J'estimerais donc que l'homme qui n'a pas en fonds de terre de quoi faire subsister sa famille, n'est pas un *propriétaire chef de famille*, et ne doit point avoir de voix en cette qualité. Mais cet homme cependant, s'il possède un fonds quelconque, quoique insuffisant pour soutenir sa maison, est intéressé pour sa part à la bonne répartition des impositions et à la bonne administration des services et des travaux publics de son canton en raison au moins de sa petite propriété foncière. On ne peut pas lui donner une voix pleine ; on ne peut pas lui refuser entièrement voix. Ce n'est pas, si l'on peut dire ainsi, un citoyen tout entier : c'est une fraction plus ou moins forte de citoyen.

J'appellerais un citoyen entier, un *franc tenancier*, un franc citoyen, celui qui posséderait une propriété foncière dont le revenu suffirait à l'entretien d'une famille, car celui-là est ou pourra être chef de famille quand il lui plaira. Il est de droit ce que les Romains nommaient *Pater familias*. Il a feu et lieu déterminés ; il tient au sol et y tient la place d'une famille. Dans l'état actuel du prix des denrées et des services, cela suppose au moins 600 livres de revenu net en terres, ou la valeur d'environ 30 setiers de blé de revenu net en fonds de terre [a].

Celui qui n'a que 300 livres de revenu n'est qu'un demi-citoyen ; car s'il a une famille, il faudra qu'il la fasse subsister au moins à moitié du salaire des arts, des métiers, du commerce, d'un travail quelconque. Celui qui n'a que 100 livres n'est qu'un sixième de citoyen.

Je proposerais donc à V. M. de n'accorder une voix de citoyen qu'à chaque portion de 600 livres de revenu ; de sorte que, dans les assemblées de paroisse, celui qui jouirait de ce revenu parlerait pour lui-même ; mais ceux dont le revenu serait au-dessous se trouveraient dans l'obligation de se réunir pour exercer leur droit : par exemple, deux de 300 livres, ou quatre de 150, ou six de 100, ou douze de 50, pour nommer entre eux un député qui porterait la voix des autres et repré-

---

[a] Depuis trente-trois ans que ceci est écrit, la valeur de l'argent a baissé ; celle des services et de presque tous les objets mobiliers a, en conséquence, haussé relativement à l'argent ; celle du blé, au contraire, a haussé à l'égard de l'argent, et baissé par rapport à toutes les autres marchandises. De sorte que le revenu d'un homme ne serait aujourd'hui dans la proportion désirée par M. Turgot pour lui accorder le droit complet de suffrage, que dans le cas où ce revenu s'élèverait à 1 000 francs ou 36 setiers, ou un peu plus de 76 quintaux de froment ; bien entendu que ce serait de *revenu net*, tous frais de culture prélevés. (Note de Du Pont, édition de 1809.)

senterait à lui seul le citoyen *chef de famille*, dont leur revenu réuni pourrait former le patrimoine. Celui-là seul aurait entrée à l'*assemblée paroissiale* et y porterait une voix de citoyen, tant en son nom qu'en celui des coassociés qui auraient réuni leurs fractions de voix pour former la sienne. Ceux qui l'auraient choisi n'auraient pas d'entrée ni de voix à l'*assemblée générale* ; mais seulement le droit de le choisir pour l'année dans une petite assemblée à eux particulière.

Dans ces *assemblées particulières*, on permettrait que chaque citoyen fractionnaire se réunît avec les autres fractionnaires qui lui conviendraient le mieux, pour former d'un commun accord leur voix de citoyen ; et chacun aurait droit pour la nomination de leur député chargé de voix, en raison de sa fraction : de telle façon, par exemple, que si un propriétaire de 200 francs de revenu se réunissait avec un de 50 écus, un de 100 francs, et trois de 50 francs, pour former leur voix de citoyen, et nommer celui qui en serait chargé, on compterait, quoiqu'ils ne fussent que six, comme s'ils étaient douze électeurs ; chacun de ceux de 50 francs comptant pour un, celui de 100 francs pour deux, celui de 50 écus pour trois et celui de 200 francs pour quatre ; le tout se résumerait en un seul député.

Les *assemblées de paroisse* alors ne seraient ni trop nombreuses, ni tumultueuses, ni absolument déraisonnables. Une communauté actuellement embarrassante et renfermant une centaine de familles, ou plus, se réduirait souvent à cinq ou six personnes portant voix de citoyen, très peu entièrement pour leur compte, et la plupart d'après la procuration des citoyens fractionnaires. Chacun de ceux-ci cependant y serait pour sa part et en raison de l'intérêt que sa part pourrait lui donner : et l'élection des citoyens, chargés de voix, se renouvelant tous les ans, on serait moralement sûr que les voix civiques seraient portées par les plus dignes et les plus agréables aux autres.

Si V. M. permet aux *citoyens fractionnaires* de se réunir pour faire porter la voix, attribuée à une certaine somme de revenu, par un d'entre eux, et si cela semble juste pour que chacun des propriétaires des terres, quelque petite que soit sa propriété, puisse se flatter d'avoir une légère influence dans les délibérations qui lui importent et en raison du rapport qu'elles peuvent avoir avec son revenu, il pourrait être également équitable, et il serait surtout utile de permettre à ceux dont le revenu pourrait faire vivre plusieurs familles de citoyens et qui, par conséquent, en occuperaient la place sur le territoire, de diviser idéalement leur voix, ou d'en porter autant qu'ils réuniraient en leur possession de portions complètes de citoyen ; en sorte que celui qui aurait 1 200 livres de revenu provenant du territoire d'une paroisse, porterait deux voix à son assemblée et celui qui y aurait 100 louis y en porterait quatre, et ainsi du reste.

Cet arrangement paraît fondé sur la justice, puisque celui qui a quatre fois plus de revenu de biens-fonds dans une paroisse a quatre fois plus à perdre si les affaires de cette paroisse vont mal, et quatre fois plus à gagner si tout y prospère.

Il est juste qu'un homme riche, qui a du bien et des intérêts dans plusieurs paroisses, puisse voter et faire fonction de citoyen dans chacune, en raison de l'intérêt qu'il y a. Il n'est pas plus étrange de voir un homme représenter plusieurs citoyens et en remplir les fonctions que de voir le même homme avoir plusieurs seigneuries et, dans chacune d'elles agir, non pas en son propre et privé nom, mais comme le seigneur du lieu. V. M. elle-même possède plusieurs États à différents titres : elle est roi de Navarre, dauphin de Viennois, comte de Provence. Il ne répugne donc pas de regarder un homme qui a deux parts de citoyen comme deux citoyens, et il peut avoir ainsi plusieurs parts dans plusieurs paroisses, sans que celle de l'une lui donne ou lui ôte rien dans une autre. Le laisser jouir de cette prérogative, c'est ne lui laisser que ce que la nature de sa propriété lui attribue.

Cet arrangement serait utile, en ce que, mettant le plus souvent la pluralité des voix décisives du côté de ceux qui ont reçu le plus d'éducation, il rendrait les assemblées beaucoup plus raisonnables que si c'étaient les gens mal instruits et sans éducation, qui prédominassent.

L'espèce des matières sur lesquelles les assemblées paroissiales peuvent avoir à délibérer, ne sont pas de celles où les riches peuvent être oppresseurs des pauvres ; ce sont, au contraire celles où les uns et les autres ont un intérêt commun.

Mais le plus grand avantage qui frappera V. M. dans l'arrangement qui distribuerait les voix de citoyen en raison de la fortune, est celui de mettre aux prises, pour le bien du pays et de Votre service, la vanité et l'ambition qui veulent jouer un personnage, avec l'avarice qui voudrait se refuser à l'impôt ; et celui de donner, par la forme même de la distribution des voix, la meilleure règle possible de répartition et la moins sujette à querelles.

Les voix étant attribuées à une certaine somme de revenu, la réclamation de la voix ou de telle fraction de voix, ou de tant de voix, sera l'aveu et la déclaration de tel revenu ; de sorte que les proportions des fortunes étant connues, la répartition de l'impôt se trouvera faite avec celle des voix, par les habitants eux-mêmes, sans aucune difficulté. Les particuliers qui voudront jouir de toute l'étendue des voix appartenante à leur propriété feront des déclarations fidèles. Ces déclarations étant faites devant la paroisse même, dont tous les membres savent et connaissent fort bien les terres les uns des autres et leur produit habituel, ne pourront être fautives. Si l'avarice portait quelqu'un à sacrifier de son rang et à ne pas réclamer le nombre de voix qui lui appartiendraient, les autres citoyens de la paroisse, qui auraient un intérêt très frappant à y prendre garde, puisqu'ils ne pourraient tolérer cette manœuvre sans se soumettre à répartir entre eux la charge qu'il aurait voulu éviter, ne manqueraient pas de relever l'erreur, et de dire à l'avare : « *Vous êtes trop modeste, M. ; votre bien vaut tant ; jouissez de vos voix.* » S'il s'élevait contestation sur ce point, elle pourrait être jugée comme tout autre procès relatif à l'impôt. Mais ce serait une instance entre la paroisse et le délinquant, où rien de ce qu'elle pourrait avoir de désagréable ne retomberait sur l'autorité.

Pour assurer d'autant plus la fidélité des déclarations tendantes à la distribution des voix, et par suite à la répartition de l'impôt, on pourrait, Sire, y faire concourir une autre loi qui ne paraîtrait pas avoir de rapport direct aux municipalités, mais seulement à la sûreté des créances entre vos sujets. Cette loi consisterait à rendre les *hypothèques spéciales* et à déclarer que, toutes les fois qu'un bien se trouverait engagé pour les trois quarts de sa valeur, les créanciers ou un seul pour tous seraient en droit de le faire vendre ; ce qui est juste, car un bien pouvant n'être pas vendu à toute sa valeur lorsqu'on le met à l'enchère, ou pouvant être dégradé par un homme qui se ruine, les créanciers n'auraient point de sûreté dans leur hypothèque, s'ils n'avaient pas le droit d'exiger la vente lorsque le bien est engagé aux trois quarts. Il s'ensuivrait alors que le propriétaire d'une terre de 40 000 francs qui pourrait avoir trois voix dans sa paroisse, n'oserait se déclarer pour une voix ou une et demie, car sa terre n'étant alors estimée qu'environ 20 000 francs, il risquerait pour 15 000 francs de dettes d'être dépouillé de sa propriété ; au lieu qu'en la déclarant fidèlement, il garderait la liberté d'emprunter sans risque jusqu'à 30 000 francs.

Il semble que cette précaution, jointe à l'ambition naturelle de jouir aux assemblées de toutes les voix qu'on pourrait y réclamer et à l'intérêt qu'auraient les paroisses à n'en laisser prendre à personne moins qu'il n'en devrait avoir, assurerait autant qu'il soit possible la juste distribution des voix, de sorte que la *répartition de l'impôt*, faite d'après cette distribution relative aux fortunes, ne donnerait aucun embarras, et opérerait envers le peuple l'effet d'un véritable soulagement, car les erreurs inévitables dans la répartition actuelle rendent le fardeau de l'impôt beaucoup plus lourd pour ceux qui en sont chargés et qui sont ordinairement les pauvres, ceux qui ont le moins de moyens de réclamer et sont le moins à portée de se faire entendre.

Quand l'établissement des municipalités villageoises ne donnerait à V. M. que cet avantage d'avoir établi la répartition la plus équitable de l'impôt, ce serait assez pour rendre à V. M. son règne honorable, pour lui mériter les bénédictions de son peuple et l'estime de la postérité.

Mais, il y aurait beaucoup d'autres avantages à cette opération. Un des premiers est celui d'assurer en chaque lieu la confection des *travaux publics* qui lui sont spécialement nécessaires.

Dans l'état actuel, les rues et les abords de la plupart des villages sont impraticables. Les laboureurs sont obligés de multiplier inutilement et dispendieusement les animaux de trait pour voiturer leurs engrais et leurs récoltes, pour conduire leurs denrées au marché, pour tous les charrois qu'exige leur exploitation. Il coûte beaucoup plus pour ces animaux, par le temps perdu et par les harnais brisés qu'il ne faudrait pour réparer les mauvais pas. Et, quelle que soit la pauvreté des campagnes, c'est bien moins l'argent qui manque pour les chemins vicinaux, puisque leur défaut occasionne plus de dépense que ne pourrait faire leur réparation, ou même leur construction ; c'est bien moins l'argent qui manque que l'esprit public, et que la forme pour rassembler, notifier et rendre actif le vœu des habitants. Une assemblée municipale s'occuperait de ces points qui, répétés en chaque lieu, peuvent donner plusieurs millions de profit sur les frais de la culture et sur ceux du commerce : profit qui, restant dans les mains des classes laborieuses de Vos sujets, se multipliera de lui-même par le cours naturel des choses.

On a eu autrefois la mauvaise politique d'empêcher les communautés de se cotiser pour faire ainsi les travaux publics qui peuvent les intéresser. Cela contribue beaucoup à donner aux villages l'apparence et, en grande partie, la réalité de la misère, en rendant les habitations malsaines et les charrois difficiles et coûteux. La raison pour laquelle on s'opposait à ces dépenses particulières de village, était la crainte qu'ils n'en eussent plus de peine à acquitter les impôts. Cette raison est mal vue ; car les villages, ne pouvant se porter à ces sortes de travaux que pour leur utilité commune, il est clair qu'en faisant ce qu'ils reconnaissent être leur propre avantage, ils se mettent plus à leur aise, et augmentent leur faculté de payer.

D'ailleurs, lorsque l'impôt est acquitté, il est clair que les propriétaires sont bien les maîtres de faire de leur revenu ce qu'il leur plaît ; et que, s'ils s'entendent pour l'employer à rendre le pays plus habitable et à faciliter les travaux utiles, ils en font un des usages les plus désirables pour la société, et par conséquent pour V. M. même.

Ces petits travaux spécialement utiles à chaque lieu, outre l'avantage dont ils seront pour les paroisses qui les feront exécuter, auront celui de faciliter extrêmement la *police des pauvres*, dont je pense qu'il faudrait laisser en chaque paroisse la manutention à l'assemblée municipale. Elle fournirait des occasions de les employer dans les saisons mortes et de rendre la charge de leur entretien presque insensible à la paroisse.

Un autre avantage considérable qu'on peut et doit retirer des assemblées municipales de village, est la confection simple et sans frais d'un *terrier général* du Royaume. Chaque assemblée, étant obligée, pour régler ses voix, d'énoncer, dans le procès-verbal de leur distribution, à quel titre chacun de ses membres en jouit, fera naturellement la description des terres par tenants et aboutissants. Cela ne sera que d'un petit embarras pour l'assemblée du village, car chacun y connaît fort bien ses propres terres et celles de ses voisins. On peut les conduire en peu d'années à justifier leurs titres *à voix*, par arpentage et cartes topographiques, en adjugeant par provision à la communauté les terres qui ne seront réclamées dans l'arpentage de personne, ou qui, dans la paroisse, surpasseront les mesures que chacun aurait données de son bien. Cet intérêt, donné à la paroisse, de vérifier les déclarations, assurera encore leur fidélité.

Des fonctions si simples, à quoi se borneront à peu près celles des municipalités villageoises, ne seront au-dessus de la portée de personne dans le séjour qu'il habite et où, de tout temps, s'est trouvé son patrimoine. Elles ne sauraient nuire à l'exercice de Votre autorité ; elles contribueraient au contraire à la rendre précieuse à Votre peuple, puisqu'elles ajouteraient à son bonheur ; et que, jointes à l'instruction publique qui influerait chaque jour de plus en plus sur elles, elles rendraient évident à chacun que l'augmentation de la richesse et de la félicité nationale serait due à Vos lois et à Vos travaux.

Le plus grand, et peut-être le seul embarras qu'il puisse y avoir dans les faciles opérations confiées aux assemblées municipales des paroisses, peut venir de la *différente nature d'impositions*, successivement introduites dans des temps où l'utilité des formes les plus simples n'était pas connue, et où des prétentions de dignité, soutenues d'une puissance réelle, ont forcé de rejeter le fardeau de la plus forte partie des charges publiques sur le peuple, qui ne possède que la plus petite partie des terres et des revenus.

La *noblesse* est exempte de la taille et des impositions accessoires. Le *clergé* joint à cette même exemption celle de la capitation et celle des vingtièmes auxquels il supplée par un don gratuit très éloigné d'être dans la même proportion avec ses revenus. Il en résulte que la somme totale des impositions, qui ne serait pas une charge trop lourde si elles étaient également réparties sur tous les revenus de l'État, ne portant que sur une portion de ces revenus, paraît insupportable à un grand nombre de contribuables et restreint, en effet, beaucoup trop les moyens qui doivent rester aux propriétaires d'entre le peuple pour l'entretien et l'amélioration de leurs domaines. Ce sont ces prétentions que l'avarice a couvertes du manteau de la vanité, qui ont principalement induit les rois, prédécesseurs de V. M., à établir une multitude d'impôts de toutes les espèces sur tous les genres de commerce et de consommation. Par ces *imposions indirectes*, ils sont bien parvenus, en effet, à arracher des contributions à la noblesse et au clergé, qui sont forcés dans leurs dépenses d'acquitter les diverses taxes imposées sur tous les objets dont ils veulent jouir, et qui perdent bien plus encore sur la valeur des productions soumises à ces taxes et recueillies sur le territoire dont ils sont propriétaires. Si des droits sur les cuirs, sur les boucheries, sur le commerce des bestiaux, enlèvent une partie du prix que devraient naturellement tirer les vendeurs de bœufs et de vaches et, par conséquent, le profit qu'on trouve à élever ces animaux et, par conséquent, le revenu des prairies, le dommage en retombe évidemment sur les nobles et sur les ecclésiastiques comme sur le reste des possesseurs de prés. Il retombe même presque en entier sur ces deux classes privilégiées, attendu qu'elles se sont réservées la plus grande partie des prés, comme le bien le plus facile à faire valoir, et que plus des quatre cinquièmes de ceux du Royaume leur appartiennent. Si les vins pareillement sont soumis à des droits d'entrée dans les villes, à des droits de détail et à une inquisition sévère et dispendieuse chez les marchands qui les débitent, on ne s'informe pas pour cela sur quelle terre ils ont été recueillis, et ceux qui proviennent des terres épiscopales ou des duchés-pairies les acquittent comme ceux du dernier vigneron. Il en est de même des droits sur les étoffes fabriquées avec la laine des moutons du noble, du prêtre ou du roturier. Il en est de même de toutes les autres impositions indirectes.

Et c'est une chose si honteuse et si odieuse que de se targuer de sa dignité pour refuser secours et service à la patrie, comme si la plus grande dignité n'était pas à qui la servira le mieux, qu'il faut peut-être s'abstenir de blâmer ceux qui, n'osant lutter contre les prétentions orgueilleuses et avides de la noblesse et du clergé, ont imaginé de les éluder ainsi. Cependant, les taxes sur les dépenses et sur les consommations entraînent des formes si dures, occasionnent en pure perte tant de frais litigieux, gênent tellement le commerce et restreignent si considérablement l'agriculture qui ne peut prospérer qu'en raison de la facilité qu'elle trouve à débiter avantageusement ses productions, qu'elles détruisent ou empêchent de naître infiniment plus de revenus qu'elles n'en produisent à V. M., ni même à ceux qu'elle charge de leur perception, ou à ferme, ou autrement. La noblesse et le clergé, dont la quote-part dans l'acquittement de ces taxes se trouve la plus grande, puisqu'ils ont la plus grande quantité des terres, la plus forte partie des récoltes, la plus grande somme des revenus, la noblesse et le clergé payent aussi la plus grande part des faux frais de toute espèce que ces formes d'impositions nécessitent. Ils souffrent infiniment plus par la diminution de leurs revenus qui en résulte, qu'ils ne l'auraient fait par une contribution régulière et proportionnée à leurs richesses, si les dépenses, les jouissances, le travail, le commerce, l'agriculture fussent restés libres et florissants.

Sans ajouter à la charge que portent actuellement la noblesse et le clergé, ou même en la diminuant un peu, mais surtout en soulageant beaucoup le peuple, il serait facile d'introduire une forme moins onéreuse et moins destructive pour remplacer les impositions dont les deux premiers ordres ne sont pas exempts, et dont la nature est nuisible à toute la nation, à la puissance de V. M., à l'affection qu'elle est en droit d'attendre de ses sujets, à la paix, à la tranquillité, à l'union qui doivent régner dans votre empire. C'est vraisemblablement un des travaux que le Ciel, dans sa bienfaisance, vous a réservés. Ce sera peut-être un but auquel vous désirerez parvenir dans la suite que de rendre votre royaume assez opulent, et votre trésor assez riche d'ailleurs, pour pouvoir remettre au peuple les impositions spéciales auxquelles il est actuellement assujetti, de manière qu'il ne reste plus pour les ordres supérieurs que des distinctions honorables et non des exemptions en matière d'argent, avilissantes aux yeux de la raison et du patriotisme pour ceux qui les réclament, avilissantes aux yeux des préjugés et de la vanité pour ceux qui en sont exclus, onéreuses pour tous par la diminution des richesses de tous et des moyens de les faire renaître, qu'on a trop enlevés jusqu'à présent aux classes laborieuses, dont les avances et les travaux fondent et peuvent seuls augmenter l'opulence de celles qui leur sont supérieures par le rang.

Il est dans le caractère de V. M. de vouloir arriver à ce terme heureux et nécessaire par des faveurs faites au peuple, et non par des atteintes aux exemptions actuelles de la noblesse et du clergé. Cette disposition peut influer sur leur manière de participer pour le présent aux assemblées municipales.

D'abord, quant à leurs biens affermés et soumis, par conséquent, à la *taille d'exploitation*, ils sont dans la règle commune et peuvent faire faire leurs déclarations et faire porter leurs voix par le fermier même de ces biens, ou par tel autre procureur qu'ils voudront choisir : faculté qui ne peut être refusée à aucun propriétaire absent.

Ensuite, lorsqu'il s'agira de la répartition de l'espèce d'impôt territorial dont ils sont exempts, c'est-à-dire de la *taille de propriété* et de ses accessoires, ils ne doivent avoir ni entrée ni voix aux assemblées, excepté pour leurs terres affermées qui y seront soumises comme nous venons de le remarquer.

Quand il sera question de celle des *vingtièmes*, les nobles devront avoir entrée et autant de voix de citoyen délibératives que la somme de leur revenu en comporte, puisqu'ils payent cet impôt comme le peuple. Les ecclésiastiques alors n'y auront pas besoin.

Enfin, lorsqu'il faudra traiter, ou des travaux publics qui concernent l'utilité spéciale de la paroisse, ou de la police des pauvres, ou de la répartition de quelques-unes des impositions de remplacement et de soulagement, que V. M. pourra vouloir établir à la place des impositions indirectes qui gênent actuellement le commerce et l'agriculture, et par rapport auxquelles le clergé ni la noblesse ne jouissent d'aucune exemption, les ecclésiastiques, les nobles et les propriétaires du tiers-état doivent avoir également entrée et voix à l'assemblée municipale, en raison de leurs revenus ; car ils y seront alors également intéressés dans cette proportion et également soumis dans cette même proportion aux contributions nécessaires.

On pourrait donc statuer qu'il y aurait trois manières de convoquer les assemblées municipales de paroisses. En *petite assemblée*, où l'on ne traiterait que de la répartition des impositions auxquelles le tiers-état seul est soumis, en *moyenne assemblée*, pour celles que la noblesse porte ainsi que lui et en *grande assemblée*, pour les affaires ou répartitions communes à tous ceux, de quelque état qu'ils soient, qui ont des biens ou des revenus sur la paroisse.

C'est une complication qu'on pourra simplifier par la suite, mais que l'embarras de la forme actuelle des impositions, et des préjugés qui y sont relatifs, rend presque inévitable dans ce premier moment.

Je penserais que, dans toutes ces assemblées, on doit avoir entrée et voix et, par conséquent, être soumis aux contributions, non seulement en raison des revenus effectifs qu'on possède sur la paroisse, mais encore en raison des terrains employés en jardins de décorations, lesquels seraient estimés sur le pied du plus haut revenu que la même étendue de terrain pourrait donner dans les meilleurs fonds de la paroisse.

Cette espèce de charge sur des fonds qui ne donnent pas de revenu réel, mais qui pourraient en donner, souvent avec bien moins de dépenses qu'on n'en a fait pour les rendre inféconds, ne peut porter que sur des gens fort riches et, dans le cas où il faut fournir aux besoins de l'État, en soulageant néanmoins le peuple, il paraît que les contributions extraordinaires sur les riches, lorsqu'elles auront une base sûre de répartition, seront ce que l'on peut employer de moins mauvais. D'ailleurs, l'homme opulent qui possède un terrain où pourrait subsister une famille de citoyens et qui met sur ce terrain les avances suffisantes pour produire la subsistance de cette famille, mais dispose ces avances de manière qu'au lieu de donner la vie à une famille, elles ne produisent qu'une stérile décoration, est un homme qui sacrifie à son plaisir une famille qu'en être sensible et en patriote, il devrait à l'humanité et à l'État. C'est une légère peine pour une telle faute que d'en être quitte pour solder envers le public la contribution que cette famille aurait due et accorder, en même temps, au possesseur la voix dont cette même famille aurait pu jouir ; c'est certainement avoir pour la tournure relâchée des mœurs modernes toute l'indulgence et la condescendance qui soient possibles [a].

Je ne m'arrêterai point à remarquer que les rentes foncières, les champarts et les dîmes seigneuriales ou ecclésiastiques étant des revenus de biens-fonds, devront donner voix à raison de leur produit comme les terres mêmes qui payent ces rentes ou ces redevances, et dont il faudra les défalquer pour savoir sur quel pied les possesseurs du sol auront le droit de voter.

Mais il peut n'être pas inutile de répéter, lorsqu'il s'agit de l'admission des grands propriétaires ou de leurs procureurs aux assemblées municipales des paroisses, que chacun d'eux n'y votera qu'en raison du bien qu'il aura dans cette même paroisse ; tellement que, si le possesseur de 50 000 livres de rente se trouve avoir seulement 50 écus de revenu provenant du territoire d'une certaine paroisse, il n'aura, fût-il du rang le plus distingué, voix dans cette paroisse que pour un quart de citoyen, et sera obligé de se réunir avec trois autres quarts de citoyen pour nommer un procureur ayant voix complète.

Ceci paraîtra d'autant plus juste à V. M. qu'il faut considérer que, malgré les arrangements dont j'ai parlé plus haut, et qui peuvent être

---

[a] Dans l'édition de 1809, on lit :

D'ailleurs, l'homme opulent qui possède un terrain dont il pourrait tirer le revenu nécessaire pour faire subsister une famille de citoyens et qui met sur ce terrain les avances suffisantes pour produire ce revenu, mais dispose ces avances de manière qu'il n'en résulte qu'une stérile décoration, n'est privé que par sa faute, son goût, sa volonté particulière de ce revenu ; mais est-ce un titre pour refuser à l'État, à la société, à la sûreté commune, l'impôt proportionnel, le moyen de puissance et de protection que le gouvernement continuera d'employer à lui conserver la propriété du terrain même qui aurait produit ce revenu et dont il aime mieux jouir d'une autre manière ? Laisser en un tel cas ce terrain soumis à une contribution égale à celle qu'aurait payée le revenu qu'il ne tenait qu'au propriétaire de se procurer et lui accorder en même temps la voix qui aurait été attachée à ce revenu, c'est à la fois montrer à l'exercice du droit de propriété tout le respect qui lui est dû et en marquer les justes bornes. Aucune société politique ne peut subsister qu'au moyen d'une portion réservée pour les besoins publics dans les revenus des terres. Toute société peut donc dire à chacun de ses citoyens : « Dispose de ta part à ton gré, acquitte celle de l'association commune, que tu dois maintenir puisqu'elle te protège. »

convenables pour *ne pas porter atteinte aux privilèges actuels du clergé et de la noblesse*, ce n'est point comme ordres distincts dans l'État, mais comme citoyens propriétaires de revenus terriens, que les gentilshommes et les ecclésiastiques font partie de l'assemblée municipale de leur paroisse. Ces assemblées ne sont pas des États. Il est établi depuis longtemps qu'en toute municipalité à laquelle ont part des ecclésiastiques ou des nobles, ils n'y votent pas séparément comme ordres distincts, mais uniformément comme les premiers des citoyens notables. L'édit de 1764, qui est à cet égard la loi subsistante et celle qui constate les principes actuels, est entièrement dans cet esprit. Il prescrit de recevoir un certain nombre de gentilshommes dans les assemblées de notables et se garde bien de leur y donner un rôle séparé. Il ne serait pas raisonnable de déroger à cette loi, qui n'a point excité de réclamation, pour introduire dans des assemblées faites pour être pacifiques et pour s'occuper d'objets simples relatifs à un intérêt commun très évident, des divisions et des séparations qui feraient bientôt disparaître l'esprit public sous la vanité particulière des prétentions de corps ou d'ordre.

V. M. voulant traiter ses sujets comme ses enfants, on ne peut trop les accoutumer à se regarder en frères, et l'on ne doit pas craindre que le respect dû au rang des aînés, qui d'ailleurs ont pour eux les dignités et les richesses, se perde jamais. Il n'est pas moins grand dans les provinces qui n'ont point eu d'États depuis des siècles que dans celles qui les ont conservés, et de plus, ce n'est pas de ces dernières que nous nous occupons actuellement, mais des autres.

Le grand sujet de la plupart des contestations actuelles, qui est la répartition des impôts, se trouvant réglé dans la forme que je propose à V. M., par la seule distribution des voix, et les assemblées étant peu nombreuses, il y a lieu de croire que leurs délibérations se feront assez unanimement. Il ne pourra se trouver diversité d'opinions que par rapport aux travaux à faire pour les chemins vicinaux ; et sur ce point on pourrait régler qu'en cas de partage la prépondérance à nombre égal de voix serait pour le plus grand nombre de têtes ou pour les citoyens fractionnaires.

On pourrait encore prévoir un cas, qui serait celui où le seigneur ou tel autre homme riche se trouverait, par son revenu, avoir les deux cinquièmes ou même la moitié des voix, et régler qu'alors, si les trois quarts du reste des voix se trouvaient d'un avis contraire au sien, les réclamants auraient le droit de se pourvoir par requête à l'assemblée municipale de l'élection, qui déciderait si, relativement au bien public, il y a lieu, dans le point contesté, de suivre la pluralité donnée par les lots de citoyens, ou celle qui résulterait des têtes. C'est le moyen simple d'empêcher les citoyens fort riches d'abuser de leurs avantages sur les citoyens fractionnaires.

Les assemblées municipales des paroisses, ainsi réglées, auraient à se nommer trois *officiers*, qu'il semble qu'on pourrait leur laisser la liberté de renouveler tous les ans ou de perpétuer dans leurs fonctions par une élection nouvelle ; un *syndic*, *mayeur*, ou *président*, dont la distinction ne serait qu'honorifique, n'emporterait que le droit d'exposer l'objet de la délibération et de recueillir les voix ; un *greffier*, pour tenir les livres et les registres de la paroisse ; et un *élu* ou *député* pour l'assemblée municipale de l'élection.

J'entrerai tout à l'heure dans les détails relatifs aux fonctions de ce dernier, en parlant des assemblées municipales de la seconde espèce, formées par la réunion des villages et des villes d'un certain arrondissement. Il faut, avant d'arriver à ce second degré de municipalités, que j'arrête un moment les regards de V. M. sur celles des villes qui doivent y être comprises.

Des villes et des municipalités urbaines.

Toutes les villes ont déjà une sorte d'administration municipale ; ce qu'on appelle un corps de ville, des prévôts, des marchands, des maires, des échevins, des syndics, des jurats, des consuls, ou telle autre espèce d'officiers municipaux. Mais dans une ville, ces officiers achètent leurs places aux parties casuelles ; dans une autre, ils sont à la nomination de V. M. ; dans une autre, on élit plusieurs sujets, entre lesquels vous choisissez ; dans une autre, l'élection suffit ; dans d'autres, ces officiers sont à terme ; dans d'autres, à vie ; dans d'autres même, héréditaires. Il n'y a d'uniforme qu'un esprit réglementaire tiré de la constitution des *cités* grecques et romaines, qu'on a tant bien que mal voulu imiter quand les villes en France sont sorties des mains des seigneurs et ont commencé à acquérir quelques franchises et quelques privilèges. Cet esprit tend à bien isoler chaque ville du reste de l'État et à en faire une petite république bien séparée, bien occupée à sacrifier à son intérêt le plus souvent mal entendu les campagnes et les villages de son arrondissement ; bien tyrannique enfin pour ses voisins, et bien gênante pour le commerce et les travaux qui s'exercent dans ses murs.

Vous avez plusieurs fois été obligé, Sire, de réprimer cet esprit qui caractérise actuellement les villes et auquel leur administration présente est liée comme conservatrice au moins. V. M. sent la nécessité de suppléer à cet esprit de désordre et d'exclusion, un esprit d'union, de paix et de secours réciproques [a]. Ce serait une raison pour réformer toutes les municipalités actuelles des villes, quand même on n'établirait pas celles des villages. Mais j'ose vous conseiller de ne pas faire l'un sans l'autre ; ces deux opérations me paraissent n'être que des branches d'une même opération, et c'est en embrassant ainsi tous les objets qui sont directement relatifs les uns aux autres, et les menant de front d'après des principes uniformes qui annoncent un grand plan, que V. M. en imposera aux opinions, les maîtrisera, et fera respecter la hauteur et la bienfaisance de ses vues par son peuple et par les nations étrangères.

Le premier principe de la municipalité pour les villes est le même que pour les campagnes. C'est que personne ne se mêle que de ce qui l'intéresse, et de l'administration de sa propriété. Les campagnes sont composées de terres rapportant un revenu, et il n'y a de gens qui tiennent solidement aux communes villageoises que ceux qui possèdent ces terres. Les villes sont composées de maisons.

Les seules choses qu'on ne puisse pas emporter sont les maisons et le terrain sur lequel elles sont bâties. Si la ville prospère et se peuple, les maisons se louent chèrement ; si le commerce n'y fleurit pas, s'il ne fait pas bon y vivre, les hommes et les capitaux mobiliers vont ailleurs ; les loyers baissent, et quelquefois au point que l'entretien des maisons devient à charge et qu'on les laisse tomber : de sorte que ce sont leurs propriétaires, les seuls de la ville qui ne puissent pas transporter leurs richesses, qui se trouvent ruinés. Si les loyers sont chers, les terrains propres à bâtir acquièrent un grand prix. Si les maisons ne trouvent pas qui les habite, la valeur du terrain diminue, et se réduit à la faculté productive qu'il peut avoir. C'est donc toujours aux propriétaires de maisons et de terrains des villes que les affaires de ces villes importent spécialement ; c'est donc à eux à former spécialement les municipalités urbaines.

Mais, pour déterminer entre eux les voix de citoyen, de manière qu'elles eussent une parité réelle avec celles des citoyens de campagne (car il n'est ni juste ni utile que l'urbain soit mieux traité que le rustique), il ne faut pas accorder la voix à 600 livres de revenu en loyers de maisons. Le propriétaire d'une maison louée 600 livres est beaucoup moins considérable dans l'État que le propriétaire d'un champ loué 600

---

[a] Dans l'édition de 1809, ce paragraphe a été accentué en ces termes : Vous avez plusieurs fois été obligé de réprimer cette manie, constamment usurpatrice, minutieusement despotique, qui caractérise les villes, à laquelle leur administration présente est liée et dont elle regarde le maintien comme une de ses importantes fonctions. V. M. sent la nécessité d'anéantir le germe perpétuel d'animosité et d'exclusion qui sépare chaque ville des autres villes et toutes de la campagne dont elles sont environnées et d'y faire succéder une disposition générale à l'union, à la paix, aux secours réciproques.

francs. Une maison est une sorte de propriété à fonds perdu. Les réparations emportent chaque année et tous les ans, de plus en plus, une partie de la valeur ; et à peu près au bout d'un siècle, plus ou moins, il faut rebâtir la maison en entier. Le capital employé à la première construction et ceux qui ont été surajoutés pour l'entretien se trouvent anéantis. Le risque du feu rend même, en général, cette révolution plus courte. Le champ, qui ne demande pas le même entretien et qui n'est pas sujet aux mêmes accidents, garde à perpétuité sa valeur. Il ne peut souffrir que des mêmes révolutions qui affectent l'État entier. Son maître est *citoyen* tant que la patrie dure. Le possesseur de maisons dans les villes n'est que *citadin*. Le propriétaire du champ de 600 livres de revenu peut à toute force et, dans les plus grandes calamités qui lui feraient perdre ses cultivateurs, devenir cultivateur lui-même, sur son domaine, et y faire subsister de son propre travail sa famille *citoyenne*. Le propriétaire de maisons réduit à n'avoir point de locataires, à habiter lui-même chez lui, y mourrait avec sa famille, s'il n'avait point de revenu d'ailleurs.

Ce n'est pas un bien productif qu'une maison, c'est une commodité dispendieuse. Sa valeur est principalement celle du capital employé à bâtir ; son loyer n'est en plus grande partie que l'intérêt plus ou moins fort de ce capital ; et le capital, ainsi que l'intérêt qu'on en retire, étant périssables par la nature même de la maison, une famille qui ne tire sa subsistance que de cet intérêt n'est pas une famille *fondée* dans l'État. Elle n'y est qu'à *poste*. Elle n'y peut durer que les cent ans que durera sa maison ; et si, au bout de ce terme, elle n'a pas acquis ou économisé un nouveau capital égal au premier pour refaire un autre bâtiment, elle n'a plus d'existence qu'en raison de la valeur du terrain qui lui demeure.

C'est donc à la valeur de ce terrain que se réduit le véritable et solide lien du propriétaire de maisons à la patrie, son véritable moyen de faire subsister ses enfants, son véritable droit de *cité*. Cette valeur, quoique infiniment moins grande que celle des bâtiments élevés sur ce terrain, se mêle avec la leur, et entre en raison de sa proportion avec les dépenses de construction dans le prix des maisons qu'on achète, de sorte qu'on peut estimer que des loyers de maisons, partie est relative au loyer du bâtiment même, et partie à celui du terrain, sur lequel il est assis. Louer son terrain, ou l'employer pour y bâtir des maisons, ou pour y placer des chantiers, ou pour tout autre usage de ce genre, est une manière de faire valoir son bien, qu'on ne préfère à la culture que parce que les circonstances locales rendent cette préférence plus avantageuse pour le propriétaire ; et, comme il ne serait pas juste de le priver du droit de cité que peut lui donner le revenu qu'il tire de cet emploi de son terrain, il ne serait pas juste non plus que cette préférence qui lui fait trouver le moyen de posséder une voix de citoyen sur le plus petit espace possible de terre, ne la laissât pas soumise aux contributions sociales comme les autres voix de citoyen.

Au reste, la difficulté qu'il peut y avoir, dans les loyers des maisons, à discerner, d'avec l'intérêt des capitaux employés à la construction, le revenu réel de la propriété foncière, semble devoir porter à ne pas attribuer dans les villes la voix de citoyen à un certain revenu, mais à un certain capital déterminé en terrain. Cette valeur du terrain est connue et différente dans les divers quartiers. Elle est fixée par la concurrence des entrepreneurs qui se disputent ces terrains pour y élever des maisons, des magasins, des hangars, ou pour y placer des chantiers, des ateliers, des jardins.

Or, comme il y a toujours une proportion entre l'emploi des capitaux et les revenus, il semble qu'on pourrait, sans s'écarter beaucoup du vrai, supposer aux propriétaires des villes la rente ordinaire du capital auquel leur terrain serait évalué ; et, par conséquent, accorder aujourd'hui dans les villes la voix de citoyen au propriétaire d'un terrain valant 18 000 livres ou environ 900 setiers de blé ; ce qui serait à peu près l'équivalent du propriétaire de 600 livres de rente ou 30 setiers de blé de revenu, en biens de campagne [a].

Indépendamment de ce que cette évaluation paraît fondée sur l'impartiale égalité que V. M. veut observer envers ses sujets de ville et de campagne, il se trouve à cette manière de fixer les voix de citoyen dans les villes un avantage notable, c'est de prévenir le tumulte que formeraient des assemblées trop nombreuses de propriétaires. Il y a très peu de possesseurs de maisons dans les villes dont le terrain, occupé par leurs édifices, vaille 18 000 francs ; on en trouverait à peine 40 à Paris. Il en résultera que presque tous les propriétaires urbains ne seront que des citoyens fractionnaires, et qu'il se trouvera même dans les villes de bien plus petites fractions de citoyen que dans les campagnes. Il y aurait donc beaucoup de petites assemblées de propriétaires de maisons, citoyens fractionnaires, et qui pourraient être composées de 25, ou 30, ou 40 propriétaires pour nommer entre eux le citoyen chargé de sa propre voix et de celles des autres fractionnaires qui la compléteraient. Chaque assemblée de paroisse ou de quartier n'appelant donc au plus

---

[a] On sent que les mêmes circonstances qui ont changé les rapports de l'argent au blé, suivant une certaine proportion, et de l'argent aux autres jouissances, suivant une autre proportion, exigeraient aussi une évaluation pour le capital des terrains de ville différente de celle que l'on pouvait faire du temps de Turgot. Le besoin d'être bien logé est un de ceux qui se sont accrus ; la valeur des terrains de ville est une de celles qui ont le plus augmenté, et beaucoup plus que celle du blé ; ainsi, l'on peut croire qu'aujourd'hui ce serait 24 000 francs, ou la valeur de 800 setiers ou 960 quintaux métriques de blé qu'il faudrait avoir en terrain dans les villes pour jouir de la même richesse à laquelle Turgot y aurait attribué la *voix de citoyen*. (Édition de 1809.)

qu'un citoyen sur 20 maisons, cette assemblée elle-même ne serait pas trop nombreuse ; elle se passerait sans tumulte ; on pourrait y parler raison. Et c'est déjà un point, en toute délibération où un grand nombre de personnes ont intérêt et droit, sans attenter à l'un, ni violer l'autre, de se débarrasser néanmoins du chaos de la multitude.

Dans les petites villes qui n'ont qu'une paroisse, les maisons ont peu de valeur, les terrains encore moins, les fractions de citoyens seront fort petites ; les citoyens votants, nommés par les fractionnaires, seront assez peu nombreux pour que l'on puisse très bien leur laisser l'administration municipale de leur ville, comme dans les paroisses de campagne. Mais on peut les autoriser, si cela leur est plus commode, à se nommer entre eux un maire, des échevins, ou tels autres officiers selon l'usage des lieux, pourvu que ces officiers restent toujours subordonnés à l'assemblée des *citoyens votants*, et soumis à lui rendre compte de leur gestion, de leur résolution, et surtout de leurs dépenses.

Dans les villes plus grandes où il y a plusieurs paroisses ou plusieurs quartiers, et où l'administration des *francs-citoyens* ou *citoyens votants* serait inévitablement embarrassée par leur nombre, il est indispensable de les obliger à nommer ainsi parmi eux des officiers municipaux. Alors, si le nombre de ces officiers est dans un certain rapport avec celui des paroisses ou des quartiers, on peut en faire nommer un ou deux par quartier ou par paroisse ; ou bien faire nommer, par l'assemblée de chaque paroisse, un certain nombre d'électeurs, qui entre eux ensuite choisiraient les officiers municipaux.

Dans les très grandes villes où il peut être utile que le gouvernement influe davantage sur le choix des officiers publics, et surtout dans celles où les charges municipales donnent la noblesse, les électeurs présenteraient plusieurs sujets entre lesquels V. M. choisirait, ou que même elle rejetterait tous pour faire procéder à une nouvelle élection, suivant l'exigence des cas.

Il peut être utile que, dans ces grandes villes, la police ne reste pas entièrement aux officiers municipaux, et que le magistrat qui y présiderait fut de votre choix et absolument dans votre main. Cela est prouvé pour Paris, et je penserais qu'il pourrait en être de même pour Lyon et pour quelques autres grandes villes.

Il est difficile qu'une grande ville se passe de subdivisions ou de petites municipalités intérieures concourant à former et à soulager la grande municipalité, d'assemblées paroissiales enfin ou par quartier ; car une grande ville est à la fois un assemblage de paroisses ou de quartiers, et un corps commun.

Dans cette distribution inévitable de la municipalité pour les grandes villes, il semble que les assemblées paroissiales peuvent, mieux que personne, régler et veiller de près les travaux et les secours à donner aux pauvres de leur quartier ; que les travaux et édifices publics, les quais, les ports, le pavé, doivent regarder les officiers municipaux chargés d'en rendre compte aux députés des paroisses, et que, quant à la répartition des impôts, elle se trouvera faite comme dans les campagnes par la distribution des voix.

C'est une chose très fâcheuse qu'actuellement la plupart des villes soient considérablement endettées, partie pour des fonds qu'elles ont prêtés au gouvernement, et partie pour des dépenses en décorations, que des officiers municipaux qui disposaient de l'argent d'autrui et n'avaient point de compte à rendre aux propriétaires, ni d'instructions à en recevoir, ont multipliées dans la vue de s'illustrer, et quelquefois de s'enrichir.

De ces deux classes de dettes, la première est la moins embarrassante. La plupart des villes qui paraissent chargées de grosses rentes pour le gouvernement n'ont fait que lui prêter leur nom, et leurs rentiers se trouveront aussi bien acquittés de leurs rentes, quand ils en seront payés directement par V. M., que par l'entremise des hôtels de ville auxquels il faut en faire les fonds.

Quant aux dettes que les villes ont faites pour leur propre compte, et dont elles acquittent aujourd'hui les intérêts avec des octrois très nuisibles au commerce, à la distribution naturelle des richesses et aux revenus de V. M., je penserais qu'il faudrait supprimer ces octrois, et qu'en remettant l'administration municipale entre les mains des propriétaires, on trouvera beaucoup d'autres facilités pour le payement des dettes des villes. Par exemple, si l'on établissait sur chaque paroisse, au moyen de l'assemblée des propriétaires, une administration pour les *pauvres malades* qu'on ferait visiter et secourir chez eux, qui seraient beaucoup mieux soignés, parce que leurs propres facultés se joindraient à la charité pour améliorer leur sort, parce qu'ils n'y gagneraient pas une complication de maux, parce que leur famille subsisterait de la viande nécessaire pour leur faire du bouillon, et qui coûteraient moins, parce qu'il ne faudrait pas entretenir des édifices immenses pour les loger, on se trouverait avoir dans toutes les villes des maisons considérables à vendre qui contribueraient pour beaucoup à l'acquittement de leurs dettes.

On peut y joindre dans plusieurs d'entre elles et dans les plus endettées, les *greniers d'abondance* qu'elles ont entretenus et qui n'ont jamais servi qu'à leur faire payer les grains plus cher, à diminuer l'approvisionnement réel, à faciliter des malversations qui ont notablement accru les dettes elles-mêmes. Peut-être se trouvera-t-il par la suite quelques autres édifices publics que V. M. pourrait leur abandonner. Une véritable municipalité composée de propriétaires ou d'officiers qui leur devront compte, qu'ils pourront changer tous les ans s'ils n'approuvent pas leur conduite, et poursuivre s'ils les trouvent en fraude, une telle municipalité trouvera bien les moyens de vendre à toute leur valeur les bâtiments qui lui seront dévolus, et quant à ce qui restera de dettes qui ne seront pas celles de l'État, après celles acquittées par la vente des bâtiments que les villes peuvent réclamer, la municipalité peut en rester chargée pour en payer les intérêts et rembourser un vingtième des capitaux tous les ans par les citoyens propriétaires, en raison de la distribution de leurs voix.

De cette manière, le commerce sera infiniment plus libre, les villes seront soulagées ; car, pour peu que ce qu'elles auront à vendre égale une année des arrérages qu'elles ont actuellement à payer pour faire la première avance d'un vingtième du capital, les intérêts de leurs dettes diminuant ensuite d'un vingtième tous les ans, d'année en année, la contribution à fournir par chaque propriétaire diminuera et la répartition, comme la perception de ce revenu municipal et du revenu royal qui pourra y être joint, ne coûtera point de frais.

Les denrées dégagées d'octrois rendront la subsistance du peuple plus facile, et assureront en même temps aux cultivateurs des profits qui augmenteront l'aisance et le revenu des campagnes.

Ces villes, ainsi arrangées dans leur intérieur, et la barrière que les octrois mettent entre elles et les campagnes détruite, il ne restera plus qu'à les lier au système général par les élus ou députés qu'elles auront à envoyer à l'élection ou à l'arrondissement quelconque dont elles feront partie.

Du second degré de Municipalités ou des élections.

L'objet de l'institution générale d'une bonne et civique éducation, même pour les hommes des dernières classes, donnée sous l'inspection d'un Conseil à ce destiné, serait de les lier à leur famille et de leur apprendre à bien vivre en général avec leurs proches, avec les autres familles, et dans l'État.

L'objet des municipalités villageoises et urbaines où les propriétaires citoyens voteraient en personne, et où les fractionnaires même participeraient par des procureurs cointéressés et de leur choix, serait de lier les familles au lieu du domicile que leurs propriétés leur indiquent.

L'objet des municipalités supérieures par élections, par provinces et au-dessus, qui ne peuvent se tenir que par députés, est d'établir une chaîne par laquelle les lieux les plus reculés puissent correspondre avec V. M. sans la fatiguer, l'éclairer sans l'embarrasser, faciliter l'exécution de ses ordres et faire respecter d'autant plus son autorité en lui épargnant des erreurs et en la rendant plus souvent bienfaisante.

On ne peut pas envoyer de députés de paroisses à une *assemblée provinciale* : il s'y trouverait trop d'affaires et trop de gens. D'un côté, les assemblées nombreuses sont la perte de toute raison. De l'autre, le moyen de ménager le temps et la peine des administrations supérieures, de leur épargner des fautes et des injustices, est de leur assurer le pouvoir de bien régler les affaires importantes et de ne leur laisser revenir aucune de celles que les administrations inférieures peuvent bien terminer. C'est à quoi doivent servir les assemblées municipales des élections.

Elles seraient composées d'un député de chacune des municipalités du premier degré comprises dans leur arrondissement. Les villes n'envoyant pas, comme les villages, qu'un seul député chacune, car chacune d'elles ne forme, comme chaque village, qu'une seule communauté, on pourrait excepter au plus les capitales des provinces, et leur permettre d'en avoir deux, et si l'on veut, à la ville de Paris, d'en avoir quatre ; quoiqu'au fond cette multiplication de députés pour les villes capitales ne soit d'aucune utilité. Mais peut-être serait-il difficile de leur refuser cette distinction qu'elles chercheraient à motiver sur la multitude des citoyens qu'elles renfermeraient dans leurs murs.

Si l'on trouvait que les élections actuelles renfermassent trop de paroisses et que l'assemblée de leurs députés fût trop nombreuse, on pourrait les subdiviser et il conviendrait de les distribuer de manière qu'il se trouvât à peu près autant de paroisses dépendantes de chaque arrondissement, qu'il y aurait d'arrondissements dans la province, ce qui est très facile à arranger.

Dans l'assemblée, le rang entre les députés serait réglé par le nombre des voix de citoyen du lieu pour lequel ils parleraient ; ce qui est encore un moyen pour garantir de plus en plus des fausses déclarations. Si plusieurs se trouvaient parler pour des villes ou des villages dont le nombre de voix serait le même, leur rang serait décidé par le sort, qui se renouvellerait chaque année, à moins qu'un des deux cantons s'étant enrichi dans l'intervalle d'une année à l'autre, son député ne gagnât la préséance comme parlant pour un plus grand nombre de voix citoyennes.

L'assemblée se nommerait, dans la première séance, un président et un greffier, et, dans sa dernière, un député pour l'assemblée supérieure de la province. Chacun de ces officiers garderait son titre et ses fonctions pendant un an, pour la facilité de la correspondance entre les diverses municipalités et les divers degrés de municipalité, encore que l'assemblée d'élection ne durât guère que huit jours ou douze au plus en deux sessions ; car les séances n'auraient pas besoin d'être fort multipliées et ne consumeraient pas beaucoup de temps, les fonctions de l'assemblée municipale d'une élection étant tout à fait simples.

La première serait de faire entre les villes et villages de son district la distribution des rangs, d'après le principe que nous venons de poser, de donner le pas aux communautés composées d'un plus grand nombre de voix de citoyen. Cette opération serait de la dernière facilité. Chaque député apporterait et serait tenu de déposer au greffe de l'assemblée de l'arrondissement, un double des registres de sa paroisse. On y verrait le nombre de citoyens ayant voix dont elle serait composée, et c'est une chose qui, de paroisse à paroisse, ne peut d'ailleurs être cachée. Si une paroisse voulait dissimuler sa force et perdre son rang, ce qui serait difficile, car il faudrait pour cela un accord entre tous ses citoyens, les paroisses voisines dont les députés seraient présents, réclameraient contre elle. Le nombre de voix indiquerait la force et le revenu de la paroisse. La proportion entre les paroisses serait donc donnée avec la plus grande équité, et sans qu'aucune d'elles pût avoir à se plaindre. Cela servirait de règle pour la répartition de l'impôt entre les paroisses qui ne se ferait que dans la seconde session de l'assemblée municipale d'élection, après la tenue des assemblées supérieures.

Il faudrait seulement, à cause de la complication actuelle et des privilèges subsistants, faire trois rôles par chaque paroisse : un de la petite assemblée municipale, où n'entreraient que les simples citoyens ; un de la moyenne assemblée, où seraient compris les simples citoyens et les nobles ; un enfin de la grande assemblée, où les simples citoyens, les nobles et les ecclésiastiques seraient réunis.

Lors de la seconde session, où l'on ferait la répartition des sommes à fournir par chaque paroisse, le premier rôle servirait pour les impositions qui ne regardent que le peuple ; le second, pour celles qui portent également sur le peuple et sur la noblesse ; et le troisième, pour les taxes en remplacement de celles dont personne n'est exempt et qui sont acquittées aujourd'hui par le clergé même et par la noblesse, en raison de leurs revenus ; chaque paroisse ne devant porter de ces diverses impositions qu'en proportion des citoyens des différents ordres dont elle serait composée et du nombre de leurs voix.

Ces différents rôles examinés, déposés au greffe, et leur extrait inscrit sur les registres, ce qui ne renfermerait aucune difficulté, chaque député exposerait, d'après les instructions par écrit de ses commettants, leurs demandes par rapport aux chemins de traverse, ou autres travaux utiles à l'arrondissement et ayant besoin du secours de toutes les paroisses qui le composeraient pour être exécutés ; et l'assemblée déciderait, à la pluralité des voix, s'il y a lieu d'ordonner le travail proposé, lorsqu'il serait particulier à l'arrondissement. Dans ce cas, la dépense s'en répartirait en raison des voix de citoyen de tous les ordres, sur toutes les paroisses dont les députés auraient voix à l'assemblée. Dans le cas où le travail proposé par un ou plusieurs députés serait d'une telle conséquence et qu'il paraîtrait intéresser toute la province, l'assemblée déciderait s'il y a lieu ou non d'en référer à la province même et de dresser des instructions sur ce sujet pour le député qu'elle enverrait de la part de l'élection ou de l'arrondissement à l'assemblée provinciale.

Dans ces deux délibérations, les députés proposants auraient voix comme membres de la municipalité dans laquelle ils auraient ouvert un avis.

Les députés exposeraient ensuite les grands accidents physiques que leur paroisse pourrait avoir essuyés, comme grêle, inondations, incendies, et demanderaient, toujours d'après les instructions de leurs commettants, les soulagements qu'ils pourraient se croire bien fondés à solliciter. L'assemblée déciderait à la pluralité des voix s'ils sont justement réclamés. Dans le cas de l'affirmative, elle en répartirait la dépense sur les paroisses qui n'auraient pas souffert. Dans cette délibération, les députés requérants n'auraient point de voix. Ils seraient suppliants et non pas juges.

Si le dommage était trop général, après avoir statué ce que les paroisses exemptes du fléau pourraient donner de secours aux maltraités, l'assemblée arrêterait des instructions pour demander sur le surplus ce qu'elle estimerait juste à l'assemblée provinciale ; et alors les députés des paroisses affligées pourraient reprendre voix.

Cela fait, l'assemblée jugerait les cas qui pourraient se représenter et que nous avons prévus plus haut, en parlant des municipalités paroissiales. Ce cas pour une paroisse est celui où le seigneur ou tel autre homme riche qui aurait par son opulence les deux cinquièmes ou plus des voix de citoyen comprises dans sa paroisse, ayant par cet avantage emporté la pluralité pour faire décider quelque dépense ou quelque travail public spécial à la paroisse, les trois quarts des autres voix seraient réclamantes et demanderaient ou que le travail ne fût pas fait, ou qu'il fût fait d'une autre manière : comme, par exemple, s'il s'agissait de décider entre deux chemins, dont l'un serait pour la commodité du village, et l'autre pour celle du château, et dont le dernier l'aurait emporté à l'assemblée paroissiale à la faveur des voix du seigneur, mais avec réclamation. Dans ce cas, le député paroissial devrait être purement passif. Sa fonction serait d'annoncer qu'il y a division d'avis dans sa paroisse, de lire la délibération arrêtée par les voix dominantes, de lire ensuite la requête des réclamants contre cette délibération, et enfin la réponse des dominants à cette requête, qui ne pourrait être présentée sans leur avoir été communiquée.

Il lui serait expressément défendu d'ajouter aucune réflexion à ces trois pièces. L'assemblée prononcerait après les avoir entendues ; sa décision ferait loi pour la paroisse cliente et équivaudrait à une délibération unanime de cette paroisse.

Tout ce travail ne consumerait pas huit jours, chaque paroisse ferait les frais de son député pour ce temps, et si l'assemblée durait davantage, ce serait aux dépens des députés eux-mêmes.

La dernière délibération, comme je l'ai déjà exposé, serait employée à nommer un député pour l'assemblée provinciale, auquel on remettrait les instructions qui auraient été arrêtées pour lui, plus un double des registres de l'assemblée qui le députerait. On y trouverait inscrit un extrait des registres particuliers de chaque paroisse de l'arrondissement ; c'est-à-dire la liste de ces paroisses, avec la note pour chacune d'elles du nombre du peuple, de celui des citoyens fractionnaires complets ou multiples, et du nombre des voix des citoyens partagés en citoyens ordinaires, nobles et ecclésiastiques.

Lorsqu'on aura pu parvenir à avoir par le moyen des municipalités paroissiales une carte topographique de chaque paroisse, chacune, en gardant un double, en enverra un autre à l'assemblée municipale de l'élection qui, les faisant copier, réduire et rassembler, enverra à son tour la carte de son arrondissement et copie de toutes les cartes topographiques sur lesquelles elle sera fondée, à l'assemblée provinciale.

Du troisième degré de Municipalités ou des Assemblées provinciales.

Une *assemblée provinciale* serait composée des députés des assemblées municipales du second degré, ou des élections et arrondissements compris dans la province. Leur nombre ne serait pas considérable et ne passerait jamais une trentaine.

Ils auraient, comme les assemblées des arrondissements, deux sessions. Dans la première, ils constateraient l'état des élections ou districts et en régleraient les rangs d'après le nombre des communautés qui y seraient comprises et des voix de citoyen qu'elles renfermeraient. Le relevé que chaque député aurait apporté du nombre des paroisses formant le district dont il serait l'envoyé, et du nombre de voix de citoyen qui y seraient comprises réglerait fort naturellement cet arrangement nécessaire.

On déciderait ensuite s'il y a lieu ou non d'accorder un soulagement aux districts, qui pourraient le réclamer par rapport aux grands malheurs physiques qu'ils auraient essuyés. Si on croyait le devoir, on répartirait sur-le-champ entre les autres districts la somme à payer pour ce soulagement ou ce secours.

On passerait de là à l'examen des travaux publics que la province pourrait avoir intérêt d'entreprendre pour elle-même, et l'on écouterait, à cet effet, les propositions que les députés auraient à faire pour leur arrondissement. Si les travaux étaient résolus, on prendrait à la pluralité des voix les arrangements nécessaires pour en faire les frais. S'ils paraissaient de nature à intéresser quelques provinces, on leur écrirait pour les inviter à y concourir. C'est une liberté qu'on peut laisser même dans l'intérieur des provinces aux assemblées municipales des élections et des paroisses entre elles. Et, s'ils étaient d'une importance à devenir sensible pour tout le Royaume, on arrêterait à quel point la province y pourrait contribuer comme la plus intéressée, et l'on dresserait des instructions pour demander le secours de toutes les autres provinces, par le moyen du député que l'assemblée provinciale nommerait pour la *grande municipalité générale* du Royaume.

Si la province avait essuyé quelque grande calamité, comme une épizootie, qui aurait détruit les bestiaux, elle pourrait aussi faire demander par son député des secours aux autres provinces. Elle le chargerait d'ailleurs de porter un double de ses registres et l'extrait de celui des assemblées du district à la municipalité générale, centre commun de toutes les municipalités du Royaume.

Ces premières assemblées provinciales pourraient durer trois semaines, et les députés des assemblées de district seraient défrayés pour ce terme par leurs commettants.

Après la tenue de la municipalité générale, les assemblés provinciales feraient leur seconde session pour répartir entre leurs districts les sommes qu'ils auraient à payer ; et cette seconde session, préparée par le travail de la première, pourrait durer huit jours.

De la Grande Municipalité, ou Municipalité royale, ou Municipalité générale du Royaume.

Cet établissement, Sire, compléterait celui des municipalités. Ce serait le faisceau par lequel se réuniraient sans embarras dans la main de V. M. tous les fils correspondant aux points les plus reculés et les plus petits de votre royaume.

La *municipalité générale* serait composée d'un député de chaque assemblée provinciale, auquel on permettrait d'avoir un adjoint pour le suppléer en cas de maladie et le seconder dans son travail de cabinet. Les adjoints pourraient assister aux assemblées comme spectateurs, mais ils n'y auraient ni séance, ni voix (excepté en cas de maladie du député).

Tous vos ministres, au contraire, auraient voix et séance ; et V. M. pourrait honorer quelquefois l'assemblée de sa présence, assister aux délibérations, ou déclarer sa volonté.

Ce serait, dans cette assemblée, qu'on ferait le partage des impositions entre les diverses provinces, et qu'on arrêterait les dépenses à faire, soit pour les grands travaux publics, soit pour les secours à donner aux provinces qui auraient essuyé des calamités, ou qui proposeraient des entreprises qu'elles ne seraient pas assez opulentes pour achever [a].

Par rapport à ces différents objets, V. M. commencerait par déclarer, ou faire déclarer par son ministre des finances, les sommes qu'elle a besoin de demander à la totalité des provinces pour l'acquittement des dépenses de l'État. Elle y comprendrait la valeur des travaux publics qu'elle aurait trouvé à propos d'ordonner, et laisserait ensuite l'assemblée parfaitement libre de décider à la pluralité des voix tels autres travaux publics qu'elle trouverait convenable, et d'accorder aux provinces qui les solliciteraient, tels secours ou tels soulagements qu'elle voudrait, à la charge d'en faire la répartition au marc la livre des autres impositions sur le reste du Royaume.

La première année, l'on serait encore obligé de faire un peu arbitrairement le département entre les provinces et l'on prendrait pour règle de s'écarter le moins qu'il serait possible de l'état actuel. Mais, à la seconde année, les paroisses ayant eu le temps de distribuer dans leur intérieur les voix de citoyen et envoyant par leurs députés aux élections la copie de leurs registres, et celles-ci, en faisant passer l'extrait aux assemblées provinciales qui en enverraient un double à la municipalité générale du Royaume, le fort et le faible de chaque province se trouverait connu ; l'on pourrait corriger les défauts de répartition et arriver, sur cet article important, au plus haut point de perfection et à la plus exacte équité qui soient possibles. Ce que des milliers d'employés et des millions de dépense n'auraient pu faire, le *cadastre* du Royaume, V. M. le ferait en un an, sans embarras et sans frais, à la satisfaction de tout le monde, en donnant un grand intérêt pour le rédiger à ceux qui savent parfaitement les faits qui doivent y être compris.

Cette importante opération demanderait quelques précautions et ses détails quelques arrangements, que je vais avoir l'honneur de vous mettre sous les yeux.

---

[a] Dans l'édition de 1809, Du Pont a ajouté ici un passage sur l'assistance publique.

Précautions à prendre pour l'établissement proposé. Marche de la correspondance entre les différents degrés de Municipalités. Usage qu'on en pourra faire. Résumé général.

La première précaution à prendre est celle dont j'ai parlé plus haut, de commencer par faire le département entre les paroisses dans la forme actuelle, en fixant à chacune, par l'intendant, la somme qu'elle doit payer, et la laissant seulement libre de répartir cette somme en raison des revenus terriens de chacun de ceux qui en ont sur son territoire. Si l'on commençait par demander à une paroisse l'état des revenus de ses habitants, elle le donnerait fautif, afin d'éviter l'imposition. Mais lorsqu'il s'agira de répartir une imposition déterminée et que tous les propriétaires y seront appelés, chacun ayant à se débattre contre les autres pour ne pas porter plus que sa part, ils se feront justice réciproquement. Cette première précaution est déjà prise, puisque les intendants feront cette année le département entre les paroisses, comme à l'ordinaire, et que, si V. M. donnait une loi à cet égard, elle n'aurait à porter que sur la répartition intérieure.

Dans ce premier instant, il ne faudrait encore parler que de la taille et des impositions qui lui sont accessoires. Par la déclaration à rendre à ce sujet, V. M. pourrait dire :

« Que, voulant éviter dans la *répartition de la taille* tout arbitraire, et mettre son peuple à l'abri des vexations dont cet arbitraire a souvent été la cause inévitable ; voulant d'ailleurs favoriser la classe la plus indigente de ses sujets, et suppléer, en la soulageant, à la proportion qui, dans les temps de cherté, n'a pas paru partout suffisamment établie entre les salaires et le prix des denrées, elle a jugé à propos de supprimer la taille personnelle et la capitation des manouvriers de la campagne, qui ne possèdent point de terres, et ne font point de commerce.

« Que par rapport à la *taille d'exploitation* : comme il est reconnu que les fermiers la précomptent à leurs propriétaires, ainsi que toutes les autres impositions dont ils sont chargés ; et qu'ils loueraient les terres beaucoup plus cher, s'ils n'avaient pas la taille à payer, et non seulement de la valeur habituelle de cette taille, mais même de quelque chose de plus à quoi ils évaluent le risque de la voir augmenter arbitrairement ; dorénavant toutes les impositions connues, dans les campagnes, sous le nom de *taille d'exploitation, taille personnelle*, et *accessoires* de celle-ci, demeureront réunies sous le titre et la qualité de *taille réelle*, et réparties sur les héritages à raison de leur revenu ;

« Que le propriétaire seul, de quelque qualité qu'il soit, sera tenu, comme il l'est déjà indirectement, de les acquitter ; ce qui ne déroge point aux privilèges de la noblesse, ni des autres privilégiés, puisque ces privilèges ne se sont jamais étendus aux terres affermées ;

« Qu'en conséquence, et dans la vue d'empêcher aussi que les travaux de l'agriculture destinés à mettre l'abondance dans le royaume, puissent jamais être interrompus, ce ne seront plus les richesses d'exploitation, ou les biens mobiliers des cultivateurs, mais ce sera la valeur même des héritages qui répondra du payement de l'impôt ;

« Que, pour ne déranger cependant aucune des combinaisons actuellement prises entre vos sujets, ni porter le trouble dans aucun contrat, il sera réglé un compte entre tous les fermiers actuels et leurs propriétaires, dans lequel on constatera ce que le fermier a payé de taille et autres impositions accessoires à raison de sa ferme, depuis le commencement de son bail, et qu'il en sera estimé une année commune, dont le fermier sera tenu de payer annuellement et régulièrement la valeur au propriétaire jusqu'à la fin du bail, celui-ci demeurant pour cette somme bien et dûment chargé d'acquitter entièrement l'impôt ;

« Que cependant tout propriétaire sera libre de donner délégation pour ses impositions sur son fermier, ou de charger celui-ci de payer à son acquit, sous la condition naturelle de passer et allouer en compte audit fermier les quittances du receveur des deniers royaux comme argent comptant ;

« Que, quant à la répartition de la *taille réelle* qui sera désormais la seule subsistante, pour prévenir tout murmure et toute injustice, V. M. veut bien permettre aux paroisses de former dans leur intérieur une administration municipale pour lui en confier cette répartition ;

« Qu'afin de ne priver personne du droit qu'il peut avoir à cette administration, elle sera composée de tous les propriétaires fonciers, chacun y participant en raison de ses revenus ;

« Que pour éviter néanmoins, dans les assemblées et délibérations de ces propriétaires, la trop grande multitude qui pourrait y porter de la confusion, on n'accordera séance et voix complète de citoyen qu'à ceux dont la fortune en terres peut faire subsister une famille, ce qu'on estimera à la valeur de 600 livres en argent, ou 30 setiers de blé froment, en revenu net ;

« Que ceux qui n'ont pas une telle fortune ne seront pas exclus de la municipalité ; mais qu'ils n'y pourront paraître que collectivement, en se réunissant à plusieurs dont les différentes fortunes égalent ensemble ce total de 600 livres ou 30 setiers de blé froment de revenu net, pour entre eux en nommer un qui porte à l'assemblée sa propre voix et celle des autres citoyens qui l'auront choisi, ayant soin d'y déclarer combien chacun d'eux a contribué à le choisir, et de prouver qu'il n'usurpe pas sa place, etc. ».

On énoncerait ensuite le privilège que V. M. voudrait bien accorder à ces assemblées municipales de régler les travaux à faire pour le bien de leur communauté. On donnerait le règlement de détail des assemblées qui se tiendraient les dimanches à l'issue de la grand'messe et après vêpres. On y joindrait des formules sur la manière de faire les rôles et de constater les voix avec équité, annonçant pour la suite de plus grandes marques de la bienveillance de V. M., lorsque les assemblées municipales des paroisses seraient réglées et en pleine vigueur.

Un mois après, l'on pourrait donner une seconde déclaration pour les municipalités urbaines, et trois ou quatre mois après, quand on saurait que les assemblées villageoises ont pris leur forme et que les voix y sont réglées, vous pourriez, Sire, donner le grand édit pour l'établissement de la hiérarchie des municipalités et déclarer aux paroisses le droit que vous leur accorderiez de députer aux élections, et à celles-ci de députer aux assemblées provinciales ; enfin, à ces dernières de députer à leur tour à une assemblée générale près de Votre personne.

Tout cela peut se faire cette année et au commencement de l'année prochaine.

Mais ce ne serait que dans les premiers jours d'octobre 1776, après que toutes les récoltes seront décidées et connues, que pourraient se tenir les assemblées municipales d'élection.

Les instructions des députés se borneraient à celles relatives aux petits travaux publics entrepris ou projetés par les villages ou les villes et aux secours que quelques-uns réclameraient en raison de fléaux qu'ils auraient éprouvés. Mais ce qu'ils apporteraient de plus précieux serait le double registre de leur paroisse et l'état de la distribution de leurs voix de citoyen. Avec l'extrait de cette pièce, le député de l'assemblée de l'élection à l'assemblée provinciale mettrait celle-ci à portée d'éclairer l'assemblée royale.

À l'égard de ces députés, il y a une chose importante à remarquer, c'est que les paroisses peuvent fort bien envoyer un des propriétaires membre de leur assemblée municipale en députation à l'élection, et ne doivent même pas en envoyer un autre ; mais que les assemblées d'élection ne pourront souvent pas envoyer un de leurs membres à l'assemblée provinciale. Car la plupart de ces membres seront de bons propriétaires de campagne dont les affaires les rappelleront chez eux ; s'il s'en trouvait cependant qui fussent disposés à prendre la députation, et que l'assemblée en jugeât capables, rien n'empêcherait qu'on ne les envoyât ; c'est ce qui doit être fort libre à l'assemblée. Mais il semble difficile de l'empêcher aussi de choisir quelqu'un qui ne soit pas de son corps, lorsque les députés des paroisses n'ont pas le temps ou ne se sentent pas le talent nécessaire pour aller figurer dans une assemblée provinciale. Rien ne devrait donc empêcher que des gens, de la première distinction même, encore jeunes et déjà mûrs, qui se destinent aux affaires, ne briguassent, auprès des assemblées d'élection, l'honneur de la députation à l'assemblée provinciale, ce qui serait en effet une très bonne école. Leur traitement ne devant être accordé que pour un mois en deux séances, et d'ailleurs fixé sur un pied assez mesquin comme, par exemple, de 12 francs par jour ou 15 louis pour la députation, n'exciterait pas l'avarice. Leurs instructions d'ailleurs, ainsi que la nécessité de rendre compte à leurs commettants, étant positives, ces places ne pourraient guère être recherchées que par des gens estimables et, ne le fussent-ils pas, ils n'y pourraient faire que le bien.

Les assemblées provinciales s'ouvrant trois jours après la clôture des premières assemblées d'élection, c'est-à-dire vers le 11 octobre, pourraient être terminées, quant à leur première séance, avant la fin du même mois, de sorte que l'assemblée générale composée des députés provinciaux pourrait s'ouvrir à Paris dans les premiers jours de novembre.

Il pourrait en être de leurs députés comme de ceux des assemblées d'élection, et l'on pourrait laisser les assemblées provinciales maîtresses de les choisir parmi leurs membres ou ailleurs. Leur traitement pourrait être de 1 000 écus pour six semaines de séjour à Paris, et celui de leur adjoint de 1 000 francs. Ce ne serait pas assez d'argent pour l'ambition avide ; ce serait assez pour la sorte de dignité que doit garder le député d'une province. La dépense totale serait petite.

Chaque député provincial serait tenu d'apporter à Paris l'extrait des registres de sa province, contenant l'état abrégé des élections et la notice succincte des paroisses. Il faudrait bien un mois pour rédiger tous ces extraits en un seul tableau, qui serait l'esquisse du Royaume, et quinze jours au plus pour faire le département de l'imposition entre les provinces. L'intervalle de la rédaction des extraits des registres serait employé par les députés aux conférences relatives aux travaux particuliers des provinces et aux secours qu'elles se demanderaient alternativement. Du 15 au 20 décembre, les députés pourraient être retournés à leur assemblée provinciale et y rendre compte des objets relatifs à leurs instructions.

Cette seconde assemblée provinciale, qui se bornerait presque à partager entre les élections les impositions arrêtées, durerait à peu près huit jours, comme nous l'avons remarqué plus haut.

Dans les premiers jours de janvier, les députés des élections formant l'assemblée provinciale pourraient rendre compte à leurs commettants, assemblés pour la seconde fois pendant quatre jours, des décisions de la province.

Et, du 8 au 15 janvier, chaque député revenu chez lui, la répartition pourrait être arrêtée dans les paroisses.

Depuis la séparation des assemblées jusqu'à la nouvelle élection, les présidents, greffiers et députés de tous les grades conserveraient leur titre et le droit de compulser les registres et de veiller à leur conservation, afin que, lorsqu'on aurait besoin d'un renseignement sur un lieu quelconque, on pût se procurer tous les éclaircissements nécessaires par la voie de la correspondance, en s'adressant aux officiers de la province et par eux à ceux de l'élection, et par ceux-ci à ceux du lieu dont il s'agirait.

Dès cette seconde année, la notice des revenus du Royaume connue par le nombre des voix de citoyen, et la répartition ayant une base assurée, V. M. pourrait remettre aux assemblées municipales comme une marque de sa confiance l'article des vingtièmes. Ce serait une occasion de témoigner des bontés à la première assemblée générale et de supprimer une administration coûteuse, nécessairement fautive, quoique dirigée aujourd'hui par des hommes d'un mérite distingué.

Rien ne serait plus facile ensuite que de faire demander par les assemblées même les réformes que V. M. aurait l'intention de faire et proposer, par les mêmes assemblées, le remplacement de tous les impôts onéreux ou vexatoires que vous auriez intention de supprimer.

Et si, par impossible, elles ne s'y portaient pas, vous n'en seriez pas moins le maître de faire ces réformes d'autorité, après avoir établi leur utilité, dont en général chacun conviendrait, et de statuer sur les remplacements nécessaires. Car, les assemblées municipales, depuis la première jusqu'à la dernière, ne seraient que des assemblées municipales, et non point des États. Elles pourraient éclairer et, par leur constitution même, elles éclaireraient sur les répartitions d'impôts et sur les besoins particuliers de chaque lieu ; mais elles n'auraient nulle autorité pour s'opposer aux opérations indispensables et courageuses que la réforme de vos finances exige.

Elles auraient tous les avantages des assemblées des États et n'auraient aucun de leurs inconvénients, ni la confusion, ni les intrigues, ni l'esprit de corps, ni les animosités et les préjugés d'ordre à ordre.

Ne donnant ni lieu, ni prise à ce qu'il y a de fâcheux dans ces divisions d'ordres, n'y laissant que ce qu'il peut y avoir d'honorifique pour les familles illustres ou pour les emplois respectables, et classant les citoyens en raison de l'utilité réelle dont ils peuvent être à l'État, et de la place qu'ils occupent indélébilement sur le sol par leurs propriétés, elles conduiraient à ne faire de la nation qu'un seul corps, perpétuellement animé par un seul objet, la conservation des droits de chacun et le bien public.

Elles accoutumeraient la noblesse et le clergé au remplacement des impositions dont ils ne sont pas exempts aujourd'hui, et donneraient pour ce remplacement des règles de répartition sûres.

Par les lumières et l'équité qu'elles apporteraient dans la répartition, en général, elles rendraient l'impôt moins onéreux au peuple, quoique la recette fût plus considérable. Elles fourniraient par l'augmentation de cette recette les moyens de soulager les dernières classes, de supprimer par degrés les impositions spéciales au tiers-état, et même à la noblesse, d'établir enfin une seule contribution uniforme pour tous les revenus.

Alors peut-être deviendrait-il possible d'exécuter ce qui a paru chimérique jusqu'à présent, de mettre l'État dans une société parfaite et visible d'intérêt avec tous les propriétaires : tellement que le revenu public ordinaire, étant une portion déterminée des revenus particuliers, s'accrût avec eux par les soins d'une bonne administration, ou diminuât comme eux si le Royaume devenait mal gouverné.

Mais il serait très difficile qu'il le fût. Le gouvernement ne serait plus surchargé de détails. Il pourrait se livrer aux grandes vues d'une sage législation. Toutes les affaires particulières, celles des paroisses, celles des élections, celles des provinces même, se feraient toutes seules, par les gens qui en seraient les plus instruits, et qui, décidant dans leur propre chose, n'auraient jamais à se plaindre. Le Royaume d'ailleurs serait parfaitement connu ; on pourrait en peu d'années faire pour V. M. un *état de la France* par provinces, élections et paroisses, où la description de chaque lieu serait accompagnée de la carte topographique ; tellement que si l'on parlait devant Vous d'un village, Vous pourriez à l'instant, Sire, voir sa position, connaître les chemins ou autres travaux qu'on proposerait d'y faire, savoir quels sont les particuliers qui y ont du bien, quelle est la forme et quels sont les revenus de leurs héritages.

Les assemblées et les députations perpétuelles seraient la meilleure école pour la jeunesse déjà élevée. Elles l'accoutumeraient à s'occuper de choses sérieuses et utiles, en faisant tenir sans cesse devant elle des conversations sages sur les moyens d'observer l'équité entre les familles et d'administrer avec intelligence et profit le territoire en y faisant les travaux les plus propres à l'améliorer ; cet objet général des conversations dans chaque lieu rendrait les hommes sensés et diminuerait beaucoup les mauvaises mœurs.

L'éducation civique que ferait donner le *Conseil de l'instruction* dans toute l'étendue du Royaume, et les livres raisonnables qu'il ferait faire et qu'il obligerait tous les professeurs d'enseigner, contribueraient encore plus à former un peuple instruit et vertueux. Ils sèmeraient dans le cœur des enfants des principes d'humanité, de justice, de bienfaisance, et d'amour de l'État, qui trouvant leur application à mesure qu'ils avanceraient en âge, s'accroîtraient sans cesse. Ils porteraient le patriotisme à ce haut degré d'enthousiasme dont les nations anciennes ont seules donné quelques exemples, et cet enthousiasme serait plus sage et plus solide parce qu'il porterait sur un plus grand bonheur réel.

Enfin, au bout de quelques années, V. M. aurait un peuple neuf, et le premier des peuples ; au lieu de la lâcheté, de la corruption, de l'intrigue et de l'avidité qu'Elle a trouvées partout, Elle trouverait partout la vertu, le désintéressement, l'honneur et le zèle. Il serait commun d'être homme de bien. Votre royaume lié dans toutes ses parties qui s'étayeraient mutuellement, paraîtrait avoir décuplé ses forces, et dans le fait, il les aurait beaucoup augmentées. Il s'embellirait chaque jour comme un fertile jardin. L'Europe Vous regarderait avec admiration et avec respect, et Votre peuple aimant avec une adoration sentie... [a].

OBSERVATIONS DE CONDORCET (*Vie de Turgot*, 123). — La première grande opération que se proposa M. Turgot était l'établissement de ce qu'il appelait des *municipalités*. Une assemblée de représentants ne peut être utile si la forme n'est pas telle que le vœu de l'assemblée soit en général conforme à la volonté et à l'opinion de ceux qu'elle représente, si les membres qui la composent ne connaissent pas le véritable intérêt de la nation ; si enfin, ils peuvent être égarés par d'autres intérêts et surtout par des intérêts de corps. L'esprit de corps est plus dangereux que l'intérêt personnel, parce qu'il agit à la fois sur plus de personnes, qu'il n'est jamais retenu par un sentiment de pudeur, ou par la crainte du blâme qu'on cesse de redouter dès qu'il est partagé, parce qu'enfin, l'intérêt personnel d'un grand nombre d'hommes isolés ne peut être contraire à l'intérêt général que dans des circonstances rares et passagères.

C'est pour remplir ces trois conditions principales que M. Turgot avait combiné le plan des assemblées dont il se préparait à proposer l'établissement. Il eût commencé par réunir différents villages en une seule communauté.

L'assemblée générale des membres de cette communauté eût été composée des seuls propriétaires. Ceux dont la propriété eût égalé un revenu déterminé auraient eu une voix, les autres propriétaires réunis en petites assemblées dont chacune aurait possédé collectivement environ le revenu exigé pour une voix auraient élu un représentant à l'Assem-blée générale.

---

[a] Suit une dernière phrase, encore plus sentimentale, qui fut supprimée dans l'édition de 1809.

Par ce moyen, la représentation aurait été beaucoup plus égale qu'elle n'a jamais été dans aucun pays. Aucun citoyen, pour ainsi dire, n'en eût été privé que volontairement et il est à remarquer qu'en se conformant ainsi au principe que les seuls propriétaires ont droit à ces assemblées, personne de ceux qu'il peut être utile d'y appeler n'en était vraiment exclus. On ne multipliait pas les voix à l'excès, comme dans les pays où l'on aurait fixé à une très petite valeur le revenu qui donne le droit d'avoir une voix, et on ne privait pas du droit de voter un grand nombre de citoyens, comme dans les pays où ce revenu serait fixé trop haut.

Ces assemblés générales auraient été bornées à une seule fonction, celle d'élire le représentant de la communauté à l'assemblée du canton, et un certain nombre d'officiers chargés de gérer les affaires communes et de veiller sur les petites administrations que l'on aurait été obligé de conserver dans chaque village, mais en leur donnant une forme nouvelle. Les mêmes assemblées auraient été formées dans les villes par les propriétaires des maisons et sur le même plan qui aurait été adopté par les communautés des campagnes.

Il résultait de cette combinaison un grand avantage. Réunis en corps assez nombreux et dans lesquels les seigneurs de terres, les ecclésiastiques, n'auraient eu de voix, n'auraient été élus représentants que comme propriétaires, les citoyens des campagnes auraient eu pour soutenir leurs intérêts des défenseurs plus éclairés, plus accrédités que de simples syndics de paroisses. Ils auraient pu lutter contre les corps municipaux des villes dont le crédit a su souvent arracher des règlements funestes aux campagnes. Ils eussent pu se défendre avec plus d'avantage contre les usurpations des ecclésiastiques et contre celles des nobles, contre l'autorité des administrateurs subalternes, contre l'avidité des gens de justice, etc., etc., et on pouvait espérer de trouver, même dès le premier établissement, des seigneurs ou des ecclésiastiques qui préféreraient l'honneur d'être choisis par la voix publique comme les chefs et les protecteurs de leurs cantons, à la vanité de faire valoir des droits odieux au peuple, devenu le juge de leur conduite, et le dispensateur de places qu'ils auraient ambitionnées.

Les assemblées municipales d'un canton, tel à peu près que ce qu'on appelle une élection, auraient nommé chacune des députés qui, à des temps marqués, y auraient tenu une assemblée.

Chaque élection eût envoyé des représentants à une assemblée provinciale ; et enfin, un député de chaque province eût formé dans la capitale une assemblée générale.

Aucun député n'eût siégé dans ces assemblées ni comme revêtu d'une charge, ni comme appartenant à une certaine classe, mais aucune classe, aucune profession de celles qui n'exigent pas de résidence n'eussent été exclues du droit de représenter une communauté, une province. Le grand seigneur, le pontife, le magistrat, eussent siégé comme l'homme du peuple, suivant que le choix de la communauté, du canton, de la province en eût décidé.

La constitution de toutes ces assemblées eût été la même. M. Turgot n'imaginait pas que la différence des caractères d'un Normand et d'un Gascon dût exiger une forme différente d'administration ; il pensait que ces raffinements politiques, employés avec tant d'esprit pour justifier d'anciens abus, n'étaient propres qu'à en produire de nouveaux.

L'égalité entre les membres lui paraissait encore plus nécessaire. Un député du clergé, un membre de la noblesse ou un ecclésiastique, un gentilhomme, députés de leur canton, ne sont pas les mêmes hommes. Les uns se croient les représentants de leur ordre et obligés par l'honneur d'en soutenir les prérogatives, les autres regardent ces mêmes prérogatives, comme des intérêts personnels qu'il ne leur est permis de défendre que lorsqu'ils les croient liés à l'intérêt commun. Si les députés sont partagés en ordres différents, on donne une nouvelle sanction à l'inégalité qui subsiste entre eux ; et les députés des ordres populaires, déjà inférieurs en crédit, le sont encore par la place qui leur est assignée. On devrait chercher à unir les citoyens entre eux et on ne fait que les diviser en marquant avec plus de force la limite qui les sépare. Si, par un esprit de popularité, on multiplie les membres des représentants, à proportion du nombre de ceux qu'ils représentent, on tombe dans l'inconvénient opposé, l'oppression des ordres supérieurs. Si les différents ordres ont des intérêts communs, pourquoi ne pas en abandonner le soin à une assemblée où ces ordres sont confondus ? Si leurs intérêts sont opposés, est-ce d'une assemblée où ces ordres sont séparés que vous devez attendre des décisions conformes à la raison, des opérations conduites avec impartialité ? N'est-il pas évident que, s'il y a quelque égalité de nombre entre ces ordres, ce seront véritablement les transfuges des ordres inférieurs qui formeront les décisions ? Ces intérêts d'ailleurs ne sont pas si opposés qu'ils le paraissent aux esprits égarés par des préjugés, agités par de petites passions ; et la division entre les ordres ne servirait qu'à multiplier ces erreurs contraires à l'intérêt général.

En France, la distinction entre les bourgeois des villes et les habitants des campagnes ne peut être qu'odieuse. Le clergé n'est pas un corps politique, mais une profession ; il ne doit pas plus former un ordre qu'aucune autre classe de citoyens payée par l'État pour y exercer une fonction publique. La vraie noblesse, les descendants de l'ancienne chevalerie n'avaient pas à se plaindre d'une forme où ils ne paraîtraient que comme les chefs, les représentants du peuple. C'était les rappeler à leur première origine. D'ailleurs, la noblesse riche de possessions en terres ne pourrait manquer d'avoir, dans une constitution semblable, une assez grande prépondérance, en même temps que cette même constitution ouvrirait à la noblesse pauvre une carrière honorable. Des assemblées sans distinction d'ordres ne pouvant avoir un autre intérêt que celui de la nation, n'y eussent pas introduit un régime anarchique, formé de petites aristocraties séparées qui auraient été gouvernées par des courtisans dont il eût fallu acheter le suffrage ou réprimer les intrigues et qui, si elles avaient quelquefois défendu le peuple contre les ministres, auraient plus souvent obligé les ministres de le défendre contre elles-mêmes [a].

L'opération eût embrassé à la fois tous les pays d'élection. Cette marche était la seule qui pût en assurer le succès, qui donnât à ces assemblées, dès les premiers temps de leur établissement, une véritable utilité qui eût permis enfin de faire le bien d'une manière grande et durable. L'idée de faire un essai sur une seule province [b] paraissait à M. Turgot une véritable puérilité, qui n'eût servi à rendre le premier pas plus aisé qu'en rendant le second bien plus difficile. C'était uniquement à des fonctions d'administration que M. Turgot croyait devoir appeler ces assemblées, et il ne pensait pas que ces fonctions dussent s'étendre au delà de l'exécution des règlements généraux, des lois émanées de la puissance souveraine. Il croyait que la destruction d'abus compliqués et multipliés, la réforme d'un système d'administration, la refonte d'une législation, ne pouvaient être bien faites que d'après un plan régulier, un système combiné et lié, que tout devait y être l'ouvrage d'un seul homme.

Il savait que dans les États mêmes où la constitution est la plus populaire, où, par devoir comme par ambition, tous les citoyens s'occupent des affaires publiques, c'est presque toujours au gré des préjugés qu'elles sont décidées. C'est là surtout que les abus sont éternels et les changements utiles impossibles.

---

[a] M. Turgot savait très bien que l'établissement d'assemblées avec des ordres, des présidents perpétuels, etc., serait plus facile, qu'il assurerait à un ministre l'appui des chefs du clergé, des courtisans, des membres de la première noblesse, tous flattés d'acquérir de l'importance, d'obliger les ministres de compter avec eux (comme disaient les grands de la cour de Louis XIV), d'avoir part au gouvernement, de se frayer la route du ministère. Il savait même que cette forme avait ce juste mélange de respect pour les erreurs anciennes, si propres à concilier aux nouveautés la faveur publique. Mais il savait aussi qu'un tel établissement était le moyen le plus sûr de mettre à la réforme des abus un obstacle vraiment insurmontable, et de changer la constitution de l'État sans utilité pour le peuple. (Note de Condorcet)

[b] Allusion au système suivi par Necker en 1778.

Mais, dans une monarchie où un établissement de cette espèce serait nouveau, qu'attendre d'une assemblée d'hommes presque tous étrangers aux affaires publiques, indociles à la voix de la vérité, prompts à se laisser séduire à celle du premier charlatan qui tenterait de le séduire ? ...

M. Turgot s'était occupé de ce plan longtemps avant d'entrer au ministère. Il en avait médité l'ensemble, en avait examiné toutes les parties, avait réglé la marche qu'il fallait suivre et arrêté les moyens de l'exécuter. Il eût voulu porter ces établissements, dès leur première origine, au degré de perfection auquel l'état des lumières actuelles permettait de s'élever. Il n'eût voulu ni faire aucun sacrifice à l'opinion du moment, ni donner à ces assemblées une forme vicieuse, soit pour entretenir une gloire plus brillante, soit même pour en faciliter l'établissement. Il savait que toute institution de ce genre, si une fois elle a été faite d'après des principes erronés, ne peut plus être réformée que par de grands efforts et peut-être aux dépens de la tranquillité publique, et il ne croyait pas qu'il fût permis à un ministre, qui doit préférer l'utilité générale à sa propre gloire, de faire un bien passager pour rendre impossible tout bien plus grand et plus durable...

Il eût commencé par l'établissement des municipalités particulières, qui eût été bientôt suivi de celui des assemblées d'élections. Là, il se fût arrêté d'abord parce que cet établissement eût suffi à l'exécution de la plupart de ses vues, ensuite pour laisser le temps à l'esprit public de se former, aux citoyens de s'instruire, et à ceux que leurs lumières, leurs talents, leurs intentions rendaient dignes de fonctions plus étendues, de s'y préparer et de se faire connaître. Il est facile d'établir des assemblées, mais leur utilité dépend uniquement de l'instruction de leurs membres, de l'esprit qui les anime, et il s'agissait en France de donner une éducation nouvelle à tout un peuple, de lui créer de nouvelles idées en même temps qu'on l'appelait à des fonctions nouvelles. Les citoyens des premières classes n'avaient à cet égard aucun avantage sur le peuple, et l'on pouvait craindre seulement de leur trouver plus de préjugés. Il fallait donc affirmer les fondements de l'édifice avant de penser à en poser le comble. Avant de songer à donner des chefs aux citoyens, il fallait qu'il y eût des citoyens en état de les choisir.

Un autre motif déterminait M. Turgot à suivre cette marche. Sa politique, toute fondée sur la justice, lui défendait de regarder comme légitime tout abus de confiance, quelque utilité qui pût en résulter, ou de croire qu'il fût permis de tromper un roi, même en faveur de toute une nation. Animé par ce principe, il croyait devoir s'arrêter après avoir formé les assemblées par élections, trop multipliées pour se réunir, trop faibles pour agir seules et avertir le Roi qu'en donnant au reste de ce plan toute son étendue, il ferait à la nation un bien éternel mais qu'il ne pouvait le faire sans sacrifier une partie de l'autorité royale.

Il lui eût dit en même temps que, dans une constitution ainsi formée, le vœu général de la nation serait le seul obstacle à l'autorité qui, toujours tranquille et assurée, ne verrait plus ni aucun corps intermédiaire, ni les intérêts d'aucun ordre d'hommes troubler la paix et s'élever entre le prince et son peuple, et n'en serait que plus absolue et plus libre pour faire le bien...

Qu'on ne nous blâme point d'être entrés dans ces détails que les esprits serviles, ou les âmes passionnées pour la liberté, trouveront peut-être indiscrets et déplacés. Mais pourquoi n'aurions-nous point montré une fois un homme vertueux placé entre le désir de faire le bien et le devoir que lui impose la confiance du prince, ne voulant trahir ni l'une ni l'autre de ces obligations, ou plutôt n'en connaissant qu'une, celle d'être sincère avec les autres hommes comme avec sa conscience ?

Si le plan eût été adopté dans toutes ses parties, alors l'établissement des assemblées provinciales se serait formé aussitôt que les premiers ordres d'assemblées auraient acquis assez de confiance ; et on aurait pu attendre d'elles des représentants choisis avec soin, et assez instruits pour agir par eux-mêmes et ne pas borner leurs fonctions au triste plaisir d'appuyer de leurs suffrages l'opinion de quelque homme adroit et puissant. Mais, pour former une assemblée nationale, il fallait plus de temps ; il fallait que le succès des assemblées particulières, celui des opérations qu'elles auraient exécutées, eût subjugué l'opinion publique, eût détruit les préjugés et eût permis de donner la même constitution aux provinces aujourd'hui administrées par des assemblées dont la forme, quoique vicieuse, est encore admirée par le vulgaire, protégée par ceux dont elle assure le crédit, et souvent chère au peuple qui est la victime des vices de ces constitutions. Le premier objet auquel M. Turgot croyait pouvoir employer ces assemblées était la réforme de l'impôt.

JOURNAL DE L'ABBÉ DE VÉRI. — Avril 1776. — Lorsque des assemblées de commissaires [a] eurent lieu dans le Parlement de Paris au sujet des six Édits, quelques jeunes gens proposèrent de demander les États généraux, ou la formation d'États provinciaux. Le président d'Ormesson s'y opposa, comme devant amener l'anéantissement de la magistrature. Turgot et Malesherbes qui ne voulaient pas sacrifier la royauté à des idées trop républicaines ne voulaient pas former des États qui puissent l'inquiéter. Leurs idées, qu'ils n'avaient pas encore bien

---

[a] Voir au volume V les six Édits.

combinées ensemble, tendaient seulement à donner dans les provinces une forme municipale pour les intérêts d'un canton et nulle influence dans l'administration générale. La décision des contributions eût toujours dépendu du souverain.

1777. — L'idée de former des États dans les provinces a toujours été regardée comme une barrière au pouvoir monarchique. Dans le moment où Turgot et Malesherbes furent appelés au ministère, on se flatta qu'ils réaliseraient les édits populaires qu'on leur supposait. Ils avaient effectivement l'un et l'autre le désir d'établir une administration municipale, mais la crainte de trop révolter les idées leur avait fait différer leurs plans. Ils ne s'étaient même pas pressés de se communiquer mutuellement leurs idées pour les combiner.

Deux ans après parut le plan d'établissement provincial de Necker. Plusieurs ont dit : « Voilà les idées de Turgot auxquelles on revient après l'avoir renvoyé. »

Turgot m'a dit : « Mes idées auraient passé de même, de mon temps, si on n'avait pas voulu à Versailles y faire naître des difficultés. Mais ce n'était pas la crainte seule des obstacles qui m'avait fermé la bouche sur l'idée des états ou assemblées provinciales : une raison plus forte m'arrêtait. Quelques freins qu'on puisse mettre dans le début à ces assemblées, il n'est pas douteux qu'avec le temps elles acquerront, par leur établissement dans chaque province et par la possibilité de leur intelligence entre elles, un degré de force qui altérera sûrement la constitution monarchique qui existe à présent. Comme citoyen, j'en étais fort aise ; mais agissant comme ministre du Roi, je me faisais scrupule de me servir de sa confiance pour faire tort à l'étendue de son autorité. Ce n'est pas que je n'en eusse le dessein ; mais je voulais attendre que le Roi eut plus d'âge, d'expérience et de maturité pour juger par lui-même et non par les lumières d'autrui. Je voulais lui donner le temps de s'instruire et de se convaincre par ses propres réflexions du sacrifice qu'il lui convenait de faire d'une portion de son pouvoir, pour remplir les idées de justice qu'il doit à son peuple.

« Je ne voulais point porter le renom d'avoir abusé de sa jeunesse et de son inexpérience, en lui arrachant de pareils sacrifices. Je me permettrais sans peine toutes les nouveautés qui, étant utiles à la société, ne nuisent point à l'autorité royale. Mais la nouveauté présente, si elle est suivie, peut arriver au point de changer la constitution monarchique. Trente assemblées de province peuvent facilement s'entendre dans des temps de troubles, de faiblesse et de minorité. Elles peuvent former, en un instant, un congrès comme en Amérique, qui ait la force de toute la nation. Pour peu que des corps militaires se dégoûtent alors du monarque, voilà la guerre civile légitimée et les principes républicains mis à la place de la constitution monarchique.

« Aussi, mes plans n'étaient point d'avoir, dans chaque province, une assemblée unique. Bien moins encore de la former avec la séparation des trois ordres de la noblesse, du clergé et du tiers état ; je minutais une forme d'administration municipale, dans des petits arrondissements de 20, 30 ou 40 paroisses tout au plus. Je n'y admettais aucune distinction de rang et d'ordre. La seule qualité de propriétaire de fonds y était énoncée, et j'en écartais toute idée de privilège de corps et d'association d'ordres. Je les bornais à la pure répartition des impôts établis par le Roi, au jugement des procès d'administration locale, aux améliorations propres au canton et aux chemins. Je laissais toujours au gouvernement la décision des intérêts communs à la nation, la paix, la guerre, et la quotité des contributions publiques. En multipliant si fort ces assemblées et leur donnant si peu d'importance, je n'en craignais pas les influences fâcheuses que l'autorité royale peut en éprouver. »

189. — L'INDUSTRIE ET LE COMMERCE INTÉRIEUR

*1. Circulaire aux Inspecteurs des Manufactures
les invitant à se borner à encourager les fabricants.*

[A. N., F^{12}, 151. — Foncin, 59. — Neymarck, II, 402.]

(Projet d'instruction générale sur les manufactures. — Inconvénients des règlements. — Ordres provisoires en vue de l'emploi de moyens de douceur.)

26 avril.

Vous n'ignorez pas, M., que depuis longtemps l'administration recommande aux Inspecteurs des Manufactures d'apporter beaucoup de modération dans l'exécution des règlements ; vous savez aussi sans doute que les principaux motifs de ce régime sont fondés non seulement sur le défaut d'uniformité et d'ensemble entre les différents règlements, mais encore sur les abus qu'entraînait leur excessive sévérité contre des ouvriers presque toujours pauvres et auxquels on ne peut souvent reprocher que de simples inattentions ou des méprises.

Les bons effets qu'ont produits les instructions et les voies de douceur partout où on en a fait usage ne pouvaient que me porter à étendre de plus en plus ce genre d'encouragement et c'est l'objet d'un *travail considérable que je me propose de mettre sous les yeux de S. M.* le plus tôt qu'il me sera possible. Mais cette opération exigeant une discussion longue, j'ai senti la nécessité de vous tracer provisoirement la conduite que vous devez tenir et de vous indiquer, en général, les raisons de cette conduite.

Ceux qui ont approfondi avec le plus d'impartialité et de lumières la théorie et la pratique des règlements avouent que leur multiplicité suffirait pour en rendre l'exécution impossible ; qu'ils se contredisent entre eux, qu'ils défendent quelquefois ce qu'il faudrait conseiller aux fabricants de faire, et qu'ils ordonnent des pratiques dont il serait utile de les détourner. J'ai vu avec plaisir que plusieurs Inspecteurs avaient fait les mêmes observations et qu'ils ne dissimulent point qu'en s'attachant à la lettre de certains règlements, il est inévitable de s'écarter de la lettre et de l'esprit de quelques autres. Ils ajoutent qu'il est souvent arrivé qu'un mauvais usage établi parmi les ouvriers d'un bourg et même d'un village est devenu la matière d'un règlement général pour tout le Royaume, en sorte qu'une faute ou une méprise d'un seul a occasionné de nouveaux asservissements, de nouvelles gênes pour la multitude. Ils se plaignent aussi de l'embarras où les jette continuellement l'extrême sévérité des peines prononcées contre les plus légères fautes ; et ils observent qu'à certains égards on a été plus loin dans la punition des fautes de fabrication que dans la punition des crimes ; que la confiscation des biens, par exemple, n'a pas lieu dans toute la France, qu'en fait de crimes, elle ne se prononce nulle part que pour ceux auxquels la loi a attaché la peine de mort naturelle ou civile, au lieu que, pour les plus petites fautes, la confiscation d'une pièce de toile ou d'étoffe enlève à un malheureux ouvrier le seul bien qu'il possède, l'unique moyen qu'il ait de continuer son travail et de pourvoir à sa subsistance et à celle de ses enfants. Ils observent enfin qu'en joignant à des amendes et à la confiscation l'ordre de couper de deux en deux aunes les choses fabriquées, on n'ajoute rien au malheur de celui qu'on a ruiné, mais qu'on détériore des valeurs qui existent dans l'État ; que, par là, l'État agit uniquement contre lui-même et que, de plus, il avilit et décourage l'industrie et le travail que son vœu est certainement d'encourager et de protéger.

Il est donc aisé de comprendre l'embarras où se trouvent des Inspecteurs honnêtes, placés entre la lettre impérieuse et sévère des règlements et l'esprit de tolérance et de douceur que l'administration leur recommande. La diversité de conduite entre les différents bureaux et l'arbitraire dans leur manutention deviennent le résultat nécessaire de cette position contrainte, et je ne suis pas étonné que plusieurs d'entre eux demandent qu'on fixe les limites dans lesquelles ils doivent se renfermer.

Ces observations et ces réflexions, auxquelles il serait aisé d'en joindre beaucoup d'autres, m'ont déterminé à vous donner des *ordres provisoires*, en attendant que S. M. ait déterminé le plan d'administration des manufactures de son royaume. Rien, en effet, n'est plus indispensable et plus urgent que de remédier aux inconvénients résultant des contradictions que renferment les règlements, aux abus de l'arbitraire dans les bureaux de visite et de marque ; et surtout de pourvoir au soulagement des classes indigentes et laborieuses en leur laissant les moyens de diminuer leur misère par leur activité et leur sécurité. En conséquence, je vous charge expressément de tourner toute votre attention du côté des instructions dont les fabricants et les ouvriers vous paraîtront avoir besoin ; vous ne négligerez rien pour les encourager et même pour les consoler, lorsque leurs efforts ne suffiront pas pour rendre leur situation meilleure. Vous ne saisirez aucune matière, ni aucune étoffe ou marchandise fabriquée, sous quelque prétexte que ce soit ; vous vous bornerez à exhorter à mieux faire, à indiquer les moyens d'y parvenir. Si, contre toute apparence et contre son propre intérêt, un ouvrier s'obstinait à fabriquer des choses trop défectueuses pour pouvoir entrer dans le commerce, ou qu'il y eût de sa part des apparences marquées de mauvaise foi, vous vous bornerez à arrêter ce qui sera présenté à la visite, vous me rendrez compte sans retardement des motifs qui vous auront déterminé et vous attendrez des ordres sur le parti que vous aurez à prendre. Enfin, si les Inspecteurs marchands se portaient à saisir et à faire statuer sur leurs saisies par le juge des manufactures, vous empêcherez, autant qu'il dépendra de vous, l'exécution des jugements portant des peines quelconques, jusqu'à ce que vous ayez reçu des ordres sur le compte que vous aurez rendu de ces saisies.

Vous aurez soin de m'accuser la réception de cette lettre dès qu'elle vous sera parvenue, et vous vous y conformerez strictement.

Circulaire aux Intendants.

[A. Marne. — Neymarck, II, 402.]

Paris, 26 avril.

Depuis longtemps, M., l'administration recommande aux inspecteurs des manufactures de la modération dans l'exécution des règlements sur les manufactures. Quelques-uns d'entre eux ont trouvé beaucoup de difficulté à les mettre en pratique et ont demandé qu'on leur fixât les limites dans lesquelles ils doivent se renfermer. C'est en attendant que je leur fasse connaître les intentions du Roi sur le plan d'administration que je me propose de mettre sous les yeux de S. M. le plus tôt possible que j'ai écrit à tous les Inspecteurs la lettre dont je joins ici la copie. Je vous prie de vouloir bien tenir la main à l'exécution des ordres que je leur donne [a].

2. Lettre à Clicquot-Blervache, inspecteur des manufactures sur une requête des maîtres couteliers de Reims.

[De Vroil, *Clicquot-Blervache*. — Foncin, 58 n.]

(Réclamation contre des brevets de maîtrise.)

Paris, 10 février.

Je vous envoie, M., un placet que m'ont adressé les maîtres couteliers de Reims pour se plaindre du préjudice que cause à leur communauté la distribution des brevets de maîtrise en faveur de sujets incapables ; ils paraissent même douter de la validité de ces sortes de brevets distribués par le sieur Guérin, procureur au bailliage. Je vous prie de vérifier leur exposé, et supposé que, comme je le présume, le sieur Guérin soit chargé de distribuer à Reims les brevets donnés par le gouvernement, vous voudrez bien faire savoir aux jurés de cette communauté que leur plainte est dénuée de tout fondement. La prétendue incapacité n'est pas une considération qui puisse être accueillie ; c'est au public à juger si un maître est capable, et lorsqu'il croit que son ouvrage n'est pas de bonne qualité, il se garde bien d'aller se pourvoir chez cet ouvrier ; c'est la seule peine contre ceux qui, par incapacité ou autrement, font ou distribuent de mauvais ouvrages [b].

---

[a] Notification spéciale fut faite à l'Inspecteur Michau de Montaran qui était le principal défenseur des règlements. (A. N., F^{12} 151).

[b] Autres lettres contenues dans le Registre des Archives Nationales (F^{12} 151) au sujet des manufactures :

1. À La Vrillière, lui demandant de renouveler à un entrepreneur d'organsinage de soie à Aubenas un sauf-conduit contre ses créanciers (24 avril).

2. À D'Aubourney, secrétaire général de la société d'agriculture de Rouen, au sujet d'observations qu'il a présentées sur la fabrication du sucre et sur l'emploi du plomb pour rincer les bouteilles (12 mai).

3. À l'Intendant de Rouen et à un juge de police (D'Agommier) de Louviers, blâmant celui-ci d'avoir rendu une ordonnance favorable aux prétentions injustifiées des fabricants de Louviers qui avaient refusé de recevoir à la maîtrise un fabricant d'Elbeuf, nommé Racine. Le juge est invité à venir rendre compte de sa conduite au Conseil (3 février et 18 mars). On renvoie les fabricants devant l'Intendant ; mais auparavant ils doivent se soumettre (12 mai).

3. *Projet de suppression des jurandes.*

Mémoires secrets, 25 juin. — « Il passe pour constant que le projet de la liberté des arts et métiers va s'effectuer, que M. le contrôleur général a déjà écrit aux communautés pour qu'elles aient à ne point inquiéter les chambrelans et à arrêter toute l'activité des procédures qui se seraient commencées en ce genre.

« Le nouveau projet de M. Turgot, concernant la liberté des arts et métiers et du commerce, ne peut qu'éprouver nécessairement beaucoup de discussion avant de se réaliser. Les négociants les plus distingués de Paris, connus sous le nom des six corps des marchands, ont donné un *Mémoire* à ce ministre pour lui faire connaître l'injustice particulière de son opération à leur égard et les inconvénients généraux de son plan. On veut que ce ministre leur ait répondu qu'il ne pouvait se charger de faire le rapport de leur *Mémoire* au Conseil, parce qu'il serait juge et partie, étant très attaché au système qu'il voulait introduire et qu'en même temps, son esprit de modération et d'équité l'engageait à supplier le Roi de nommer un comité de conseillers d'État pour examiner leurs représentations et lui en rendre compte. On conçoit aisément que toutes ces difficultés ne peuvent que retarder l'exécution de ses nouvelles idées. »

4. *Lettre au Prévôt des marchands de Lyon sur les prétentions des maîtres chirurgiens de la Ville.*

[Bibl. de Lyon, man. 1902.]

Paris, 23 août.

MM.,

Les nommés Constantin et Dutreih représentent dans la lettre que je vous envoie que les maîtres chirurgiens de la ville de Lyon n'ayant pas même voulu les admettre à l'examen pour la maîtrise dans cet état,

---

4. À l'intendant de Rouen (de Crosne) renouvelant aux élèves d'un maître teinturier de Rouen une permission accordée en 1757 pour faire le *grand teint*, à la condition de mettre sur les étoffes un plomb indiquant le mode de teinture (26 avril).
5. Au Prévôt des marchands de Lyon demandant les pièces nécessaires pour pouvoir casser un Arrêt de la cour des monnaies de Lyon qui a érigé en communauté les fabricants de paillons (2 juin).
6. À l'évêque d'Agen au sujet de l'établissement d'une juridiction consulaire à Agen (17 mai).
7. Au Prévôt des marchands de Lyon au sujet des réunions de la Chambre de Commerce. (On invite celle-ci à tenir plus souvent séance) (23 juin).

quoiqu'ils fussent munis de leurs certificats d'études, et des attestations des administrateurs, des médecins et chirurgiens majors des hôpitaux où ils ont servi pendant plusieurs années, sous prétexte qu'ils n'avaient consigné que la somme de 600 l. portée par les règlements de 1730 au lieu de 9 506 l. qu'exigent ceux de 1769, enregistrés au Parlement le 23 avril 1774. Il leur fut permis, par arrêt du conseil supérieur, de se transporter à Mâcon à l'effet d'y être examinés par les maîtres de cette ville, pour ensuite être ordonné ce qu'il appartiendrait ; mais à leur retour à Lyon, ayant trouvé le conseil supérieur supprimé, ils se pourvurent au Parlement de Paris, qui, par arrêt provisoire, les autorise à jouir de tous les droits attachés à la maîtrise jusqu'à ce que les parties adverses se soient défendus sur le fond. Ils ajoutent que la communauté des chirurgiens s'étant pourvue en cassation de l'arrêt du conseil supérieur, le conseil a cassé le dit arrêt sur le faux exposé qu'ils avaient évité d'être examinés ; en conséquence, ils supplient le conseil de venir à leur secours et de les faire jouir d'un état dans lequel ils ont employé tous les moyens possibles de se perfectionner, et duquel les éloignerait pour toujours la somme exorbitante qu'exige la communauté. Comme Constantin et Dutreih n'ont joint à leur lettre aucunes pièces justificatives de ce qu'ils avancent, je vous prie, M., de prendre sur cette affaire tous les éclaircissements nécessaires, et de me mander ce que vous en pensez. Vous voudrez bien aussi vous faire remettre, et m'envoyer un exemplaire des règlements de la communauté des chirurgiens, qui s'ils existaient tels qu'on l'annonce, seraient capables d'ôter toute espèce d'émulation, et d'éloigner de cet état les meilleurs sujets. [a]

---

[a] On trouve Aux Archives du Calvados (C. 2 627), une Lettre à l'Intendant de Caen au sujet d'une permission de fabriquer du biscuit à Granville (4 mars) ;
Aux Archives Nationales (F[12] 151), les lettres ci-après :
1. À l'Intendant de Limoges au sujet de la manufacture de cotonnades de cette ville. (On alloue à La Forest, directeur, 6 000 francs par an pour l'aider à acquérir en entier la manufacture dont il ne possède encore que la moitié.) (4 avril).
2. Au Ministre des Affaires étrangères au sujet de l'établissement d'une clouterie à Givet (4 avril).
3. À l'Intendant de Rouen, autorisant l'établissement à Rouen d'une machine à laminer le plomb (12 mai).
4. Au Ministre des Affaires étrangères pour demander des renseignements au sujet d'un fabricant de Liège qui veut s'établir en France (2 juin).
5. Au Ministre de la guerre, au sujet de l'établissement en France d'une fabrique de pompes par un mécanicien anglais associé à un français (2 juin).
6. À l'Intendant (De Calonne) autorisant un industriel à faire construire un second tournant dans un moulin à tan (12 mai).
7. Au Prévôt des marchands de Lyon au sujet d'une gratification à un fabricant d'étoffes d'or et d'argent (28 mai).
8. À l'Intendant de Tours au sujet des primes à la production de la soie. Il est constaté, d'après l'état des soies tirées à Tours pendant l'année 1774, qu'il doit être payé à l'entrepreneur du tirage sur les excédents de la capitation 4 598 livres (6 février).

5. *Arrêt du Conseil établissant la liberté de l'art de polir l'acier.*

[D. P., VII, 355.]

24 juin.

Sur ce qui a été représenté au Roi, en son Conseil, que l'art de polir les ouvrages d'acier en France a jusqu'à présent fait peu de progrès, par les entraves que différentes communautés d'arts et métiers y ont opposées, fondées sur la préférence que chacune d'elles croit avoir de perfectionner les choses dont la fabrique lui est attribuée, quoique dans le fait, cet art ne soit du ressort d'aucune corporation exclusivement ; Que, pour débarrasser, même aplanir, en faveur de ceux qui désireront s'en occuper, la voie de la perfection dans cet art, des obstacles qui restreignent l'industrie et refroidissent l'émulation, il est à désirer que la main-d'œuvre totale du poli de l'acier puisse être réunie et rendue commune à tous les artistes et ouvriers qui, par état ou profession, prétendent au droit d'une portion de cette liberté, pour qu'ils puissent, si bon leur semble, entreprendre respectivement, non seulement les ouvrages en ce genre qu'ils ont adoptés, mais encore ceux qui se fabriquent par les membres des différentes autres communautés, les façonner, varier, vendre et débiter ainsi que bon leur semblera, sans être assujettis à des formes de réception à la maîtrise, d'autant plus gênantes et dispendieuses, qu'en cumulant différentes classes de ces ouvrages, il en résulterait la nécessité pour ceux qui s'en occupent, de se faire agréger dans plusieurs communautés pour user de toute leur industrie ; Que, dans cette espèce, une liberté illimitée ne peut tendre qu'à perfectionner en France un art que les ouvriers d'un royaume étranger n'ont exercé jusqu'ici avec supériorité, que par la substitution des encouragements aux gênes toujours destructives ; Que la concurrence multipliera la main-d'œuvre, produira le meilleur marché de la marchandise, procu-

---

9. Au Prévôt des marchands de Lyon au sujet d'un cultivateur de mûriers qui a fourni 3 000 pieds de la plus belle espèce pour la septième année. Il lui sera alloué 1 200 livres sur le produit des droits des étoffes étrangères (20 février).

10. Au duc de La Vrillière, au sujet d'une demande de lettres de noblesse en faveur de Delporte, négociant à Boulogne-sur-Mer (10 janvier).

11. 12. 13. Au Prévôt des marchands de Lyon au sujet du traitement des inspecteurs des manufactures (17 janvier) et des dépenses de l'inspection (28 mars, 17 mai, 3 juin).

14. À Imbert de Saint-Paul, inspecteur des manufactures à Nîmes, pour l'encourager (28 mai).

13. Au Prévôt des marchands de Lyon, révoquant, comme contraire aux principes du commerce et du bien public, une attribution de monopole à Lyon : autorisation accordée à plusieurs particuliers de Lyon de continuer, exclusivement à tous autres, la fabrique et la vente des paillons en or et en argent de couleur naturelle, peints, unis et estampés. (26 avril).

rera facilement au consommateur les choses qu'il tirait auparavant de l'étranger, et donnera l'essor aux talents de nombre d'ouvriers déjà connus par des essais supérieurement exécutés ; c'est sur quoi S. M. a jugé à propos de faire connaître ses intentions.

Vu l'avis des Députés du Commerce, le Roi… ordonne :

Que l'art de polir les ouvrages d'acier en France, de telles espèces qu'ils soient, sera et demeurera libre à tous artistes et ouvriers indistinctement qui, par état ou profession, ont le droit de travailler le fer et l'acier ; leur permet de vendre et débiter les ouvrages qu'ils auront polis ou façonnés, sans qu'ils puissent, sous quelque prétexte que ce soit, être troublés par aucuns ouvriers ou marchands, ni pour raison de ce, assujettis à aucunes formalités ; Ordonne pareillement que le présent arrêt sera exécuté nonobstant tous empêchements quelconques, dont, si aucuns interviennent, S. M. se réserve la connaissance et à son Conseil ; et icelle interdisant à ses Cours et autres Juges, leur fait défenses d'en connaître, à peine de nullité de leurs jugements.

6. *Marque des fers.* — *Projet de réforme.*

Buffon, grand propriétaire de forges, se plaignait vivement du droit de marque des fers. N'ayant pu voir l'intendant des finances de Boullongne, il rédigea un *Mémoire* où il exposa « que le droit de marque, ruineux pour tous les propriétaires et maîtres de forges, était en même temps très peu utile au Roi et qu'il ne pouvait se soutenir à moins qu'on n'établit sur l'entrée des fers étrangers un droit de 12 ou 15 livres par mille ». Faisant part de ses intentions à son ami Rigolley, avocat à Dijon, il disait : « Il est bien difficile de se faire entendre à l'autorité prévenue et à la finance toujours avide »[a]. Dans son histoire des minéraux, Buffon avait signalé aussi comme un obstacle à la fabrication des fers « le peu de préférence qu'on donne aux bonnes manufactures et le peu d'attention pour cette branche de commerce, et qui languit par la liberté de l'entrée des fers étrangers ». Turgot avait l'intention de réformer cet impôt, mais, selon toute probabilité, il n'aurait pas établi de prohibitions à l'entrée, comme Buffon le croyait utile.

7. *Arrêt du Conseil sur la culture de la garance.*

[D. P., VI, 219.]

28 avril.

Le Roi voulant favoriser la culture de la garance dans son royaume et lui assurer une préférence sur celle apportée de l'étranger, et voulant sur ce faire connaître ses intentions, …

---

[a] Buffon, *Correspondance inédite*, I, 190, 497. — Foncin, 340.

… La garance qui viendra de l'étranger paiera à toutes les entrées du Royaume 25 s. par quintal.

La garance qui circulera dans les différentes provinces, sera exempte de tous droits de traite, ainsi que celle qui proviendra du cru de l'Ile de Corse qui sera regardée comme nationale. [a]

8. *Lettre à l'Intendant de Limoges (d'Aine) au sujet de la manufacture de porcelaine de Limoges.*

20 février.

Il m'a été rendu compte, M., de la situation où se trouve actuellement la manufacture de porcelaine établie à Limoges par les frères Grelet et Massié, à cause de la mort du Sr Pierre Grelet, l'un des deux, qui laisse une veuve et cinq enfants. Le Sr Antoine Grelet, son frère, m'ayant représenté qu'il serait obligé d'abandonner cette manufacture si l'on ne venait à son secours, j'ai préféré, au lieu de lui faire prêter 60 000 l. qu'il demandait, de lui accorder 3 000 l. d'encouragement par an pendant dix ans pour payer l'intérêt de pareille somme qu'il se propose d'emprunter ; ces 3 000 l. payables, savoir 1 500 l. des fonds de votre province sur vos ordonnances, et pareille somme que je lui ferai payer sur la Caisse du commerce, et attendu que le Sr Grelet est dans l'intention de faire des arrangements au moyen desquels il partagera ses bénéfices par tiers, et qu'il a besoin de secours actuellement, je vous prie de lui faire payer dès à présent 1 500 l. pour la première année de son encouragement sur les excédents de la capitation et de lui faire savoir qu'il peut faire présenter sa quittance des autres 1 500 l. à M. Borda qui lui paiera cette somme sans difficulté.

9. *Privilèges exclusifs.*

Lettre à Bertin sur une demande de privilège exclusif pour les transports des marchandises de Marseille à l'intérieur du Royaume.

[A. N., F12 151. — Foncin, 589.]

11 avril.

On m'assure, M., qu'une Compagnie fort protégée sollicite auprès de vous un privilège exclusif pour la voiture de toutes les marchandises

---

[a] Il s'agissait d'une culture nouvelle.

destinées à passer de Marseille dans l'intérieur du Royaume. Vous sentez sûrement comme moi combien une pareille concession serait préjudiciable au bien du commerce, et je ne puis me dispenser de réclamer la liberté absolument nécessaire pour les négociants de faire voiturer leurs marchandises par ceux des voituriers qui leur conviendront. Je ne doute assurément pas de vos principes sur une matière aussi importante. Mais je vous serai très obligé de vouloir me mettre par votre réponse en état de rassurer les négociants qui se sont adressés à moi.

Lettre aux Procureurs généraux de la Provence sur le même objet.

12 mai.

J'ai reçu, avec la lettre que vous m'avez écrite le 21 du mois passé, la délibération de votre assemblée, tendant à faire des représentations sur le privilège exclusif que sollicite une compagnie pour le transport des marchandises et denrées en Provence, et sur un autre privilège exclusif que demande une autre compagnie pour l'exploitation des mines de charbon de terre de la Provence. Sur le premier article, j'ai réclamé au Conseil où cette affaire a été rapportée par M. Bertin, la liberté, absolument nécessaire aux négociants de faire voiturer leurs marchandises par ceux des voituriers qui leur conviendraient. Il a été décidé que MM. les députés du commerce seraient consultés et qu'il serait rendu compte au Roi de leur avis.

Le second objet regardant entièrement l'administration de M. Bertin, c'est à lui que vous devez adresser vos représentations.

10. *Foires et marchés.*

Lettres au Garde des Sceaux.

Première lettre. (Rétablissement des foires en Bourgogne.)

12 mai.

J'ai reçu la lettre que vous m'avez fait l'honneur de m'écrire le 24 du mois dernier, avec l'avis de M. l'Intendant de Bourgogne que vous avez consulté sur la demande de M. le duc de La Vallière tendant à obtenir le rétablissement de deux foires par an et d'un marché par semaine au village de Pagny. Je pense, comme M. Dupleix [a], qu'il ne peut y avoir

---

[a] Intendant.

d'inconvénient à autoriser le rétablissement de ces foires et marchés ; mais, je ne suis point du tout de son avis qu'on permette à M. le duc de La Vallière d'y percevoir aucun droit, attendu qu'ils ne peuvent que contribuer à augmenter le prix des denrées et marchandises, et décourager l'acheteur de s'y rendre.

Si M. le duc de La Vallière le désire, je ferai expédier l'arrêt nécessaire pour autoriser seulement la tenue de ces foires et marchés.

Deuxième lettre. (Demande d'établissement
d'un marché par le duc d'Orléans).

22 août.

J'ai reçu la lettre que vous m'avez fait l'honneur de m'écrire le 13 de ce mois avec un projet de Lettres-Patentes que Mgr le duc d'Orléans vous a fait remettre pour l'établissement d'un marché au village de Livry, près Bondy, et auquel est joint un tarif des droits qui seraient perçus dans ce marché. Ces sortes d'établissements ne devant jamais être faits que pour l'avantage du public, ce serait aller contre ce principe, que d'autoriser ceux qui les forment à y percevoir des droits qui ne tendent qu'à augmenter le prix des denrées et bestiaux qui s'y vendent. Ainsi, je pense qu'en permettant l'établissement d'un marché au village de Livry, on ne doit y autoriser la perception d'aucun droit. Si vous voulez bien m'envoyer l'avis de M. l'Intendant que vous avez consulté à ce sujet, j'en rendrai compte au Roi et je prendrai les ordres de S. M. pour l'expédition de cette affaire [a].

11. *Lettres au Prévôt des marchands de Lyon au sujet de l'opposition des maîtres fabricants de Lyon à l'exécution de pièces de satin.*

Première lettre.

[A. N., F12 151.]

3 août.

---

[a] Autres lettres contenues dans le registre des Archives Nationales F12 151 :
1. 25 novembre. Lettre à l'évêque de Saint-Papoul notifiant une autorisation par arrêt du Conseil d'établir un marché.
2. 3. Au marquis de Chabrillan et au marquis de Brancas au sujet de l'établissement d'une foire à Saint-Gervais en Dauphiné (on demande l'avis de l'Intendant) (7 février) et le rétablissement d'une autre à Crosne (17 mai).
4. Au Garde des Sceaux et à l'Intendant de Paris au sujet de la foire de Houdan dont l'hospice demande à prolonger les droits. (Il vaudrait mieux les abolir.) (23 juin).

(Les négociants Mayer et Cie avaient reçu d'Allemagne une commande de pièces de satin tramés de lin dans une largeur non réglementaire. Ordre est donné de leur laisser exécuter les pièces nonobstant l'opposition des maîtres.).

Deuxième lettre.

[A. N., F^{12} 151. — Foncin, 599.]

29 août.

J'ai reçu, M., la lettre que vous m'avez écrite le 19 de ce mois au sujet de la *permission* que je vous avais demandé d'accorder aux Srs Mayer et Cie, commissionnaires à Lyon, de faire fabriquer cent pièces de chacune des deux étoffes qui leur avaient été demandées par leurs correspondants d'Allemagne. Je ne puis vous dissimuler quelle est ma surprise sur les réflexions que vous me faites sur cet objet : vous ne deviez pas prendre sur vous de refuser cette permission qui n'est point exclusive et qui sera accordée à quiconque la demandera. Comme un plus long délai pourrait faire manquer cette commission, vous voudrez bien, au reçu de ma lettre, rendre une ordonnance pour son exécution en faisant défenses aux maîtres gardes de la fabrique d'y apporter aucun empêchement [a].

[a] Par lettre du 22 novembre, le Prévôt des marchands de Lyon fut invité à accorder à un autre négociant la même autorisation.
Autres lettres contenues dans le registre des Archives Nationales (F^{12} 151) ; elles montrent quelle était l'étendue des attributions de l'administration en matière d'industrie et de commerce :
1. Au Prévôt des marchands de Lyon, au sujet d'une autorisation de faire de la galette pour la fabrication du raz de Saint-Cyr (29 août).
2. À Aubry, au sujet d'un fabricant de Tours qui employait un mélange de soie non conforme au règlement. (On donne l'ordre de laisser faire le fabricant.) (19 septembre).
3. 4. Au Prévôt des marchands de Lyon : 1° autorisant un négociant de Lyon à teindre de la soie en noir. 2° Transmettant un avis de la Chambre de commerce de Lyon sur un projet de règlement. (On ne peut s'en occuper actuellement).
5. À l'intendant de Crosne l'invitant à autoriser, malgré la communauté des filassiers de Rouen, une machine à retordre les fils (4 décembre).
Du Pont cite aussi (VIII, 98) un Arrêt du Conseil confirmant la compétence des Intendants (21 novembre). (Cet arrêt rendu contradictoirement et confirmant l'attribution conférée aux Intendants par un arrêt du 13 août 1772, cassa plusieurs arrêts de la Cour des Aides de Paris, et plusieurs sentences du siège de Reims, relativement à une saisie de toiles peintes : il ordonna que les parties continueront de procéder devant l'Intendant de Champagne.)
6. À Mainbouncy accusant réception d'un mémoire sur des abus dans le commerce des vins (4 août).
7. À Montaran fils, au sujet d'une prétention de la ville de Marseille d'empêcher l'introduction dans son enceinte des vins étrangers. On lui réclame le dossier de cette affaire (17 mai).
8. À de Vélye, inventeur d'une machine élévatoire pour l'arrosage des prairies. On l'invite à faire venir cette machine à Paris pour qu'elle soit examinée. On voit dans son invention « avec bien du plaisir les vues d'un bon citoyen aimant sa patrie et voulant lui procurer des choses utiles. » On paiera les frais de voyage de l'ouvrier qui accompagnera la machine pour en expliquer le mécanisme (12 mai).

12. Lettres patentes relatives à la juridiction consulaire de Dunkerque.

[Anc. Lois Franc., XXII, 198. — Foncin, 270.]

(Ces lettres ordonnèrent l'exécution d'un arrêt de janvier 1700 qui avait créé la juridiction consulaire de Dunkerque.

Il n'y avait en France que trois tribunaux de commerce, ceux de Toulouse (1550), de Rouen (1560), de Paris (1563).)

13. Lettre à l'Intendant de Rouen (De Crosne) sur une permission de travailler à la couture.

[A. N., F¹² 151. — Foncin, 604.]

15 décembre.

M. Trudaine m'a fait voir, M., la lettre que vous lui avez écrite le 3 de ce mois au sujet de la demande du nommé Hervieu, journalier à Rouen, tendante à ce que sa femme soit autorisée à travailler avec ses enfants au métier de couturière, sur ce que vous observez que ce particulier est pauvre et d'une faible santé et que sa femme a tous les talents nécessaires pour ce métier, sans pouvoir se faire recevoir maîtresse ; je pense, comme vous, qu'il est juste de venir à son secours ; j'approuve, en conséquence, que vous rendiez une Ordonnance pour accorder, comme vous le proposez, à la femme Hervieu la faculté de travailler chez elle avec ses enfants du métier de couturière et de porter ses ou-

---

9. À Cotte, mécanicien, lui accordant une subvention de 10 000 livres pour l'installation d'un atelier de pompes, analogue à celui qu'il possède à Louviers. (Il devra s'associer avec le français De Vélye) (19 juillet).

10. À l'archevêque de Narbonne au sujet d'une demande du maréchal de la Houillière, brigadier des armées du roi, en vue d'aller étudier l'utilisation du charbon de terre en Angleterre. On est disposé à payer la moitié des frais de voyage (2 juin).

11. Sur les *forges à la houille* d'Alais (2 juin).

12. À l'intendant Du Gluzel approuvant un refus d'exploitation d'une carrière qui servait de lieu d'écoulement des eaux (28 mars).

13. À de La Tour au sujet d'un décret d'ajournement rendu à Marseille contre un Breton (4 juillet).

14. Au Ministre des Affaires étrangères au sujet de la faillite à Amsterdam d'un négociant natif de la Guyenne. (Cette faillite s'élevait à 3 millions et atteignait le commerce de Bordeaux. On demandait d'obtenir du gouvernement hollandais que l'actif ne fut pas versé à la *Chambre des deniers dérobés* dont les formalités longues et coûteuses seraient ruineuses.) (7 septembre).

15. Au ministre des Affaires étrangères au sujet d'une demande d'exercer à Genève le droit de suite sur des marchandises envoyées à un négociant failli (19 septembre).

16. À Monthyon approuvant l'élection des deux syndics de la chambre de commerce de la Rochelle (31 juillet).

17. Aux Juge et Consuls de Valenciennes approuvant leur élection et lettre à l'Intendant sur le même sujet (7 septembre).

vrages en ville, sans cependant qu'elle puisse employer des ouvrières étrangères ; en faisant défenses tant aux gardes couturières, qu'aux gardes tailleurs de faire sur elle aucune saisie tant qu'elle travaillera seule avec ses enfants [a].

14. *Récompenses à des inventeurs et à des négociants.*

Lettres relatives à l'inventeur De La Salle.

[A. N., F¹² 151.]

Première Lettre. À l'intendant de Lyon.

27 août.

(L'Académie des Sciences avait donné un avis favorable à l'invention qui permettait d'éviter de démonter les métiers lorsqu'on changeait les dessins. De la Salle recevait déjà une subvention de 200 livres par métier et 2 000 livres de pension réversibles sur sa femme. Il lui fut alloué en plus une subvention de 100 livres par métier et une pension de 4 000 livres.)

Deuxième lettre. — À l'intendant de Lyon.

27 août.

Je suis informé, M., qu'à l'occasion du passage à Lyon de la Princesse de Piémont [b], le corps de ville doit accorder une somme pour

---

[a] À l'appui de cette lettre qui montre l'intolérance des artisans incorporés, on peut citer la pièce ci-après :

Déclaration au sujet des procès des communautés d'arts et métiers.
(Code Corse, II, 484. — Foncin, 269).

4 juillet.

(Cette déclaration défendit aux communautés d'arts et métiers d'intenter aucune action ni procès et de faire aucune députation sans le consentement de la communauté, de l'intendant dans les provinces et du lieutenant général de police à Paris.)

Lettres contenues dans le registre des Archives Nationales, F¹² 151 :

1. À Cochu, avocat, qui a envoyé un projet d'arrêt sur les communautés. (On n'en fera pas usage) (18 juillet).

2. À l'Intendant de Rouen au sujet d'une saisie de coupons de draps injustement faite par les garde-marchands, merciers et drapiers de Rouen. Ces draps appartenaient à un fabricant de Louviers ; la saisie avait été faite parce qu'ils avaient été adressés à une personne autre que celle dont le nom avait été inscrit dans la déclaration d'envoi. La sentence des gardes fut cassée, et l'intendant invité à faire restituer les coupons saisis. (7 septembre).

3. Au Ministre des Affaires étrangères sur la présence à la foire de Beaucaire d'agents de l'Espagne. (La présence de ces espions avait fait manquer la vente de mousselines prohibées en Espagne. Il y a lieu de faire des observations au gouvernement espagnol.) (22 août).

[b] Clotilde, sœur de Louis XVI.

marier des filles. Le Sr de la Salle, fabricant et dessinateur, a fait venir à Paris une fille qui a servi à tirer les cordes du métier qu'il a fait monter pour faire examiner par l'Académie des Sciences sa nouvelle mécanique, et dont le rapport lui a été très favorable. Comme il est juste que cette fille soit récompensée des soins qu'elle s'est donnés pour faire valoir cette mécanique, je vous prie de vouloir bien la faire comprendre au nombre des filles à marier. Le Sr La Salle vous donnera les indications nécessaires à cet effet [a].

Troisième lettre. — Au ministre des Affaires étrangères
en vue d'obtenir pour La Salle l'ordre de Saint-Michel.

29 août.

« Cette récompense serait un moyen d'exciter l'émulation et de concourir à l'avancement des arts utiles » [b].

Lettre au marquis d'Ossun au sujet d'une demande
de lettres de noblesse pour un négociant.

19 juillet.

Je n'ai reçu, M., que depuis quelques jours la lettre que vous avez écrite le 25 mai de l'année dernière à M. l'abbé Terray en faveur du Sr Lahue, négociant français établi à Cadix, qui demande des lettres de noblesse en considération des services qu'il a rendus dans le commerce, et qui sont détaillés dans le certificat du consul de France en cette ville qui était joint à votre lettre. Si l'on se portait à accorder à ce particulier cette marque de distinction, d'autres négociants qui ont rendu d'aussi grands services que lui et qui la sollicitent depuis longtemps ne manqueraient pas de renouveler à cet égard leurs instances ; on ne pourrait, sans injustice, la leur refuser, et vous devez juger que cela tirerait à des conséquences infinies. Je suis bien fâché de ne pouvoir, dans cette occasion, faire une chose qui vous aurait été agréable [c].

---

[a] Une autre lettre du 7 septembre régla le paiement de la gratification promise.
[b] La Salle figure parmi les chevaliers de l'ordre de Saint-Michel inscrits sur le tableau en 1775 (Almanach Royal de 1776).
[c] Autres lettres :
1. À Sartine au sujet d'une demande de lettres de noblesse pour un négociant. (Rejet pour les mêmes motifs) (17 août).
2. À Bertin lui recommandant le négociant Ferray, du Havre, pour des lettres de noblesse (22 août).

15. *Lettres au ministre des Affaires étrangères au sujet de l'émigration d'ouvriers de Saint-Gobain en Angleterre.*

[A. N., F¹² 151.]

Première lettre.

17 août.

Je reçois, M., une lettre des entrepreneurs de la manufacture des glaces de Saint-Gobain par laquelle ils m'exposent que les directeurs de la verrerie de Fère, dans le Soissonnais, leur ont débauché des ouvriers, et que cette verrerie étant tombée, ces directeurs ont fait passer ces ouvriers en Angleterre pour être employés à une manufacture de glaces dans le comté de Lancashire. Ils m'ajoutent que ces déserteurs écrivent aux ouvriers de Saint-Gobain pour les séduire et les engager à les aller joindre. Comme il me paraît convenable de savoir ce que c'est que l'établissement qui se forme dans ce Comté et quel succès il paraît avoir, j'espère que vous voudrez bien charger l'ambassadeur du Roi en Angleterre de se procurer à ce sujet tous les éclaircissements nécessaires et de vous les envoyer ; lorsqu'ils vous seront parvenus, je vous serai obligé de m'en faire part.

Deuxième lettre.

18 octobre.

J'ai l'honneur de vous renvoyer, M., la lettre de M. de Vismes. Je l'avais vu pendant le petit séjour qu'il a fait à Paris pendant ses deux voyages. Je crois qu'il pourrait être utile d'engager le Sr Bernard à revenir en France. J'ai, en conséquence, pris copie de cette lettre et je la fais communiquer aux intéressés de la manufacture des glaces qui doivent faire les sacrifices nécessaires pour empêcher cet établissement. Cepen-

---

3 Au Comte de Lotanges au sujet de lettres de noblesse pour le négociant Laroche. (Beaucoup de négociants ont rendu autant de services et le Roi a jugé à propos de rendre cette grâce très rare.) (17 août).

4. À Pathars de Larroque qui demande un bénéfice pour augmenter les filatures qu'il a établies. (Le contrôle général ne dispose pas des bénéfices.) (22 août).

5. À de Flesselles, au sujet d'une gratification pour l'acquisition en Allemagne de métiers à toile brochée (12 septembre).

6. À de Flesselles au sujet de gratifications à un fabricant de mousseline de Tarare et à un inventeur de paillons (500 livres) (10 et 16 novembre).

dant, il est à craindre que d'autres ouvriers de leur manufacture ne se livrent à cette infidélité dans l'espérance de se voir assurer un traitement considérable pour les faire revenir en France. Je vous avoue même que je crois voir dans la conduite du Sr Bernard avec ses associés, un peu d'incertitude, qui me fait espérer que cet établissement souffrira beaucoup de difficultés. Aussitôt que j'aurai réponse de ces intéressés, j'aurai l'honneur de vous écrire pour vous prier de faire passer à cet artiste les propositions qu'on pourra lui faire.

16. *Lettre à l'Intendant de Champagne (Rouillé d'Orfeuil) sur une manufacture de toiles peintes.*

[A. N., F12 151.]

11 décembre.

M. Trudaine, M., m'a fait voir la lettre que vous lui avez écrite le 25 du mois dernier contenant votre avis, tant sur la demande des Srs Garnier et Cie, tendant à obtenir la permission d'établir à Courcelles une manufacture de toiles peintes, que sur les observations des fermiers généraux à ce sujet. La crainte que témoignent ces fermiers relativement à la fraude qui pourrait en résulter ne me paraît pas plus qu'à vous devoir l'emporter sur la faveur due au commerce, en général, et la liberté que le Conseil s'empresse de lui accorder en toutes occasions. Il est certain que si l'on se laissait séduire par de pareils raisonnements, il n'y aurait presque point d'établissements qui ne pussent être combattus par les mêmes motifs. D'ailleurs, l'aveu formel qu'ils font que la paroisse de Courcelles n'est point située dans les 4 lieues limitrophes est encore un motif qui milite en faveur des Srs Garnier et Cie. Ainsi, je pense comme vous qu'il y a lieu d'accorder à ces négociants la demande qu'ils font de former leur établissement à Courcelles, sauf aux Fermiers généraux à faire veiller aux contraventions qu'ils appréhendent.

J'approuve, en conséquence, que vous rendiez l'ordonnance nécessaire à ce sujet [a].

---

[a] Autres lettres :

1. À l'intendant de Chazerac au sujet d'une demande de secours par un manufacturier de bas de soie de Clermont. L'inexécution d'une clause d'un traité passé par le manufacturier lui avait causé un gros préjudice. On lui accorde un secours de 2 400 livres pendant dix ans.) (7 septembre).

2. Au ministre de la Guerre faisant connaître que la manufacture de Kligenthal a été autorisée à faire circuler 20 000 livres d'armes au lieu de 12 000 dans le Royaume (12 septembre).

3. À l'intendant de Crosne renouvelant une gratification à un fabricant de coutils d'Évreux (18 juillet).

4. À De Raynal au sujet d'un procédé pour durcir la corne des pieds des chevaux (22 novembre).

190. — LES TRAVAUX PUBLICS

I. *La Police du roulage.*

Arrêt du Conseil.

[D. P., VII, 373.]

8 juillet.

L'arrêt règle le nombre de chevaux qui pourront être attelés aux charrettes en hiver et en été et proroge pendant cinq ans l'attribution donnée aux Intendants par arrêt du 7 août 1771 concernant la police du roulage.

II. *La navigation intérieure.*

1. Arrêt du Conseil sur les impositions pour travaux des canaux de Picardie et de Bourgogne, ainsi que pour autres travaux de navigation intérieure.

[D. P., VIII, 8.]

---

5. À l'intendant Pajot de Marcheval approuvant l'établissement d'une manufacture de coton avec subvention du gouvernement (30 septembre).
6. À l'intendant Caze de la Bove et au Ministre des Affaires étrangères au sujet de la demande d'un négociant de Liège qui voudrait s'établir en France. (Il résulte des renseignements que c'est un intrigant.) (4 juillet).
8. À l'intendant Saint-Priest rejetant une demande tendant à dénommer une fabrique *Manufacture royale* (31 juillet).
9. À l'intendant de Flesselles autorisant l'établissement à Lyon d'une chapellerie anglaise (12 septembre).
10. Aux Maire et Échevins de Marseille, au sujet de l'établissement à Venise d'une fabrique de drap pour le Levant (19 septembre).
11. À l'intendant Caze de la Bove au sujet de gratifications aux inspecteurs des manufactures et aux commis de la marque. (Ces gratifications étaient payées sur l'excédent des produits des droits de marque, et réparties également entre les inspecteurs et les commis. Il fut décidé qu'à l'avenir, l'excédent de recettes serait versé à la Caisse du commerce et qu'il serait accordé des gratifications aux employés qui se seraient distingués par les avantages qu'auraient retirés les fabriques de leurs conseils et de leur vigilance.) (29 août).
12. À l'Intendant de Bordeaux au sujet des appointements d'un inspecteur des manufactures (11 juillet).
13. À Pajot de Marcheval au sujet de la découverte d'un filon de cobalt. (On demande des échantillons pour faire des essais à la manufacture de Sèvres.) (29 août).
14. À Du Cluzel, au sujet de fouilles dans une propriété (4 juillet).
15. À Saint-Priest au sujet d'une demande de vignerons (en vue d'obtenir la suspension des travaux dans les fours à chaux pendant les vendanges sous le prétexte que la fumée des fours gâte les vins, ce qui paraît incroyable) (7 septembre).

1ᵉʳ août.

Le Roi s'étant fait représenter, en son Conseil, les Arrêts par lesquels le feu Roi a ordonné qu'il serait réparti, pendant les années 1774 et 1775, au marc la livre de la capitation, une somme de 419 873 l. 8 s. 5 d., y compris les taxations, sur toutes les généralités des pays d'élections et pays conquis, laquelle serait employée aux ouvrages à faire au *Canal de Picardie*, qui doit former la jonction de l'Escaut à la Somme et à l'Oise, et à celui de *Bourgogne*, qui réunira l'Yonne à la Saône, S. M. s'est pareillement fait représenter l'état des différentes autres sommes imposées dans quelques-unes des généralités des pays d'élections, pour *travaux* relatifs à la *navigation*. Elle a jugé qu'il était conforme aux principes d'une sage administration de réunir ces *impositions* en une seule contribution générale, afin de ne point surcharger les généralités qui supportent ces impositions particulières et de faire contribuer toutes les provinces dans une juste proportion, à des dépenses qui intéressent également les différentes provinces…

La répartition de 419 983 l. 8 s. 5 d., ainsi que les *impositions particulières* ordonnées dans les généralités d'Auch, Lyon, Montauban et Bordeaux, pour différents travaux de navigation, cesseront d'avoir lieu à l'avenir ; au lieu d'icelles, il sera imposé dans le second brevet que S. M. fera arrêter incessamment en son Conseil pour les impositions accessoires de la taille à lever en l'année prochaine 1776, sur les pays d'élections, une somme de 721 905 livres et celle de 78 096 livres sur les pays conquis. [a]

2. *Arrêt du Conseil sur la navigation de la Charente* [b].

[D. P., VIII, 65. — D. D., II, 404.]

20 septembre.

Le Roi, étant informé que la navigation de la rivière de Charente a toujours été un objet de l'attention des Rois ses prédécesseurs, qui se

---

[a] À cette époque, les canaux de Briare, d'Orléans, de La Fère, de Languedoc, le canal de l'Est et le canal Monsieur (du Rhône au Rhin), existaient. Le canal de Picardie et le canal de Bourgogne étaient en construction. « Tout y est en mouvement, disent les *Mémoires secrets* (VIII, 198), afin d'avancer ces ouvrages utiles ; malheureusement, celui de Picardie, commencé par feu M. Laurent, et si vanté, offre avant d'être fini une dégradation qui le rendra peut-être inutile ou exigera des dépenses effrayantes. Ce fameux aqueduc formé sous terre pour le passage des voyageurs n'étant point voûté s'éboula ; il faudrait le cintrer en pierre, ce qui est un ouvrage immense, et plus on tardera, plus le travail deviendra cher et difficile. »

[b] Turgot avait projeté ces travaux durant son Intendance. Voir tome II.

sont successivement proposé d'accorder au vœu des provinces qu'elle arrose de faire faire sur cette rivière les ouvrages nécessaires, soit pour la rendre navigable depuis Civray jusqu'à Angoulême, soit pour en perfectionner la navigation depuis Angoulême jusqu'à Cognac ; que, les circonstances s'étant trop souvent opposées à cette dépense, le projet n'en avait été repris que dans ces derniers temps ; que le feu roi, par les arrêts du Conseil du 2 février 1734 et du 28 décembre 1756, aurait d'abord voulu pourvoir à faire cesser les obstacles apportés à ladite navigation par les entreprises des riverains, à l'effet de quoi le Sr intendant de Limoges avait été commis pour connaître de toutes les contraventions nées et à naître à ce sujet ; que, par un autre arrêt du Conseil du 2 août 1767, le Sr Trésaguet, ingénieur en chef des ponts et chaussées de ladite généralité de Limoges, avait été chargé de dresser les plans, devis et détails estimatifs des ouvrages à faire pour établir la navigation de la Charente depuis Civray jusqu'à Angoulême, et la perfectionner depuis Angoulême jusqu'à Cognac ; et S. M., s'étant fait représenter lesdits arrêts, plans, devis et détails estimatifs rédigés en conséquence par ledit Sr Trésaguet, contenant l'estimation de tous les ouvrages d'art et du montant des sommes qui pourront se trouver dues en indemnité aux propriétaires des terres riveraines sur lesquelles on prendra le chemin de halage, et à ceux qui possèdent, en vertu de titres légitimes, des moulins, usines ou pêcheries qu'il pourrait être nécessaire de détruire ou de reconstruire autrement, S. M., a reconnu tous les avantages qui résulteront des ouvrages proposés, non seulement pour plusieurs provinces fertiles que la Charente traverse dans son cours, dont les productions accroîtront nécessairement de valeur, mais même pour tout le Royaume, par les nouvelles et faciles communications que l'exécution de ces ouvrages donnera à des villes déjà commerçantes et à d'autres propres à le devenir ; elle a cru de sa bonté paternelle pour ses sujets de ne pas différer à les faire jouir d'un bien désiré depuis tant d'années ; à l'effet de quoi, elle a ordonné qu'il fût fait des fonds suffisants, tant pour l'exécution desdits ouvrages que pour le payement des indemnités qui pourraient être dues légitimement à aucuns propriétaires à raison des dommages qui leur seraient occasionnés. À quoi voulant pourvoir..., le Roi étant en son Conseil...

Approuve les plans, devis et détails estimatifs dressés par Sr Trésaguet, inspecteur général des ponts et chaussées, et ingénieur en chef de la généralité de Limoges... (et ordonne la mise en adjudication des travaux).

III. — *Inspecteurs généraux de la navigation.*

(Leur création.)

Septembre.

L'expérience avait fait voir qu'on ne peut examiner avec trop de soin les projets relatifs à la conduite des eaux et qu'on peut être dangereusement trompé, tant sur la dépense que sur la possibilité des canaux, proposés souvent avec plus de zèle que de lumières, quand on s'en rapporte trop à des ingénieurs qui ne sont pas toujours assez profondément géomètres. Pour prévenir cet inconvénient, M. Turgot crut devoir proposer de confier, avec le titre d'Inspecteurs généraux de la navigation intérieure, l'examen de tous les projets de ce genre ; et il indiqua pour ces places importantes D'Alembert, l'abbé Bossut, Condorcet. Ils ont commencé leur travail par des expériences fort curieuses sur la résistance des fluides, dont les détails et les résultats sont imprimés (Du Pont, *Mém.*, 326) [a].

Les circonstances ne permettaient que des entreprises peu considérables ; Turgot y affecta 800 000 livres et s'occupa de former un plan général des travaux de navigation intérieure (Condorcet, *Vie de Turgot*, 85).

Les inspecteurs ont été supprimés par Clugny [b].

IV. — *Compétence en matière de voirie.*

Arrêts du Conseil sur la compétence des bureaux de finances.

Premier arrêt.

[D. P., VII, 374. — *Anc. lois fr.*, XXII, 194.]

13 juillet.

(Le bureau des Finances avait ordonné la démolition d'une maison en péril. Le Parlement de Paris, par arrêt du 1ᵉʳ juin 1775, a défendu la démolition sous prétexte

---

[a] La commission ainsi composée eut à s'occuper spécialement du *canal de Picardie* ; Turgot avait suspendu les travaux ; la commission se prononça nettement contre le projet par un rapport du 17 juillet 1776.

[b] « Ces Messieurs prétendent avoir mis pour condition qu'ils ne recevraient point d'appointements ; ce qui ne s'accorde pas avec les 6 000 l. qu'on leur attribuait dans le public » (*Mém. secrets*, VII, 281. — *Journal historique*, 7 mars).

que la maison appartenait à une direction de créanciers en litige devant la troisième Chambre des Enquêtes.)

S. M., ayant reconnu que l'Arrêt du Parlement étant contraire aux Édits et Règlements, par lesquels elle n'a attribué qu'aux *bureaux des Finances* seuls, sauf l'appel au Conseil, la connaissance des matières concernant la voirie sur les routes construites par les ordres de S. M., soit pour l'alignement des édifices bâtis le long de ces routes, soit pour leur démolition en cas de périls imminents...

Le Roi, étant en son Conseil, a cassé et annulé l'arrêt du Parlement de Paris, du 1er juin 1775, ainsi que ce qui s'en est ensuivi ou pourrait s'ensuivre ; en conséquence, ordonne que sur la demande du procureur de S. M., dont il s'agit, les parties procéderont au bureau des Finances de Paris, en la manière accoutumée.

Deuxième arrêt.

[D. P., VII, 379]

26 juillet.

Le Roi, étant informé de deux arrêts du Parlement de Paris, des 12 et 19 juillet 1775, par lesquels le Sr Hocquart de Coubron, seigneur de Vaux, prenant le fait et cause de son procureur fiscal, a été reçu appelant d'une ordonnance du bureau des Finances de Paris, du 5 dudit mois de juillet, portant, entre autres choses, évocation audit bureau d'une procédure criminelle, commencée en la justice de Vaux, à l'encontre des inspecteurs et des ouvriers commis par les ordres de S. M. à la fabrication du pavé dans les bois de Vaux, avec défenses d'exécuter sa dite ordonnance ; et S. M. considérant qu'Elle n'a confié qu'aux officiers dudit bureau des Finances, et l'exécution des règlements rendus sur cette matière, et la connaissance des contestations qu'elle pourrait occasionner, a ordonné que l'ordonnance du bureau des Finances du 5 dudit mois de juillet sera exécutée selon sa forme et teneur.

191. — LA DETTE PUBLIQUE

1. *Déclaration accordant des délais pour les opérations de liquidation d'anciennes rentes.*

[D. P., VII, 381.]

30 juillet.

... V. Les propriétaires de toutes les parties de rentes, intérêts et autres qui ont été enregistrées et numérotées dans les bureaux de liquidation, établis en exécution de l'Édit de décembre 1764, avant le 1er juillet 1771, qui n'ont pu jusqu'à présent obtenir de *titres nouvels*, soit faute de certificats d'emplois ou pour autres causes ; ensemble ceux qui se sont présentés depuis dans lesdits bureaux jusqu'à ce jour, dont les titres sont simplement registrés, et sur lesquels il a été donné des dates de présentation ; même ceux qui représenteront leurs titres de propriété jusqu'au dernier décembre prochain inclusivement, seront relevés de la perte de leurs capitaux prononcés par les Déclarations et Lettres patentes ; mais ils ne commenceront à toucher leurs arrérages et intérêts qu'à compter seulement du premier jour du semestre dans lequel leur créance aura été reconnue et constatée...

VI. Nous avons pareillement relevé et relevons de la perte des capitaux, prononcée par les Déclarations, Lettres Patentes et arrêts, les propriétaires de toutes les parties de rentes, intérêts et autres qui ont été liquidés en exécution de l'Édit de décembre 1764 et de la Déclaration du 19 juillet 1767, qui se sont présentées avant le 1er juillet 1772, dans les bureaux du Sr d'Ormesson, intendant de nos finances, et qui n'ont pu jusqu'à cette époque établir la propriété de leurs rentes... ; mais lesdits propriétaires ne commenceront à recevoir les arrérages ou intérêts desdites parties, qu'à compter seulement du premier jour du semestre dans lequel ils se seront mis en régie.

... XI. Toutes les parties de rentes et intérêts, augmentations de gages désunis d'offices, assignées sur nos aides et gabelles, tailles et autres revenus, de la somme de *douze livres* net et au-dessous, qui se trouvent employées dans nos états, seront remboursées aux propriétaires d'icelles qui voudront les recevoir dans le cours de l'année prochaine 1776 sur le produit du dixième d'amortissement, à raison et sur le pied du denier vingt en principal du net employé dans nos états. [a]

---

[a] L'édit de décembre 1764 avait prescrit une liquidation générale des dettes de l'État, avec représentation au *bureau de liquidation* des titres et remise de *titres nouvels*, dans des délais passés lesquels les propriétaires étaient déchus. Les délais avaient été prorogés, mais les derniers avaient expiré en 1771.

En outre, une Déclaration du 12 juillet 1768 avait ordonné une représentation au *bureau des États du Roi pour le paiement des arrérages* des *titres nouvels* et des titres de propriété des rentes sur le Roi.

Plusieurs propriétaires avaient confondu les deux représentations ou s'étaient trompés de bureau ; d'autres n'avaient pas fourni toutes les pièces nécessaires. Un arrêt du Conseil du 11 août 1771 déclara *fatals* les délais expirés, sauf pour le cas d'erreur de bureau ; en ce cas, le délai fut prorogé jusqu'au 1er janvier 1772.

2. *Arrêt du Conseil sur la liquidation d'anciennes rentes.*

20 décembre.

(Cet arrêt était le complément de la déclaration ci-dessus.)

3. *Taux des effets publics et diminution des frais de banque.*

D'après Du Pont, les actions de la Compagnie des Indes qui étaient le 1er septembre à 1 757 francs, se négocièrent à 2 007 francs. Les rescriptions qui perdaient 19 p. 100 se négocièrent à moins de 5.
Les billets des fermes revinrent au pair.
Le taux de l'intérêt s'abaissa à 4 p. 100, ce qui facilita une foule de remboursements et d'emprunts (Du Pont, *Mém.*, 256). [a]

Journal de Véri. — Juillet 1775. — Dans le tableau des finances, dressé par l'abbé Terray pour 1775, les frais de banque pour anticipations, emprunts à termes, transports d'argent, etc… montaient à 8 millions par an. Ces frais ont été réduits à 2 millions.
Les anticipations, à la mort du Roi, montaient à près de 80 millions ; au mois de janvier prochain, elles seront réduites à 36, sans emprunt nouveau et sans avoir suspendu aucun paiement journalier.
Sur la Guerre, on a pu retrancher 4 ou 500 000 francs d'intérêts payés mal à propos aux trésoriers qui paraissaient faire des avances. Sur 800 000 francs de subsides payés aux Suisses, il en courait 45 000 pour le banquier dont les opérations obscures sous les noms d'argent fort et d'argent faible couvraient le profit. M. de Vaines, ayant éclairci cette obscurité, a trouvé un banquier qui fera passer le subside en Suisse pour 9 000 francs de frais de banque.
M. de Maurepas, à qui ces détails ne sont connus que par moi, est étonné du silence de Turgot qui ne s'en fait pas valoir dans le Conseil. Il a pensé que Turgot devait en faire un tableau pour le mettre sous les yeux du Roi. Lorsque j'ai rapporté cette pensée à Turgot avec un mot de reproche sur son silence : « Que voulez-vous, dit-il, il semble qu'on

---

La Déclaration du 30 juillet 1775 réunit la *Caisse des Amortissements* à celle des *arrérages*, ce qui produisit une économie notable, et donna aux propriétaires déchus un nouveau délai de six mois (Du Pont, *Mém.*, 253).

Il existait aussi sur les Aides, les Gabelles, les tailles, des petites rentes qui ne valaient pas pour les propriétaires en province les frais nécessaires pour en toucher les arrérages à Paris. Le capital des rentes de 12 livres et au-dessous s'élevait à 1 800 000 l. Turgot en ordonna le remboursement en 1776 (Du Pont, *Mém.*, 255).

[a] Voir au tome V d'autres indications à ce sujet.

ne va dire ces choses-là que pour se faire valoir ; cette idée m'arrête. — Ce sont pourtant, dis-je, des détails sur les affaires du Roi que ce prince doit connaître. — C'est vrai, je les lui porterai avec la note des plans que nous projetons. »

Parmi ces plans, il y a celui d'un d'emprunt qui se négocie en Hollande, à 3,5 p. 100. Les incertitudes du Trésor Royal étaient un obstacle à la confiance des Hollandais. On le lève, en leur offrant d'assigner dans leur voisinage les états des provinces de Flandre et d'Artois pour paiement et hypothèques de leurs intérêts en transportant sur le Trésor Royal les charges de ces provinces. La consistance du ministère actuel, par l'accession de Malesherbes, donnera de la force à cette confiance.

Ce qui en reviendra sera employé à rembourser les *charges de finance* onéreuses au Trésor royal et ensuite celles qui sont onéreuses aux provinces, au commerce, et à l'agriculture par leurs privilèges et par leur inutilité. Les *trésoriers* de tous genres sont dans le premier cas ; les *maîtrises des eaux et forêts*, dans les deux cas ; le trop grand nombre des *receveurs de tailles*, huissiers, commis, etc., dans le second.

4. *Lettres patentes portant ratification de l'emprunt de 2 400 000 livres fait à Gênes, faisant partie de celui de 4 000 000 ordonné par Arrêt du Conseil du 27 septembre 1775, pour la régie des Messageries et diligences.*

Louis, ... Par arrêt rendu en notre Conseil d'État, le 27 septembre dernier, nous avons ordonné qu'il serait ouvert en la ville et République de Gênes pour notre compte, un *emprunt de 4 millions* de livres tournois, pour être ladite somme employée :

1° au paiement de celles auxquelles, suivant la liquidation qu'en auront faite nos commissaires nommés par arrêt de notre conseil du 7 août précédent, se trouveront montées les *indemnités dues aux anciens possesseurs* des droits des *carrosses, messageries et diligences*, réunis à notre domaine... et aux engagistes concessionnaires ou fermiers des *voitures de la cour*, de celles de Saint-Germain-en-Laye, et des messageries qui en dépendent..., pour lesdites indemnités, dédommager les uns de la perte résultant des engagements et concessions à eux faites et les autres des résiliations des baux ou des bénéfices qui auraient dû résulter de la continuation desdits baux ;

2° au paiement du prix des *chevaux et ustensiles* servant à l'exploitation lesdites voitures de la cour, de celles de Saint-Germain-en-Laye et messageries qui en dépendent, suivant l'estimation qui en aura été faite ;

3° enfin au paiement du prix des *acquisitions nouvelles* que l'administration pourra faire des bâtiments et autres objets tant mobiliers qu'immobiliers, nécessaires à ses opérations ; par l'arrêt du 27 septembre, nous avons réglé la forme et les conditions du dit emprunt...

Par autre arrêt rendu en notre conseil d'État, le même jour 27 septembre, nous avons commis le Sr de Boullongne, conseiller d'État ordinaire en notre conseil royal et intendant de nos finances et Amelot, conseiller d'État, intendant de nos susdites finances, pour passer en vertu dudit arrêt, devant notaires à Paris, une procuration à telle personne de ladite ville et république de Gênes qu'il appartiendrait à l'effet d'ouvrir ledit emprunt de 4 millions de livres en ladite ville et république de Gênes, de faire à ce sujet un contrat ou obligation au profit de ceux de ladite ville qui voudraient verser leurs fonds dans ledit emprunt jusqu'à concurrence de ladite somme, ... d'affecter audit emprunt, tant en principal qu'intérêt, d'abord *par privilège* :

1° le fond de ladite régie et administration consistant dans les droits et privilèges des carrosses et messageries qui avaient été aliénés et concédés, et qui viennent d'être réunis à notre domaine ;

2° et les voitures, chevaux et ustensiles, bâtiments et autres objets quelconques appartenant à ladite administration et servant à l'exploitation desdites diligences et messageries et carrosses, et subsidiairement sans déroger audit privilège, par hypothèque spéciale et par préférence à la partie de notre trésor royal, les produits de notre *ferme générale des postes*, de promettre, en notre nom, qu'indépendamment de la délégation qui serait faite par Denis Bergault, préposé à ladite régie et administration et ses cautions, des produits de ladite administration, tant pour le paiement du capital dudit emprunt aux échéances indiquées par ledit arrêt, que pour le paiement des intérêts, il serait fait par nosdits commissaires ci-dessus nommés sur les produits de notre ferme générale des postes une autre délégation subsidiaire qui aurait son effet au moment même où il se trouverait des retards dans l'exécution de la première, relativement, soit au paiement des intérêts, soit au paiement des portions du capital aux échéances des remboursements desdites portions ;

Enfin, nous avons, par ledit arrêt, autorisé nosdits commissaires à donner pouvoir au porteur de ladite procuration de souscrire à toutes les autres conditions qui pourraient être opposées à Gênes dans ledit contrat d'emprunt.

En exécution dudit arrêt, lesdits commissaires ont passé devant Lormeau, notaire à Paris, ... le même jour 29 septembre dernier, deux procurations au marquis Jacques Philippe du Razzo, fils du marquis Marcel du Razzo, demeurant à Gênes, par l'une desquelles ils lui ont donné pouvoir d'emprunter 2 400 000 livres, et par l'autre 1 600 000 livres, faisant ces deux sommes ensemble, celle susdite de 4 millions de livres tournois aux clauses et conditions résultant desdits deux arrêts de notre Conseil du 27 dudit mois de septembre ; le Sr Jérôme Pérroni, citoyen de la ville de Gênes, substitué par ledit marquis Jacques-Philippe du Razzo, aux pouvoirs à lui donnés par nosdits commissaires, a ouvert dans ladite ville de Gênes en notre nom un emprunt de 2 400 000 livres tournois, monnaie de notre royaume, revenant à 2 940 000 livres argent de Gênes, hors frais de banque, sur le pied de 24 sols 1/2 pour chaque livre tournois ; ladite somme de 2 400 000 livres faisant partie des 4 000 000 dont nous avons ordonné l'emprunt, ainsi qu'il résulte d'un contrat passé devant Michel Dominique Pescetto, notaire public du collège de Gênes, en présence de témoins le 21 octobre dernier.

Nous avons, en outre, par ledit arrêt du 27 septembre dernier portant nomination de nosdits commissaires, validé dès lors tout ce qui aurait été par eux fait, en vertu dudit arrêt et déclaré que nous entendions tenir fermes et stables les actes qui émaneraient des pouvoirs, autorité, commissions et mandements que nous leur avons donnés et faire expédier sur le tout en cas de besoin toutes lettres de ratifications nécessaires.

À ces causes, approuvons, ratifions, confirmons et homologuons ledit contrat pour être exécuté en tout son contenu. Voulons, en conséquence, que ladite somme de 2 400 000 livres, lorsqu'elle aura été versée entre les mains du Sr Rouillé de Marigny, caissier général de l'administration des diligences et messageries, soit par lui employée conformément à l'art. 8 des conditions dudit contrat et en exécution des ordres qui lui seront donnés à ce sujet par l'administration, et que ladite somme soit passée en dépense dans ses états de comptes.

192. — LES DONS GRATUITS

1. Lettres patentes acceptant le don gratuit du clergé de seize millions.

[D. P., VIII, 78.]

21 octobre.

Par ces lettres patentes, a été accepté le don gratuit de *seize millions*, accordé par délibérations de l'assemblée du clergé du 13 juillet ; les lettres ont autorisé le Clergé à se procurer ces 16 millions par un emprunt à 4 p. 100, le capital devant être joint au capital déjà emprunté par le clergé, pour de semblables dons gratuits. Les lettres ordonnaient, en outre, que le clergé ferait, pour rembourser ce capital, un fonds d'amortissement de 600 000 francs par an, et y ajouterait 500 000 francs aux dépens du Trésor public pour élever ce fonds d'amortissement à 1 100 000 francs [a].

(Le Clergé n'acquittait que le dixième de ce qu'il aurait dû pour payer, comme la noblesse, le vingtième et la capitation.)

2. *Assemblée du Clergé du mois de juillet.*

(Administration financière du clergé. — Compte rendu de l'Assemblée. — Remontrances sur les livres impies. — Le mariage des protestants.)

Le Clergé avait une administration financière spéciale. Tous les dix ans, son assemblée générale se réunissait à Paris et votait le don gratuit, seul impôt que payait le clergé de France. Par là, il fallait entendre les 16 provinces ecclésiastiques de Paris, Lyon, Rouen, Sens, Reims, Tours, Bourges, Albi, Bordeaux, Auch, Narbonne, Toulouse, Arles, Aix, Vienne, Embrun, qui ne correspondaient pas exactement aux généralités financières, lesquelles avaient pour chefs-lieux Paris, Lyon, Rouen, Caen, Nantes, Tours, Toulouse, Montpellier, Aix, Grenoble, Riom, Châlons, Amiens, Dijon.

Le Clergé *étranger ou des pays conquis* : Artois, Flandre et Hainaut, Cambrésis, Franche-Comté, Alsace, Lorraine et Trois Évêchés, Principauté d'Orange, Roussillon, Bresse, Bugey, etc., contribuait, comme la Noblesse, aux vingtièmes et à la capitation d'après des abonnements séparés convenus avec le Trésor.

En 1775, devait avoir lieu le renouvellement du *don gratuit*.

Le 3 juillet, les représentants des 16 provinces s'assemblèrent sous la présidence du Cardinal de la Roche-Aymon, archevêque de Reims [b], au couvent des Grands-Augustins.

L'assemblée s'ouvrait ordinairement le 25 mai ; elle avait été retardée par le Sacre.

---

[a] Telles étaient l'exigence et la puissance, il faut le dire, injustes et funestes du Clergé ; puissance, exigence, auxquelles un ministre philosophe était plus obligé de céder qu'aucun autre sous un premier ministre faible et sous un Roi dont l'extrême bonté balançait la justice au point de lui faire craindre toute mesure qui choquerait trop fortement des usages établis (Du Pont, *Mém.*).

L'abbé de Véri note dans son *Journal* : « L'assemblée du Clergé ne se plaint pas de M. Turgot ; comme elle n'a fait sur la partie des nuances que des demandes justes, elle a éprouvé de sa part une demande juste et favorable qu'elle n'aurait pas espéré sous un autre ministère ; d'autant plus qu'il s'agissait dans quelques-unes de débats avec les fermiers généraux. »

Le Clergé pouvait craindre, en effet, que le Roi l'assimilât aux autres sujets du Royaume.

[b] Grand aumônier.

Le 9 juillet, une députation ayant à sa tête l'archevêque de Rouen se rendit à Versailles et fut reçue par le Roi.

L'archevêque dit dans son discours : « L'activité de votre prévoyance paternelle a répandu la confiance et vous épargne pour toujours, Sire, le soin de punir ou de pardonner ces agitations inquiètes que le besoin même ne pourrait pas plus justifier aux yeux de la religion qu'à ceux de la politique. Par une de ces fatalités qui agitent quelquefois les empires, les magistrats avaient pris l'alarme jusque dans leurs sanctuaires ; bientôt, V. M. les a rassurés en préférant à la rigueur du pouvoir la douceur d'une autorité bienfaisante. »

Le 11 juillet, les commissaires du Roi qui étaient les ducs de La Vrillière, Turgot, Feydeau de Marville, d'Ormesson père et d'Ormesson fils, se rendirent à l'assemblée du Clergé. Ils furent reçus à la porte du couvent et conduits à la porte de l'église par les agents du Clergé. Ils furent alors reçus par les députés de l'assemblée et introduits dans le sanctuaire. Ils remirent la réponse du Roi. La Vrillière dit : « Dans les mouvements populaires qui se sont élevés autour de lui (du Roi) et sous ses yeux, quelle égalité d'âme ! Tandis que par la force, il pouvait réprimer ces mouvements séditieux, il a préféré la douceur, la persuasion, l'indulgence, et c'est à vous, MM., c'est à des prélats citoyens, c'est à des fidèles pasteurs que le père du peuple a recommandé ses enfants. C'est à vous qu'il a dit : "Ramenez ces aveugles, qu'ont égaré des furieux, dispensez-moi d'être sévère, épargnez-moi la douleur de punir." »

La Vrillière rappela aussi les cérémonies du Sacre et parla du serment qu'avait prêté le Roi d'honorer la religion et de protéger la foi.

Le 13, les commissaires du Roi revinrent à l'assemblée avec une nouvelle lettre du Roi, les chargeant d'expliquer l'état de ses affaires au clergé. La Vrillière demanda un don gratuit de 16 millions, chiffre plus élevé que celui qui avait été payé jusque là. Entre autres arguments, La Vrillière fit valoir que la liberté du commerce des grains avait donné à la plus abondante des productions de la terre, une valeur qui augmentait considérablement le revenu des propriétaires.

Le cardinal de la Roche-Aymon protesta du dévouement du clergé au Roi ; l'abbé de Voguë, promoteur de l'assemblée, insista sur la pauvreté du clergé, mais en déclarant qu'il se sacrifierait une fois de plus à la patrie. « Quel heureux présage, dit-il, n'annonce pas un règne commencé sous de si heureux auspices. Déjà, les fonds publics ont remonté à leur valeur originaire ; le crédit national se ranime. Fruits heureux d'une administration sage, constante dans ses principes et éclairée dans ses moyens ; des retranchements économiques dans les dépenses vous annoncent que vos dons ne seront point détournés, et que le grand ouvrage de la libération générale ne sera plus désormais un projet stérile et sans effet. »

L'archevêque d'Auch [a] fit remarquer que les dettes du clergé augmentaient toujours, que depuis 1755, il avait emprunté 94 500 000 livres et qu'il devait 97 millions ; avec les 16 millions demandés la dette allait dépasser 113 millions. Il conclut pourtant au vote du don gratuit.

Pour assurer le service des intérêts de l'emprunt, le clergé imposa tous ses membres de décimes annuels ; cette contribution était répartie entre tous les diocèses.

Il y avait à Paris un receveur général du Clergé ; dans chaque généralité ecclésiastique, un receveur provincial ; dans chaque diocèse, un receveur diocésain. La répartition de l'impôt dans les diocèses était confiée au bureau ou chambre diocésaine.

La connaissance des différends relatifs à la perception était attribuée à neuf Chambres souveraines ; dans l'intervalle des sessions des assemblées générales, les intérêts du clergé étaient confiés aux agents généraux siégeant à Paris.

L'assemblée du clergé décida aussi qu'elle présenterait des remontrances au Roi sur l'impunité dont jouissaient les livres impies.

Les *Mémoires secrets* rapportent aussi ce qui suit :

26 juillet. — Il est grandement question de traiter, durant la présente assemblée, de la validité des mariages protestants, et de faire une nouvelle loi à cet égard. Il est même dans le ministère des gens qui voudraient pousser les choses plus loin et leur accorder une entière liberté de conscience. M. l'archevêque de Toulouse, qui n'est pas entaché des préjugés de son corps et qui est fort tolérant, travaille à ce projet ainsi qu'à beaucoup d'autres, mais on sait qu'il y a de fortes oppositions et l'on doute fort qu'aucun point, même d'adoucissement à cet égard, ait lieu.

29 juillet. — On se confirme de jour en jour dans l'espoir où l'on est que les protestants vont recevoir les avantages de la société (de l'état civil) en France, avantage dont ils sollicitaient depuis longtemps la jouissance. On assure déjà que deux officiers, quoique protestants, ont été reçus chevaliers de Saint-Louis, sans qu'on leur ait demandé aucun certificat de catholicité.

On prétend que M. de Maurepas se montra hostile à toute innovation libérale et qu'il raffermit les prélats dans leur résistance en leur remettant sous les yeux l'inconséquence de la conduite du clergé actuel avec celle du clergé qui, sous Louis XIV, s'était mis aux genoux de ce

---

[a] Jean François De Chatillard de Montet Guérand, Archevêque d'Auch (1742-1775).

monarque pour obtenir la Révocation de l'Édit de Nantes, en sorte que cet objet est absolument écarté et l'assemblée ne s'en occupe plus, laissant à la sagesse du gouvernement à faire ce qu'elle jugera le plus convenable.

L'assemblée se rangea finalement au parti de l'intolérance ; elle réclama la dispersion des assemblées de protestants, leur exclusion des fonctions publiques, l'interdiction de leurs mariages ; elle demanda qu'on leur défendit de faire eux-mêmes l'éducation de leurs enfants. M. Turgot et M. de Malesherbes qui avaient été les instigateurs secrets de la proposition de valider les mariages protestants ne se découragèrent point.

Depuis qu'il est question de valider les mariages des protestants, le gouvernement invita M de Voltaire à écrire sur cet objet intéressant. On attend avec impatience son importante production. Il résulte toujours des sollicitations de M. Turgot à cet égard envers le philosophe de Ferney qu'il ne quitte pas prise et cherche seulement à bien préparer les esprits avant de rendre une loi décisive.

30 juillet. — Le Clergé est fort alarmé de voir M. de Malesherbes succéder à M. le duc de La Vrillière au département qui concerne cet ordre. Les liaisons intimes de ce nouveau ministre avec M. Turgot font craindre au corps épiscopal que ce dernier ne se soit étayé de l'autre au Conseil pour faire passer divers projets tendant au détriment du clergé et de la religion conséquemment.

La Harpe, ayant fait dans le *Mercure* du mois d'août, l'éloge de la *Diatribe* de Voltaire *à l'auteur des Éphémérides*, cette petite brochure fut signalée à l'assemblée du clergé comme contraire au respect dû aux livres saints, et plainte en fut portée au Roi.

Le passage incriminé était le suivant :

« Quand nous approchâmes de Pontoise, nous fûmes tous étonnés de voir douze à quinze mille paysans qui couraient comme des fous en hurlant et qui criaient : 'Les blés, les marchés, les marchés, les blés !' Nous remarquâmes qu'ils s'arrêtaient à chaque moulin qu'ils démolissaient en un moment et qu'ils jetaient blés, farine et son dans la rivière. J'entendis un petit prêtre qui, avec une voix de stentor, leur disait : 'Saccageons tout, mes amis, Dieu le veut. Détruisons toutes les farines pour avoir de quoi manger.' Je m'approchai de cet homme, je lui dis : 'M., vous me paraissez échauffé, voulez-vous me faire l'honneur de vous rafraichir dans ma charrette, j'ai du bon vin.' Il ne se fit pas prier. 'Mes amis, dit-il, je suis habitué de paroisse, quelques-uns de mes confrères et moi, nous conduisons ce cher peuple ; nous avons reçu de l'argent pour cette bonne œuvre ; nous jetons tout le blé qui nous tombe sous la main de peur de disette, nous allons égorger dans Paris tous les boulangers pour le maintien des lois fondamentales du Royaume. Voulez-vous être de la partie ? »

Le gouvernement dut faire droit à la réclamation de l'assemblée ; l'article du *Mercure* fut supprimé ; le censeur Louvel qui l'avait approuvé fut rayé de la liste des censeurs royaux. Le lieutenant de police dut retirer la brochure de Voltaire et en interdire la vente. Cependant, lorsque la députation chargée de réclamer contre l'impunité des livres pernicieux vint trouver Louis XVI le Roi répondit : « MM., je soutiendrai toujours la religion dans mon royaume, mais vous ne devez pas laisser tout à faire à l'autorité : vos exemples sont le véritable appui de la religion et votre conduite, vos mœurs et vos vertus sont les armes les plus efficaces pour combattre ceux qui osent vouloir l'attaquer. »

D'après les *Mémoires secrets*, le général des Dominicains, à la tête d'une députation de moines, avait demandé à l'assemblée qu'il fut possible de prononcer des vœux à l'âge de 15 ou 16 ans au lieu de 20. Le Clergé porta à la Cour le résumé de sa harangue, la réponse a été courte, on a ri au nez de ces messieurs, qui en furent très irrités, mais il y a tout lieu de croire que les Maurepas, les Turgot, les Malesherbes ne céderont pas à cette criaillerie de moines.

Le Parlement, condamna au feu la *Diatribe à l'auteur des Éphémérides*. L'avocat général Séguier souligna dans son réquisitoire l'étroite union de la magistrature et du clergé.

Voltaire écrivit à Morellet (juillet 1775) :

« On ne répandra pas de sang pour la *Diatribe* ; mais il me semble que les démarches que l'on a faites sont une insulte à M. Turgot de la part des mêmes gens qui donnèrent de l'argent, il y a quelques mois, pour ameuter la populace. C'est l'esprit de la ligue qui voudrait persécuter le duc de Sully ; des fripons ont voulu donner des croquignoles à M. Turgot sur le nez de la Harpe. »

Journal de Véri. — Août 1775. — Dans les premiers siècles de la monarchie, les rois n'avaient pour faire la guerre que les revenus de leurs domaines, des ressources qu'ils tiraient de leurs vassaux et quelquefois les dons volontaires des grands seigneurs. Pour les impositions du clergé, le consentement des papes a suffi pendant quelques siècles pour les exiger. Cette dépendance du pape a été ensuite secouée ; les assemblées du Clergé ont alloué des dons volontaires ou décimes. Ces dons, comme antérieurement les concessions des papes, supposaient l'immunité des biens ecclésiastiques de toute espèce d'impositions. En

1750, Machault voulut exiger par voie d'autorité que le clergé payât le vingtième de son revenu domanial ainsi que tous les autres propriétaires. L'assemblée du Clergé se sépara sans vouloir consentir à l'impôt. Le Gouvernement n'osa pas le faire lever sur les bénéficiers. Le cardinal de La Rochefoucauld, alors archevêque de Bourges, qui présidait, fit prendre une déclaration signée de tous les membres sur le droit divin qui exemptait les biens du Clergé de toute servitude et impositions forcées. Dans l'Assemblée de 1755, les formes et les expressions usitées étant rétablies, le clergé donna tout ce que la Cour demanda.

En 1780, le Clergé devait au denier vingt, 30 millions, dont il devait être libéré en 1794 par une imposition sur les biens ecclésiastiques et par un amortissement de 1 million que le Roi devait lui faire verser pendant quatorze ans. Il devait, au denier vingt-cinq, 95 642 230 livres. Pour faire face aux intérêts et à l'amortissement, il imposait les bénéficiers de 7 368 975 livres ; à ces sommes, le Trésor devait encore payer 500 000 livres promis en 1748.

Décembre 1775. — À l'assemblée du Clergé, quelques évêques ont pensé, sans oser le manifester, à supplier le Roi de pourvoir aux effets civils des mariages des protestants. Actuellement, la plupart d'entre eux se marient par de simples contrats civils ; mais, pour éviter les difficultés dans les successions, surtout si les collatéraux sont catholiques, quelques-uns se marient à l'église pour éluder une profession formelle de la foi catholique ; ils ferment la bouche aux curés par des grosses aumônes ou par des présents, ou bien font une profession simulée. Turgot voudrait la tolérance entière ; il n'a fait usage vis-à-vis du Roi que d'arguments théologiques.

La tolérance absolue n'est pas dans la politique de Maurepas. Il engagerait le Roi à donner un édit favorable aux mariages, s'il ne savait que l'esprit humain tend toujours à gagner au delà de ce qu'il a obtenu. « Si j'étais assuré, dit-il, d'une vie longue et d'une fermeté constante dans le roi actuel, je pourrais espérer qu'il maintiendrait les protestants dans les limites qu'on leur prescrirait en légitimant leurs mariages, mais l'impossibilité d'avoir cette certitude me fait trembler. »

3. Arrêt du Conseil cassant un arrêt du Parlement de Bordeaux relatif à l'abonnement de la ville pour les dons gratuits.

[A. Gironde, C. 74. — Foncin, 295.]

30 septembre.

Le Parlement s'était opposé à l'exécution d'un édit de 1758 relatif à l'abonnement de la ville pour les dons gratuits. Son arrêt fut cassé comme attentatoire à l'autorité du Roi.

L'Intendant, estimant que le ministre n'était pas bien instruit des circonstances très complexes de cette affaire, suspendit la publication de l'arrêt de cassation jusqu'à réception de nouveaux ordres (lettre du 7 novembre).

Turgot répondit qu'il était très bien informé et le prouva en citant tous les textes de lois qui justifiaient sa décision. Il donna à l'Intendant l'ordre de signifier l'arrêt sans plus différer (lettre du 7 décembre).

193. — EMPRUNTS LOCAUX.

1. Arrêt du Conseil rendant obligatoire l'amortissement des emprunts des villes, corps, communautés, etc.

[D. P., VII, 378.]

24 juillet.

Le Roi, étant informé qu'il y a des villes, corps, communautés, hôpitaux et provinces qui ont été autorisés à faire des emprunts sans qu'il leur ait été fixé de terme pour en rembourser les capitaux ; et S. M., considérant que le paiement des arrérages, devenu une charge perpétuelle, s'oppose à l'amélioration de leur administration, ordonne qu'à l'avenir, les villes, corps, communautés, hôpitaux et provinces ne pourront être autorisés à faire des emprunts à constitution de rentes perpétuelles, qu'en destinant au remboursement des capitaux desdits emprunts un fonds annuel, qui sera augmenté chaque année du montant des arrérages éteints par les remboursements effectués successivement, sans que le fonds ainsi destiné puisse être employé à aucun autre usage, pour quelque cause et raison que ce soit ; à l'effet de quoi S. M. veut et entend que les officiers municipaux, les administrateurs, les syndics et autres chargés de l'administration des villes, corps, communautés, hôpitaux et provinces, soient garants et responsables en leur propre et privé nom, de l'effet des dispositions du présent arrêt pour tout le temps de leur administration.

2. *Arrêt du Conseil autorisant un emprunt des États de Bourgogne* [a].

(Emprunt à 4 p. 100 pour remboursement d'emprunt à 5 p. 100.)

[D. P., VIII, 107.]

16 décembre.

Vu par le Roi, étant en son Conseil, les instructions données aux sieurs commissaires de S. M. à l'assemblée des États de Bourgogne, convoquée à Dijon le 8 mai dernier, par lesquelles lesdits sieurs commissaires auraient été chargés, entre autres choses, de faire connaître auxdits États que S. M., considérant la réduction de l'intérêt de l'argent comme un des moyens les plus propres à faciliter l'exécution de ses vues pour le soulagement de ses sujets et le bien général de son royaume, son intention était que lesdits États prissent une délibération pour emprunter au denier 25, sans aucune retenue, les sommes nécessaires au remboursement des créanciers qui ont placé leurs deniers dans les différents emprunts, au denier 20, pour lesquels lesdits États ont prêté leur crédit au Roi, en commençant par les plus anciens emprunts.

L'article Ier contient l'autorisation.

II. Les créanciers desdits emprunts au denier 20 seront sommés par les États généraux de Bourgogne de se présenter dans un mois, à compter du jour de la sommation qui leur sera faite, pour recevoir le *remboursement de leurs capitaux* ; savoir, au bureau du trésorier général des États à Paris, pour les sommes qui auront été empruntées à Paris, et au bureau du même trésorier à Dijon, pour les sommes qui auront été empruntées tant dans ladite ville que dans la province de Bourgogne ; les arrérages desquels capitaux cesseront d'avoir lieu, à compter du jour auquel le remboursement en sera indiqué.

III. Seront les rentes des capitaux qui auront été empruntés au denier 25, pour être employés auxdits remboursements, exemptes à l'avenir des deux vingtièmes et 4 sols pour livre du premier, ensemble de toutes impositions généralement quelconques, pour tout le temps qu'elles subsisteront.

IV. S. M. a affecté et affecte, tant au payement des intérêts desdites rentes, dont les capitaux sont empruntés, qu'aux remboursements d'iceux, les mêmes sommes qui ont été précédemment affectées par les édits portant création desdites rentes, des mois de janvier 1760, no-

---

[a] Cette loi, nécessaire pour assurer les droits des prêteurs et la libération des communes, l'étalt aussi pour prévenir les dépenses fastueuses et inutiles, s'il ne s'agissait que d'emprunter sans s'inquiéter du remboursement des créanciers (Du Pont, *Mém.*, 257).

vembre 1761, juillet 1763 et mars 1770, dont le remboursement est ci-dessus ordonné ; desquelles sommes il sera tenu compte chaque année, au trésorier général desdits États de Bourgogne, sur les deniers qu'il aura à verser au Trésor royal.

V. Veut S. M. que les rentes qui seront constituées par l'emprunt ci-dessus ordonné, au profit des gens de mainmorte, soient exemptés de tous droits d'amortissement, et que les contrats, quittances de remboursement et autres actes concernant ledit emprunt, soient pareillement exempts de tous droits de contrôle et de sceau.

194. — LES AIDES. LE COMMERCE DES VINS

1. *Lettre au ministre des Affaires étrangères (de Vergennes).*

(Exécution d'un arrangement conclu avec l'Espagne. — Projet de suppression de tous les privilèges exclusifs possédés par les villes pour le commerce des vins.)

11 juillet.

J'ai reçu avec votre lettre du 2 de ce mois les copies des deux dépêches que vous avez reçues de M. le comte d'Aranda.

Sur la première, je vous avoue que je vois avec peine que la convention qui a été signée entre les deux cours, ne puisse être encore exécutée. Cependant, comme je suis bien éloigné de vouloir proposer rien au Roi qui puisse s'écarter des justes égards que S. M. est disposée dans toutes les occasions à avoir pour S. M. catholique, je vais donner les ordres nécessaires aux fermiers généraux, ainsi que le désire M. l'Ambassadeur d'Espagne. Mais je vous supplie d'insister auprès de lui pour qu'il soit fixé une époque après laquelle on pourra exécuter la nouvelle convention également conforme à ce qu'exige le bien des finances des deux souverains.

Quant à l'objet de la seconde dépêche de cet ambassadeur, vous savez que j'ai déjà eu l'honneur de vous observer que les difficultés survenues à Marseille proviennent de l'effet d'un *privilège exclusif* dont cette ville jouit de temps immémorial pour la consommation des vins de son territoire ; ce privilège, tout contraire qu'il est aux principes d'une bonne administration, s'exerce non seulement contre tous les vins étrangers qui sont importés dans ce port, mais encore contre tous ceux du crû des autres provinces du Royaume. Il tient à un usage local, auquel il n'a point encore été donné d'atteinte. Il serait donc bien difficile de donner satisfaction à M. le comte d'Aranda sur cet objet sans que le Roi manquât à ce qu'il doit à ses propres sujets. Cette demande d'ailleurs ne pouvant être fondée sur les termes d'aucuns traités dont l'esprit a toujours été, et particulièrement celui du *pacte de famille*, que les sujets de chacune des deux puissances seraient réciproquement traités dans les États de l'autre comme les propres sujets de cette puissance, et comme les autres nations étrangères, S. M. catholique est sûrement trop juste pour demander une exception qui ne serait pas fondée sur les traités qui sont la loi des souverains entre eux. Mais heureusement une considération fera cesser les plaintes de M. le comte d'Aranda. S. M. est déterminée de faire cesser dans son royaume l'effet de ces privilèges exclusifs, tant à Marseille que dans les autres ports de son royaume. Cette affaire sera remise sous les yeux du Roi d'ici à très peu de temps et vous pouvez annoncer à cet ambassadeur que d'ici à deux mois cette affaire sera entièrement terminée.

L'intention de S. M. n'est pas alors d'assujettir les sujets de S. M. catholique à aucun droit particulier, et les vins importés par les vaisseaux espagnols entreront dans la ville de Marseille sans payer de plus forts droits que ceux auxquels seront assujettis les vins introduits par les propres sujets du Roi. Je vois avec plaisir que cette circonstance mettra le Roi à portée de faire ce que désire le roi d'Espagne.

2. *Lettre à M. Bertin*

[A. N., F^{12} 151.]

(Sur le même projet. — Échec pour Bordeaux. — Mesure de circonstance ordonnée par Arrêt du Conseil.)

Vous avez été témoin du compte que j'ai rendu au Conseil des privilèges de Bordeaux, Marseille, et de plusieurs autres villes du Royaume ; vous avez entendu les raisons qui ont empêchés S. M. de rendre un arrêt sur l'affaire particulière de Bordeaux ; mais je suis informé que les propriétaires des vignes du haut pays, persuadés qu'on ne pourrait leur refuser leurs conclusions, ont actuellement dans cette ville une grande quantité de vins qui seraient confisqués le 8 septembre prochain, si on ne venait à leur secours. Et cette considération m'a paru mériter qu'on leur épargnât un tort si considérable. En conséquence, j'en ai rendu compte au Roi qui m'a ordonné de faire rendre l'arrêt que j'ai l'honneur de vous envoyer. Je vous prie d'en adresser une expédition à M. le maréchal de Mouchy, ou à M. le comte de Fumel en son absence, et de les charger, de la part du Roi, de tenir la main à l'exécution. Il serait fort à désirer que vous puissiez les autoriser, de la part du Roi, à empêcher provisoirement l'exécution des arrêts que le Parlement pourrait rendre pour ordonner la confiscation de ces vins. Je ne puis, au surplus, que m'en rapporter à ce que vous jugerez à propos de faire et à votre zèle pour l'exécution des volontés du Roi.

3. *Lettre à l'intendant de Bordeaux (Esmangard)*

[A. N., F¹² 151.]

(Mêmes objets.)

25 août.

Je vous adresse, M., un arrêt que le Roi a fait rendre provisoirement en son Conseil pour permettre aux propriétaires des vins du haut pays de les laisser à Bordeaux par delà l'époque du 8 septembre prochain. Vous verrez, par le préambule de cet arrêt, que S. M. a fait rédiger une loi pour établir la liberté du commerce de cette denrée. Mais, comme il est à craindre que les maires et jurats ne profitent du temps nécessaire pour la rédaction de cette loi pour faire exécuter à la rigueur ces règlements et que l'espérance que plusieurs propriétaires des vignes du haut pays pourrait les avoir rendus plus négligents à faire vendre leurs vins dans l'époque marquée, et les rendre victimes de leur confiance dans les moyens qu'ils ont mis sous les yeux du Roi, S. M. a cru raisonnable de les mettre en repos par un arrêt. Vous voudrez bien en donner connaissance aux maires et jurats et leur enjoindre, de la part du Roi, de s'y conformer sous peine d'en répondre. S. M. n'ignore pas ce qui s'est passé en pareille occasion en 1755 et en 1772, et elle veut prévenir de pareilles atteintes à son autorité. En conséquence, elle a fait passer ses ordres à M. le maréchal de Mouchy et, en son absence, à M. le comte de Fumel ; si le Parlement rendait quelque arrêt contraire aux dispositions de celui du Conseil, vous aurez soin de m'en informer sur-le-champ afin que j'en rende compte au Roi.

4. *Lettre au maréchal de Mouchy*

[A. N., F¹² 151.]

(Mêmes objets. — Nouvel arrêt.)

18 septembre.

La lettre que vous m'avez fait l'honneur de m'écrire le 9 de ce mois, M., me fait voir combien il était nécessaire que vous fussiez chargé de tenir la main à l'exécution de l'arrêt que le Roi a jugé à propos de faire rendre en son conseil. La conduite que les jurats ont tenu dans cette occasion est fort condamnable, et je ne puis que vous prier de leur en faire les reproches qu'ils méritent. La précaution qu'ils ont prise de faire affirmer par serment aux négociants propriétaires des vins qu'ils en feraient l'expédition dans le jour ou le lendemain est contraire à l'esprit de l'arrêt du Conseil dont vous leur avez donné connaissance. Il est vraisemblable que s'ils avaient eu l'intention de l'exécuter, ils en auraient donné connaissance au Parlement qui n'aurait sûrement pas pris sur lui de défendre l'exécution d'un arrêt du Conseil ou, s'il l'avait fait, le Roi aurait pris les mesures nécessaires pour faire respecter son autorité. J'ai rendu compte à S. M. de ce que vous me faites l'honneur de me mander ; elle a jugé à propos de faire rendre un nouvel arrêt pour assurer l'exécution du premier et de vous charger encore, ou celui qui commandera en votre absence, d'y tenir la main. Dans le cas où le Parlement tenterait de forcer les jurats à contrevenir aux dispositions de cet arrêt, vous êtes, M., attaché à l'autorité du Roi et vous êtes sûrement aussi persuadé que moi de la nécessité que tout concoure à faire respecter cette autorité, lorsque S. M. a décidé quelque chose.

Je ne puis douter, d'après cela, que vous ne preniez toutes les mesures nécessaires et que vous croirez les plus propres à empêcher que qui que ce soit puisse y contrevenir.

5. *Lettre à Abeille, inspecteur général des manufactures*

[A. N., F12 151.]

(Prétentions de la ville de Bordeaux.)

10 novembre.

J'ai reçu, M., la lettre que vous avez écrite le 26 du mois dernier contenant vos réflexions et votre avis sur l'état actuel de l'affaire des vins pendante entre les jurats de Bordeaux, le Quercy et les autres parties intervenantes. Je pense absolument, comme M. Trudaine, qu'il faut s'en tenir à l'édit d'après lequel il n'y a aucune affaire à juger.

6. *Lettre à l'Intendant de Bordeaux (de Clugny)*

(Difficultés entre les vignerons de Sainte-Foy et les vignerons bordelais. — La liberté de la forme et de la contenance des barriques doit être respectée.)

11 décembre.

Je vous envoie, M., un mémoire par lequel les maire, consuls et habitants de Sainte-Foy exposent qu'ils ont été, depuis très longtemps, en possession de loger leurs vins dans des barriques de telle forme et contenance que bon leur semblait et particulièrement de la forme et contenance des futailles du pays bordelais ; que cependant, il s'est élevé à ce sujet entre eux et les habitants de Bordeaux et autres des contestations sur lesquelles il est intervenu en 1636 un arrêt interlocutoire qui a ordonné entre autres choses que les habitants de Sainte-Foy, Ranzau et autres, pourraient faire leurs barriques de telle forme qu'ils jugeraient à propos, pourvu qu'elles ne fussent pas de la même forme et figure que celles du Bordelais. Ils observent que, nonobstant cet arrêt, les habitants ont continué à mettre leurs vins dans des futailles de jauge bordelaise, mais que la jalousie de leurs adversaires vient de les porter à saisir quelques pièces et à menacer de saisir tous les vins qui seraient de la jauge bordelaise.

Comme ils se voient, par là, privés du débit de leurs vins et que la poursuite du procès anciennement introduit au Conseil leur paraît impraticable, ils demandent que, sans préjudicier aux droits des communautés de Bordeaux, Libourne, et Saint-Émilion, il leur soit permis de charger les vins de leur cru soit pour les pays étrangers, soit pour les provinces du Royaume, en telles futailles, mesure et contenance dont ils se sont servis jusqu'à présent. L'entreprise des Bordelais, quel que puisse être leur titre, me paraît bien contraire aux principes du commerce et à la liberté que doit avoir tout propriétaire de vin de le loger dans des barriques de la forme et contenance qui peuvent convenir à celui qui le lui achète. Une gêne de cette espèce ne peut que préjudicier beaucoup à la vente et à l'exportation des vins, et il me paraît convenable de venir à cet égard au secours des habitants de Sainte-Foy. Je vous prie, en conséquence, de rendre une ordonnance pour leur accorder ce qu'ils demandent.

195. — LES TRANSPORTS DE TROUPES

1. *Arrêt du Conseil sur les convois militaires.*

[D. P., VIII, 36. — D. D, II, 385.]

(Corvées pour les convois militaires. — Leur remplacement par une imposition [a]. — Simplifications dans la marche des convois.)

29 août.

Le Roi s'étant fait rendre compte, en son Conseil, des mesures prises jusqu'à présent dans les différentes provinces de son royaume pour assurer le service des convois militaires ; S. M. a reconnu que, depuis quelques années, on était parvenu à affranchir les habitants de la campagne, dans *neuf généralités*, de la corvée accablante à l'aide de laquelle ces transports s'exécutent dans les autres généralités ; ce service onéreux est fait dans ces neuf généralités à prix d'argent, en conséquence des marchés particuliers que les intendants ont été autorisés à faire avec des entrepreneurs, et la dépense en est acquittée au moyen d'une imposition particulière sur ces généralités. Les succès de cet établissement, les avantages infinis que ses peuples en retirent, n'ont pas permis à S. M. de laisser les autres généralités supporter plus longtemps le fardeau de ces sortes de corvées.

Si jusqu'à présent les difficultés locales ou d'autres considérations de cette espèce ont retardé l'effet du zèle des intendants à qui l'administration en est confiée, S. M. a pris de justes mesures pour seconder leurs efforts, *en réunissant au service des étapes celui des convois militaires*, dont les entrepreneurs généraux des étapes sont déjà chargés dans ces neuf généralités, et en établissant une imposition générale proportionnée à cette dépense qui, étant répartie sur les différentes généralités des pays d'élection et des pays conquis, fera disparaître les impositions locales, et mettra une juste proportion dans la contribution des différentes provinces.

S. M. a prévu, en même temps, qu'au moyen de cette entreprise générale, plusieurs de ces convois, qui étaient obligés de suivre les *routes particulières d'étapes*, ce qui occasionnait, à chaque lieu où les troupes séjournaient, de nouveaux chargements et déchargements, pourraient se faire *directement par les grandes routes*, et d'une manière beaucoup moins

---

[a] L'équité de cette répartition diminua la dépense même pour les Provinces déjà soumises à la payer en argent. La perfection du service la diminua pour toutes (D. P., *Mém.*, 258).

fatigante et plus économique, du lieu du départ des troupes à celui où elles ont ordre de se rendre ; de sorte qu'à l'expiration des trois années pour lesquelles S. M. a ordonné qu'il serait passé un marché général auxdits entrepreneurs des étapes, il serait possible d'obtenir une diminution considérable dans la dépense qu'occasionnera ce service difficile à monter aujourd'hui, et de réduire dans la même proportion l'imposition destinée uniquement à cette dépense ; ses peuples reconnaîtront, dans ces dispositions, la bienfaisance constante de S. M., son attention pour tout ce qui peut intéresser les progrès de l'agriculture et le sort des habitants des campagnes, si dignes de son affection particulière :

À compter de l'année prochaine 1776, et jusqu'à ce qu'il plaise à S. M. en ordonner autrement, il sera compris chaque année, dans le second brevet des impositions accessoires de la taille des vingt généralités de pays d'élections, une somme de 1 114 497 livres ; et à compter de la même année, il sera également fait une imposition annuelle sur le département de Metz, sur celui de Lorraine et de Bar, et sur le comté de Bourgogne, d'une somme de 85 503 livres, revenant lesdites deux sommes à celle de 1 200 000 livres ; laquelle, non compris les taxations ordinaires qui seront pareillement imposées, sera répartie de la manière suivante :

(Suit le tableau de répartition.)

Seront lesdites sommes employées sans aucun divertissement pendant la durée du marché qui sera passé incessamment aux Entrepreneurs généraux de la fourniture des étapes, au paiement de la dépense qu'occasionne le service des convois militaires et transports des équipages des troupes, dont ils seront chargés, aux charges et conditions convenables...

Et au moyen de cette imposition de 1 200 000 livres, les impositions particulières établies jusqu'à présent pour les convois militaires dans les généralités de Soissons, Chalons, Limoges, Bordeaux, Grenoble, Metz, Comté de Bourgogne, Lorraine et Bar, montant à la somme de 627 765 l. 1 s. 3 d., cesseront d'avoir lieu à compter de ladite année 1776...

2. *Circulaire aux Intendants sur la suppression des corvées pour le transport des troupes.*

[A. Calvados.]

Versailles, 21 septembre.

Le Roi, voulant donner à ses peuples une nouvelle preuve de l'attention qu'il apporte à tout ce qui peut contribuer à leur soulagement, a donné les ordres nécessaires pour que les corvées qu'exige le service des convois militaires, n'eussent plus lieu à compter du 1er janvier 1776. S. M., en conséquence, a ordonné une imposition générale qui est comprise dans le deuxième Brevet, pour subvenir à cette dépense.

Vous sentirez mieux que personne les avantages de ce plan qui supplée, par une cotisation générale, à la surcharge que les fournitures locales ne font porter que sur la portion des habitants de la campagne établis le long des routes d'étapes. Leur position qui les assujettit déjà au logement des troupes, les laissera encore seuls chargés de ces convois d'autant plus onéreux que souvent ils s'exécutent dans le temps le plus précieux pour les travaux de la campagne.

Les entrepreneurs généraux des étapes sont chargés de ces établissements pour le 1er janvier 1776, tant par rapport à l'analogie des deux services que parce que l'obligation leur en a été prescrite par le résultat du Conseil du 28 décembre 1773. Ils l'ont déjà monté dans plusieurs généralités à la satisfaction de MM. les Intendants et du Conseil ; et je ne doute pas qu'ils n'aient le même succès dans les autres généralités.

On ne doit pas se dissimuler, cependant, les difficultés que cet établissement doit éprouver dans les commencements. Je vous prie, en conséquence, de leur procurer tous les secours qui pourront dépendre de vous, et de donner vos ordres aux subdélégués et aux officiers municipaux de votre département pour qu'ils concourent, de leur part, à faciliter les moyens d'établir un service aussi intéressant pour les peuples. Je m'en repose sur votre zèle et sur vos soins.

Si les entrepreneurs généraux négligeaient quelques-unes des mesures nécessaires pour surmonter les difficultés locales, vous êtes autorisé par le nouveau résultat qui vient d'être arrêté au Conseil, à pourvoir à ce nouveau service, à leurs frais, risques et périls ; mais, en même temps, je vous demande de les aider dans ces commencements ; ce n'est pas sans peine que l'on introduit les choses les plus utiles, quand elles contrarient l'usage et l'habitude.

196. — LETTRES À DU PONT DE NEMOURS.

CXXXVIII. (Affaires générales.)

Versailles, 13 février.

Je ne vous réponds point, mon cher Du Pont, mais j'ai distribué vos affaires et fait ce qui était faisable. Je verrai aujourd'hui M. de Fourqueux, auquel je dirai un mot de ce qui vous intéresse.

Je vous embrasse et vous prie de compter toujours sur mon amitié.

CXXXIX. (Divers objets. — La goutte.)

Versailles, samedi matin 18 février.

J'ai reçu, mon cher Du Pont, tant de lettres de vous, qu'il m'est vraiment impossible d'y répondre ; une demi-heure de conversation, vos lettres à la main, éclaircirait tout.

Actuellement, je suis presque seul, et demain, et après-demain vraisemblablement, nous trouverions un instant pour causer. Vous auriez pu venir avec M. de Vaines ou ce soir avec M. de L'Échoysier et M. Desnaux, s'ils reviennent, car j'ai peur que le bon Desnaux ne soit malade, ce qui m'affligerait beaucoup, car il m'est vraiment attaché.

Ma goutte traînasse toujours à un point insupportable. J'aurais beaucoup mieux aimé des douleurs vives, mais plus courtes. C'est depuis mes maudites sangsues que mes attaques ont pris ce train-là.

Adieu, je vous embrasse. Vous me parlez d'une brochure que vous ne m'avez pas envoyée.

CXL. (Guerre des farines.)

(Probablement mai).

Il faut que je retourne ce soir à Versailles ; venez à 9 heures précises avec un carrosse à six chevaux. Si je n'en ai pas qui soit en état d'aller, prenez la poste. Pour ne pas me tuer, je coucherai à Versailles ; ainsi, il faut que Berguant [a] vienne, ou dans le cabriolet, ou dans une voiture de la Cour. Je vous embrasse ne dites rien de ceci, sinon ce qu'il faudra pour qu'on vienne me chercher.

CXLI. (Guerre des farines.)

Versailles, jeudi matin (Probablement mai).

Je ne puis rien vous dire sur tout ce qui fait l'objet de vos inquiétudes ; je n'ai vu le seigneur chatelain [b] qu'un instant, mais son visage n'est aucunement changé. J'espère toujours retourner ce soir, mais sans en être parfaitement sûr. Mon genou va mieux. J'ai lu votre instruction

---

[a] Domestique de Turgot.
[b] Louis XVI.

militaire dont j'ai été très content. Je suis bien fâché que vous ne puissiez éviter de plaider.

CXLII. (Mémoire sur les municipalités.)

Versailles, 11 septembre.

J'ai reçu, mon cher Du Pont, vos deux lettres et je suis fort aise de vous savoir content : comme nous n'avons de guerre que la guerre sourde et continue avec les fripons, vous pouvez dormir et travailler à votre aise sur les municipalités. Si vous m'apportez de bonne besogne, vous aurez bien employé votre temps pour vous et pour moi.

Je pense, comme vous, sur la nécessité d'agir, mais il faut pourtant de la mesure et de la précision dans les mouvements et il en faut d'autant plus qu'il faut aussi répondre aux objections et qu'ainsi le seul résultat ne suffit pas. C'est quand on est maître que votre principe est vrai.

À propos, vous qui prêchez les autres, vous avez oublié une certaine lettre à écrire à M. le prévôt des Marchands sur les ordres relatifs à l'approvisionnement de Paris, et à la police des marchandises arrivant par eau. Adieu, je vous embrasse.

CXLIII. (Mémoire sur les municipalités.)

Paris, samedi 23 septembre.

Je suis fâché, mon cher Du Pont, que vous ayez perdu du temps à rédiger vos vues avec une perfection superflue. Je n'avais besoin que d'un canevas. J'ai trop réfléchi sur cette matière, depuis une quinzaine d'années, pour n'avoir pas une foule d'idées que vous n'aurez pas pu deviner, et ce serait un beau hasard que nous nous fussions rencontrés sur tout. Il suit de là que la rédaction définitive sera vraisemblablement à refaire ; au surplus, nous verrons.

Je médite de faire, comme vous, une retraite profonde et ignorée de tous les hommes pendant les dix jours d'intervalle de Versailles à Fontainebleau, afin de me reposer du courant et de travailler à des choses vrai-ment utiles. Je n'emmènerai que vous et Desnaux, et je partirai le lundi 28 octobre ; ainsi, je vous demande d'être au moins revenu pour ce moment-là, si vous ne l'êtes pas plus tôt. [a]

Je vous embrasse de tout cœur.

---

[a] Du Pont s'était réfugié dans sa propriété de Chevannes pour travailler plus librement.

197. — LETTRES À CONDORCET.

XXXIX. (Détails divers.)

[Henry, 241.]

Mardi 10 septembre.

Je n'ai point traité l'affaire de l'abbé Bossut. Je verrai M. Trudaine à Paris.

J'y serai vendredi, mais je compte aller ce jour-là dîner à Saint-Maur, chez M. Albert. Je vous y donne rendez-vous, si cela vous convient, et s'il vous convenait de venir ce jour-là à Paris, nous pourrions y retourner ensemble.

Je ne vous parle pas de l'affaire de votre logement, dont je sens tout le ridicule ainsi que vous.

Je n'ai que le temps de vous embrasser.

XL. (Projet de canal d'amenée des eaux de l'Yvette. — Divers objets. — Lettre à Euler.)

[Henry, 244.]

Au Tremblay [a], 8 octobre.

J'ai, M., donné le oui et le non que vous demandez sur vos questions [b].

Je ne finirai qu'à Fontainebleau l'affaire des jauges, mais vous pouvez être sûr que, lorsque je la terminerai, je n'oublierai pas l'intérêt que vous prenez au Sr de Mantes, dont j'ai donné le nom à M. Trudaine. Je suis venu ici passer quelques jours dans la solitude pour me reposer et avoir un peu de loisir. Je n'en ai pas profité autant que je l'aurais voulu ; j'ai cependant employé mon temps.

Je ne sais si M. de Vaines vous a envoyé la lettre de change pour Euler. Je vous envoie la lettre que je lui écrirai en même temps, afin que vous la corrigiez si elle n'est pas bien. J'ai mis le post-scriptum sur une feuille séparée parce que je ne sais s'il ne vaut pas mieux que vous vous chargiez de mander ce détail.

Je me méfie toujours de la rage qu'ont les Allemands pour tout imprimer. Or, cette explication serait très ridicule si elle était imprimée.

---

[a] Propriété de la duchesse de Saint-Aignan.
[b] Voir la note qui suit cette lettre.

À propos de cela, ne trouvez-vous pas que les gazetiers de Hollande me font écrire d'un charmant style.

Adieu, M., je me fais un bien grand plaisir de vous recevoir à Fontainebleau. Il y a un canal devant mes fenêtres où l'on ferait de belles expériences sur la résistance des fluides.

Mon courrier m'apprend que le maréchal Du Muy va se faire tailler de la pierre. Il sera regrettable par son honnêteté ; mais l'exemple du duc de Rohan doit lui donner bonne espérance.

(Canal de l'Yvette.)

Petites questions.

Y a-t-il contre le projet d'amener l'eau de l'Yvette à Paris, d'autres objections que celle de la dépense ?	*Non.*
Ne trouverait-on pas l'argent nécessaire à cette opération en vendant à des particuliers une partie de cette eau ?	*Oui, du moins en grande partie.*
La confiance que l'on a au Gouvernement actuel ne rendrait-elle pas ce moyen très facile ?	*Je n'en sais rien.*
Ne pourrait-on pas espérer que des particuliers très riches aient la générosité ou la vanité de payer de leur argent l'eau d'une fontaine publique à laquelle ils donneraient leur nom ?	*Je le crois, mais ce moyen par forme d'invitation du Gouvernement me paraît un peu petit.*
Ne pourrait-on pas mettre aux prises la vanité des moines ou des corps ecclésiastiques très riches avec leur avarice et faire pencher la balance du côté de la vanité ?	*Je n'en sais rien.*
La Ville de Paris ne dépense-t-elle pas annuellement à des embellissements superflus une somme que l'on pourrait employer à un ouvrage utile au peuple de plus d'une manière ?	*Elle n'est guère en état de dépenser, car elle est ruinée.*
Ne faudrait-il pas commencer par revoir tout le travail de M. Deparcieux ?	*Oui.*

Y aurait-il quelque inconvénient à charger de cet examen le comité que vous avez nommé ?[a]

Ne pourrait-on, d'après cet examen, publier un nouveau mémoire plus court, plus frappant, plus aisé à lire, arrêter la quantité d'eau qu'on pourra vendre au public, en fixer le prix, les conditions de la vente et celle du payement, fixer aussi le prix de l'eau pour les fontaines publiques que la générosité des particuliers voudrait élever ?

Si la famille royale donnait l'exemple sur les fonds destinés à ses plaisirs, ne serait-il pas suivi avec empressement ?

Comme, en général, on n'aime point à donner d'argent pour un objet éloigné et dès lors incertain, ne pourrait-on pas lever cette difficulté soit en donnant une plus grande solennité aux engagements de la Ville de Paris, soit en n'exigeant l'argent de ceux qui auraient fait leurs soumissions qu'après que l'eau de l'Yvette serait arrivée à Paris ?

Comme personne n'en a déjà été chargé, il y a un petit complot de vanité à craindre ; mais on peut prendre des tournures.
Fort bien.

Cet article est bien délicat et le plus difficile de tous.

Tout ceci sera fort aisé quand le plan sera bien fait et bien rédigé et qu'il embrassera la partie de l'art et la partie économique. Ceci est difficile, car il faut beaucoup d'argent pour payer les ouvriers.

Lettre à Euler.

(Octobre)

Pendant le temps, M., que j'ai été chargé du département de la Marine, j'ai pensé que je ne pouvais rien faire de plus avantageux pour l'instruction des jeunes gens élevés dans les Écoles de la Marine et de l'Artillerie que de les mettre à portée d'étudier les ouvrages que vous avez donnés sur ces deux parties des mathématiques. J'ai, en conséquence, proposé au Roi de faire imprimer par ses ordres votre *Traité de la construction et de la manœuvre des vaisseaux* et une traduction française de votre *Commentaire sur les principes d'artillerie* de Robins.

Si j'avais été plus à portée de vous, j'aurais demandé votre consentement avant de disposer d'ouvrages qui vous appartiennent ; mais j'ai

---

[a] Le comité de l'hydraulique composé de d'Alembert, Bossut et Condorcet (Voir ci-dessus, p. 605).

cru que vous seriez bien dédommagé de cette espèce de propriété par une marque de la bienveillance du Roi. S. M. m'a autorisé à vous faire toucher une gratification de mille roubles, qu'elle vous prie de recevoir comme un témoignage de l'estime qu'elle fait de vos travaux et que vous méritez à tant de titres. Je m'applaudis d'en être, dans ce moment, l'interprète et de saisir avec un véritable plaisir cette occasion de vous exprimer ce que je pense depuis longtemps pour un grand homme qui honore l'humanité par son génie et les sciences par ses mœurs.

P. S. — Il y a déjà quelque temps que M. le marquis de Condorcet, qui s'est chargé de veiller à l'édition de vos deux ouvrages, vous a prévenu de cette grâce du Roi et vous avez dû être surpris de n'en avoir point de nouvelle directe. Mais, ayant passé du Ministère de la Marine à celui des Finances, la feuille approuvée par le Roi s'est égarée ; je répare aujourd'hui ce retard.

XLI. (Situation personnelle de Condorcet).

[Henry, 215.]

(Novembre.)

Je n'ai pu parler qu'un moment hier après le Conseil à M. de Maurepas et à M. de La Vrillière de votre affaire. Je les ai trouvés tous deux un peu frappés de ce que l'entrave qu'on veut vous imposer est dans le règlement, et M. de Maurepas inclinait au parti moyen de vous affranchir pour les éloges en laissant subsister la délibération pour les extraits. Je combattrai cette idée à une conférence que nous devons avoir ce soir et dont je vous manderai le résultat. Vous ne devez pas douter que je ne partage votre chaleur sur une chicane aussi absurde et aussi déplacée.

Je vous embrasse [a].

XLII. (Situation personnelle de Condorcet).

[Henry, 216.]

---

[a] *Lettres de Mlle de Lespinasse à Condorcet*, 29 septembre. — Il (M. Turgot) m'a beaucoup demandé de vos nouvelles. J'espère qu'il s'occupe de vous d'une manière solide. Il faut absolument que le bon Condorcet ait un pot-au-feu et des côtelettes tous les jours chez lui, et il faut qu'il ait un carrosse pour aller voir ses amis et pour les servir, et tout cela s'obtient avec 2 000 écus de rente, qui sont les appointements qui doivent naturellement être attachés à sa place de secrétaire de l'Académie. Cet arrangement est le plus simple et peut avoir lieu à la Saint-Martin prochaine. J'ai dit tout cela à Mme d'Enville qui est animée du même sentiment que moi et qui a le bonheur d'avoir des moyens de le satisfaire.

Versailles, mardi matin (novembre).

M. de La Vrillière n'était point hier à notre conférence ; il était à Paris, mais M. de Maurepas m'a assuré qu'il ne donnerait point de réponse définitive. J'ai prêché M. de Maurepas de mon mieux et je crois l'avoir convaincu, mais avec lui, il faut insister et réinsister ; je ne m'y oublierai pas ; il faut que l'abbé de Véri s'y joigne.

Adieu, je vous embrasse ; je n'ai pas le temps de vous écrire plus au long. La maladie des bestiaux ne m'a pas laissé respirer depuis dimanche. Il est possible que j'aille demain coucher à Paris pour en revenir jeudi, mais je n'en suis pas sûr. Prévenez-en Mme d'Enville, afin qu'elle ne prenne pas ce jour-là pour venir.

XLIII. (Situation personnelle de Condorcet. — Le Parlement).

[Henry, 218.]

Vendredi matin (novembre).

J'ai reçu votre lettre ; je crois que M. de Malesherbes a été trompé. Je n'ai pas encore pu lui en parler. Peut-être avez-vous raison de vouloir remettre les mille écus. Mais je voudrais que vous y réfléchissiez encore quelques jours et que nous en causassions. J'espère être lundi au soir à Paris.

Messieurs ont fait merveille, et peut-être mieux qu'ils ne pensent, car ils me mettent dans la nécessité absolue de ne pas reculer.

Je vous embrasse.

Ce qu'il y a d'heureux, c'est qu'au milieu de tout cela, ma santé revient sensiblement.

XLIV. (Situation personnelle de Condorcet. — La question des grains).

[Henry, 232.]

Versailles, dimanche 21 (juin).

Je voudrais vraiment bien avoir donné lieu aux compliments que vous me faites, et ce n'est pas faute de bonne volonté, mais vous n'êtes point magistrat ; vous confier un département pour travailler sous moi, sans ce titre, c'eut été vous rabaisser à l'état de premier commis. Il aurait fallu, pour éviter cette apparence, imaginer et créer quelque charge nouvelle, ce qui, dans ce moment, eût excité un clabaudage que j'ai eu, peut-être, la sottise de craindre.

Dans cette circonstance, je me suis borné à prendre sur ce que je gagne par la réunion du département de M. d'Albert à celui de M. Fargès de quoi vous faire jouir des appointements de votre place, dont vous ne deviez jouir qu'à la mort de M. De Forbonnais ou de M. Tillet.

Je sens qu'il eût été nécessaire de faire parvenir partout une instruction pour les municipaux, commandants, intendants, etc., mais il m'a été impossible de la faire au moment du premier brouhaha, et actuellement tout se calme.

Du Pont a dû vous mander que nous n'étions pas contents de la sixième lettre [a]. Je vous embrasse. Quand reviendrez-vous ?

198. — NOMINATION DE MALESHERBES À LA MAISON DU ROI

Cabale contre Turgot. — Le parti Choiseul. — Rôle de la Reine. — Retraite de La Vrillière et renvoi probable de Bertin. — Choix de Malesherbes. — Association de Maurepas, Turgot, Miromesnil et Vergennes. — Refus de Malesherbes. — La Reine se prononce pour d'Ennery et Sartine. — L'abbé de Vermond. — Lettre du Roi à Malesherbes. — Celui-ci obligé d'accepter. — Intrigues de Bezenval. — Opinions sur Malesherbes et Turgot.

À l'époque du sacre, une forte cabale fut organisée contre Turgot. Voici ce que Véri note à ce sujet dans son *Journal* :

Juin. — « Les partisans du duc de Choiseul attaquèrent Turgot auprès de la Reine et amenèrent chez elle le dégoût de ce ministre qu'elle avait traité jusque-là avec estime et confiance ; ils ont pensé que les opérations de finances et des grains donneraient prise contre lui. Son caractère de sècheresse, d'embarras et d'impatience dans les contradictions les aidera beaucoup. Ses intentions et sa probité ne seront jamais attaquées ; mais ses bonnes vues seront réputées des systèmes dangereux ; sa conduite peu liante sera réputée domination dure. Les cris de ceux que la réforme des abus fera souffrir seront réputés la voix du peuple gémissant. Les discours de la Reine au retour de Reims ont annoncé cette impression.

---

[a] Sixième lettre de Condorcet sur le *Commerce des grains*.

« L'âge de Maurepas, et ses propos de retraite [a] font envisager aux partisans de Choiseul un passage court, au lieu que la consistance de Turgot est incompatible avec le retour du parti Choiseul. Les commencements de succès auprès de la Reine ont réveillé l'attention des ministres. Dans l'espace de huit jours, je les vois presque tous se réunir contre l'attaque, tandis qu'auparavant, la plupart disaient : je suis prêt à m'en aller.

« Turgot s'est probablement trompé lorsqu'il a voulu le premier faire intervenir la Reine dans les affaires. Il ne prévit pas que la légèreté de cette princesse la lui enlèverait tôt ou tard à raison des résistances qu'un ministre des finances doit faire aux demandes immodérées de la Cour.

« Le duc de La Vrillière, partie par volonté, partie par insinuation, va se retirer. C'était un homme très médiocre ; les dispositions de son âme n'étaient pas mauvaises ; son expédition dans les affaires plaisait assez ; mais une maîtresse vile, avide et insolente et d'autres alentours du même calibre ont vicié les cinquante années qu'il a passées dans le ministère.

« Bertin doit se retirer aussi, si la volonté du Roi se soutient ; il ne sait pas encore son sort et ne s'y attend pas, mais le Roi ne peut pas supporter sa présence. Son influence pourtant est aussi petite que ses talents en matière de gouvernement. La retraite des deux secrétaires d'État ne produira peut-être qu'une vacance, parce que l'intention du Roi était de réduire ces places à quatre comme elles l'étaient anciennement.

« M. Turgot avait fait goûter à la Reine, avant le voyage de Reims, le choix de Malesherbes et toute la difficulté paraissait être à persuader à Maurepas de faire force contre les préventions anciennes du Roi sur ce magistrat. Depuis le retour de Reims, c'est tout le contraire ; la Reine ne le veut plus et Maurepas, secondé de presque tous les autres ministres, le désire. La Reine veut que Sartine prenne la Maison du Roi, de Paris et des provinces, et que d'Ennery, l'un des dévoués de Choiseul, le remplace. Le Roi a assuré Turgot que Choiseul ne rentrerait jamais dans le ministère ; la Reine a dit qu'elle ne pensait point à lui. Il n'en est pas moins vrai que, depuis le voyage de Reims, Choiseul et ses intimes paraissent être assurés de le revoir à la tête du gouvernement dans le courant de l'année…

« Les ministres ont senti la nécessité d'être plus réunis et d'avoir une force centrale entre eux. Vergennes, Miromesnil et Turgot étaient décidés ces jours derniers d'appeler M. de Maurepas à leur travail particulier

---

[a] Habilement répandus par le premier ministre.

avec le Roi et de lui donner par là le personnage de centre unique. C'est par le même motif qu'ils désirent tous Malesherbes, dont les lumières, la droiture et le désintéressement sont assurés. Hier matin, Maurepas pressa le Roi et, après des instances réitérées, obtint son consentement. Maurepas est venu à Paris pour le dire à Malesherbes. J'ai eu commission de lui donner rendez-vous chez Maurepas. Nous nous sommes réunis à trois pour lui arracher son consentement. On lui a fait le tableau du changement de ministère, du retour de Choiseul, de la conduite et, au fond, du peu de talent de cet ancien ministre, malgré son esprit, des agitations parlementaires qui se préparent ; Francès [a], qui connaît bien l'Angleterre, lui a fait voir presque évidemment que si Choiseul entre en place, six mois après, le ministère de Londres nous fait la guerre. Malesherbes a persisté dans sa répugnance. Ses motifs sont que, faussement, on le croit capable de remplir des places où il y a des détails journaliers, qu'il ne sait que parler, que si l'on ne voulait de lui que pour conseiller et non pour agir, il pouvait être bon à quelque chose, mais qu'il était inapte pour une place d'action, que la faveur qu'il avait obtenue des Parlements, en paraissant les seconder, se tournerait en aversion contre lui, que le Roi céderait tôt ou tard à la Reine pour le choix des ministres et qu'il serait impossible de gouverner sagement sous la direction de cette princesse. Cependant, Malesherbes a demandé vingt-quatre heures de réflexion avant de se rendre chez Maurepas. Celui-ci, très fâché de la résistance de Malesherbes, a pensé qu'il fallait, en ce cas, que Turgot se chargeât lui-même de la place de secrétaire d'État, outre sa fonction de Contrôleur général. L'essentiel était de ne pas laisser à la Reine le choix des ministres et la direction des affaires majeures.

30 juin. « La résistance de Malesherbes a persévéré jusqu'à ce jour. Il a eu des instants de variations. Le parti Choiseul et la Reine ont été instruits de ses volontés négatives. Il a fallu enfin que les délais finissent. J'allais envoyer hier au soir la négative que j'avais par écrit, mais Turgot exigea que je l'accompagnasse à Versailles pour la rendre ensemble à Maurepas. Nous arrivâmes hier au soir à 9 heures dans le cabinet de Maurepas. Il venait d'avoir avec la Reine une conversation. Elle lui avait donné rendez-vous pour le matin 30 juin, mais l'avait appelé hier au soir. Elle lui a manifesté sa volonté d'avoir la marine pour d'Ennery et la place de La Vrillière pour Sartine ; elle lui dit qu'elle ne comprenait pas les mésintelligences qu'il pouvait y avoir entre Turgot et Sartine pour les objets de la Maison du Roi, des provinces et

---

[a] Frère de Mme Blondel.

de Paris, que tous deux étaient honnêtes gens et que cela suffisait pour être assuré de leur concert dans ce qui regardera le service du Roi. Elle ajouta qu'elle dirait le soir au Roi et qu'elle lui répèterait demain son désir qu'elle voulait d'être unie à Maurepas, mais qu'il voyait à quelle condition. Les réponses de Maurepas avaient été qu'il s'en remettait à la décision du Roi. Si la réponse de Malesherbes eût été pour accepter, tout embarras eût disparu, puisque le Roi lui avait fait offrir la place. La conclusion fut que Maurepas et Turgot iraient ce matin chez le Roi.

« Turgot fit prier l'abbé de Vermond de venir le voir ; il fut étonné de la promptitude de la Reine ; il faut, dit-il, que quelqu'un l'ait échauffée dans le cours de la journée. Je présume qu'on lui aura dit que Maurepas était faible et qu'en prenant avec lui le ton ferme et décidé, elle lui en imposerait. Mais il ne faut pas lui céder ; je lui parlerai ; vous pouvez être assuré que, dans quinze jours ou trois semaines, elle s'accommodera très bien de celui que Maurepas aura mis à cette place.

« Turgot envoya sur le champ un courrier à Malesherbes. La réponse est arrivée ce matin à huit heures, toujours négative ; nous avons été la porter à Maurepas, à qui j'ai répété les paroles de l'abbé de Vermond sur ce qu'on avait pu dire à la Reine de sa faiblesse. À 10 heures, il a dit à Turgot : "Allons chez le Roi." Une demi-heure après, Turgot est revenu avec une lettre du Roi pour Malesherbes. Il a désiré que je la porte moi-même pour instruire Malesherbes des circonstances et empêcher son refus. Parmi ses répugnances, l'une était la facilité que le public supposait au Roi pour les volontés de la Reine en fait de gouvernement. J'ai dû lui raconter que le Roi avait dit à ses deux ministres que, lorsque la Reine lui parla hier au soir de ces ministres : "Ce sont là vos désirs, Madame, je les connais, cela suffit ; c'est à moi à faire la décision".

« Je lui dis aussi qu'à l'instant où les deux ministres avaient proposé au Roi de lui écrire, celui-ci n'avait pas fait la moindre difficulté et qu'il avait écrit cette lettre lui-même sans demander leur avis et que l'abbé Vermond était persuadé que, dans peu de temps, la Reine le verrait volontiers dans ce poste. »

Lettre du Roi à Malesherbes. — « M. Turgot m'a rendu compte de votre répugnance pour la place que je vous ai offerte ; je pense toujours que votre amour pour le bien public doit la vaincre et vous ne sauriez croire le plaisir que vous me ferez d'accepter, du moins pour quelque temps, si vous ne voulez pas vous y résoudre pour tout à fait. Je crois que cela est absolument nécessaire pour le bien de l'État. »

« Malesherbes fut violemment agité. "À l'exception d'une maladie mortelle, dit-il, il ne pouvait rien m'arriver de plus funeste. Mais on ne peut pas résister à un désir bien plus puissant qu'un ordre." Malesherbes demanda du temps pour arranger sa réponse. Je la porte demain ; elle contient une acceptation, pour un temps, en se réservant de parler souvent de sa retraite. « Les places que j'ai occupées jusqu'à ce jour, dit-il, ont pu me donner quelque aptitude pour ce qui concerne la partie législative ; mais je me sens totalement incapable des détails de l'administration. »

« Je portai hier matin, 2 juillet, la réponse de Malesherbes au Roi. Maurepas, en félicitant le Roi de l'acquisition d'un pareil sujet, lui a dit : "C'est un homme que je vous donne pour me remplacer, et vous ferez bien de mettre votre confiance en lui. Il a les lumières pour voir en grand toutes les parties du gouvernement. Les détails dont il est le moins capable seront entre les mains des autres. Ceux-ci ne prendront pas ombrage de lui, parce que son âme désintéressée et simple n'en donne à personne. Il fera le bien des affaires et des ministres parce qu'il a l'éloquence persuasive. Mon âge m'éloignera bientôt de vous, mais bien plus encore les dispositions de la Reine avec laquelle il ne me convient pas d'être toujours en opposition. Si je m'aperçois que je continue à lui déplaire, je dois penser à ma retraite prochaine." "Oh ! pour ça non, lui dit le Roi avec vivacité et en lui serrant les mains ; non, non, vous ne me quitterez pas. »

Juin. — « Le Roi craint la Reine plutôt qu'il ne l'aime ; car on le voit aussi gai et même plus à son aise dans les parties où elle ne se trouve pas. L'influence de la Reine sur les grandes affaires, si elle a lieu, ne sera pas un bonheur pour l'État. Sa tête, moins bonne que son cœur, y est peu propre ; elle sera facile à tromper et incapable d'être un centre décisif sur tous les points. Son mari sera le premier à en souffrir ; son règne sera agité par les intrigues de cour, et plus encore par les chaleurs populaires dont je vois les germes se fortifier chaque jour. Le clergé qui était un grand appui dans l'ancien temps a beaucoup perdu de son crédit dans le peuple ; les idées d'égalité et de république fermentent sourdement dans les têtes. Des impôts excessifs par leur quotité, vexants par leur forme, injustes dans leur exaction sont un accroissement d'aigreur pour un peuple irrité des dépenses de la Cour.

Quelques jours auparavant, Malesherbes était chez Mme Blondel, avec Boisgelin, archevêque d'Aix. « Je vois de plus en plus, dit l'archevêque, que ce n'est ni par l'esprit, ni par les vertus, ni par les idées supérieures qu'on gouverne bien, mais par le caractère ». « Vous avez bien raison, dit vivement Malesherbes, c'est ce qui fait que je ne serai point bon ministre, je n'ai point de caractère. » « Je vous vois pourtant, dit Mme Blondel, tenir ferme dans vos idées lorsqu'elles sont fixées. » — « Mais il n'est pas sûr, reprit-il, que j'en aie de fixées sur les trois quarts des choses »

Au sujet des intrigues du parti Choiseul, De Bezenval, qui y fut activement mêlé, a dit dans ses *Mémoires* :
« Turgot, dont l'incapacité réelle et le caractère vain commençaient à l'emporter sur une réputation accréditée par quelques hommes fanatiques et surtout par quelques femmes qui le sont toujours et soutenu par un extérieur méthodique, une vie recueillie, Turgot, dis-je, instruit que d'Ennery était sur les rangs pour le ministère de la marine et sentant combien un tel homme était à craindre pour lui, mit tout en usage pour l'éloigner. Turgot tenait encore, dans ce moment, à Maurepas. Il ne lui fut pas difficile de lui faire envisager le danger de laisser parvenir d'Ennery, homme également redoutable par son caractère décidé, par ses liaisons avec Choiseul et parce qu'il aurait été mis de la main de la Reine avec laquelle Maurepas n'était pas bien.

… « Je représentai à la Reine que l'éloignement où elle vivait de ce ministre… nuisait certainement aux affaires ; la Reine me demanda ce qu'il y avait à faire. "Profitez de la circonstance pour être bien avec Maurepas pour en obtenir le ministre que vous désirez." La Reine approuva fort le conseil que je lui donnai… mais je ne fus pas sorti de son cabinet que cela fut oublié.

« Turgot n'eut rien de plus pressé que d'aller annoncer à Malesherbes qu'on l'avait choisi pour remplacer La Vrillière. Mais rien ne put émouvoir Malesherbes qui s'en tint toujours à répondre que, ni son caractère, ni sa façon d'être, ni sa volonté ne pouvait convenir au rôle qu'on voulait lui faire jouer… Les choses en étaient là, lorsque la Reine fit enfin la démarche que j'avais demandée. Maurepas fit à la Reine toutes les protestations qu'on prodigue toujours en pareil cas et il ajouta qu'il était bien fâché de n'avoir pas été instruit plus tôt de ses volontés ; mais, que les ignorant, il avait proposé Malesherbes au Roi qui avait approuvé ce choix et que tout était arrangé. Cette conversation de la Reine, jointe au refus de Malesherbes, jeta Maurepas et Turgot dans une grande perplexité. La conversation avait eu lieu le soir et, dans la nuit, on envoya trois courriers à Malesherbes. Les deux premiers infructueusement, car il persista toujours dans son refus ; par le troisième, on lui manda que, si la Reine l'emportait dans cette occasion, tout était perdu, qu'il ne restait d'autre parti à ses amis que celui de la retraite, qu'il fît du moins quelques réflexions sur les suites qu'allait avoir son opiniâtreté. Cette dernière considération en triompha ; il manda qu'il acceptait ; cela donna la victoire à Maurepas, et à la Reine ce qu'on appelle, en langage d'intrigue, un soufflet. »

Véri a écrit dans son *Journal* au sujet du rôle joué par Bezenval :
Juillet. — « Une autre attaque plus ouverte est venue du côté de la Reine ou du moins par un homme qui se disait envoyé par elle et qui est assez dans sa confidence pour pouvoir en prendre le titre. C'est de Bezenval, major des suisses de la Garde, qui est parvenu à la faveur auprès d'elle en lui apprenant le jeu du tric-trac. C'est par lui que les amis de Choiseul, dont il est la créature, avaient projeté leur plan ; c'est par lui que la Reine arracha au Roi des incohérences dans le procès de de Guines avec Tort ; c'est par lui qu'elle-même agit avec une partialité indécente ; c'est par lui que s'est exécuté le plan, pris au voyage de Reims, de rapprocher la Reine de Maurepas et d'indisposer cette princesse contre Turgot qui était auparavant son objet d'admiration.

« Le projet d'attaquer Turgot masquait celui de dégoûter Maurepas ; celui-ci le voit et, dans quelque moment d'impatience, il ne le sent pas autant que cela est vrai. Le plan de rapprochement avec la Reine fut interrompu par la nomination de Malesherbes ; il vient de se reprendre. Bezenval a demandé une conférence avec Maurepas et lui a dit que la Reine se plaignait de l'avoir trouvé contraire à tous ses désirs et qu'elle avait au fond du goût pour lui, qu'un mot d'explication terminerait tout, que Turgot, dont les sots systèmes sur la liberté des grains et sur les finances bouleversait le Royaume, était celui qui lui déplaisait le plus, que Maurepas devait s'en défier plus que personne, puisqu'on voyait bien qu'il tendait à concentrer dans lui toute la confiance du Roi, que c'est à Turgot que la Reine attribuait l'opposition qu'elle avait éprouvée dans ses vues pour les places du ministère, et qu'ainsi, rien n'était plus facile que de le rapprocher, lui Maurepas, de cette princesse.

« Maurepas répondit que personne ne sentait mieux que lui l'avantage qu'il y aurait de marcher de concert avec la Reine, mais que ce désir était soumis à son devoir, qu'il avait connu trop tard les vues de la Reine sur la place de La Vrillière, mais qu'il n'aurait pu les seconder, que la défiance ne peut entrer dans son esprit contre Turgot, quand même celui-ci voudrait avoir le principal crédit, que lui, Maurepas, n'était point venu à la Cour pour discuter le crédit, pour disposer des emplois, ou pour diriger les affaires, que sa fonction unique était de conseiller au Roi ce qu'il croyait utile à l'État et qu'en temps de paix, un contrôleur général devait avoir la principale influence, qu'il conseillerait toujours au Roi de laisser à Turgot le crédit supérieur que sa place exige, parce qu'il connaissait ses lumières et sa probité, malgré les reproches qu'on peut lui faire ; que son avis était de laisser à la Reine la décision d'une foule de détails domestiques et de grâces de cour, mais que, pour l'administration du Royaume, il ne pourrait conseiller au Roi dans chaque occasion que ce qu'il croirait bon pour l'État.

« Maurepas est parti le lendemain pour Pontchartrain ; Turgot s'y est aussi rendu. Je lui ai fait part de la conversation ci-dessus. J'ai vu que, dans ces deux personnages, l'envie de dominer n'était pas plus chez l'un que chez l'autre, et que tout résidait dans un embarras mutuel qui n'est qu'une bagatelle. J'ai voulu qu'il se dissipât de lui-même ; j'ai désiré qu'ils se disent mutuellement ce qui m'a été dit séparément. Je croyais y avoir réussi, mais un retour d'embarras a fait passer le temps de leur entrevue à parler des affaires générales et non des leurs. Le Roi paraît avoir oublié qu'il ne voulait plus avoir sous les yeux Bertin, qui lui pesait sur les épaules, il y a trois mois. Il n'en a plus parlé et comme ce ministre est réduit à des soins peu importants, ni Maurepas, ni personne ne pressera sa retraite. »

Lettres de Mercy Argenteau à Marie-Thérèse. — 17 juillet. — Malgré ce qui s'est passé, le comte de Maurepas, le Sr Malesherbes qui, par ses qualités et son caractère, jouera un rôle intéressant dans le ministère, ainsi que le contrôleur général, sont tous trois bien décidés à n'omettre aucun moyen propre à se concilier l'appui et les bontés de la Reine. Ils se sont expliqués vis-à-vis de moi à cet égard de la façon la plus franche et la plus claire. Ils m'ont prié de les aider à remplir leurs projets, et il résulterait de là que, si la Reine voulait s'y prêter, ma position deviendrait singulièrement favorable à pouvoir remplir tout ce qu'exige le bien du service de cette auguste princesse et en même temps celui de V. M. »

17 juillet. — « Par une suite de dispositions où je trouvai la Reine lors de ma dernière audience, je recommençai d'abord par faire mon très humble compliment à S. M. sur ce qu'enfin, elle s'était décidée à s'occuper des matières du gouvernement et des moyens d'y jouer le grand rôle qu'il dépend d'elle d'y remplir. Ce début de ma part eut une assez bonne réussite. Je fis voir à la Reine ce que l'intrigue avait effectué auprès d'elle. Je tâchai de lui donner une idée juste des ministres qui s'étaient adressés à moi pour faire valoir leurs raisons auprès de S. M. »

Le même au baron de Neny. — 16 août. — « Le nouveau ministre de la Maison du Roi et de Paris, M. de Malesherbes, réussit bien dans sa place. Il la remplit avec une simplicité à laquelle on n'est guère accoutumé ici ; il annonce une justice qui déconcerte les gens de la Cour et une humanité qui enchante les gens du commun. L'unité de ses vues avec celles de M. Turgot vont produire une grande réforme dans les abus, si tant est que l'on laisse faire ces deux ministres, ce qui est bien douteux. Je prévois qu'il ne sera pas facile de retenir longtemps M. de Malesherbes dans sa place. M. Turgot tiendra plus longtemps dans la sienne, si la cherté du blé diminue et si on ne croise point ses opérations. Ces deux hommes sont réellement des personnages rares, par leurs vertus et leur désintéressement. Quant à leurs talents, il n'y a que les faits qui puissent nous éclaircir. En total, les ministres de France actuels cheminent assez d'accord vers le bien. Il y a peu d'intrigues entre eux ; mais, en revanche, il y en a d'autant plus parmi les courtisans et cela aboutit toujours à la besogne des ministres. »

Le même au prince de Kaunitz. — 16 août. — La nomination de Malesherbes avait contrarié les désirs de la Reine ; elle le reçut assez froidement lorsqu'il lui fut présenté ; mais elle revint promptement de cette prévention et, à la première occasion, fit gracieux accueil au nouveau ministre.

Mémoires de Du Pont (p. 216). — Turgot connaissait Malesherbes depuis l'enfance ; un extrême amour pour les sciences et beaucoup de zèle pour le bien public le lui rendaient infiniment cher ; ses lumières, ses vertus, sa douce et facile éloquence lui paraissaient propres à seconder, à faire réussir tout projet de réforme utile à l'État. Le vœu de son cœur et sa raison l'auraient placé à la tête du Conseil de l'Instruction nationale s'il eût pu, comme il s'en flattait, faire un jour adopter cette institution.

Dans ce premier moment, avec le secours de Malesherbes, Turgot croyait possible toute entreprise qui aurait pour objet l'avantage du Roi et de la nation. Malesherbes eut une grande part à la confiance du Roi et fut invité par lui à des conférences, tant particulières qu'en présence de Maurepas, ou de Maurepas et de Turgot, assez longtemps avant d'être publiquement déclaré ministre.

Lettre de Mme de Kaunitz, belle-fille du prince de Kaunitz, à Véri. — Vienne, 12 août. — « Ce qui se passe chez nous n'intéresse guère, on ne sait même pas le nom de nos personnages. C'est sans doute le peu d'intérêt que nous trouvons dans nos foyers qui fait que nous nous occupons nous-même vivement de tout ce qui se passe dans le monde. Vos ministres n'ont certainement pas à Paris des partisan plus zélés que dans notre petite société ; ma sœur et moi, nous nous y intéressons infiniment. 1° M. Turgot est notre héros ; il va au bien sans se laisser détourner ; ce ne sont point des succès éclatants qu'il cherche et qui ne peuvent contenter que la vanité impatiente d'un ministre ou d'un souverain ; c'est le bonheur de la nation qu'il établira solidement si on le laisse faire. Il a, selon moi, le cœur de Sully avec un esprit beaucoup plus éclairé, mais il a besoin encore longtemps que le Roi conserve son ami et le vôtre qui tempère la vivacité et l'étourderie des jeunes gens [a] ».

« Quel bien n'est-ce pas pour le Roi de se trouver environné de ministres qui auraient été le choix de la nation si elle avait été appelée pour en faire un, dont la réputation est si universellement établie qu'elle suffit seule pour inspirer la confiance. Ce M. de Malesherbes, par exemple, je suis enchanté de le savoir rapproché du Roi, mais je ne puis m'empêcher de regretter son éloquence ; j'aurais voulu le voir à la tête de la magistrature, tout comme je regrette la vigilance tranquille, la perspicacité et la droiture de M. de Sartine, qui, selon moi, aurait si bien convenu au département que M. de la Vrillière vient de quitter. »

(Véri, après avoir copié cette lettre, observe que d'Oigny, directeur des postes et maître du cabinet noir, n'en n'avait probablement pas donné connaissance au Roi à cause des éloges qu'elle renferme sur Turgot.)

Lettre de Mlle de Lespinasse. — « M. de Malesherbes ne sera en possession que samedi (18 juillet) ou dimanche. Il a été dire adieu à sa solitude de Malesherbes, mais je crois que ce ne sera pas sans avoir le cœur serré. Un ambitieux aura peine à croire qu'on fasse des sacrifices en devenant ministre, mais si vous connaissez M. de Malesherbes, vous verrez que je dis vrai. »

La nomination de Malesherbes au ministère de la Maison du Roi est du 21 juillet. Le 23, il entra au Conseil ; cette prérogative lui fut immédiatement accordée comme elle avait été accordée à Turgot.

Dans son ministère étaient les affaires du clergé et de la religion prétendue réformée, la feuille des bénéfices, la majeure partie des pensions, l'administration de Paris et de plusieurs pays d'État.

On sait que, dès son entrée aux affaires, il visita les prisons, élargit un certain nombre de prisonniers, s'occupa des lettres de cachet et nomma une commission chargée de surveiller l'usage des détentions arbitraires.

Il avait une grande popularité depuis la conduite qu'il avait tenue à la tête de la Cour des Aides, lors du coup d'État Maupeou. Le 16 février, il avait été reçu à l'Académie française et n'avait pas eu de compétiteur ; le chevalier de Chastellux, qui avait beaucoup de chances, s'était aussitôt retiré devant lui.

Le 6 mai, Malesherbes avait présenté à Louis XVI les remontrances de sa compagnie et le Roi les avait conservées comme une sorte de programme de réformes à accomplir pendant son règne.

[a] Le Roi et la Reine.

II. — *Situation de Turgot après la nomination de Malesherbes.*

(Caractère de Turgot. — Propos de Louis XVI. — D'Alembert. — Craintes du clergé. — Réformes et projets.)

Journal de Véri. — Juillet 1775. — Turgot est dans l'erreur commune à plusieurs ministres. Ils imaginent aisément qu'ils sont agréables à leur maître. La droiture des intentions de Turgot, et l'évidence qu'il croit transmettre pour ses plans dans l'esprit du Roi l'aveugle sur ses propres desseins. Il se passe peu d'entrevues entre lui et moi sans que ses maladresses me donnent sujet de lui faire ou des plaisanteries ou des observations amicales. Je lui ai dit que l'arrivée de Malesherbes faisait plaisir à ses confrères comme un remède à sa sécheresse avec eux. Ils vous accusent, lui ai-je dit, de dire au Roi du mal de leur personne et de leur administration. Vous avez la manie de ne voir jamais que la chose en soi sans égard aux personnes, sans retour sur l'ignorance où vous pouvez être de mille détails qui la concernent, et vous prononcez sèchement votre jugement sans un mot qui puisse signifier la moindre hésitation. Je crois encore devoir vous dire que l'esprit du Roi participe à la même persuasion sur votre compte. Hier matin, quand vous me remîtes sa lettre pour Malesherbes, vous m'avez raconté avec joie ce que vous lui aviez dit de Francès pour le poste de la Marine en présence de Maurepas. À peine aviez-vous quitté le Roi qu'il dit à Maurepas : « Vous avez entendu, il n'y a que ses amis qui aient du mérite, et il n'y a que ses idées qui soient bonnes. » Ne prenez pas ce propos comme un dégoût de vous, car on sait d'ailleurs ce que vous valez ; j'ai voulu vous faire connaître l'opinion même du Roi que vous croyez être totalement pour vous.

Lettre de D'Alembert à Frédéric II. — 10 juillet. — Vous avez bien raison, Sire, dans les éloges que vous donnez à notre jeune monarque. Il ne veut que le bien et ne néglige rien pour y parvenir. Il fait les meilleurs choix et il vient encore de nommer pour successeur au duc de La Vrillière qui part enfin à la satisfaction générale, l'homme le plus respecté peut-être de notre nation et avec le plus de justice, Malesherbes, qui concourra avec Turgot à mettre partout la règle, l'ordre et l'économie bannis depuis si longtemps. Grande est l'alarme au camp des fripons. Ils n'auront pas beau jeu entre ces deux hommes, mais toute la nation est enchantée et fait des vœux pour la conservation et la prospérité du Roi. Je parle de ces deux vertueux ministres avec d'autant moins d'intérêt qu'assurément je ne veux et n'attend rien d'eux. Le contrôleur général, à qui j'ai offert mes services à condition qu'ils seraient gratuits, me disait, il y a quelques jours, qu'il voudrait bien faire quelque chose pour moi : « Gardez-vous-en bien, lui répondis-je ; outre que je n'ai besoin de rien, je veux que mon attachement pour vous soit à l'abri de tout soupçon. » Enfin, Sire, toute la nation dit en chorus : « Un jour plus pur nous luit » et elle espère que ses vœux seront exaucés. Les prêtres seuls font toujours bande à part et murmurent tout bas, sans oser trop s'en vanter, mais le Roi connaît les prêtres pour ce qu'ils sont, ne fût-ce que pour l'éducation qu'ils lui ont donnée.

Lettre de Voltaire à D'Alembert. — 17 juillet. — Vous avez bien voulu vous intéresser au jeune homme qui a été si longtemps victime. Je vous mandais que son maître l'appelait auprès de lui, l'honorait d'une place distinguée et lui donnait une pension. Le paquet contenait une espèce de requête à un autre maître, dans laquelle il ne demandait rien. Il se contentait de démontrer la vérité et de faire rougir ses persécuteurs...

M. Turgot est le seul homme d'État à qui on ait osé en envoyer un exemplaire. Il n'aura pas le temps de le lire ; les édits qu'il prépare pour le bonheur de la nation ne doivent pas lui laisser de temps pour les affaires particulières.

Correspondance Métra. — 26 juillet. — La joie que l'élévation de M. de Malesherbes au ministère a causée est universelle. Cependant, elle n'est qu'apparente chez les courtisans, chez les financiers et les gens à affaires qui n'y voient qu'un surcroît de crédit pour M. Turgot. On assure que le Clergé en est au désespoir. Il s'apprête à faire tomber sa rage sur l'*Histoire Philosophique des découvertes des Européens dans les Deux-Indes* (par Raynal).

Mémoires secrets (VII, 131). — Quoique le département de M. de La Vrillière, tel qu'il est composé, semble petit pour le génie du nouveau ministre, on croit cependant que le clergé dans ce moment est un objet très important et qu'à cet égard M. le Contrôleur général a été fort aise de se donner un second qui puisse maîtriser l'assemblée actuelle du clergé, et la forcer de donner enfin la déclaration de ses biens, comme l'avait exigé M. Machault en 1749.

Lettre de Morellet à lord Shelburne. — 4 septembre — « ... Quant à nos affaires, elles continuent d'aller assez bien, sans que nos nouveaux ministres aient encore fait de grandes opérations. M. le Contrôleur général a fait quelques économies considérables sur ce qu'on appelle les services, c'est-à-dire les remises des fonds au Trésor Royal qu'on est parvenu à faire à moins de frais dans beaucoup de parties. Il a retiré des domaines aliénés à vil prix et qui rendront au Roi un produit considérable. Il a mis en régie la Ferme des Poudres et Salpêtres, à ce qu'il espère, au grand avantage du Roi. Il vient de retirer aussi des privilèges accordés pour les carrosses et messageries et en les faisant exploiter et régir pour le Roi, il compte lui procurer sur ce seul article 3 millions de notre monnaie. La suppression des corvées, quoique non pas encore exécutée, est très avancée ; il vient de faire supprimer le privilège de la ville de Bordeaux et de Marseille qui gênaient d'une manière horrible le commerce des vins. On espère que cette opération va pousser l'agriculture de toutes les provinces du Languedoc à un haut point de prospérité. Vous (les Anglais) en aurez de bons vins à meilleur marché et nous y gagnerons davantage. Il va détruisant partout toutes les gênes qui s'opposent à la liberté du commerce, nos corporations, leurs privilèges, toujours funestes à l'industrie, à l'activité et à la richesse d'une nation. Il attaque et supprime tous les droits de péages, de halage, etc., sur les grains, tous les péages sur les chemins et rivières. Il a destiné 800 000 livres au perfectionnement de la navigation intérieure et à la confection de plusieurs canaux. Il réforme toutes nos administrations municipales qui faisaient des dépenses excessives sans objet et sans utilité. Il leur a fait défendre d'emprunter sans assigner des fonds sûrs et prochains au remboursement. Il va entamer bientôt, conjointement avec M. de Malesherbes, d'autres réformes nécessaires et plus considérables dans les dépenses de la Maison du Roi. Enfin, nous marchons vers le bien et si nous avons seulement 5 ou 6 années de cette administration, il sera si avancé qu'on se trouvera obligé de la continuer et que je ne doute pas que ceci ne soit une époque à jamais mémorable dans l'histoire de notre monarchie. »

199. — LETTRES À L'ABBÉ DE VÉRI

I. (Nomination dans les finances. — Dissentiment passager entre Turgot et Maurepas. — Intervention de Mme de Maurepas.)

24 août.

Je pense bien comme vous sur tous les points de votre sermon, mais en convenant des principes, il y a souvent des difficultés dans l'appréciation.

Sur l'affaire particulière dont vous me parlez ᵃ, je ne me suis opposé à rien, mais j'ai désiré n'avoir aucune part à la chose ; j'ai même cédé sur ma répugnance. Dans le moment actuel, cette répugnance était juste et c'est parce qu'elle était juste qu'on m'en a su aussi mauvais gré que d'une opération réelle. Sur tout cela, je n'ai que des motifs de regretter votre absence et le désir extrême d'être à portée de causer avec vous.

Mme de Maurepas avait écrit à l'abbé de Véri, le 16 :
« Vous êtes tranquille dans vos champs, et nous ne le sommes guère ici. Jamais nous n'avons eu plus de besoin de vous.
« Vous êtes le seul homme qui puissiez faire rendre raison à un de vos amis (Turgot) ; je crains bien que pour une misère, il ne se brouille avec M. de Maurepas qui n'en veut pas avoir le démenti et le Roi est monté avec lui en tout. Il se fait beaucoup d'affaires avec tout le monde. J'en suis fâché. Ses vues peuvent être bonnes, mais il y a manière de les faire réussir... »
Turgot avait écrit le même jour à Véri, avec moins de clarté parce qu'il craignait l'ouverture des lettres à la poste, au sujet de tracasseries qui le gênaient dans ses opérations de tous les côtés et des regrets que lui causait l'absence de Véri. Il avait ajouté que quoique Malesherbes réussit auprès de tout le monde, il ne pouvait encore le remplacer sur un point. Ce point était une nomination dans la finance, au sujet de laquelle Maurepas et Louis XVI avaient fait des promesses avant qu'on ne songeât à Turgot pour le ministère. Il y avait donc huit mois que la question se débattait. Véri ne vint point à Versailles, ne voulant pas « jouer le rôle de raccommodeur perpétuel » mais écrivit à Turgot de céder.
Le 21, Mme de Maurepas écrivit à Véri : « La petite affaire qui avait mis de l'altération est finie, d'assez mauvaise grâce à la vérité ; mais c'est tout à fait arrangé. Ainsi il n'en faut plus parler. »

II. (La surintendance des Postes. — La liberté du commerce des vins.) ᵇ

16 août.

Je pense comme vous sur la Surintendance des Postes et mon avis est qu'on la supprime entièrement. On y trouve le double avantage d'ôter cet appas à l'avidité des gens de Cour et de faire une forte économie.

L'affaire de la liberté des vins par Marseille et par Bordeaux avait été renvoyée au Conseil Royal d'hier ; elle y a été décidée mais par la voie d'un édit général pour la liberté absolue de la circulation des vins. Cette tournure évitera les questions particulières à chaque lieu. Ce qui me fâche c'est que l'enregistrement qui pour lors est nécessaire ne peut plus

---

ᵃ Nous ne savons de quelle affaire il s'agit.
ᵇ Cette lettre paraît plus du style de l'abbé de Véri que de celui de Turgot. Elle a dû être transcrite de mémoire.

avoir lieu qu'à la rentrée des Parlements après les vacances. Nous nous attendons à la résistance de celui de Bordeaux dont les membres sont propriétaires des vignobles privilégiés et qu'un ordre absolu sera nécessaire.

III. (La mendicité.)

17 octobre.

Nous sommes venus à Montigny [a] avec M. de Malesherbes, M. Albert et l'archevêque de Toulouse pour nous occuper principalement des plans sur la mendicité à supprimer et sur la pauvreté à soulager, car il ne faut pas se borner, comme l'a fait M. de L'Averdy, à supprimer l'une sans pourvoir à l'autre [b].

IV. (La mendicité.)

26 octobre.

Vos observations sur la mendicité sont excellentes et rentrent à peu près dans mes idées… [c]

V. (Nomination du Comte de Saint-Germain au ministère de la Guerre. — Part de Turgot et de Maurepas dans cette nomination. — Embarras mutuel de l'un et de l'autre dans leurs entretiens. — Esprit de domination attribué faussement à Turgot. — Préparatifs militaires de l'Angleterre.)

28 octobre.

Ce choix n'est pas le plus agréable aux militaires de la Cour, mais bien aux militaires guerriers et au palais de Paris et des provinces. C'est, je crois, le meilleur qu'on pût faire à tous égards, honorable au Roi, imposant aux étrangers, écartant toute intrigue et le plus propre vraisemblablement à mettre dans le ministère unité que le caractère de M. du Muy rendait impossible, malgré son honnêteté [d].

---

[a] Chez Trudaine.
[b] La mendicité était encore au XVIIIe siècle un véritable fléau. Les dépôts de mendicité dont L'Averdy s'était occupé n'avaient servi à rien. Ils étaient d'ailleurs très mal tenus.
[c] Véri attribuait le développement de la mendicité à l'abondance des aumônes et des institutions charitables. Il voulait restreindre les unes et les autres.
[d] Mme de Maurepas écrivait le même jour à Véri :

Journal de Véri. — Septembre. — Maurepas prêche en public l'économie ; il la prêche même dans les audiences particulières du Roi ; mais trente sermons vagues n'ont pas le poids d'une résistance vigoureuse dans un fait [a]. Nous n'avons point encore, et je ne puis deviner quand nous l'aurons, le bénéfice des retranchements. Nous avons celui de ne pas se livrer à des fantaisies dispendieuses. Maurepas dira que son prince se laisse aller trop aisément et que Turgot ne se presse pas assez de présenter les plans d'exécution. Mais, si Maurepas avait un caractère décisif, il n'aurait peut-être pas eu la réputation qui l'a rappelé au ministère et cette douce insinuation qui lui assure la confiance entière du Roi.

On sera surpris, avec sa tournure d'esprit aisée, qu'il soit aussi embarrassé pour rentrer en discussion avec Turgot que celui-ci, dont l'embarras fait une partie du caractère, l'est lui-même pour attaquer M. de Maurepas. Cet embarras mutuel, bien plus que la variété d'opinions entre eux, est la vraie cause des plaintes fréquentes qu'ils ont raison de faire l'un de l'autre dans l'intérieur de leurs amis. Je n'ai pas vu une seule opposition entre eux qu'une minute d'explication ne fît disparaître. Leur fond est bon à tous les deux, leur probité est une base dont ils sont bien réciproquement assurés ; mais cette légère goutte d'huile leur manque et quelques opérations importantes sont renvoyées à des délais trop longs, si même elles ne sont pas viciées en quelques points. Turgot a des idées assurées et profondément réfléchies ; celles de Maurepas sont plus versatiles.

Un reproche que les ministres font à Turgot et que je ne lui ai pas laissé ignorer, c'est d'improuver et même de vouloir diriger les parties de leurs départements.

Après la littérature et les sciences, la politique était l'objet sur lequel Turgot aimait le plus à converser. Ce ton lui est resté, mais l'habitude

---

« Il (Saint-Germain) est fort connu par ses malheurs et par sa bonne réputation militaire. Ce choix sera sûrement approuvé dans le pays étranger. Je ne sais s'il le sera autant à la Cour. C'est un homme sans cabale et sans parti. »
Le Ml du Muy était mort le 10 octobre de l'opération de la pierre.
Les ministres étaient dispersés ; Turgot revint et dit à Maurepas : « J'ai une pensée que vous trouverez ridicule, mais comme elle me paraît bonne à l'examen, je ne veux pas avoir à me reprocher mon silence. J'ai pensé à M. de Saint-Germain ». Maurepas répondit : « Si vos pensées sont ridicules, les miennes le sont aussi ; car je vais partir pour Fontainebleau avec le dessein de le proposer au Roi. » Cependant Malesherbes, Turgot, Maurepas, reparlant entre eux de cette idée firent réflexion qu'aucun d'eux ne connaissait Saint-Germain et que personne ne pouvait leur répondre qu'un homme de 66 ans, après 12 ou 15 ans d'absence de Paris, possédait la vigueur nécessaire. Maurepas proposa, comme moyen de le juger, de lire des mémoires qu'il lui avait adressés lorsque sa pension avait été réglée. La lecture confirma ce qu'ils savaient par réputation. Le choix de Saint-Germain causa une joie unanime dans les troupes.

[a] Véri contredit ici ses observations ordinaires sur les inconvénients de la résistance.

de donner son avis, qui ne signifie rien dans l'état de citoyen, prend une forme nouvelle dans un ministre qui raisonne sur l'administration de ses confrères. Il se joint à cette tournure une propension si forte vers ce qu'il croit être le bien qu'il ne peut masquer l'impression de son âme. Enfin, un ton trop décisif lui donne l'apparence de vouloir décider en maître l'ouvrage des autres. Ses amis seuls sont en état de connaître qu'il n'y entre point la moindre étincelle d'esprit de domination.

Il n'a fait aucune opération en finances qui n'ait produit un soulagement à quelque classe de citoyens ; s'il a fait tort à celle des financiers, c'est en se passant de ceux qui faisaient des profits trop considérables et en se servant de ceux qui se contentaient de moindres ; voilà pourtant la cause réelle du déchaînement ; aucun financier n'ose l'avouer.

La plupart des gens de la cour qui sont au nombre des crieurs recueillaient par leurs alliances avec les financiers les profits excessifs de ceux-ci. Les uns et les autres redoutent les projets de réforme des autres parties de finances ; si l'on joint à ceux-là tous les valets de cour qui n'ont rien tant à craindre que la réforme dans les dépenses et les avidités des courtisans insatiables dans leurs demandes, on verra des causes suffisantes, quoique cachées, de déchaînement.

Dans ces 24 heures, j'ai eu lieu d'être touché de la beauté d'âme qui règne chez Turgot au milieu de quelques ronces qui déchaînent maintenant toute la cour contre lui. Nous avons parlé de ce déchaînement ; nous avons parcouru les sources dont les unes sont des défauts de sa part et d'autres des motifs de louanges. Son âme est aussi paisible dans la vue du cri général que dans la vue des éloges qui lui arrivent d'autre part. Étranger à toute vue d'intérêt, d'ambition, ou de gloire personnelle, un mal à diminuer, un bien à procurer, voilà tout ce qu'il a devant les yeux. S'il n'a pas l'art de traiter avec les gens qui habitent les cours, il en est bien dédommagé par le talent de traiter les choses avec une profondeur rare.

Il est une âme noire dont j'ai vu l'écriture anonyme qui veut persuader à Maurepas qu'il n'a d'ennemis à redouter que la trahison de Turgot, qui veut le remplacer et qui ne l'a induit à appeler Malesherbes au ministère que pour en être secondé dans ses desseins perfides. L'anonyme atroce qui est sûrement dans une classe relevée de Versailles n'a produit que la curiosité de le deviner, mais je n'ai pas pu pénétrer le voile sous lequel il s'est caché ; M. et Mme de Maurepas n'en ont que des soupçons vagues.

Décembre. — Le ministère anglais faisait des préparatifs militaires et proposait d'augmenter les troupes nationales, de réunir les milices en corps, de solder des troupes hanovriennes et hessoises et d'accepter les 20 000 Russes que Catherine II offrait à l'Angleterre. Ce dernier point inquiète le cabinet de Versailles. Vergennes craint qu'après leur intervention, les Russes n'aient envie des îles françaises. Turgot ne pense pas que l'Angleterre ferait sagement d'appeler les Russes en Amérique, parce que leur arrivée confirmerait leur opposition par la crainte d'un pouvoir despotique. Il a de la peine à se persuader que la Russie fasse la folie de faire un pareil envoi de troupes. Il croit que, quand même les Russes iraient en Amérique, ils ne s'empareraient pas de nos colonies et qu'il est sage de se borner au rôle de spectateur. Maurepas n'est pas aussi décidé que Vergennes ni que Turgot ; il penche à voir venir. On a appris peu de temps après que la proposition des Russes n'avait pas été faite sérieusement.

Lettres de Mlle de Lespinasse.

(Mme de Saint-Aignan. — Trudaine de Montigny. — La mort du comte du Muy.)

À Condorcet. — 9 octobre. — Il y a un siècle que je n'ai vu M. Turgot. L'on dit qu'il a été respirer, se délasser au Tremblay chez Mme sa sœur [a]. J'avoue que voilà un délassement qui me paraît mille fois plus pénible que le travail le plus violent.

M. Trudaine de Montigny ne vous a donc point fait de réponse sur cette affaire de Lorient. Jugez, par cette misère, du malheur affreux qu'il y a de dépendre de M. Trudaine. Ah ! mon Dieu ! combien il y a de gens qu'on dit honnêtes qui font le mal sans scrupules et sans remords.

17 octobre. — Le courage de M. du Muy, ses souffrances, le subit de sa mort, tout cela a fait effet sur les gens qu'il aimait le moins et puis les yeux se sont tournés bien vite sur son successeur. Le premier jour, il n'y avait pas de doutes, c'était M. de Castries, aujourd'hui il n'en est plus question, ni de M. Taboureau, ce sont MM. de Breteuil, de Contades, du Châtelet, et je ne sais plus qui encore. C'est aussi un Conseil de guerre et à la partie des finances, M. Turgot. Voilà les nouvelles des rues, il n'y en a pas de meilleures dans les chambres. Vous savez que tous les ministres sont depuis hier jusqu'à jeudi à Montigny [b]. Je ne sais

---

[a] La duchesse de Saint-Aignan avait la réputation d'être ennuyeuse. Turgot allait presque tous les ans passer quelques jours au Tremblay à l'automne.

[b] Chez Trudaine de Montigny ; d'après les *Mémoires secrets* (15 novembre), les principaux débats des comités tenus à Montigny portèrent sur la suppression des enterrements dans les églises, sur la mendicité, sur les hôpitaux, sur les maîtrises.

si c'est pour choisir un ministre, mais je serais bien étonnée si dans cette maison on finissait ou terminait quelque chose, l'air qu'on y respire doit donner de l'irrésolution, de la paresse et du vague. Tout au plus pourrait-on y conserver l'activité de l'écureuil ; à propos de cette maison, le maître vous a-t-il répondu sur l'affaire de cet homme de Lorient ?

200. — LA SURINTENDANCE DES POSTES

(Nomination de Turgot. — Il refuse les profits de la place. — Le duc de Choiseul. — Le chevalier de Montmorency. — Le cabinet noir).

1. *Commission de la charge de Surintendant des Postes.*

[A. L., originaux. — A. N., F[12] 345.]

Arrêt du Conseil.

Versailles, 3 septembre.

Le Roi, ayant jugé à propos d'établir par Arrêt de son Conseil du 7 août dernier une administration royale des diligences et messageries pour tout son royaume et ayant ordonné que le service des diligences qui seront établies sur les différentes routes sera fait par les chevaux de poste, S. M. a pensé que le Contrôleur général, étant chargé de veiller à cette manutention, il serait utile pour en assurer le succès de lui donner l'autorité nécessaire sur les maîtres de poste aux chevaux qui doivent y concourir et, à cet effet, de lui confier toutes les fonctions de la charge de surintendant des postes, supprimée par Édit du mois d'août 1726, à quoi voulant pourvoir,... le Roi... ordonne que les fonctions de la charge de surintendant des postes seront exercées par le Sr Turgot.

Lettres Patentes.

Louis...
Par arrêt, aujourd'hui rendu en notre conseil d'État, nous aurions, pour les causes contenues en icelui, ordonné que les fonctions de la charge de surintendant des postes seront exercées par notre amé et féal, conseiller en tous nos Conseils, Contrôleur général de nos finances, et que, sur ledit arrêt, toutes lettres patentes nécessaires seraient expédiées et désirant qu'il ait sa pleine et entière exécution :

À ces causes, de l'avis de notre Conseil qui a vu le dit arrêt... nous avons conformément à icelui ordonné et, par ces présentes signées de notre main, ordonnons que les fonctions de la charge de surintendant des postes seront exercées par ledit Sr Turgot...

Turgot refusa les profits attachés à cette place. Il la prit notamment pour pouvoir réformer le bureau du secret que dirigeait Rigoley d'Oigny mais il n'y put parvenir [a].

Le dernier bail des postes avait été fait pour 9 années et, chaque année, il devrait revenir au ministre 25 000 livres de profits, ce qui fit 225 000 livres pour le duc de Choiseul qui en était titulaire et qui se fit payer d'avance.

Dans une dépêche de Mercy à Kaunitz du 16 août 1778, il est raconté que la Reine se mit en avant pour demander la place de surintendant en faveur du Chevalier de Montmorency. Le Roi avait accédé sur-le-champ à la proposition de suppression. La Reine en fut si contrariée que, lorsque le contrôleur général se présenta devant elle, elle ne lui adressa point la parole ; mais celui-ci s'en ressentit si peu qu'il déclara à ses amis avoir été bien content de la réception de la Reine.

Journal de Véri. — 9 août 1774. — « Le goût si commun parmi les princes de faire ouvrir les lettres n'est pas aussi faible chez Louis XVI que je l'avais espéré. Il ne s'étend pas encore aux affaires domestiques des particuliers, mais comment répondre des bornes en ce genre pour la suite des temps ? »

Mai 1775. — « On a fait sentir à Louis XVI l'odieux, et même le danger, de l'ouverture des lettres à la poste. Dès que les méchants savent qu'on en fait usage, la calomnie et la noirceur ont un moyen sûr d'arriver au trône. Le Roi a senti la justesse de cette observation et son intention est de mettre des bornes à cette infamie.

« Maurepas a une indulgence, je n'ai pas osé dire une faiblesse criminelle, pour laisser au Roi son habitude de lire les lettres de la poste. Une dame de province devait être présentée à la Cour ; le Roi s'y était d'abord refusé en disant qu'elle n'avait point ses titres. 'Comment le savez-vous, demanda Maurepas, ses papiers ne sont pas encore entre les mains du généalogiste ? — Je le sais par son mari. — Son mari est actuellement en province. — Je le sais par la voie que vous savez ; il le lui a écrit, à elle.'

---

[a] Voir aux *Questions diverses*, tome V, 1775 (suite), un arrêt du Conseil relatif au Secret des Postes.

« Dans les premiers moments du règne, Maurepas fit sentir au Roi l'inconvénient d'un pareil usage. Louis XVI avait promis d'ordonner à D'Oigny de ne lui apporter que ce qui regardait les affaires d'État. L'amusement que le jeune Roi y trouve l'a empêché. C'est par là qu'il a acquis la connaissance en mal de tout le monde. On a été longtemps à en chercher l'origine dans ceux qui entouraient sa personne, elle était dans la poste et dans la méchanceté de celui qui choisissait les extraits. De là, chez le prince, ce que l'on avait reconnu dans son grand-père, mauvaise opinion de tout le monde et méfiance générale. »

7 septembre. — « J'ai fait un séjour de 48 heures à Pontchartrain. Le Garde des Sceaux s'y est aussi trouvé et Turgot y est venu passer un jour. Maurepas parla au Roi de son voyage à cette terre. 'Je sais, lui dit le Roi, que vous avez un rendez-vous avec quelqu'un qui y passe.' Le Roi n'en pouvait être instruit que par les lettres (celles de Véri).

« Turgot prétend cependant que si Maurepas l'eut bien voulu, ou s'il le voulait encore fortement, il parviendrait à détourner le Roi de l'ouverture de lettres. Il prétend encore qu'il n'y a rien que Maurepas ne lui fasse adopter avec de la constance. »

TABLE DES MATIÈRES

DU QUATRIÈME VOLUME

TURGOT, SA VIE ET SES ŒUVRES

TURGOT MINISTRE
(1774 et 1775)

XIII. LE MINISTÈRE DE LA MARINE. — Les ministres à la mort de Louis XV. — Maurepas. — Renommée de Turgot. — Sa réputation d'encyclopédiste et d'homme à systèmes. — Ses appuis. — Nomination de Vergennes et de Du Muy. — Candidatures de Miromesnil, de Malesherbes, de Turgot, au ministère de la justice ; candidature de ce dernier au Contrôle général. — Sa nomination au Ministère de la marine. — Décision au sujet des Compagnies de commerce.   5

XIV. LES FINANCES. — L'abbé Terray. — Le déficit en 1774. — La ferme générale et le bail David. — Les procédés de l'abbé Terray. — Le don de joyeux avènement. — Le Conseil des finances.   11

XV. LE CONTRÔLE GÉNÉRAL. — Le pacte de famine. — Renvoi de Terray et de Maupeou. — Turgot, contrôleur général ; Miromesnil, garde des Sceaux ; Sartine, ministre de la marine ; Lenoir, lieutenant de police. — *Lettre de Turgot au Roi.* — Opinions de Marie-Antoinette, de Voltaire et des amis de Turgot sur sa nomination.   18

XVI. PREMIÈRES RÉFORMES. — Programme de Turgot. — La ferme générale. — Réorganisation du Contrôle général. — Les collaborateurs intimes de Turgot. — Suppression du trésorier de la Caisse d'amortissement ; réduction des attributions du banquier de la Cour et du trésorier des parties casuelles. — Rupture des baux des domaines engagés, des hypothèques, des messageries, des poudres, et constitution de régies. — Conversion d'emprunts ; suppression des croupes. — Modération de Turgot ; cassette de la Reine et dot de Mlle de Guébriant ; création d'une intendance des Finances pour Amelot. — Attributions du Contrôle général. — Trudaine de Montigny et Bouvard de Fourqueux. — Épizootie. — Mission de Vicq d'Azir. — Mort de l'intendant d'Auch.   21

XVII. LES PARLEMENTS. — La rentrée des Parlements. — Opinion de Turgot sur le coup d'État Maupeou. — Comité chargé d'examiner la question du rétablissement des Parlements. — Conséquences de ce rétablissement. 29

XVIII. LA LIBERTÉ DU COMMERCE DES GRAINS ET LE PACTE DE FAMINE. — Arrêt du 13 septembre 1774. — Traités de l'abbé Terray avec Leray de Chaumont. Sorin de Bonne et Doumerck. — Opérations de ces derniers. — Brochet de Saint-Prest. — Soupçons contre Terray. — Liquidation de l'affaire du pacte de famine. — Procès de Sorin et Doumerck. — Opinion de Bertin sur le projet d'arrêt relatif à la liberté du commerce des grains. — Conduite du Parlement. 33

XIX. LA GUERRE DES FARINES. — Opinion de Turgot sur les mouvements séditieux. — Cherté des grains en 1775. — Troubles à Dijon et en Bourgogne. — Émeutes à Beaumont-sur-Oise, à Pontoise, à Poissy, à Saint-Germain, à Versailles. — Maladresse du prince de Poix, gouverneur de cette ville. — Lettres de Louis XVI à Turgot. — Émeutes à Paris. — Conduite de Maurepas et de Lenoir. — Révocation de ce dernier. — Agitation au Parlement. — Lit de Justice. — Mesures de répression. — Circulaire aux évêques et aux curés. — Origines de l'émeute. — Le prince de Conti. — Le cardinal de la Roche-Aymon, le Grand prévôt. — Fermeté de Louis XVI. — Le complot. — Mesures générales sur le commerce des grains. 41

XX. LE SACRE DU ROI. — La tolérance religieuse. — Les Remontrances de la Cour des Aides. — Le renvoi de La Vrillière et la nomination de Malesherbes. — Opposition contre Turgot. — Linguet. — Necker. — Libelle contre de Vaines. — Les économistes. — Le marquis de Mirabeau. — Les finances en 1775. — Progrès réalisés. 50

ŒUVRES DE TURGOT
ET DOCUMENTS LE CONCERNANT

QUATRIÈME PARTIE
TURGOT MINISTRE DE LA MARINE

Du 20 juillet au 24 août 1774

1774

144. NOMINATION DE TURGOT AU MINISTÈRE DE LA MARINE.

I. *Lettre de provisions de l'état en charge de secrétaire d'État au département de la Marine.* 65

II. *Lettre du Roi nommant Turgot conseiller au conseil d'État privé.* 66

III. *Lettre du Roi permettant à Turgot de signer les expéditions en comman-*

ET DOCUMENTS LE CONCERNANT 659

dement. 67

IV. Extraits de divers mémoires : 1. *Mémoires* de Morellet. — 2. *Particularités* de Monthyon. — 3. *Lettres* de Mercy-Argenteau. — 4. *Journal* de l'abbé de Véri. — *Chronique* de l'abbé Baudeau. — 6. *Lettres* de Condorcet, de Voltaire. — 7. Autres lettres de Voltaire. — 8. *Journal historique.* 68

V. Situation de De Boynes, ancien ministre de la Marine. — Lettre à de Boynes et Mémoire de celui-ci ; décision de Louis XVI. 74

145. AFFAIRES DE COUR.

Lettre du duc d'Orléans à Turgot (le comte de Genlis). 76

146. LETTRES À DU PONT DE NEMOURS.

CXXXVI-II. (Nomination de Turgot au ministère de la Marine. — Situation de Du Pont.) 77

146. LETTRES À CONDORCET.

XXXVII. (Brevet de l'abbé Bézé. — Discours de Suard. — Lettres du Théologien. — Croix de Saint-Louis pour Pinel. — Instruments de l'abbé Magellan. — Réflexions de Marguery sur les ouvrages d'Euler.) 79

XXXVIII. (Impatiences de Condorcet. — Bernardin de Saint-Pierre. — Machine à dessaler l'eau de mer : d'Estelle, Lavoisier, Rochon.) 80

148. QUESTIONS DIVERSES.

I. Administration de la Marine. 81

II. Construction de navires en Suède. 81

III. Voyages autour du monde. 81

IV. Missions scientifiques : Saint-Edmond, d'Ombey, l'abbé Rozier. 81

V. Distillation de l'eau de mer. 82

VI. Colonies. 82

VII. Liberté du commerce des colonies. 83

VIII. L'esclavage. 83

IX. La traite des nègres. 84

X. Le gouvernement de Saint-Domingue. 84

XI. Les îles de France et de Bourbon. 84

XII. Les compagnies de commerce. Décision de Louis XVI.   85

XIII. Paiement des ouvriers de Brest.   85

XIV. Impression des ouvrages d'Euler.   85

XV. Feuilles dans la montagne du Châtelet.   87

CINQUIÈME PARTIE
TURGOT CONTRÔLEUR GÉNÉRAL

24 août 1774 à mai 1776

1774

149. NOMINATION DE TURGOT AU CONTRÔLE GÉNÉRAL.

I. *Commission de la charge de contrôleur général.*   91

II. *Extraits de divers mémoires, lettres, etc.*   92

     1. *Lettres* de Mercy Argenteau à Mary-Thérèse.   92

     2. *Journal* de l'abbé de Véri.   93

     3. *Lettres* de Mlle de Lespinasse.   96

     4. *Chronique* de l'abbé Baudeau   97

     5. *Journal historique.*   98

     6. *Correspondance Métra.*   98

     7. Délibération de la municipalité de Limoges.   98

     8. *Particularités* de Monthyon.   99

III. *Réception de Turgot à la Chambre des Comptes et à la Cour des Aides.*   100

IV. *Appointements du Contrôleur général. Pot-de-vin de son prédécesseur.*   102

150. LETTRES AU ROI.

I. *Lettre au Roi en prenant possession de la charge de Contrôleur général.*   103

II. *Lettre de Louis XVI à Turgot* lui transmettant des pièces.   108

III. *Extraits relatifs à Louis XVI.*   109

151. AFFAIRES DE COUR.

I. *Lettre de Monsieur, comte de Provence.*   110

     1. Apanage du Prince.   110

     2. Sur le Secrétaire de ses commandements.   111

ET DOCUMENTS LE CONCERNANT 661

    3. Même objet. Recette du port Saint-Nicolas.   111

  II. *Lettre du duc d'Orléans au sujet de la survivance d'un directeur des tabacs.*   112

152. SACRE DU ROI.

  Mémoire au Roi sur les dépenses du sacre.   113

153. PERSONNEL ADMINISTRATIF.

  I. *Bureaux du Contrôle général.*   114

    Les attributions du Contrôle général.   114

    Le premier commis.   114

    Les chefs de bureau.   115

    Les bureaux.   115

    Ponts et chaussés.   116

    Administration du commerce.   117

    Conseils du commerce.   117

    Bureaux des conseils.   117

    Intendants des finances.   117

  II. *Édit portant suppression de l'office de Foullon et rétablissement de celui de Boutin.*   122

  III. *Édit portant à six le nombre des intendants des finances et nomination d'Amelot.*   122

  IV. *Caisse d'amortissement ; suppression du trésorier ; mémoire au Roi.*   123

  V. *Intendants de commerce.*   124

    Édit de suppression de leurs charges.   125

  VI. *Inspecteurs généraux.*   126

    1. Nomination de Condorcet.   126

    2. Nomination de du Pont de Nemours.   127

  VIII. *Intendants des généralités et des pays d'États.*   128

154. LES FINANCES.

  I. Dépenses de la Marine.

  Lettre au ministre de la Marine (Sartine).   129

  II. Dépenses militaires.

  Lettre du maréchal du Muy, ministre de la Guerre, au sujet des économies à faire. 131

Note de Turgot en réponse. 132

III. Banquier de la cour. Sa suppression. 139

IV. Monnaies.

    1. *Déclaration du Roi ordonnant que les poinçons des revers des monnaies d'or et d'argent continueront d'être employés.* 140

    2. *Arrêt du Conseil relatif à la monnaie de billon.* 140

V. Emprunts en rentes viagères.

Lettre au ministre des Affaires étrangères au sujet d'une demande des banquiers hollandais. 141

Lettres patentes ordonnant le paiement à l'Hôtel de ville de rentes viagères provenant d'un emprunt fait en Hollande en 1771. 142

155. LA FERME GÉNÉRALE.

    1. *Mémoire au Roi sur la ferme générale et la suppression des croupes.* 143

    Croupes du bail David. 146

    Croupes sur d'autres régies. 150

    2. *Lettre de notification aux Fermiers généraux de la décision du Roi.* 150

    3. *Lettre au Syndic des notaires, sur les engagements de l'État.* 151

156. LES IMPÔTS INDIRECTS.

    I. *La gabelle.*

        1. Arrêt du Conseil sur la fourniture et la vente du sel dans les provinces rédimées limitrophes des pays de gabelle. 152

        2. Arrêt du Conseil permettant à l'adjudicataire des fermes de vendre des chevaux et effets des faux-saulniers, etc. 157

    II. *Les aides.*

        1. Arrêt du Conseil continuant une commutation de droits dans la généralité de la Rochelle. 158

        2. Arrêt du Conseil sur le commerce des eaux-de-vie dans les troies lieues des généralités de Paris et de Soissons, limitrophes de la généralité d'Amiens. 158

    III. *Les trois sols pour livre.*

        1. Arrêt du Conseil supprimant des sols pour livre. 158

        2. Circulaire aux intendants pour l'exécution de l'arrêt. 159

3. Arrêt du Conseil ordonnant que les huit sols pour livre continueront d'être perçus pour les droits de châblage des maîtres et aides des ponts. 160

4. Lettre à l'intendant de Bretagne accordant l'abolition des huit sols pour livre sur les droits d'entrage et de lestage au port de Saint-Malo. 160

5. Arrêt du Conseil ordonnant que les droits de visite, marque, etc., perçus par les gardes-jurés sur chaque pièce de drap et de toile seront affranchis des trois deniers tenant lieu des sols pour livre. 161

IV. *Rébellions, bruits séditieux.*

1. Lettre au Garde des sceaux au sujet d'une rémission de peine à la suite de rébellion contre des employés des fermes en 1773. 161

2. Circulaire aux intendants sur des bruits séditieux répandus au sujet des impôts. 162

V. *Affranchissement en faveur du Clergé.*

1. Arrêt du Conseil affranchissant de tous droits d'amortissement des actes passés entre les gros décimateurs et les curés sans portion congrue. 162

2. Arrêt du Conseil affranchissant du même droit les maisons abbatiales et autres biens dépendant de lieux claustraux, mis dans le commerce. 163

3. Arrêt du Conseil exemptant du droit de franc-fief les ecclésiastiques roturiers pour les biens de leurs bénéfices et leurs biens patrimoniaux. 163

VI. *Autres affranchissements.*

1. Arrêt du Conseil relatif au droit de marc d'or, pour les offices des capitaineries de chasse. 163

2. Déclaration royale dispensant du droit de marc d'or, les lettres d'honneur délivrées après vingt ans de services dans les cours et tribunaux. 164

3. Déclaration royale exemptant du même droit les lettres permettant l'établissement de manufactures, la vente de remèdes, les emprunts des villes, etc. 164

VII. *Impôts locaux.*

Lettres à l'intendant de Caen au sujet d'impositions territoriales pour divers objets ... 164

157. LES DOMAINES ET HYPOTHÈQUES.

   I. *Domaines engagés.*

      1. Arrêt du Conseil révoquant le bail des domaines engagés (bail Sausseret) et instituant une régie. ... 165

      2. Résultat du Conseil ; organisation de la Régie. ... 168

      3. Arrêt du Conseil mettant la régie en possession des domaines et droits domaniaux à administrer. ... 169

   II. *Hypothèques.*

      1. Résultat du Conseil instituant une nouvelle régie des droits d'hypothèques, de greffe, etc., en remplacement de la régie Rousselle. ... 169

      2. Arrêt du Conseil ordonnant aux huissiers qui signifieront des oppositions aux conservateurs des hypothèques de signer sur les registres. ... 170

158. LES POUDRES.

   Lettre à Montigny, de l'Académie des Sciences ; refus d'un privilège pour un procédé de fabrication. ... 171

159. LES OCTROIS.

   I. *Octrois municipaux.*

   Circulaire aux intendants sur leur réorganisation et sur les comptes des villes. ... 171

   II. *Octrois de Paris.*

      1. Réunion de bureaux. Arrêt du Conseil réunissant en un seul les bureaux d'enregistrement des titres de propriété pour l'exemption des droits d'entrée. ... 175

      2. Déclaration du Roi rendant libre le commerce de la viande pendant le carême. ... 175

160. LE COMMERCE DES GRAINS.

   I. *Le pacte de famine.*

      1. Mémoire au Roi sur la conduite de Sorin et Doumerck chargés des approvisionnements de grains sous l'abbé Terray. ... 177

      2. Mémoire de Brochet de Saint-Prest, intendant du commerce chargé des affaires de grains. ... 181

      3. Mémoire au Roi proposant la révocation de Brochet de

Saint-Prest et décision de Louis XVI. 185

4. Paiements effectués par la régie des blés à partir de novembre 1774. 186

II. *Statistique de récoltes.*

Circulaire aux intendants. 189

III. *Liberté du commerce des grains.*

1. Lettre de Bertin à Turgot sur le projet d'arrêt du Conseil. 190

2. Arrêt du Conseil établissant la liberté du commerce à l'intérieur du royaume et la liberté de l'importation. 191

3. Circulaire aux intendants. 199

4. Aux Procureurs généraux. 201

5. Aux Chambres de commerce. 203

6. Lettres patentes confirmant l'arrêt du Conseil. 204

Avis du Garde des sceaux, avec les observations de Turgot sur un projet d'arrêt du Conseil ayant pour objet la cassation d'une modification apportée par le Parlement de Rouen à l'enregistrement des lettres patentes. 205

7. Observations sur l'arrêt : Baudeau, Véri, Michelet, Voltaire, Mlle de Lespinasse, Condorcet. 209

8. Lettre à un abbé sur la liberté du commerce des grains. 213

9. Ordonnance du Roi défendant de contraindre aucune personne d'apporter des denrées aux lieux de séjour du Roi. 215

10. Lettre à de Bethmann, négociant à Bordeaux, l'engageant à augmenter son commerce de grains. 216

11. Circulaire aux intendants pour leur envoyer l'ouvrage de l'abbé Morellet en réponse aux Dialogues sur le commerce des grains de Galiani. 217

12. Lettre à l'intendant de Caen au sujet d'un renchérissement du prix du pain à Caen. 218

13. Lettre à l'intendant de Caen au sujet d'une émotion à Cherbourg. 219

161. LES PARLEMENTS.

1. *Édits de rétablissement.* 220

2. *Arrêts du Conseil sur la liquidation des offices.* 221

3. *Dépenses qu'aurait entraîné la liquidation des charges des cours supprimées.* 221

162. LES TRAVAUX PUBLICS.

    I. *Corvée des chemins. Premier projet de suppression.* 222

    II. *Projet de barrage contre les glaces.* 224

163. L'INDUSTRIE ET LE COMMERCE INTÉRIEUR.

    I. *Règlements.*

    Lettre à Dupleix au sujet de la défense de vendre du goemon. 225

    II. *Jurandes.*

    Arrêt du Conseil au sujet des dettes de communautés. 226

    III. *Foires.*

    Lettre au Garde des sceaux. (Les droits renchérissent les prix) 226

    IV. *Le commerce intérieur.*

    Arrêt du Conseil autorisant le commerce de l'huile d'œillette. 227

    V. *Procédés industriels.*

    Lettre à Duhamel sur la conversion du fer en acier. 228

    Lettre au Secrétaire perpétuel de l'Académie des Sciences sur le rouissage du chanvre. 228

    VI. *Expropriations.*

    Lettre au prince de Condé lui refusant le pouvoir d'expropriation pour l'établissement d'une forge. 229

    VII. *Agriculture.*

        1. Lettre à l'intendant d'Alençon au sujet de la défense qu'il a faite de laisser les charrues dans les champs. 230

        2. Lettre au lieutenant du Roi, d'Estouilly, sur des essais de culture du mûrier en Picardie. 231

164. L'ÉPIZOOTIE.

    1. *Lettre à l'intendant de Bordeaux sur l'épizootie.* 232

    2. *Circulaire aux intendants.* 233

    3. *Lettre à l'intendant de Bayonne.*

    Arrestation d'un contrevenant aux ordonnances. 234

    4. *Lettre au Secrétaire perpétuel de l'Académie des Sciences.* Constitution d'une commission. 234

5. *Lettres aux intendants d'Auch et de Bayonne* au sujet de l'inexécution des ordonnances et de la mission de Vicq d'Azir. 235

6. *Lettre à Bourgelat*, directeur de l'école vétérinaire. 236

7. *Lettre à l'intendant de Bordeaux* (mission de Vicq d'Azir). 237

8. *Lettre aux intendants du Languedoc et de Montauban.* 238

Abattage des dix premières bêtes dans les paroisses où se montre l'épizootie. 238

9. *Lettre à l'intendant de Bayonne* lui transmettant un arrêt du Conseil qui a cassé des arrêts du Conseil supérieur de Pau. 239

10. *Arrêt du Conseil* renouvelant les prescriptions antérieures. 240

11. *Circulaire aux intendants* pour prescrire l'abattage des bêtes malades. 242

12. *Lettre à l'intendant du Languedoc* l'engageant à prendre conseil des circonstances pour les mesures de défense contre le fléau. 242

165. LES DOUANES ET LE COMMERCE EXTÉRIEUR.

1. *Arrêt du Conseil* modifiant les droits sur les fers blancs. 244

2. *Lettre à Bertin* au sujet d'une demande d'établissement d'un droit sur le charbon. 244

3. *Lettre au comte de Tonnerre* au sujet d'une demande d'interdiction de sortie des peaux de chevreaux. 245

4. *Lettre à l'intendant de Bordeaux* sur la pêche de la morue et arrêt du Conseil permettant aux armateurs de faire venir du sel du Portugal et d'Espagne. 245

5. *Lettres patentes* exemptant du droit d'*aubaine* les natifs de 23 villes impériales. 246

166. LA MILICE.

Ordonnance du 1ᵉʳ décembre. 247

Lettre de Maurepas. 249

Lettre du maréchal du Muy. 249

167. LA MENDICITÉ.

Lettre à l'évêque de Fréjus (demande d'une statistique des biens à la subsistance des jurandes). 250

168. QUESTIONS DIVERSES.

I. *Hospice de chirurgie à Paris.*

Édit portant établissement de l'hospice. 251

II. Privilège de la *Gazette du commerce*. Lettre à de Cromot pour le rachat du privilège de ce journal. 254

III. *Dictionnaire du commerce* de l'abbé Morellet. 255

169. CHANSONS, ÉPIGRAMMES, POÈMES, PUBLICATIONS DIVERSES DE L'ANNÉE 1774.

I. *Chansons et épigrammes.*

1, 2 et 3. *La poule au pot.* 255

4. *Dialogue entre le Roi et Maurepas.* 256

II. *Épîtres, poèmes.*

1. *Épître à M. Turgot,* par Saurin. 256

2. *Épître* par un avocat du Parlement. 259

3. *Discours d'Henri IV à Louis XVI.* 259

III. *Ouvrages et pamphlets.*

1. *Plan d'imposition économique,* par Richard des Glasnières avec lettre de Turgot. 259

2. *Réflexions sur la liberté d'écrire,* par Morellet. 262

3. *Nouvelles Éphémérides. Journal de politique et de littérature* de Linguet. 263

1775

170. SITUATION DE TURGOT AU DÉBUT DE L'ANNÉE.

I. *Sa maladie.* 264

Lettres de Mlle de Lespinasse à De Vaines et à Condorcet. 264

Lettre de l'abbé Morellet à lord Sherburne. 265

II. *Sa situation ministérielle.* 265

Lettre du marquis Turgot à son frère. 265

Lettre sans signature. 266

Extraits du *Journal* de Véri et de la correspondance Métra. 266

171. PERSONNEL ADMINISTRATIF.

I. *Trésoriers, payeurs, receveurs.*

1. Déclarations royales fixant la finance et l'exercice des

ET DOCUMENTS LE CONCERNANT 669

payeurs des gages de la Cour des Aides et du Parlement de Paris. 267

2. Déclarations royales sur les délais de production des comptes de plusieurs trésoriers généraux. 268

3. Édit créant six offices de receveurs des impositions et supprimant un office de receveur général. 268

Lettre au premier président d'Aligre. 270

Procès-verbaux des séances du Parlement. 271

4. Édit sur les receveurs des consignations. 272

5. Édit supprimant des offices de commissaires, receveurs, etc., de saisies réelles. 274

6. Édit supprimant la Chambre des comptes de Blois. 275

7. Suppression des offices de receveur des tailles et création d'un office de receveur par élection. 276

8. Arrêt du Conseil ordonnant que la perception des capitations à la Cour, etc., sera faite par le receveur des impositions de Paris. 278

II. *Intendants du commerce.*

Lettre à Trudaine de Montigny (nomination de Fargès). 279

III. *Intendants des généralités.*

1. Édit portant suppression de l'intendance de Bayonne. 280

2. Intendants à la nomination du ministre de la Guerre. 281

IV. *Conseil des finances.*

Dessaisissement en faveur des intendants des finances. 281

V. *Hérédité des offices.*

Arrêt du Conseil supprimant l'hérédité en Flandre et en Hainaut. 282

VI. *Questions particulières.*

1. Affaire Fontette. 283

Lettres à l'intendant de Caen au sujet du sieur de Langlade. 283

Lettres à d'Ormesson sur des irrégularités dans les comptes de l'intendant Fontette. 284

Note au Garde des sceaux. 285

Lettre à l'intendant Fontette. 286

2. Malversations par des commis des tailles. 288

Lettre à l'intendant de Bordeaux. 288

3. Nomination de De Vaines, comme lecteur du cabinet du Roi. 289

Lettre à Sénac, lecteur du Roi, au sujet du projet de nomination de De Vaines comme lecteur du Roi en survivances. 289

Lettre à De Vaines. 289

4. Nomination de d'Ormesson fils comme intendant des finances. 290

Lettre à d'Ormesson. 290

Lettre de d'Ormesson fils. 291

172. LES FINANCES DE 1775.

1. *État des recettes et des dépenses pour l'année 1774*, dressé par l'abbé Terray. 292

2. *Tableau des revenus, charges et dépenses ordinaires pour 1775*, dressé par Turgot. 294

3. *Mémoires au Ministre de la Guerre* sur les économies à réaliser dans son département. 297

4. *Projet de résiliation du bail des fermes.* 298

Extrait du *Journal* de Véri. 298

5. *Lettres de change des colonies.*

Arrêt du Conseil sur la liquidation des lettres de change tirées des îles de France et de Bourbon. 300

6. *Compagnie des Indes.*

Arrêt du Conseil sur la suppression du receveur des sommes dues à l'ancienne compagnie. 302

173. LES IMPÔTS INDIRECTS.

I. *Les Gabelles.*

1. Arrêt du conseil sur le franc-salé des officiers de la Chambre des comptes. 303

2. Arrêt du Conseil maintenant à des paroisses du Soissonnais un privilège pour leur approvisionnement en sel. 304

II. *Les Aides.*

Arrêt du Conseil sur le commerce des eaux-de-vie dans la généralité d'Amiens. 305

III. *Les sols pour livre.*

Arrêt du Conseil sur la régie des sols pour livre sur les bestiaux vendus pendant le carême au marché de Sceaux. 306

IV. *Le tabac.*

    1. Lettres patentes sur la contrebande à Paris. 307

    2. Lettre à l'intendant de Bordeaux sur les tabacs de Corse. 308

174. LES OCTROIS DE PARIS.

    1. *Déclaration royale supprimant ou diminuant les droits sur le poisson pendant le carême.* 309

    2. *Arrêt du Conseil rendant permanente cette diminution.* 310

    3. *Lettre à Lenoir*, lieutenant de police, au sujet de cette diminution. 311

    4. *Ordonnance du Roi sur la visite de toutes les voitures* aux barrières. 312

    5. *Arrêt du Conseil rendant définitive une non-prescription* de droits réservés. 313

    6. *Lettres patentes supprimant des droits* sur les étoffes en passe-debout. 315

175. LES IMPÔTS DIRECTS.

I. *La taille.*

    1. Lettres patentes validant les opérations faites dans la généralité de Paris de 1772 à 1775. 316

    Instruction pour les commissaires des tailles. 317

    2. Mémoire au Roi pour l'abolition des contraintes solidaires et déclaration royale approbative. 321

    3. Lettre à l'Intendant de Bordeaux au sujet d'un rôle d'office à Génissac. 329

    4. Lettre à l'Intendant de Caen au sujet d'une modération de la taille pour la grêle, etc. 330

II. *Les vingtièmes.*

    1. Lettre à l'Intendant de Bordeaux au sujet des rôles des vingtièmes, qui ne doivent pas être augmentés. 331

    2. Projet de suppression. 332

III. *Exemptions d'impôts.*

Lettre à l'Intendant de Bordeaux portant suspension d'exemption à des employés inutiles. 333

IV. *Impôt territorial.*

Lettres à l'Intendant de Caen. 333

V. *Les droits d'insinuation, de centième denier, de franc-fief, d'amortissement, de marc d'or.*

 1. Arrêt du Conseil portant affranchissement des droits d'insinuation, de centième denier, de franc-fief, pour les baux de terre dont la durée n'excède pas 29 ans. 339

 2. Arrêt du Conseil sur l'exemption du centième denier pour les actes entre les propriétaires de rentes foncières et leurs débiteurs. 340

 3. Circulaire au bureau des finances au sujet du centième denier. 342

 4. Arrêt du Conseil affranchissant les casernes du droit d'amortissement. 342

 5. Arrêt du Conseil autorisant les gens de main-morte à placer en rentes sur le clergé les sommes qu'ils reçoivent pour fondation et les exemptant du droit d'amortissement. 343

 6. Arrêt du Conseil exemptant les bénéficiers de doubles droits de contrôle pour omissions de déclaration. 343

 7. Lettre à l'Intendant de Bordeaux au sujet du droit de marc d'or, pour les concessions de droits d'octroi. 343

 8. Arrêt du Conseil confirmant l'exemption du droit d'amortissement pour les rentes données pour fondations. 343

176. LES POUDRES ET SALPÊTRES.

 1. Arrêt du Conseil organisant une régie des poudres. Résultat du Conseil contenant règlement pour l'exploitation. 344

 2. Arrêt du Conseil nommant les régisseurs. 349

 3. Lettre au secrétaire perpétuel de l'Académie des Sciences sur la fabrication du salpêtre. Ouverture d'un concours. 355

177. LES MESSAGERIES.

 1. Arrêt du Conseil remettant aux Intendants la connaissance des litiges relatifs aux messageries. 357

 2. Arrêt du Conseil sur la régie des messageries. 358

 3. Résultat du Conseil nommant les régisseurs. 362

4. Arrêt du Conseil nommant les administrateurs. 362

5. Arrêt du Conseil réunissant à la régie le privilège des voitures de la Cour et des voitures de Saint-Germain. 362

6. Arrêt du Conseil nommant des commissaires pour la liquidation de l'entreprise des voitures de la Cour. 363

7. Arrêt du Conseil sur les tarifs des messageries. 363

8. Ordonnance portant règlement ; obligations du service des postes. 365

9. Arrêt du Conseil sur la liquidation de l'entreprise des voitures de la Cour. 366

10. Circulaire aux intendants sur la nouvelle administration des messageries. 367

11. Arrêt du Conseil pour la mise en adjudication des fournitures. 368

12. Circulaire aux Intendants. 369

13. Arrêt du Conseil relatif aux objets remis aux messageries et non réclamés. 369

14. Arrêt du Conseil sur le serment des employés. 369

15. Arrêt du Conseil réunissant au domaine les privilèges des coches et des diligences d'eau. 369

178. LE COMMERCE DES GRAINS.

I. *Liberté du commerce.*

1. Arrêt du Conseil permettant l'entrée par le port de Marseille des grains nationaux destinés à la Provence. 370

2. Lettre à l'évêque de Tarbes au sujet des achats de grains. 372

3. Lettres à l'Intendant de Caen, au sujet d'une émotion à Cherbourg. 372

4. Arrêt du Conseil cassant des ordonnances des officiers de police de La Rochelle contraires à la liberté du commerce des grains. 375

5. Lettre à l'intendant de Champagne, sur les primes à l'importation des grains. 378

6. Arrêt du Conseil suspendant des droits sur les farines à Dijon, etc. 380

7. Arrêt du Conseil ordonnant des primes à l'importation des grains par mer. 382

8. Circulaire aux Intendants sur le même objet. 386

9. Lettre à Necker au sujet de la *Législation du commerce des grains* et réponse de Necker. 387

10. Émeutes à Dijon et à Pontoise. Lettre à l'abbé de Véri. 388

11. Arrêt du Conseil suspendant le droit de minage à Pontoise. 389

II. *Guerre des farines.*

1. Lettres au Roi. 390

2. Marche des émeutes. 393

3. Délibérations du Parlement de Paris et lit de justice. 395

4. Révocation de Lenoir, lieutenant de police, son remplacement par d'Albert et nomination de Fargès au bureau des subsistances. 401

5. Ordonnances sur les attroupements. 402

6. Lettres du Roi postérieures au lit de justice. 402

7 Déclaration remettant les faits relatifs aux émeutes à la justice prévôtale. 403

8. État des personnes mises à la Bastille pour les affaires de blé. 405

9. Arrêt du Conseil accordant des primes à l'importation des grains par terre. 408

10. Lettre au premier Président de Rouen sur des achats de grains à Rouen. 409

11. Lettre royale aux archevêques et évêques, et instruction aux curés. 410

12. Lettre du Roi à Turgot. 415

13. Ordonnance du Roi. Amnistie sur les attroupements. 415

14. Événements en province. 416

15. Lettre à l'abbé de Véri au sujet de Maurepas, et extrait du *Journal* de Véri. 418

16. Lettre à l'intendant de Champagne demandant des renseignements sur les dégâts commis pendant les émeutes. 421

Lettre de l'abbé Morellet. 422

Opinion de Galiani. 424

Lettres de Mlle de Lespinasse. 425

V. *Lettre à Brochet de Saint-Prest.*

    1. Invitation à remettre des dossiers. 426

    2. Remboursement du prix de sa charge. 426

VI. *Lettre de Maurepas à Turgot au sujet des émeutes.* 427

VII. *Arrêts du Conseil suspendant les droits d'octrois* sur les grains, les farines et le pain. 428

VIII. *Lettre à l'Intendant de Champagne* (primes à l'importation). 431

IX. *Lettres à l'Intendant de Caen* (encouragements au commerce des grains). 432

X. *Édit sur la liberté du commerce des grains à Rouen.*

Suppression des compagnies privilégiées. 434

XI. *Troubles en divers endroits.*

Lettres au Garde des sceaux. 438

XII. *Lettre de Gustave III, roi de Suède.*

    1. Lettre du Roi. 441

    2. Réponse de Turgot. 442

    3. Lettre de Louis XVI à Gustave III. 443

XIII. *Lettre au ministre des Affaires étrangères au sujet de l'anti-monopoleur.* 443

XIV. *Amnistie.*

    1. Déclaration royale révoquant celle du 5 mai qui a remis la connaissance des faits d'émeutes à la justice prévôtale. 444

    2. Ordonnance royale accordant une amnistie aux soldats déserteurs. 445

XV. *Droits seigneuriaux.*

    1. Arrêt du Conseil ordonnant que la perception des droits seigneuriaux sur les grains n'a pas été suspendue par l'arrêt du 3 juin. 446

    2. Arrêt du Conseil ordonnant de représenter les titres des droits seigneuriaux sur les grains. 447

XVI. *Statistique des récoltes.*

Lettre à l'Intendant de Bordeaux au sujet des états du prix des grains. 450

XVII. *Arrêt du Conseil sur le cabotage des blés, farines et légumes.* 450

XVIII. *Lettre au ministre de la Guerre.*

Exportation des grains appartenant à des étrangers. 453

180. LES FOURRAGES.

Lettres au ministre de la Guerre.

Première lettre (Inconvénients des privilèges exclusifs). 457

Deuxième lettre (Impositions sur les fourrages). 459

181. LE PAIN, LA BANALITÉ DES MOULINS.

I. *La taxe du pain.*

    1. Lettre à l'Intendant de Champagne. 460

    2. Lettre à l'Intendant de Caen. 461

    3. Circulaire aux Intendants. 463

II. *Le commerce du pain.*

Arrêt du Conseil sur la liberté du commerce du pain à Lyon. 466

III. *Banalité des moulins.* 467

182. ATELIERS ET BUREAUX DE CHARITÉ.

    1. Lettre à l'Intendant de Champagne. 468

    2. Mémoire au Roi sur les ateliers de charité à ouvrir à Paris. 469

    3. Instruction pour l'établissement et la régie des ateliers de charité dans les campagnes. 471

    4. Circulaire aux Intendants sur l'ouverture des filatures. 482

183. LA MENDICITÉ.

Lettres à l'Intendant de Caen. 483

184. LES PARLEMENTS ET LES TRIBUNAUX.

I. *Pensions aux membres des Conseils supérieurs supprimés.*

    1. Lettres au Garde des sceaux. 487

    2. Lettre à l'Intendant de Caen au sujet de l'imposition pour remboursement d'offices supprimés. 493

II. *Décisions diverses.*

    1. Arrêt du Conseil évoquant et renvoyant au Parlement des contestations relatives à l'abbaye de Saint-André en Gouf-

fern. 494

2. Arrêt du Conseil cassant une sentence arbitraire du baillage d'Estaing. 494

III. *Lettre au procureur général Dudon, au sujet d'imputations contre lui.* 494

185. LA CORVÉE DES CHEMINS.

    1. *Projet de circulaire* aux Intendants sur son abolition. 495

    2. *Circulaire aux Intendants* suspendant la corvée. 496

    3. *Circulaire aux Intendants* leur communiquant pour avis deux projets de déclaration. 498

    Réponses des Intendants. 504

    4. *Arrêt du Conseil* ordonnant dans la généralité de Tours une imposition pour remplacer la corvée. 513

    5. *Lettre à Trudaine de Montigny.* 514

186. LE SACRE DU ROI.

    I. *Approvisionnements de la ville de Reims.*

        1. Arrêt du Conseil suspendant les droits d'entrée à Reims pendant le Sacre. 515

        2. Arrêts du Conseil sur les formalités à remplir pour l'exécution de l'arrêt précédent. 516

    II. *Formules de serment* à substituer aux formules en usage.

        1. Formules. 517

        2. Lettre du Roi. 519

    III. *Le Sacre.* 519

    IV. *Dépenses du Sacre.*

    Lettre à l'Intendant de Champagne. 522

187. LA TOLÉRANCE RELIGIEUSE.

    Projet de mémoire au Roi. 522

    Extrait du *Journal* de Véri. 530

188. LES MUNICIPALITÉS.

    Mémoire sur les municipalités. 532

    Opinions de Condorcet et de l'abbé de Véri. 578

189. L'INDUSTRIE ET LE COMMERCE INTÉRIEUR.

1. *Circulaire aux Inspecteurs des manufactures* les invitant à se borner à encourager les fabricants. 585

2. *Lettre à Clicquot-Blervache* sur une requête des maîtres couteliers de Reims. 588

3. *Projet de suppression des Jurandes.* 589

4. *Lettre au Prévôt des marchands de Lyon* sur les prétentions des maîtres chirurgiens. 589

5. *Arrêt du Conseil* établissant la liberté de l'art de polir l'acier. 591

6. *Marque des fers.* Projet de réforme. 592

7. *Arrêt du Conseil* sur la culture de la garance. 592

8. *Lettre à l'Intendant de Limoges* sur la manufacture de porcelaine. 593

9. *Lettre à Bertin* sur une demande de privilège exclusif pour le transport des marchandises venant de Marseille à l'intérieur du Royaume. 593

10. *Foires et marchés.*

Lettres au Garde des sceaux. 594

11. *Lettres au Prévôt des marchands de Lyon* au sujet de l'opposition des maîtres fabricants de Lyon à l'exécution de pièces de satin. 595

12. *Lettres patentes* relatives à la juridiction consulaire de Dunkerque. 597

13. *Lettre à l'Intendant de Rouen* sur une permission de travailler à la couture. 597

14. *Récompenses à des inventeurs et à des négociants.*

Lettres à l'intendant de Lyon au sujet de l'inventeur de la Salle. 598

Lettre au ministre des Affaires étrangères en vue d'obtenir la croix de Saint-Michel pour de la Salle. 599

Lettre au marquis d'Ossun au sujet de lettres de noblesse pour un négociant. 599

15. *Lettres au ministre des Affaires étrangères* au sujet de l'émigration d'ouvriers de Saint-Gobain en Angleterre. 600

16. *Lettre à l'Intendant de Champagne* sur une manufacture de toiles peintes. 601

190. LES TRAVAUX PUBLICS.

I. *La police du roulage.*

Arrêt du Conseil. 602

II. *La navigation intérieure.*

   1. Arrêt du Conseil sur les impositions pour travaux des canaux de Picardie et de Bourgogne, ainsi que pour d'autres travaux. — 602

   2. Arrêt du Conseil sur la navigation de la Charente. — 603

III. *Inspecteurs généraux de navigation.*

   Création de ces inspecteurs. — 605

IV. *Compétence.*

   Arrêt du Conseil sur la compétence des bureaux de finances en matière de voirie. — 605

191. LA DETTE PUBLIQUE.

   1. *Déclaration accordant des délais pour les opérations de liquidation d'anciennes rentes.* — 606

   2. *Arrêt du Conseil sur la liquidation d'anciennes rentes.* — 608

   3. *Taux des effets publics et diminution des frais de banque.* — 608

   4. *Lettres patentes portant ratification de l'emprunt fait à Gênes pour la régie des messageries.* — 609

192. LES DONS GRATUITS.

   1. *Lettres patentes acceptant le don gratuit du clergé de 16 millions.* — 611

   2. *Assemblée du clergé* du mois de juillet (don gratuit, remontrances sur les livres impies, mariage des protestants). — 612

   3. *Arrêt du Conseil cassant un arrêt du Parlement de Bordeaux relatif à l'abonnement de la ville pour les dons gratuits.* — 617

193. EMPRUNTS LOCAUX.

   1. *Arrêt du Conseil rendant obligatoire l'amortissement des emprunts des villes, corps, communautés, etc.* — 618

   2. *Arrêt du Conseil autorisant un emprunt des États de Bourgogne.* — 619

194. LES AIDES. LE COMMERCE DES VINS.

   1. *Lettre au ministre des Affaires étrangères* au sujet d'arrangements avec l'Espagne et de la liberté du commerce des vins. — 620

   2. *Lettre à Bertin* sur la liberté du commerce des vins. — 621

   3. *Lettre à l'intendant de Bordeaux* sur le même objet. — 622

   4. *Lettre au maréchal de Mouchy* au sujet d'obstacles mis par les Jurats de Bordeaux à l'exécution d'un arrêt du Conseil sur le commerce

des vins. 622

5. *Lettre à Abeille, inspecteur général des manufactures*, au sujet des prétentions de la ville de Bordeaux. 623

6. *Lettre à l'Intendant de Bordeaux* sur la liberté de l'emploi des barriques. 624

195. LES TRANSPORTS DE TROUPES.

1. *Arrêt du Conseil* sur les convois militaires. 625

2. *Circulaire aux intendants* sur la suppression des convois pour le transport des troupes. 626

196. LETTRES À DU PONT DE NEMOURS.

CXXXVIII. (Affaires générales.) 627

CXXXIX. (Divers. — La goutte.) 628

CXL. (Guerre des farines.) 628

CXLI. (Guerre des farines.) 628

CXLII. (*Mémoire sur les municipalités*.) 629

CXLIII. (*Mémoire sur les municipalités*.) 629

197. LETTRES À CONDORCET.

XXXIX. (Détails divers.) 630

XL. (Canal d'amenée des eaux de l'Yvette. — Divers objets.) 630

XLI. (Situation personnelle de Condorcet.) 633

XLII. (Même objet.) 633

XLIII. (Même objet. — Le Parlement.) 634

XLIV. (Situation personnelle de Condorcet. — La question des grains.) 634

198. NOMINATION DE MALESHERBES À LA MAISON DU ROI.

I. Cabale contre Turgot. — Le parti Choiseul. — Rôle de la Reine. — Retraite de La Vrillière et renvoi probable de Bertin. — Choix de Malesherbes. — Association de Maurepas, Turgot, Miromesnil et Vergennes. — Refus de Malesherbes. — La Reine se prononce pour d'Ennery et Sartine. — L'abbé de Vermond. — Lettre du Roi à Malesherbes. — Celui-ci obligé d'accepter. — Intrigues de Bezenval. — Opinions sur Malesherbes et Turgot. 635

II. Situation de Turgot après la nomination de Malesherbes. — Caractère de Turgot. — Propos de Louis XVI. — D'Alembert. —

Craintes du clergé. — Réformes et projets.   645

199. LETTRES À L'ABBÉ DE VÉRI.

    I. Nomination dans les Finances. — Dissentiment passagers entre Turgot et Maurepas. — Intervention de Mme de Maurepas.   647

    II. La surintendance des postes. — La liberté du commerce des grains.   648

    III. La mendicité.   649

    IV. La mendicité.   649

    V. Nomination du compte de Saint-Germain. — Part de Turgot et de Maurepas dans cette nomination. — Embaras mutuel de l'un et de l'autre dans leurs entretiens. — Esprit de domination faussement attribué à Turgot. — Préparatifs militaires de l'Angleterre.   649

    Lettres de Mlle de Lespinasse.   652

200. LA SURINTENDANCE DES POSTES.

    Nomination de Turgot. — Il refuse les profits de la place. — Le duc de Choiseul. — Le chevalier de Montmorency. — Le cabinet noir.   653

Voir au tome V la suite de l'année 1775.

Printed in Great Britain
by Amazon